Resiliente krisenrelevante Versorgungsnetze

Thomas Hoppe · Rolf Fricke
(Hrsg.)

Resiliente krisenrelevante Versorgungsnetze

Einsatz von KI in der Krisen- und Katastrophenbewältigung

 Springer Vieweg

Hrsg.
Thomas Hoppe 🆔
Frauenhofer Fokus
Berlin, Deutschland

Rolf Fricke
Condat AG
Berlin, Deutschland

ISBN 978-3-658-48638-9   ISBN 978-3-658-48639-6   (eBook)
https://doi.org/10.1007/978-3-658-48639-6

Die Deutsche Nationalbibliothek verzeichnet diese Publikation in der Deutschen Nationalbibliografie; detaillierte bibliografische Daten sind im Internet über https://portal.dnb.de abrufbar.

Springer Vieweg ist ein Imprint der eingetragenen Gesellschaft Springer Fachmedien Wiesbaden GmbH und ist ein Teil von Springer Nature.
Die Anschrift der Gesellschaft ist: Abraham-Lincoln-Str. 46, 65189 Wiesbaden, Germany

Wenn Sie dieses Produkt entsorgen, geben Sie das Papier bitte zum Recycling.

Vorwort

Kurz nach Beginn der Corona-Pandemie veröffentlichte das damalige „Bundesministerium für Wirtschaft und Energie" im Mai 2020 den dritten Förderaufruf „Künstliche Intelligenz und vernetzte Datentechnologien für infektiologische und andere die Wirtschaft bedrohende Krisen" im Förderrahmen „Entwicklung digitaler Technologie". Bei einem Antragsworkshop im Juli 2020 fanden sich schnell die ersten vier von später insgesamt zwölf weiteren Partnern, um das Projekt zu konzipieren und im September 2020 eine Antragsskizze einzureichen. Auch die Gutachtersitzung im Oktober absolvierten wir als eins der ersten vier „KI-Krisenmanagementprojekte" erfolgreich, sodass wir unseren Projektantrag zum Februar 2021 einreichen und mit dem Projekt am 1. Juni 2021 starten konnten.

In der Zwischenzeit konnte Corona durch Impfstoffe bekämpft und eine Ausweitung der Pandemie glücklicherweise vermieden werden. Andere Krisen und Katastrophen begleiteten das Projekt: die Ever Given Havarie im Suezkanal, der Ausbruch eines unterseeischen Vulkans in der Nähe von Tonga, die Überflutung des Ahrtals, der kriegerische Überfall von Russland auf die Ukraine, um nur einige zu nennen. Es wurde immer offensichtlicher, dass die Versorgung der Bevölkerung und der Industrie mit lebenswichtigen Gütern und gesicherten Informationen eine Achilles-Ferse der Gesellschaft und Wirtschaft bilden.

Zum Ende des Projekts beschlossen viele Partner unseres Konsortiums gemeinsam ein Buch herauszugeben, um die wichtigsten Ergebnisse des Projekts zu dokumentieren. Als eins von insgesamt sechs KI-Krisenmanagementprojekten hoffen wir, damit unseren Beitrag, so klein dieser auch sein mag, zur Bewältigung zukünftiger Krisen und Katastrophen und zur Steigerung der Resilienz von Gesellschaft und Wirtschaft beizutragen.

Unser Dank gilt allen, die zu diesem Projekt direkt oder indirekt beigetragen haben. In erster Linie danken wir dem „Bundesministerium für Wirtschaft und Klimaschutz" und seinen Mitarbeitenden für die finanzielle Förderung unserer Arbeiten und dem DLR als Projektträger und dem VDI/VDE-IT in der Rolle der Begleitforschung für die Unterstützung. Unser Dank geht auch an die fünf anderen KI-Krisenmanagementprojekte: SPELL, PAIRS, CoyPu, DAKI-FWS und KISS für die Einblicke und Diskussionen über ihre Arbeiten und Ansätze. Unser besonderer Dank ist David Imgrund vom Springer-Verlag für seine verlagsseitige Unterstützung gewidmet.

Berlin   Thomas Hoppe
im Februar 2025   Rolf Fricke

Inhaltsverzeichnis

Abkürzungsverzeichnis

A

AB	Abrollbehälter
AAO	Alarm- und Ausrückeordnung
AGBF	Arbeitsgemeinschaft der Leiter der Berufsfeuerwehren
ATF	Analytische Task Force
ASG	Atemschutzgerät

B

BFw	Berliner Feuerwehr
BFRA	Berliner Feuerwehr- und Rettungsdienst-Akademie
BOS	Behörden und Organisationen mit Sicherheitsaufgaben
BF	Berufsfeuerwehr
BAO	Besondere Aufbauorganisation
BBK	Bundesamt für Bevölkerungsschutz und Katastrophenhilfe

C

Cl2	Chlorgas
CU	Crisis Utopias

D

DAS	Deutsche Anpassungsstrategie an den Klimawandel
DLK	Drehleiter mit Korb
DLS	Druckluftschaumanlage

E

EL   Einsatzleiterin/Einsatzleiter/Einsatzleitung
ELW   Einsatzleitwagen, auch: Einsatzleitfahrzeug
ENT   Einsatznachsorgeteam
ELSI   Ethical, Legal and Social Implications (auch: ethische, rechtliche und soziale
          Implikationen)
ELSA   Ethische, legale, soziale Aspekte

F

FW   Feuerwache
Fw   Feuerwehr
FwA   Feuerwehranhänger
FF   Freiwillige Feuerwehr
FL   Futures Literacy

G

GEL   Gemeinsame Einsatzlenkung
GÖEL   Gemeinsame (örtliche) Einsatzleitung
GW   Gerätewagen

H

HiO   Hilfsorganisation
HLF   Hilfeleistungslöschgruppenfahrzeug

K

KatS	**Kat**astrophenschutz
KAT-L/KAT-Leuchtturm	**Kat**astrophenschutz-Leuchtturm
CO	Kohlenstoffmonoxid
KS	**K**risenstab
KSÜ	**K**risenstabs**ü**bung
KRITIS	**Kritis**che Infrastrukturen

L

LtS	**L**eit**s**telle
LHF	**L**ösch- und **H**ilfeleistungs**f**ahrzeug
LZ	**L**öschzug, auch: Zug

M

MANV	**M**assen**an**fall von **V**erletzten
MCES	**M**obile **C**entre for **E**vacuation and **S**afety
MTF	**M**edizinische **T**ask **F**orce
MEESTAR	**M**odell zur **e**thischen **E**valuation **s**ozio-**t**echnischer **Ar**range-ments
MoWaS	**Mo**dulares **Wa**rnsystem

N

NBB	**N**etzgesellschaft **B**erlin-**B**randenburg
NEF	**N**otarzt**e**insatz**f**ahrzeug

O

OTD-NET	**O**rder-**t**o-**D**elivery-**Net**work
ÖEL	**Ö**rtliche **E**insatz**l**eitung

P

PSA   Persönliche Schutzausrüstung
PA   Pressluftatmer, auch: Behältergerät mit Druckluft

R

RTW   Rettungswagen

S

SOP   Standard Operating Procedure
STEEP   social, technological, ecological, economic and political
STÖÖP   sozial, technologisch, ökologisch, ökonomisch und politisch
STEMO   Stroke-Einsatz-Mobil

T

TLF   Tanklöschfahrzeug
TF   Task Force
TH   Technische Hilfeleistung
THW   Technisches Hilfswerk
TroLF   Trockenlöschfahrzeug

W

WF   Werkfeuerwehr
W3C   World Wide Web Consortium

Einleitung

Thomas Hoppe und Rolf Fricke

Kernaussagen

1. Versorgungsengpässe wirken sich aufgrund der globalisierten Wirtschaft bereits bei einzelnen Disruptionen auf die Distributionswege von Produkten, Vorprodukten und Rohstoffen aus.
2. Der Klimawandel führt vermehrt zu Überschwemmungssituationen, länger anhaltenden Hitzeperioden und großflächigeren Vegetationsbränden.
3. Durch Pandemien und Katastrophen wird das Gesundheitswesen, welches sich bzgl. der Versorgung mit Blutkonserven und durch den Mangel an Pflegekräften in einer Dauerkrise befindet, zusätzlich belastet.
4. Krisenstäbe und Redaktionen benötigen in Krisensituationen schnell aktuelle und verlässliche Informationen zur Entscheidungsfindung und zur Information der Bevölkerung.
5. Das ResKriVer-Projekt hat Ansätze zur Erhöhung der Krisenresilienz in den genannten Bereichen entwickelt.
6. Eine Verstetigung dieser Ansätze ist jedoch nur übergreifend und mittelfristig möglich.

T. Hoppe (✉)
Fraunhofer-Institut für Offene Kommunikationssysteme (FOKUS), Berlin, Deutschland
E-Mail: thomas.hoppe@fokus.fraunhofer.de

R. Fricke
Condat AG, Berlin, Deutschland

Einführung[1]

Seit 2010 ist der Einfluss von Krisen und Katastrophen auf die Gesellschaft und Wirtschaft verstärkt ins Bewusstsein gerückt.

- Die Aschewolken des Eyjafjallajökull-Ausbruchs 2010 brachten den Flugverkehr über Europa zum Erliegen und zwangen so Reisende zur Verlängerung von Aufenthalten oder die Nutzung von Land- und See-gebundenen Transportmitteln.
- Die Verlagerung der Produktion von Generika nach Fernost, um Gewinnmargen zu halten oder kostendeckend zu produzieren, führte zur Schaffung neuer Abhängigkeiten. Lieferengpässe und damit Knappheit u. a. von Antibiotika, Blutdrucksenkern oder Kinderarzneimitteln sind die Folge, wenn sich Hersteller von der Produktion zurückziehen und steigende Nachfragen nicht ausgeglichen werden können.
- Der Ausbruch von Sars-CoV-2 2019 und die Folgen für die Gesellschaft sind vermutlich noch allen im Bewusstsein. Die zeitweisen Verknappungen von Toilettenpapier, Mehl und Nudeln durch unnötige Hamsterkäufe waren zwar nicht auf Produktions- oder Lieferengpässe zurückzuführen, sondern eher ein Indiz für eine unzureichende Krisenkommunikation.
- Auch das Hochwasser im Juli 2021 im Ahrtal zeigte, dass selbst die Kommunikation zwischen den BOS (Behörden und Organisationen mit Sicherheitsaufgaben) suboptimal war, sie über das aktuelle Lagebild nicht gut informiert waren und Warnung an die Bevölkerung erst verspätet kommunizierten.
- Der Klimawandel und die damit verbundenen steigenden Temperaturen und Trockenperioden führen zunehmend zu großflächigen Vegetationsbränden, beispielsweise in Brandenburg oder beim Großbrand 2022 im Grunewald von Berlin. Solche Brände stellen nicht nur eine Herausforderung an die Brandbekämpfung dar, da viele Ressourcen benötigt und über längere Zeit gebunden werden, auch die Transportwege, seien es Schienenwege oder Straßenverbindungen, werden da durch unterbrochen.
- 2021 havarierte die Ever Given im Suez-Kanal bedingt durch menschliches Versagen in Form von Kommunikationsproblemen und Vertrauen in die Kompetenz der Suez-Kanal-Lotsen. In der Folge dieser Havarie kam es zu mehrtägigen Staus von Containerschiffen, verzögerter Entladung, Stausituationen auch in Containerhäfen und dem Mangel an Containern in anderen Häfen.
- Huthi-Angriffe auf den Güterverkehr am Horn von Afrika im Jahr 2024 führten bei den Reedereien dazu, Containerschiffe um das Kap der Guten Hoffnung umzuleiten. Verzögerte Lieferungen und steigende Frachtraten waren die Konsequenz.

---

[1] Die Inhalte dieses Kapitels wurden im Rahmen des vom Bundesministerium für Wirtschaft und Klimaschutz geförderten Projekts ResKriVer (Förderkennzeichen 01MK21006) erarbeitet.

Aus Gründen der leichteren Lesbarkeit wird in diesem Kapitel für Personenbezeichnungen das generische Maskulinum stellvertretend für alle Geschlechter verwendet.

Dies sind nur einige von Beispielen von Krisen und Katastrophen mit unterschiedlichen Auswirkungen auf Gesellschaft und Wirtschaft. Sie können sehr grob in zwei Kategorien unterschieden werden können: Einflüsse auf die Versorgungsstrukturen und Einflüsse auf Kommunikations- und Informationsprozesse.

Hintergrund

Das Projekt ResKriVer war eines von sechs Projekten, das im Kontext des KI-Innovationswettbewerbs im 3. Förderaufruf unter dem Titel „Künstliche Intelligenz und vernetzte Datentechnologien für infektiologische und andere die Wirtschaft bedrohende Krisen" (umgangssprachlich als KI-Krisenmanagementprojekte bezeichnet) vom Bundesministerium für Wirtschaft und Klimaschutz (BMWK) unter der Förderkennzeichen 01MK21006 im Zeitraum Juni 2021 bis Mai 2024 gefördert und durchgeführt wurde. Motivator für diese Ausschreibung war der Beginn der Corona-Pandemie im März 2020.

Ziel der KI-Krisenmanagementprojekte war und ist es, große attraktive Ökosysteme zu etablieren, die wirtschaftlich betrieben werden und eine Plattform bieten, um Unternehmen und öffentliche Einrichtungen zur Zusammenarbeit zu bewegen mit dem Ziel die Wirtschaft und Gesellschaft für Krisensituationen resilienter zu machen. Wesentliche Komponenten dieser Ausschreibung waren der Einsatz von Methoden und Verfahren der Künstlichen Intelligenz (KI) und des Datenmanagements.

Das Konsortium des Projektes setzte sich zusammen aus den Anwendungspartnern:

- Berliner Feuerwehr
- Charité – Universitätsmedizin Berlin
- Rundfunk Berlin-Brandenburg (rbb)
- Vereinigung zur Förderung des Deutschen Brandschutzes (vfdb e. V.)

den Technologie Partnern:

- Condat AG
- eccenca AG
- Fraunhofer-Institut für offene Kommunikationssysteme (FOKUS)
- Fraunhofer-Institut für Materialfluss und Logistik (IML)
- Merantix Momentum GmbH
- KomRe AG

und den Beratungsunternehmen:

- Human-Factors-Consulting GmbH (HFC)
- YOUSE GmbH

Assoziierte Partner und Unterauftragnehmer des Projekts waren

- Implisense GmbH
- ESRI Deutschland GmbH
- Feuerwehr Gelsenkirchen
- Rettungsdienst Ammerland GmbH
- Bundeswehrkrankenhaus Berlin
- Unfallkrankenhaus Berlin
- Polizei Berlin
- DeltacityNET Gesellschaft für multimediale Kommunikation mbH & Co. KG
- S-Bahn Berlin
- DRK Generalsekretariat
- Berlin Partner
- Technische Universität München, Center for Digital Public Services
- Eurocommand GmbH (Unterauftragnehmer)

Ausrichtung des ResKriVer-Projekts

Mit der Corona-Pandemie sind globale und kontinentale Krisen und Katastrophen verstärkt in die öffentliche Wahrnehmung gerückt. Versorgungsengpässe wirken sich aufgrund der globalisierten Wirtschaft bereits bei einzelnen Disruptionen auf die Distributionswege von Produkten, Vorprodukten und Rohstoffen aus. Der Klimawandel führt vermehrt zu Überschwemmungssituationen, länger anhaltenden Hitzeperioden und großflächigeren Vegetationsbränden. Durch Pandemien und Katastrophen wird das Gesundheitswesen, welches sich bzgl. der Versorgung mit Blutkonserven und durch den Mangel an Pflegekräften quasi in einer Dauerkrise befindet, zusätzlich belastet. Treten mehrere Disruptionen nahezu zeitgleich ein, wird nicht nur die Vorhersage ihrer Konsequenzen als auch die Koordination von Maßnahmen zur Krisenbewältigung komplizierter. Eine beginnende Pandemie beispielsweise, die für eine steigende Nachfrage an Generika und medizinischer Schutzkleidung sorgt, gepaart mit einem militärischen Konflikt im Nahen Osten, der zu einer Unpassierbarkeit des Suezkanals führt und einen Ölboykott der westlichen Industriegesellschaften durch die OPEC nach sich zieht, führt u. U. schnell zu einer katastrophalen Krise in Europa[2].

Um diesen Herausforderungen zu begegnen, wurden im Projekt ResKriVer Methoden zur Informations- und Datenerhebung entwickelt, mit denen die Informationsversorgung von Entscheidern und der Bevölkerung im Zuge einer sich abzeichnenden

---

[2] Sowohl die Corona-Pandemie als auch der Palästina-Israel-Konflikt von 2023 fanden glücklicherweise nicht zeitgleich statt. Die Interferenzen, die sich aus einem zeitgleichen Auftreten schlimmstenfalls ergeben könnten, werden eindrücklich in dem Roman "Der Wal und das Ende der Welt" von John Ironmonger, Fischer Verlag 2021 beschrieben.

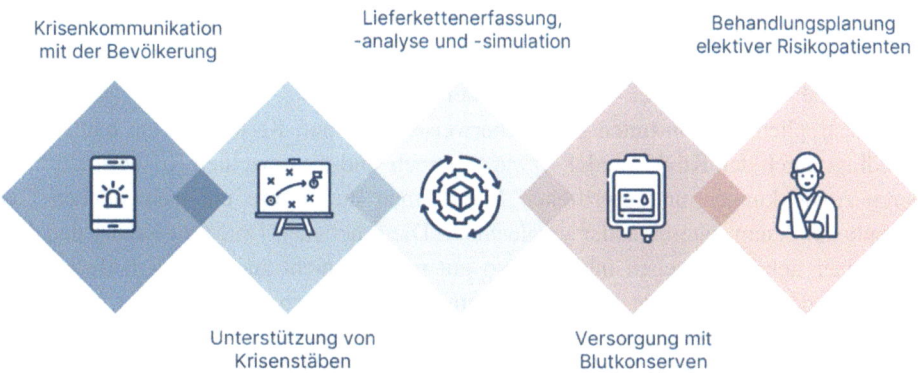

Abb. 1 Arbeitsbereiche des ResKriVer-Projektes

Krise verbessert werden kann. Organisationen können bei einer beginnenden Krise die Versorgungslage besser beurteilen und bei absehbaren Engpässen für alternative Bezugsquellen sorgen. Während einer Krise erhalten Krisenstäbe Informationen zu Lagebildern schneller und umfassender und können damit die Bevölkerung und den öffentlich-rechtlichen Rundfunk mit aktuellen Informationen schneller versorgen. Redaktionen profitieren von einem effektiven Datenfluss zur Bereitstellung von Informationen an die Bevölkerung. Kliniken werden in die Lage versetzt Engpasssituationen in der Versorgung mit Blutkonserven und überlasteten Intensivstationen entgegenzuwirken.

Die Projektpartner adressierten diese Herausforderungen, begleitet durch Wissenstransfer und Wissensbereitstellung, durch unterschiedliche Maßnahmen in den fünf Arbeitsbereichen des Projekts (Abb. 1) durch:

- Entwicklung von Methoden für eine verteilte, kollaborative Informationserhebung
- Nutzung von analytischen und optimierten simulationsbasierten KI-Methoden zur Identifikation von Lieferengpässen
- Social-Media-Monitoring und Beurteilung der Verlässlichkeit von Informationen zur Erkennung sich abzeichnender Krisen
- Vernetzung von öffentlich-rechtlichem Rundfunk und Krisenstäben über Kat-Leuchttürme zur Steigerung der Resilienz der Kommunikation in Krisensituationen
- Erweiterung der Lagebilderhebung durch Drohnen-basierte Erhebung von Sensordaten
- Etablierung von temporären Blutspendezentren zur App-basierten Einbestellung von Spendern und Mitarbeitern
- Untersuchung des Nutzens telemedizinischer Betreuung elektiver Risikopatienten zur Entlastung intensiv-medizinischer Einrichtungen

Diese Ziele setzen einen hohen Grad an Digitalisierung voraus, der – Stand heute – nur bedingt gegeben war resp. ist. Die Erfassung, Analyse und Auswertung der benötigten

Daten und Informationen sollte im Rahmen des Förderaufrufs durch Methoden des Datenmanagements und der Künstlichen Intelligenz (KI) – im Folgenden als „intelligente Verfahren" bezeichnet – vereinfacht werden.

Katastrophensituation treten glücklicherweise selten auf. Krisensituation häufen sich – bedingt durch den Klimawandel – zwar, dennoch sind die einzelnen Krisensituationen, deren Auswirkungen und ergriffenen Maßnahmen durch ihre unterschiedlichen Gegebenheiten kaum untereinander vergleichbar. Die erhobenen Daten zu Krisen und Katastrophen stehen deswegen inhaltlich so gut wie gar nicht zueinander in Beziehung. Verfahren des maschinellen Lernens, die umgangssprachlich als Künstliche Intelligenz (KI) bezeichnet werden und große, qualitativ hochwertige und homogene Datenmengen voraussetzen, sind aus diesem Grund bisher kaum einsetzbar. Im Projekt wurde jedoch versucht, die Verweildauern von elektiven Risikopatienten mittels eines hybriden KI-Verfahrens vorherzusagen. Maschinelles Lernen wurde darüber hinaus zur Optimierung von Lieferkettensimulationen eingesetzt (siehe Kap. „KI- und Simulationsbasierte Evaluierung der Versorgungssicherheit in Liefernetzwerken").

Formen von Krisen und Katastrophen

Wie entstehen Krisen und Katastrophen? Offensichtlich bedarf es zum Entstehen beider eines oder mehrerer auslösender, negativer Ereignisse. Einfache Recherchen nach solchen auslösenden Ereignissen zeigen schnell, dass sich diese – von uns als Disruptionen bezeichnet – auf der allgemeinsten Ebene in vier Kategorien unterscheiden lassen.

- **Ökonomische (finanzielle) Disruptionen**
  Hierunter können alle ökonomischen Ereignisse zusammengefasst werden, die den Handel einer Organisation (Unternehmen oder auch Staaten) negativ beeinflussen, wie z. B. Zahlungsschwierigkeiten oder -unfähigkeit, Börsenturbulenzen, Bankrott, etc.
- **Geopolitische Disruptionen**
  Dies umfasst alle Formen negativer gesellschaftlicher Ereignisse, die auf bestimmte regionale oder organisatorische Strukturen beschränkt sind, wie z. B. Streiks, Unruhen, Piraterie, Terrorismus, kriegerische Handlungen, usw.
- **Technische Disruptionen**
  Hierzu können alle Formen von Mangelsituationen und das Versagen der technischen Infrastruktur von Produktions- und Transporteinrichtungen gerechnet werden, die für eine frist- und mengengemäße Lieferung von Gütern oder Rohstoffen notwendig sind, wie z. B. Maschinenausfall, Mangel an Ersatzteilen, Zerstörung von Produktions- oder Transporteinrichtungen sind hierfür einige Beispiele.
- **Katastrophen (Desaster)**
  Katastrophen können generell in zwei Formen unterschieden werden: Naturkatastrophen (Pandemien, Bergstürze, Erd- und Seebeben, Tsunami, Überschwemmungen, Vulkanausbrüche, Asteroideneinschläge, Extremwetterereignisse, usw.) und durch

menschliches Versagen hervorgerufene Katastrophen (Kraftwerksstörungen, Navigationsfehler, Misskommunikation, Fehleinschätzungen von Lagen, etc.)

Natürlich sind diese Disruptionen nicht alle voneinander unabhängig. Man betrachte das Beispiel „Fukushima": ein Seebeben kann einen Tsunami auslösen, der zu einer, von den Entwicklern nicht-richtig eingeschätzten Wahrscheinlichkeit der Überschwemmung eines Kernkraftwerks führt, die ein Versagen der Notstromversorgung, damit der Reaktorsteuerung zur Folge hat, die zu einem Durchbrennen der Brennelemente und final zu einem nuklearen Unfall führt.

Krisendimensionen

Nicht jede Disruption führt zu einer signifikanten Krise. Ein lokaler, kurzer Stromausfall ist zwar für die Bevölkerung und Unternehmen ärgerlich oder je nach Dauer auch hinderlich, sofern dieser aber innerhalb von wenigen Stunden behoben werden kann, ergeben sich daraus in der Regel nur punktuelle Konsequenzen.

Dies bedeutet, dass für die Vorhersage und die Bewältigung von Krisen und Katastrophen sowohl deren räumliches und zeitliches Ausmaß als auch deren Dynamik und die Dauer ihrer Auswirkungen relevante Dimensionen darstellen, die zu betrachten sind.

- **Räumliches Ausmaß**
  Lokale und globale Krisen und Katastrophen sind für die Unterstützung der Vorhersage und Bewältigung uninteressant. Erstere, da diese kaum vorhersagbar und die Ressourcen zu ihrer Bewältigung meist lokal vorhanden sind. Letztere, z. B. Asteroideneinschlag oder nuklearer Winter, gehen einher mit großflächiger, globaler Zerstörung von Infrastrukturen und Lebensgrundlagen, bei denen es vornehmlich um das nackte Überleben geht und eine Hilfestellung von außen nicht mehr möglich ist. Regionale, überregionale, nationale oder kontinentale Krisen und Katastrophen sind somit jene deren Bewältigung noch möglich ist.
- **Zeitliches Ausmaß** und **Entwicklungsdynamik**
  Disruptionen, die sich langsam über einen längeren Zeitraum entwickeln sind – prinzipiell sofern sie erkannt und richtig eingeschätzt werden – sowohl hinsichtlich ihrer Konsequenzen prognostizierbar als auch, durch die Einleitung entsprechender Maßnahmen handhabbar. Disruptionen, die plötzlich und sehr kurzfristig wirken, sind kaum vorhersagbar, sodass in der Regel direkt mit deren Bewältigung begonnen muss. Eine proaktive oder antizipative Vorsorge für diese Form von Disruptionen erfordert detaillierte Analysen von vergangenen Krisen und Katastrophen und der Ermittlung der jeweils krisenrelevanten Ressourcen. Krisen, die sich über Tage, Wochen und Monate entwickeln, ermöglichen sowohl Prognosen für deren Entwicklung als auch das Ergreifen und die Anpassung von Maßnahmen zu deren Bewältigung.
- **Dauer der Auswirkungen**
  Krisen oder Katastrophen, die nur kurzfristige Auswirkungen haben, sind für Vorhersage und Bewältigung uninteressant, da diese in der Regel mit vorhandenen Mitteln bewältigt werden können. Länger andauernde Auswirkungen erfordern die

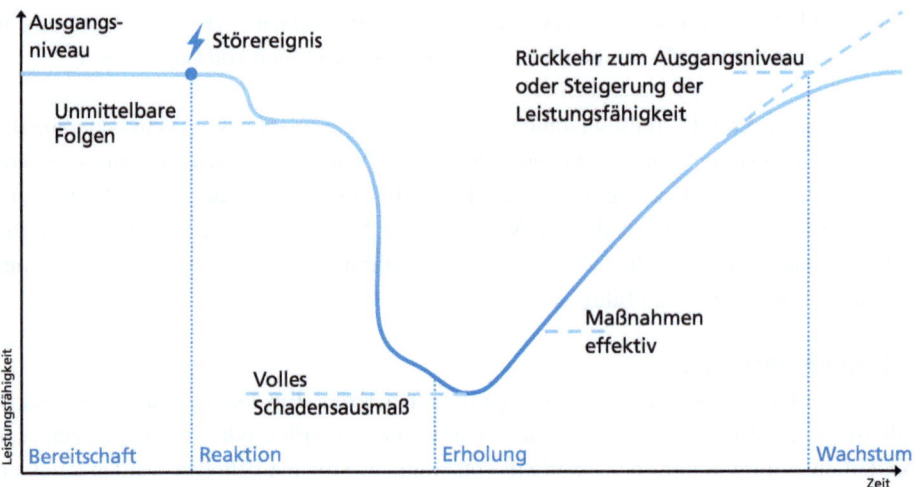

Abb. 2 Schematischer Verlauf der Verarbeitung von Krisenschäden[3]

Beschaffung zusätzlicher Ressourcen oder das Ergreifen zusätzlicher Maßnahmen zur Beseitigung der Auswirkungen und zur Normalisierung.

Anschaulich lässt sich der Verlauf einer Krise oder Katastrophe anhand der Grafik in Abb. 2 darstellen. Ausgehend von dem Zustand vor dem Eintreten eines Störereignisses – von uns als Disruption bezeichnet – werden zunächst die unmittelbaren Folgen spürbar, die in der Regel nur mit den verfügbaren Ressourcen gemildert werden können. Je nach Krise werden erst darauffolgend die weiteren Konsequenzen erkennbar und das volle Ausmaß der Schäden absehbar, sodass – insbesondere in Krisensituationen mit neuen Rahmenbedingungen – erkennbar wird, welche weiteren Ressourcen nötig werden und wie genau auf die Krise zu reagieren ist. Neue Ressourcen müssen ggf. erst beschafft werden, um weitergehende Maßnahmen einzuleiten und dann längerfristig an der Beseitigung der Schäden zu arbeiten.

Räumliches und zeitliches Ausmaß, Entwicklungsdynamik und Umfang und Dauer der Auswirkungen definieren einerseits die Dauer der einzelnen Phasen und die Form und Steigung der Kurve in Abb. 2, andererseits sind die einzuleitenden Maßnahmen und die benötigten Ressourcen abhängig von der Art der Krise, deren Rahmenbedingungen und ihren Konsequenzen.

Für das ResKriVer-Projekt wurde der Fokus auf Disruptionen mit regionalen, überregionalen oder nationalen Ausmaßen gelegt, die sich über mehrere Tage, Wochen und Monate ankündigen und deren Auswirkungsdauern im Bereich von Tagen, Wochen und wenigen Monaten liegen.

---

[3] Kiebler, L.; Ebel, D.; Klink, P.; Sardesai, S. (2020): Risikomanagement disruptiver Ereignisse in Supply Chains. Whitepaper, Fraunhofer IML.

Um aus den Erfahrungen vergangener Krisen und Katastrophen zu lernen, wurden von den Anwendungspartnern und assoziierten Partnern die für die betrachteten Krisenszenarien: Pandemien, Vegetationsbrände und Versorgung mit Blutkonserven benötigten krisenrelevanten Güter erhoben und die Informationsversorgung im Fall von Blackouts adressiert.

Steigerung der Resilienz

Ziel der KI-Krisenmanagementprojekte war die Steigerung der Resilienz von Wirtschaft und Gesellschaft in Krisensituationen. Aus der vorausgegangenen kurzen Betrachtung der Krisendimensionen und des Krisenablaufs dürfte bereits ersichtlich sein, dass jede Krise eigene Rahmenbedingungen und Konsequenzen hat, die von vielen unterschiedlichen Faktoren abhängen.

Krisenmanagement kann als Prozess aufgefasst werden, der sich aus den Phasen

- Prävention
- Vorbereitung
- Bewältigung
- Nachbereitung

zusammensetzt.[4]

Prävention und **Vorbereitung** setzen voraus, dass bereits aus vergangenen Krisen und deren Bewältigung gelernt wurde. Für viele der oben angesprochenen Disruptionen – insbesondere, wenn sie von externen Faktoren abhängen – ist eine vollumfängliche Prävention kaum möglich. Eine Vorbereitung auf deren Konsequenzen kann nur in dem Maß erfolgen, welches durch die Charakteristiken der Disruptionen vorgegeben wird.

Beispielsweise kann aus der Überschwemmung des Ahrtals die Lehre gezogen werden, dass die Kommunikations- und Informationsprozesse verbesserungswürdig sind und das in Überschwemmungsgebieten nicht gebaut werden sollte. Welche konkreten Vorbereitungsmaßnahmen jedoch für überschwemmungsgefährdete Regionen zu treffen sind, hängt von deren jeweiligen geografischen, topografischen und infrastrukturellen Charakteristiken ab, und ist somit individuell zu entscheiden.

Prävention und Vorbeugung können prospektiv oder antizipierend erfolgend. Eine vollständige prospektive Betrachtung von Krisen auf allen Wirkungsebenen von – ggf. mehreren, interagierenden – Disruptionen ist mit beschränkten Analyseressourcen nicht möglich. Eine antizipierende Vorbereitung kann in dem Sinn erfolgen, dass in der Vergangenheit erfolgreiche Bewältigungsmaßnahmen beim ersten Auftreten von signi-

---

[4] https://www.bbk.bund.de/de/themen/krisenmanagement/kmzirkel/kmzirkel_node.html heruntergeladen. 9.9.2024

Abb. 3 Unterstütze Krisenphasen

fikanten Anzeichen einer Disruption ergriffen werden. Diese können jedoch nur mit einer gewissen Latenz erfolgen und setzten das Wissen um in der Vergangenheit relevante Ressourcen und erfolgreiche Maßnahmen voraus.

Krisenresilienz im ResKriVer-Projekt

Bedingt durch die obigen Betrachtungen zu Krisendimensionen, wurde im ResKriVer-Projekt der Schwerpunkt auf die in Abb. 3 dargestellten Maßnahmen zur Steigerung der Krisenresilienz durch Prognoseverfahren und Bewältigungsmaßnahmen gelegt. Hierbei standen für Wirtschaft und Gesellschaft relevante Szenarien im Mittelpunkt, insbesondere die Versorgung mit Gütern und Blutkonserven, durch zunehmende, Klimawandel-bedingte, großflächige Vegetationsbrände, die weitreichenden Konsequenzen von Blackout-Situationen und die Notwendigkeit der Verbesserung der Informationsversorgung von Bevölkerung und Krisenstäben und deren Kommunikation untereinander.

Erprobung und Validierung

Im Laufe des Projektes, insbesondere im letzten Projektjahr, wurden federführend durch die Anwendungspartner eine Reihe von Feldversuchen durchgeführt, um die Funktionsfähigkeit und den Nutzen der entwickelten Konzepte und entstandenen Systemkomponenten zu validieren. Diese Tests wurden auf Basis von mehreren Anwendungsszenarien mit Mitarbeitern der beteiligten Partner Berliner Feuerwehr, rbb, Charité und vfdb sowie externen Personen durchgeführt, sodass eine Evaluation in realitätsnahen Einsatzszenarien durchgeführt werden konnte. Die Validierung ergab, dass alle Prototypen den zu Projektbeginn definierten Funktionsumfang erfüllten und sich ein beträchtlicher Nutzen ergibt, sodass eine Weiterentwicklung des Systems bis hin zur Produktreife geplant ist. Die Ergebnisse der einzelnen Tests und Feldversuche werden in den Kapiteln der Berliner Feuerwehr, Charité, vfdb, HFC und Condat dargestellt.

Organisation des Buchs

Nach einer Einleitung und einem Kapitel über rechtliche Rahmenbedingungen ist das Buch in drei Teile mit folgenden Inhalten untergliedert.

Im Kap. „Rechtliche Grundlagen" werden **rechtliche Rahmenbedingungen** zu den Themenbereichen Datenschutz, Urheberrecht, Geschäftsgeheimnisse, Datenerhebung, Datennutzung und Künstlicher Intelligenz vorgestellt. Hierbei werden vor allem Fragestellungen aufgegriffen, die in den einzelnen Kapiteln für Krisenresilienz und Lieferketten relevant sind. Dies umfasst die Frage nach Rechten zur Nutzung und Analyse von Daten zu Lieferketten aus verschiedenen Quellen und die Gewinnung von Daten aus Sozialen Netzwerken. Hierbei sind unterschiedliche Rechte zu berücksichtigen, wie das Urheberrecht, aber auch der Datenschutz, wenn private Personen von der Datenverarbeitung betroffen sind. Abschließend wird eine Betätigung als Datenvermittlungsdienst vorgestellt.

Teil I: Verbesserung der Versorgung im Krisen-/Katastrophenfall

Der Teil I stellt die Ausgangssituation und Rahmenbedingungen für ein effizientes Risikomanagement in Krisenfällen dar. Voraussetzung für innovative Lösungen sind die Verfügbarkeit von aktuellen, feingranularen Daten mit den erforderlichen Zugriffsrechten. Nachfolgend werden verschiedene Ansätze vorgestellt, mit denen die Resilienz von Lieferketten erhöht werden kann. Dies umfasst die Analyse der Kollaboration der beteiligten Akteure und Risikofaktoren, sodass eine Modellierung digitaler Lieferketten und darauf aufsetzende Simulationen möglich werden. Weiterhin können flexible Regelungen und eine zentrale Plattform zur effizienten Kooperation zwischen den Akteuren die Versorgungssicherheit erhöhen. Ein Notfallkonzept zur Sicherstellung der Versorgung der Bevölkerung mit Blutprodukten zeigt, wie eine resilientere Lieferkette aussehen kann.

Im Kap. „Datenverfügbarkeit in Krisensituationen" wird die **Verfügbarkeit von Daten** untersucht, die für eine Analyse und Verfolgung von Lieferketten in Krisensituation benötigt werden. Zunächst wird untersucht, welche Quellen Informationen zu Krisenereignissen und insbesondere für eine Analyse von Lieferketten enthalten können. Anschließend erfolgt eine Betrachtung der verfügbaren Daten hinsichtlich Bedeutung, Qualität, Aktualität und Vollständigkeit in einem konkreten Kontext, damit sie nach einer Bereinigung und Normalisierung in eigene interne Prozesse einfließen können. Dabei sind auch rechtliche Restriktionen für die Gewinnung, Nutzung und Weitergabe von Daten zu beachten. Anhand eines Anwendungsfalls wird gezeigt, wie eine Lieferketten für ein konkretes Produkt verfolgt und durch Social Media Monitoring ergänzende Information gewonnen werden kann.

Das Kap. „Globale Netzwerke und ihre lokale Verwundbarkeit: Lieferkettenkomplexität und Resilienz in der prä-klinischen Notfallversorgung" beschreibt die

Herausforderungen an globale Liefernetzwerke und ihre Verwundbarkeit am Beispiel der präklinischen Notfallversorgung. Die mangelnde Transparenz und hohe Abhängigkeit von internationalen Lieferketten, insbesondere in Asien und Nordamerika, erhöhen das Risiko von Engpässen. Die Studie betont die Notwendigkeit von Resilienzstrategien, wie z. B. der Diversifizierung von Lieferanten und den Aufbau lokaler Kapazitäten. Diese Maßnahmen sollen die Versorgungssicherheit in Krisenzeiten gewährleisten. Besonders betroffen sind Rettungsdienste in Deutschland, die auf eine zuverlässige Versorgung mit Verbrauchsmaterialien und Notfallmedikamenten angewiesen sind.

Kap. „Kollaboratives Lieferkettenrisikomanagement" beschreibt drei unterschiedliche Szenarien, in denen **kollaboratives Lieferkettenrisikomanagement** denkbar ist, und diskutiert deren Voraussetzungen, um unvorhersehbare Ereignisse und deren negative Auswirkungen effektiver lieferkettenübergreifend zu bewältigen. Besonders kleine und mittelständische Unternehmen (KMU) sind von Intransparenz betroffen und benötigen Kooperationen, um Risiken entlang der Lieferketten zu erkennen, ohne kritische Informationen preiszugeben. Vorbeugende und frühzeitige Risikoerkennung bilden die Voraussetzung, um präventive Maßnahmen zu ergreifen und die Resilienz der Lieferketten zu erhöhen.

Das Kap. „Modellierung, Erfassung und Analyse von Lieferketten" befasst sich mit der **Modellierung, Erfassung und Analyse von Lieferketten,** um der Anfälligkeit globalisierter Netzwerke für Störungen mit einem effektiven Krisenmanagement zu begegnen. Die von ResKriVer zur Verfügung gestellten Services sollen Krisenteams durch verlässliche Informationen und frühzeitige Erkennung von Engpässen unterstützen. Sie nutzt Wissensgraphen und Bayes'sche Netze, um potenzielle Störungen zu simulieren und Alternativen zu identifizieren. Dies ermöglicht eine bessere Lagebewertung und Entscheidungsfindung in Krisensituationen, um die Versorgungssicherheit zu gewährleisten. Der Ansatz ReSCA kombiniert Flexibilität und Berechnungsstärke zur kontinuierlichen Verbesserung der Resilienz von Lieferketten

Das Kap. „KI- und Simulationsbasierte Evaluierung der Versorgungssicherheit in Liefernetzwerken" stellt eine **simulationsbasierte Evaluierung von Versorgungssicherheit** in Liefernetzwerken für krisenrelevanten Güter vor. Die Simulation von Lieferketten ist ein wichtiges Werkzeug, um die Auswirkungen von Störungen zu analysieren und Engpässe frühzeitig zu erkennen. Der Dienst EvaVe unterstützt Unternehmen dabei, die Versorgungssicherheit zu bewerten und effektive Maßnahmen zur Sicherung der Lieferketten zu ergreifen. Eine solide Datengrundlage und KI-basierte Vorschläge sind entscheidend, um die Resilienz zu erhöhen und auf unvorhersehbare Ereignisse vorbereitet zu sein

Das Kap. „Lieferketten im Krisenmanagement" betont die Bedeutung von Lieferketten im Krisenmanagement und die Notwendigkeit **flexibler Regelungen und strategischer Autonomie**, um die Resilienz von Lieferketten in Krisenzeiten zu erhöhen. Öffentliche Haushaltsrechte und Kennzeichnungsvorschriften sollten angepasst werden, um schnelle und rechtssichere Beschaffungen zu ermöglichen. Eine stärkere einheimische Produktion und die Nutzung moderner Technologien wie KI und RFID können die Versorgungssicherheit verbessern. Die jüngsten Krisen haben gezeigt, wie entscheidend funktionierende Lieferketten für das Wohlergehen der Menschen sind.

Im Kap. „Ressourcenmangel über Gebietskörperschaften hinweg ausgleichen" wird der **Austausch von Ressourcen über Gebietskörperschaften hinweg** als Resilienz steigernde Maßnahme in Krisen betrachtet. Eine digitale Plattform zur Erfassung und Verteilung von Materialbeständen bei Behörden und Organisationen mit Sicherheitsaufgaben (BOS) steht dabei im Fokus. Eine solche Plattform könnte langfristig die Versorgungssicherheit verbessern und Engpässe vermeiden, da Ressourcen effizienter ausgetauscht werden können. Die größten Herausforderungen bestehen in der Digitalisierung der Warenwirtschaft und der Verfügbarkeit von Daten.

Im Kap. „Entwicklung und Evaluierung eines Notfallkonzepts zur Sicherstellung der Versorgung der Bevölkerung mit Blutprodukten im Fall von Krisensituationen" wird die Entwicklung und Evaluierung eines Notfallkonzepts zur Sicherstellung der **Versorgung der Bevölkerung mit Blutprodukten** im Fall von Pandemien und Katastrophen vorgestellt. Die Resilienz der Blutversorgung erfordert in Krisenzeiten klare Zuständigkeiten, gute Koordination und vorbereitende Maßnahmen im Normalzustand. Temporäre Entnahmeräume, alternative Transportwege und die Zusammenarbeit mit militärischen Einrichtungen sind entscheidend. Das Blutspendeverhalten wird von saisonalen und gesellschaftlichen Faktoren beeinflusst, wobei Bestands- oder Wiederholungsspender eine Schlüsselrolle spielen. Die zivil-militärische Zusammenarbeit bietet wertvolle Synergien zur Stärkung der Blutversorgung in Krisenzeiten.

Teil II: Verbesserung der Informationsbereitstellung im Krisen-/Katastrophenfall

Die Verfügbarkeit von Information und deren Verteilung ist eine wichtige Voraussetzung, um Einsatzkräfte effektiv einzusetzen. Während in Teil 1 vorwiegend Informationen aus etablierten Quellen genutzt wurden, kann zusätzlich über soziale Netzwerke ein viel größerer Nutzerkreis einbezogen werden. Denn bei vielen Ereignissen versenden Augenzeugen adhoc ihre Beobachtungen mit Bildern, deren Qualität und Korrektheit jedoch immer zu prüfen ist. Anschließend wird gezeigt, wie mithilfe von Drohnen in Gefahrensituationen gezielt gesicherte Informationen gewonnen werden können. Am Beispiel einer Prognose zur Ausbreitung von Waldbränden wird dargestellt, wie Strategien zur Verringerung von Gefahren entwickelt werden können.

Im Kap. „Social-Media-Monitoring zur Unterstützung von Redaktionen, Leitstellen und Krisenstäben" wird eine **Social-Media-Monitoring-**Anwendung vorgestellt, mit der Redaktionen in Krisensituationen aus dem Strom eingehender Beiträge aus Sozialen Netzwerken erkennen, analysieren und kontinuierlich verfolgen können. Dazu erfolgt zunächst eine kontinuierliche Verfolgung der neuen Beiträge über inhaltlich definierte Kanäle, um z. B. für einen Brand relevante Informationen zu gewinnen. Ziel ist dabei, über die etablierten Informationswege hinausgehende Indikatoren von Augenzeugen zu extrahieren. Wenn ein interessanter Beitrag erkannt wird, können durch Funktionen zum Sortieren, Filtern und Validieren die Relevanz, Stimmung, Details und ELSI-Aspekte von Ereignissen analysiert und geprüft werden.

Das Kap. „KI-Technologie zur Unterstützung des Drohneneinsatzes bei Feuerwehren" beschreibt die **Unterstützung des Drohnen-Einsatzes bei der Feuerwehr**, insbesondere zur Unterstützung bei Großbränden. Künstliche Intelligenz (KI) verbessert dabei die Fähigkeiten der Drohnen durch Echtzeitdatenanalyse, automatische Navigation und Hinderniserkennung. Im ResKriVer-Projekt wurden KI-unterstützte Drohnen in Feldtests geprüft, um ihre Effizienz bei der Identifikation von Wärmequellen und Personensuche zu testen. Die zukünftigen Forschungen zielen darauf ab, die Integration von KI in den regulären Betrieb der Feuerwehr zu optimieren, wobei die größten Herausforderungen die Technik, der Datenschutz und regulatorische Bestimmungen sind.

Im Kap. „Prognose der Ausbreitung von Vegetationsbränden" werden Strategien zur **Prognose der Ausbreitung von Vegetationsbränden** vorgestellt. Eine schnelle Gefahrenabwehr ist notwendig, doch leider gibt es ein Defizit im nationalen Umgang mit Waldbrandgefahren, und internationale Modelle sind nicht direkt übertragbar. Die bisherige Strategie der vollständigen Brandvermeidung hat zu negativen Effekten geführt, wobei Vegetationsbrände sowohl eine Folge als auch ein Faktor des Klimawandels sind. Es wird eine Anwendung vorgestellt, die eine Relevanz für die gefahrenabwehr-spezifische Abwicklung einer Wald- bzw. Vegetationsbrandlage aufweist. Sie umfasst die Darstellung einer Vegetationsbrandgefährdung, Vegetationsbrandausbreitung und ein einsatzspezifisches Routing.

Teil III: Architektur und Technologie

Um in Krisenszenarien Daten auszutauschen, Engpässe zu erkennen und geeignete Maßnahmen zu ergreifen wird eine flexible Informationsplattform benötigt, die Nutzer, Tools, Modelle und Daten miteinander verbindet. Eine Voraussetzung dafür ist eine gemeinsame Terminologie, auf deren Grundlage Akteure miteinander kommunizieren und Daten teilen können sowie Lieferketten digital modellierbar werden. Zudem werden verschiedene methodische Ansätze diskutiert, um für künftige Krisenanforderungen innovative Lösungen zu entwickeln.

Im Kap. „Informationsplattformarchitektur für resiliente krisenrelevante Versorgungsnetze" wird aufgezeigt, dass eine Verbesserung der Resilienz von krisenrelevanten Versorgungsnetzen eine **flexible Informationsplattform** erfordert. Diese Plattform muss die verschiedenen Anforderungen der Anwender, von öffentlichen Einrichtungen bis hin zu Unternehmen, unterstützen. Ein erweiterbares Ökosystem von Diensten und Wissensgraphen kann ein flexibles Informationsangebot bereitstellen. Eigenständige spezialisierte Dienste und visuelle Werkzeuge zur Datenverwaltung sind wichtig. Anpassbare Datenpipelines ermöglichen schnelle Reaktionen auf neue Informationsbedarfe. Die

Plattform soll Dienste und Datenquellen integrieren und über Standardschnittstellen bereitstellen, um deren Resilienz in Krisensituationen zu erhöhen.

Im Kap. „Terminologie-Editor" wird der **Terminologie-Editor** als Anwendung zur standardisierten Verwaltung von Fachbegriffen vorgestellt. Eine einheitliche Terminologie ist essenziell für eine präzise Kommunikation. Der Terminologie-Editor ermöglicht die strukturierte Erfassung, Verwaltung und Versionierung von Begriffen und bietet zudem kollaborative Funktionen, welche die Abstimmung zwischen Akteuren erleichtern. Neben einer mehrsprachigen Benutzeroberfläche unterstützt das System Begriffshierarchien, Relationen zwischen Begriffen und Synonyme.

Im Kap. „Templatebasierte Modellierung von Lieferketten" wird die **templatebasierte Modellierung von Lieferketten** als innovativer Digitalisierungsansatz vorgestellt. Um maschinelle Simulationen und Analysen zu ermöglichen, müssen Lieferketten in digitaler Form vorliegen. Dabei stellt die semantische Modellierung mit RDF eine flexible Lösung dar, um komplexe Lieferketten strukturiert abzubilden und kontinuierlich mit neuen Daten zu ergänzen. Templates vereinfachen diesen Prozess, indem sie wiederkehrende Muster standardisieren und damit den Modellierungsaufwand reduzieren. Durch die vorgestellte grafische Oberfläche können sowohl IT-Fachleute als auch Supply-Chain-Experten Lieferketten intuitiv modellieren, ohne tiefgehende Kenntnisse in semantischen Technologien zu benötigen.

Das Kap. „Design Futuring trifft Akzeptanzforschung: Eine interdisziplinäre Brücke zu einer zukunftsgestaltenden Haltung" zeigt den Einsatz von **Design Futuring zur Akzeptanzforschung** für die Entwicklung zukunftsweisender Technologien. Durch die Erstellung von Zukunftsszenarien können potenzielle Herausforderungen frühzeitig erkannt werden. Der methodische Dreiklang aus nutzerzentrierter Produktentwicklung, Zukunftskompetenzen und ethischen Perspektiven hilft, Akzeptanzhürden zu identifizieren und Innovationen nutzergerecht zu gestalten. Das ResKriVer-Projekt nutzt diese Ansätze, um gemeinsam mit Experten und der Zivilgesellschaft utopische Konzepte zu entwickeln und die Kluft zwischen Gegenwart und Zukunft zu überbrücken.

Ein **Glossar** mit wesentlichen Begriffen und Definitionen aus dem Bereich Krisenmanagement, Katastrophenschutz und Resilienz von Versorgungsnetzen ergänzt die Kapitel. Es dient der Erläuterung von Begriffen, die im Projekt verwendet wurden.

Rechtliche Grundlagen

Alexander Besner-Lettenbauer

Kernaussagen

1. Das Rechtsgebiet der Datenzugänge und -nutzung ist nach wie vor stark fragmentiert und räumt dem Schutz von Geschäftsgeheimnissen an vielen Stellen Vorrang ein.
2. Rechte an Daten, rechtliche Positionen von Dateninhabern und die Zugangs- wie Nutzungsmöglichkeiten von Daten hängen ganz wesentlich von Art und Inhalt der jeweiligen Daten und Informationen ab.
3. Lieferketteninformationen berühren in aller Regel verschiedene Rechtspositionen, wie den Schutz von Geschäftsgeheimnissen, den Schutz von Datenbanken nach dem Urheberrecht und das Datenschutzrecht.
4. Die urheberrechtliche Schranke für Text- und Data Mining ist ein wichtiges Instrument für das rechtmäßige automatisierte Speichern und Weiterverarbeiten von öffentlich zugänglichen Informationen, der Rechteinhaber kann sich aber auch Nutzungen vorbehalten.
5. Open Government Data kann eine wichtige Datenquelle darstellen. Die Bereitstellungspraxis der Behörden ist aber mangels gesetzlicher Zugangsansprüche sehr zurückhaltend.
6. Die neuen Zugangsansprüche des Data Act sind zwar nicht lieferketten- sondern produktbezogen, können den projektspezifischen Datenzugang aber dennoch verbessern.
7. Unionsrechtlich geprägte Regulierungsvorhaben des Datenrechts und der Daten Governance tragen zu einer Verbesserung der Zugangslage bei und stellen Instrumente für eine bessere Datenwirtschaft im Binnenmarkt bereit.

A. Besner-Lettenbauer (✉)
Center for Digital Public Services, Technische Universität München, München, Deutschland
E-Mail: alex.besner@tutanota.de

T. Hoppe und R. Fricke (Hrsg.), *Resiliente krisenrelevante Versorgungsnetze*, https://doi.org/10.1007/978-3-658-48639-6_2

Einleitung

Das Recht an Daten, der Datenerhebung und des Umgangs mit Daten ist ein komplexes und vielseitiges Rechtsgebiet. Es setzt sich zusammen aus verschiedensten, teils etablierten Rechtsquellen und Teilrechtsgebieten, sowie aus aktuellen Rechtsakten, die ausdrücklich der Regulierung des Rechtsgebiets „Datenrecht" verschrieben sind. Der Fokus der vornehmlich unionsrechtlich geprägten Regulierung hat sich dabei in den letzten Jahren verschoben vom Schutz von (insbesondere personenbezogener) Daten unter den Maximen der Datensparsamkeit und der Datenminimierung hin zur Etablierung von Dateninfrastrukturen und Datenmärkten, der Zugänglichkeit von Daten und einer umfassenden Datennutzung in Gesellschaft, Verwaltung und Wirtschaft (Heckmann/Paschke, 2022). Dieser Entwicklung liegen die enormen Potenziale zugrunde, die eine effektive und umfassende Datennutzung für nahezu alle Bereiche des organisierten Gemeinwesens mit sich bringen und wie sie auch das Projekt ResKriVer im Sinne der Resilienz von Lieferketten und die Versorgungssicherheit erarbeitet hat. Weiter herausgefordert wird diese rechtliche Entwicklung vom technologischen Fortschritt auf dem Feld der Künstlichen Intelligenz, der von einer umfassenden Datennutzung beeinflusst ist und diese wechselseitig beeinflusst, wie keine andere Technologie zuvor. Daneben hat sich aber auch die Erkenntnis durchgesetzt, dass insbesondere im europäischen Binnenmarkt und in den Verwaltungen europäischer Länder starke Defizite in der Datenerhebung, im Datenmanagement und in der Datennutzung bestehen und dabei Rückstände gegenüber Volkswirtschaften wie den USA oder China aufzuholen und gleichzeitig Datenschutz-, Sicherheits- und Ethik-Standards zu wahren sind (Europäische Kommission, 2020).

Den rechtlichen Herausforderungen, die diesen Defiziten unter anderem zugrunde liegen, begegnet auch das Projekt ResKriVer an zahlreichen Stellen. Die Aufgabe der rechtlichen Begleitforschung des TUM Center for Digital Public Services und des Lehrstuhls für Recht und Sicherheit der Digitalisierung an der TU München war es daher, diese projektspezifischen Herausforderungen zu identifizieren, die maßgeblichen Rechtsquellen auszuwerten und Lösungsansätze zu entwickeln. Dazu wurden Datenzugangsrechte und rechtliche Zugangsmöglichkeiten für die antizipierende, reaktive und retrospektive Erfassung (siehe Kap. „Datenverfügbarkeit in Krisensituationen") von Daten unter der Beachtung ggf. bestehender Rechtspositionen an den Daten ermittelt, Bedingungen und Grenzen der Nutzung, Auswertung und Weitergabe erhobener Daten untersucht und rechtliche Instrumente der Data Governance für die Nutzbarmachung im Projekt ResKriVer bewertet. Dieses Kapitel fasst zentrale Erkenntnisse der rechtlichen Begleitforschung zusammen, gibt einzelne Passagen der Forschungsgutachten[1] wieder und stellt die wichtigsten rechtlichen Rahmenbedingungen dar. Es wird aufgezeigt, welche rechtlichen Herausforderungen im Projekt ResKriVer gelöst werden konnten, wo die

---

[1] *Vogel/Besner*, Rechtliche Dokumentation im Projekt ResKriVer, Teil I und Teil II.

Datennutzung im Projekt an rechtliche Grenzen stieß und wo sich Anknüpfungspunkte für weiteres gesetzgeberisches Tätigwerden bieten.

Rechtliche Grundlagen der Dateninhaberschaft

Rechte an Daten, rechtliche Positionen von Dateninhabern und die Zugangs- wie Nutzungsmöglichkeiten von Daten hängen ganz wesentlich von Art und Inhalt der jeweiligen Daten und Informationen ab. Um eine vollständige Betrachtung vornehmen zu können, ist der Betrachtungsgenstand möglichst klar zu bestimmen.

Begriff der Lieferketteninformation

Der Betrachtungsgegenstand und das Zugangsobjekt im Rahmen der Untersuchung sind in erster Linie Lieferketteninformationen bzw. lieferkettenbezogene Daten. Für die Entwicklung, die Erprobung und den Regelbetrieb der ResKriVer-Use-Cases sind sie von zentraler Bedeutung. Um einen möglichst weiten, aber rechtlich bestimmbaren Begriff der Lieferketteninformation zugrunde zu legen, bedarf es zunächst einer Begriffsbestimmung. Weder das deutsche noch das europäische Recht halten eine Legaldefinition für den Begriff der Lieferketteninformation bereit. Eine erste Annäherung bietet aber das Lieferkettensorgfaltspflichtengesetz (LkSG), das mit § 2 Absatz 5 eine gesetzliche Definition für den Begriff der Lieferkette enthält. Demnach umfasst die Lieferkette im Sinne dieses Gesetzes alle Produkte und Dienstleistungen eines Unternehmens, samt aller Schritte im In- und Ausland, die zur Herstellung von Produkten und zur Erbringung von Dienstleistungen erforderlich sind,[2] angefangen von der Gewinnung der Rohstoffe bis zu der Lieferung an den Endkunden und erfasst

- das Handeln eines Unternehmens im eigenen Geschäftsbereich,
- das Handeln eines unmittelbaren Zulieferers und
- das Handeln eines mittelbaren Zulieferers.

Der Gesetzgeber nahm hier bewusst eine besonders weit gefasste Begriffsbestimmung vor, die alle Phasen der Wertschöpfung erfassen soll, also bei Sachgütern die Beschaffung (Gewinnung und Lieferung von Rohstoffen), die Produktion (Verarbeitung der Rohstoffe) und den Vertrieb (vgl. Drucksache 19/28649 19.04.2021). Dieses weite Begriffsverständnis entspricht auch den Anforderungen des ResKriVer-Projekts, in dem

---

[2] Das schließt den Transport und damit grundsätzlich auch Logistikunternehmen innerhalb der jeweiligen Lieferkette mit ein.

es eine globale Betrachtung von Lieferketten über sämtliche Akteure vom Rohstoff-produzenten bis hin zum Distributor konkreter Produkte erlaubt.

Gegenstand der rechtlichen Betrachtung sind damit alle Informationen über eine Lieferkette (z. B. geographische Informationen wie Produktionsstandorte und Trans-portrouten), Informationen, die zum Zwecke der Wertschöpfung in der Lieferkette ver-arbeitet werden (z. B. konkrete Informationen über Rohstoff- oder Produktmengen) und Informationen über die Akteure der Lieferkette (z. B. Adress-, Kontakt- oder Standort-daten von mittelbaren oder unmittelbaren Zulieferern). Auch wenn für detaillierte recht-liche Begutachtungen weitere Segmentierungen und Konkretisierungen des weiten Be-griffs „Lieferketteninformationen" erforderlich sind, erlaubt die abstrakte Definition eine möglichst vollständige Untersuchung hinsichtlich Daten- und Informationszugängen sowie Grenzen und Bedingungen der Weiterverwendung der Daten und Informationen.

Inhaberschaft von Lieferketteninformationen

Der Zugang zu Daten und Informationen mit Mitteln des Rechts hängt in der Praxis maßgeblich davon ab, wer über die Daten (ausschließlich) verfügt bzw. wer die Hoheit über die Daten hat. Für Lieferketteninformationen kommen dafür an erster Stelle die Unternehmen am „oberen Ende" der Lieferkette selbst in Betracht, also die Endherstel-ler und deren Tier-1-Lieferanten. Schon aus eigenwirtschaftlichen Interessen verfügen global agierende Unternehmen über einen umfangreichen Informationsbestand entlang der eigenen Lieferketten. Mittlerweile haben sich daneben auch sogenannte „Datenag-gregatoren" als Dienstleister im Supply Chain Management etabliert, die Lieferketten-informationen sammeln und bereitstellen. Neben dem privaten Sektor, der für Liefer-ketteninformationen den größten Dateninhaber darstellen dürfte, verfügt aber auch die öffentliche Verwaltung über zahlreiche Daten und Informationen, die vor allem im Rah-men der Wirtschaftsverwaltung und der Gefahrenabwehr erhoben werden. Nicht zuletzt können auch bei Verbrauchern einzelne, unter Umständen nützliche oder erforderliche Lieferketteninformationen vorliegen.

Die Inhaberschaft bzw. die Hoheit an den Daten beschreibt in diesem Zusammen-hang[3] die tatsächliche Verfügungsmacht, also die tatsächliche Kontrolle über die Daten (Martini/Kolain/Neumann/Rehorst/Wagner, 2021). Sie ergibt sich meist daraus, dass die Inhaber die Daten auf einer eigenen physischen Infrastruktur gespeichert haben, die Daten für eigene Zwecke verarbeiten und dabei Dritte nach eigenem Belieben von der Nutzung dieser Daten ausschließen oder sie auch daran beteiligen können.

---

[3] Der Begriff der Dateninhaberschaft wird hier nicht im Sinne der Legaldefinition des Art. 2 Nr. 13 Data Act verwendet.

Rechte an Lieferketteninformationen

Neben die rein tatsächliche Dateninhaberschaft treten unter Umständen auch konkrete Rechte bzw. Rechtspositionen an den Daten. Daten sind zwar als unkörperliche, immaterielle Güter nicht eigentumsfähig im Sinne des Zivilrechts. Das heißt, anders als an Sachen, gibt es an Daten kein Eigentum in Form eines absolut wirkenden Ausschließlichkeitsrechts (Hoeren, 2023). Das Immaterialgüterrecht und das Wettbewerbsrecht halten jedoch eine Reihe von Schutzinstrumenten bereit, auf die sich Dateninhaber unter gewissen Voraussetzungen berufen können. Für die Inhaberschaft von Lieferketteninformationen kommen insbesondere der Geschäftsgeheimnisschutz und der Datenbankschutz nach dem Urheberrecht infrage.

Geschäftsgeheimnisschutz

Das Gesetz zum Schutz von Geschäftsgeheimnissen (GeschGehG) gewährt den Geheimnisinhabern rechtlichen Schutz für wirtschaftlich bedeutsame Informationen, um Anreize für die Generierung wertvoller Informationen und eine Grundlage für den wirtschaftlichen Austausch solcher Informationen zu schaffen, sowie um die Kosten faktischer Geheimhaltungsmaßnahmen zu senken (Ohly, 2024). Besondere Bedeutung kommt dem Geschäftsgeheimnisschutz dort zu, wo keine anderen Schutzinstrumente des Immaterialgüterrechts greifen. Denn auch Informationen, die nicht z. B. vom Patentrecht oder dem Urheberrecht geschützt sind, können für den Inhaber, genau wie für nicht berechtigte Dritte, von enormem wirtschaftlichem Wert sein. Gemäß § 2 Nr. 1 GeschGehG handelt es sich bei einem Geschäftsgeheimnis um eine Information,

a. die weder insgesamt noch in der genauen Anordnung und Zusammensetzung ihrer Bestandteile den Personen in den Kreisen, die üblicherweise mit dieser Art von Informationen umgehen, allgemein bekannt oder ohne Weiteres zugänglich ist und daher von wirtschaftlichem Wert ist[4] und
b. die Gegenstand von den Umständen nach angemessenen Geheimhaltungsmaßnahmen durch ihren rechtmäßigen Inhaber ist und
c. bei der ein berechtigtes Interesse an der Geheimhaltung besteht.

Den Inhabern der Geschäftsgeheimnisse gewährt das GeschGehG Schutz gegen den unbefugten Zugang zu den Informationen. Handlungsverbote und Verfahrensregeln sollen die unbefugte Aneignung oder unbefugtes Kopieren von geheimnisrelevanten Dokumenten oder elektronischen Dateien unterbinden.

Für Lieferketteninformationen treffen die Voraussetzungen des § 2 Nr. 1 GeschGehG häufig zu: gerade wegen ihrem hohen wirtschaftlichen Wert für die haltenden

---

[4] Der wirtschaftliche Wert einer Information ergibt sich demnach zumindest auch aus der Unzugänglichkeit der Information.

Unternehmen besteht in der Regel ein berechtigtes Geheimhaltungsinteresse. Sie werden durch rechtliche (z. B. NDAs) wie tatsächliche (z. B. Verschluss, Verschlüsselung) Maßnahmen geschützt und sind so zum Inhaber konkurrierenden Unternehmen regelmäßig nicht oder nicht vollständig bekannt.

Für das ResKriVer-Projekt bedeutet das an vielen Stellen, dass benötigte Informationen nicht nur faktisch, sondern auch rechtlich unzugänglich sind. Vor allem der wirtschaftliche Wert, z. B. von Informationen über Zulieferer und Abnehmer in einer Lieferkette veranlasst informationshaltende Unternehmen zur Geheimhaltung. Nicht vom Schutz umfasst sind jedoch geheime Informationen, die Dritte durch eigenständige Entdeckung, Beobachtung oder Untersuchung erlangt haben, vgl. § 3 Abs. 1 GeschGehG. Durch sogenanntes Reverse Engineering oder durch logische Ableitung können also Informationen rechtmäßig erlangt werden, die eigentlich als Geschäftsgeheimnisse geschützt sind. Daneben kann es sich bei vielen Informationen über Lieferketten auch um branchenübliches Wissen handeln, das nicht geheim im Sinn des GeschGehG und damit zumindest rechtlich leichter zugänglich ist.

Urheberrecht

Für große Datensammlungen in Unternehmen kommt vor allem ein Datenbankschutz nach dem Urheberrecht infrage. Das Urheberrecht schützt zwar zunächst nur schöpferische Werke, also persönliche geistige Schöpfungen (dazu ausführlich Raue in Schulze/Dreier, Urheberrechtsgesetz, § 2, 8. Auflage 2025). Unter den Bedingungen der modernen Informationsgesellschaft wurde jedoch schnell deutlich, dass es weiterer Schutzinstrumente unterhalb der Schwelle der Schöpfungshöhe bedarf. Denn die Erhebung und Organisation von großen Informationsmengen ist oft mit hohen finanziellen Aufwänden und Risiken verbunden. Deshalb wurde aufgrund der EU-Datenbank-Richtlinie 96/9/EG unter anderem ein neues Schutzinstrument für Datenbanken in das Urhebergesetz aufgenommen. Hersteller von Datenbanken haben das ausschließliche Recht, die Datenbank insgesamt oder wesentliche Teil davon zu vervielfältigen, zu verbreiten und öffentlich wiederzugeben, vgl. § 87b Abs. 1 UrhG. Dabei handelt es sich nicht um ein Urheberrecht im klassischen Sinne, sondern um ein Leistungsschutzrecht eigener Art (sogenanntes Schutzrecht sui generis), das dem Inhaber einen zum Urheberrecht vergleichbaren, wenn auch etwas verkürzten Schutz gewährt (dazu ausführlich Dreier, 2025). Als Datenbanken geschützt sind gemäß § 87a UrhG Sammlungen von Werken, Daten oder anderen unabhängigen Elementen, die systematisch oder methodisch angeordnet und einzeln mithilfe elektronischer Mittel oder auf andere Weise zugänglich sind und deren Beschaffung, Überprüfung oder Darstellung eine nach Art oder Umfang wesentliche Investition erfordert. Auch diese Voraussetzungen können bei Lieferketteninformationen oder Teilen davon vorliegen. Gerade Informationssammlungen wie Kunden- oder Lieferantenlisten, Verzeichnisse von Rohstoffproduzenten oder Produktverzeichnisse werden innerhalb von Unternehmen teilweise über lange Zeiträume hinweg systematisch zusammengetragen und mit großen Aufwänden gepflegt.

Nicht geschützt sind dabei jedoch einzelne Informationen oder Daten für sich. Bei einem einzelnen Datum, z. B. in Form einer Information über die Lieferdauer eines gewissen Guts, handelt es sich schon begrifflich nicht um eine Datenbank, es fehlt an der systematischen oder methodischen Anordnung. Der Schutz des Leistungsschutzrechts gemäß §§ 87a ff. UrhG kann also immer erst durch die Zusammenstellung, Kombination oder Aggregation mit anderen Daten und Informationen entstehen. Das bedeutet für die Verwendung im ResKriVer-Kontext, dass einzelne Daten und Informationen ohne Verletzung des Urheberrechts erhoben, vervielfältigt und genutzt werden können. Auch lediglich unwesentliche Teile von Datenbanken sind grundsätzlich geschützt (das ergibt sich im Umkehrschluss aus dem Wortlaut des § 87b Abs. 1 S. 1 UrhG); allerdings nur, solange diese unwesentlichen Teile nicht wiederholt und systematisch genutzt werden (dazu ausführlich Dreier, 2025). In der Praxis stellt sich jedoch häufig das Problem, dass einzelne Daten kaum isoliert verfügbar, sondern in Datenbanken gespeichert sind. Einzelne Datensätze können zwar als unwesentliche Teile von Datenbanken verfügbar sein und dürften dann im Grundsatz vervielfältigt und weiter genutzt werden. Sobald unwesentliche Teile aber wiederholt und systematisch vervielfältigt werden, um sich so größere, mithin wesentliche Teile von Datenbanken zu erschließen, ist das Datenbankherstellerrecht berührt (Dreier, 2025).

Die hier dargestellten Schutzpositionen sind im Rahmen des Daten- und Informationszugangs von zentraler Bedeutung. Bei Datenzugangsrechten und Informationsansprüchen finden sie umfassende Berücksichtigung und führen oft zum Ausschluss eines Informationszugangs. Gleichzeitig gelten sie nicht grenzenlos; sie können auch zugunsten des Daten- und Informationszugangs zurücktreten.

Datenzugänge und Zugangsrechte

Die Aufgabe der rechtlichen Begleitforschung im ResKriVer-Projekt war es, die rechtlichen Möglichkeiten für den Zugang zu projektspezifischen Informationen zu ermitteln, zu prüfen und darzustellen. Im Folgenden wird ein Überblick über die wichtigsten und für das ResKriVer-Projekt vielversprechendsten Zugangsmöglichkeiten gegeben. Zu unterscheiden ist dabei zwischen konkreten Zugangsrechten und Datenbereitstellungspflichten einerseits und weiteren Zugangsmöglichkeiten, etwa in Form von Schranken der Dateninhaberschaft.

Datenzugangsrechte und -bereitstellungspflichten

Das Recht des Daten- und Informationszugangs hat sich innerhalb des letzten Jahrzehnts maßgeblich weiterentwickelt. Vornehmlich auf Unionsebene vorangetrieben, existieren mittlerweile neben dem Informationsfreiheitsrecht auch Open–Government-Data-Regelungen im Sinne einer Stärkung der Verwaltungstransparenz. Gegenüber privaten Dateninhabern stehen Verbrauchern und der Verwaltung durch den Data Act nun auch erstmals weitgehende produktbezogene Datenzugangsansprüche zur Verfügung. Der Digital Services Act gewährt in engen Grenzen Zugang zu Datenbeständen großer Online-Plattformen. Für das ResKriVer-Projekt können sie zumindest fragmentiert Informationen zugänglich und verwertbar machen.

Digital Services Act

Der Digital Services Act (DSA)[5] reguliert als europarechtliche Verordnung Dienste der Informationsgesellschaft, unter anderem, um den Risiken und Herausforderungen der sozialen Medien zu begegnen (Erwägungsgrund 1 des Digital Services Act). Dazu enthält die Verordnung in Art. 40 auch Zugangsrechte zu Datenbeständen von Anbietern sehr großer Online-Plattformen oder sehr großer Online-Suchmaschinen. Neben Zugängen für Aufsichtszwecke wird auch ein Zugang für Forschende gewährt, allerdings nur für Forschungen, deren Zweck die Aufspürung, die Ermittlung oder das Verständnis systemischer Risiken von großen Online-Plattformen oder Online-Suchmaschinen ist.

Für das ResKriVer-Projekt ist dieser Datenzugang daher nicht von großem Nutzen. Einerseits werden Daten nur für Forschungen zu den spezifischen Risiken von Social Media zugänglich gemacht. Das Social-Media-Monitoring im Rahmen des ResKriVer-Projekts verfolgt jedoch grundsätzlich andere Zwecke, wie z. B. die Identifikation und Klassifizierung neuer Ereignisse und Probleme oder die Erkennung von Gefahren und Risiken außerhalb von Social Media. Außerdem können Daten nur für Forschungsarbeiten, aber nicht für den Realbetrieb von ResKriVer-Diensten erlangt werden.

Data Act

Mit dem Ziel, Hindernisse bei der Datenweitergabe abzubauen und einen funktionierenden Binnenmarkt für Daten zu etablieren stellt der Data Act (zu deutsch „Datengesetz") einen zentralen Baustein der Europäischen Digitalstrategie dar. Als Verordnung[6] gilt der Data Act unmittelbar und ohne Umsetzung in das nationale Recht der Mitgliedstaaten in allen Unionsländern. Das wohl wichtigste Regelungsinstrument des Data Act sind die Datenzugangsansprüche des Kapitel II. Verbrauchern und Dritten werden darin konkrete Datenzugangsansprüche zu personenbezogenen und nicht-personenbezogenen Daten, die die Leistung, Nutzung und Umgebung von vernetzten Produkten und verbundenen Diensten betreffen, gewährt. Damit werden aber ausschließlich Daten, die bei der Nutzung von IOT-Geräten und -Diensten erzeugt werden, besser verfügbar gemacht.

Gemäß Art. 3 Abs. 1 Data Act sind Hersteller dazu verpflichtet, Produkte und verbundene Dienste so auszugestalten, dass die bei ihrer Nutzung erzeugten Daten standardmäßig für den Nutzer einfach, sicher und – soweit relevant und angemessen – direkt zugänglich sind.

Art. 4 Abs. 1 Data Act verpflichtet den Dateninhaber, dem Nutzer die bei der Nutzung eines Produktes oder verbundenen Dienstes erzeugten Daten unverzüglich, kostenlos und

---

[5] Als europarechtliche Verordnung gilt der DSA unmittelbar in allen Mitgliedstaaten.
[6] Die Bezeichnung „Act" bzw. „Gesetz" ist insofern verwirrend.

gegebenenfalls kontinuierlich und in Echtzeit auf dessen Verlangen zur Verfügung zu stellen, soweit der Nutzer nicht direkt vom Produkt aus auf die Daten zugreifen kann.

Einschränkungen gelten jedoch hinsichtlich des Schutzes von Geschäftsgeheimnissen, Art. 4 Abs. 6 Data Act bestimmt, dass Geschäftsgeheimnisse gewahrt und nur offengelegt werden, wenn vom Dateninhaber und vom Nutzer vor der Offenlegung alle Maßnahmen getroffen worden sind, die erforderlich sind, um die Vertraulichkeit der Geschäftsgeheimnisse, insbesondere gegenüber Dritten, zu wahren.

Nach Art. 5 Abs. 1 Data Act stellt der Dateninhaber auf Verlangen eines Nutzers oder einer im Namen eines Nutzers handelnden Partei die bei der Nutzung eines Produktes oder verbundenen Dienstes erzeugten Daten einem Dritten unverzüglich, für den Nutzer kostenlos, in derselben Qualität, die dem Dateninhaber zur Verfügung steht, und gegebenenfalls kontinuierlich und in Echtzeit bereit. Auch insoweit wird aber dem Geschäftsgeheimnisschutz ein Vorrang vor den Interessen am Datenzugang gewährt.

Gemäß Art 5 Abs. 9 Data Act sind neben allgemeinen Maßnahmen auch technische und organisatorische Maßnahmen vorgesehen, um die Vertraulichkeit der weitergegebenen Daten zu wahren. Wird zwischen dem Geheimnisinhaber und dem zugangsbegehrenden Dritten keine Einigung über diese Maßnahmen erzielt, erhält der Geschäftsgeheimnisschutz pauschal Vorrang gemäß § 5 Abs. 10 Data Act.

Daneben erhalten in Kapitel V öffentliche Stellen oder Organe, Einrichtungen oder sonstigen Stellen der Union, ein eigenes Zugangsrecht für Fälle der außergewöhnlichen Notwendigkeit. Dieses Zugangsrecht gilt für sämtliche Daten ohne die Einschränkung der Produkt- oder Dienstbezogenheit. Wenn eine zugangsberechtigte Stelle den Nachweis dafür erbringt, dass im Hinblick auf die Erfüllung ihrer rechtlichen Aufgaben im öffentlichen Interesse die außergewöhnliche Notwendigkeit der Nutzung bestimmter Daten besteht, sind die Dateninhaber gemäß Art. 14 Data Act zur Bereitstellung der begehrten Daten verpflichtet.

Wann eine solche außergewöhnliche Notwendigkeit besteht, ist in Art. 15 Data Act geregelt. Damit werden dem Datenzugangsrecht der öffentlichen Verwaltung enge Grenzen gesetzt. Außer in Fällen öffentlicher Notstände wird die öffentliche Verwaltung zunächst auf den Datenmarkt verwiesen. Problematisch ist zudem, dass im Anwendungsbereich des Kapitel V Daten nur auf formelle Bereitstellungsverlangen hin zur Verfügung gestellt werden müssen. Damit ermöglicht der Data Act für öffentliche Stellen nur eine reaktive Datenerhebung und gerade keine proaktive oder antizipierende Erfassung.

Im Kontext des ResKriVer-Projekts können die Datenzugangsrechte des Data Act aber dennoch zu einem Informationsgewinn beitragen. Vernetzte Produkte finden nämlich nicht nur als Verbrauchergeräte weite Verbreitung, sondern auch in der vernetzten Industrie. Sie kommen in allen Bereichen der Wirtschaft und Gesellschaft vor, einschließlich in privaten, zivilen oder gewerblichen Infrastrukturen, Fahrzeugen, medizinischer Ausrüstung, Schiffen, Fluggeräten, Medizin- und Gesundheitsprodukten oder landwirtschaftlichen und industriellen Maschinen und Anlagen, vgl. Erwägungsgrund 14 des Data Act. Je mehr vernetzte Produkte in vollständig digital betriebenen und vernetzten

Lieferketten zum Einsatz kommen, umso mehr „Datenquellen"[7] erschließen sich grundsätzlich. Problematisch ist aber, dass die Partner des ResKriVer-Projekts in den seltensten Fällen selbst Nutzer dieser Produkte und damit Zugangsberechtigte sein werden. In der Rolle eines Dritten kann das ResKriVer-Projekt aber mittelbar von Datenweitergabeverlangen der tatsächlichen Nutzer profitieren.

Ebenfalls mittelbar könnten Daten für das ResKriVer-Projekt verfügbar werden, die von der öffentlichen Verwaltung aufgrund einer außergewöhnlichen Notwendigkeit angefordert oder aufgrund anderer Rechtsvorschriften bei Unternehmen erhoben wurden. Ein im Zuge der Begleitforschung durchgeführtes Normenscreening hat ergeben, dass allein im Bundesrecht 4163 Vorschriften zur staatlichen Datenerhebung existieren, darunter finden sich 925 Vorschriften mit mittelbarem oder unmittelbarem Lieferkettenbezug. Die öffentliche Verwaltung verfügt damit über einen umfassenden Daten- und Informationsfundus. Für das ResKriVer-Projekt kann dieser Fundus über Open Government Data und das Informationsfreiheitsrecht nutzbar gemacht werden.

Open Government Data

Der Begriff Open Government Data beschreibt Datenbestände des öffentlichen Sektors, die von Staat und Verwaltung im Interesse der Allgemeinheit der Gesellschaft ohne jedwede Einschränkung zur Nutzung, Weiterverbreitung und zur Weiterverwendung frei zugänglich gemacht werden (Von Lucke/Geiger, 2010).

Auf Grundlage europarechtlicher Richtlinien fanden gesetzliche Bereitstellungspflichten für Open Government Data Einzug in das Verwaltungsrecht von Bund und Ländern. Bundesbehörden verpflichtet § 12a des E-Government-Gesetzes (EGovG) dazu, unbearbeitete maschinenlesbare Daten, die sie zur Erfüllung ihrer öffentlich-rechtlichen Aufgaben erhoben haben oder durch Dritte in ihrem Auftrag haben erheben lassen, zum Datenabruf über öffentlich zugängliche Netze bereit zu stellen. Hierbei handelt es sich um eine proaktive Bereitstellungspflicht, das heißt die Behörden müssen diese Daten ohne vorherigen Antrag oder Zugangsverlangen stets und kontinuierlich online verfügbar machen. Von dieser Pflicht erfasst werden aber nur Rohdatensätze von Verwaltungsdaten, also solche die neben der Erhebung und ggf. Strukturierung keine weitere Verarbeitung erfahren haben. Einschränkungen der Bereitstellungspflicht gelten für den Schutz personenbezogener Daten, den Schutz behördlicher Entscheidungsprozesse und den Schutz von Immaterialgütern und Geschäftsgeheimnissen. Vergleichbare Regelungen mit Bereitstellungspflichten für Open Government Data finden sich auch in landesrechtlichen Verwaltungsgesetzen, allerdings nicht flächendeckend. Neben den allgemeinen Bereitstellungspflichten in Bundes- und Landesrecht gibt es außerdem sektorspezifische Bereitstellungspflichten, etwa für Geodaten, Umwelt- oder Verbraucherinformationen.

---

[7] Dafür kommen auch Tracking-Systeme wie RFID, GPS, AIS von Produkten und Containern in Betracht.

Bei Daten, die eine Behörde etwa aufgrund einer Datenanforderung gem. Art. 14 Data Act oder aufgrund der zahlreichen Informationserhebungsbefugnisse des Wirtschaftsverwaltungsrechts erhalten hat, handelt es sich regelmäßig um zu bereitstellenden Datensätze. Verfügbar gemacht werden die Daten auf dem zentralen Meta-Daten-Portal von Bund, Ländern und Kommunen, *govdata.de*. Für das ResKriVer-Projekt können grundsätzlich sämtliche dort verfügbaren Open-Government-Data-Bestände ohne Einschränkungen genutzt und auch wirtschaftlich verwertet werden.

Problematisch an der rechtlichen Ausgestaltung der Open-Data-Bereitstellungspflichten in Bund und Ländern ist jedoch häufig, dass es keinen korrespondierenden Anspruch auf die Bereitstellung gibt. Das bedeutet, dass nicht erfüllte Bereitstellungspflichten nicht gerichtlich einklagbar sind und damit Verletzungen für die verpflichteten Behörden grundsätzlich folgenlos bleiben (Richter, 2023).

Informationsfreiheitsrecht

Anders als das Open-Government-Data-Recht normiert das Informationsfreiheitsrecht einen subjektiven Anspruch auf Zugang zu amtlichen Informationen. Gemäß § 1 Absatz 1 Satz 1 des Informationsfreiheitsgesetzes (IFG) hat jedermann gegenüber den Behörden des Bundes einen Anspruch auf Zugang zu amtlichen Informationen. Den Begriff der amtlichen Information definiert § 2 Nr. 2 IFG als jede amtlichen Zwecken dienende Aufzeichnung, unabhängig von der Art ihrer Speicherung. Wie auch bei Open Government Data findet der Informationszugang jedoch seine Grenzen im Schutz personenbezogener Daten, im Schutz behördlicher Entscheidungsprozesse und im Schutz von Immaterialgütern und Geschäftsgeheimnissen. Für Informationszugänge bei Landesbehörden sind die landesrechtlichen Parallelregelungen heranzuziehen.

Für das ResKriVer-Projekt kann das Informationsfreiheitsrecht stets nur Zugang zu einzelnen Daten oder Datensätzen gewähren, die bei der Antragstellung auf Zugang konkret zu bezeichnen sind. Der Antrag auf Zugang muss hinreichend bestimmt und die begehrte Information möglichst genau beschrieben sein (Schoch, 2024). Schwierigkeiten können sich bei der Wahl des Antragsadressaten, also der datenhaltenden Behörde, ergeben. Globalanträge, also Anträge, die auf Zugang oder zumindest auf Überblick aller Datenbestände einer Behörde gerichtet sind, sind zwar nicht pauschal unzulässig, aber regelmäßig nicht hinreichend bestimmt. Außerdem geht ihre Beantwortung oft mit enormen Verwaltungsaufwänden einher.

Einen umfassenden Informationsbestand mit den Mitteln des Informationsfreiheitsrechts zusammenzutragen ist daher für die Zwecke des ResKriVer-Projekts mit hohen Aufwänden verbunden, vor allem da zahlreiche und ggf. aufwendige Anträge gestellt werden müssen.

Neben konkreten Datenzugangsrechten und Bereitstellungspflichten können auch öffentlich frei verfügbare Informationsquellen herangezogen werden. Im Rahmen der rechtswissenschaftlichen Begleitforschung wurden dazu insbesondere die Rahmenbedingungen des Text- und Data Mining untersucht.

Text und Data Mining

Als urheberrechtliche Schranke[8] erlaubt § 44b Abs. 2 UrhG die Vervielfältigung von rechtmäßig zugänglichen, urheberrechtlich geschützten Werken für die Zwecke des Text und Data Mining. Gemäß § 44b Abs. 1 UhrG handelt es sich bei Text und Data Mining um die automatisierte Analyse von einzelnen oder mehreren digitalen oder digitalisierten Werken, um daraus Informationen zu gewinnen, insbesondere über Muster, Trends oder Korrelationen. Solche Analysen können durchaus dazu beitragen, große Datenmengen, etwa über frei verfügbare Lieferketteninformationen zu sammeln. Einschränkend zu beachten ist aber, dass der Rechteinhaber des rechtmäßig zugänglichen Werks sich die im Rahmen des § 44b Abs. 2 UrhG zulässigen Nutzungen auch vorbehalten kann. Dazu ist bei einem online zugänglichen Werk ein Nutzungsvorbehalt in maschinenlesbarer Form erforderlich, vgl. § 44b Abs. 3 UrhG. Eine solcher Nutzungsvorbehalt kann dabei auch innerhalb von AGB oder Impressumsangaben erklärt werden, sofern er (auch) maschinenlesbar ist (Dreier, 2025). Falls der Rechtsinhaber dem Text und Data Mining auf seiner Plattform wirksam widerspricht oder nur gegen Gegenleistung ermöglicht, ist das Text und Data Mining zu kommerziellen Zwecken nicht zulässig. Weitergehende Privilegierungen beim Text- und Data Mining ergeben sich für Zwecke der wissenschaftlichen Forschung nach § 60d UrhG. So kann dem Text und Data Mining für Forschungszwecke nicht durch Nutzungsvorbehalt widersprochen werden. Für den Regelbetrieb von ResKriVer-Diensten greifen die Privilegierungen des § 60d UrhG jedoch nicht, sodass etwaige Nutzungsvorbehalte zu beachten sind.

Grundsätzlich bietet die urheberrechtliche Schranke für Text- und Data Mining ein wichtiges Instrument für das Verfügbarmachen und vor allem für das rechtmäßige automatisierte Speichern und Weiterverarbeiten von öffentlich zugänglichen Informationen. Problematisch ist hierbei aber, dass in der Praxis sehr umfangreich von Nutzungsvorbehalten Gebrauch gemacht wird. Zwingende Voraussetzung ist außerdem, dass begehrte oder erforderliche Daten auch tatsächlich öffentlich frei zugänglich sind.

Berichtspflichten nach dem LkSG

Als möglichst konkret projektbezogene, frei verfügbare Datenquelle wurden Berichte nach dem Lieferkettensorgfaltspflichtengesetz (LkSG) in die Untersuchung einbezogen. Das LkSG legt zur Verbesserung der internationalen Menschenrechtslage Unternehmen im Inland ab einer gewissen Größe Sorgfalts- und Dokumentationspflichten in Bezug auf ihre Lieferketten auf. Eine unmittelbare Pflicht zur vollständigen Dokumentation von Lieferkettenbeziehungen, ist dabei aber nicht vorgesehen, insbesondere nicht produktspezifisch.

Der jährliche Bericht zur Erfüllung der Sorgfaltspflichten gem. § 10 Abs. 2 LkSG kann zumindest in Teilen Aufschluss über Beteiligte und Strukturen von Lieferketten

---

[8] Als Schranken werden im Urheberrecht Vorschriften bezeichnet, die gewisse urheberrechtlich relevante Nutzungen erlauben und so die Rechte der Inhaber beschränken.

geben. In den diesen Berichten müssen Unternehmen etwaige identifizierte menschenrechtliche und umweltbezogene Risiken oder Verletzungen menschenrechts- oder umweltbezogener Pflichten darlegen, vgl. § 10 Abs. 2 S. 2 Nr. 1 LkSG. Da hierbei gemäß § 10 Abs. 4 LkSG der Wahrung von Betriebs- und Geschäftsgeheimnissen umfassend Rechnung getragen werden kann, bleibt die Aussagekraft hinsichtlich Struktur und Beteiligter der Lieferkette aber überschaubar.

Eine Durchsicht der bereits veröffentlichen Berichte förderte kaum lieferkettenspezifische Informationen zu Tage, die für das ResKriVer-Projekt von Nutzen wären. Das liegt zunächst daran, dass die meisten verpflichteten Unternehmen gemäß § 10 Abs. 3 LkSG nur einen verkürzten Bericht mit den Inhalten nach § 10 Abs. 2 S. 2 Nr. 2 LkSG veröffentlichen müssen. Darüber hinaus werden auch im Anwendungsbereich des LkSG die meisten lieferkettenspezifischen Informationen von den verpflichteten Unternehmen vermutlich als Geschäftsgeheimnisse behandelt und damit nicht veröffentlicht.

Rahmenbedingungen für die Datenverarbeitung

Auch wenn Daten und Informationen auf rechtmäßige Weise erlangt werden, gilt es bei der Verarbeitung und Verwendung der Daten weitere Rahmenbedingungen einzuhalten. Von wesentlicher Bedeutung sind dabei das Datenschutzrecht, und dort wo KI-Systeme zum Einsatz kommen, künftig auch die Regulierung Künstlicher Intelligenz durch den AI Act.

Datenschutzrecht

Für die Verarbeitung von personenbezogenen Daten, also Informationen, die sich auf eine identifizierte oder identifizierbare natürliche Person beziehen, sind umfangreiche Voraussetzungen und Pflichten der Datenschutz-Grundverordnung, des Bundesdatenschutzgesetzes und ggf. der Landesdatenschutzgesetze zu beachten. Personenbezogene Daten können im ResKriVer-Kontext an verschiedensten Stellen verarbeitet werden. Namens-, Adress-, und Kontaktdaten sind oft Bestandteil von Lieferketteninformationen, Drohnenaufnahmen können Gesichter erkennen lassen und im Rahmen von Social-Media-Monitoring werden Posts unter Klarnamen oder zuordenbaren Pseudonymen ausgewertet.

Um den Pflichten des Datenschutzrechts (dazu ausführlich Heckmann/Scheurer, 2024) gänzlich zu entgehen, könnte schlechthin auf die Verarbeitung personenbezogener Daten verzichtet werden. Das würde die angestrebte Verwirklichung der Verarbeitungsziele im ResKriVer-Kontext aber ungemein erschweren, an manchen Stellen dürfte das sogar unmöglich sein. In diesem Zusammenhang ist die Diskussion über die Reichweite des Personenbezugs weiter im Blick zu behalten. Während bisher ein absolutes, sehr weitgehendes Verständnis über den Personenbezug von der rechtswissenschaftlichen Auseinandersetzung, den Datenschutzaufsichtsbehörden und den Gerichten verfolgt wurde, lässt der EuGH in Teilen ein weniger weitgehendes, relatives Verständnis durchblicken (Gola, 2022). Diesem Verständnis folgend würden weniger Daten Personenbezug aufweisen und deren Verarbeitung so aus dem Anwendungsbereich der DSGVO fallen.

Für die unerlässliche Verarbeitung personenbezogener Daten sollte stets geprüft werden, ob eine Anonymisierung oder Pseudonymisierung der Daten infrage kommt, ohne dabei Nutzungsmöglichkeiten einzubüßen. Vollständig anonymisierte Daten können dann ohne Anwendung des Datenschutzrechts weiterverarbeitet werden. Aber auch die Verarbeitung nicht anonymisierter oder pseudonymisierter personenbezogener Daten ist bei Vorliegen eines Erlaubnistatbestands möglich. Hierfür kommen vor allem Einwilligungen der betroffenen Personen nach Art. 6 Abs. 1 buchst. a) DS-GVO sowie die Wahrnehmung berechtigter Interessen nach Art. 6 Abs. 1 buchst. f) DS-GVO in Betracht. Als datenschutzrechtlich verantwortliche Stelle ist der verarbeitende ResKriVer-Partner dabei aber an die datenschutzrechtlichen Vorgaben gebunden.

AI Act

Kernbausteine des ResKriVer-Projekts sind KI-Systeme. Deren Entwicklung und Betrieb unterfällt den Vorgaben der Europäischen Verordnung über Künstliche Intelligenz (kurz AI Act).[9] Diese erste, umfassende Regulierung von Künstlicher Intelligenz verfolgt einen risikobasierten Regulierungsansatz und teilt dazu KI-Systeme in verschiedene Risikostufen ein, die unterschiedlich weitreichende Anbieter- und Betreiberpflichten nach sich ziehen. Als Basis für die Kategorisierung werden sowohl Intensität als auch Umfang potenzieller Risiken der KI-Systeme herangezogen (Bronner, 2024). Dabei wird im Wesentlichen zwischen Systemen mit unannehmbaren Risiken, die verboten werden, Hochrisiko-Systemen und Lowrisk-Systemen unterschieden.

Im Rahmen der rechtswissenschaftlichen Begleitforschung konnte nur überblicksartig geprüft werden, im welche Risikokategorie die im ResKriVer-Projekt eingesetzten KI-Systeme fallen und welche Pflichten sich für einen etwaigen Realbetrieb ergeben würden. Eine abschließende Prüfung war nicht möglich, da sich das ResKriVer-Projekt und seine Komponenten noch im Forschungsstadium und der AI-Act noch im Gesetzgebungsprozess befanden. Für die eine Kategorisierung als System mit unannehmbaren Risiken waren dabei keine Anhaltspunkte ersichtlich. Auch eine Kategorisierung als Hochrisiko-System, die umfassende Anbieter- und Betreiberpflichten mit sich brächte, konnte nicht zweifelsfrei vorgenommen werden. Die Pflichten für das ResKriVer-Konsortium als Anbieter bzw. Betreiber von KI-Systemen bleiben nach dieser summarischen Prüfung also überschaubar. Für einen etwaigen Realbetrieb ist jedoch eine erneute Auseinandersetzung mit dem am 1. August 2024 in Kraft getretenen AI-Act, dessen Risikokategorisierung und den daraus resultierenden Pflichten unabdingbar.

---

[9] Als europarechtliche Verordnung gilt der AI Act unmittelbar in allen Mitgliedstaaten.

Lösungsansatz

Im Rahmen der rechtswissenschaftlichen Begleitforschung wurde auch untersucht, ob neue Instrumente der europarechtlichen Data Governance eine Verbesserung der Datenverfügbarkeit erreichen können. Auch mit dem Data Governance Act (DGA)[10] möchte die EU die Bedingungen für die gemeinsame Datennutzung im Binnenmarkt verbessern, dazu einen harmonisierten Rahmen für den Datenaustausch schaffen sowie bestimmte grundlegende Anforderungen an die Data Governance festlegen, vgl. Erwägungsgrund 3 des Data Governance Act. Eine zentrale Rolle sollen dabei Datenvermittlungsdienste in der Funktion als Datentreuhänder der Datenwirtschaft spielen (Tolks, 2022). Als Match-Making-Plattformen zwischen Datennutzern und Rechteinhabern der Daten sollen sie den Datenaustausch erleichtern (Hennemann/von Ditfurth, 2022). Es wurde umfangreich untersucht, unter welchen Voraussetzungen sich das ResKriVer-Projekt oder einzelne Konsortialpartner als Datenvermittlungsdienst betätigen können.

Datenvermittlungsdienste haben zwar umfangreiche Pflichten zu erfüllen. Die strenge Regulierung von Datenvermittlungsdiensten stattet sie aber nach der Konzeption des DGA auch mit einem besonderen Vertrauen in der Datenwirtschaft aus. In diesem Sinne verlangt zunächst das Neutralitätsgebot, dass Datenvermittlungstätigkeiten und Datennutzungs- bzw. Verarbeitungstätigkeiten von getrennten juristischen Personen erbracht werden. Vermittlungsdienste sollen damit zur Vermeidung von Interessenkonflikten streng auf die Rolle von reinen Datenmittlern begrenzt werden (Schuhmacher/Lück, 2024). Eine vollständige wirtschaftliche Unabhängigkeit oder Weisungsungebundenheit wird aber nicht verlangt (Schreiber/Pommerening/Schoel, 2023).

Im ResKriVer-Kontext müssten also mindestens zwei juristische Personen geschaffen werden, die organisatorisch hinreichend voneinander getrennt agieren. Zur Wahl der Rechtsform macht der DGA aber keine Vorgaben.

Der Betrieb eines Datenvermittlungsdienstes ist nicht genehmigungspflichtig, muss aber angemeldet werden. Darüber hinaus kann auch ein freiwilliges Zertifizierungsverfahren durchlaufen werden, das zur Verwendung eines unionsweit einheitlichen Logos für registrierte Datenvermittlungsdienste berechtigt. Eine solche Zertifizierung könnte weiteres Vertrauen mit sich bringen und sollte daher in Erwägung gezogen werden.

Schließlich gelten auch umfassende materiell-rechtliche Pflichten für Datenvermittlungsdienste, insbesondere eine strenge Zweckbindung bei der Datenverarbeitung und Vorgaben zur Datensicherheit.

Es verbleiben jedoch ausreichende Spielräume, die spezifischen Interessen des Projekts zu berücksichtigen. Von Dritten erhaltene Daten können z. B. anonymisiert bzw. pseudonymisiert oder direkt so formatiert werden, dass sie sich möglichst gut für die Weiterverarbeitung durch ResKriVer-Dienste eignen. Anonymisierungsdienste des

---

[10] Als europarechtliche Verordnung gilt der Data Governance Act unmittelbar in allen Mitgliedstaaten.

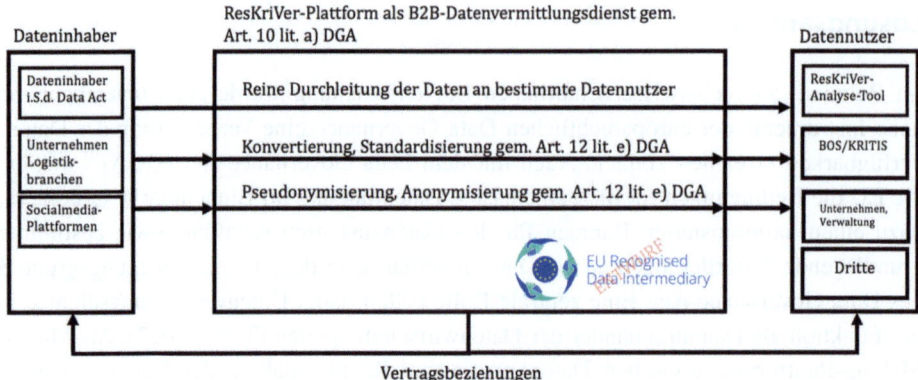

Abb. 1 ResKriVer-Plattform als Datenvermittlungsdienst des ResKriVer-Ökosystems gemäß *Vogel/Besner*, Rechtliche Dokumentation im Projekt ResKriVer, Teil II

Vermittlungsdienstes könnten auch dazu beitragen, Datenteilungshemmnisse aufseiten der Dateninhaber abzubauen, die ihre Daten vor eine Weitergabe ansonsten selbst aufwendig anonymisieren oder konvertieren müssten (Abb. 1).

Empfehlungen

- Für den Realbetrieb von ResKriVer-Diensten ist eine erneute Auseinandersetzung mit dem AI-Act, dessen Risikokategorisierung und den daraus resultierenden Pflichten erforderlich.
- Daten und Informationen, die dem Geschäftsgeheimnisschutz unterliegen, können nur durch eigene Beobachtung oder logische Schlussfolgerungen gewonnen werden, wenn sie nicht vom Rechteinhaber zur Verfügung gestellt werden.
- Um datenschutzrechtliche Pflichten soweit wie möglich zu vermeiden, sollte weitestgehend auf die Verarbeitung personenbezogener Daten verzichtet werden. Wenn personenbezogene Daten verarbeitet werden, sollten sie anonymisiert oder pseudonymisiert werden.
- Mit der Betätigung als Datenvermittlungsdienst könnte die Bereitschaft Dritter, Daten mit ResKriVer-Partnern zu teilen, gesteigert werden. Damit einher gehen aber umfangreiche organisatorische, technische und rechtliche Pflichten.

Fazit und Ausblick

Das Recht an Daten und der Datennutzung hält derzeit noch keine Zugangsmöglichkeiten zu Lieferketteninformationen in dem Umfang bereit, wie es für die Umsetzung des ResKriVer-Projekts erforderlich wäre. Die Politik hat den gesetzgeberischen

Handlungsbedarf auf dem Weg zu einer umfangreichen wirtschaftlichen wie gemeinnützigen Datennutzung im europäischen Binnenraum zwar erkannt, die datenrechtlichen Regulierungsvorhaben fokussieren sich derzeit aber noch stark auf die Etablierung von Datenteilungsinfrastrukturen und Vorgaben für die Data Governance. Der Data Act erfüllt dabei eine Doppelrolle als „Allgemeiner Teil" des Datenrechts sowie als Datenzugangsregulierung mit konkreten Datenzugangsansprüchen. Auf weitere Datenzugangsmöglichkeiten lässt die Europäische Datenstrategie durchaus hoffen: Mit der Ausgestaltung der europäischen Datenräume wird mit großer Wahrscheinlichkeit eine bessere Datenverfügbarkeit für die Sektoren Gesundheit, Mobilität und Energie einhergehen.

Literatur

Bronner, Pascal (2024): Risikoklassifizierung, Risikobewertung und Risikominimierung nach der KI-Verordnung, Eine erste Analyse des risikobasierten Regulierungsansatzes der KI-VO, KIR 2024, S. 55 ff., München, C.H. Beck Verlag

Dreier, Thomas (2025): Kommentierung zu § 87b UrhG, in: Dreier, Thomas; Schulze, Gernot (Hrsg.), Urheberrechtsgesetz, 8. Auflage 2025, München, C.H. Beck Verlag

Drucksache 19/28649 (19.04.2021), abrufbar unter: https://www.google.com/url?sa%3Dt%26source%3Dweb%20rct%3Dj&opi%3D89978449%20url%3Dhttps://dserver.bundestag.de/btd/19/286/1928649.pdf%20ved%3D2ahUKEwj5moiH4tCLAxX5JhAIHQwZH9YQFnoECBwQAQ&usg%3DAOvVaw3wOQfgSvxO4MUVWJrm_97r (abgerufen am 19.02.2025)

Europäische Kommission (2020): Eine europäische Datenstrategie, Brüssel, 2020, abrufbar unter: https://eur-lex.europa.eu/legal-content/EN/TXT/?uri%3DCELEX%3A52020DC0066 (abgerufen am 19.02.2025)

Gola, Peter (2022): Kommentierung zu Artikel 4 DS-GVO, in: Gola, Peter; Heckmann, Dirk (Hrsg.), Datenschutz-Grundverordnung – Bundesdatenschutzgesetz, 3. Auflage 2022, München, C.H. Beck Verlag

Heckmann, Dirk; Paschke, Anne (2022): Kommentierung § 103, Datenschutz, in: Stern, Klaus; Sodan, Helge; Möstl, Markus (Hrsg.), Das Staatsrecht der Bundesrepublik Deutschland im europäischen Staatenverbund, 2. Auflage 2022, München, C.H. Beck Verlag

Heckmann, Dirk; Scheurer, Martin (2024) in Heckmann, Dirk; Paschke, Anne (Hrsg.), jurisPK-Internetrecht, Kapitel 9, 8. Auflage 2024, Juris Verlag, Saarbrücken

Hennemann, Moritz; von Ditfurth, Lukas (2022): Datenintermediäre und Data Governance Act, NJW 2022, S. 1905 ff., München, C.H. Beck Verlag

Hoeren, Thomas, Alibaba und das Dateneigentum – 25 Jahre später, Zuordnung der Ausschließlichkeitsrechte, MMR 2023, S. 32 ff., München, C.H. Beck Verlag

Martini, Mario; Kolain, Michael; Neumann, Katja; Rehorst, Tobias; Wagner, David (2021): Datenhoheit, Annäherung an einen offenen Leitbegriff, MMR 2021, S. 3 ff., München, C.H. Beck Verlag

Ohly, Ansgar (2024): Grundlagen, Entwicklung und Struktur des Schutzes von Geschäftsgeheimnissen, in: Harte-Bavendamm, Henning; Ohly, Ansgar; Kalbfus, Björn (Hrsg.), Gesetz zum Schutz von Geschäftsgeheimnissen, 2. Auflage 2024, München, C.H. Beck Verlag

Richter, Heiko (2023): Transparenzgesetz des Bundes und „Rechtsanspruch auf Open Data", Teil 1: Positive Funktionen von Ansprüchen und konzeptionelle Lehren aus bestehenden Open-

Data-Regeln und Transparenzgesetzen in Deutschland, ZGI 2023, S. 159 ff., München, C.H. Beck Verlag

Schoch, Friedrich (2024): Kommentierung zur § 7 IFG, in: Schoch, Friedrich, Informationsfreiheitsgesetz, 3. Auflage 2024, München, C.H. Beck Verlag

Schreiber, Kristina; Pommerening, Patrick; /Schoel, Philipp (2023): Das neue Recht der Daten-Governance, 1. Auflage 2023, Nomos Verlag, Frankfurt am Main

Schuhmacher, Pascal; Lück, Mirjam (2024): Kommentierung zu Artikel 12 DGA, in: Paschke, Anne; Rücker, Daniel (Hrsg.), Data Governance Act, 2024, München, C.H. Beck Verlag

Tolks, Daniel (2022): Die finale Fassung des Data Governance Act, Erste Schritte in Richtung einer europäischen Datenwirtschaft, MMR 2022, S. 444 ff., München, C.H. Beck Verlag

Von Lucke, Jörn; /Geiger, Christian (2010): Open Government Data, frei verfügbare Daten des öffentlichen Sektors, Version vom 3.12.2010, abrufbar unter: https://www.zu.de/institute/togi/assets/pdf/TICC-101203-OpenGovernmentData-V1.pdf (abgerufen am 19.02.2025)

Verbesserung der Versorgung im Krisen-/Katastrophenfall

Datenverfügbarkeit in Krisensituationen

Thomas Hoppe, Rolf Fricke und Paul Geoerg

Kernaussagen

1. Das Internet stellt zwar eine Menge an Daten zur Verfügung, aber nicht alle Informationen sind frei verfügbar.
2. Zur Steigerung der Resilienz von Lieferketten ist es notwendig bereits frühzeitig mit der proaktiven Datenerfassung zu beginnen, spätestens jedoch, wenn sich die ersten Anzeichen für eine Krise abzeichnen.
3. Neben Informationen über Lieferanten, Produzenten, Logistikunternehmen und Transportwege, werden Informationen über Transportmittel, Produkte, deren Komponenten und spezifische Points-of-Interest benötigt, um Lieferketten abbilden und die Auswirkungen von Disruptionen ermitteln zu können.
4. Über Soziale Netzwerke können Informationen über Krisenereignisse und Lieferketten hinsichtlich Risiken oder Störungen gewonnen werden, die über die etablierten Kommunikationswege nicht oder nur langsam verteilt werden.
5. Die zu Lieferketten erfassten Informationen können dazu genutzt werden, das Social-Media-Monitoring zur Identifikation von Disruptionen zu steuern.

T. Hoppe (✉)
Fraunhofer-Institut für Offene Kommunikationssysteme (FOKUS), Berlin, Deutschland
E-Mail: thomas.hoppe@fokus.fraunhofer.de

R. Fricke
Condat AG, Berlin, Deutschland
E-Mail: rolf.fricke@condat.de

P. Geoerg
vfdb e. V., Münster, Deutschland
E-Mail: geoerg@vfdb.de

© Der/die Autor(en), exklusiv lizenziert an Springer Fachmedien Wiesbaden GmbH, ein Teil von Springer Nature 2025
T. Hoppe und R. Fricke (Hrsg.), *Resiliente krisenrelevante Versorgungsnetze*,
https://doi.org/10.1007/978-3-658-48639-6_3

6. Für das Monitoring von Social-Media-Daten wird eine Anwendung benötigt, die Nutzer bei der kontinuierlichen Überwachung, Klassifikation, Anzeige, Sortierung, Filterung, Analyse und Validierung unterstützt.

Einleitung[1]

Eines der Ziele des ResKriVer-Projektes war die Erhöhung der Resilienz von Lieferketten in Krisen- und Katastrophensituationen. Um die Verfügbarkeit von Lieferketten zu erhöhen, ist es einerseits wichtig, alle ihre Schwachpunkte und betroffene Elemente zu identifizieren, andererseits ist es wichtig, beim Eintritt von Disruptionen Engpasssituationen zu erkennen und Lösungen für diese Engpässe zu finden. Grundlage für beide Fragen bilden Daten über die Lieferketten.

In der Regel sind Katastrophensituationen singuläre Ereignisse[2], d. h. die gleichen Arten von Katastrophen können sich wiederholen, unterscheiden sich aber in ihrer Ausprägung und ihren Auswirkungen. Sie sind sowohl zeitlich als auch räumlich begrenzt, ihre Bewältigung muss sich an den jeweiligen Gegebenheiten orientieren. Die Katastrophenhilfe wird durch einen kleinen Kreis von Behörden der öffentlichen Sicherheit (BOS[3]) realisiert, die sich auf eine große Vielfalt an Katastrophenszenarien vorbereiten müssen. Die Resilienz ihrer Lieferketten muss daher für eine Vielzahl von unterschiedlichsten Gütern sichergestellt werden.

Betroffen von den durch Katastrophen ausgelösten Krisen und anderen Krisenarten sind jedoch in der Regel unterschiedlichste Unternehmen der gewerblichen Wirtschaft. Die Resilienz der Lieferketten von produzierenden Unternehmen kann kaum in der gesamten Bandbreite aller Branchen sichergestellt werden und muss daher durch jedes Unternehmen einzeln für seine wichtigsten Lieferketten gesichert werden.

Selbst wenn die Krisen auf identische Ursachen zurückführbar sind und ähnliche Rahmenbedingungen besitzen, werden ihre Ausprägungen und Auswirkungen wahrscheinlich variieren, wodurch sie sich in ihrer Vergleichbarkeit begrenzen. Hieraus kann abgeleitet werden, dass zwar in der einzelnen Krise eine große Menge an Informationen und Daten generiert werden, dass diese aber durch ihre zeitliche und räumliche Einzigartigkeit und ihren individuellen Charakter kaum verallgemeinerbar sind. Es folgt weiter, dass maschinelle Lernverfahren kaum sinnvoll einsetzbar sein werden, um aus den

---

[1] Die Inhalte dieses Kapitels wurden im Rahmen des vom Bundesministerium für Wirtschaft und Klimaschutz geförderten Projekts ResKriVer (Förderkennzeichen 01MK21006) erarbeitet.

Aus Gründen der leichteren Lesbarkeit wird in diesem Kapitel für Personenbezeichnungen das generische Maskulinum stellvertretend für alle Geschlechter verwendet.

[2] Würden sie regelmäßig oder häufiger auftreten, könnten sie in der regulären Planung und Vorsorge von Organisation berücksichtigt werden.

[3] Behörden und Organisationen mit Sicherheitsaufgaben.

Krisen-/Katastrophendaten korrelierende Muster zu ermitteln und Vorhersagen zur Krisenbewältigung treffen zu können.

Charakteristisch für Lieferketten ist, dass sie nicht nur eine intransparente Menge von Daten darstellen, sondern eine Struktur besitzen. Einerseits können Entitäten (wie Güter, Halbprodukte, Rohstoffe, Produktionsmittel, Transportrouten, Transportmittel, etc.),Prozesse (wie Produktion, Transport, Verladung, etc.) und Akteure (Produzenten, Transport- und Logistikunternehmen, Lieferanten, etc.) unterschieden werden, andererseits sind diese von Disruptionen, also negativen Ereignissen, unterschiedlich betroffen:

- Ökonomische Disruptionen betreffen in der Regel Akteure (Unternehmen).
- Naturkatastrophen und geopolitische Disruptionen betreffen in der Regel viele Entitäten, Prozesse und Akteure in einer begrenzten geografischen Region.
- Menschenverursachte oder technische Disruptionen betreffen einzelne Entitäten, Prozesse oder Akteure, wirken sich aber u. U. auf viele Organisationen aus.

Zudem sind durch die Lieferketten die Abhängigkeiten zwischen einzelnen Entitäten, Prozessen und Akteuren identifizierbar.

- Produkte hängen vom Produzenten ab, die von den Vorprodukten oder Rohstoffen und Produktionsmitteln abhängig sind.
- Der Transport ist abhängig vom Transportunternehmen, der Verfügbarkeit des Transportweges und der Transportmittel.
- Prozesse sind von der Verfügbarkeit von Ressourcen und den durch sie bearbeiteten Entitäten abhängig.

Diese mehrstufigen, strukturellen Abhängigkeiten betreffen Rohstoffe, Halbzeuge, Vorprodukte und Komponenten, Produzenten, Transportwege und deren Zwischenstufen bis hin zum Abnehmer. Hierbei sind die Lieferketten nicht isoliert, sondern bilden ein komplexes Netzwerk, welches sich über mehrere Länder und sogar Kontinente erstrecken kann.

Durch diese Vorbedingungen, insbesondere die geringe Anzahl von Daten zur Verallgemeinerung, strukturelle Abhängigkeiten der Lieferketten, Vorwissen um unterschiedliche Entitäten, Prozesse und Akteure, und deren unterschiedliche Eigenschaften und Beeinflussbarkeit, stellen Lieferketten und -netzwerke einen Anwendungsbereich dar, indem vornehmlich wissensbasierte, symbolische Künstliche Intelligenz einsetzbar ist.

Hintergrund

Daten, Informationen, Wissen

Der Begriff der Daten wird häufig inflationär verwendet. Häufig wird er für alles genutzt, was mit einem Computer oder einer computer-basierenden Anwendung verarbeitet werden kann. Genauer aber sollte zwischen Daten, Informationen und Wissen unterschieden werden:

Daten stellen das Rohmaterial dar, wie z. B. „42", „3,14", „Max Mustermann", „16:9", „08/15", „2001-9-11" etc. Hierbei handelt es sich lediglich um Werte, die außer dem Wert keine Information bereitstellen, auch wenn wir als Menschen gerne dazu neigen, diese Werte vorschnell zu interpretieren.

Handelt es sich bei 42 um die „Antwort auf das Universum und den ganzen Rest", nur um eine Hausnummer, oder die Anzahl von etwas? Ist 3,14 ein Preis oder nur eine grobe Approximation für Pi? Bezeichnet „Max Mustermann" eine konkrete Person oder eine Zeichenkette, die als Default-Wert genutzt wird? Ist 16:9 eine Uhrzeit oder ein Bildschirmformat? Ist 08/15 eine Datumsangabe oder ein Synonym für die umgangssprachliche Benennung von etwas sehr Normalem? Ist 2001-9-11 eine Produktnummer oder eine Datumsangabe?

Wir sehen: ohne zusätzliche Angaben besitzen diese Werte nur einen geringen Informationsgehalt.

Informationen hingegen erweitern den Informationsgehalt von Daten durch zusätzliche Angaben über die Art der Daten, die die Bedeutung der Daten, deren Semantik spezifizieren. z. B. „Anzahl der Mitarbeiter: 42", „Höhe 3,14 m", „Default Name: Max Mustermann", „16:9 Uhr", „amerikanische Datumsangabe: 08/15", „Terroranschlag 11.9.2001".

Als **Wissen** kann die Nutzung der Informationen in einem bestimmten Anwendungskontext bezeichnet werden, um weitere Informationen zu gewinnen. Beispielsweise „Beträgt die Anzahl der Mitarbeiter eines Unternehmens weniger als 50, so ist dies ein kleines Unternehmen", „Beträgt die maximale, lichte Höhe einer Unterführung oder eines Tunnels weniger als 4,5 m (bei Neubauten 4,7 m), so ist die Höhe per Verkehrskennzeichen 265 „tatsächliche Höhe" explizit anzuzeigen und die Durchfahrt für Fahrzeuge mit größerer höchstzulässiger Höhe (inkl. Ladung) verboten.", „Max Mustermann ist als fiktive Bezeichnung auf beispielhaften Ausweisdokumenten und Formularen zu verwenden".

Erfassung von Informationen

Der erreichbare Grad der Krisenresilienz hängt im Wesentlichen davon ab, welche Informationen über Krisen gewonnen werden können. Hierbei werden die folgenden Arten der Erfassung der Informationen unterscheiden:

Die **proaktive Erfassung** von Daten und Informationen über Lieferketten stellt den Idealfall dar. Unabhängig vom Eintritt einer Krise oder Katastrophe werden hierbei sowohl die Lieferkettenstruktur als auch Daten über Lieferbeziehungen bereits im Vorfeld erfasst. Sie stehen damit der Analyse und der Entwicklung von Simulationsmodellen bereits im Vorfeld zur Verfügung, um so z. B. redundante Beschaffungswege, alternative Lieferanten oder Substitute für Vorprodukte und Materialien zu identifizieren und die Beschaffungsrisiken zu reduzieren. Hierdurch können Analysen und Simulationen bereits beim Eintreten erster Anzeichen von Krisen erfolgen, um ggf. frühzeitig Gegenmaßnahmen zu ergreifen. In der Realität ist die proaktive Erfassung relevanter Lieferbeziehungen eine große Herausforderung, da komplexe Zusammenhänge und Anhängigkeiten unter Umständen noch nicht direkt erkennbar oder voraussehbar sind. Auch sind frühzeitige Analysen und Simulationen durch nicht vorhersehbare, irrationale Handlungsweisen anderer bisher unbekannter Akteure noch mit großen Unsicherheiten behaftet.

Vorteile: Ausreichend Zeit für umfangreiche Informationserhebung, Analysen und Simulationen und die Beseitigung von Schwachstellen, Lieferung über langfristige Verträge absicherbar, langdauernde Transporte frühzeitig beauftragbar, neue Lagerkapazitäten aufbaubar, Rückverlagerung der Produktion kritischer Produkte nach Europa oder Deutschland frühzeitig plan- und umsetzbar.

Nachteile: Aufwände schwer zu rechtfertigen, da Nutzen nur eingeschränkt quantifizierbar, ggf. überflüssige Erhebung, kontinuierliche Aktualisierung der erhobenen Daten und Informationen notwendig.

Wechselwirkung: Das Lieferketten-Sorgfaltsgesetz (LkSG)[4] und sein europäisches Pendant CSDDD[5], bieten einen Hebel, um die erfassten Informationen über Lieferanten ggf. weiter zu nutzen.

Eine **antizipierende Erfassung** basiert auf der aktiven Beobachtung der Märkte, von Lieferanten, politischen, gesellschaftlichen, wirtschaftlichen und Umweltereignissen, der frühzeitigen Einschätzung, ob sie relevante Auswirkung auf die eigene Organisation und ihre Lieferketten haben könnten. Letzteres bildet den auslösenden Faktor für die Erfassung von Informationen über relevante, kritische Lieferbeziehungen. Zudem können durch die Fokussierung auf die aktuellen Ereignisse die komplexen Zusammenhänge eingegrenzt, Auswirkungen besser beurteilt und neue, bisher nicht beachtete Akteure identifiziert werden.

---

[4] https://www.gesetze-im-internet.de/lksg/
[5] https://www.bmuv.de/themen/nachhaltigkeit/wirtschaft/lieferketten/europaeische-lieferketten-richtlinie-csddd.

Vorteile: Die Erfassung wird durch den absehbaren Eintritt einer Disruption aus-gelöst, auf die Ereignisse und deren Einfluss bzw. Auswirkungen auf die Lieferketten fokussiert, Bezugsquellen und Versorgungswege können noch etabliert, Güter mit langen Lieferzeiten noch vorbestellt und zusätzliche Lagerkapazitäten vorbereitet bzw. ein-gerichtet werden. Bei absehbarem Nicht-Eintritt des disruptiven Ereignisses können die Erfassungsaktivitäten schnell suspendiert werden.

Nachteile: Informationserhebung, Analyse und Simulation erfolgen unter einem un-gewissen Zeitdruck, vollständige Erfassung benötigter Informationen u. U. nicht erreich-bar, fehlende Informationen müssen durch plausible Annahmen ergänzt werden, größere Unsicherheit der Analyse und Simulationsergebnisse.

Eine **reaktive Erfassung** liegt vor, wenn erst im Fall des Eintritts einer Krise oder Ka-tastrophe mit der Erfassung begonnen wird. Aufgrund der zeitlichen Dynamik der Krise/ Katastrophe sind deren unmittelbaren Einflüsse größer. Kommt es zu einer oder weite-ren Krisen/Katastrophen, werden die Handlungsmöglichkeiten schnell eingeschränkt. Rahmenbedingungen und Auswirkungen werden schnell erkennbar, wirklich relevante Produkt kristalisieren sich heraus und Informationen werden zugänglich, die vorher nicht verfügbar waren. Beschaffung von relevanten Gütern wird je nach Marktlage ggf. schwieriger und teurer. Lokale Produktionskapazitäten müssen ggf. schnell aus- oder aufgebaut werden, ggf. auch für substituierende Güter.

Vorteile: Relevante Güter werden schnell erkennbar, eine Fokussierung auf tatsächlich benötigte Güter ist leichter umsetzbar; in Krisen werden ggf. neue/zusätzliche Informationsquellen erschlossen, die vorher/unter Regelbedingungen unzugänglich waren.

Nachteile: Bedarf an benötigten Gütern kann nur aus bestehenden Vorräten, durch Aus-tausch zwischen Bedarfsträgern oder u. U. aus externen unterstützenden Quellen gedeckt werden, schnelle Reaktionen notwendig, höhere Kosten, beschränkte oder verzögerte Liefermengen, hoher logistischer Aufwand, Diversifizierung kaum möglich.

Eine **retrospektive Erfassung** ist erst möglich, nachdem eine Krise oder Katastrophe größtenteils überwunden wurde. Die betroffen, relevanten Entitäten, Prozesse und Akteure sind bekannt, ebenso wie die Zusammenhänge und die Krisen-/Katastrophen-bezogenen Informationen, Entscheidungen und die daraus abgeleiteten Handlungen. Zur Vorbeugung von ähnlichen Krisen-/Katastrophen-Situationen sollten die erfassten Infor-mationen konserviert und ausgewertet werden, um zukünftig schneller handlungsfähig zu sein. Hierbei stellt jedoch die Übertragbarkeit dieser fall-spezifischen Information eine große Unbekannte dar.

Vorteile: Relevante Güter, Rahmenbedingungen, potenziell entstehenden Schwierigkeiten, Daten zu Lieferanten, Kosten oder Zeiten, können für die Vorbereitung auf die nächste, ähnliche Krise genutzt werden. Proaktive oder antizipierende Erfassung werden mit relevanten Informationen unterstützt.

Nachteile: Übertragung von Informationen über vergangene, bewältigte Krisen-/ Katastrophen-Situationen auf Neue unter Umständen nur eingeschränkt möglich, je länger diese zurückliegen. Übertragung u. U. nur auf allgemeiner Ebene möglich.

Beispiel: Lieferketten von FFP2 Masken während der COVID-19-Pandemie

Atemschutzmasken, ebenso wie Desinfektionsmittel und medizinische Schutzbekleidung, stellten sich mit Beginn der Coronapandemie schnell als beschränkt verfügbare Ressourcen dar. BOS, KRITIS und ihre Lieferanten hatten diese Güter nur begrenzt bevorratet und mussten diese durch zusätzliche Einkäufe ergänzen. Durch den globalen Charakter dieser Pandemie war der erhöhte Bedarf plötzlich in vielen Ländern vorhanden.

Betrachten wir die Auswirkungen dieser Krise lediglich für die Berliner Feuerwehr und die Charité Berlin, so konnten diese primär durch ihre Lieferanten versorgt werden, die durch langfristige Lieferverträge gebunden sind. Auch ihre Liefermengen waren durch vertragliche Bindungen begrenzt. Zusätzliche Zukäufe von Lieferanten erfordern die Identifikation neuer Bezugsquellen sowie die Aushandlung neuer Verträge zu erheblich ungünstigeren Konditionen und höheren Transportkosten.

Wie können in einer sich anbahnenden Krise Lieferketten nun beschrieben werden? Welche Informationen werden dazu benötigt und wie können diese erhoben werden?

Im günstigsten Fall werden die in einer Krise benötigten Produkte in einem Enterprise-Resource-Planning-System (ERP-System) erfasst, im ungünstigsten Fall müssen Informationen über diese Produkte direkt im Lager erfasst werden. In einem ERP-System sind Informationen über die Bezugsquelle von Produkten, in der Regel deren Lieferanten oder Importeure, verfügbar. Informationen über den Produzenten finden sich hingegen auf dem Produkt, wie diese jedoch nach Europa transportiert werden, woher der Produzent seine Vorprodukte bezieht, und auf welchem Transportweg, ist in der Regel nicht transparent.

Benötigte Daten

Für die Modellierung von Lieferketten resp. umfangreicheren Liefernetzwerken werden Informationen über deren Entitäten, deren Struktur, den Abhängigkeiten und Informationen über Transportwege, Transportdauern und ggf. Liefermengen notwendig, im Idealfall über allen Stufen (Tier-N)[6] der Lieferkette bis hin zu den Rohstoffen (Wagner 2001). Diese Informationen umfassen somit

- Produkte
- Lieferanten
- Distributionswege
- Transportmittel
- Disruptionen

Krisenrelevante Produkte

Hält man sich vor Augen, von wie vielen Produkten eine Organisation oder ein Unternehmen abhängig ist, aus wie vielen Komponenten und Rohstoffen ihre Produkte jeweils bestehen, und wie viele Informationen zu all diesen Produkten und Komponenten benötigt werden und dies über viele Vorstufen hinweg, um die Organisation seitens der benötigten Materialien krisenresilient zu machen, dann wird deutlich, dass hierbei eine enorme Datenmenge benötigt wird.

Beginnend bei weniger komplexen Produkten, wie Büroklammern, Radiergummis, Kopierpapier, Schrauben oder Einweghandschuhen, bis hin zu komplexen technischen Geräten, wie Servern, Blutentnahmegeräten, MRTs, Feuerlöschfahrzeugen, etc., benötigen Unternehmen eine Vielzahl von Gütern unterschiedlicher Komplexität. Hinzu kommt, dass die Verfügbarkeit eines Guts am Markt, seine Produktionsdauer und der Möglichkeit es durch ein funktional äquivalentes Gut zu ersetzen von seiner Komplexität abhängt.

Nicht jedes von einer Organisation oder einem Unternehmen benötigte Gut ist essenziell, um eine Krise oder Katastrophe zu bewältigen. Produkte können daher unterschieden werden in krisenrelevante und weniger krisenrelevante Güter. Die Krisenrelevanz eines Gutes hängt dabei von der jeweiligen Organisation, bzw. von der Aufgabe, die das Gut in der Organisation erfüllt, und der Art der Krise ab. In einer infektiologischen Krise beispielsweise werden persönliche Schutzkleidung, Desinfektionsmittel und bestimmte Medikamente krisenrelevant, bei einer Überflutung sind Sandsäcke, mobile Spundwände und Boote krisenrelevant und bei einem Vegetationsbrand Wasser, Löschmittel, Schläuche und Löschfahrzeuge.

Um die Resilienz von Organisationen zu erhöhen, sollten daher primär Güter betrachtet werden, die

---

[6]Tier-1-Lieferanten sind die Lieferanten, mit denen ein Unternehmen direkt Verträge abschließt, während Tier-2 bis n indirekte Lieferanten des Unternehmens sind.

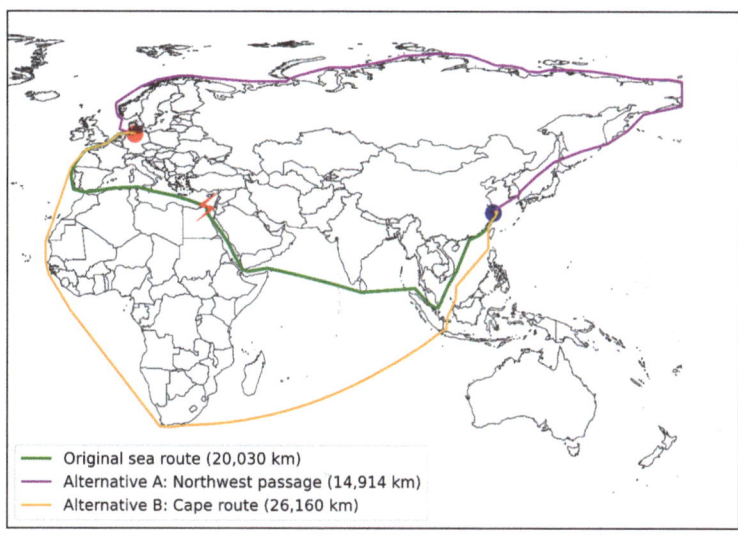

Abb. 1 Starthafen: Ningbo-Zhoushan (PRC); Zielhafen: Hamburg (GER); Beispieldisruption: Suezkanal

- wesentlich zur Bewältigung der Krise sind,
- in Krisen in großen Mengen benötigt werden,
- eine geringe Komplexität aufweisen,
- schnell produziert oder bezogen werden können, oder für die eine lokale Produktion schnell aufgebaut werden kann,
- durch funktional äquivalente Produkte substituiert werden können.

Welche Produkte relevant für die Bewältigung einer Krise sind, lässt sich am einfachsten retrospektiv ermitteln. Indem vergangene Krisen untersucht werden und identifiziert wird, welche Güter benötigt wurden, an welchen es mangelte und welche schwer zu beschaffen waren, lässt sich am einfachsten herausfinden, welche Güter krisenrelevant waren.

Eine hohe Resilienz aufzubauen bedeutet auch, dass bisher nicht eingetretene Krisenarten betrachtet werden, deren Eintreten potenziell möglich und wahrscheinlich ist. Betrachten wir als Beispiel Überflutungen: Auch wenn an einem Fluss oder Bach bisher keine oder nur sehr selten Überflutungen eingetreten sind, ist es – abhängig von der Geo- und Topografie – im Zuge des Klimawandels für die lokalen BOS oder KRITIS sinnvoll, diese Krisenart und deren Bewältigung zu antizipieren. Oder betrachten wir als weiteres Beispiel ein KMU, dass bei einer wichtigen Komponente von nur einem einzigen Zulieferer abhängig ist. Im Rahmen des Lieferkettenrisikomanagements sollte das KMU natürlich antizipieren, wie einem finanziellen oder Produktionsausfall dieses Unternehmens oder einer gravierenden, länger andauernden Störung des Distributionsweges begegnet werden kann.

Benötigte Informationen

Welche Informationen werden benötigt, um Lieferketten krisenrelevanter Produkte zu erfassen, um die Resilienz von Organisationen oder Unternehmen zu stärken?

Offensichtlich werden Informationen über die Lieferanten benötigt: Was liefern sie? Zu welchem Preis? Wieviel, in welchem Zeitraum? Wo produzieren sie? In welchem Land? Was sind die normalerweise benutzten Transportwege? Wie zuverlässig sind sie normalerweise hinsichtlich Liefermenge und -zeit?

Im Idealfall werden Informationen über die Zulieferer der Zulieferer bis hin zu den Rohstoffen und somit über die kompletten Tier-N Zulieferer benötigt, um möglichst frühzeitig Auswirkungen von Disruptionen vorhersagen zu können, abmildernde Maßnahmen ergreifen oder die Endabnehmer vorab über Engpässe informieren zu können.

Zudem werden Informationen über die Distributionswege benötigt (siehe Abb. 1): Welche Unternehmen und deren Subunternehmen sorgen für den Transport? Mit welchen Transportmitteln? Mit welchen Lagerkapazitäten? Auf welchen Strecken und möglichen alternativen Strecken? Wie lange dauert der Transport, inkl. Be-, Um- und Entladen im Durchschnitt? Welche Zusicherungen bestehen bzgl. der Lieferzeiten? Wie zuverlässig sind sie hinsichtlich der Lieferzeiten normalerweise?

Auch hierbei sind im Idealfall Informationen über alle am Distributionsweg beteiligten Unternehmen hilfreich, angefangen von Händlern über Transportunternehmen, Betreibern von Umschlagplätzen und deren Subunternehmen.

Als wichtig auf dem Transportweg erweisen sich zusätzlich bestimmte transportrelevante POIs (points-of-interest), die Flaschenhälse für das jeweilige Transportmittel darstellen. Dies sind z. B. Häfen, Flughäfen und Güterbahnhöfe, Meeresengen, schiffbare Binnengewässer, gesperrte Lufträume, bestimmte nicht-umfahrbare Schienenverbindungen, Grenzkontrollpunkte, unterseeische Tunnel, Pässe, Brücken etc.

Im Gegensatz zu den Informationen über Lieferanten, Zulieferer oder Distributionswege der Produkte, sind diese POIs relativ einfach zu erheben. Einerseits sind sie bereits gut dokumentiert und leicht verfügbar, z. B. über Wikipedia, WikiData, Open Street Map oder Verzeichnisse von See- und Flughäfen, zum anderen können sie ggf. durch Recherchen erhoben werden, da ihre Zahl stark begrenzt ist.

Verfügbarkeit der Informationen

Wie im vorausgegangenen Abschnitt bereits angedeutet sind einige der benötigten Informationen als frei im Word-Wide-Web (WWW) zugängliche Informationen verfügbar. Leider aber ist der Großteil der für die Abbildung von Lieferketten benötigten Informationen nicht frei zugänglich.

Neben den transportrelevanten POIs, die über Wikipedia, Wikidata und Open Street Map frei zugänglich sind, hat das Projekt CoyPu[7] eine Reihe von krisenrelevanten Informationsquellen[8] identifiziert, die neben transportrelevanten POIs auch eine Reihe von volkswirtschaftlich relevanten, statistischen Daten und Terminologien umfassen und hinsichtlich ihrer Nutzungslizenzen beschrieben sind.

Insbesondere die Webseite Open Supply Hub[9] stellt eine interessante Quelle für einige lieferketten-spezifische Informationen im WWW dar, die sich auf die Produktgruppen Bekleidung, Automobil, Körperpflege, Konsumgüter, Elektronik, Energie und Versorgung, Lebensmittel und Getränke, Möbel und Sportgeräte fokussiert. Sie wird durch freiwillige Datenspenden von Unternehmen gespeist, die ihre Lieferanten offenlegen.

Neben diesen freizugänglichen Quellen im WWW existieren für bestimmte Branchen und Aufgabenbereiche von Bundesbehörden weitere öffentliche Informationsquellen im Internet, die über einen zu beantragenden Account zugreifbar sind. Hierzu zählen beispielsweise Datenbanken für zugelassene Arzneimittel und Medizinprodukte, der amerikanischen Federal Drug Administration (FDA)[10] und des Bundesinstitut für Arzneimittel und Medizinprodukte[11]. Die Informationen aus diesen Datenbanken sind jedoch nur für ausgewählte Branchen von Interesse, die von spezifischen krisenrelevanten Produkten abhängen.

Freizugänglichen Datenquellen werden durch kommerzielle Datenbanken komplettiert, die umfassenden Zugriff auf einige lieferketten-spezifische Informationen bieten, wie z. B. der Tradeatlas[12] für produkt-spezifische Export-/Import-Beziehungen zwischen Unternehmen oder Vesselfinder[13] für aktuelle Schiffspositionen und historische Schiffsbewegungen. Da es sich hierbei um kommerzielle Daten handelt, ist ein uneingeschränkter Kauf dieser Daten in der Regel wirtschaftlich kaum sinnvoll und sollte spezifisch für das zu betrachtende, krisenrelevante Produkt erfolgen.

Wichtigste Quelle für Informationen über krisenrelevante Produkte sind organisations- oder unternehmensspezifische Quellen. Hierbei handelt es sich entweder um Informationen, die beim Einkauf, entweder in einem ERP-System, in Vertragsunterlagen im Lager, oder manchmal auch nur auf den Produkten, vorliegen. Während im günstigsten Fall lieferkettenrelevante Daten, wie z. B. Lieferant, Sitz, Mengen-, Lieferintervall- oder

---

[7] https://coypu.org/

[8] https://datasets.coypu.org/

[9] https://opensupplyhub.org/?sort_by=contributors_desc.

[10] US Food And Drug Administration. FDA Drug Shortages. Im Internet: www.accessdata.fda.gov/scripts/drugshortages/default.cfm.

[11] Bundesamt für Arzneimittel und Medizinprodukte. Deutsches Medizinprodukte-Informations- und Datenbanksystem (DMIDS). Im Internet: https://www.bfarm.de/DE/Medizinprodukte/Aufgaben/DMIDS/_node.html.

[12] https://www.tradeatlas.com/en.

[13] https://www.vesselfinder.com/

Preisinformationen, über eine entsprechende Schnittstelle aus dem ERP-System oder im Rahmen eines Datenexports bezogen werden können, erfordert die Recherche in den Vertragsunterlagen oder im Lager zusätzlichen manuellen Aufwand. Die über diese Quellen beziehbaren Informationen zur Produktherkunft beziehen sich derzeit nur auf die direkten Lieferanten bzw. auf Informationen, die auf dem Produkt abgedruckt sind.

Mit dem Lieferkettensorgfaltsgesetz sind Unternehmen in Deutschland zwar verpflichtet ihre Lieferbeziehungen bzgl. der Einhaltung ethischer, humanitärer und umweltbezogener Kriterien zu überwachen und ggf. auf ihre Lieferanten einzuwirken, um Verletzungen dieser Kriterien zu beseitigen (vgl. auch Kap. „Rechtliche Grundlagen"). Ob hierdurch jedoch eine nutzbare Datenquelle entsteht, ist derzeit unklar. Wenn überhaupt ist diese ebenfalls auf die direkten Lieferanten beschränkt. Eine Änderung kann wahrscheinlich erst eintreten, wenn Unternehmen gezwungen sind, das europäische CSDDD, das 2026 in nationales Recht umgesetzt werden muss, umzusetzen[14], welches 2024 auf europäischer Ebene verabschiedet wurde. Dadurch werden die Verpflichtungen des LkSG ausgeweitet und sollen auch Tier-N Lieferanten umfassen. Dies kann als Chance betrachtet werden, ein umfassenderes Lieferkettenrisikomanagement zu etablieren und auf diesem Weg Informationen über Tier-N Lieferbeziehungen zu gewinnen.

Stellen Informationen über Lieferbeziehungen Geschäftsgeheimnisse dar?

Ein großes Hemmnis im Kontext des ResKriVer-Projekts für die Preisgabe von Informationen über Lieferbeziehungen war häufig, dass deren Status bezüglich der Vertraulichkeit der Information unklar war.

Im Allgemeinen setzt sich ein Geschäftsgeheimnis aus drei Komponenten zusammen: einer Information, einem sich aus der begrenzten Bekanntheit ergebenden wirtschaftlichen Wert, und aus der Tatsache, dass Anstrengungen unternommen wurden, die Information angemessen zu schützen.

Betrachtet man die Informationen, die in Organisationen oder Unternehmen benötigt, erzeugt oder bearbeitet werden, dann kann das Bild, ob es sich bei Lieferbeziehungen um Geschäftsgeheimnisse handelt, präzisiert werden.

Informationen über Forschungsaktivitäten, Produktentwicklung, Unternehmensstrategie, Finanzlage, interne Prozesse und die Personalpolitik sind sicherlich die am strengsten zu hütende Geschäftsgeheimnisse. Diese Informationen tangieren aber Lieferbeziehungen nur am Rande, wenn es darum geht spezifische Komponenten oder Materialien für die F&E zu besorgen oder neue Lieferanten für neue Märkte zu erschließen.

---

[14] https://www.bmuv.de/themen/nachhaltigkeit/wirtschaft/lieferketten/europaeische-lieferketten-richtlinie-csddd.

Diese Informationen können aber für die Resilienz des Unternehmens im alltäglichen Betrieb vernachlässigt werden.

Preise, Lieferkonditionen, Rabatte, vertragliche Regelungen von produktions-relevanten Gütern und über die eigenen Produkte stellen für Konkurrenten Informationen von Wert dar, da sie genutzt werden können, um die Verhältnisse im jeweiligen Markt zu verändern. Diese sind daher ebenfalls als Geschäftsgeheimnisse zu betrachten. Für die Modellierung von Lieferketten spielen lediglich die Preise und Lieferkonditionen eine Rolle für unternehmens-interne Vergleiche von Lieferanten.

Abhängig von der Branche und dem jeweiligen Produkt können die Namen und Ad-ressen von Zulieferern bzw. Bezugsquellen eine sensible Information darstellen oder auch nicht. In der Pharmaindustrie beispielsweise kann die Kenntnis über den Liefe-ranten und das Wissen, dass dieser über ein Patent oder ein besonderes Herstellungs-verfahren verfügt, ausreichen, um auf einen spezifischen Wirkstoff eines Medikaments zu schließen. Im Rahmen der Produktentwicklung ist die Herstellerinformation dann sicherlich als Geschäftsgeheimnis zu werten. Als Gegenbeispiel kann das Wissen über die Zulieferer innerhalb der Automobilbranche als offenes Geheimnis betrachtet werden, da alle Autobauer die Zulieferer und deren angebotene Komponenten kennen werden. Ob das Wissen über Zulieferer oder Bezugsquellen ein Geschäftsgeheimnis darstellt, wird abhängig davon sein, wie groß die Abhängigkeit eines Unternehmens von dem ge-lieferten Produkt ist, wie umkämpft der Markt ist und wie leicht oder schwer Lieferanten austauschbar sind.

Ob allein schon die Information über den Sitz eines Unternehmens ein Geschäfts-geheimnis darstellt, hängt von dem Produkt ab. Allein schon die Kenntnis des Landes, in dem ein Lieferant sitzt, kann in einer Branche ein Indiz für einen bezogenen Roh-stoff sein, falls dieser nur in einem oder wenigen Ländern gewonnen werden kann. Ana-log kann die Kenntnis eines Ortes ein Hinweis auf ein Halb- oder Vorprodukt darstellen. In der Regel ist die Information über den Sitz eines Lieferanten nicht unbedingt von Wert für Konkurrenten, jedoch hilfreich, um die Wahrscheinlichkeit von Naturkatastro-phen oder geopolitischen Disruptionen, oder die Verlässlichkeit eines Lieferanten abzu-schätzen.

Ebenso stellt die Art des bezogenen Produkts oder Vorprodukts, deren Produktkate-gorie, innerhalb einer Branche für gängige Güter kein Geschäftsgeheimnis dar, da davon ausgegangen werden kann das konkurrierende Unternehmen in der Regel über den aktu-ellen Stand der Technologie und der benötigten Komponenten informiert sind, bzw. diese auch über öffentlich verfügbare Quellen, z. B. dem WWW, recherchierbar sind.

Zwischenbilanz

Welche Informationen über eine Lieferkette für krisenrelevante Produkte als Geschäfts-geheimnisse zu werten sind, hängt im Wesentlichen von der Branche, den betrachteten Produkten und ihren Komponenten ab. Unternehmen muss die Möglichkeit gegeben werden selbst zu entscheiden, welche Informationen von resp. über ihre Lieferanten sie als Geschäftsgeheimnis betrachten wollen. Technische Lösungen müssen daher über die

Möglichkeit verfügen diese Informationen zu schützen und ggf. erlauben, diese Informationen an Berechtigte weiterzugeben.

Beispiel: Social-Media-Monitoring zur Überwachung von Lieferketten

Soziale Medien und Web-Angebote bieten sich als Informationsquellen zur Überwachung von Lieferketten an, da aktuelle Ereignisse dort häufig schneller erscheinen als in den konventionellen Medien wie Radio, Fernsehen oder Zeitungen. Bei vielen aktuellen Ereignissen sind Augenzeugen oft die ersten, die in sozialen Medien darüber berichten. Da diese Netzwerke auch mobil nutzbar sind, können kurze Texte und Bilder von Unfällen, Feuern oder anderen Naturereignissen zeitnah vor Ort eingebracht werden. Damit wird es durch Soziale Medien möglich, über die etablierten Informationswege hinausgehende Informationen über Lieferketten frühzeitig zu gewinnen und interessante Indikatoren für sich abzeichnende Krisen, Katastrophen oder mögliche Störungen zu finden.

Bei diesen Informationsquellen besteht jedoch das Problem, dass die eingestellten Beiträge nicht immer vertrauenswürdig sind, da viele Nutzende absichtlich oder unabsichtlich Falschinformationen verbreiten. Aus diesem Grund erfordert die Analyse von Social-Media-Beiträgen immer eine Validierung ihrer Vertrauenswürdigkeit. Darüber hinaus deuten die von den Nutzenden verwendeten Wörter und Formulierungen auch auf deren emotionale Einstellung zu einem Ereignis hin und deren Intention, bestimmte Emotionen bei den Lesenden hervorzurufen.

Um diese Indikatoren zu gewinnen, wird eine als Social-Media-Monitoring bezeichnete Anwendung (auch als Social-Media-Listening-Anwendung oder -Tool bezeichnet) benötigt (Mühlenbeck, 2024), mit der man diese Informationen, analysieren, kategorisieren, sortieren und ggf. zusammenfassen kann. Dies kann alternativ auch durch Dienstleister erfolgen, die häufig auch bereits über Erfahrung mit dem Lieferketten Monitoring verfügen, wie z. B. Everstream Analytics oder Prewave[15]. Die gängigen Social-Media-Monitoring-Tools bieten i. d. R. die Möglichkeit zur Definition von eigenen Kanälen, in denen die eingehenden Beiträge zu einem Thema sortiert und gefiltert angezeigt werden können. Damit sind Lieferketten von Produkten in bestimmten Regionen und Zeiten verfolgbar, um Indikatoren für mögliche Störungen zu identifizieren. Darüber hinaus unterstützen solche Anwendungen häufig die Evaluation der Vertrauenswürdigkeit von Meldungen, deren Quelle oder ihren Urheber, und ermitteln die mit den Meldungen verbundenen Sentiments oder die damit beabsichtigte Intention (s. Kap. „Social-Media-Monitoring zur Unterstützung von Redaktionen, Leitstellen und Krisenstäben").

---

[15] z. B. https://www.everstream.ai/de/plattform-lieferketten-transparenz/ oder https://www.prewave.com.

Social-Media-Quellen zum Monitoring von Lieferketten

Zu den sozialen Netzwerken in denen sowohl private Personen, Unternehmen als auch öffentliche Organisationen aktuelle Informationen veröffentlichen zählen – Stand Dezember 2024 – insbesondere X, Mastodon, Bluesky, Facebook, TikTok, VK[16], LinkedIn, Instagram, reddit oder Blogs, Vlogs und Webseiten zu bestimmten Themen. Da viele Soziale Netzwerke wie X, Mastodon, Bluesky, Facebook, TikTok, VK, LinkedIn, Instagram und reddit neben der Veröffentlichung von Artikeln auch auf der aktiven Kommunikation zwischen den Nutzenden basieren und dabei immer häufiger Hass und Beschimpfungen verbreiten, werden sie oft auch als asoziale Medien bezeichnet[17]. Blogs, Vlogs und themen-spezifische Webseiten basieren dagegen eher auf dem passiven Konsum ihrer Inhalte durch die Nutzenden.

Die Schwerpunkte der Sozialen Medien variieren sehr stark hinsichtlich der Art der Inhalte, die von Unterhaltungen zwischen Privatpersonen über berufsorientierte Informationen bis hin zu politisch motivierter Einflussnahme reichen. Auch unterscheidet sich die Qualität dieser Informationsquellen, die sowohl unkontrollierte Beiträge privater Nutzer als auch redaktionell kuratierte Berichte von öffentlichen Organisationen und Unternehmen, mit denen vor allem positive Nachrichten publiziert werden, umfassen. Bei der Auswahl der Quellen ist zu berücksichtigen, dass soziale Netzwerke volatil sind, da sich sowohl Art und Qualität der Inhalte wie auch das Volumen der Nutzeraktivitäten in den verschiedenen Ländern und Regionen immer wieder ändert.

Für das Monitoring von Lieferketten relevante Informationen

Unternehmen und Organisationen nutzen soziale Medien zum Monitoring von Trends und Meinungsbildungen, zum Beispiel um die Akzeptanz ihrer Produkte oder politische Entwicklungen zu verfolgen. Die Nutzung des Social-Media-Monitorings in Krisenszenarien ist ein anderer Anwendungsbereich, in dem wiederum die Überwachung von Lieferketten einem anderen Zweck dient, als die Analyse aktueller Ereignisse durch eine Redaktion oder die Verfolgung des aktuellen Geschehens oder Lageeinschätzung durch eine Behörde der öffentlichen Sicherheit (BOS), wie Polizei, Feuerwehr, THW, etc. (vgl. Kap. „Social-Media-Monitoring zur Unterstützung von Redaktionen, Leitstellen und Krisenstäben").

Betrachten wir als Beispiel die Überwachung von Lieferketten mittels Social-Media-Monitoring[18] und führen das Beispiel der Lieferketten von FFP2-Masken weiter aus. So-

---

[16] https://de.wikipedia.org/wiki/vk.com.

[17] https://www.lmu.de/de/newsroom/newsuebersicht/news/die-asozialen-medien.html.

[18] Auf den Einsatz von Social-Media-Monitoring für Redaktionen und Leitstellen in Krisenszenarien wird detaillierter in Kap. „Social-Media-Monitoring zur Unterstützung von Redaktionen, Leitstellen und Krisenstäben" eingegangen.

cial-Media-Monitoring kann helfen, diese Lieferkette zu überwachen, während die Situation noch stabil ist, wie auch wenn bereits eine Krise eingetreten ist. Dies setzt jedoch voraus, dass ausreichend präzise bekannt ist, welche Produkte und Lieferketten überwacht werden sollen. Hierzu werden insbesondere Informationen benötigt über:

- Lieferanten, Hersteller und Transportunternehmen, insbesondere deren Namen, Sitz und Land, um in den Social-Media-Daten potenzielle Disruptionen zu erkennen, die das Unternehmen resp. deren Produktion oder den Transport betreffen.
- Bezogene Produkte, insbesondere Produktnamen und -kategorien, um Meldungen, die diese Produkte betreffen, hinsichtlich Verknappungen und Produktionsengpässen zu analysieren.
- Transportwege, insbesondere Transportart, Route und transportrelevante POIs, um Naturkatastrophen und geopolitische Disruptionen zu identifizieren, Transportzeiten und Orte.
- Die konkret verwendeten Transportmittel (Schiffsnamen, IMO-Nummern zur eindeutigen Identifikation von Schiffen, Fluggesellschaften, Flugnummern, Zugverbindungen, etc.) um technische oder von Menschen verursachte Disruptionen erkennen zu können.
- Disruptionen oder Ereignisse mit konkreten Zeit- und Ortsangaben, um Naturkatastrophen oder geopolitische Ereignisse und deren potenzielle Auswirkungen zu identifizieren.

Ein Monitoring kann aus verschiedenen Gründen veranlasst werden, sei es, dass die Lieferkette noch stabil ist, jedoch durch eine proaktive Erfassung potenzielle Risiken erkannt werden sollen, oder dass bereits eine Störung aufgetreten ist und Ursachen sowie mögliche Abhilfen zu analysieren sind. Die Gründe für Störungen können dabei die in der Einleitung genannten Disruptionen sein. In der Phase des proaktiven Monitorings von Lieferketten sollte das Social-Media-Monitoring breit angelegt sein. Sobald sich jedoch eine Krise oder Katastrophe abzeichnet, das heißt, sie antizipiert werden kann, oder sie sogar eingetreten ist, sollte das Social-Media-Monitoring bzgl. konkreter Lieferketten sehr stark fokussiert werden. Insbesondere in der Bewältigungsphase der Krise sollte der Schwerpunkt der Überwachung auf die von der Disruption betroffenen, krisenrelevanten Produkte, Orte und die beteiligten Unternehmen und Organisationen gelegt werden, um Risiken zu erkennen und Gegenmaßnahmen vorzubereiten.

Dabei wird die Überwachung in der Regel bereits vorhandene Daten über die Lieferkette oder schon ermittelte Indikatoren für Störungen nutzen. Mit deren Hilfe kann das Monitoring oder gezielte Suchen nach Beiträgen in sozialen Netzwerken weitere Details von Produkten, Personen oder Unternehmen vorgenommen werden, die an den betroffenen Liefer- oder Produktionsprozessen direkt oder indirekt beteiligt sind. Mögliche Ziele sind dabei das Auffinden von Ursachen oder Risiken hinsichtlich des Ausfalls von Lieferanten, Hindernissen auf den Distributionswegen oder Engpässen bei Transportmitteln wie LKWs, Container oder Paletten.

Die für das Social-Media-Monitoring benötigten Informationen hängen sehr stark von ihrem späteren Verwendungszweck ab. Eine generelle, pauschale Aussage, dass die Social-Media-Monitoring-Begriffe benötigt werden, mit denen Lieferengpässe identifiziert werden können, ist zu allgemein. Vielmehr bedarf es einer genaueren Betrachtung des jeweiligen Anwendungsfalls, um die benötigten Begrifflichkeiten zur Identifikation relevanter Meldungen zu identifizieren. Eine uninformierte Themenerkennung (Topic Mining), wie sie beispielsweise im Trend-Mining verwendet wird, ist für eine konkrete Überwachung nicht ausreichend.

Nutzbarkeit von Social-Media-Meldungen

Eine wichtige Frage betrifft die Verwendbarkeit der aus den sozialen Medien gewonnenen Informationen. Sofern es sich hierbei um kommerziell erworbene oder frei verfügbare Daten handelt, können diese in der Regel weiter genutzt werden. Ebenso, falls diese lediglich für Analysezwecke genutzt werden. Sobald diese Informationen jedoch zusammen mit den Analyseergebnissen veröffentlicht werden sollen, sind das Urheberrecht und Einschränkungen durch den Halter der Nutzungsrechte an den Informationen und das Geschäftsgeheimnisrecht zu beachten (siehe hierzu auch Kap. „Rechtliche Grundlagen"). Sollen darüber hinaus auch noch personenbezogene Daten genutzt werden, beispielsweise um Kontaktpersonen zur Ermittlung weiterer Vorproduktlieferanten zu kontaktieren, sind die Regelungen der DSVGO zu beachten. An dieser Stelle können wir die rechtliche Thematik nicht weiter vertiefen, hier soll lediglich der Rahmen aufgezeigt werden, der für weitere Betrachtungen aufgespannt werden muss.

Folgerungen

Die Erhebung von lieferkettenbezogenen Daten, insbesondere zu Informationen, die über Tier-2-Lieferanten hinausgehen, stellt derzeit eine der größten Herausforderungen dar. Zwar beurteilen viele Unternehmen entsprechend aktuellen Umfragen die Kooperation entlang der gesamten Tier-N-Lieferkette als wichtig (Bendul & Brüning, 2017; Hermes 2022; BME 2024), dennoch erweist sich die Erhebung von Lieferketten-Information als sehr schwierig. Unternehmen wie Everstream Analytics[19] oder Prewave[20] probieren zwar die entsprechenden Daten mittels KI-Verfahren zu aggregieren, die Ergebnisse sind jedoch oft nicht befriedigend. Andere Organisationen wie Schufa, CreditReform, DATEV und Dun & Bradstreet verfügen selbst über viele unternehmensspezi-

---

[19] https://www.everstream.ai/de/
[20] https://www.prewave.com/de/

fische Informationen, können jedoch nur wenige Lieferketten durchgängig erfassen und sie auch nicht zur externen Nutzung bereitstellen.

Die Probleme bei der Erfassung der Lieferketteninformationen liegen insbesondere darin, dass:

- Lieferantenbeziehungen vorsorglich oder generell vermeintlich als vertrauliches Geschäftsgeheimnis betrachtet werden, ohne die einzelnen Informationen konkreter zu betrachten und genauer zu differenzieren.
- Der Nutzen einer Kooperation zur gemeinsamen Erfassung von vollständigen Lieferketten insbesondere ab den Tier-2- oder außereuropäischen Zulieferern bisher nicht gesehen wird.
- Es an Incentivierungen für diese Zulieferer mangelt, bzw. bisherige Ansätze nicht gegriffen haben.
- Zusätzliche Aufwände anfallen, solange die Erhebung manuell erfolgen muss und nicht automatisiert erfolgt.
- Die Digitalisierung des Informationsflusses bisher nicht durchgängig genug ist.

Zwar existiert mit dem Lieferkettensorgfaltsgesetz ein erster Ansatzpunkt für Unternehmen, ihre Lieferanten genauer zu betrachten, dieses greift aber bisher noch nicht weit genug; einerseits hinsichtlich der Reichweite innerhalb der Lieferkette, andererseits hinsichtlich der Offenlegungspflicht. Mit der im Jahr 2024 verabschiedeten europäischen Richtlinie CSDDD wird die Reichweite der Überprüfung der Nachhaltigkeit innerhalb der Lieferkette ab 2026 zwar ausgeweitet, es bleibt jedoch abzuwarten, wie dies in Unternehmen umgesetzt werden kann und ob damit die Richtlinie überhaupt greifen wird.

Wichtig ist dabei, dass Unternehmen autonom entscheiden können, welche Informationen sie als vertraulich oder Geschäftsgeheimnis betrachten und welchen anderen Akteuren der Lieferkette sie den Zugriff darauf erlauben wollen. Falls diese Akteure Zugriff auf vertrauliche. Informationen erhalten, sollten sie selbstverständlich deren Vertraulichkeit respektieren. Für die Analyse und Simulation von Lieferketten kann es jedoch bereits hilfreich sein, wenn lediglich mit verschlüsselten Daten gearbeitet wird. Will beispielsweise ein Unternehmen den Namen und die Adresse eines Lieferanten nicht preisgeben, dann hilft allein schon das Wissen um die Existenz eines Lieferanten in einem bestimmten Land. Die notwendige Existenz eines anonymen Lieferanten reicht oft zur Formulierung plausibler Hypothesen über Distributionswege aus. Hierdurch sind bereits einige Analysen und Simulationen des Einflusses von Naturkatastrophen oder geopolitischen Disruptionen möglich.

Der Umgang mit unvollständigem Wissen, das um plausible Annahmen ergänzt wird, die ggf. zu einem späteren Zeitpunkt mit zusätzlichen Informationen konkretisiert oder ergänzt werden, stellt von daher eine weitere Notwendigkeit zur Erfassung und Modellierung von Tier-N-Wertschöpfungsnetzwerken dar. Darüber hinaus muss es Unternehmen möglich sein, die für sie relevanten, kritischen Produkte selbst festzulegen, um der Komplexität ihrer Lieferanten- und Sublieferanten-Beziehungen Herr zu werden. Öffentlich zugängliche Informationen, wie distributionsweg-spezifische POIs und allgemeine geografische oder statistische Informationen stellen dabei i. d. R. lediglich einen ergänzenden Teil der benötigenden Informationen dar.

Empfehlungen

- Der Ausgangspunkt für die Erhebung von Lieferketteninformationen ist die Ermittlung der wichtigsten krisenrelevanten Güter.
- Hinterfragen Sie, welche Informationen zu und über ihre Lieferanten wirkliche Geschäftsgeheimnisse darstellen und welche Informationen innerhalb ihrer Lieferkette geteilt werden können.
- Fokussieren Sie sich auf die Erfassung „horizontaler Lieferketten" (siehe Kap. „Kollaboratives Lieferkettenrisikomanagement") und probieren Sie, Ihre Lieferanten und Sublieferanten vom gemeinsamen Nutzen der Erfassung, Schwachstellenanalyse und Simulation zu überzeugen.
- Machen Sie es Ihren Lieferanten und Sublieferanten möglichst einfach, Daten über ihre Zulieferer zu spenden, in dem sie sich nur auf grundlegende Informationen beschränken, wie die Unternehmenskategorie des Lieferanten, die Produktgruppe oder das Herstellerland.
- Incentivieren Sie Ihre Lieferanten, wenn sie Ihnen diese Informationen verfügbar machen, z. B. durch Bereitstellung benötigter Erfassungssoftware und bieten Sie eine Bonuszahlung an.
- Betreiben Sie Ihr Lieferkettenrisikomanagement mit der Einstellung „Mut zur Lücke". Es wird niemals perfekt sein, es erfordert am Ball zu bleiben und vorausschauend Informationen zusammenzutragen.

Fazit

Die Aufgabenstellung des ResKriVer-Projektes, Liefernetzwerke auf der Basis von Informationen über reale, krisenrelevante Produkte zusammen mit den Anwendungspartnern zu modellieren, scheiterte bereits daran, dass keine weitergehenden Gespräche mit den vermittelten Lieferanten geführt werden konnten. Angesichts dieses Defizits haben wir zunächst in der obigen Analyse versucht, die zugrunde liegenden Schwierigkeiten zu identifizieren. Darüber hinaus haben wir durch Entwicklung einer exemplarischen Vorgehensweise zur Erhebung der Daten (Kap. „Modellierung, Erfassung und Analyse von Lieferketten"), zum Umgang mit unvollständigen Informationen (Kap. „Templatebasierte Modellierung von Lieferketten") und die Analyse der Kontexte, in denen eine kollaborative Lieferketten- Erfassung möglich wäre (Kap. „Kollaboratives Lieferkettenrisikomanagement") zumindest Ansätze zur Lösung der Aufgabenstellung erarbeitet.

Nach einer Studie des Bundesverbands für Materialwirtschaft, Einkauf und Logistik (BME 2024) betreiben immerhin 42 % der großen Unternehmen und Konzerne im Rahmen ihres Risikomanagements auch das Lieferkettenrisikomanagement, wenn auch nur begrenzt durch Ad-hoc-Ansätze für direkte Lieferanten. Dagegen haben lediglich 15 % der kleinen und 18 % der mittelständischen Unternehmen Supply-Chain-Risikomanagement als Funktion etabliert. Für Verbände und Interessenvertretungen von KMUs besteht die Chance, diese Situation zu verbessern, indem sie die Erfassung von Lieferketten ihrer Mitglieder, die Identifikation von Disruptionen und deren Auswirkungen bündeln und die Analyse und Simulation der durch Krisen verursachten Auswirkungen auf Lieferketten als Serviceleistung anbieten.

Literatur

(Bendul & Brüning, 2017) „Kooperatives Supply Chain Risikomanagement – Neue Wege für den Umgang mit existenzbedrohenden Supply Chain Störungen", Julia Bendul, Marie Brüning, Jacobs University Bremen, Februar 2017, http://www.funk-stiftung.org/projekt/kooperatives-supply-chain-risikomanagement/ letzter Zugriff: 3.12.2024

(BME 2024), „Risikomanagement und Resilienz in Supply Chains", BME Logistikstudie 2024, Bundesverband Materialwirtschaft, Einkauf und Logistik e.V., November 2024

(Brauch 2024) „N-Tier Risk Management: Herausforderung und Chance zugleich", Manuel Brauch, SCRM Blog, 2. Dezember 2024, https://scrm-consulting.de/blog-supply-chain-risk-management/n-tier-risk-management letzter Zugriff: 16.12.2024

(Hermes 2022) „Hermes-Barometer: Kollaboration in der Supply Chain", 17. Hermes-Barometer, 2022, https://newsroom.hermesworld.com/17-hermes-barometer-kollaboration-in-der-supply-chain-grosses-potenzial-zahlreiche-hemmnisse-26381/ letzter Zugriff: 4.12.2024

(Mühlenbeck, 2024) „Social-Media-Monitoring verstehen und im Unternehmen einsetzen", Content Manager, 12. Juni 2024, https://www.contentmanager.de/wissen/monitoring/social-media-monitoring-verstehen-und-im-unternehmen-einsetzen/

(Wagner 2001) S. M. Wagner: *Strategisches Lieferantenmanagement in Industrieunternehmen: eine empirische Untersuchung von Gestaltungskonzepten.* Lang, Frankfurt am Main u. a. 2001, ISBN 3-631–36225–0. (Zugl. St. Gallen, Univ., Diss., 2000)

Globale Netzwerke und ihre lokale Verwundbarkeit: Lieferkettenkomplexität und Resilienz in der präklinischen Notfallversorgung

Paul Geoerg, Michael Peter, Laura Wessels, Thomas Köstler, Christian Wartner und Sebastian Tramp

Kernaussagen

1. Die mangelnde Transparenz globaler Lieferketten erschwert die Nachverfolgbarkeit von Produktionskapazitäten und Lagerbeständen, was das Risiko von Engpässen erhöht.
2. Die präklinische Notfallversorgung ist stark auf internationale Lieferketten angewiesen, vor allem auf Bezugsländer in Asien und Nordamerika. Störungen in diesen Netzwerken gefährden die Versorgungssicherheit.
3. Es bedarf Strategien wie der Diversifizierung von Lieferanten und dem Aufbau lokaler Kapazitäten, um die Versorgungssicherheit in Krisenzeiten zu gewährleisten.

P. Geoerg (✉)
vfdb e. V., Münster, Deutschland
E-Mail: geoerg@vfdb.de

M. Peter · L. Wessels
Rettungsdienst Ammerland GmbH, Westerstede, Deutschland

T. Köstler
Feuerwehr Lübeck, Lübeck, Deutschland

C. Wartner · S. Tramp
eccenca GmbH, Leipzig, Deutschland

Einleitung[1]

Die wachsende Komplexität globaler Lieferketten und ihre Anfälligkeit gegenüber externen Störungen sind zentrale Themen, die durch globale Krisen wie die SARS-CoV-2-Pandemie und den Ukrainekrieg eindrucksvoll verdeutlicht wurden. Moderne Versorgungsketten sind hochgradig international vernetzt und weisen eine vielschichtige Abhängigkeit zwischen den verschiedenen Akteuren auf. So führen Produktionsengpässe, unterbrochene Transportwege oder plötzliche Nachfrageänderungen oft zu einem Dominoeffekt, der sich über das gesamte Netzwerk ausbreitet. Diese Herausforderungen betreffen nicht nur globale Wirtschaftsakteure, sondern auch Behörden und Organisationen mit Sicherheitsaufgaben (BOS) und Betreiber kritischer Infrastrukturen (z. B. Apotheken, Krankenhäuser, usw.), die in hohem Maße auf eine zuverlässige Versorgung angewiesen sind.

In Deutschland ist insbesondere das Rettungswesen (präklinische Notfallmedizin) von diesen Problemen betroffen. Die Rettungsdienste, die durch ihre regionalen Strukturen und standortabhängigen Finanzierungsmechanismen bereits stark fragmentiert sind, stehen vor der Herausforderung, Verbrauchsmaterialien und Notfallmedikamente in ausreichender Menge und Qualität den Regelbetrieb bereitzustellen (Lauer et al. 2022; Wefringhaus). Diese Abhängigkeit von Verbrauchsgütern betrifft nicht nur die Sicherstellung der Einsatzfähigkeit von Rettungsdiensten und Feuerwehren, sondern vor allem auch die Gewährleistung einer leitliniengerechten, individualmedizinischen Versorgung (Carstens et al. 2022; Rörtgen et al. 2011).

Präklinische Notfallmedikamente und Verbrauchsmaterialien werden in mehrstufigen, oft intransparenten Lieferketten produziert und verteilt. Diese Ketten bestehen aus einer Vielzahl von Lieferanten, Sublieferanten, Herstellern und Händlern, in deren Funktionsfähigkeit partiell durch behördliche Genehmigungsverfahren und regulatorische Vorgaben eingegriffen wird. Der Einblick in diese Ketten endet für die meisten Beschaffungsakteure auf der Ebene des Enterprise Ressource Planning-Systems (ERP) oder der Verfügbarkeitsmeldungen ihrer Rahmenvertragspartner. Ob und wann es zu konkreten Lieferengpässen kommen könnte, ist häufig nicht bekannt. Veröffentlichte Daten des Bundesinstituts für Arzneimittel und Medizinprodukte (BfArM) zeigen, dass es im Zeitraum vom 16. Dezember 2023 bis zum 16. Januar 2024 Verzögerungsmeldungen für 131 Wirkstoffe gab (PharmNet.Bund, 2024), von denen viele in der präklinischen Notfallversorgung von Bedeutung sind. Diese Abhängigkeit von bestimmten Herstellern, Herkunftsländern und Produktionsstätten, insbesondere in Asien und Nordamerika, kann die Versorgungssicherheit der Rettungsdienste in Deutschland beeinträchtigen.

---

[1] Die Inhalte dieses Kapitels wurden im Rahmen des vom Bundesministerium für Wirtschaft und Klimaschutz geförderten Projekts ResKriVer (Förderkennzeichen 01MK21006) erarbeitet.

Aus Gründen der leichteren Lesbarkeit wird in diesem Kapitel für Personenbezeichnungen das generische Maskulinum stellvertretend für alle Geschlechter verwendet.

Diese Herausforderungen verdeutlichen die Notwendigkeit, Resilienzstrategien für die Rettungsdienste zu entwickeln, die über das traditionelle Risikomanagement hinausgehen. Das vorliegende Kapitel untersucht am Beispiel von zwei deutschen Rettungsdiensten die Komplexität und Vulnerabilität der Lieferketten von präklinischen Verbrauchsmitteln und Notfallmedikamenten. Ziel ist es, die geografische Verteilung der Hersteller aufzuzeigen und die damit verbundenen Risiken für die Versorgungssicherheit zu analysieren.

Methoden

Während die prinzipielle Struktur globaler Lieferketten auf einer abstrakten Ebene mit geringem Aufwand nachvollzogen werden kann, ist die Erfassung detaillierter Prozessparameter einzelner Akteure überhaupt nicht oder nur mit erheblichem Aufwand realisierbar. Informationen über Produktionskapazitäten von Vorprodukten, zu Zwischenstufen und Grundstoffen sowie über Lagerbestände von Zwischenhändlern oder die genauen Herkunftsländer der Produkte sind meist nicht zugänglich. Insbesondere bei Verbrauchsmitteln, Medizinprodukten und pharmakologischen Wirkstoffen, die auch in der präklinischen Notfallmedizin verwendet werden, kann oft davon ausgegangen werden, dass sie in Asien produziert und dann per Schiff nach Europa transportiert werden (Lau und Osterloh 2022).

Die Recherche potenzieller Alternativlieferanten ist aufwendig, und selbst produktspezifische Parameter, wie Produktionsstandorte, Produktionskapazitäten oder Transportzeiten, die für eine zuverlässige Einschätzung der Versorgungslage notwendig wären, sind häufig nicht erhebbar. Um dennoch eine grundsätzliche Übersicht über diese internationalen Beziehungen zu gewinnen, wurde am Beispiel zweier Anwendungsfälle der präklinischen Notfallmedizin eine Auswahl von Einzelprodukten identifiziert und mit zusätzlichen Informationen angereichert (Abb. 1).

Datenquellen und -erfassung

Zentrale Information zur Analyse sind die organisationsspezifischen Verbräuche (Bedarfe) und (wenn verfügbar) das Herkunftsland des jeweiligen Verbrauchsmittels bzw. Medikaments. Mithilfe des Herkunftslandes können näherungsweise der Transportweg, die Transportdauer sowie deren Kosten geschätzt und auf mögliche Engstellen untersucht werden. Diese Informationen sind in der Regel nicht bekannt und werden zur Analyse auf unterschiedlichen Wegen generiert (Abb. 1). Verbrauchsmittel werden anhand des UMDNS-Codes im Deutschen Medizinprodukte-Informations- und Datenbanksystem (DMIDS) identifiziert und mit Geodaten potenzieller Standorte der Hersteller angereichert. Pharmakologische Wirkstoffe der Medikamente werden über die Certification of Suitability (CEP) identifiziert und ebenfalls mit Geodaten der Hersteller verknüpft.

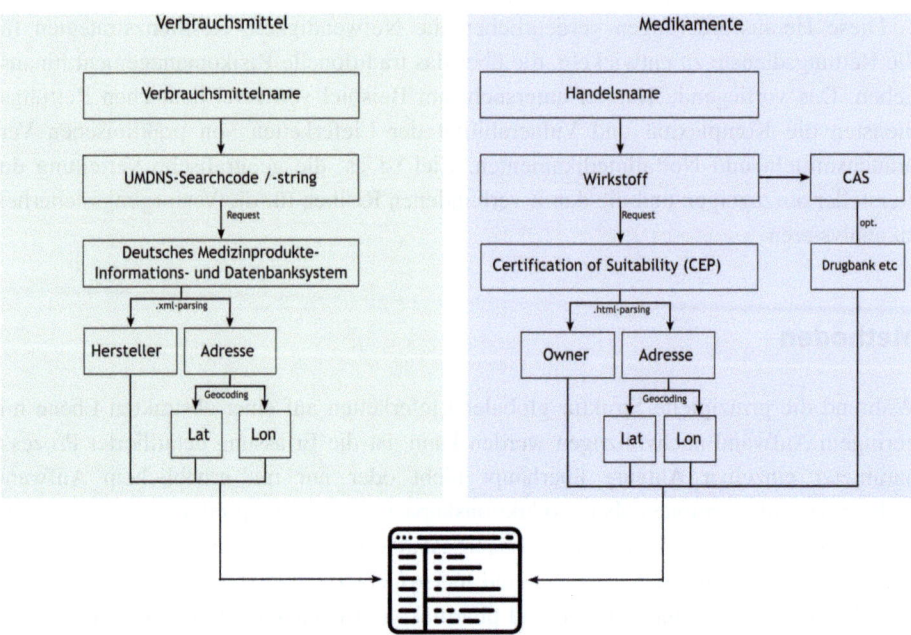

Abb. 1 Schematischer Workflow zur Erfassung und Geokodierung von Herstellerinformationen für Verbrauchsmittel (links) und Medikamente (rechts) in der präklinischen Notfallversorgung

Optionale Datenquellen wie der Chemical Abstracts Service (CAS)-Nummer und Drugbank bieten zusätzliche Informationen zu Wirkstoffen.

Verbrauchsmittel: Das Bundesinstitut für Arzneimittel und Medizinprodukte (BfArM) bietet ein kostenpflichtiges Portal „Deutsche Medizinprodukte-Informations- und Datenbanksystem" (DMIDS) an, in dem Informationen über den Anzeigenden, die zuständige Behörde, das jeweilige Medizinprodukt und den Hersteller recherchiert werden können. Dieses Portal dient der bundeseinheitlichen Registrierung von Wirtschaftsakteuren, wie Herstellern, Bevollmächtigten oder Importeuren, sowie von Produkten gemäß der EU-Verordnung 2017/745 (MDR), bis die entsprechenden Bereiche der EUDAMED[2] verfügbar sind. Die Codierung der Produkte erfolgt nach dem Universal Medical Device Nomenclature System (UMDNS) (1997). Diese Informationen werden zur Analyse auf die entsprechenden Produkte des Verbrauchsmittelportfolios übertragen, extrahiert und anschließend mithilfe von Geocoding visualisiert.

---

[2] https://ec.europa.eu/tools/eudamed.

Medikamente: Die Identifizierung von Herstellern und Importeuren von human-medizinischen Wirkstoffen erfolgt über die Certification of Suitability (CEP) (European Department for the Quality of Medicines, 2023),die von der Europäischen Direktion für die Qualität von Arzneimitteln (EDQM) ausgestellt wird. Ein Eintrag in dieser Datenbank bestätigt, dass der Herstellungsprozess und die Reinheit eines Arzneistoffs, den im Europäischen Arzneibuch festgelegten Normen entsprechen. Das CEP spielt eine zentrale Rolle im Zulassungsprozess von Arzneimitteln, da es den Nachweis der Wirkstoffqualität für Zulassungsbehörden in Europa und anderen Ländern erleichtert. Dadurch wird der Zulassungsprozess für pharmazeutische Produkte beschleunigt, da der Qualitätsnachweis des Wirkstoffs bereits durch die CEP-Zertifizierung erbracht wurde. Die Zertifikatinhaber stellen keine vollständige Liste aller möglichen Wirkstoffhersteller, sondern lediglich den Anteil an Herstellern dar, die im Rahmen des nationalen Zulassungsverfahrens das CEP zur Dokumentation der Qualität des Herstellungsprozesses nutzen könnten. Dies bedeutet, dass die CEP-Datenbank keine vollständige Übersicht über alle möglichen Wirkstoffhersteller bietet, sondern lediglich über jene, die diesen spezifischen Zertifizierungsprozess durchlaufen haben. Daher kann die Nutzung der CEP-Datenbank nur eine qualitative Übersicht liefern.

Die gewonnenen Informationen werden, analog zur Methode für Verbrauchsmittel, gespeichert und auf die entsprechenden Wirkstoffe im Medikamentenportfolio des Rettungsdienstes abgebildet. Anschließend werden sie mit geografischen und anderen relevanten Informationen angereichert, um eine umfassende Analyse der Lieferketten und potenzieller Risiken in der Arzneimittelversorgung zu ermöglichen. So wird es möglich, potenzielle Abhängigkeiten von spezifischen Herstellern oder Regionen zu identifizieren und Maßnahmen zur Risikominderung, wie die Diversifizierung von Lieferketten, vorzubereiten.

Verbrauchsinformationen

Die Grundlage für die Analyse der Versorgungssituation bildet die Erfassung des Bestandsportfolios sowie der zugehörigen Verbrauchs- und Bestellmengen. Dabei wurden Datenspenden von zwei Rettungsdiensten untersucht, die in unterschiedlichen Einsatzumfeldern tätig sind – ein städtisch geprägter Rettungsdienst und ein Rettungsdienst, der im ländlichen Raum operiert. Die Verfügbarkeit und Qualität der Daten variierten stark. Für den ländlichen Rettungsdienst konnten die Bestelldaten direkt aus einem digitalen Bestellsystem exportiert und zur Analyse bereitgestellt werden. Im Gegensatz dazu erfolgte der Bestellprozess beim urbanen Rettungsdienst manuell, sodass die Informationen nur in gedruckter Form und in unterschiedlich strukturierter Qualität vorlagen. Dies führte dazu, dass die Digitalisierung der analogen Bestelldaten zum Zeitpunkt der Fertigstellung des Manuskripts noch nicht vollständig abgeschlossen war.

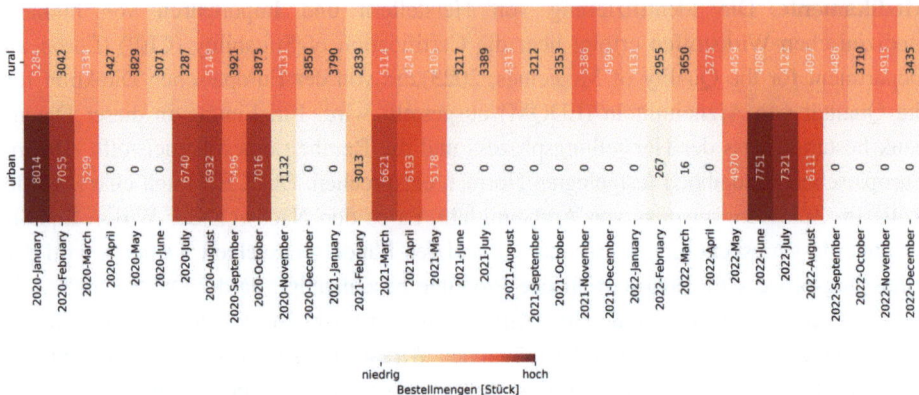

Abb. 2 Bestellmengen von Verbrauchsmaterialien und Medikamenten für zwei deutsche Rettungsdienste (rural und urban) im Zeitraum von Januar 2020 bis Dezember 2022. Die monatlichen Bestellmengen sind Stückzahlen, wobei rot höhere Bestellmengen und hellere Farben niedrigere Bestellmengen anzeigen. Zeiträume ohne verfügbare Daten sind mit ‚0' markiert. Auffällig ist die fehlende Datenverfügbarkeit bei den urbanen Rettungsdiensten in bestimmten Monaten sowie die Schwankungen der Bestellmengen, insbesondere im Kontext der COVID-19-Pandemie

Die Abb. 2 zeigt die Verfügbarkeit der Bestellinformationen für beide Organisationen im Zeitraum von Januar 2020 bis September 2022. Obwohl das Produktportfolio weitgehend erfasst wurde, ist davon auszugehen, dass ein fortschreitender Digitalisierungsprozess im urbanen Dataset zu geringfügigen Ergänzungen im Produktbestand führen könnte. Es ist weiterhin möglich, dass sich auch Änderungen in den Bestellmustern ergeben, insbesondere im Kontext der SARS-CoV-2-Pandemie und den dadurch angepassten Beschaffungsstrategien, etwa bei persönlicher Schutzausrüstung. Diese Entwicklungen sind jedoch in den bisher nicht digitalisierten Daten noch nicht vollständig nachvollziehbar.

Das Bundesamt für Arzneimittel und Medizinprodukte (BfArM) hat im Berichtszeitraum vom 16.12.2023–16.01.2024 Verzögerungsmeldungen zu 131 Wirkstoffen von 59 pharmazeutischen Herstellern veröffentlicht. Von diesen Wirkstoffen befanden sich 12 Wirkstoffe (Adrenalin, Atropin, Heparin, Furosemid, Midazolam, Naloxon, Ondansetron, Ranitidin, Methylprednisolon, Epinephrin, Amiodaron und Prednisolon) auf der WHO-Liste essentieller Wirkstoffe (WHO 2023) und 32 Wirkstoffe auf der Liste versorgungsrelevanter Wirkstoffe des BfArM (Bundesamt für Arzneimittel und Medizinprodukte 2021).

Für zehn Medikamente aus dem Produktportfolio der Rettungsdienste wurde im Berichtszeitraum eine Verzögerungsmitteilung des BfArM veröffentlicht: Adrenalin, Amiodaron, Atropin, Atrovent, Ondansetron, Paracetamol, Ranitidin, Salbutamol, Urapidil und Lorazepam. Zum Vergleich: für den US-amerikanischen Markt galt für diesen Zeitraum für sechs Wirkstoffe (Atropin, Heparin, Furosemid, Midazolam, Methylprednisolon

Abb. 3 Bestellmengen von Verbrauchsmaterialien und Medikamenten für das Rettungsdienstportfolio. Der innere Ring zeigt die Hauptkategorien wie ‚Verbrauchsmittel' und ‚Medikamente' und weitere Unterkategorien und die äußeren Ringe repräsentieren spezifischen Produkte. Besonders auffällig ist die hohe Bestellmenge für Venenverweilkanülen und bestimmte Schutz- und Betriebsmittelelemente

und Epinephrin) eine Lieferengpassmeldung durch die US Food und Drug Administration (2024).

Das resultierende Produktportfolio umfasst 1.023 Einzelprodukte, die in 23 Kategorien unterteilt sind (Abb. 3). Darunter befinden sich 43 verschiedene Wirkstoffe, von denen 18 als versorgungsrelevant gemäß § 52b Abs. 3c AMG eingestuft werden. Zu diesen gehören wichtige Wirkstoffe wie Acetylsalicylsäure, Adrenalin, Atropin, Heparin, Furosemid, Midazolam, Naloxon und andere, die in der präklinischen Notfallversorgung von essenzieller Bedeutung sind. Die Abbildung zeigt die Verteilung der gebildeten Oberkategorien (Verbrauchsmittel bzw. Medikamente) sowie die zugehörigen Unterkategorien und die spezifischen Produkte. Der Anteil der einzelnen Produkte wird anhand der bestellten Einheiten im Analysezeitraum abgebildet.

Use Cases

Der konkrete Verbrauch eines Verbrauchsmaterials und Medikaments ist stark vom jeweiligen Use Case, von der jeweiligen individualmedizinischen Indikation und der organisationspezifischen Situation abhängig. Nicht jede Notfallversorgung erfordert den Einsatz aller verfügbaren Materialien. Bestimmte Produkte hingegen dominieren mengenmäßig in den Bestellvorgängen als Teil der Einsatzgrundausstattung deutlich. Hierzu gehören beispielsweise Hautdesinfektionsmittel und Tupfer. Um die Überführung und Analyse in Use Cases zu ermöglichen und die Komplexität zu reduzieren, wurden solche Basisprodukte in der Untersuchung nicht berücksichtigt.

Im Folgenden wird die Analyse anhand von zwei Use Cases durchgeführt, die sich bewusst auf eine abstraktere Ebene konzentrieren, um eine generelle, qualitative Übersicht zu erhalten. In realen Situationen wäre ein weit differenzierteres Produktportfolio erforderlich, das die konkreten Gegebenheiten und Anforderungen jeder einzelnen Einsatzsituation berücksichtigt.

Use Case 1: fokussiert auf Verbrauchsmaterialien, die zur Sicherung der Atemwege bei präklinischen Intubationen benötigt werden. Dazu gehören unter anderem ein Laryngoskop (Medizinprodukt zur Intubation und Kehlkopfsicht), ein Endotrachealtubus (Intubationsschlauch zur Sicherung der Atemwege), ein Führungsstab und eine Magill-Zange (medizinische Zange zur Intubation und Fremdkörperentfernung). Zusätzlich werden Materialien zur Absaugung, Fixierung, Sauerstoffversorgung, Beatmung und entsprechende Schutzausrüstung benötigt.

Use Case 2: bezieht sich auf die Herstellung und Sicherung der Transportfähigkeit von Patienten/-innen und die Möglichkeit der intravenösen Medikamentengabe. Dieser Use Case umfasst venöse Verweilkanülen, Infusionssets, Fixier- und Verbandsmaterial sowie Produkte zum Eigenschutz.

Aus den Use Cases resultiert eine grundlegende, qualitative Übersicht der benötigten Verbrauchsmittel und Medikamente, wobei der Fokus auf häufig verwendeten und kritischen Komponenten liegt, um eine bessere Einschätzung der Lieferketten und ihrer potenziellen Engpässe zu ermöglichen.

Ergebnisse

Die detaillierte geografische Analyse der Herstellerländer, der im Rahmen der Use Cases untersuchten Verbrauchsmittel und Medikamente liefert aufschlussreiche Einblicke in die globale Verteilung der Produktionsstätten (Abb. 4 und 5). Es zeigt sich eine deutliche Konzentration der Hersteller in den Regionen Asiens und Nordamerikas, insbesondere in den Ländern China, USA und Indien. Diese drei Länder stellen zusammen den Großteil

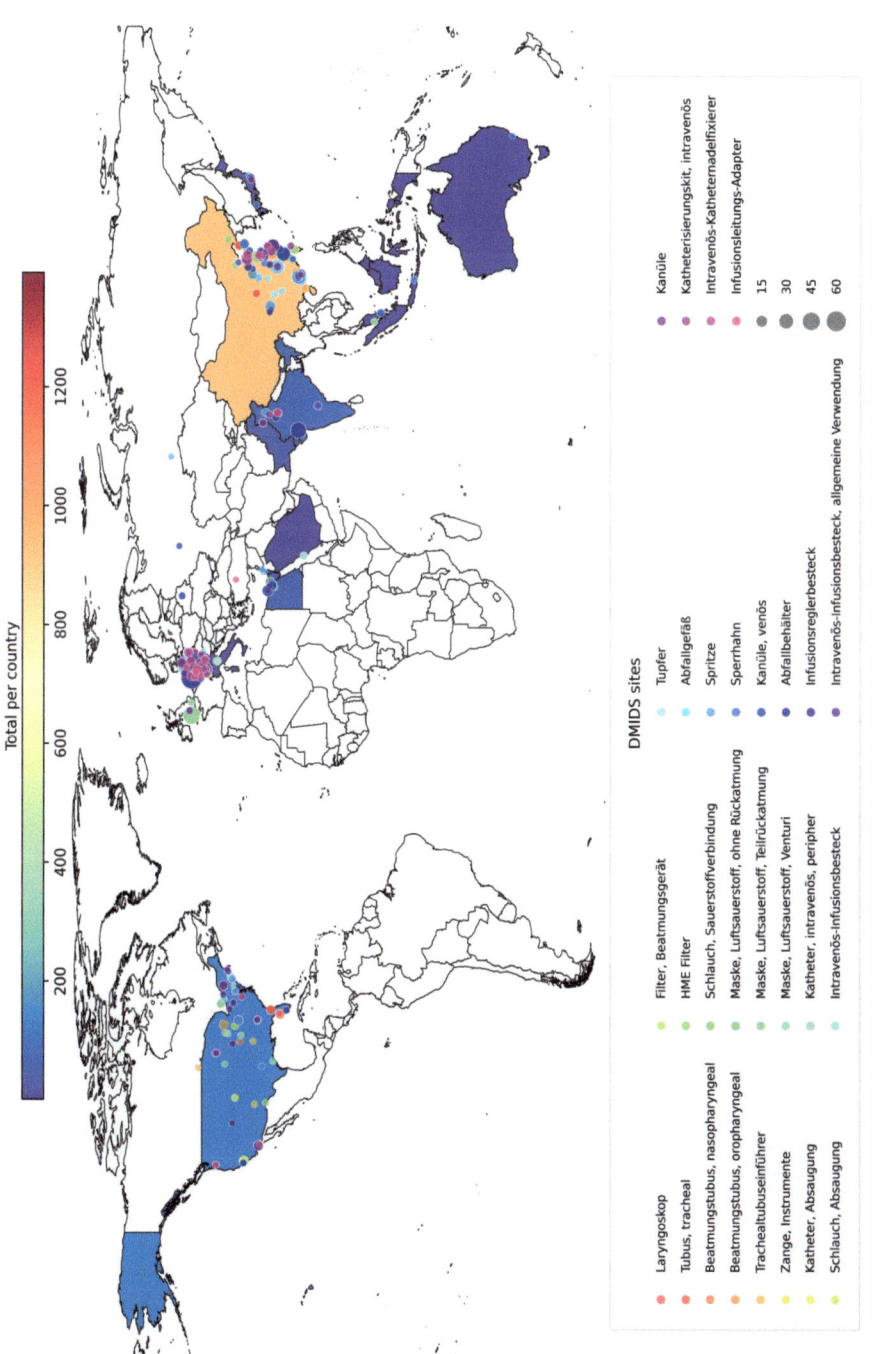

Abb. 4 Geografische Verteilung der DMIDS-Standorte (Deutsches Medizinprodukte-Informations- und Datenbanksystem) weltweit, nach Produkttypen kategorisiert. Daten: (Bundesamt für Arzneimittel und Medizinprodukte 2023)

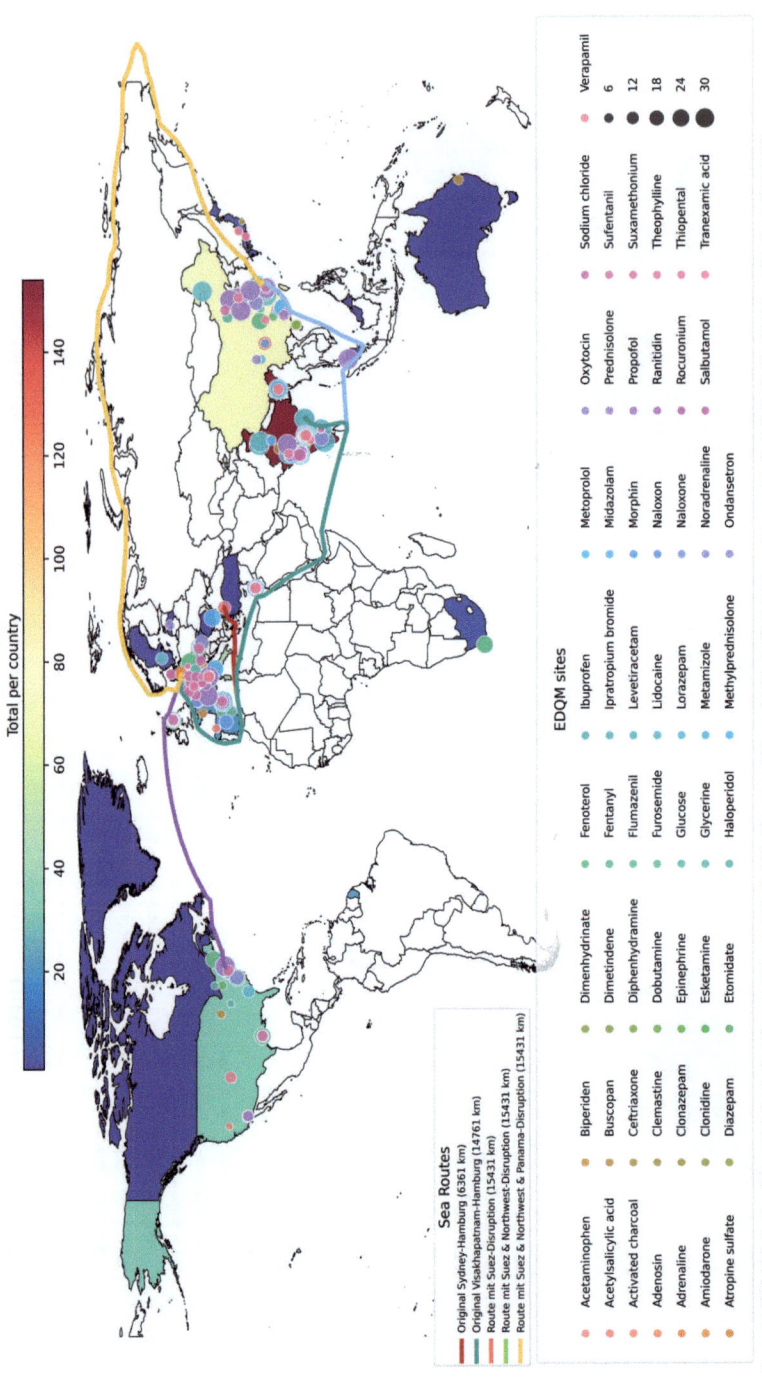

Source: World Administrative Boundaries published under Open Government Licence v3.0 by World Food Programme (UN agency) CEP by Certificate Database of European Directorate for the Quality of Medicine and Healthcare (2023-02-26)

Abb. 5 Weltweite Verteilung der EDQM-CEP-Zertifikatsinhaber für ausgewählte Wirkstoffe und alternative Schiffsrouten (European Department for the Quality of Medicines 2023)

der globalen Produktionskapazitäten für die in der präklinischen Notfallversorgung benötigten Materialien bereit. China dominiert dabei in vielen Bereichen der Verbrauchsmittelproduktion, vor allem bei Einmalprodukten wie Beatmungsgeräten, Kanülen und Schutzmaterialien, die eine essenzielle Rolle in der präklinischen Versorgung spielen. Die USA und Indien sind hingegen stark in der Herstellung von Medikamenten vertreten, die über die Europäische Direktion für die Qualität von Arzneimitteln (EDQM) zertifiziert werden.

Verbrauchsmittel

Die Abb. 4 zeigt die Standorte von Herstellern spezifischer Verbrauchsmaterialien und medizinischer Geräte für die präklinische Notfallversorgung, wie Laryngoskope, Kanülen und Infusionssets. Die geografische Analyse der Herstellerländer zeigt eine deutliche Konzentration der Produktionsstätten für Verbrauchsmittel in den Regionen Asien und Nordamerika. Die Farbe der Punkte gibt den jeweiligen Produkttyp an, während die Kolorierung der Länder die Anzahl der registrierten Standorte pro Land darstellt. Länder wie die USA, China und Indien haben eine hohe Konzentration an DMIDS-registrierten Herstellern, was die Abhängigkeit von diesen Regionen unterstreicht.

Die Mehrzahl der Hersteller (89,4 %) der untersuchten Verbrauchsmittel stammt aus nur drei Ländern (Abb. 6): Deutschland (50,91 %), China (33,94 %) und den USA (4,57 %). Der hohe Anteil deutscher Hersteller ist vor allem auf spezialisierte Produkte zurückzuführen, die für die in den Use Cases analysierten Anwendungen wie Intubation und intravenöse Medikamentengabe benötigt werden. Dazu gehören beispielsweise HME-Filter (Wärme- und Feuchtigkeitsaustauschfilter für Beatmungssysteme), Laryngoskope und Venenverweilkanülen, die überwiegend in Deutschland hergestellt werden.

Werden jedoch weniger spezialisierte Produkte wie Infusionsbestecke oder Beatmungsmasken betrachtet, verschiebt sich das Bild deutlich zugunsten von Herstellern aus China. So ist China das dominierende Herkunftsland für Beatmungstuben und Absaugschläuche. Diese Konzentration zeigt die Abhängigkeit von einzelnen Ländern bei der Produktion bestimmter medizinischer Verbrauchsmaterialien, insbesondere bei Einmalprodukten, die in großen Mengen benötigt werden. Bemerkenswert ist die geringe Diversifizierung bei bestimmten Produkten. So konnte für das intravenöse Katheterisierungskit (UMDNS: 12–161) lediglich Produktionsmöglichkeiten in zwei Ländern (Deutschland und China) identifiziert werden. Für alle anderen untersuchten Produkte existieren jedoch mindestens drei Herkunftsländer, die eine gewisse Flexibilität in der Beschaffung ermöglichen.

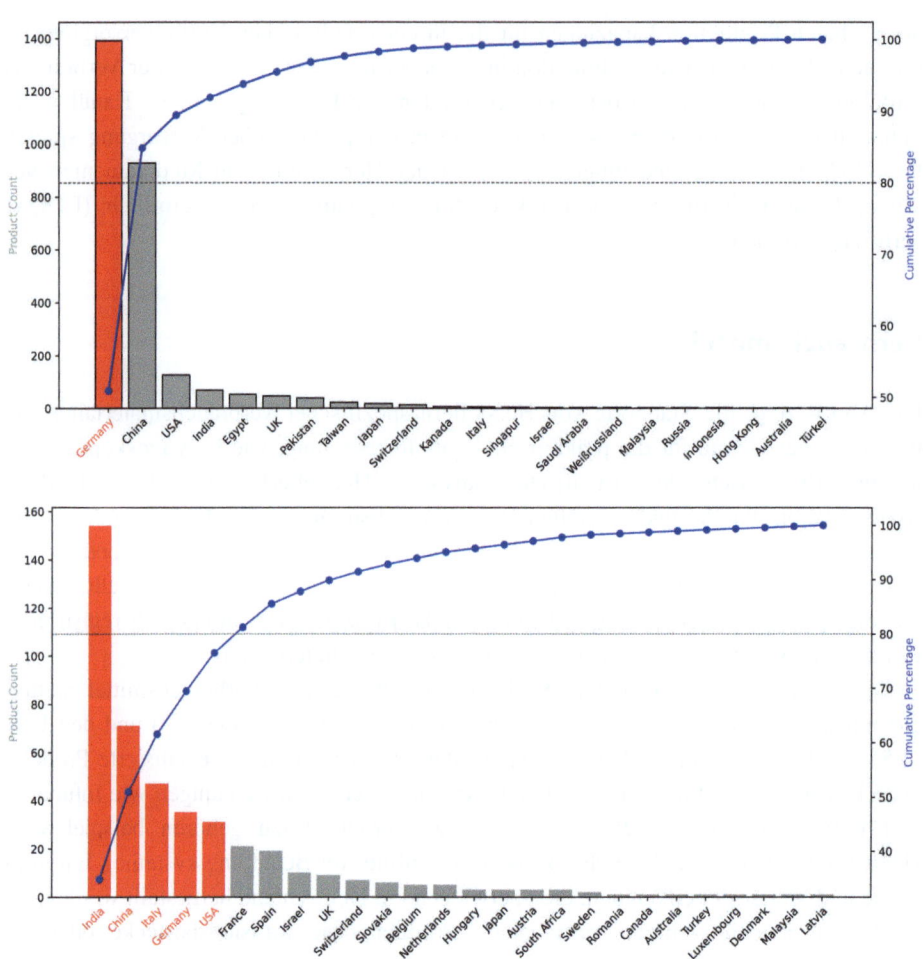

Abb. 6 Verteilung der Herstellungsstandorte in den Use Cases „Intubation" und „Medikamenten-versorgung" nach Ländern für Verbrauchsmittel (oben) und Medikamente (unten) basierend auf Produktanzahl und kumulativen Prozentanteilen. Die Balkendiagramme zeigen die Anzahl der Produkte pro Land (rot eingefärbt, wenn 80 % des Portfolios abgedeckt sind), während die blaue Linie die kumulative prozentuale Verteilung der Produktionsstandorte darstellt. Für Verbrauchsmittel dominieren Deutschland und China, gefolgt von den USA, während bei den Medikamenten Indien den größten Anteil ausmacht, gefolgt von China, Italien und Deutschland

Medikamente

Der geographische Überblick der EDQM-Zertifikatsinhaber für die im Medikamenten-portfolio enthaltenen Wirkstoffe zeigt eine deutliche Konzentration der Produktions-standorte in wenigen Ländern (Abb. 5). Jeder Punkt repräsentiert die Produktionsstand-orte für die entsprechenden Wirkstoffe. Zusätzlich werden die approximierten Seerouten von Ningbo-Zhoushan (China) und New York (USA) nach Hamburg (Deutschland) dar-gestellt. Die verschiedenen Farben der Routen symbolisieren die möglichen Wege und deren Alternativen im Falle von Störungen: grün für die Standardroute durch den Suez-Kanal, orange für die Nordwest-Passage bei Suez-Kanal-Störungen und violett, wenn so-wohl der Suez-Kanal als auch die Nordwest-Passage nicht verfügbar sind.

Die Analyse der Produktionsländer verdeutlicht, dass 69,3 % aller Zertifikatsinhaber aus nur vier Ländern stammen (Abb. 6): Indien (34,76 %), China (16,03 %), Italien (10,61 %) und Deutschland (7,90 %). Diese Konzentration birgt Risiken, da Unter-brechungen in diesen wenigen Ländern erhebliche Auswirkungen auf die weltweite Ver-sorgung mit lebenswichtigen Medikamenten haben könnten.

Einige Wirkstoffe, wie Thiopental, Ranitidin und Clemastine, werden ausschließlich in einem einzigen Herkunftsland (Deutschland, Japan bzw. Indien) hergestellt, was die Abhängigkeit von diesen Ländern besonders verdeutlicht (Tab. 1). Diese Abhängigkeit erstreckt sich auch auf andere wichtige Medikamente wie Metamizole, Diazepam und Ondansetron, deren Herstellung zu einem großen Teil in Indien und China stattfindet.

Tab. 1 Prozentuale Anteile der EDQM-Zertifikatsinhaber nach pharmakologischem Wirkstoff und Herkunftsland. Für einige Wirkstoffe, wie Clemastine und Ranitidin, erfolgt die Herstellung vollständig in einem einzigen Land (Japan bzw. Indien), während andere Substanzen wie Esketamin und Theophylline größtenteils in Deutschland hergestellt werden

Substanz	Herkunftsland	Anteil /%
Thiopental	Germany	100,0
Ranitidin	India	100,0
Clemastine	Japan	100,0
Metamizole	China	80,0
Diazepam	India	75,0
Ondansetron	India	68,8
Verapamil	India	66,7
Diphenhydramine	India	66,7
Theophylline	Germany	66,7
Haloperidol	India	66,7
Clonazepam	India	66,7
Esketamine	Germany	66,7
Levetiracetam	India	64,7
Salbutamol	India	63,6
Ibuprofen	India	63,6
Furosemide	India	62,5
Clonidine	India	60,0

Für einige Substanzen, wie Esketamine und Theophylline, gibt es eine bedeutende Produktionsbasis in Deutschland, doch auch hier zeigt sich, dass die Produktion in wenigen Ländern konzentriert ist. Daraus ergeben sich – je nach Use Case und therapeutischer Leitlinie – unterschiedliche Abhängigkeiten von Herstellungsländern und Versorgungswegen (Abb. 6).

Die Abhängigkeit von spezifischen Herkunftsländern stellt eine Herausforderung für die Versorgungssicherheit dar. Störungen in der Produktion oder im Transport aus diesen Ländern nach Europa können zu erheblichen Engpässen führen. Politische Instabilitäten oder blockierte Schifffahrtsrouten, wie während der Suez-Kanal-Krise, verdeutlichen die Verwundbarkeit der aktuellen Transportwege. In Abb. 5 sind neben der Verteilung der identifizierten Produktionsstätten auch die Hauptschifffahrtsrouten, über die die Medikamente von den Produktionsländern nach Europa transportiert werden, dargestellt. Die Route von Ningbo-Zhoushan (China) nach Hamburg (Deutschland) führt durch den Suez-Kanal, der eine zentrale Engstelle darstellt. Alternativ könnten längere und kostenintensivere Routen, wie über den Panamakanal oder um das Kap der Guten Hoffnung, genutzt werden. Dies unterstreicht die Notwendigkeit, die Lieferketten zu diversifizieren und alternative Bezugsquellen zu erschließen, um das Risiko von Versorgungsunterbrechungen zu minimieren. Zudem ist es wichtig, Reservekapazitäten in verschiedenen Regionen zu schaffen, um in Krisenzeiten flexibel reagieren zu können.

Limitationen

Die vorliegende Analyse basiert auf den Bestellinformationen zweier deutscher Rettungsdienste, von denen einer in einem städtischen und der andere in einem ländlichen Umfeld tätig ist. Obwohl eine Vielzahl von Einzelbestellungen zur Verfügung stand, ist die Generalisierbarkeit der Ergebnisse aufgrund der geringen Stichprobengröße eingeschränkt. Insbesondere lokale Beschaffungspraktiken und kommunale Besonderheiten beeinflussen die spezifischen Lieferbeziehungen und könnten zu unterschiedlichen Ergebnissen in anderen Regionen führen. Dies erschwert eine umfassende Übertragung der Ergebnisse auf eine nationale oder gar internationale Ebene.

Eine weitere Limitierung stellt die Notwendigkeit der Fokussierung auf die Auswertung von Bestelldaten und die Identifizierung möglicher Herkunftsländer dar. Dabei wurde weitgehend auf Zertifikatsinformationen zurückgegriffen, um die Produktionsstandorte zu ermitteln, wobei diese als Äquivalente für die tatsächlichen Produktionsstätten herangezogen wurden. Diese Methode beruht auf der Annahme, dass die betrachtete Lieferkette maximal eine oder zwei Stufen umfasst, was jedoch die in der Realität oft komplexeren und tief verzweigten globalen Lieferketten ausklammert. In der Praxis sind Lieferketten durch zahlreiche Akteure, Sublieferanten und Logistikprozesse gekennzeichnet, deren Wechselwirkungen sowohl Stabilität schaffen und Schwankungen ausgleichen können, als auch zusätzliche Anfälligkeiten bergen können. Diese

Komplexität wurde in der vorliegenden Analyse bewusst nicht berücksichtigt, was zu einer vereinfachten Darstellung der Risiken führt.

Eine Herausforderung ergibt sich aus der Tatsache, dass die Analyse der Lieferengpässe auf offiziellen Verzögerungsmeldungen und Zertifikatsinhabern basiert. Diese Datenquellen geben einen nützlichen Überblick über bekannte Engpässe und Produktionsstandorte, stellen jedoch keine vollständige Abbildung der tatsächlichen Risiken dar. Wichtige Informationen, wie etwa die genauen Produktionskapazitäten, Lagerbestände oder alternative Produktionsstandorte, bleiben oft unzugänglich, da sie entweder als vertraulich betrachtet oder von den Unternehmen nicht veröffentlicht werden.

Es besteht ein herausragendes öffentliches Interesse daran, dass Grunddaten zur globalen Verfügbarkeit von essenziellen Medikamenten und Verbrauchsmaterialien erfasst und zugänglich gemacht werden. Diese Informationen sind entscheidend für die Prognose der Versorgungssicherheit und die szenarienbasierte Analyse. Der Zugang zu solchen Informationen ist derzeit erheblich eingeschränkt und steht nur ausgewählten Akteuren offen.

Zusammenfassung und Fazit

Die vorliegende Analyse der Versorgungsnetze für Notfallmedikamente und Verbrauchsmittel, basierend auf den beiden Use Cases „Intubation" und „Medikamentengabe" sowie realen Bestelldaten zweier deutscher Rettungsdienste, verdeutlicht die komplexe und gleichzeitig verwundbare Natur der globalen Versorgungsketten. Bei der geografischen Analyse möglicher Produktionsorte zeigt sich eine deutliche Konzentration auf Europa, Asien und Nordamerika, wobei Deutschland, China und die USA als die wichtigsten Produktionsstandorte für essenzielle medizinische Verbrauchsmaterialien in den betrachteten Use Cases hervortreten. Diese Abhängigkeit von wenigen, weltweit verteilten Produktionsstandorten verdeutlicht die Fragilität der Lieferketten, die durch externe Faktoren wie geopolitische Konflikte oder Naturkatastrophen unterbrochen werden können.

Es konnte außerdem gezeigt werden, dass ein erheblicher Anteil der Medikamentenversorgung von wenigen Herkunftsländern abhängig ist. Hier dominieren insbesondere Indien und China als Produktionsstandorte für zahlreiche lebenswichtige Medikamente. Gemeinsam stellen diese beiden Länder rund 85,8 % aller EDQM-Zertifikate. Dies macht deutlich, dass eine Störung in nur einer dieser Regionen globale Auswirkungen auf die Medikamentenversorgung haben könnte. Die Abhängigkeit von spezifischen Ländern, insbesondere solchen, die sich in politisch instabilen Regionen befinden oder deren diplomatische Beziehungen fragil sind, erhöht das Risiko für Lieferengpässe erheblich. Mehr als 60 % der EDQM-zertifizierten Wirkstoffe stammen aus Ländern, die als politisch instabil oder diplomatisch angespannt gelten. Diese Konzentration birgt ein hohes Risiko und unterstreicht die dringende Notwendigkeit, die Lieferketten durch Diversifizierung robuster zu gestalten.

Die zentrale Herausforderung besteht darin, dass die Versorgungssicherheit nicht nur durch die Konzentration der Produktionsstandorte auf einige wenige Länder bedroht ist, sondern auch durch die inhärente Vulnerabilität globaler Transportwege. Besonders Lieferungen über Seerouten, die auf kritischen Engpässen wie dem Suez-Kanal oder zukünftig der Nord-Ost-Passage basieren, sind anfällig für Störungen. Der Ausfall einer dieser Schlüsselrouten führt unweigerlich zu erheblichen Verzögerungen, was wiederum die kontinuierliche Versorgung von Notfalldiensten gefährden würde.

Angesichts dieser Erkenntnisse ist es unabdingbar, einen breiten gesellschaftlichen und politischen Diskurs zu führen, der die Vor- und Nachteile stärker lokalisierter und diversifizierter Lieferketten offen beleuchtet und deren Kosten-Nutzen-Verhältnis bewertet. Während die derzeitigen Strukturen von Effizienz und Kostensenkung geprägt sind, müssen neue Risikomanagementstrategien entwickelt werden, die über traditionelle Ansätze hinausgehen. Ziel muss es sein, die Resilienz gegenüber unvorhersehbaren Ereignissen wie pandemischen Ausbrüchen, geopolitischen Konflikten oder Naturkatastrophen zu erhöhen.

Ein zentraler Schritt in diese Richtung könnte die gezielte Erweiterung von Produktionskapazitäten innerhalb Deutschlands oder Europas sein, um die Abhängigkeit von außereuropäischen Lieferanten zu verringern. Gleichzeitig könnte die Förderung lokaler und regionaler Liefernetzwerke verstärkt werden, um eine größere Unabhängigkeit von globalen Lieferketten zu erreichen. Die Schaffung von Notfallplänen, die den Ausfall kritischer Transportwege oder die Unterbrechung von Lieferketten antizipieren, ist ebenso unerlässlich, um die Versorgungssicherheit auch in Krisenzeiten zu gewährleisten.

Literatur

Bundesamt für Arzneimittel und Medizinprodukte (2021). Liste der versorgungskritischen Wirkstoffe nach § 52b Abs. 3c AMG.

Bundesamt für Arzneimittel und Medizinprodukte (Hrsg.) (2023). Deutsches Medizinprodukte-Informations- und Datenbanksystem (DMIDS). Online verfügbar unter https://sso.dimdi.de/sso-idp/faces/home.xhtml (abgerufen am 02.05.2023).

Carstens, Eike/Eismann, Hendrik/Flentje, Markus/Albers, Thomas/Sieg, Lion (2022). Medikamentöse Ausstattung arztbesetzter Rettungsmittel – ist eine präklinische Therapie nach aktuellen Leitlinien möglich? Notfall & Rettungsmedizin, 1–10. https://doi.org/10.1007/s10049-022-01036-6.

European Department for the Quality of Medicines (Hrsg.) (2023). Certificate of Suitability of Monographs of the European Pharmacopoeia (CEP). Certification database 2023. Online verfügbar unter https://extranet.edqm.eu/publications/recherches_CEP.shtml.

Lau, Tobias/Osterloh, Falk (2022). Lieferengpässe: Das fragile System der Arzneiversorgung. Deutsches Ärzteblatt 119 (19), A851–B706.

Lauer, Daniel/Bandlow, Stephan/Rathje, Maik/Seidl, Andreas/Karutz, Harald (2022). Veränderungen und Entwicklungen in der präklinischen Notfallversorgung: Zentrale Herausforderungen für das Rettungsdienstmanagement. Bundesgesundheitsblatt, Gesundheitsforschung, Gesundheitsschutz 65 (10), 987–995. https://doi.org/10.1007/s00103-022-03588-x.

PharmNet.Bund (2024). Veröffentlichte Lieferengpassmeldungen. Online verfügbar unter https://anwendungen.pharmnet-bund.de/lieferengpassmeldungen/faces/public/meldungen.xhtml (abgerufen am 22.01.2024).

Rörtgen, D./Schaumberg, A./Skorning, M./Bergrath, S./Beckers, S. K./Coburn, M./Brokmann, J. C./Fischermann, H./Nieveler, M./Rossaint, R. (2011). Vorgehaltene Medikamente auf notarztbesetzten Rettungsmitteln in Deutschland. Realität und Erfordernis nach Leitlinien. Der Anaesthesist 60 (4), 312–324. https://doi.org/10.1007/s00101-010-1812-9.

UMDNS (1997). Offizielle Nomenklatur für Medizinprodukte. UMDNS; amtliches Verzeichnis zum Medizinproduktegesetz (MPG) zur Codierung von Medizinprodukten. Berlin, MediVision.

US Food And Drug Administration (2024). FDA Drug Shortages. Online verfügbar unter https://www.accessdata.fda.gov/scripts/drugshortages/default.cfm (abgerufen am 16.01.2024).

Wefringhaus, Philipp (2023). Medikamentenversorgung bei Großschadenslagen und Katastrophen: Logistik und Bedarfsplanung aus Sicht des Rettungsdienstes. Rettungsdienst 46 (7), 642.

WHO (2023). Model List of Essential Medicines. 23rd list. Executive summary of the report of the 24th WHO Expert Committee on the Selection and Use of Essential Medicines. Geneva. Online verfügbar unter https://iris.who.int/bitstream/handle/10665/371090/WHO-MHP-HPS-EML-2023.02-eng.pdf?sequence=1 (abgerufen am 23.01.2024).

Kollaboratives Lieferkettenrisikomanagement

Thomas Hoppe

Kernaussagen

1. Disruptive Ereignisse, die Lieferketten negativ beeinflussen, können entlang der gesamten Lieferkette auftreten.
2. Die Beurteilung der Konsequenzen von Disruptionen erfordert Informationen über die Lieferbeziehung in der gesamten Lieferkette.
3. Vermeintliche Weitergabe von Geschäftsgeheimnissen, Datenschutz und kartellrechtliche Beschränkungen sind die Hauptgründe warum Unternehmen selten Auskunft über ihre Lieferbeziehungen geben.
4. Zwei unterschiedliche Szenarien deuten darauf hin, dass Unternehmen mindestens Informationen über ihre Lieferanten, die bezogenen Halbzeuge resp. Halbfabrikate und deren Sitz geben könnten, ohne ihre Geschäftstätigkeit zu gefährden.
5. Im Krisenfall kooperieren Unternehmen mit ihren Lieferanten und Kunden der 1. und 2. Lieferkettenschicht bereits heute, wenn es um die Ressourcen, Personal und Produktion geht.
6. Eine Kollaboration bei der Weitergabe von Informationen entlang der Lieferketten erscheint innerhalb einer Lieferkette, oder Branchen- und Produktkategorie-übergreifend zwischen nicht konkurrierenden Unternehmen möglich.
7. Mittels verteilter Datenerfassung, Anonymisierung durch Verschlüsselung und wissensbasierter Repräsentation können die technischen Voraussetzungen geschaffen werden, um die Lieferketteninformationen zu integrieren und weitergehenden Analysen zu ermöglichen.

T. Hoppe (✉)
Fraunhofer-Institut für Offene Kommunikationssysteme (FOKUS), Berlin, Deutschland
E-Mail: thomas.hoppe@fokus.fraunhofer.de

© Der/die Autor(en), exklusiv lizenziert an Springer Fachmedien Wiesbaden GmbH, ein Teil von Springer Nature 2025
T. Hoppe und R. Fricke (Hrsg.), *Resiliente krisenrelevante Versorgungsnetze*,
https://doi.org/10.1007/978-3-658-48639-6_5

Einleitung[1]

„Durch steigende Komplexität und Globalisierung von Produktionsnetzwerken steigt sowohl das Risiko als auch das Ausmaß von Supply Chain Störungen." (Bendul & Brüning, 2017)

Die Krisen der vergangenen Jahre haben gezeigt (siehe Kap. „Einleitung"), wie schnell sich unvorhersehbare Ereignisse negativ auf Gesellschaft und Unternehmen auswirken können. Diese Disruptionen betreffen nicht nur unser alltägliches Leben, sondern durch die globalisierte Wirtschaft auch die stark vernetzten Lieferbeziehungen zwischen Unternehmen, sowohl auf der Supply- als auch auf der Demand-Seite. Rein reaktives Handeln in einer Krisensituation ist in der Regel mit erhöhten Bezugs- und Transportkosten verbunden. Die frühzeitige Beurteilung potenzieller Disruptionen und deren Auswirkungen auf die Liefernetze von Produzenten und Distributoren, von den Rohstoffen über Halbzeuge, Halbfabrikate und Produkte bis hin zu deren Abnehmern, ist eine wichtige Voraussetzung, um Schwachstellen in Lieferketten zu identifizieren. Ausgehend von dieser Information können Maßnahmen ergriffen werden, um alternative Bezugsquellen zu identifizieren, Bezugsquellen zu diversifizieren oder Produktionskapazitäten zu verlagern oder anzupassen. Bei einer eingetretenen Krise oder Katastrophe ist die Erkennung der Auswirkungen auf die betroffenen Organisationen, Prozesse und Transportwege notwendig, um Vorhersagen zu konkretisieren, Alternativen zu bewerten, Entscheidungen zu treffen oder Kunden frühzeitig vorzuwarnen.

Für einzelne Unternehmen ist es kaum möglich, Disruptionen entlang der gesamten Lieferkette von den Rohstoffen bis zu den Halbfabrikaten – zusammengefasst als Tier-N-Lieferkette bezeichnet – zu erkennen, geschweige denn, die von den Disruptionen ausgehenden Auswirkungen zu beurteilen. Ursache hierfür sind die Intransparenz der gesamten Tier-N-Lieferketten und eine starke globale Vernetzung und Abhängigkeiten aller Beteiligten und Prozesse. Während Konzerne und große Unternehmen ein entsprechendes Risikomanagement etablieren, um mindestens die von ihren direkten Zulieferern ausgehenden Risiken einschätzen zu können, sind sie, was indirekte Zulieferer betrifft, auf allgemeinere Untersuchungen der Risiken der Produktionsorte angewiesen. Dass kleine, mittelständische Unternehmen (KMU), die sich kein eigenes Risikomanagement leisten können, von der Intransparenz stärker betroffen sind, dürfte ersichtlich sein.

Eine frühzeitige Antizipation der möglichen Konsequenzen von Disruptionen erfordert – insbesondere für KMUs – eine Kooperation über Unternehmensgrenzen hinweg. Wie aber können Unternehmen kooperieren, um frühzeitig über Risiken entlang

---

[1]Die Inhalte dieses Kapitels wurden im Rahmen des vom Bundesministerium für Wirtschaft und Klimaschutz geförderten Projekts ResKriVer (Förderkennzeichen 01MK21006) erarbeitet. Aus Gründen der leichteren Lesbarkeit wird in diesem Kapitel für Personenbezeichnungen das generische Maskulinum stellvertretend für alle Geschlechter verwendet.

ihrer Lieferketten informiert zu werden ohne unternehmenskritische Informationen preiszugeben?

Ausgangssituation

„Das Teilen von Daten und Informationen ermöglicht eine gemeinsame Steuerung, die gemeinsame Nutzung begünstigt wiederum das Sammeln von qualitativ hochwertigem Datenmaterial. So können kooperative Prozesse fortlaufend optimiert werden." (Hermes 2022)

Die Erfassung der Tier-N-Lieferbeziehungen stellt aktuell ein Thema für die Krisenmanagement-Projekte CoyPu, PAIRS und DAKI-FWS sowie für kommerzielle Anbieter dar, die Services und Werkzeuge für das Supply-Chain-Management anbieten. Diese Unternehmen[2] stellen derzeit Lösungen zur Verfügung, mit denen zwar öffentlich verfügbare Daten, wie z. B. Risiko- und Resilienzinformationen über Herstellerländer, POIs (points of interest) und Hinweise auf Disruptionen aus sozialen Medien, etc., in großem Umfang aggregiert werden. Das Erheben dieser Daten, von Brauch (2024) als **KI-gestütztes Mapping** bezeichnet, birgt jedoch die Unsicherheit über die erhobenen Informationen in sich, ob diese tatsächlich relevant für die Lieferketten eines Unternehmens sind. Es wird hierbei den Unternehmen überlassen, diese Informationen mit den eigenen Lieferketteninformation zu verbinden. **Lieferantenvalidiertes Mapping,** so Brauch (2024), liefert zwar belastbare Ergebnisse, erfordert jedoch große Kapazitäten und den Kooperationswillen seitens der Unternehmen. KMUs können die dazu notwendigen Aufwände selten selbst tragen oder sind u.U. vertraglich gebunden, Lieferbeziehungen nicht öffentlich zugänglich zu machen. Eine durchgehende Erhebung von validierten Tier-N-Lieferketten über den Tier-1 hinaus, steht daher bisher nur ansatzweise zur Verfügung.

Offensichtlich sind jedem Unternehmen die Beziehungen zu seinen direkten Lieferanten bekannt. Ebenso sind jedem Unternehmen seine Kunden resp. die Abnehmer seiner Produkte (Händler, Großhandel, Einkaufsgenossenschaften, etc.) bekannt. In der Regel werden Lieferketten jedoch ab Tier-2 intransparent. D. h., die Tier-N-Lieferketten zeichnen sich durch Unkenntnis der existierenden Lieferbeziehungen und mangelnde Datenverfügbarkeit aus. Eine Erhebung zur Dokumentation oder Modellierung der Lieferabhängigkeiten erweist sich damit in der Regel als schwierig. Ohne eine solche Modellierung können Analysen und Simulationen der Auswirkungen von Disruptionen entlang der Lieferkette jedoch kaum durchgeführt werden. In vielen Fällen muss daher auf plausible Annahmen und Hypothesen zurückgegriffen werden.

Als Alternative bietet sich die Kooperation und Kollaboration von Unternehmen zur Erfassung lieferkettenspezifischer Informationen zum Zweck des Unternehmens-übergreifenden Lieferkettenrisikomanagements an.

---

[2] Wie z. B. everstream oder prewave

Bendul & Büning (2017) ermittelten, dass 81 % der befragten Unternehmen im Kontext von Lieferketten mit den First-Tier-Lieferanten, 69 % mit weiteren First-Tier-Kunden, 51 % mit Second-Tier-Lieferanten und 33 % mit weiteren Second-Tier-Kunden kooperieren. Ca. 66 % der Unternehmen haben mit Logistik-Dienstleistern kooperiert. Selbst mit Konkurrenten kooperierten rd. 25 % der befragten Unternehmen. Gegen eine enge Zusammenarbeit mit Konkurrenten sprechen häufig jedoch Datenschutzprobleme und kartellrechtliche Bestimmungen. Die in der Umfrage genannten Kooperationen innerhalb der Lieferkette betrafen jedoch vornehmlich: Personalressourcen in Form von Mitarbeitenden und deren Knowhow, Produktionsressourcen, wie Werkzeuge, Gebäude, Maschinen- und Lagerkapazitäten.[3]

Die Studie (BME 2024) ermittelte aktuell für das Lieferkettenrisikomanagement (Supply Chain Risk Management; SCRM): „ … dass zwar 79 % der Unternehmen die erste Lieferantenstufe und 53 % die erste Kundenstufe abdecken, jedoch werden tiefere Stufen innerhalb der Lieferkette häufig vernachlässigt. Nur knapp ein Drittel der Unternehmen berücksichtigen die zweite Lieferantenstufe, und bei lediglich 14 % werden weitere Stufen miteinbezogen. Auch auf der Kundenseite zeigt sich ein ähnliches Bild: Lediglich 13 % der befragten Firmen gehen über die erste Stufe hinaus. Das macht es schwierig, Risiken in der Tiefe der Lieferkette zu erkennen und rechtzeitig darauf zu reagieren."

Lieferkettenrisikomanagement

„Die Zusammenarbeit mit Supply Chain Partnern wurde von den Befragten als wirksamste Risikomanagement-Maßnahme bewertet." (Bendul & Brüning, 2017)

Vorwettbewerbliche Informationen aus Forschung, Produktentwicklung und Kundenakquise, ebenso wie vertriebsrelevante Informationen über Kunden, Preise, Mengen und Konditionen, zählen offensichtlich zu den Geschäftsgeheimnissen. Kein Unternehmen würde diese Informationen mit seiner Konkurrenz teilen (vgl. Kap. „Datenverfügbarkeit in Krisensituationen"). Das Teilen anderer Informationen, wie dem Namen und Sitz von Lieferanten oder die bezogenen Halbzeuge oder Halbfabrikate bzw. deren Produktkategorien, erscheint Branchen-übergreifend, in denen die Hersteller nicht direkt konkurrieren, eher unkritisch zu sein. Es können drei Szenarien kollaborativen Lieferkettenrisikomanagements unterschieden werden, in denen der Austausch von bestimmten Informationen entlang der Lieferkette möglich erscheint:

- horizontale Kollaboration
- vertikale Branchen- oder Produktkategorien-übergreifende Kollaboration
- vertikale Branchen-interne Kollaboration bei Standardprodukten

---

[3] Eine Kooperation hinsichtlich der Weitergabe von Informationen wurde weder erwähnt noch ausgeschlossen, sodass zu vermuten ist, dass in der Studie nicht danach gefragt wurde.

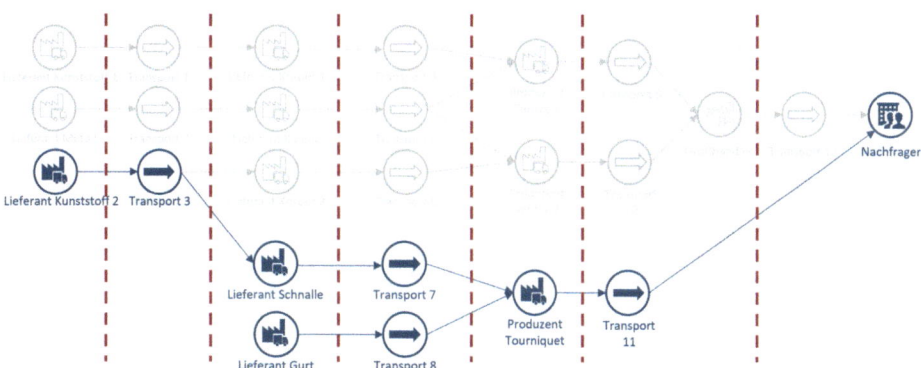

Abb. 1 Lieferkette mit horizontaler Kollaboration

Horizontale Kollaboration

Bei der horizontalen Kollaboration kooperieren die Unternehmen unterschiedlicher Wertschöpfungsstufen einer Lieferkette im Rahmen des Risikomanagements, um potenzielle Disruptionen frühzeitig zu identifizieren und Maßnahmen zur Minimierung der Auswirkungen zu ergreifen. Dieses Szenario ist in Abb. 1 am Beispiel eines Herstellers von Tourniquets (Aderpressen zum Abbinden von Blutungen) dargestellt.

Hersteller der Rohstoffe, Halbzeuge, Halbfabrikate und Produkte stehen in dieser Lieferkette nicht direkt in Konkurrenz zueinander. Solange diese Unternehmen in unterschiedlichen Ländern angesiedelt sind oder selbst die Distribution ihrer Güter organisieren, konkurrieren auch die beteiligten Transportunternehmen meist nicht. Bei dieser Form der Kollaboration können die Unternehmen über die unterschiedlichen Tiers entlang der Wertschöpfungskette kooperieren, um einen Tourniquet-Produzenten zu unterstützen und so sowohl dessen, als auch ihren eigenen wirtschaftlichen Erfolg im Krisenfall zu sichern.

In diesem Szenario ist es möglich, entlang der Lieferkette Informationen über die Identität, den Sitz und die bezogenen Produkte transparent auszutauschen. Ebenso können Informationen über Liefermengen, Lieferzeiten und Produktionsdauern ausgetauscht werden, ohne dabei Konkurrenten Geschäftsgeheimnisse preiszugeben. Hierdurch wird es möglich, auf finanzielle, geopolitische, technische und katastrophale Disruptionen zu reagieren, diese zu analysieren, zu simulieren und ihre Auswirkungen zu ermitteln. Voraussetzung hierfür ist die Bereitstellung und der Austausch der Informationen zwischen den Akteuren der Wertschöpfungskette.

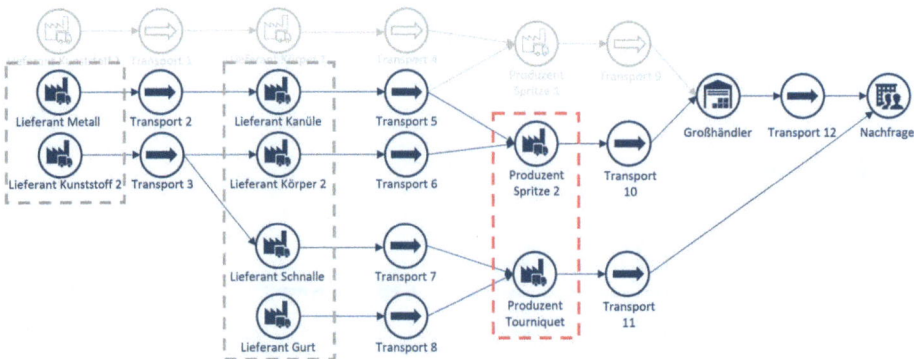

Abb. 2 Horizontale Branchen- oder Produktkategorien-übergreifende Kollaboration

Die Umsetzbarkeit dieses Szenarios hängt von drei entscheidenden Faktoren ab:

1. Der Einsicht aller an der Lieferkette beteiligten Unternehmen, dass die Lieferketten-übergreifende Kooperation einen Vorteil in Form einer Stabilisierung ihrer Geschäfts-tätigkeit und einer Vertrauensbildung durch Vorwarnung ihrer Kunden über möglich Disruptionen bringt.
2. Von ggf. durch den Endabnehmer durchzusetzenden, vertraglichen Regelungen über die Bereitstellung lieferkettenspezifischer Informationen, die nicht nur die vertrag-liche Bindung der Zulieferer, sondern auch die Durchsetzung dieser Bindung an deren Zulieferer der vorausgehenden Tiers umfasst.[4]
3. Einer technischen Unterstützung zur verteilten Informationserfassung, um so den Do-kumentations-/Modellierungsaufwand in Grenzen zu halten.[5]

Vertikale Branchen- oder Produktkategorien-übergreifende Kollaboration

Unternehmen unterschiedlicher Branchen oder Produzenten unterschiedlicher Produkt-kategorien, die nicht in direkter Konkurrenz zueinander stehen, aber abhängig von den gleichen Rohstoffen, Halbzeugen oder Halbfabrikate sind (Abb. 2), können prinzipiell ebenfalls bzgl. des Austauschs von Informationen über Lieferanten kooperieren.

---

[4] Ein teilweise vergleichbares Modell findet sich in der GNU General Public License, die die Nut-zung von Open-Source-Software an die Bindung knüpft, Änderungen daran ebenfalls als Open Source zur Verfügung zu stellen.

[5] Dies könnte zum Beispiel durch ein Peer-to-Peer basiertes System erfolgen, bei dem jedes an der Lieferkette beteiligte Unternehmen einen eigenen Peer in Form eines kleinen Software-Servers be-treibt.

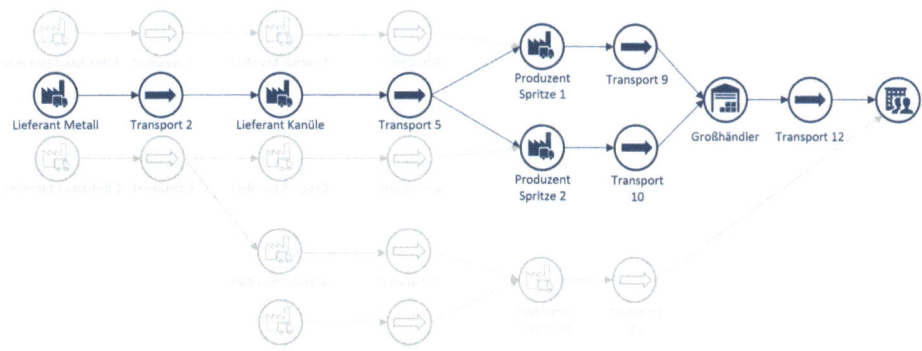

Abb. 3 Horizontale Branchen-interne Kollaboration konkurrierender Unternehmen bzgl. Standardprodukten

Auch in diesem Szenario können die Informationen über die Identität, den Sitz und die bezogenen Produkte, ebenso wie Informationen über Liefermengen, Lieferzeiten und Produktionsdauern zwischen den Wertschöpfungsketten, transparent ausgetauscht werden, solange die fokalen Produzenten (hier der Spritzen- und Tourniquet-Produzent) unterschiedlichen Branchen entstammen oder unterschiedliche Kategorien von Produkten herstellen und vermarkten.

In diesem Szenario ergibt sich ein zusätzlicher Nutzen dadurch, dass die Kenntnis einer Disruption[6] innerhalb einer Wertschöpfungskette Branchen-übergreifend auf eine andere Wertschöpfungskette übertragen werden kann. D. h., sobald einer der Lieferanten oder Transportunternehmen von einer Disruption Kenntnis erlangt, kann diese Information an alle davon abhängigen Unternehmen weitergegeben werden. Vorausgesetzt diese Informationen über die Disruptionen werden zwischen den Wertschöpfungsketten geteilt.

Vertikale Branchen-interne Kollaboration bei Standardprodukten

Das dritte Szenario beschreibt eine Branchen-interne Kollaboration, bei der selbst konkurrierende Produzenten noch bzgl. der Versorgung mit Standardprodukten (wie z. B. Schrauben, Kunststofffolien, Treibstoffen, Schmiermitteln, etc.), die keine zentralen Eigenschaften eines Produkts oder vertriebsrelevante Aussagen tangieren, kooperieren. Eine solche punktuelle Kollaboration ist auch möglich, wenn die Hersteller von den gleichen Produkten oder der gleichen kleinen Menge von Lieferanten abhängig sind, die innerhalb einer Branche bekannt sind, wie in Abb. 3 skizziert.

---

[6]Erfährt beispielsweise der Schnallen-Lieferant von einer Disruption des Transportweges von Transport 3, so kann diese Information auch der Wertschöpfungskette des Lieferanten 2 der Spritzenkörper hilfreich sein.

In diesem Szenario wäre es möglich, Informationen über die Identität, den Sitz und die bezogenen Produktkategorien auszutauschen. Unter Umständen sind diese branchenweit sowieso bereits bekannt. Informationen über konkrete Produkte, Liefermengen, Lieferzeiten oder Produktionszeiten können in diesem Szenario jedoch sensibel sein, wenn sie Rückschlüsse auf Produktzusammensetzungen, die produzierten Mengen, Lieferverpflichtung und Kunden erlauben würden. Sollten diese Informationen zur Analyse oder Simulation benötigt werden, müssten sie vor den Konkurrenten geheim gehalten werden.

Auch bei diesem Szenario ist eine Weitergabe von Informationen möglich, ebenso wie – je nach Produktkategorie – eine direkte Kooperation im Krisenfall durch Bereitstellung von Produktionskapazitäten. Hauptargumente zur Etablierung dieser Form von Kooperationen wären der brancheninterne Zusammenhalt zur Stärkung des Wirtschaftsstandorts Deutschland zur Abgrenzung gegenüber ausländischer oder außereuropäischer Konkurrenz und zur Aufrechterhaltung der gesamtgesellschaftlichen Versorgungssicherheit.

Hemmnisse der Kollaboration

Das 17. Hermes-Barometer (Hermes 2022) zeigt die wesentlichen Hemmnisse für die Kollaboration in Lieferketten auf der Basis eine Umfrage von 150 Befragten aus Logistik und Supply Chain Management auf:

- „Über alle Unternehmensgrößen hinweg schätzen mehr als die Hälfte der Befragten (57 %) den Zeit- und Kostenaufwand bei der Implementierung notwendiger Technologien als hinderlich ein."
- „… stehen der erfolgreichen Umsetzung zudem technologische Herausforderungen im Weg, welche die Zusammenführung von Informationen und Daten erschweren. Dreiviertel der Verantwortlichen nennen in diesem Kontext inkompatible IT-Systeme und Datenformate."
- „Insgesamt bewerten die Verantwortlichen jedoch fehlende personelle Ressourcen für eine intensive Kooperation mit den Partnern als größte Blockade bei der Realisierung erfolgreicher Kollaboration (65 %)."
- „… Sicherheitsbedenken beim Teilen von Daten mit anderen Akteuren in der Supply Chain (61 %) …"
- „… fehlende Vernetzung mit Lieferanten und Handelspartnern (59 %) …".

Vorausgesetzt, die technischen Möglichkeiten wären geschaffen, dann klingen diese Argumente danach, dass lediglich eine treibende Kraft benötigt wird, die gebündelt die Ressourcen bereitstellt, die Zeit zur vorbereitenden Erfassung aufbringt, den Akteuren die nötige Sicherheit ihrer Informationen garantiert und die Partner vernetzt. Die Rolle eines solchen Liefernetzwerk-Treuhänders könnten die in Kap. „Datenverfügbarkeit in

Krisensituationen" angesprochenen Verbände und Interessenvertretungen von KMUs darstellen.

Technische Voraussetzungen

> „Effiziente Steuerungstools wie IT-Plattformen für die effiziente Zusammenarbeit innerhalb der Lieferkette bewerten vor allem größere Unternehmen mit 250 bis 1000 Beschäftigten als erfolgsentscheidend (83 %)." (Hermes 2022)

Die beschriebenen Kollaborationsszenarien setzen voraus, dass die Lieferketteninformationen erhoben und zusammengeführt werden können, um zumindest Informationen über potenzielle oder eintretende Disruptionen entlang der Lieferkette zu teilen. Hilfreich wäre es darüber hinaus, wenn Zusatzinformationen, wie Anteil der gelieferten Güter relativ zur vereinbarten Liefermenge, Abschätzungen über die Verlässlichkeit des Lieferanten, seiner Produktion, von Transporteuren oder ihrer Pünktlichkeit, erwartete Transportzeiten usw. geteilt würden. Je nach Vertraulichkeitsgrad (Vgl. Kap. „Datenverfügbarkeit in Krisensituationen") der Informationen sind zusätzliche Schutzmaßnahmen nötig.

Prinzipiell kann bei Zusammenführung dieser Informationen in zentrale und dezentrale Erhebung unterschieden werden:

Zentrale Sammlung und Informationszusammenführung

Diese Form der Datenerhebung und Informationszusammenführung wird durch einen einzelnen Betreiber einer entsprechenden Softwarelösung realisiert, der ein zentrales Repository, z. B. innerhalb einer proprietären Plattform oder als Cloud-Lösung, betreibt, in der alle Lieferketteninformationen zusammenlaufen.

Der Betreiber eines solchen Systems muss einen eigenen Standard in Form eines Informationsschemas entwerfen, der alle Lieferketteninformationen seiner Kunden abbilden kann.[7] Hierfür wird er entsprechende Schnittstellen realisieren, um die benötigten Informationen entweder aus Enterprise-Resource-Planning-Systemen der Kunden oder ggf. ihrer Lieferanten zu übernehmen oder einspeisen zu lassen.

Das zugrunde liegende Schema wird in der Regel entweder auf eine Anwendergruppe oder eine Branche ausgelegt sein oder so allgemein gehalten sein, dass auch Lieferanten unterschiedlichster Branchen damit arbeiten können. Im ersten Fall ist es um die Übertragbarkeit auf andere Branchen schlecht bestellt, im zweiten Fall werden vermutlich spezifische Anpassungen die Regel sein.

---

[7] Sofern nicht ein entsprechender Standard genutzt wird, der über ein übergeordnetes Gremium erarbeitet und definiert wurde.

Das wesentlichste Problem dieses Ansatzes wird jedoch darin bestehen, die Unternehmen des Tier-N dazu zu motivieren, Daten für dieses zentralisierte System bereitzustellen. Entweder müssten sie Kunde des Betreibers werden und eine eigene Lizenz erwerben, oder der Endkunde der betreffenden Lieferkette übernimmt die Kosten für eine einfache Lösung zum Einspeisen der Daten.

Wie aber die Lieferketten unterschiedlicher Unternehmen in diesem System zu einem Liefernetzwerk verwoben werden können, ist bisher unklar. Hier müsste dafür gesorgt werden, dass ein Sublieferant, der an mehreren Lieferketten beteiligt ist, als solcher auch im System erkannt und behandelt wird. Darüber hinaus müssten die separaten mandanten-spezifischen Lieferketten über die Mandanten hinaus miteinander verknüpft werden.

Eine zentralisierte Lösung erscheint daher am plausibelsten für eine rein horizontale Kollaboration bei der übergreifenden Erfassung von Lieferkettenabhängigkeiten.

Dezentrale Erhebung und Informationszusammenführung

Um die zusammengeführten Lieferketteninformationen selbst für den Krisenfall resilient zu machen, erweist es sich als sinnvoll, diese verteilt und redundant zu speichern. Die Verteilung führt dabei dazu, dass die Daten nicht an einem „single point of failure" gespeichert werden, dessen Ausfall auch einen Ausfall des Gesamtsystems zur Folge hätte. Eine Redundanz der Datenspeicherung sichert zusätzlich zu, dass selbst bei einem Ausfall eines einzelnen Knotens, dessen Informationen immer noch verfügbar sind.[8]

Für die dezentrale Erhebung und Speicherung von Lieferketteninformationen bildet eine Peer-to-Peer-Architektur ideale Voraussetzungen. Hierbei betreibt jede Organisation, die an der Lieferkette beteiligt ist, einen sogenannten Peer-Server[9], um die eigenen Informationen zu speichern. Hierdurch entsteht ein Netzwerk von verteilten Peers, über das einerseits Informationen zwischen den Peers verteilt und ggf. redundant gespeichert, und andererseits Informationen von den Peers über das Netzwerk abgerufen werden können.

Betreibt jede Organisation einen Peer-Server, der an dem Netzwerk beteiligt ist, so sind drei Anforderungen an die Informationsspeicherung zentral:

1. Es muss möglich sein, bestimmte – z. B. vertrauliche – Informationen verschlüsseln zu können.
2. Es muss den Dateneigentümern möglich sein, Organisationen, die ihre Daten nutzen wollen, die Entschlüsselung der Daten zu ermöglichen.

---

[8] Eine redundante Speicherung ist zwar auch bei einem zentralisierten System möglich, würde jedoch zusätzliche Aufwände zur Synchronisierung über mehrere Rechenzentren erfordern.

[9] Hierbei handelt es sich um Software-Server, die auf bereits eingesetzter Server-Hardware laufen.

3. Alle Peers sollten ein gemeinsames System von eindeutigen Identifikatoren nutzen, um die Daten der Organisationen automatisch miteinander verknüpfen resp. den Peer identifizieren zu können, der Dateneigentümer der entsprechenden Information ist.

Branchen-übergreifende Datenräume

Mehrere Ökosysteme etablieren bereits Unternehmens-übergreifende Datenräume, um Daten für die Kooperation zwischen Unternehmen einfacher austauschbar zu machen. Hierzu zählen Gaia-X[10], Manufacturing-X[11] und Catena-X[12], wobei die beiden letzteren stark auf die produzierende Industrie und die Automobilindustrie ausgelegt sind. Insbesondere Catena-X zielt auf den Datenaustausch innerhalb der Lieferketten der Automobilindustrie ab.

Eine entsprechende Initiative zum Austausch von Daten im Bereich der BOS und KRITIS-Organisationen wird derzeit vom BMBF-Projekt HERAKLION[13] vorangetrieben, das vornehmlich den Aufbau eines Datenraums zur heuristischen Resilienzanalysen für Kommunen adressiert.

Zusammenfassung

„Gerade KMU fehlt oft das interne Know-how und eine ausreichende Personalkapazität, um die vielfältigen Anforderungen kollaborativer Vernetzung bewältigen zu können. Externe Unterstützung kann hier helfen, die Umsetzung zu ermöglichen oder zu beschleunigen" (Hermes 2022)

Anhand dreier möglicher Szenarien, die explizit die sensiblen Bereiche der Forschung, Produktentwicklung, der Kundenakquise, des Vertriebs und der Finanzen und der mit ihnen verbundenen Informationen ausklammern, wurden die Voraussetzungen für ein über alle Schichten der Wertschöpfungskette realisierbares kollaboratives Lieferkettenrisikomanagement beschrieben. Eine Umsetzung eines solchen kollaborativen Lieferkettenrisikomanagements setzt u. a. voraus, dass

- eine geeignete verteilte Infrastruktur vorhanden ist, in die jeder Akteur Informationen über die Lieferbeziehungen, von denen er Kenntnis besitzt und die er bereit ist zu teilen, einpflegen kann;
- die Akteure die Freiheit besitzen, die aus ihrer Sicht vertraulichen Informationen zu verschlüsseln;

---

[10] https://gaia-x.eu/

[11] https://www.plattform-i40.de/IP/Navigation/DE/Manufacturing-X/Initiative/initiative-manufacturing-x.html.

[12] https://catena-x.net/de/

[13] https://www.heraklion-projekt.de/

- es Akteuren möglich ist, vertrauenswürdigen Partnern die Möglichkeit zur Entschlüsselung vertraulicher Informationen einzuräumen;
- es eine für alle Akteure vertrauenswürdige Institution gibt, die im Krisen- oder Katastrophenfall den Zugriff auch auf vertrauliche Informationen zwecks Analyse gewährt werden kann und
- Unternehmen die Bereitschaft besitzen, ihnen bekannte Informationen auch mit anderen zum Nutzen aller zu teilen.

Empfehlungen

„Eine vertrauensvolle Beziehung ist die Grundlage für eine effektive Kooperation im Krisenfall." (Bendul & Brüning 2017)

1. Horizontale Kollaboration entlang einzelner Lieferketten bildet den einfachsten Einstieg in ein Unternehmens-übergreifendes Lieferkettenrisikomanagement, auch wenn der gesamte Tier-N noch nicht erfassbar ist.
2. Fokussieren Sie sich bei Ihrem Risikomanagement auf die Güter, Halbfabrikate, Halbzeuge und Rohstoffe, die kritisch für Ihr Unternehmen sind und das größte Risikopotenzial besitzen.
3. Präzisieren Sie, welche Informationen über Ihre Lieferbeziehung unkritisch für Ihre geschäftlichen Aktivitäten sind und welche vertraulich zu behandelnde Geschäftsgeheimnisse darstellen.
4. Eine Mitwirkung der Lieferanten in den Tier-N setzt voraus, dass Informationen über deren Lieferanten einfach erhebbar werden.
5. Unterstützen Sie Ihre Lieferanten der Tier-N dabei, kritische Abhängigkeiten in ihren eigenen Lieferbeziehungen zu identifizieren und Maßnahmen für deren Beseitigung zu ergreifen.

Fazit

„Wie erfolgreich eine Kooperation verläuft, kann in großem Maße von dem Verhältnis zwischen den Netzwerkakteuren abhängig sein. Das Vertrauen und der Einsatz füreinander definieren, wie effektiv eine Kooperation im Krisenfall sein kann. Abhängigkeit ist das Grundmotiv, sich in einem kooperativen Risikomanagement einzubringen. Durch die enge Verbundenheit und hohe Komplexität sind alle Netzwerkakteure miteinander verbunden und voneinander abhängig. Die Auswirkungen einer Supply Chain Störung gering zu halten, ist das Ziel aller Akteure in der betroffenen Supply Chain." (Bendul & Brüning 2017)

Dieses Zitat beschreibt sehr gut, dass kollaboratives Lieferkettenrisikomanagement nicht nur Selbstzweck ist oder einer einzelnen Organisation zugutekommt. Entlang einer einzelnen Lieferkette kann Kollaboration dazu beitragen, Produktions- und Lieferausfälle gering zu halten, um so die Stabilität von Kundenbeziehungen zu sichern, deren Vertrauen in die Lieferanten zu erhöhen und so längerfristig zu binden.

Entsprechend Bendul & Büning (2017) finden Kooperationen zwischen Unternehmen hinsichtlich Personal- und Produktionsressourcen im Krisenfall bereits statt. Auch hier kann sich die Kollaboration beim Lieferkettenrisikomanagement lohnen, um sich alternative Personal- und Produktionskapazitäten für potenzielle Krisensituationen frühzeitig zu sichern. Alternative Produktionskapazitäten können im drohenden Krisenfall schneller angefragt und alternative Transportmöglichkeiten früher exploriert werden.

Im ResKriVer-Projekt beabsichtigten wir mehrere Lieferketten exemplarisch zu modellieren, zu analysieren und für unsere Anwendungspartner zu simulieren, um so potenzielle Krisensituationen mit ihnen durchzuspielen. Die Schwierigkeiten, die entsprechenden Informationen über Lieferbeziehungen zu erheben, zeigten uns, dass insbesondere die Situationen, in denen überhaupt eine Zusammenarbeit entlang der Lieferketten möglich ist, genauer analysiert werden mussten. Insbesondere schärfte dies unsere Sicht darauf, welche Informationen geschäftskritisch sind und damit einen besonderen Schutz bedürfen.

Eine Initiative zur Schaffung eines Datenraums zum Austausch von Lieferketteninformationen zu krisenrelevanten Gütern von BOS- und KRITIS-Organisationen existiert bisher nicht und erscheint derzeit auch kaum umsetzbar. Einerseits mangelt es hier am treibenden kommerziellen Interesse, andererseits erfordert dies eine schlagkräftige Organisationsform, die unterschiedliche Branchen und Unternehmen nicht nur national, sondern – idealerweise – auch international zusammenbringt, um die notwendigen Aktivitäten hinsichtlich der Stärkung der Versorgungssicherheit in Angriff zu nehmen.

Literatur

(Bendul & Brüning, 2017) „Kooperatives Supply Chain Risikomanagement – Neue Wege für den Umgang mit existenzbedrohenden Supply Chain Störungen", Julia Bendul, Marie Brüning, Jacobs University Bremen, Februar 2017, http://www.funk-stiftung.org/projekt/kooperatives-supply-chain-risikomanagement/ letzter Zugriff: 3.12.2024

(BME 2024), „Risikomanagement und Resilienz in Supply Chains", BME Logistikstudie 2024, Bundesverband Materialwirtschaft, Einkauf und Logistik e.V., November 2024

(Brauch 2024) „N-Tier Risk Management: Herausforderung und Chance zugleich", Manuel Brauch, SCRM Blog, 2. Dezember 2024, Blog Supply Chain Risikomanagement, letzter Zugriff: 16.12.2024

(Hermes 2022) „Hermes-Barometer: Kollaboration in der Supply Chain", 17. Hermes-Barometer, 2022, https://newsroom.hermesworld.com/17-hermes-barometer-kollaboration-in-der-supply-chain-grosses-potenzial-zahlreiche-hemmnisse-26381/ letzter Zugriff: 4.12.2024

Modellierung, Erfassung und Analyse von Lieferketten

Naouel Karam, Roman Laas und Thomas Hoppe

Kernaussagen

1. Die Struktur von Lieferketten und -netzwerken kann als Wissensgraph auf der Basis von Ontologien und der Repräsentation von Abhängigkeiten zwischen Entitäten abgebildet werden.
2. Eine solche semantische Repräsentation ist flexibel bzgl. Erweiterungen und Verfeinerungen.
3. Bedingt durch die latente Unvollständigkeit von Lieferketteninformationen müssen plausible Annahmen über die Distributionswege, Transportmittel und -zeiten getroffen werden.
4. Erste Auswirkungen von Disruptionen auf die Distributionswege können durch die grafische Erfassung der Transportwege, durch Routingalgorithmen und Durchschnittsgeschwindigkeiten ermittelt werden.
5. Zur Analyse weiterer Auswirkungen von Disruptionen auf die Verfügbarkeit von Produkten können die in Lieferketten implizit repräsentierten Abhängigkeiten, in Verbindung mit Verlässlichkeits- und Eintrittswahrscheinlichkeiten von Disruptionen genutzt werden.

N. Karam (✉)
Institut für Angewandte Informatik (InfAI), Leipzig, Deutschland
E-Mail: karam@infai.org

R. Laas · T. Hoppe
Fraunhofer-Institut für Offene Kommunikationssysteme (FOKUS), Berlin, Deutschland
E-Mail: roman.laas@fokus.fraunhofer.de

T. Hoppe
E-Mail: thomas.hoppe@fokus.fraunhofer.de

© Der/die Autor(en), exklusiv lizenziert an Springer Fachmedien Wiesbaden GmbH, ein Teil von Springer Nature 2025
T. Hoppe und R. Fricke (Hrsg.), *Resiliente krisenrelevante Versorgungsnetze,*
https://doi.org/10.1007/978-3-658-48639-6_6

6. Mittels eines Bayesian-Impact-Faktors und eines Node-Failure-Impact-Faktors lassen sich kritische Knoten innerhalb eines Liefernetzwerks ermitteln, die redundant auszulegen sind oder stärker überwacht werden müssen.

Einleitung[1]

Disruptive Ereignisse wie die COVID-19-Pandemie oder die Blockade des Suezkanals im Jahr 2021 haben gezeigt, wie anfällig unsere Gesellschaft und Wirtschaft für unvorhergesehene Störungen ihrer Lieferketten sind. Durch die starke Globalisierung sind moderne Lieferketten äußerst komplex geworden und erstrecken sich über mehrere Länder oder sogar Kontinente. Sie umfassen längere Transportwege und eine globale Verteilung der Zulieferer. Diese Lieferketten sind stark auf dynamische, miteinander vernetzte und eng synchronisierte Unternehmens-Netzwerke und deren Leistungen angewiesen. Eine Störung in einem Teilbereich kann kostspielige und teilweise gravierende Kaskadeneffekte auf das gesamte System zur Folge haben.

Unser Ziel ist es, Unternehmen dabei zu unterstützen, ihre Lieferketten zu bewerten und Bedrohungen oder Engpässe frühzeitig zu erkennen. Ein zentraler Schwerpunkt liegt auf der Stabilität von Versorgungsnetzwerken sowie der Bewertung und Steuerung von Ereignissen, die diese Netzwerke beeinträchtigen könnten. Unsere Lösung nutzt aktuelle Informationen über Lieferketten, wie z. B. Hersteller, Importeure und Transportwege. Da diese Informationen oft schwer zu ermitteln sind (siehe Kap. „Datenverfügbarkeit in Krisensituationen"), müssen plausible Annahmen zum Füllen von Informationslücken verwendet werden, die im Lauf der Zeit zu ergänzen sind, um immer präzisere Analysen zu gewinnen. Da Lieferketten von verschiedenen Unternehmen oft dieselben Transportrouten nutzen, können viele Informationen, die die Distributionswege betreffen, zwischen verschiedenen Akteuren geteilt und wiederverwendet werden, um die Effizienz des Lieferkettenrisikomanagements zu erhöhen und im Endeffekt die Resilienz des gesamten Liefernetzwerks zu stärken.

Zur Erfassung und Strukturierung dieser Informationen setzen wir Ontologien[2] (Guarino 2009) ein, die es ermöglichen, einen umfassenden Wissensgraphen[3] (Peng 2023) zur

---

[1] Die Inhalte dieses Kapitels wurden im Rahmen des vom Bundesministerium für Wirtschaft und Klimaschutz geförderten Projekts ResKriVer (Förderkennzeichen 01MK21006) erarbeitet.

Aus Gründen der leichteren Lesbarkeit wird in diesem Kapitel für Personenbezeichnungen das generische Maskulinum stellvertretend für alle Geschlechter verwendet.
[2] Eine Ontologie ist eine Form der Wissensrepräsentation, die Konzepte, Entitäten und Beziehungen innerhalb eines bestimmten Fachgebiets definiert und ein gemeinsames Verständnis ermöglicht. Sie stellt Wissen in einer Form dar, die von Menschen und Maschinen verarbeitet werden kann.
[3] Ein Wissensgraph ist eine graphbasierte Datenstruktur, die Entitäten, ihre Attribute und die Beziehungen zwischen ihnen darstellt, wodurch die Integration und Analyse komplexer Datensätze ermöglicht wird. Er dient dazu, das Verständnis von Informationen zu verbessern, indem sie als miteinander verbundene Datenpunkte dargestellt werden.

Repräsentation der Lieferketten zu erstellen. Dieser Wissensgraph stellt Beziehungen und Verbindungen zwischen verschiedenen Akteuren, Ressourcen und Prozessen in der Lieferkette dar und erleichtert das Verständnis der komplexen Netzwerke.

Zusätzlich zum Wissensgraphen haben wir einen Ansatz entwickelt, um die Abhängigkeiten in Lieferketten als Materialflussnetze zu repräsentieren und Störungen zu analysieren. Diese Netze werden automatisch aus Abhängigkeiten des Wissensgraphen abgeleitet. Material- und Informationsflussnetze haben sich als effektives Werkzeug zur Modellierung und Analyse von Lieferkettenstörungen unter Unsicherheitsbedingungen bewährt. Die Kombination von Wissensgraphen und Materialflussnetzen erlaubt es, Störungen dynamisch zu simulieren und Vorhersagen darüber zu treffen, wie sich negative Ereignisse auf die verschiedenen Komponenten des Netzwerks auswirken können. So können die Analyseergebnisse dazu genutzt werden, alternative Transportwege oder Ersatzlieferanten zu etablieren, bevor ein Engpass auftritt. Dies bietet dem Risikomanagement eine Entscheidungsgrundlage, um die Resilienz der Versorgungsstrukturen eines Unternehmens zu erhöhen und Krisenteams die Möglichkeit effektiv zu handeln, um die Versorgung aufrechtzuerhalten.

Unser neuer Ansatz, ViSCA (Visual Supply Chain Analyzer), verbindet die Flexibilität von Wissensgraphen mit der Berechnungsstärke von Materialflussnetzen. Er erlaubt das Wissen über Versorgungsnetzwerke kontinuierlich zu präzisieren, zu erweitern und so aktuell zu halten, um rechtzeitig immer präziser werdende Vorhersagen zu ermöglichen.

Semantische Modellierung von Lieferketten

Semantische Modellierung von Lieferketten kann in zwei Phasen unterschieden werden: Modellierung einer allgemeinen Terminologie, die die Verarbeitung von Wissen unabhängig von einem Anwendungsgebiet erlaubt und die Anpassung der Terminologie an einen konkreten Anwendungsbereich mit spezifischen Informationen, z. B. krisenrelevanten Produkten.

Basis-Ontologien

Eine Lieferkette kann als Netzwerk von Organisationen, Prozessen oder Aktivitäten und Ressourcen, die an der Produktion und dem Transport von Waren von Herstellern und Lieferanten bis zum Endkunden beteiligt sind, betrachtet werden. Eine Störung – als Disruption bezeichnet – wirkt sich auf eine Lieferkette aus, wenn sie eine der darin enthaltenen Organisationen, Aktivitäten oder Komponenten (wie z. B. Produktionsmittel, Transportmittel, Transportwege oder Infrastruktureinrichtungen) beeinträchtigt. Auf Basis dieser Definition haben wir eine Reihe von übergeordneten Entitäten und deren

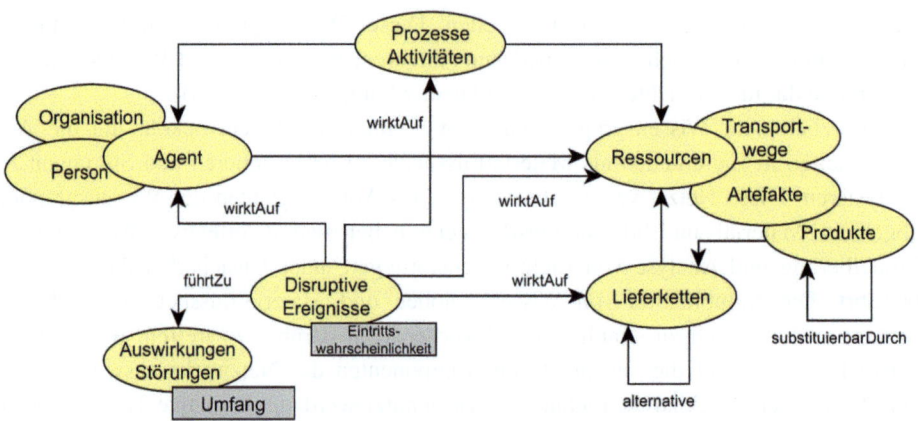

Abb. 1 Übergeordnete Entitäten und Beziehungen für Lieferketten und deren Störungen

Beziehungen zur Beschreibung von Lieferketten krisenrelevanter Güter und deren Störungen konsolidiert (siehe Abb. 1).

Durch dieses Modell können komplexe Lieferketten von krisenrelevanten Gütern abgebildet und strukturiert dargestellt werden. Es ermöglicht eine klare Beschreibung der Beziehungen zwischen den verschiedenen Akteuren (wie Herstellern, Importeuren und Logistikdienstleistern) sowie der kritischen Ressourcen (wie Rohstoffen, Vorprodukten, Transportmitteln und Produktionsanlagen). Zudem lassen sich die relevanten Aktivitäten, wie die Produktion, Lagerung und der Transport, systematisch erfassen.

Dieses Modell wurde im Rahmen des ResKriVer-Projekts als OWL[4]-Ontologie (McGuinness 2004) modular umgesetzt. Die genutzten Ontologie-Module sind in Abb. 2 dargestellt und importieren andere Ontologien oder Teile davon. Zwei Oberklassenontologien wurden dabei als Grundlage ausgewählt, die die abstraktesten Oberklassen bereitstellen, um allgemeinere Informationen zu definieren. Dabei haben wir uns für die PROV Ontology(PROV-O)[5] entschieden, da sie alle von uns identifizierten Oberklassenentitäten (z. B. prov:Entity, prov:Activity und prov:Agent) und deren Abhängigkeiten untereinander abdeckt, sowie für die Basic Formal Ontology (BFO)[6], eine formale und domänenneutrale Oberklassenontologie. BFO wurde entwickelt, um mit einem hohen Abstraktionsgrad die Arten von Entitäten, die in der Welt existieren, und die Beziehungen zwischen ihnen darzustellen.

---

[4] OWL ist eine standardisierte Beschreibungssprache des W3C, die zur Erstellung und Darstellung von Ontologien genutzt wird. https://www.w3.org/OWL/

[5] https://www.w3.org/TR/prov-o/

[6] https://basic-formal-ontology.org/

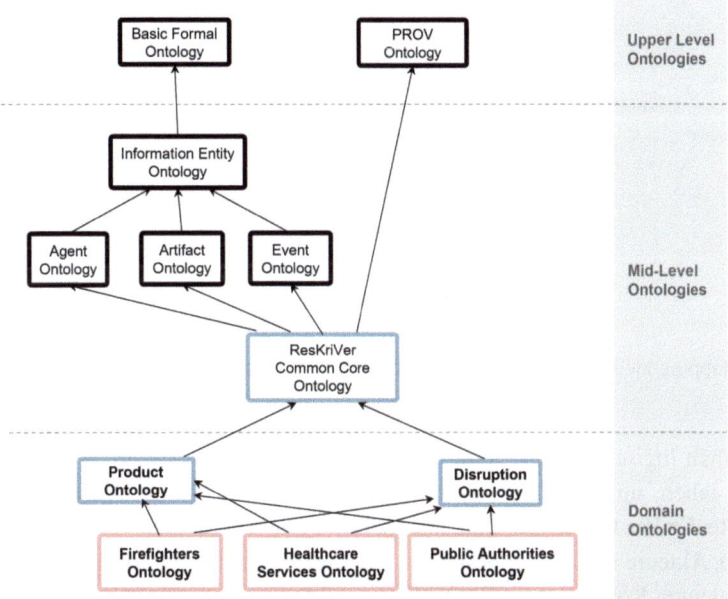

Abb. 2 Ontologiemodule und Importhierarchie

Für die Abbildung (Mapping) zwischen PROV-O und BFO, haben wir die in Abb. 3 dargestellte Angleichung (Alignment) zwischen PROV-O und BFO für die zentralen Klassen eingeführt.

In BFO ist der Begriff Entität allgemeiner gefasst als in PROV-O. Während PROV-O den Begriff Entity verwendet, um bestimmte Objekte oder Dinge zu repräsentieren, die durch Aktivitäten oder Agenten erzeugt oder beeinflusst werden, dient Entity in BFO als umfassendere Repräsentation für alles, was existiert. Diese Unterscheidung in BFO erfolgt auf einer abstrakteren Ebene und teilt Entitäten in zwei Hauptkategorien: Kontinuanten und Okkurrenten. Kontinuanten sind Entitäten, die durch die Zeit hindurch bestehen, und umfassen z. B. Objekte (materielle Entitäten) oder räumliche Regionen (immaterielle Entitäten). Okkurrenten sind Entitäten, die sich im Laufe der Zeit ereignen oder entwickeln, wie Prozesse. Ein Prozess in BFO repräsentiert dabei zeitliche Abläufe, die sich entwickeln und verändern, was mit der Definition der Activity in PROV-O übereinstimmt. Durch dieses Mapping können wir die zeitlichen Abhängigkeiten von Aktivitäten der PROV-O Ontologie in die formale und abstrakte Struktur von BFO-Prozessen integrieren.

Für die mittlere Ebene der Ontologien (Abb. 3) haben wir einen Teil der Common Core Ontologies (CCO)[7] wiederverwendet. Diese weit verbreitete Suite von elf Onto-

---

[7] https://www.ontologyrepository.com/

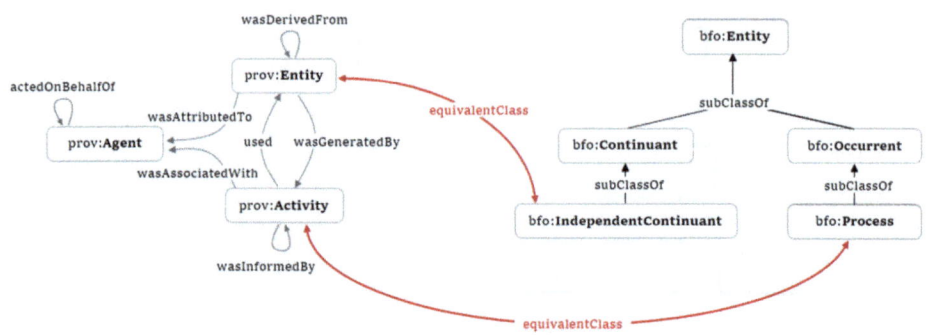

Abb. 3 Mapping zwischen PROV-O und BFO

logien enthält logisch gut definierte allgemeine Begriffe und beschreibt die Beziehungen zwischen ihnen, um Entitäten aus unterschiedlichen relevanten Domänen abzubilden. Für die ResKriVer-Ontologie sind insbesondere die Ontologien für Ereignisse (Event Ontology), Akteure (Agent Ontology) und Artefakte (Artifact Ontology) relevant, die auf die äquivalenten Konzepte von PROV-O abgebildet wurden. Diese bieten die Grundlage für die Modellierung der wichtigsten Elemente von Lieferketten.

Auf der Basis dieser Ontologien wurde ein Kernmodul namens RKVO (ResKriVer Common Core Ontology) für die ResKriVer-Ontologie entwickelt. Diese Ontologie ergänzt einerseits PROV-O um spezifische Definitionen, um die Modellierung zu erleichtern. Andererseits werden in ihr einige wichtige, allgemeine Begriffe des Lieferkettenrisikomanagements (Supply Chain Risk Managements, SCRM) definiert, die von allen Beteiligten geteilt werden, wie z. B. disruptive Ereignisse, Auswirkungen und Störungen. Zusätzlich haben wir zwei spezialisierte Domänenmodule für Produkttypen und Disruptionen definiert. Durch spezifische Ontologien, die für Feuerwehren, Organisationen des Gesundheitswesens oder andere KRITIS-Organisation, wie Polizei, THW etc., relevant sind, kann die RKVO an deren spezifische Bedürfnisse angepasst werden. Mit solchen fachbereichsspezifischen Ontologien kann beispielsweise modelliert werden, welche Güter für die Bewältigung spezieller Disruptionen benötigt werden, welche davon krisenrelevant sind und von welchen Lieferanten sie regulär bezogen werden.

Diese Basis-Ontologiestruktur dient dazu, erweiterbare Werkzeuge für das SCRM unabhängig von einer spezifischen Domäne entwickeln zu können, die durch die jeweiligen fachbereichsspezifischen Ontologien bei Bedarf adaptiert werden können.

Graphische Erfassung von Lieferketten

Im Zuge der Erfassung von Lieferketteninformationen stehen Unternehmen häufig vor der Herausforderung, dass ihnen nicht alle relevanten Daten unmittelbar und vollständig zur Verfügung stehen. Wie bereits in Kap. „Datenverfügbarkeit in Krisensituationen" dargelegt, ist die Transparenz von Lieferketten in der Praxis oft lückenhaft und ein erheblicher Teil der Informationen über Produktions- und Umschlagsstandorte, Transportwege oder potenzielle Disruptionen bleibt unvollständig. Dies ist nicht zuletzt auf eine noch unzureichende Digitalisierung zurückzuführen. In Unternehmen sind Daten über direkte Lieferanten (Tier-1-Lieferanten, siehe Kap. „Kollaboratives Lieferketten-Risikomanagement") und deren Vorprodukte in der Regel über Enterprise-Resource-Planning-Systeme digital verfügbar. Darüber hinaus gehende Daten zu Tier-N-Lieferanten sind jedoch nur selten digital verfügbar. Insbesondere bei BOS und KRITIS-Organisation mangelt es noch häufig an der Digitalisierung, sodass teilweise auf manuelle Recherchen in den Lagerbeständen oder Vertragsunterlagen zurückgegriffen werden muss. Die Folge ist, dass Lieferkettenmodelle mit Annahmen und Schätzungen angereichert werden müssen, um Lieferketten möglichst realistisch abzubilden und die Basis für eine Analyse der Transport- und Warenströme zu schaffen. Zu diesem Zweck wurde die Webanwendung ViSCA (Visual Supply Chain Analyzer) entwickelt. Diese bietet Unternehmen eine interaktive Plattform, um Lieferketten strukturiert zu erfassen, deren Abhängigkeiten zu visualisieren und die Auswirkungen möglicher Störungen (Disruptionen) frühzeitig zu analysieren. Dadurch lassen sich Risiken leichter identifizieren, Engpässe vermeiden und alternative Transportwege realistisch einschätzen.

ViSCA ist dabei in eine kartenbasierte Erfassungs- und eine graphbasierte Analysekomponente unterteilt (linke Seite in Abb. 4). In ersterer kann eine Lieferkette – vom Produktionsstandort bis zum Endkunden – übersichtlich auf einer Karte erfasst und als Wissensgraph gespeichert werden. Dafür lassen sich „Points of Interest" (POIs) anlegen, die Produktionsstandorte, Kundenstandorte, Häfen, Flughäfen, Güterbahnhöfe sowie weitere logistisch relevante Punkte, wie z. B. Kanäle, Brücken, Pässe oder Grenzkontrollpunkte, umfassen. Zwischen diesen POIs lassen sich Transportwege unterschiedlicher Typen – Straße, Schiene, See oder Luft – anlegen. Durch Routing-Algorithmen können so die kürzesten Transportwege und die Distanzen zwischen den POIs ermittelt werden. Für die typischen Transportmittel wurden durchschnittliche Geschwindigkeiten hinterlegt, sodass die zu erwartenden Transportdauern berechnet werden können. So können Unternehmen für ein Produkt den Herstellungsort auf der Karte lokalisieren und anschließend Schritt für Schritt die anzunehmenden Transportrouten bis zum Ziel abbilden. Alternative Transportwege oder Lieferanten können analog hinzugefügt werden. Ebenso lassen sich Informationen über Produzenten von Vorprodukten oder Komponenten bis hin zu den Rohstoffen bei Bekanntwerden ergänzen.

Darüber hinaus bietet ViSCA die Möglichkeit, bei Bekanntwerden von Disruptionen bestimmte Regionen gezielt von der Routenberechnung auszuschließen. Dies ermöglicht eine präzise Ermittlung der Auswirkungen solcher Störungen auf die Transportwege von Lieferketten. Typische Disruptionsszenarien umfassen Naturkatastrophen, welche Land- oder Seewege unpassierbar machen, politische Unruhen, welche zu Sperrungen führen, oder andere unerwartete Ereignisse, welche den Warenfluss behindern. Mithilfe der integrierten Routingalgorithmen können alternative Routen und entstehende Verzögerungen berechnet und potenziell der entstehende Mehrbedarf an Treibstoff abgeleitet werden.

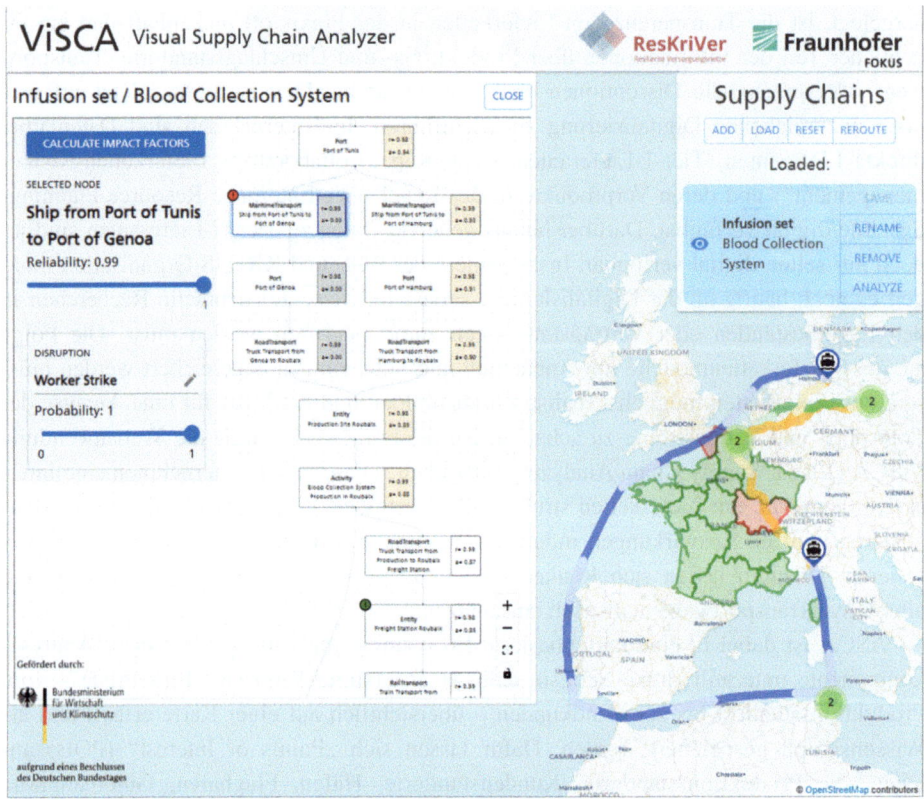

Abb. 4 Ermittlung des Einflusses von Disruptionen auf Lieferketten mit ViSCA

Die Analysekomponente überführt die Lieferkette in einen gerichteten, azyklischen Graphen, der die Abhängigkeiten und damit den Materialfluss der Lieferkette repräsentiert (siehe Abb. 4 linke Seite). Jeder POI und jede Transportverbindung werden hier als Knoten dargestellt, die entsprechend den Abhängigkeiten miteinander verknüpft sind. An den Knoten lassen sich Disruptionen anlegen, um deren Auswirkungen zu simulieren. Grafisch verdeutlichen farbige Markierungen dabei die angenommene Wahrscheinlichkeit des Eintretens des Ereignisses. Jeder Knoten im Graphen verfügt über die Kenngrößen „Reliability"(Verlässlichkeit) und „Availability" (Verfügbarkeit). Die Verlässlichkeit wird hierbei als extern ermittelbar angenommen, die Verfügbarkeit wird hingegen dynamisch aus der Verfügbarkeit vorgelagerter Knoten und der Eintrittswahrscheinlichkeit potenzieller Disruptionen berechnet.

Treten Disruptionen ein oder steigt deren Wahrscheinlichkeit, ändert sich die Verfügbarkeit der Waren an den Knoten der Lieferkette. So lässt sich etwa erkennen, ob alternative Transportwege Engpässe auffangen können, welche Knoten durch eine Disruption zu einem kritischen Pfad werden und damit stärker überwacht werden müssen, oder ob bestimmte Knoten kritische Flaschenhälse darstellen, deren Ausfall die gesamte Lieferkette unterbrechen würde, sodass für diese redundante Alternativen geschaffen werden sollten. Die sich am Ende der Lieferkette ergebende Verfügbarkeit kann als Reduktionsfaktor der lieferbaren Gütermenge interpretiert werden. Sie kann aber auch als Verzögerungsfaktor interpretiert werden[8], der angibt, um welchen Faktor sich eine Lieferung der vollständigen Gütermenge verzögern würde.

Praxisbeispiel: Schrittweises Erarbeiten einer Lieferkette

Im Folgenden wird anhand eines Beispielszenarios illustriert, wie die Modellierung und Analyse einer Lieferkette mit ViSCA konkret ablaufen. Dabei wird von einem Produkt ausgegangen, von dem nur bekannt ist, dass es in Huzhou (China) produziert und von der Fabrik direkt zum Kunden nach Berlin geliefert wird.

Zunächst wird ein neuer POI für den bekannten Produktionsstandort im Erfassungsfenster angelegt. Da genaue Transportdetails fehlen, müssen plausible Annahmen, z. B. auf Basis kürzester Lieferwege und üblicher Transportmittel, getroffen werden: Etwa, dass der Gütertransport zunächst mit dem LKW zum nächsten Hafen erfolgt, um anschließend per Containerschiff nach Europa weiterzureisen. Es wird also zudem ein POI für einen nahegelegenen Hafen erzeugt. Anschließend werden beide Punkte mit einer Straßenverbindung verknüpft, wodurch die Berechnung einer Route angestoßen wird (siehe Abb. 5).

Ohne weiteres Wissen stellt der Transport per Containerschiff zum Hamburger Hafen eine plausible Annahme dar. Dieser wird als nächstes im Erfassungsfenster durch Verbindung beider Häfen erzeugt. Der kürzeste Seeweg führt dabei über das Nordpolarmeer, der aber – jahreszeit- und witterungsabhängig – noch nicht ganzjährig schiffbar ist. Deshalb wird in der Regel der nächstkürzeste, konventionelle Transportweg durch den Suezkanal genutzt (in Abb. 6 dargestellt).

ViSCA erlaubt es, bestimmte Seewege zu sperren. Sollte also beispielsweise auch der Suezkanal unpassierbar sein, ermittelt das System automatisch die nächstkürzeste Alternativroute, in diesem Fall um das Kap der Guten Hoffnung herum. Alternativroute und Verzögerungen werden somit im Erfassungsfenster unmittelbar sichtbar.

Wie das Produkt zum Abnehmer nach Berlin gelangt, ist nicht bekannt. Doch auch hier ist es plausibel, als Hypothese den Transport per LKW anzunehmen und deshalb den POI des Kunden und die Straßenroute entsprechend zu modellieren.

Dieses Beispielszenario ist trivial und soll lediglich die Vorgehensweise bei der Erfassung und Modellierung unvollständiger Informationen skizzieren. Interessant wird die Analyse erst, wenn alternative Transportwege existieren und multiple Disruptionen – die

---

[8] Eine Verfügbarkeit von beispielsweise 33 % besagt, dass sich die Lieferung einer erwarteten Menge unter gleichbleibenden Voraussetzungen um einen Faktor 3 verlängern würde.

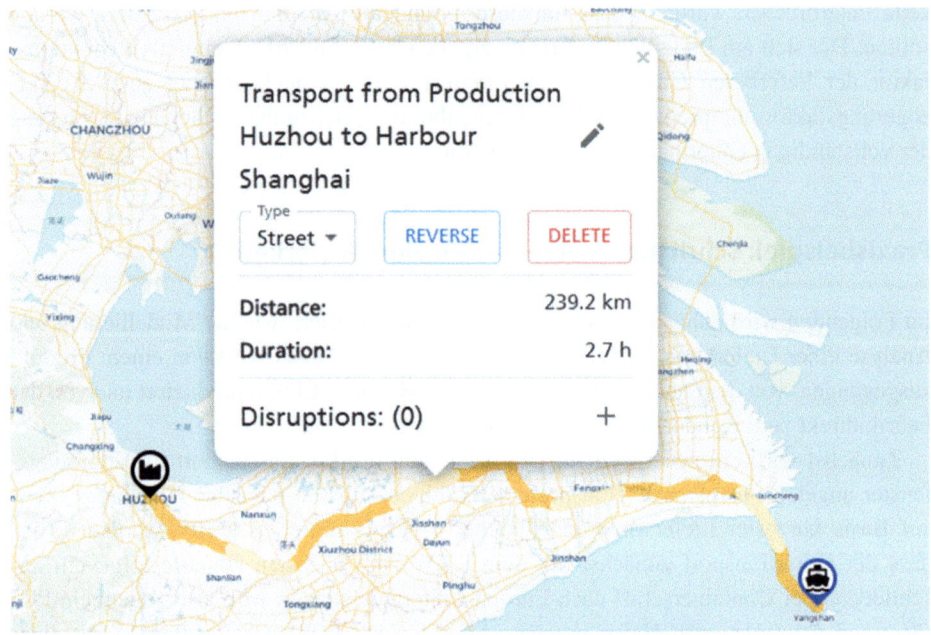

Abb. 5 Ermittlung der Entfernung und durchschnittlichen Transportdauer

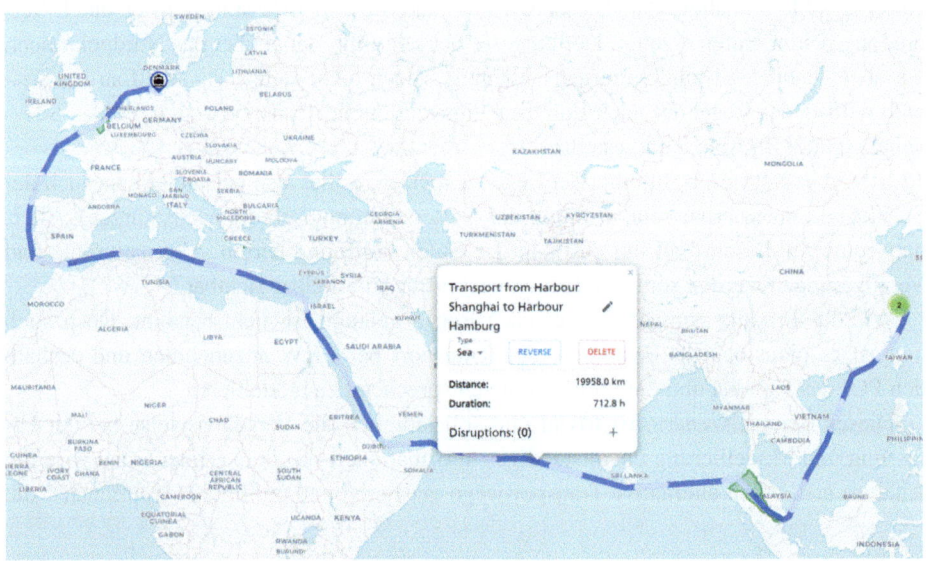

Abb. 6 Konventionelle Containerschiff-Route von Fernost

möglicherweise über kooperierende Unternehmen bekannt werden (vgl. Kap. „Kollaboratives Lieferketten-Risikomanagement") – auf diese einwirken.

Analyse von Lieferketten

Was gewinnen wir durch die oben beschriebene Abbildung von Lieferketten durch Ontologien und deren Erfassung in einem Wissensgraphen?

Einerseits haben wir damit ein erweiterbares und an die Bedürfnisse eines An-
wendungsgebiets anpassbares Vokabular mit dem Anwendungsbereichs-unabhängige
Werkzeuge zur Problemlösung im Bereich Lieferkettenrisikomanagement entwickelt
werden können. Andererseits gewinnen wir eine wiederverwertbare Repräsentation von
Lieferketten durch ihre formale Definition in Begriffen der Ontologien, die es uns erlaubt – entsprechende Methoden vorausgesetzt – die Lieferketteninformationen zu extrahieren und für Analysezwecke aufzubereiten.

Die erfassten und modellierten Lieferketten bilden dabei Wissensgraphen. In Verbindung mit Ontologien lassen sich Wissensgraphen, im Gegensatz zu anderen
Repräsentationsformalismen, die auf vorgegebenen Schemata basieren, leichter erweitern, um z. B. zusätzliche Informationen zu erfassen. Über die Ontologien lässt sich
darüber hinaus zusätzliches Wissen auf der Schema-Ebene einpflegen, z. B. welche
Entitäten von Disruptionen betroffen sein können, um Produktontologien um gebräuch-
liche Produktidentifikatoren zu erweitern, oder neben Reliability und Availability auch
Kosten- und Zeitfaktoren für Produkte oder Prozesse an den Entitäten für Optimierungs-
zwecke zu berücksichtigen.

Ein interessantes Merkmal der so erhobenen Lieferketteninformationen sind die darin
beschriebenen Abhängigkeiten. Auf ihrer Grundlage können Analysewerkzeuge entwickelt werden, die den Material- und Informationsfluss innerhalb der Lieferkette nutzen. Damit lassen sich unter anderem die Verfügbarkeit von Gütern, die Auswirkungen
und Kaskadeneffekte von Störungen sowie Schwachstellen und kritische Pfade entlang
der Lieferkette identifizieren.

Der Nutzen dieser Informationen sollte klar sein:

- kennen wir die Engpässe einer Lieferkette, können wir durch Redundanzen die
  Lieferkette resilienter machen,
- kennen wir die kritischen Pfade (Sequenzen von Engpassknoten), wissen wir welche
  Prozesse und Entitäten sorgfältiger zu überwachen sind,
- können wir die Auswirkungen potenzieller Disruptionen auf den Materialfluss ermitteln, so haben wir Indikatoren, um alternative Quellen zu erschließen oder die
  Lagerhaltung zu verbessern,
- können wir die Verfügbarkeit von Gütern ermitteln, dann können wir die weitere Produktion optimieren und ggf. Kunden über Lieferengpässe frühzeitig informieren.

Disruptionen sind zentrale Risikofaktoren für Lieferketten. Während eingetretene Disruptionen ein realisiertes Risiko darstellen, lassen sich potenziell mögliche Disruptionen durch ihre Eintrittswahrscheinlichkeit bewerten und als Risiko einordnen. Aus dieser Perspektive betrachtet, können die Abhängigkeiten innerhalb einer Lieferkette als Ausbreitungspfade von Risiken interpretiert werden, die sich entlang des Materialflusses durch die Lieferkette fortsetzen und potenziell verstärken können.

Produktionsprozesse sind nicht immer verfügbar; Lieferanten, Transportunternehmen und Transportmittel nicht immer zuverlässig. Die Verlässlichkeit dieser Entitäten und Aktivitäten stellt daher einen weiteren Einflussfaktor auf eine Lieferkette dar, der ebenfalls als Wahrscheinlichkeit interpretiert werden kann.

Zusammengenommen haben wir es also mit einem Netzwerk von Materialflussabhängigkeiten, Verlässlichkeiten der Knoten in Form von Wahrscheinlichkeiten sowie Eintrittswahrscheinlichkeiten von negativen Ereignissen auf die Knoten zu tun. Dieses Netzwerk stellt eine komplexe Wahrscheinlichkeitsverteilung im Sinne eines Bayes'schen Netzes dar.

Abbildung von Lieferketten auf Bayes'sche Netze

Bayes'sche Netze sind eine Form probabilistischer graphischer Modelle, zusammengesetzt aus Knoten, Abhängigkeiten und bedingten Wahrscheinlichkeiten. Im Kontext von Lieferketten können Entitäten und Aktivitäten als Knoten dargestellt werden, welche durch Kanten miteinander verbunden sind. Die Kanten modellieren dabei die Abhängigkeiten zwischen den Elementen der Lieferkette.

Eine Modellierung von Lieferketten resp. -netzwerken als reines Bayes'sches Netz ist jedoch nicht sinnvoll. Die konkreten Entitäten wie Agenten, Aktivitäten oder Ressourcen stellen keine probabilistischen Variablen dar, da sie konkret existieren oder hypothetisch angenommen werden. Diesen Entitäten könnten zwar Zustände zugeschrieben werden, die eine Wahrscheinlichkeit besitzen, welche Zustände aber sinnvoll wären, ist unklar. Darüber hinaus wäre es für diese Entitäten sehr schwierig, entsprechende Apriori-Wahrscheinlichkeiten ihrer Zustände zu erheben bzw. anzunehmen. Des Weiteren gäbe es keine Informationsquelle, um die bedingten Wahrscheinlichkeiten, die die Abhängigkeiten repräsentieren, zu erheben. Die einzige Wahrscheinlichkeit, die sich für Entitäten sinnvoll angeben lässt, ist die Zuverlässigkeit (Reliability), die sowohl für Organisationen, Prozesse und technische Systeme potenziell erhebbar wäre.

Liefernetzwerke als Materialflussnetzwerke betrachtet

Zwar existieren Abhängigkeiten zwischen den Entitäten, diese manifestieren sich jedoch als Material- und Informationsflüsse. Werden die zwischen Kunden und Lieferanten vereinbarten Liefer- und Transportmengen als 100 % betrachtet, dann verringert eine geringere Zuverlässigkeit eines Produzenten, seiner Produktionsprozesse, eines Transportunternehmens, seiner Transportmittel oder jedes einzelnen POIs entlang einer Lieferkette, die Menge der lieferbaren resp. transportierbaren Güter und somit die Verfügbarkeit (Availability) des Gutes entlang der Lieferkette.

Eine weitere bedingte Reduktion der Verfügbarkeit ergibt sich durch potenzielle oder eingetretene Disruptionen. Potenzielle Disruptionen einer Entität, verringern die durchschnittliche Verfügbarkeit. Eingetretene Disruptionen reduzieren deren Verfügbarkeit im Wort-Case auf null.

Diese Sichtweise basiert im Wesentlichen auf den Arbeiten von (Soberanis 2010), die den Material- bzw. Informationsfluss von Produktionsprozessen als von Disruptionen beeinflusst und analysierbar beschrieben hat.

Die Zuverlässigkeit jedes Knotens in einem Lieferkettennetzwerk ist von herausragender Bedeutung für den reibungslosen Ablauf der gesamten Lieferkette. Veränderungen in einem einzelnen Knoten können sowohl andere Knoten im System als auch das System als Ganzes beeinflussen. Daher ist es notwendig, die Auswirkungen, die Disruptionen auf Knoten haben können, zu ermitteln.

Um diese Auswirkungen zu ermitteln hat (Soberanis 2010) zwei Einflussfaktoren definiert: den Bayes'schen Einflussfaktor (BIF) und dem Knotenausfall-Einflussfaktor (NFIF). Durch BIF und NFIF können kritische Knoten und Engpässe identifiziert werden, die die Systemzuverlässigkeit bei einem Ausfall erheblich verringern würden.

Der Bayesian Impact Factor (BIF)

Der Bayesian Impact Factor (BIF) untersucht die Zuverlässigkeitsveränderungen von Lieferkettenknoten unter möglichen Disruptionen. Er identifiziert gezielt diejenigen Knoten, die besonders von Disruptionen beeinträchtigt werden können. BIF misst, wie stark sich eine Disruption auf die Zuverlässigkeit eines Knotens auswirkt, indem er dessen Zuverlässigkeit mit und ohne Disruption vergleicht, d. h. die Differenz der Zuverlässigkeit vor und nach einer Disruption ermittelt. Der BIF ist negativ, wenn die Disruption die Zuverlässigkeit eines Knotens erheblich beeinflusst. Ein vordefinierter Schwellenwert wird dabei genutzt, um festzustellen, ob die Auswirkungen der Disruption als signifikant zu betrachten ist. Wenn das Verhältnis der Zuverlässigkeit unter diesen Schwellenwert fällt, wird ein negativer BIF ermittelt. Der BIF erlaubt es hierdurch die Knoten eines Liefernetzwerks zu identifizieren, auf die Disruptionen einen wesentlichen Einfluss haben.

Der Node Failure Impact Factor (NFIF)

Der Node Failure Impact Factor (NFIF) gibt die potenziellen Auswirkungen von Disruptionen auf das Gesamtsystem an. Die Anwendung des NFIF ist entscheidend, um

Engpässe oder Knoten entlang der kritischen Pfade von Lieferketten zu identifizieren. Der NFIF wird durch den Vergleich der Lieferkettenzuverlässigkeit berechnet, ohne und mit Ausfall von Knoten, die von Disruptionen betroffen sind. Wenn das Verhältnis dieser Zuverlässigkeit einen vorgegebenen Schwellenwert überschreitet, wird der NFIF als negativ bewertet, und der betreffende Knoten gilt als kritisch. Der NFIF liefert spezifische Informationen über Knoten der Lieferkette, die nicht redundant sind und deren Ausfall die gesamte restliche Lieferkette zum Erliegen bringen würde.

Beispiel einer Lieferkettenanalyse

Abb. 7 zeigt den Abhängigkeitsgraphen für das Beispiel aus Abb. 4. Die orange hinterlegten Knoten stellen kritische Knoten entsprechend dem NFIF dar. Grüne Punkte markieren Knoten mit potenziellen Disruptionen, die jedoch noch nicht kritisch sind. Mit

Abb. 7 Analyse der Auswirkungen von Disruptionen[9]

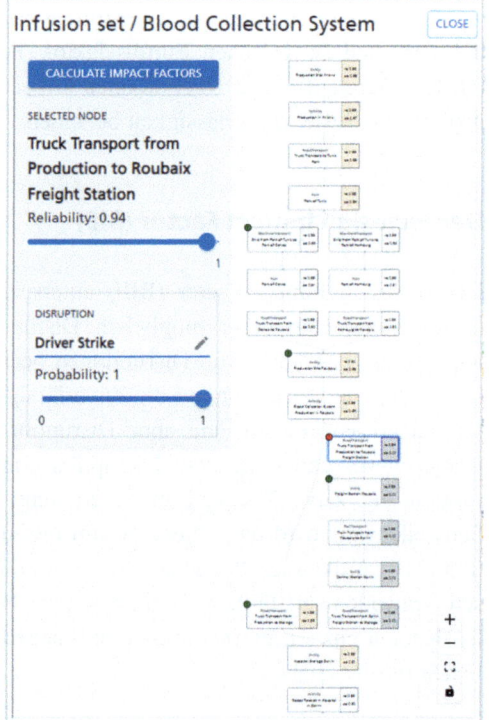

---

[9] Diese Abbildung soll lediglich die Darstellung der Analyseergebnisse illustrieren. Auf die Details der Knoten, die Entitäten, Prozesse und deren Abhängigkeiten in einer Lieferkette repräsentieren, kommt es hier im Detail nicht an.

einem roten Punkt und einer blauen Hervorhebung ist ein Knoten markiert, für den eine Disruption eingetreten ist: ein Streik der LKW-Fahrer. Die von diesem Knoten abhängigen Knoten über den weiteren Transport wurden mittels des BIF als davon betroffen ermittelt (grau hervorgehoben), und deren Verfügbarkeit mit 0 % bestimmt.

Diese Darstellung der Analyseergebnisse erlaubt es schnell zu identifizieren, welche Entitäten und Prozesse von einer eingetretenen Disruption betroffen sein können bzw. betroffen sind. Hinweise auf redundant auszulegende Alternativen für diese Entitäten und Prozesse können so im Voraus ermittelt werden, resp. im aktuellen Krisenfall gesucht werden. Insbesondere bei der Analyse komplexer integrierter Liefernetzwerke mehrerer Organisationen können so wichtige Flaschenhals-Knoten identifiziert werden, für die Ausweichlösungen vorgehalten werden müssen.

Zeichnen sich mögliche Disruptionen durch externe Informationen ab, können mittels Annahmen oder Informationen über deren Eintrittswahrscheinlichkeiten Planspiele durchgeführt werden, um die Auswirkungen und Interferenzen zwischen den Disruptionen zu ermitteln. Hierbei hilft die ermittelte Verfügbarkeit abzuschätzen, welche Produktmengen innerhalb eines bestimmten Zeitraums wahrscheinlich lieferbar wären bzw. wie lange sich die Lieferung der Gesamtmenge verzögern würde.

Natürlich sind dies nur erste Abschätzungen, die auf Hypothesen über die Lieferkette, der Zuverlässigkeit von Entitäten und Prozessen und der Eintrittswahrscheinlichkeit beruhen. Diese Abschätzungen sind jedoch hilfreich, um Simulationen mit weiteren Daten zu ergänzen und Simulationen stärker auf potenziell betroffene Teile von Lieferketten zu fokussieren, um so deren Suchraum einzuschränken.

Empfehlungen

1. Zu Beginn einer Modellierung von Lieferketten beschränken sich die bekannten Informationen oft nur auf die Tier-1-Lieferanten oder die auf Produkten angegebenen Herstellerinformationen. Der Erfassungs- und Modellierungsansatz sollte daher sowohl horizontal erweiterbar sein, um Lieferbeziehungen von Vorproduktlieferanten zu erfassen, als auch verfeinerbar sein, um Detailinformationen zur Lieferkette und ihrem Distributionsweg zu ergänzen.
2. Mittels gesundem Menschenverstand lassen sich Informationslücken häufig durch plausible Annahmen über Lieferbeziehungen, Transportwege und Durchschnittswerte schließen, wenn entsprechende Daten nicht ermittelbar sind.
3. Die Datenerfassung von Lieferketten sollte so ausgelegt sein, dass später bekanntwerdende Informationen leicht hinzugefügt werden können oder Vorannahmen durch die Daten präzisierbar sind.
4. Der Datenerfassung per konventioneller, relationaler Datenbanken sind Grenzen gesetzt, da sie ein festes Datenbankschema voraussetzen. Eine Modellierung mittels Graphdatenbanken ermöglicht eine größere Flexibilität. Zudem lassen sich Versorgungsnetze mit ihnen auf natürlichere Weise abbilden.

5. Lieferketten umspannen mittlerweile den Globus. Eine kartenbasierte, visuelle Erfassung, die durch automatisierte Routing-Algorithmen ergänzt wird, bietet einen leicht nachvollziehbaren und benutzerfreundlichen Weg zur Erfassung von Lieferketten durch Logistik- oder SCRM-Experten.

6. Die vorgestellten Analysemethoden ermöglichen es, erste Problembereiche in Lieferketten zu identifizieren und Hypothesen über die Verfügbarkeit der Güter aufzustellen, welche in der Folge zur Steuerung und Aufwandsbegrenzung von ergänzenden Simulationen genutzt werden können.

Fazit

Die größte Hürde für ein effektiveres Lieferkettenrisikomanagement stellt die Intransparenz von Lieferketten resp. Versorgungsnetzen, insbesondere ab dem Tier-2, dar. Wie in Kap. „Kollaboratives Lieferketten-Risikomanagement" dargestellt, sehen viele Unternehmen in einer größeren Transparenz ihrer Lieferketten eine große Chance und kooperieren teilweise sogar in akuten Krisensituationen. Über Lieferbeziehungen halten sie sich jedoch häufig bedeckt. Dies beruht teilweise auf einer – u. U. vermeintlichen – Einstufung jedweder Information über Lieferbeziehungen als schützenswertes Geschäftsgeheimnis, teilweise fehlenden technischen Voraussetzung zur Erfassung von Lieferketten, und teilweise auf der Unkenntnis über den potenziellen Nutzen eines gemeinsam überwachten Liefernetzwerks.

Kap. „Kollaboratives Lieferketten-Risikomanagement" hat gezeigt, dass es Kollaborationszenarien gibt, in denen die partizipierenden Organisationen wenig Bedenken über die "Geschäftsgeheimnis-Würdigkeit" von Basisinformationen über Lieferantenbeziehungen haben müssen. Nichtsdestotrotz sollte es jeder Organisation möglich sein, auch Informationen bereitzustellen, die sie als vertraulich einstufen. Die technischen Möglichkeiten hierzu existieren bereits. Asymmetrische Verschlüsselungssysteme erlauben es Informationsinhabern, Informationsnutzern öffentliche Schlüssel zur Entschlüsselung bestimmter Informationen bereitzustellen. Ein solcher Informationsnutzer könnte z. B. ein Trust-Holder sein, der für ein gesamtes Liefernetzwerk die benötigten öffentlichen Schlüssel besitzt, um, im sich anbahnenden Krisenfall, Analysen der Abhängigkeiten von Lieferketten durchzuführen. Eine öffentliche Einrichtung oder ein Verband könnte beispielsweise die Rolle eines solchen Trust-Holders übernehmen.

Für die verfeiner- und erweiterbare Erfassung von Lieferketten auf der Basis rudimentärer Informationen und plausibler Hypothesen haben wir einen kartenbasierten, grafischen Ansatz entwickelt und vorgestellt, der mittels Routing-Algorithmen Vorhersagen der Transportdauern und der Verfügbarkeit des betrachteten Guts unter Einfluss von multiplen Disruptionen ermöglicht. In Kombination mit der verteilten Erfassung von Lieferbeziehungen jedes einzelnen Lieferkettenunternehmens und durch eine integrierende Erfassung auf der Basis eines sicheren, verteilten Systems, wie beispielsweise eines

Peer-to-Peer-Systems, kann die technische Basis geschaffen werden, um kollaboratives Lieferkettenrisikomanagement umzusetzen.

Wie aber kann der Nutzen eines unternehmensübergreifenden, kollaborativen Lieferkettenrisikomanagements gezeigt werden? Allein theoretisch ist dies kaum möglich. Hierzu bedarf es praktischer Umsetzungen und Evaluationen dieses Konzeptes mit Unternehmen und realen Daten. Diese Unternehmen müssen darin ein dringliches Problem oder eine Chance sehen und bereit sein, die nötigen Informationen über ihre Lieferanten bereitzustellen und möglichst auch ihre Vorlieferanten davon zu überzeugen. Insbesondere müssen sie jedoch über das kurzfristige Denken in Jahresscheiben hinausblicken und an einer längerfristigen Stabilisierung ihrer Versorgungsnetze interessiert sein.

Literatur

(Guarino 2009) Guarino, N., Oberle, D., Staab, S. "What Is an Ontology?" In: Staab, S., Studer, R. (eds) Handbook on Ontologies. International Handbooks on Information Systems. Springer, Berlin, Heidelberg. https://doi.org/10.1007/978-3-540-92673-3_0

(McGuinness 2004) McGuinness, D.L. and Van Harmelen, F. "OWL Web Ontology Language Overview", W3C Recommendation, 10, 2004. http://www.w3.org/TR/2004/REC-owl-features-20040210/

(Peng et al. 2023) Peng, C., Xia, F., Naseriparsa, M. et al. "Knowledge Graphs: Opportunities and Challenges", Artificial Intelligence Revue 56, 13071–13102 (2023). https://doi.org/10.1007/s10462-023-10465-9

(Soberanis 2010) Soberanis, E. D., "An extended Bayesian network approach for analyzing supply chain disruptions", University of Iowa, Dissertation. https://doi.org/10.17077/etd.e4hw0b69, https://iro.uiowa.edu/esploro/outputs/doctoral/An-extended-Bayesian-network-approach-for/9983776607002771, Letzter Zugriff 9.12.2024

KI- und Simulationsbasierte Evaluierung der Versorgungssicherheit in Liefernetzwerken

Michael Dominik Görtz, Johanna Kim Kippenberger, John Christopher Maleki, Dietmar Ebel, Marcus Hintze und Sebastian Schulze

Kernaussagen

1. Die Versorgung mit krisenrelevanten Gütern basiert auf komplexen Liefernetzwerken.
2. Bei Störungen muss die gesamte Lieferkette im Rahmen des Supply Risk Managements betrachtet werden.
3. Die Lieferkettensimulation ist ein geeignetes Werkzeug, um Abläufe über die Zeit unter Berücksichtigung von Wechselwirkungen zu analysieren.
4. Eine solide Datengrundlage ist entscheidend für die Überwachung und Optimierung der Resilienz von Liefernetzwerken.
5. Im Rahmen des Supply Risk Managements ist der Dienst EvaVe zur Evaluierung der Versorgungssicherheit ein wichtiger Beitrag zur Erhöhung der Resilienz von Liefernetzwerken.

M. D. Görtz (✉) · J. K. Kippenberger · J. C. Maleki · D. Ebel · M. Hintze
Fraunhofer-Institut für Materialfluss und Logistik (IML), Dortmund, Deutschland
E-Mail: michael.dominik.goertz@iml.fraunhofer.de

J. K. Kippenberger
E-Mail: johanna.kim.kippenberger@iml.fraunhofer.de

J. C. Maleki
E-Mail: john-christopher.maleki@iml.fraunhofer.de

D. Ebel
E-Mail: dietmar.ebel@iml.fraunhofer.de

M. Hintze
E-Mail: marcus.hintze@iml.fraunhofer.de

S. Schulze
Merantix Momentum GmbH, AI Campus Berlin, Berlin, Deutschland
E-Mail: sebastian.schulze@merantix-momentum.com

© Der/die Autor(en), exklusiv lizenziert an Springer Fachmedien Wiesbaden GmbH, ein Teil von Springer Nature 2025
T. Hoppe und R. Fricke (Hrsg.), *Resiliente krisenrelevante Versorgungsnetze*,
https://doi.org/10.1007/978-3-658-48639-6_7

Einleitung[1]

Lange Zeit standen vor allem ökonomische Faktoren bei der Ausgestaltung von Lieferketten, also der Wertschöpfung vom Rohstofflieferanten bis hin zum Endkunden, im Vordergrund. Kostenvorteile global verteilter Wertschöpfung werden genutzt und im Rahmen des Lean-Konzeptes werden möglichst geringe Bestände in der Lieferkette sowie Just-in-Time-Produktion angestrebt. Wie anfällig diese global verteilten Lieferketten jedoch für Disruptionen sind, hat sich durch die jüngsten Krisen gezeigt. Insbesondere die COVID-19 Pandemie hat im Fertigungssektor negative Effekte in einem noch nie dagewesenen Ausmaß ausgelöst. Angesichts dessen ist das Thema Supply Chain Resilienz aktuell vermehrt in den Fokus der Betrachtung gerückt (Khan et al., 2023).

Ziel der Supply Chain Resilienz ist es, sich auf unvorhersehbare Ereignisse vorzubereiten, auf Störungen zu reagieren und zumindest auf das Leistungsniveau vor der Störung zurückzukehren oder sogar ein höheres zu erreichen (Biedermann, 2018). Dieses Ziel zu erreichen ist jedoch mit zahlreichen Herausforderungen verbunden, gerade weil Lieferketten meist sehr komplex aufgebaut sind und aufgrund ihrer Wechselwirkungen nur schwer zu überschauen sind. Es hat sich gezeigt, dass Unternehmen Methoden und Werkzeuge benötigen, die es ihnen ermöglichen, schnell zu verstehen, wie sich (un-)erwartete Disruptionen auf Lieferketten auswirken und in welchem Ausmaß sie den Warenfluss beeinflussen (Blackhurst et al., 2018). Die Simulation ist dabei eine etablierte Methode zur Analyse der Auswirkungen von Disruptionen auf Lieferketten. Sie ermöglicht es, die Auswirkungen von Disruptionen auf die gesamte Lieferkette szenariobasiert zu untersuchen und Engpässe zu identifizieren (Ivanov, 2020).

In diesem Kapitel wird ein Werkzeug vorgestellt, welches Unternehmen bei der Erhöhung der Resilienz ihrer Lieferkette in Krisensituationen unterstützt. Über eine Nutzeroberfläche werden zu erwartende Engpässe und zugehörige Parameter grafisch aufbereitet zur Verfügung gestellt. Ergänzend werden KI-basiert effektive Vorschläge zur Sicherung der Versorgung generiert. Dadurch ermöglicht der entwickelte Dienst zur **Evaluierung der Versorgungssicherheit** (EvaVe) nicht nur eine Bewertung der Auswirkungen einer Disruption auf die Lieferkette, sondern auch Entscheidungsunterstützung bei der Auflösung von Engpässen.

Im Folgenden wird zuerst ein Überblick über die Grundlagen der Supply Chain Resilienz sowie die Methodik der Supply Chain Simulation, Parameteroptimierung durch KI und Approximation der Simulation mittels KI gegeben. Anschließend wird das Konzept und die Architektur hinter dem EvaVe-Dienst beschrieben und anhand der Anwendungsfälle Rettungsdienst und Blutkonserven wird die Nutzung des Dienstes dargestellt. Das

---

[1] Die Inhalte dieses Kapitels wurden im Rahmen des vom Bundesministerium für Wirtschaft und Klimaschutz geförderten Projekts ResKriVer (Förderkennzeichen 01MK21006) erarbeitet.

Aus Gründen der leichteren Lesbarkeit wird in diesem Kapitel für Personenbezeichnungen das generische Maskulinum stellvertretend für alle Geschlechter verwendet.

Kapitel schließt mit einer Zusammenfassung der Ergebnisse und einem Ausblick auf weitere Forschungsthemen.

Supply Chain Störungen und Supply Chain Resilienz

Die nachfolgenden Abschnitte geben einen Überblick über die Begrifflichkeiten und theoretischen Grundlagen zu Lieferketten, Supply Chain Management (SCM), Lieferkettenstörungen, Supply Chain Risk Management und Supply Chain Resilienz.

Lieferketten und Supply Chain Management

Eine Lieferkette bezeichnet das Netzwerk von Organisationen, Menschen, Aktivitäten, Informationen und Ressourcen, die an der Herstellung und Lieferung eines Produkts oder einer Dienstleistung vom Lieferanten zum Endkunden beteiligt sind. In der deutschsprachigen Literatur werden die Begriffe Supply Chain, Lieferkette, Logistikkette, Versorgungskette, Wertschöpfungskette, Liefernetzwerk sowie Wertschöpfungsnetzwerk häufig synonym verwendet (Freiwald, 2005).

Abb. 1 zeigt beispielhaft eine vereinfachte Lieferkette bestehend aus fünf Tier-2-Lieferanten, drei Tier-1-Lieferanten, zwei Werken mit je einem Lagerstandort und fünf Kunden sowie die entsprechenden Transporte zwischen den Lieferkettenobjekten.

Das Supply Chain Management (SCM) beschäftigt sich mit der Gestaltung, Planung und Steuerung der Lieferkette (Kuhn & Hellingrath, 2013) und kann definiert werden,

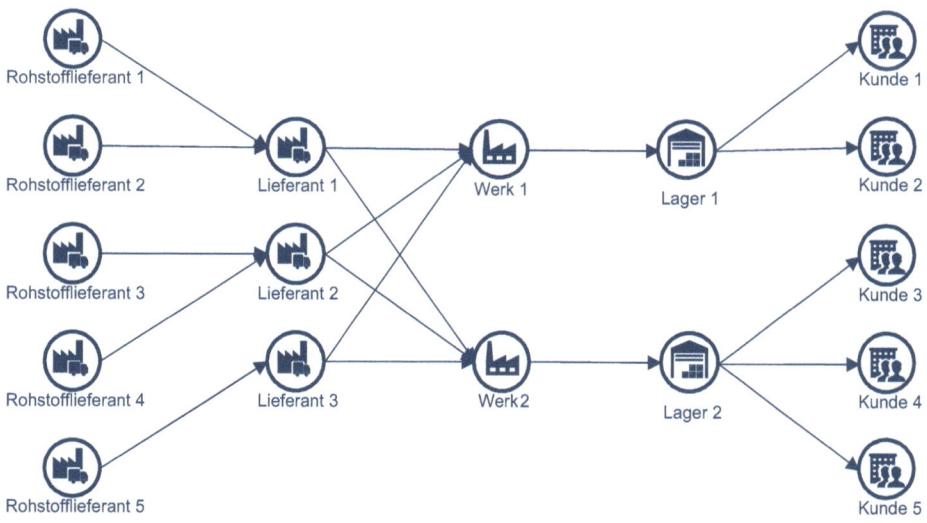

Abb. 1 Darstellung einer beispielhaften Lieferkette

als „die unternehmensübergreifende Koordination und Optimierung der Material-, Informations- und Wertflüsse über den gesamten Wertschöpfungsprozess von der Rohstoffgewinnung über die einzelnen Veredelungsstufen bis hin zum Endkunden mit dem Ziel, den Gesamtprozess sowohl zeit- als auch kostenoptimal zu gestalten" (Arndt, 2006).

Störung von Lieferketten

Lieferketten erstrecken sich üblicherweise über viele Länder auf dem gesamten Globus. Sie verwenden präzise geplante Transport- und Lieferzeitfenster und reduzieren durch verstärkte Zusammenarbeit der teilnehmenden Partner Lagerbestände, Kosten und Durchlaufzeiten. Diese sorgfältig abgestimmte Zusammenarbeit kann jedoch bei unerwarteten Störungen zu größeren Problemen führen, wenn keine angemessenen Vorbereitungen getroffen werden. Darüber hinaus nimmt die Anfälligkeit der globalen Lieferketten für disruptive Unterbrechungen mit wachsender Vernetzung und zunehmender Umweltvolatilität generell zu (Biedermann, 2018).

Störungen sind ungeplante und unvorhergesehene Ereignisse, die den normalen Materialfluss in einer Lieferkette behindern. Grundsätzlich können drei Störereignis-Arten voneinander abgegrenzt werden, welche sich durch die Lokalisierung in der Lieferkette voneinander unterscheiden (siehe Abb. 2):

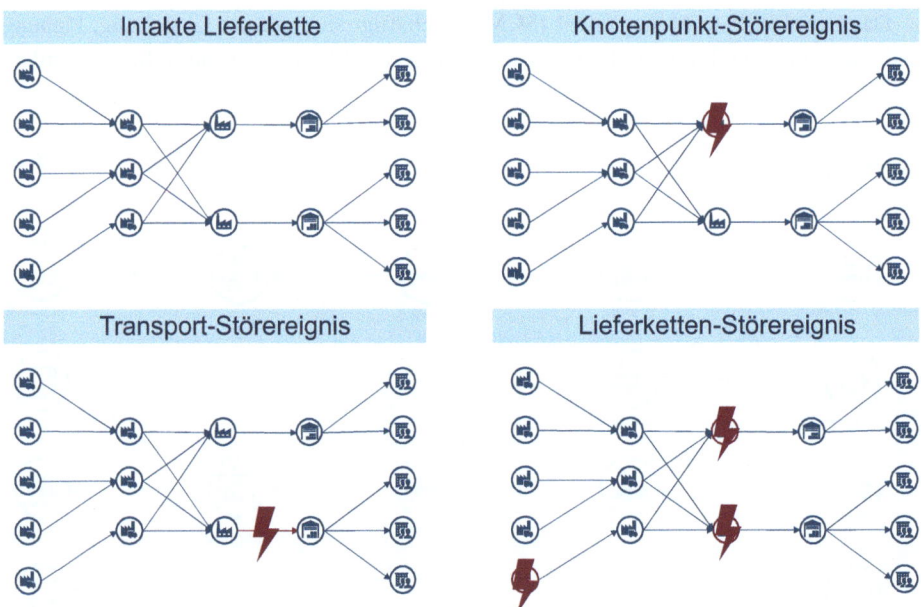

Abb. 2 Überblick unterschiedlicher Störereignisse in Bezug auf ihre Lokalisierung in der Lieferkette (in Anlehnung an (Kim et al., 2015))

- **Transport-Störereignis** (z. B. auf einem Transportweg zur See durch eine See-blockade),
- **Knotenpunkt-Störereignis** (z. B. in einer Fabrik oder einem Umschlagsplatz wie z. B. Feuer in einem Hafen),
- **Netzwerk-Störereignis** (z. B. Ausfall mehrerer Teile einer Lieferkette aufgrund von großflächigen Naturkatastrophen) (Kim et al., 2015).

Während ein Netzwerk-Störereignis sich darüber definiert, dass die Lieferkette unter-brochen wird (kein Weg mehr zwischen Quelle(n) und Senke(n) vorhanden), so muss ein Transport-Störereignis oder ein Knotenpunktereignis nicht unbedingt in eine unter-brochene Lieferkette resultieren (Kim et al., 2015).

Darüber hinaus lassen sich Störereignisse durch nachfolgende Faktoren weiter cha-rakterisieren und unterscheiden (siehe auch Kap. „Einleitung"):

- **Art der Disruption:** Naturkatastrophen, politische Unruhen, Streiks, Unfälle, techni-sche Ausfälle, etc.
- **Dauer:** Kurzfristige vs. langfristige Störungen,
- **Reichweite:** Lokal, regional, national oder international,
- **Auswirkung:** Geringe vs. starke Auswirkungen, z. B. Beeinträchtigung der Liefer-zeiten, Erhöhung der Transportkosten, Qualitätseinbußen der Waren, etc.,
- **Vorhersehbarkeit:** Erwartete vs. unerwartete Ereignisse,
- **Eintrittswahrscheinlichkeit:** Wahrscheinlich vs. unwahrscheinliche Ereignisse (Biedermann, 2018).

Die hier vorgestellten Störungsdimensionen stellen eine bewusste Auswahl bzw. Ein-grenzung möglicher Kategorien und Einflussfaktoren dar, welche im Rahmen des Re-sKriVer-Projekts berücksichtigt wurden.

Supply Chain Risk Management und Supply Chain Resilienz

Das Supply Chain Risk Management (SCRM) stellt einen wichtigen Teilbereich des Supply Chain Managements dar. Es konzentriert sich darauf, Bedrohungen und Stör-ereignisse zu identifizieren, zu bewerten und zu bewältigen. Hierfür werden möglichst sämtliche Unternehmen innerhalb der Lieferkette, Transportrouten, Informationsflüsse und finanzielle Aspekte der Zusammenarbeit einbezogen. Die Implementierung an-gemessener Risikostrategien umfasst sowohl präventive, antizipierende als auch reaktive Maßnahmen zur Aufrechterhaltung der Betriebsabläufe.

Die Erreichung einer resilienten Lieferkette wird im Rahmen des SCRM verfolgt. Sup-ply Chain Resilienz kann als „[…] die adaptive Fähigkeit einer Supply Chain, sich auf unvorhergesehene Ereignisse vorzubereiten, auf Störungen zu reagieren, und durch die kontinuierliche Ausführung der Geschäftsprozesse auf das angestrebte Leistungsniveau

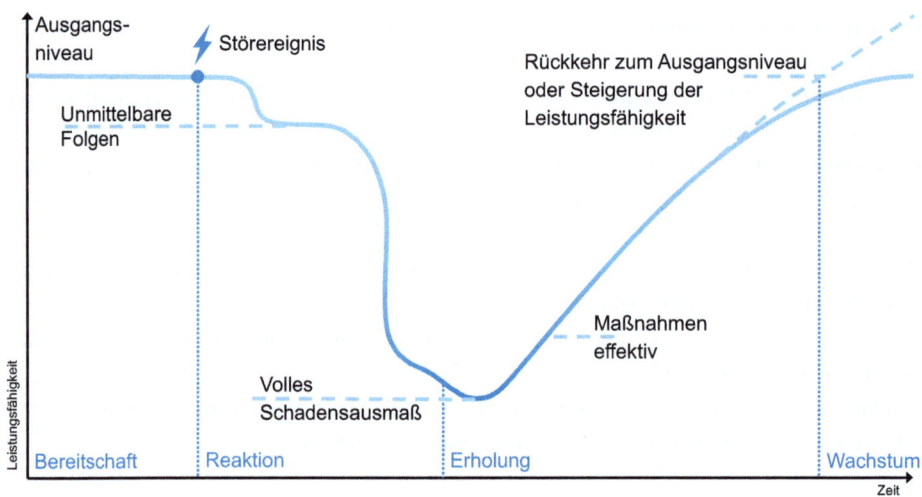

Abb. 3 Phasen eines resilienten Liefernetzwerkes (Kiebler et al., 2020)

zurückzukehren, mit dem Ziel, die Leistungsfähigkeit und Wettbewerbsfähigkeit einer Supply Chain zu steigern" (Biedermann, 2018) definiert werden.

Abb. 3 veranschaulicht die Supply Chain Resilienz anhand der Leistungsfähigkeit über die Zeit. Die erste Phase, die **Bereitschaft,** beschreibt die Leistungsfähigkeit im Ausgangsniveau, also vor dem Eintritt eines Störereignisses. In dieser Phase gilt es sich bestmöglich auf zukünftige (un)erwartete Störungen vorzubereiten und dazu proaktive Maßnahmen zu ergreifen. Die zweite Phase, die **Reaktion,** wird durch das Störereignis ausgelöst und führt zu einer Absenkung des Leistungsniveaus. Hier gilt es die Auswirkungen des Störereignisses bestmöglich abzudämpfen. Anschließend folgt die Phase der **Erholung,** in der es gilt, die Leistungsfähigkeit wieder zu stabilisieren, unter Anderem indem Lehren aus der Krise gezogen werden. Im Idealfall wird nicht nur wieder das Ausgangsniveau erreicht, sondern im Rahmen der Phase **Wachstum,** ein höheres Leistungsniveau als vor dem Störereignis erzielt (Kiebler et al., 2020; Kohl et al., 2021)

Eine wesentliche Herausforderung für Unternehmen und Organisationen in der Phase Bereitschaft besteht darin, dass die Identifikation von Risiken häufig mit zeitlichem und technischem Aufwand verbunden ist. Aus Mangel an Kapazitäten, Risikobewusstsein, Transparenz und den nötigen Instrumenten wird die zur Verfügung stehende Vorwarnzeit einer Krise oftmals nicht genutzt. Potenzielle Risiken und spezifische Ereignisse können nicht rechtzeitig erkannt werden. Eine weitere Herausforderung stellt die proaktive und reaktive Erarbeitung von Maßnahmenplänen dar, insbesondere in kleineren oder jüngeren Unternehmen. In der Reaktionsphase, unmittelbar nach einem Risikoereignis, wird durch diese Maßnahmenpläne eine schnelle und zielgerichtete Reaktion gefördert. Unkoordinierte, verzögerte und im schlimmsten Fall ineffektive Maßnahmen können so vermieden werden (Kiebler et al., 2020).

Der Dienst EvaVe, der in den nachfolgenden Abschnitten detaillierter beschrieben wird, stellt ein Instrument zur Unterstützung in den Phasen der Bereitschaft, Reaktion, Erholung und Wachstum dar. Durch datenbasierte Analyse erlaubt dieser Dienst eine potenzielle Störung in der Lieferkette aufgrund von Warnsignalen zu identifizieren. Bereits vor und bei Eintritt des Störereignisses wird die Identifikation und die Lösung eventueller Engpässe in der Lieferkette unterstützt. Im Krisenfall kann so schnell und effektiv auf Störungen reagiert werden. Eine schnelle Erholung der Lieferkette wird gefördert.

Methodik

In diesem Abschnitt werden die zentralen Methodiken vorgestellt, die im Rahmen der Evaluierung und Optimierung von Liefernetzwerken eingesetzt werden. Zunächst wird in Abschn. „Lieferkettensimulation" mit der Lieferkettensimulation ein Verfahren zur Evaluation von Liefernetzwerken und Erkennung von Engpässen beschrieben. Im Anschluss daran wird in Abschn. „Parameteroptimierung durch KI" die Parameteroptimierung durch KI thematisiert. Diese wird verwendet, um Lösungsvorschläge zu generieren, mit denen entstandene Engpässe aufgelöst werden können. Um in Krisenfällen die Reaktionszeiten zu verkürzen oder die Vorhersagegüte der Parameteroptimierung zu verbessern, wird in Abschn. „Approximation der Simulation durch KI" erläutert, wie sich mit Hilfe von künstlicher Intelligenz die Lieferkettensimulation so approximieren lässt, dass sie weiterhin Ergebnisse mit ausreichender Qualität aber mit deutlich geringerem Zeitaufwand liefert.

Lieferkettensimulation

Das Fraunhofer IML nutzt seine hauseigene Lieferkettensimulation Order-To-Delivery NETWORK (OTD NETWORK) seit vielen Jahren für Forschungs- und Industrieprojekte mit Partnern aus unterschiedlichen Branchen. Das Werkzeug basiert auf ereignisdiskreter Simulation, die jede Bestellung schrittweise von der initialen Bedarfsauslösung bis hin zur Lieferung des Produkts abbildet.

Am Beispiel einer Rettungsdienstlieferkette würde so beispielsweise nach einem Rettungsdiensteinsatz der Bedarf an einem Medikament ausgelöst, das im Rettungswagen nachgefüllt werden muss. Dieses wird dann aus dem Lager des Rettungsdienstes entnommen. Nach einigen Entnahmen wird festgestellt, dass der Bestand des Medikaments auf ein gewisses Niveau gesunken ist, sodass eine Bestellung beim Großhändler ausgelöst wird. Dieser wiederum sagt die Bestellung mit einem geplanten Versand- und Lieferdatum zu und versendet die Ware entsprechend. Bei Ankunft des Medikaments beim Rettungsdienst wird dieses dann eingelagert und die Bestandsliste aktualisiert.

Durch diese detaillierte Abbildung aller Teilprozesse wird eine Erkennung von Wechselwirkungen im Liefernetzwerk möglich, die mit herkömmlichen ERP- und Warenwirtschaftslösungen nicht zu leisten ist.

Um die Flexibilität von Simulationsmodellen zu erhöhen und die Abbildung von veränderlichen Werten in der Simulation zu ermöglichen, werden die Modelle in der Regel mit einer Reihe von Parametern versehen, die bei Simulationsläufen angepasst werden können. So können beispielsweise externe Einflüsse auf die Lieferkette über solche Parameter abgebildet werden. Um zum Beispiel den Einfluss eines Krisenereignisses auf die Lieferfähigkeit eines Lieferanten im Netzwerk in das Modell abzubilden, könnten die Kapazität oder die Arbeitszeiten des Lieferanten – sofern bekannt – als Parameter zugänglich gemacht werden. Ebenso können auch Lösungsansätze für Krisensituationen wie eine andere Lieferantenauswahl über eine parametrisierte Priorisierung der Lieferanten im Modell ermöglicht werden.

Da die Anzahl veränderlicher Parameter in komplexen Lieferketten dazu neigt, sehr schnell sehr groß zu werden, ist die gezielte Anpassung dieser Parameter zur Auflösung von Engpasssituationen für Menschen kaum zu leisten, weshalb es zu diesem Zweck unterstützender technischer Lösungen bedarf.

Parameteroptimierung durch KI

Um möglichen Krisenereignissen und den daraus folgenden, simulierten Disruptionen zu begegnen, wird das OTD NETWORK um eine Optimierungskomponente erweitert. Dies ist notwendig, da die Simulation selbst ein reines Prognosewerkzeug ist, aus dem keine Handlungsempfehlungen zur Disruptionsprävention oder -behebung abgeleitet werden können. Anwendern ist es höchstens möglich, manuell Lösungsvorschläge in der Simulation zu testen, bis eine zufriedenstellende Konfiguration gefunden wird. Dies ist allerdings durch die enorme Komplexität moderner Liefernetzwerke, mit ihren zahlreichen Stellschrauben und weitreichenden Interaktionen, ein aufwendiges Unterfangen.

Die Optimierungskomponente soll eben diesen Lösungsfindungsprozess automatisieren, indem sie wiederholt Parameteranpassungen in der Simulation vornimmt, um eine (oder mehrere) Zielgröße(n), wie z. B. die Anzahl der Engpässe im Krisenfall oder die Lieferkettenkosten, zu minimieren. Dabei soll der Optimierungsansatz agnostisch gegenüber dem spezifischen Lieferkettennetzwerk sein und gleichzeitig mit möglichst wenigen Versuchen gute Konfigurationen auswählen. Da die ereignisdiskrete Simulation selbst schon erhebliche Rechenleistung benötigt, greifen wir auf Ansätze des maschinellen Lernens zurück, um Simulationen aus ähnlichen Szenarien in die Konstruktion neuer Lösungsansätze einbeziehen zu können.

Die Familie der Black-Box-Optimierungsverfahren (Conn et al., 2009; Larson et al., 2019) erlaubt es, mit sehr wenigen Annahmen bezüglich des Simulators auszukommen. Im Kern wird der Simulator als eine (unbekannte) stochastische Funktion angesehen, die einer Parameterkonfiguration (Eingaben) eine Reihe von Zielwerten (Ausgaben) zuordnet. Diese Funktion wird außerdem durch eine Reihe von bekannten, aber unveränderbaren Kontextvariablen beeinflusst, die die Krisensituationen abbilden. Innerhalb der Black-Box-Optimierer kann die Auswahl geeigneter Verfahren durch folgende Beobachtungen weiter eingeschränkt werden:

1. die Zielfunktion (Simulation) ist aufwendig zu evaluieren
2. die Simulation basiert auf einer Mischung von kategoriellen und kontinuierlichen Eingabeparametern
3. die Eingabeparameter stehen zueinander verschiedenen in Wechselwirkungen (z. B. Hierarchien oder Symmetrien), und
4. die Eingabeparameter müssen eine Reihe von Einschränkungen (Constraints) erfüllen.

Diese Eigenschaften machen die Zielfunktion hochgradig irregulär.

Auf Basis dieser Charakteristika wird die sogenannte Bayes'sche Optimierung (Frazier, 2018; Shahriari et al., 2016) als besonders vielversprechendes Verfahren identifiziert, das auch schon in ähnlichen Kontexten gute Resultate geliefert hat. Dabei handelt es sich um ein modellbasiertes Verfahren, das iterativ ein probabilistisches Surrogatmodell[2] verfeinert, welches die zu optimierende Funktion beschreibt. In jedem Optimierungsschritt wird der „Exploitation-Exploration Trade-off", also das Abwägen zwischen neuem Informationsgewinn und Ausnutzen bereits entdeckter Zusammenhänge, gelöst, indem das Surrogatmodell in eine einfach zu optimierende Akquisefunktion[3] überführt wird. Die identifizierten Akquiseoptima[4] bestimmen hier die nächsten Abfragepunkte, an denen neue Simulationen durchgeführt werden. Auf Basis der neuen Datenpunkte kann das Surrogatmodell aktualisiert und eine neue Akquise durchgeführt werden. Dieser Zyklus wiederholt sich, bis ein zuvor festgelegtes Zeitbudget ausgeschöpft ist, an dessen Ende der beste Vorschlag als Optimum zurückgegeben wird.

Abgesehen von einer erhöhten Dateneffizienz erlaubt dieser modellbasierte Ansatz, bekanntes Vorwissen in das Optimierungsverfahren einfließen zu lassen. So können Datenpunkte von verschiedenen Krisenszenarien in ein einziges Surrogatmodell einfließen, solange die entsprechenden Kontextvariablen berücksichtigt werden. Des Weiteren kann durch die Auswahl entsprechender Akquisefunktionen eine Abwägung zwi-

---

[2] Bei einem Surrogatmodell handelt es sich um ein mathematisches Modell, welches das Verhalten der echten zu optimierenden Funktion effizient approximiert. In unserer Anwendung wird das Simulationsmodell der Lieferkette als wahrheitsgetreu vorausgesetzt.

[3] Die Akquisefunktion schätzt den Informationsgehalt neuer Datenpunkte bezüglich des Optimierungsziels ab. Hierzu wird die Wahrscheinlichkeit sich Nahe des Optimums zu befinden gegen die Unsicherheit der Modellvorhersage ins Verhältnis gesetzt.

In den Lieferkettenmodellen wurden primär die Anzahl von Lieferengpässen und sekundär die erwarteten Kosten als Optimierungsziele betrachtet.

[4] In jeder Optimierungsiteration werden die Parametersetzungen mit der höchsten Güte der Parametersetzung in Bezug auf die Akquisefunktion bestimmt.

schen mehreren Optimierungszielen erfolgen und theoretisch sogar Unterschiede in der Simulationskomplexität und -dauer bei der Simulationsauswahl berücksichtigt werden. In der konkreten Implementierung als Teil des OTD NETWORK wurde die Akquise so konstruiert, dass weniger komplexe Lösungen mit minimalen Parameterveränderungen bevorzugt werden.

Approximation der Simulation durch KI

Der zentrale Baustein der Bayes'schen Optimierung ist das Surrogatmodell, welches Zusammenhänge zwischen Lieferkettenparametern, Krisenvariablen und Zielgrößen abbildet. Das Modell ist also ein wenig präziser, aber schnell auszuwertender, daten-getriebener Ersatz für den Simulator.

Bei der Auswahl geeigneter Modellklassen für die Bayes'sche Optimierung muss einzig beachtet werden, dass trainierte Modelle zusätzlich zu ihren Prognosen auch Unsicherheitsschätzungen liefern, um den Informationsgewinn in der Akquise quanti-fizieren zu können. Klassische Verfahren sind Gaußprozesse, Kerndichteschätzer und Ensemblemodelle. Auf Grund der hohen Dimensionalität, also der hohen Anzahl an Simulationsparametern, und der irregulären Funktionsstruktur wurden sogenannte "Parzen-Tree-Estimatoren" (TPE) (Bergstra et al., 2011; Schmidberger, 2009) ge-nutzt. Im Gegensatz zu anderen Kandidaten skalieren diese Modelle gut bei steigender Dimensionalität und bei wachsender Datenmenge und können darüber hinaus katego-rielle Eingaben verarbeiten.

Um die Modellierung nicht für jedes Szenario von Grund auf neu zu beginnen, wer-den sämtliche Simulationsergebnisse derselben Lieferkette in einem einzigen Surrogat-modell vereint. Die verschiedenen Szenarien unterscheiden sich hierbei in den Wer-ten der Kontextvariablen, die z. B. nicht anpassbare Lieferzeiten oder Produktions-kapazitäten darstellen. Um das Surrogatmodell schon früh zu verbessern und so die Optimierung zu beschleunigen, kann ein sogenanntes "Pre-Training" durchgeführt wer-den. Hierbei werden künstliche Krisenszenarien zufällig erzeugt und mit einem kleinen Optimierungsbudget bearbeitet, damit das Surrogatmodell die Zusammenhänge in der Lieferkette abtasten kann.

Eine weitere Möglichkeit zur Effizienzsteigerung der Modellierung (und dement-sprechend der Optimierung) besteht darin, bekannte Zusammenhänge und Unabhängig-keiten in die Modellkonstruktion einfließen zu lassen. Hierzu werden die Lieferketten-parameter auf Sets reduziert, die voneinander unabhängig sind und aus denen sich alle weiteren Parameter ableiten lassen. So kann zum Beispiel die Entscheidung zwischen N Zulieferern für ein Produkt durch einen einzigen Parameter abgebildet werden, statt N binäre Entscheidungen separat zu betrachten. Eine auf diesen Sets aufbauende Model-lierung ermöglicht es einen verkleinerten Suchraum deutlich effizienter zu erkunden und geeignete Lösungen schnell zu identifizieren.

EvaVe – Dienst zur Evaluierung der Versorgungssicherheit

Konzept

Der Dienst zur Evaluierung der Versorgungssicherheit gibt Nutzenden die Möglichkeit, mit wenig Vorkenntnissen eine Bewertung möglicher Disruptionen auf eine Lieferkette zu analysieren und zu evaluieren. Sie können dabei Szenarien erstellen, in denen beispielsweise die Produktionskapazität von Lieferanten reduziert oder Transportwege unterbrochen sind, sodass es zu längeren Lieferzeiten kommt. Diese Einflüsse werden zunächst automatisch in ein vorhandenes Simulationsmodell der Lieferkette übertragen, welches dann ausgeführt wird, um zu beurteilen, ob es im eigenen Betrieb zu Engpässen kommen wird. Besteht das Risiko eines Engpasses, werden die Komponenten für die KI-Parameteroptimierung aktiviert. Diese versucht selbstständig, Handlungsvorschläge zu generieren, um die gegebene Engpasssituation aufzulösen oder abzumildern.

Die aktuelle Versorgungslage unter Berücksichtigung der hinterlegten Lieferketten-Disruptionen sowie die Handlungsvorschläge mit ihren Auswirkungen auf das Liefernetzwerk werden den Nutzenden in einem Dashboard dargestellt.

Abb. 4 zeigt den Ablauf des Dienstes bei Eintritt eines Krisenereignisses. Die Ereignisse können entweder manuell durch einen Nutzer eingegeben oder durch weitere automatisierte Services, wie beispielsweise Social-Media-Monitoring (vgl. Kap. „Datenverfügbarkeit in Krisensituationen"), eingebunden werden.

Nachdem das Ereignis eingetreten ist, wird durch die Komponente „AI Status Rating" die Wahrscheinlichkeit berechnet, dass die hinterlegte Lieferkette von dem Ereignis betroffen ist. Dies dient der automatisierten Vorfilterung, um die Simulation von Szenarien zu verhindern, die mit einer hohen Wahrscheinlichkeit keinen Einfluss auf die aktuelle Lieferkette haben. So ist die Wahrscheinlichkeit gering, dass ein Unwetter in Asien einen signifikanten Einfluss auf eine rein lokale Lieferkette in Europa hat. Das AI Status Rating ist dabei abhängig von der aktuellen Lieferkette und Trainingsdaten in Form von bewerteten vergangenen Krisenereignissen[5]. Ein einstellbarer Schwellenwert überführt die Wahrscheinlichkeit dann in eine binäre Entscheidung. Sollte die Lieferkette nicht betroffen sein, sind keine weiteren Maßnahmen erforderlich.

Wenn das Risiko besteht, dass die Lieferkette betroffen ist, werden die Auswirkungen des Krisenereignisses auf die Lieferkette bestimmt und in konkrete Prozessparameter übersetzt. So führt beispielsweise eine Blockade des Suezkanals bei einer Lieferkette mit Überseetransport zu einem verlängerten Transportweg von ca. 2 Wochen. Bei der Bestimmung der veränderten Transportlaufzeiten kann beispielsweise der in Kap. „Modellierung, Erfassung und Analyse von Lieferketten" vorgestellte ViSCA unterstützen. Das Basismodell

---

[5] Der Einsatz des Verfahrens setzt dabei voraus, dass die dafür notwendigen Informationen über vergangene Disruptionsereignisse und deren Auswirkungen auf die spezielle Lieferkette vorliegen.

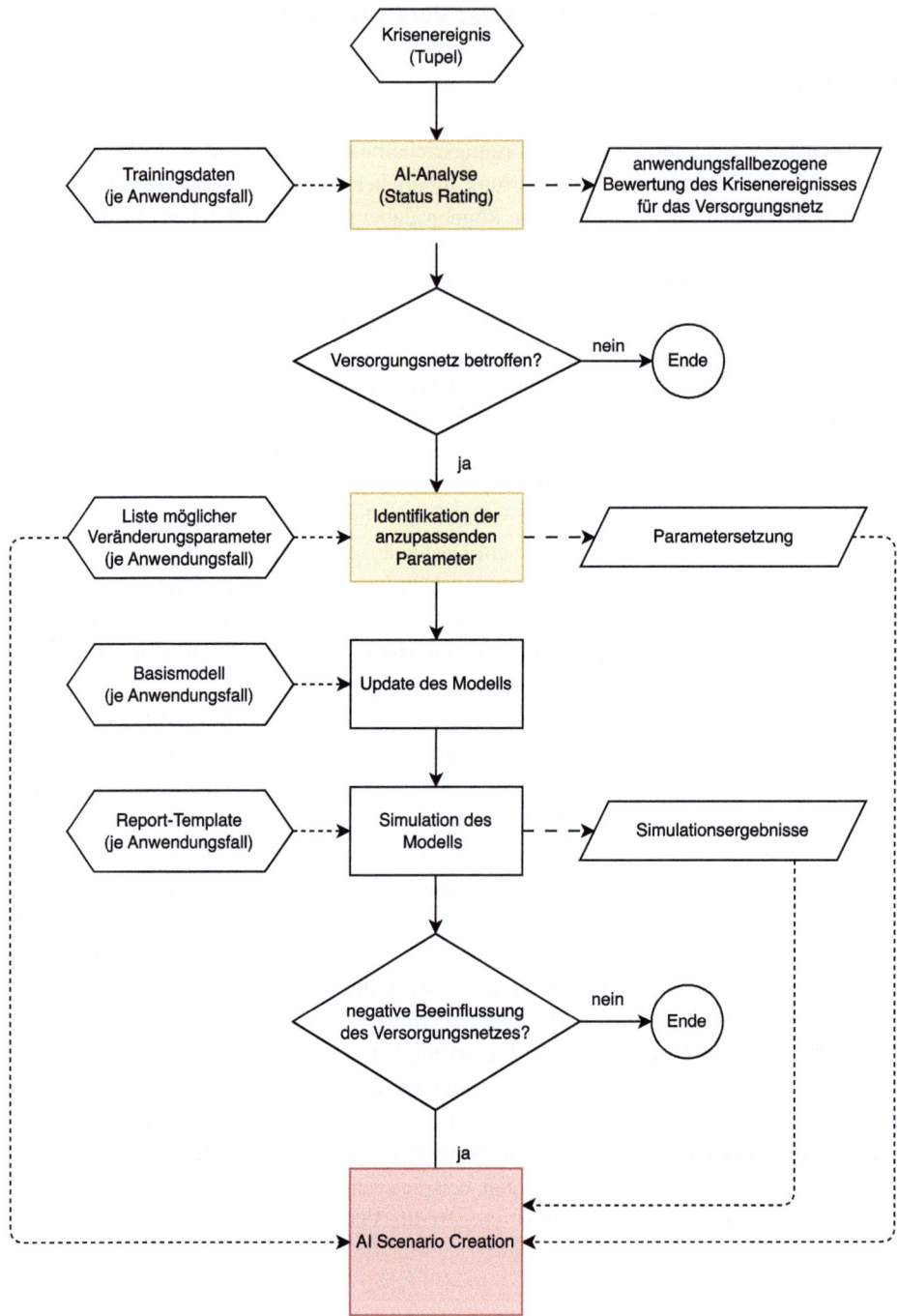

Abb. 4 Ablaufdiagramm zur Bewertung und Engpassanalyse von Krisenszenarien

der Lieferkette wird mit diesen neuen Krisenparametern aktualisiert und anschließend mit OTD NETWORK simuliert.

Basierend auf den Simulationsergebnissen wird bewertet, ob durch das Krisenereignis Engpässe in der Lieferkette zu erwarten sind. Im besten Fall verfügt die Lieferkette über ausreichend Resilienz, um die negativen Auswirkungen auszugleichen oder abzuschwächen. Dies kann dann der Fall sein, wenn es beispielsweise ausreichend Bestand in einem Pufferlager oder Redundanz bei den Zulieferern gibt. Welche Kennzahlen des Simulationsergebnisses als Engpass gelten, kann individuell für eine Lieferkette konfiguriert werden. Nicht gelieferte Bestellungen oder Lager bzw. Produktionsstätten, bei denen sich ein Rückstau an Bestellungen anhäuft, sind meist nützliche Indikatoren für einen Engpass.

Nur wenn es tatsächlich zu Engpässen kommt, sucht die Komponente „AI Scenario Creator" nach Lösungsvorschlägen, um den Engpass aufzulösen oder zu reduzieren (siehe Abb. 5). Dabei werden basierend auf vergangenen Durchläufen verschiedene Parametersetzungen sukzessiv simuliert und die Simulationsergebnisse bezüglich Engpässe und anderen Optimierungszielen bewertet. Mit jeder Iteration wird versucht, das Ergebnis weiter zu optimieren. Die Optimierungsziele werden über eine Gütefunktion angegeben. Verwendete Parameter sind dabei nicht gelieferte Bestellungen und Kosten.

Um diesen Prozess zu beschleunigen, kann zusätzlich zu der Simulation die optionale Komponente „AI PreAssessment" eingesetzt werden. Diese KI-Komponente ist eine Approximation der Simulation und hat den Zweck, mehr Parametervariationen in kürzerer Zeit auszuprobieren. Das „AI PreAssessment" enthält ein Surrogatmodell, das zuvor für eine konkrete Lieferkette angelernt werden muss. Dabei werden aus vielen Simulationen Trainingsdaten extrahiert, aus denen die Komponente ein Input–Output-Mapping von Simulationsparametern zu Simulationsergebnissen erlernt. Nach einer Anlernphase ist die Komponente dann in der Lage, die Simulation für bereits erlernte Krisenparameter zu ersetzen. Die erhöhte Geschwindigkeit kommt auf Kosten der Genauigkeit. Daher werden die vielversprechendsten Parametersetzungen immer noch einmal simuliert.

Wurde auf diese Weise eine Parametersetzung gefunden, die den Engpass auflöst, wird das Ergebnis an den Nutzer zurückgespielt. Sollte der Engpass weiter bestehen, kann der AI Scenario Creator erneut mit weiteren Anpassungen gestartet werden.

Architektur und Aufbau des Dienstes

Der Dienst EvaVe besteht aus mehreren Komponenten und Anwendungen, die im Hintergrund so ineinandergreifen, dass sie Nutzenden gegenüber als eine einzige Anwendung auftreten (siehe Abb. 6).

Die Benutzeroberfläche wird von der EvaVe-UI-Komponente bereitgestellt. Diese stellt einen Webserver bereit, auf den Nutzende mit ihrem lokalen Internetbrowser zugreifen können. Die Ausführung der Benutzeroberfläche findet daraufhin vollständig im Browser statt. Nutzer können über eine Eingabemaske Kriseneinflüsse definieren und die

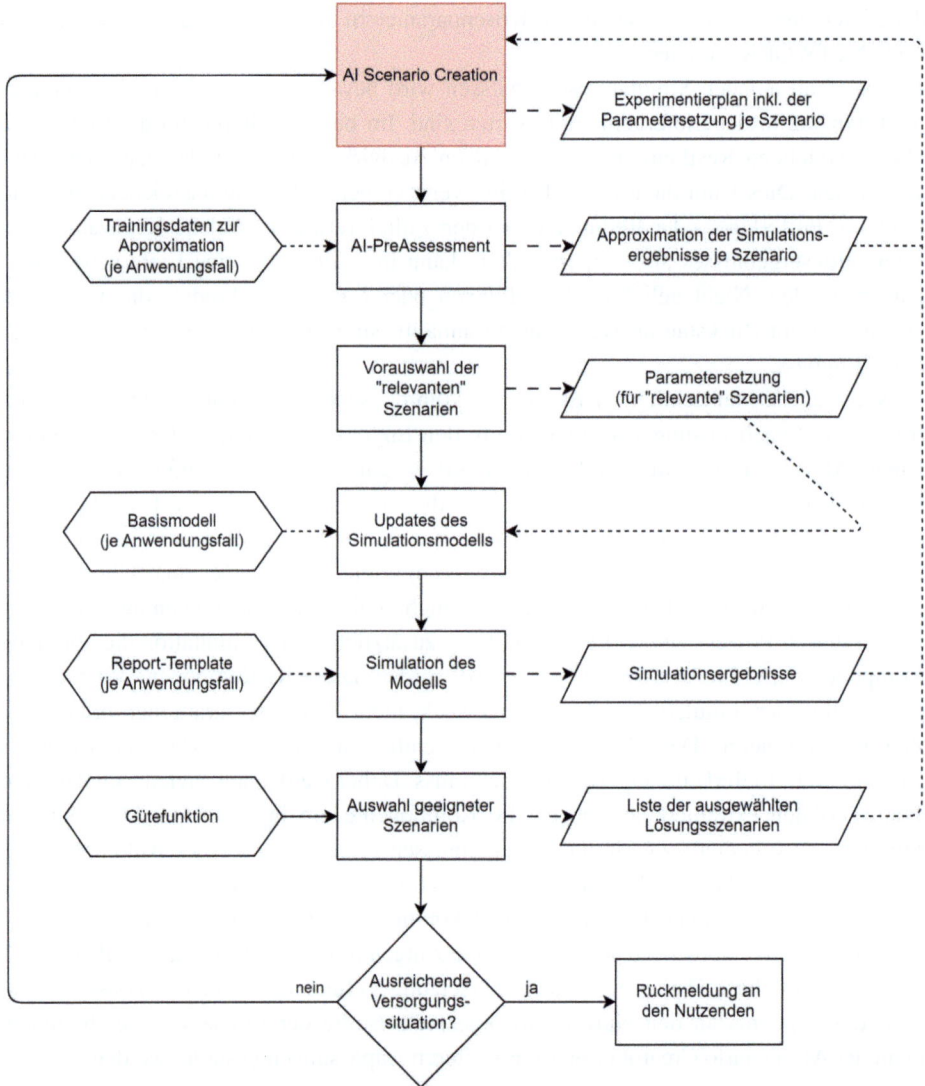

Abb. 5 Ablaufdiagramm zur Erzeugung von Lösungsparametern

Evaluation bzw. Optimierung starten. Die Ergebnisse werden dann in einem individuellen Dashboard angezeigt.

Das EvaVe-Backend koordiniert die Interaktion aller Komponenten untereinander und orchestriert den Datenfluss. Es versorgt die Benutzeroberfläche mit Daten, stellt die Schnittstellen für den Abruf der Lieferketteninformationen bereit und steuert die Erstellung von Krisenszenarien. Über Konfigurationsdateien kann das Dashboard und die

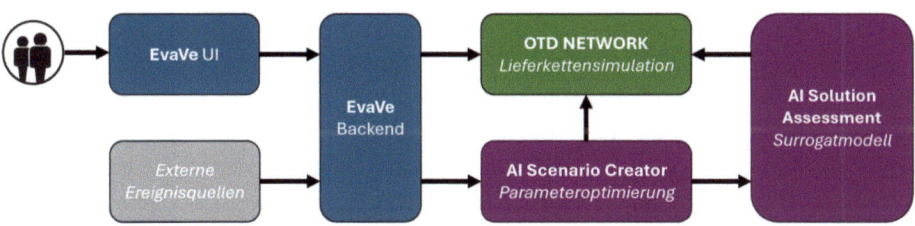

Abb. 6 Architektur des EvaVe inkl. der eingesetzten KI-Komponenten und der Lieferkettensimulation

Eingabemaske der EvaVe-UI-Komponente individuell an die konkreten Anforderungen
eines Szenarios angepasst werden. So können je nach der Beschaffenheit der Lieferkette
und Anforderungen der Nutzer verschiedene Statistiken und Kennzahlen im Dashboard
angezeigt oder unterschiedliche Kriseneinflüssen über die Eingabemaske erfasst werden.

Neben den Eingabemasken der EvaVe-UI-Komponente, die durch Nutzende bedient werden müssen, können auch weitere Datenquellen an das EvaVe-Backend an-
gebunden werden. So können beispielsweise Quellen für Echtzeitdaten (Lagerbestand,
Bestellungen, etc.) hinterlegt werden, was die Lieferkette im täglichen Gebrauch aktuell hält. Durch die Anbindung von Systemen zur automatisierten Erkennung von
Krisenereignissen, können die Einflüsse von hochaktuellen Ereignissen auf die aktuelle
Lieferkette automatisch evaluiert und bewertet werden. Ein Beispiel hierfür ist die AI
Status Rating Komponente, welche im folgenden Abschnitt detaillierter beschrieben
ist.

Für die Evaluation des Lieferkettenzustands unter Berücksichtigung von Kriseneinflüssen sowie des Einflusses von Lösungsvorschlägen kommt das bereits weiter oben beschriebene Simulationswerkzeug OTD NETWORK zum Einsatz. Hier muss eine konkrete Lieferkette zuvor durch einen Lieferkettenexperten modelliert werden. Durch den
Einsatz vordefinierter Datencontainer kann dieser Schritt jedoch auch ohne tiefergehende
Expertise über die eigene Lieferkette approximiert werden (Kippenberger et al., 2023).

Arbeitsschritte zur Krisenidentifikation und -bewältigung

Wenn die Lieferkette durch ein eingetretenes Krisenereignis gestört ist, sucht der Optimierer nach einem Parametersatz, um die Störung aufzulösen. Hierbei werden KI-Komponenten für die Hyperparameteroptimierung sowie die Beschleunigung der Simulation
eingesetzt.

Lieferkettenmodellierung
Um den EvaVe-Dienst nutzen zu können, müssen Anwender zunächst ein Modell ihrer
Lieferkette erstellen. Hierbei wird das Verhalten einzelner Akteure im Liefernetzwerk

in OTD NETWORK modelliert. Sämtliche Lager, Fertigungsstätten, Transportwege und Endkunden werden als Knotenpunkte in einem Graphen abgelegt, der die Lieferbeziehungen beschreibt (siehe Abb. 1). Des Weiteren werden an jedem Knotenpunkt relevante Größen, wie die Lagerkapazität, Produktionsvoraussetzungen und Bestellstrategien, Verarbeitungszeiten und Transportzeiten hinterlegt, sofern diese bekannt sind. Wichtig ist hierbei, dass nicht nur die Hauptlieferkette erfasst wird, sondern auch mögliche Alternativlieferanten oder -transportwege abgebildet werden. Der iterative Aufbau des Lieferkettenmodells kann u. U. durch den Einsatz der visuellen und kartenbasierten Modellierungsumgebung ViSCA (siehe Kap. „Modellierung, Erfassung und Analyse von Lieferketten") unterstützt werden.

Eventbewertung

Der EvaVe-Dienst kann rein zu Simulations- bzw. Modellierungszwecken genutzt werden. In der angestrebten dynamischen Überwachung ist er zusätzlich an eine oder mehrere Quellen von potenziell relevanten Ereignissen (wie z. B. RSS-Feeds) angebunden. Die darüber erhaltenen Ereignisse werden analysiert, um ihre Relevanz für das vorliegende Lieferkettennetzwerk zu bewerten (siehe Abb. 4).

Der Analyseaufwand ist von der Art der Ereignisquelle und Struktur der Ereignisbeschreibung abhängig. Für rein textbasierte Beschreibungen ist eine Extraktion relevanter Merkmale (Ereignisart, Zeit, Ort, Ausprägung) erforderlich. Sobald eine standardisierte Darstellung vorliegt, kann diese mit historischen Aufzeichnungen über ähnliche Vorkommnisse und deren Auswirkungen auf die Lieferkette verglichen werden. Dies kann entweder manuell oder durch moderne statistische Methoden des maschinellen Lernens erfolgen.

Sollte die Einordnung des Ereignisses Veränderungen an den Lieferkettenparametern prognostizieren, werden diese in eine Simulationskonfiguration des OTD NETWORK übertragen. Die nachfolgende Simulation liefert Aufschlüsse über mögliche Engpässe, die für den Anwendern dargestellt werden (Abb. 4). Dieser hat dann im nächsten Schritt die Möglichkeit eine Optimierung zu starten, um nach möglichen Lösungsvorschlägen zu suchen.

Engpassoptimierung

Sobald der Anwender die Optimierung auslöst, fängt diese an neue Konfigurationen zu erzeugen und in entsprechenden Simulationen zu prüfen (siehe Abb. 5). Wie oben beschrieben, nutzt der Optimierer hierbei zunächst das Surrogatmodell, um mögliche Lösungskandidaten ohne aufwendige Simulation zu bewerten. Die gefilterten Ergebnisse aus dieser „schnellen Optimierung" werden an das OTD NETWORK zur detaillierten Simulation übergeben. Anschließend werden die erzielten Resultate in das Surrogatmodell integriert, um die Zusammenhänge zwischen Lieferkettenparametern und Zielgrößen zu lernen.

Nachdem dieser Zyklus mehrfach durchlaufen wurde und das Optimierungsbudget[6] ausgeschöpft wurde, wird die beste identifizierte Lösung final durch den Simulator geprüft und es werden Handlungsempfehlungen für den Nutzer abgeleitet. Hierzu werden die Parameter der Lösung mit der Default-Konfiguration der Lieferkette abgeglichen und Unterschiede in entsprechende Handlungsschritte übersetzt.

Anwendungsfälle und Nutzung des Dienstes

Anwendungsfall Rettungsdienst

Der Anwendungsfall Rettungsdienst beschreibt beispielhaft die Lieferkette zur Versorgung eines Rettungsdienstes mit einem Behandlungsset zur Behandlung von Patienten mit Herzinfarkt oder anderen Beschwerden, die eine Blutverdünnung notwendig machen. Dieses besteht aus insgesamt neun Produkten, die notwendig sind, das Medikament Acetylsalicylsäure (ASS) intravenös zu verabreichen. Weil nur vollständige Sets vom Rettungsdienst zusammengestellt und auf einen Einsatz mitgenommen werden dürfen, führt ein Engpass bei einem der Produkte zu einem Engpass des gesamten Behandlungssets. Der betrachtete Auswertungszeitraum ist in diesem Anwendungsfall ein halbes Jahr.

Abb. 7 zeigt die vereinfachte Lieferkette, die zur Veranschaulichung auf fünf Produkte reduziert wurde. Ein Lager eines Rettungsdienstes versorgt dessen Rettungswachen mit den Behandlungssets. Zur Vereinfachung des Modells wurde eine gleichmäßige Nachfrage angesetzt, die werktags etwas niedriger als am Wochenende ist. Das Lager bestellt die Behandlungssets basierend auf dem aktuellen Bestand bei einem in Deutschland ansässigen Großhändler. Dieser bestellt die einzelnen Produkte des Behandlungssets bei unterschiedlichen Lieferanten auf der ganzen Welt. Die Lieferanten haben eine Produktionskapazität und abhängig von ihrem jeweiligen Standort eine unterschiedliche Lieferzeit. Produkte aus Asien oder Amerika brauchen durch den langen Schiffstransport deutlich länger als Produkte, die in Europa bestellt werden können. Auf mögliche Informationsquellen für Standorte der Lieferanten – insbesondere von Medizinprodukten – und die daraus resultierenden Lieferwege wird in Kap. „Globale Netzwerke und ihre lokale Verwundbarkeit: Lieferketten-komplexität und Resilienz in der prä-klinischen Notfallversorgung" weiter eingegangen.

---

[6]Dabei kann es sich entweder um eine feste Anzahl an Optimierungszyklen oder eine zeitliche Begrenzung handeln. In der Praxis hat sich mit vortrainierten Surrogatmodell bei kleinen bis mittelgroßen Lieferketten ein Budget von 25 bis 30 Zyklen als eine gute Wahl herausgestellt. Die Durchlaufzeit für Analyse und Optimierung liegt dann im Bereich weniger Minuten.

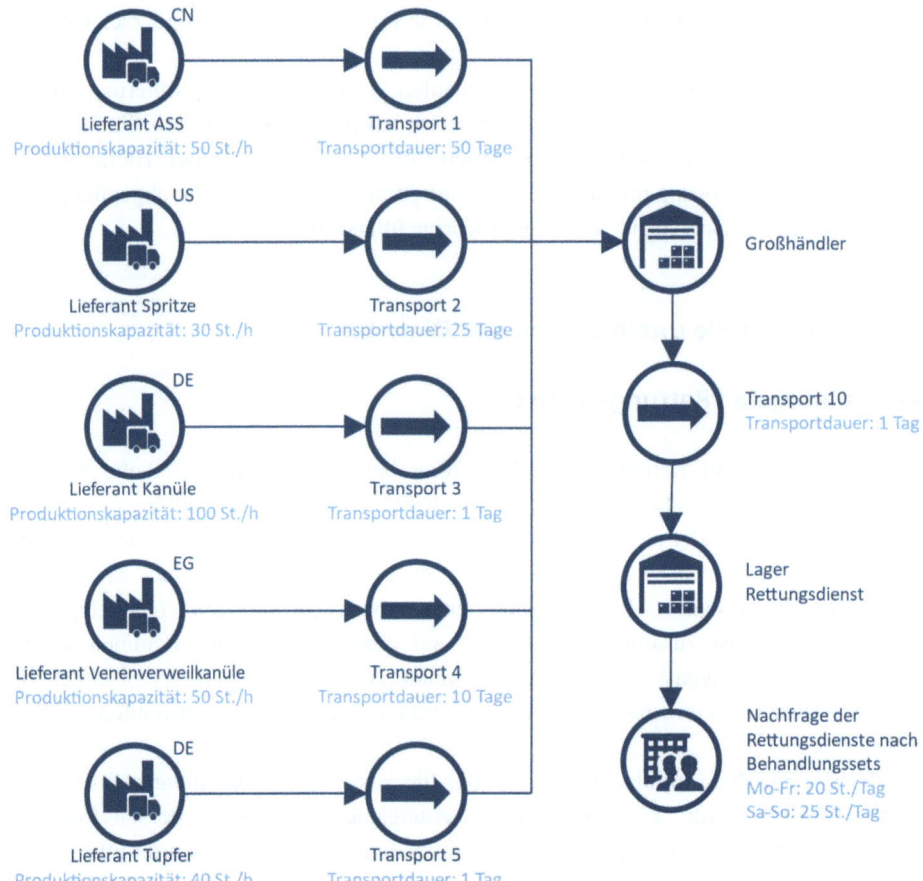

Abb. 7 Ausschnitt aus dem Liefernetzwerk für den Anwendungsfall Rettungsdienst

Als veränderbare Krisenparameter sind für diese Lieferkette die Produktionskapazitäten der Lieferanten, die Transportdauer der Transporte sowie die Nachfrage
des Rettungsdienstes hinterlegt. Abb. 8 zeigt die Eingabemaske ausgefüllt mit einer
beispielhaften Krise. Aufgrund einer Krankheitswelle erhöht sich die Nachfrage des
Rettungsdienstes nach Behandlungssets für die erste Hälfte des Monats November auf
das doppelte der ursprünglichen. Gleichzeitig halbiert sich die Produktionskapazität des
Lieferanten für ASS und der Transport vom Großhändler zum Zentrallager des Rettungsdienstes verlängert sich -aufgrund des hohen Krankenstandes beim Spediteur – von einen
auf zwei Tage.

Nach der Simulation der Lieferkette inklusive der neuen Krisenparameter werden
dem Nutzenden die Ergebnisse im oberen Bereich des Dashboards angezeigt. Abb. 9
zeigt das Dashboard für den Anwendungsfall Rettungsdienst. Der Fokus wurde für die-

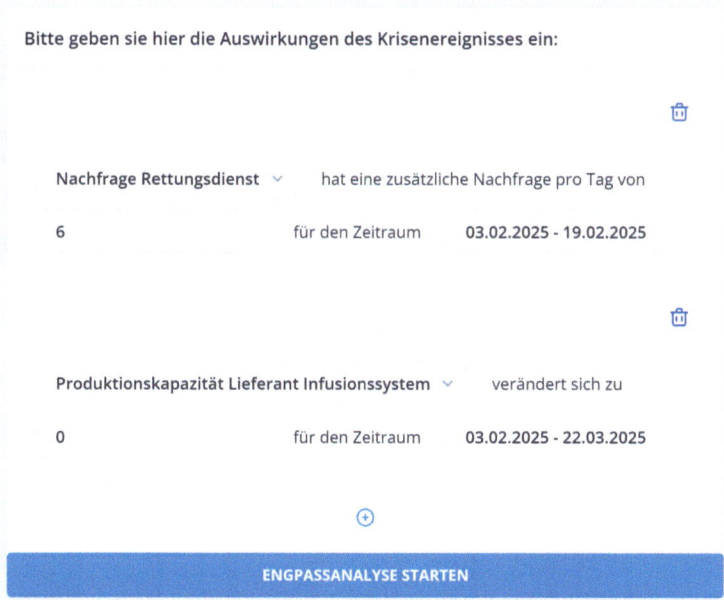

Bitte geben sie hier die Auswirkungen des Krisenereignisses ein:

🗑

Nachfrage Rettungsdienst ⌄   hat eine zusätzliche Nachfrage pro Tag von

6   für den Zeitraum   03.02.2025 - 19.02.2025

🗑

Produktionskapazität Lieferant Infusionssystem ⌄   verändert sich zu

0   für den Zeitraum   03.02.2025 - 22.03.2025

⊕

ENGPASSANALYSE STARTEN

Abb. 8 Eingabemaske der EvaVe-Benutzeroberfläche für den Anwendungsfall Rettungsdienst

sen Anwendungsfall auf die Kennwerte „Liefertreue", „kumulierter Lagerbestand beim Rettungsdienst" und „Kosten" gelegt.

Aufgrund relativ kurzer Nachbestellrhythmen und kleiner Bestandsreichweiten kommt es durch die erhöhte Nachfrage zu Beginn des Simulationszeitraums zu Unterschreitungen des Sicherheitsbestands bei einigen Produkten, die daraufhin gelb markiert werden.

Im Beispiel ist der Bestandsverlauf der Infusionssysteme beim Rettungsdienst in Form einer Sägezahnkurve dargestellt. Aufgrund eines Ausfalls des Hauptlieferanten kommt es zu einem Engpass, weshalb das Lager in einen Engpass rutscht, welcher rot dargestellt ist. Die Ampel signalisiert daher einen negativen Zustand der Lieferkette.

Sollte es durch die Krisenparameter zu einem Engpass kommen, sieht man im unteren Bereich das Ergebnis der Optimierung. Es erscheint eine Liste mit Handlungsempfehlungen zur Auflösung des Engpasses, die auf der Parameteroptimierung der Lieferkette beruhen. Auf der rechten Seite werden die Auswirkungen der Handlungsempfehlungen auf die wichtigsten Kennzahlen dargestellt. Wenn der Optimierer mehrere Lösungsvorschläge anbietet, werden diese nacheinander angezeigt.

Im Beispiel ist zu erkennen, wie durch kurzfristiges Ausweichen auf einen europäischen Lieferanten für Infusionssysteme der Bestand stabilisiert und der Engpass kompensiert wurde.

Abb. 9 Übersicht des EvaVe Dashboards – Anwendungsfall Rettungsdienst

Anwendungsfall Blutkonserven

Die Versorgung mit Blutbestandteilen für Transfusionen ist ein essenzieller Bestandteil des Gesundheitssystems in Deutschland. Eine nachhaltige und flächendeckende Bereitstellung dieser lebenswichtigen Arzneimittel ist von entscheidender Bedeutung, um die medizinische Versorgung der Bevölkerung sicherzustellen. Daher ist die Implementierung eines effektiven Systems zur Erfassung und Überwachung der Blutversorgung unerlässlich, um im Bedarfsfall geeignete Maßnahmen zur Aufrechterhaltung einer sicheren und ausreichenden Verfügbarkeit von Blut und Blutprodukten zu initiieren (Fiedler et al., 2023). Der Anwendungsfall Blutkonserven betrachtet die Lieferkette von Blutbeuteln von der Entnahme am Menschen bis zur Lieferung an Krankenhäuser.

Die Versorgung von Krankenhäusern mit Blutprodukten unterliegt strengen gesetzlichen Richtlinien (Bein et al., 2023) und ist insbesondere in Krisenfällen kritisch für die Behandlung von Patienten. Seit 2011 ist ein rückläufiger Trend bei der Anzahl der Blutspenden zu verzeichnen, während die Nachfrage konstant bleibt. Diese Diskrepanz führt zu einem angespannten Bestand an Blutkonserven in Deutschland (Janson, 2024). Darüber hinaus zeigen sich Schwankungen und Einschränkungen in der Verfügbarkeit von Blutbestandteilen nicht nur in Krisensituationen wie der jüngsten COVID-19-Pandemie, sondern sind auch regelmäßig in bestimmten Jahreszeiten und regionalen Kontexten zu beobachten, beispielsweise während der Sommermonate und an Feiertagen (siehe auch Kap. „Entwicklung und Evaluierung eines Notfallkonzepts zur Sicherstellung der Versorgung der Bevölkerung mit Blutprodukten im Fall von Krisensituationen").

Um bei der Beurteilung von Krisensituationen und der Vermeidung möglicher Engpässe bei Blutprodukten zu unterstützen, wurde EvaVe auch für den Anwendungsfall der Transfusionsmedizin erprobt.

Dabei wurde zunächst ein beispielhaftes Liefernetzwerk für die Blutversorgung erarbeitet (siehe Abb. 10). Zu Beginn muss das Blut entnommen werden. Hierzu gibt es unterschiedliche Möglichkeiten. Zum Teil können Spenden direkt in einem Krankenhaus entnommen werden. Über die dafür nötige Infrastruktur verfügen jedoch nicht alle Krankenhäuser, sodass diese meist nicht in der Lage sind, ihren gesamten Bedarf mit den eigenen Spenden abzudecken. Hierfür gibt es zusätzlich Blutspendedienste (z. B. Deutsches Rotes Kreuz, Malteser Hilfsdienst, Haema, etc.). Nach der Blutspende wird das Blut zentrifugiert, um die verschiedenen Komponenten zu trennen (EK, TK, Blutplasma). Danach erfolgen die sachgemäße Etikettierung und Lagerung der unterschiedlichen Blutkomponenten. Parallel zur Verarbeitung des gespendeten Blutes wird ein kleiner Teil des Blutes in einem Labor auf Infektionen (z. B. HIV, Hepatitis, etc.) und die Blutgruppe getestet, um sicher zu gehen, dass das Blut an die richtige Person weitergegeben werden kann. Im Anschluss an die Testung und Verarbeitung der Blutkomponenten werden diese nach den jeweiligen spezifischen Richtlinien gelagert. Dabei muss insbesondere auf die unterschiedlichen Temperaturgrenzen und Haltbarkeit geachtet werden. Zudem gilt für TK, dass eine Verklumpung des Blutes durch Agitation

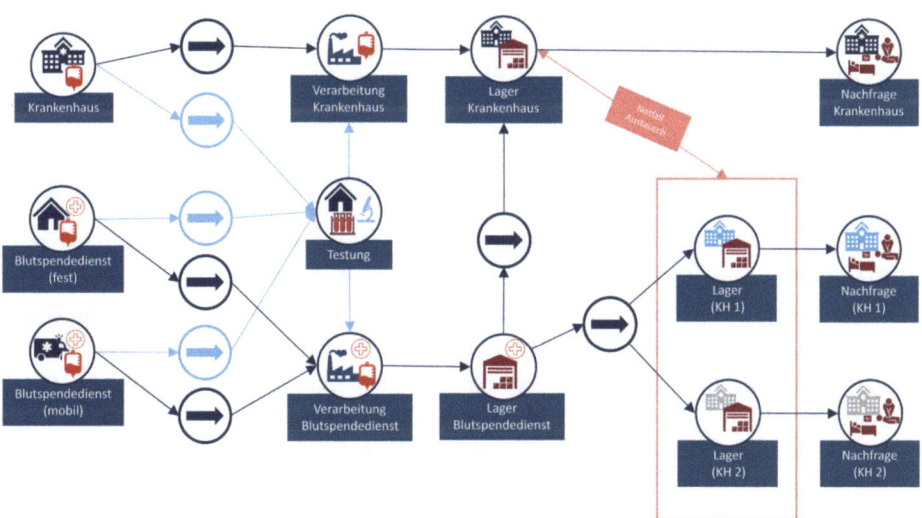

Abb. 10 Schematische Darstellung einer Lieferkette zur Blutversorgung

(Umwälzung) verhindert werden muss. Zum Schluss wird eine verträgliche Blutkonserve durch das medizinische Personal angefordert und dem jeweiligen Patienten verabreicht.

Das Simulationstool kann für dieses Liefernetzwerk eingesetzt werden, indem nachgebildet wird, wie die Versorgungslage mit Blut in einem Krankenhaus oder einer Region ist. Wenn zum Beispiel die Spendenbereitschaft sinkt oder durch einen Katastrophenfall der Bedarf in kurzer Zeit stark ansteigt, wird dies vom Simulationstool berücksichtigt. Anhand der vorhandenen Lagerbestände der Krankenhäuser in der spezifischen Region, erkennt die Simulation den möglichen Bedarf an Blutkonserven. Wird eine Unterversorgung an Konserven festgestellt, wird dies angezeigt und mögliche Handlungsvorschläge für das Krankenhauspersonal zur Verfügung gestellt. Die Empfehlungen können sich von der frühzeitigen Vorratsaufstockung bei Blutkonserven bis hin zur sofortigen Organisation von zusätzlichen Spendenorten mit zusätzlichen Spendenaufrufen erstrecken.

Die Besonderheit im Vergleich zum oben beschriebenen Anwendungsfall Rettungsdienst liegt insbesondere darin, dass es sich bei Blutprodukten um Güter mit verhältnismäßig kurzer Haltbarkeit handelt, weshalb die Bestandsreichweiten oft sehr gering sind. Zudem muss die Substituierbarkeit bestimmter Blutgruppen beachtet werden, da nicht jeder Mensch alle Bluttypen erhalten darf. Dadurch erhöht sich zum einen die Komplexität und zum anderen ergeben sich hieraus andere, teils deutlich spezifischere Handlungsempfehlungen, die zudem im Rahmen strenger medizinischer und gesetzlicher Richtlinien liegen müssen.

Empfehlungen

1. **Der Wissensaufbau über die im System abzubildenden Lieferketten und die zu beschaffenden Produkte kann nicht früh genug beginnen.** Es sollte für krisenrelevante Güter möglichst früh damit begonnen werden, die beteiligten Unternehmen in einer Lieferkette in einem detaillierten Modell abzubilden. Diejenigen Paramater, die nicht konkret ermittelbar sind, sollten durch plausible Werte und Annahmen ergänzt werden.
2. **Lieferkette ist nicht gleich Lieferkette, daher sollten Lieferketten- und Simulationsmodelle von Beginn an äußerst flexibel gestaltet werden.** Trotz vieler Gemeinsamkeiten weisen Lieferketten meist auf der Detailebene deutliche Unterschiede auf. Gleichbleibende Stammdatenformate ermöglichen die automatische Erzeugung solcher Modelle über verschiedene Einsatzszenarien hinweg (siehe Kap. „Templatebasierte Modellierung von Lieferketten").
3. **Die Abwägung zwischen Detailierungsgrad und Übersichtlichkeit in der Benutzeroberfläche ist stets eine Gratwanderung.** Während in großen Unternehmen häufig gesonderte Mitarbeiter für die Beschaffung zuständig sind, welche mit viel Detailinformationen arbeiten können und wollen, wird diese Rolle in BOS und KMUs häufig von nicht speziell geschultem Personal übernommen, welches deutlich mehr

Unterstützung durch eine übersichtliche Aufbereitung der bereitgestellten Informationen benötigt.

4. **Je aktueller die Informationen über die Lieferkette, desto nützlicher wird das System.** Nicht nur der Detailierungsgrad der vorhandenen Informationen über die Lieferkette der Organisation ist wichtig, sondern auch ihre Aktualität. Eine echtzeitnahe Anbindung einer Lieferkettenüberwachung oder eines Assistenzsystems an das ERP- und Warenwirtschaftssystem der Organisation ist dringend zu empfehlen.

5. **Das Verhalten von Lieferketten ist alles andere als linear.** Die Komplexität der heutigen Lieferketten ist so hoch, dass die Wechselwirkungen einzelner Parameter oder Parametergruppen kaum zu überblicken sind. Dieses irreguläre Verhalten macht die Optimierung von Lieferketten zu einem anspruchsvolleren Problem, als es zunächst zu erwarten wäre. Es ist daher zu empfehlen, von Beginn an auf Verfahren zu setzen, die mit hoher Dimensionalität, schwankenden Parameterabhängigkeiten und irregulären Zielfunktionen umgehen können.

Fazit

Die Bereitstellung von krisenrelevanten Gütern hängt von komplexen Lieferketten ab, deren Zusammenhänge und Abhängigkeiten bereits im Normalzustand, also vor einer Störung, analysiert und konzeptionell dargestellt werden sollten.

Das Management von Lieferketten ist eine kontinuierliche Aufgabenstellung, für die sowohl technische als auch organisatorische Kapazitäten bei allen Beteiligten vorgehalten werden müssen, um im Krisenfall bereit für ein schnelles Eingreifen zu sein. Im Falle von Störungen sollte nach Möglichkeit die gesamte Lieferkette im Kontext des Supply Chain Risk Managements berücksichtigt werden, damit die Bereitschaft besteht möglichst schnell alternative Ressourcen im Liefernetzwerk zu finden. Zusätzliche Methoden und Werkzeuge für die Identifikation möglicher Schwachpunkte in der Lieferkette werden in Kap. „Modellierung, Erfassung und Analyse von Lieferketten" dargestellt. Simulationsmodelle der Lieferkette sind insbesondere unter Einsatz von KI effektive Werkzeuge zur Analyse von Prozessen und deren Interaktionen, und das sowohl im Normalzustand als auch im Falle einer Störung. Eine möglichst detaillierte Datenbasis ist für das Monitoring und die Verbesserung der Widerstandsfähigkeit von Liefernetzwerken essenziell. Die Datenbasis sollte neben den Stamm- und Bewegungsdaten der relevanten Artikel auch Daten zu den Lieferanten und den logistischen Kapazitäten entlang der Lieferkette umfassen.

Der Dienst EvaVe, der im Rahmen des Supply Risk Managements zur Bewertung der Versorgungssicherheit eingesetzt werden kann, trägt wesentlich zur Stärkung der Resilienz von Liefernetzwerken bei, in dem alternative Szenarien zur Krisenbewältigung aufgezeigt werden. Ein Demonstrator des Dienstes am Fraunhofer IML veranschaulicht die technische Umsetzung der Lösung.

Eine wesentliche Aufgabenstellung für die künftige Erstellung von Lieferketten-simulationen ist die Klärung datenrechtlicher Aspekte, um den unternehmensüber-greifenden Transfer von Informationen für eine gemeinsame Nutzung zu ermöglichen.

Literatur

(Arndt, 2006) Arndt, Holger. *Supply Chain Management. Optimierung logischer Prozesse*. 3rd ed. Wiesbaden: Betriebswirtschaftlicher Verlag Dr. Th. Gabler, GWV Fachverlage GmbH Wiesbaden, 2006.

(Bein et al., 2023) Bein, G., Oldenburger, J., Bender, A., Greinacher, A., Hilger, A., Kasper, R., Klüter, H., and Knabbe, C. *Richtlinie zur Gewinnung von Blut und Blutbestandteilen und zur Anwendung von Blutprodukten (Richtlinie Hämotherapie): Gesamtnovelle 2023*: Bundesärzte-kammer, 2023.

(Bergstra et.al., 2011) Bergstra, James, Bardenet, Rémi, Bengio, Yoshua, and Kégl, Balázs. "Algorithms for Hyper-Parameter Optimization." *Advances in Neural Information Processing Systems* 24 (2011).

(Biedermann, 2018) Biedermann, Lukas. *Supply Chain Resilienz: Konzeptioneller Bezugsrahmen und Identifikation zukünftiger Erfolgsfaktoren*. Wiesbaden: Springer Fachmedien Wiesbaden, 2018.

(Blackhurst et al., 2018) Blackhurst, Jennifer, Rungtusanatham, M. Johnny, Scheibe, Kevin, and Ambulkar, Saurabh. "Supply chain vulnerability assessment: A network based visualization and clustering analysis approach." *Journal of Purchasing and Supply Management* 24, no. 1 (2018): 21–30.

(Conn et al., 2009) Conn, Andrew R., Scheinberg, Katya, and Vicente, Luis N. *Introduction to Derivative-Free Optimization*: Society for Industrial and Applied Mathematics, 2009.

(Fiedler et al. 2023) Fiedler, Sarah A., Henseler, Olaf, Hoffelner, Marcus, Doll, Manfred, Hutschenreuter, Gabriele, Hoch, Jochen, Weinauer, Franz, Humpe, Andreas, Funk, Markus Benedikt, and Hilger, Anneliese. "Monitoring Blood Supply in Germany: A Regulatory Perspective." *Transfusion Medicine and Hemotherapy* 50, no. 2 (2023): 129–134.

(Frazier, 2018) Frazier, Peter I. *A Tutorial on Bayesian Optimization*, 2018.

(Freiwald, 2005) Freiwald, Stephanie. *Supply Chain Design*: Peter Lang D, 2005.

(Ivanov, 2020) Ivanov, Dmitry. "Predicting the impacts of epidemic outbreaks on global supply chains: A simulation-based analysis on the coronavirus outbreak (COVID-19/SARS-CoV-2) case." *Transportation research. Part E, Logistics and transportation review* 136 (2020): 101922.

(Janson, 2024) Janson, Matthias. "Wie viel Blut wird in Deutschland gespendet?", Statista, 2024. https://de.statista.com/infografik/30171/entwicklung-des-blutspendenaufkommens-in-deutsch-land/, accessed February 2025.

(Khan et al., 2023) Khan, Omera, Huth, Michael, Zsidisin, George A., and Henke, Michael. *Supply Chain Resilience: Reconceptualizing Risk Management in a Post-Pandemic World*: Springer, 2023.

(Kiebler et al., 2020) Kiebler, Lorenz, Ebel, Dietmar, Klink Philipp and Sardesai, Saskia. "Risikomanagement disruptiver Ereignisse in Supply Chains." (2020).

(Kim et al., 2015) Kim, Yusoon, Chen, Yi-Su, and Linderman, Kevin. "Supply network disruption and resilience: A network structural perspective." *Journal of Operations Management* 33–34, no. 1 (2015): 43–59.

(Kippenberger et al., 2023) Kippenberger, Johanna K., Görtz, Michael Dominik, Maleki, John Christopher and Geoerg, Paul. "Verbesserung der Versorgungssicherheit im Rettungsdienst–Lieferkettenmodellierung bei unvollständigen Daten." 2023.

(Kohl et al., 2021) Kohl, Holger, Buß, Dominik, Gebauer, Heiko, Glawar, Robert, Heller, Thomas, Klan, Steffen, Knothe, Thomas, Sai, Brandon, Schmidtke, Niels, Stenzel, Fabian, Werner, Markus, and Wilms, Marcel. *White Paper „RESYST "–Resiliente Wertschöpfung in der produzierenden Industrie–innovativ, erfolgreich, krisenfest, 2021.*

(Kuhn & Hellingrath, 2013) Kuhn, Axel, and Hellingrath, Bernd. *Supply Chain Management: Optimierte Zusammenarbeit in der Wertschöpfungskette*: Springer-Verlag, 2013.

(Larson et al., 2019) Larson, Jeffrey, Menickelly, Matt, and Wild, Stefan M. "Derivative-free optimization methods." *Acta Numerica* 28 (2019): 287–404.

(Schmidberger, 2009) Schmidberger, Gabi. *Tree-based Density Estimation: Algorithms and Applications,* 2009.

(Shahriari et al., 2016) Shahriari, Bobak, Swersky, Kevin, Wang, Ziyu, Adams, Ryan P., and Freitas, Nando de. "Taking the Human Out of the Loop: A Review of Bayesian Optimization." *Proceedings of the IEEE* 104, no. 1 (2016): 148–175.

Lieferketten im Krisenmanagement

Christoph Lamers

Kernaussagen

1. Das öffentliche Haushaltsrecht muss flexibilisiert werden, um Beschaffungen von Mangelgütern in Krisenfällen rechtssicher und schnell zu gestalten.
2. Kennzeichnungsvorschriften auf Verpackungen müssen flexibilisiert werden, um bei Engpässen bei einzelnen Rohstoffen oder Vorprodukten kurzfristig Änderungen von Produktbestandteilen rechtssicher vornehmen zu können.
3. Die strategische Autonomie der Wirtschaft muss durch einen höheren Anteil einheimischer Produktion gesteigert werden, um weniger abhängig von Importen aus anderen Staaten zu werden.
4. Lieferketten in der privaten Wirtschaft müssen von einer Ausrichtung auf maximale Effizienz hin zu einer gesteigerten Reaktionsfähigkeit und damit Resilienz gegenüber Störungen jeglicher Art umgestellt werden.
5. Auf kommunaler Ebene müssen Daten zur Versorgungssituation, vor allem von potenziellen Herstellern und Lieferanten von krisenrelevanten Gütern, erhoben werden.
6. Versorgungskrisen müssen in der Katastrophenschutzplanung stärker berücksichtigt werden, bis hin zur Vorbereitung eigener Warenwirtschaftssysteme zur Bewirtschaftung von Mangelgütern.
7. Die für Sicherheit zuständigen Behörden müssen die bevorzugte Lieferung durch Handelsunternehmen im Falle einer Versorgungskrise vertraglich absichern.

C. Lamers (✉)
Gemeinsames Kompetenzzentrum Bevölkerungsschutz (GeKoB), Bonn, Deutschland
E-Mail: extern.christoph.lamers@bbk.bund.de

© Der/die Autor(en), exklusiv lizenziert an Springer Fachmedien Wiesbaden GmbH, ein Teil von Springer Nature 2025
T. Hoppe und R. Fricke (Hrsg.), *Resiliente krisenrelevante Versorgungsnetze*,
https://doi.org/10.1007/978-3-658-48639-6_8

Einleitung[1]

Mit der seit März 2020 weltweit andauernden Pandemie durch das Corona-Virus[2], der Flutkatastrophe vom Juli 2021 mit Schwerpunkt in Rheinland-Pfalz und Nordrhein-Westfalen (BMI u. BMF 2021) und den Folgen des Ukraine-Krieges[3] haben drei Ereignisse innerhalb einer kurzen Zeitspanne gezeigt, dass in Krisensituationen das Funktionieren von Lieferketten von entscheidender Bedeutung für Leben, Gesundheit und Wohlergehen der betroffenen Menschen, der Gesellschaft und der Wirtschaft sein kann.

Als es im März 2020 auch in Deutschland zu einem gehäuften Auftreten von Infektionen mit dem Corona-Virus kam, traten sehr schnell Engpässe bei der Versorgung mit Schutzausrüstung für medizinisches Personal, vor allem bei Atemmasken, und bei Desinfektionsmitteln auf (Eberle u. Gude 2020). Fast zeitgleich kam es im großen Umfang zu – irrationalen, nicht durch existierende oder absehbare Produktions- oder Transportausfälle begründbaren – Hamsterkäufen bei bestimmten Artikeln der täglichen Versorgung wie etwa Toilettenpapier oder haltbaren Lebensmitteln wie Nudeln (Hielscher 2020 und Sucky u. Karl 2020).

Durch die Flutkatastrophe im Juli 2021 in Rheinland-Pfalz, Nordrhein-Westfalen, Sachsen und Bayern haben 186 Menschen ihr Leben verloren, über 800 wurden verletzt. Zudem kam es zu massiven Schäden an Infrastrukturen wie Verkehrswegen und Versorgungsnetzen sowie an privaten Wohnhäusern; die Gesamtsumme der Schäden überschritt vermutlich 30 Mrd. Euro. Mehr als 70.000 Menschen waren von der Flut unmittelbar betroffen und mussten sehr kurzfristig mit Lebensmitteln und anderen Gütern des täglichen Bedarfs versorgt werden; hinzu kam die Versorgung der zahlreichen Einsatzkräfte des Katastrophenschutzes und auch der nicht-organisierten Spontanhelfer, die dort tätig wurden. Um Gebäude wieder zumindest provisorisch nutzbar zu machen, wurden zudem Stromgeneratoren, Bautrockner und bestimmte Baumaterialien dringend benötigt.

Am 24.02.2022 sind russische Truppen in erheblicher Stärke in die Ukraine einmarschiert; die Kampfhandlungen dauern bis zum heutigen Tag (Stand: 16.07.2025) an. Der Krieg hat umfangreiche Fluchtbewegungen innerhalb der Ukraine und in andere Länder, vor allem in Nachbarländer wie Polen und die Republik Moldau, aber auch nach Deutschland, ausgelöst. Zudem hat der Krieg zu einer Versorgungskrise geführt, deren

---

[1] Dieses Kapitel ist eine gekürzte Fassung eines Berichts, der im Rahmen einer Studie für das Projekt ResKriVer erstellt wurde, Der ausführliche Bericht liegt dem Projekt vor.
[2] Einen Überblick über die Corona-Krise bis Dezember 2020 aus Sicht der Feuerwehr findet man unter VdF NRW 2020a und VdF NRW 2020b.
[3] Eine stets aktuelle Darstellung der Lage einschließlich einer Chronik der Ereignisse findet man unter LBP-BW 2024.

Auswirkungen nahezu überall auf der Welt zu spüren waren. Die wesentlichen Folgen in Deutschland waren ein zeitweiliger dramatischer Preisanstieg für fossile Brennstoffe wie Erdgas, Heizöl und Kraftstoffe für Verbrennungsmotoren (Freiwah 2020) sowie Engpässe bei der Lieferung bestimmter Lebensmittel, vor allem Getreide und Sonnenblumenöl (DPA 2022), aber auch bei ganz anders gearteten Produkten wie etwa Möbelholz (Möbelmarkt.de 2022).

Insgesamt ist zu beobachten, dass seit dem Ausbruch der Corona-Pandemie der globale Welthandel durch Lieferschwierigkeiten ins Stocken geraten ist. Der wesentliche Grund dafür sind pandemiebedingte Probleme beim Betrieb von Überseehäfen in China, aber auch ein zutage getretener Mangel an Containern für Schiffstransporte haben die Situation verschärft (Goebel 2021, Keusch u. Hoffer 2021 und Pfeiffer 2021). Im Frühjahr 2022, als die Pandemie in Europa im allgemeinen Empfinden als weitgehend überwunden angesehen wurde, verhängte die chinesische Regierung im Zuge einer sehr umstrittenen Null-Covid-Strategie einen Lockdown über die Region Shanghai, von dem auch der Hafen der Stadt, der als weltweit wichtigster Handelshafen eine enorme Bedeutung für globale Lieferketten hat, betroffen war. Dieser Lockdown verschärfte die ohnehin bestehenden Lieferprobleme und führte an vielen Orten zu Produktionsausfällen oder -beschränkungen (DW 2022 und Manager Magazin 2022).

Zur Beantwortung der Forschungsfrage, wie bisher mit Versorgungskrisen, speziell mit der Störung von Lieferketten, im Krisenmanagement umgegangen wird und wie eine Verbesserung der Situation erreicht werden kann, wird wie folgt vorgegangen: Zunächst werden die Grundlagen des Supply Chain Managements als der betriebswirtschaftlichen Disziplin, die sich mit Lieferketten auseinandersetzt, dargestellt, insoweit sie für diese Untersuchung relevant sind. Anschließend wird untersucht, wie derzeit die Versorgung der Bevölkerung im Krisenfall sichergestellt wird, wobei der Schwerpunkt auf behördlichen Maßnahmen liegt. Daran anknüpfend wird der tatsächliche Umgang mit Versorgungskrisen beleuchtet, ausgehend von den eingangs geschilderten Ereignissen seit 2020, die zu Versorgungsproblemen geführt haben. Zudem werden ein weiteres Fallbeispiel aus den USA, das nach Einschätzung des Verfassers für diese Untersuchung besonders relevant ist, sowie die Vorbereitungen der unteren Katastrophenschutzbehörden auf diese Lagen betrachtet.

Auf dieser Grundlage werden anschließend Handlungsempfehlungen für Verbesserungen im Umgang mit Versorgungskrisen vorgestellt, jeweils für die nationale und die kommunale Ebene bei Behörden und für die Privatwirtschaft. Damit richtet sich dieser Abschnitt schwerpunktmäßig an politische Entscheidungsträger auf allen Ebenen, da es diesem Personenkreis obliegt, in seinem jeweiligen Wirkungskreis die vorgeschlagenen Regelungen in geltendes Recht umzusetzen. Weil ein Teil der empfohlenen Maßnahmen jedoch von der privaten Wirtschaft freiwillig und aus eigenem Antrieb durchzuführen wäre, gehören aber auch Führungskräfte von Wirtschaftsunternehmen zur Zielgruppe dieses Abschnitts.

Lieferketten

„Die Substitution von physischen Beständen mit Informationen, bis hin zur ‚bestands-losen Lieferkette' ist der Traum von Logistikern und Ökonomen, aber ein Albtraum für die Krisenbewältigung." (Frank Gillert, Professor für Logistikmanagement, TH Wildau)

Supply Chain Management

Unter einer Lieferkette (engl.: Supply Chain) versteht man das System aller direkt und indirekt an der Ausführung einer Kundenbestellung beteiligten Parteien, wozu nicht nur Hersteller und Lieferanten, sondern auch Transportunternehmen, Warenlager, Händler und sogar der Kunde selbst zu zählen sind (Chopra u. Meindl 2014, S. 22). Im Grunde ist der Begriff „Lieferkette", der einen linearen Ablauf suggeriert, inzwischen nicht mehr zutreffend, da es sich dabei um ein Netzwerk mit vielfältigen Liefer- und Informations-beziehungen zwischen den einzelnen Elementen wie beispielsweise Kunden, Lieferanten und Dienstleistern handelt (Chopra u. Meindl 2014, S. 24 und Eßig et al. 2013, S. 6).

Abb. 1 zeigt ein Beispiel für eine derartige Lieferkette bezogen auf einen fiktiven Lebensmittelbetrieb (auch alle anderen Firmenbezeichnungen sind fiktiv), der unter An-derem Fleischprodukte wie Schnitzel, Koteletts oder Würste in Kunststoffverpackungen herstellt. Betrachtet man nur die Primärlieferanten und die unmittelbaren Kunden eines Unternehmens, bezeichnet man dies als „Basic Supply Chain"; nimmt die Lieferanten der Primärlieferanten und die Kunden der unmittelbaren Kunden hinzu, erweitert sich die zu einer vielstufigen „Extended Supply Chain".

In der Betriebswirtschaft hat sich die Beschäftigung mit Lieferketten als „Supply Chain Management"(SCM) seit den 1980er Jahren als neue Teildisziplin etabliert; bis-lang gibt es jedoch noch keine allgemein akzeptierte Definition dafür (Eßig et al. 2013, S. 27 ff.). Eßig et al. (2013) definieren in einem Versuch, bisherige Definitionen zu bün-deln, Supply Chain Management als *„kooperative Koordination von Material-, Informa-tions- und Finanzmittelflüssen in Unternehmensnetzwerken durch Schaffung integrativer, funktionsübergreifender Führungs- und Ausführungsprozesse mit dem Ziel, Wettbewerbs-vorteile bei Endkunden zu realisieren und somit die Wirtschaftlichkeit des Gesamtnetz-werkes zu erhöhen"* (Ebd., S. 41).

Letztendliches Ziel des SCM ist damit eine Kostenreduktion zur Steigerung des Unternehmensgewinns. Einige der Ansätze und Methoden zielen dabei auf eine Redu-zierung von Lagerhaltung ab, da diese zwangsläufig Kosten durch den Arbeitsaufwand zum Betrieb des Lagers, die Abschreibung der Lagerstätte, Heizkosten des Lagers etc. verursacht. Recht bekannt ist die aus der Automobilindustrie stammende „Just-in-Time"-Belieferung und -Produktion (JIT), bei der Lieferungen an den Bedarfsträger erst dann erfolgen, wenn der Versorgungsbedarf tatsächlich eintritt (Eßig et al. 2013, S. 119 und S. 126).

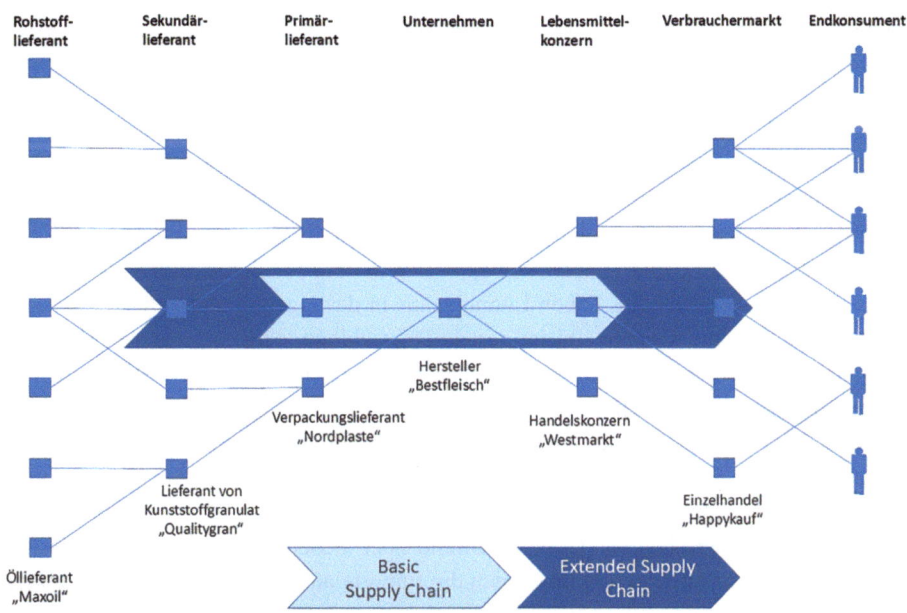

Abb. 1 Beispiel einer Lieferkette[4]

Insgesamt kann festgestellt werden, dass vor allem das Streben nach betriebswirtschaftlicher Optimierung und die Substitution physischer Lagerbestände durch
digitale Informationen zu einer erhöhten Risikoexposition der Versorgungssicherheit
führen. Andererseits ist auch zu berücksichtigen, dass durch die geteilten Bestands-
und Verbrauchsdaten und die damit einhergehende Transparenz in der Lieferkette eine
größere Versorgungssicherheit durch vorausschauende Planung entstehen kann, was
den zuvor genannten Effekt zumindest zum Teil kompensieren kann. Dies dürfte aber
sehr branchenspezifisch sein und auch von der Länge, Komplexität und Flexibilität der
Lieferkette abhängen.

Globalisierung

Etwa seit den 1990er Jahren wird ein Großteil von Produktion und Handel in sogenannten globalen Wertschöpfungsketten (Global Value Chains, GVC) abgewickelt.
Sowohl Rohstoffe als auch Zwischenprodukte werden dabei zwischen Produktionsstätten und Lagern in verschiedenen Ländern transportiert, um etwa durch das niedrigere

---

[4] Abbildung in Anlehnung an die Darstellung in Eßig et al. 2013, S. 6.

Lohnniveau in bestimmten Ländern Kostenvorteile zu erzielen (Görg u. Mösle 2020). Ob tatsächlich langfristig Kosten erspart werden, muss im Einzelfall ganzheitlich betrachtet werden. So können den Kostensenkungen durch niedrigere Löhne in der Produktion Probleme hinsichtlich Qualität und Lieferzeiten, höhere Kosten für Logistik und ein erhöhter Aufwand für Koordination und Kontrolle gegenüberstehen, sodass manche Produktionsverlagerung sich als nicht erfolgreich erwiesen hat und eine Rückverlagerung ins Herkunftsland erfolgte (Feldmann 2013).

Durch den zunehmenden Einsatz von Robotern in der Produktion gibt es aktuell einen Trend, Produktion trotz eines hohen Lohnniveaus in das eigene Land zurückzuverlagern (Kilic u. Main 2020). Gleichwohl ist gerade Deutschland stark mit anderen Volkswirtschaften verwoben; so finden 17 % der deutschen Wertschöpfung über GVC statt, während es weltweit nur 12 % sind.

Prägend ist vor allem eine starke Abhängigkeit der deutschen Volkswirtschaft von China. Seit 2016 ist China Deutschlands Handelspartner Nummer eins mit Importen und Exporten von insgesamt 245 Mrd. Euro. Mehr als ein Zehntel aller deutschen Importe kommen inzwischen aus China, während über sieben Prozent der gesamten Ausfuhr dorthin gehen. Auch beschränken sich die Importe aus China nicht mehr auf einfach herzustellende Waren wie Textilien oder Spielwaren; vielmehr werden auch anspruchsvollere Güter wie Computer und Mobiltelefone von dort bezogen. Im Bereich der Seltenen Erden, die für die Herstellung vieler Elektronikbauteile derzeit unverzichtbar sind, verfügt China über eine dominierende Stellung im Weltmarkt (Lee 2024). Seit Beginn des Handelskonflikts zwischen den USA und China Anfang 2018 und vermehrt nach Ausbruch der Corona-Pandemie im März 2020 gehen viele Unternehmen zu einer sogenannten „China-Plus-One-Strategie" über; d. h. sie streben an, außer ihrem chinesischen Zulieferer noch einen weiteren aus einem anderen Land zu haben, um besser gegen Ausfälle gewappnet zu sein. Insbesondere Lieferanten aus den wirtschaftlich aufstrebenden so genannten Tiger-Staaten in Südostasien wie Malaysia, Thailand und Vietnam versuchen davon zu profitieren, indem sie sich als Alternative zu chinesischen Anbietern positionieren (Mukherjee u. Harland 2021).

Effizienz vs. Reaktionsfähigkeit bei Lieferketten

Grundsätzlich unterscheidet man im SCM zwischen effizienten und reaktionsfähigen Lieferketten. Dabei ist eine effiziente Lieferkette von hohen Kapazitätsauslastungen bei niedrigen Lagerbeständen zum Zweck einer möglichst kostengünstigen Gestaltung geprägt, während bei einer reaktionsfähigen Lieferkette auch Pufferkapazitäten und Sicherheitsbestände vor allem zur schnellen Reaktion auf Nachfrageschwankungen vorgesehen sind. Üblicherweise sind effiziente Lieferketten für sogenannte funktionale Produkte ohne große Differenzierung und Nachfrageschwankungen wie etwa Grundnahrungsmittel wie Mehl und Zucker vorgesehen, während reaktionsfähige Lieferketten eher bei innovativen, d. h. in diesem Sinne spezialisierten Produkten mit schwer prognostizierbaren Nachfrageschwankungen, z. B. modische Kleidung, zum Tragen kommen (Chopra u. Meindl 2014, S. 48 ff., Eßig et al. 2013, S. 211 ff.).

Es ist offensichtlich, dass reaktionsfähige Lieferketten grundsätzlich eine höhere Resilienz gegenüber Ausfällen durch Krisensituationen aufweisen. Im Lichte der Corona-Pandemie mehren sich die Stimmen, Lieferketten durch die Reintegration von Produktionsprozessen in das eigene Unternehmensnetzwerk, eine geringere Betonung von JIT-Produktion und einen Ausbau der Lagerhaltung reaktionsfähiger und damit auch resilienter gegen Krisen zu gestalten (Egger 2020, Wiechers u. Steinwachs 2020 und Bogaschewsky 2020).

Sicherstellung der Versorgung in Deutschland

> „Jedem, der in den Supermärkten unterwegs ist, möchte ich sagen: Vorratshaltung ist sinnvoll, war es im Übrigen immer schon. Aber mit Maß; Hamstern, als werde es nie wieder etwas geben, ist sinnlos und letztlich vollkommen unsolidarisch."
> (Angela Merkel, ehemalige Bundeskanzlerin)

Absicherung der Versorgung der Bevölkerung mit Lebensmitteln

Seit 2017 sind die Rechtsvorschriften zur Sicherstellung der Grundversorgung mit Lebensmitteln in einer Versorgungskrise im Ernährungssicherstellungs- und -vorsorgegesetz (ESVG)[5] gebündelt, das im Wesentlichen Ermächtigungen für den Erlass von Rechtsverordnungen enthält. Darüber hinaus ermächtigt das Gesetz die zuständigen Behörden, d. h. im Schwerpunkt die Kreise und kreisfreien Städte als untere Katastrophenschutzbehörden, alle erforderlichen Maßnahmen zur Sicherstellung der Grundversorgung mit Lebensmitteln zu treffen. Somit können die Behörden im Krisenfall unter Anderem Lebensmittel sicherstellen, Produktionsumstellungen bei Lebensmittelbetrieben anordnen und die Lagerung, den Transport und die Verteilung von Lebensmitteln regeln

---

[5] Gesetz über die Sicherstellung der Grundversorgung mit Lebensmitteln in einer Versorgungskrise und Maßnahmen zur Vorsorge für eine Versorgungskrise (Ernährungssicherstellungs- und -vorsorgegesetz – ESVG) vom 4. April 2017 (BGBl. I S. 772), das durch Artikel 1 des Gesetzes vom 9. Dezember 2020 (BGBl. I S. 2863) geändert worden ist. Es sei angemerkt, dass das ESVG lediglich die Versorgung mit Lebensmitteln bzw. die Datenerhebung dafür regelt, nicht aber die mit anderen Waren oder Konsumgütern. Um schnell auf Versorgungskrisen durch Natur- und Umweltkatastrophen, Unfälle in großtechnischen Anlagen und Tierseuchen größeren Ausmaßes, aber auch Streiks oder terroristische Anschläge, reagieren zu können, unterhält die Bundesregierung etwa 150 Lager für haltbare Lebensmittel. Diese staatlichen Notreserven umfassen zum einen die Bundesreserve Getreide aus Weizen, Roggen und Hafer für die Brotversorgung der Bevölkerung im Krisenfall, zum anderen die zivile Notfallreserve, die aus Reis, Erbsen, Linsen, Vollmilchpulver und Kondensmilch besteht.

und somit die gesamte Bewirtschaftung des Lebensmittelmarktes selbst übernehmen. Da sie nur dann gezielt handeln können, wenn ihnen die entsprechenden Daten zur Versorgungslage vorliegen, enthält es weiterhin Vorschriften zur Datenübermittlung zwischen Behörden.

Die Erhebung dieser Daten war zeitweilig in der Ernährungswirtschaftsmeldeverordnung (EWMV)[6] geregelt; diese legte fest, dass ernährungswirtschaftliche Betriebe, die Lebensmittel herstellen oder verarbeiten, bestimmte Daten an die nach Landesrecht zuständigen Stellen (in der Regel die unteren Katastrophenschutzbehörden) zu melden haben. Die Liste meldepflichtiger Betriebe enthielt zum einen Unternehmen, die Lebensmittel wie Gemüse, Obst, Backwaren, Fleisch, Milch etc. bis hin zu Fertiggerichten herstellen oder verarbeiten, zum anderen aber auch Großhändler, Lagerstätten und Logistikdienstleister für Lebensmittel. Die zu meldenden Daten umfassten neben Kontaktdaten auch detaillierte Angaben zur durchschnittlichen Jahresmenge der verwendeten Rohstoffe und der hergestellten Erzeugnisse, zur Anzahl der Arbeitskräfte sowie zum Wasser- und Energieverbrauch. Die möglichen Informationsdefizite durch die Aufhebung der EWMV wurden zwischenzeitlich auch im politischen Raum erkannt, sodass daran gearbeitet wurde, die entsprechenden Daten verfügbar zu machen. So trat im Dezember 2020 das Gesetz zur Verbesserung der Datenübermittlung für Zwecke der Ernährungsvorsorge[7] in Kraft, mit dem als Artikelgesetz das ESVG und das Gesetz über Meldungen über Marktordnungswaren[8] geändert wurden, um den Zugriff auf Daten über Lebensmittel- und Futtermittelunternehmen schon für Zwecke der Vorsorge zu verbessern. Im Gegensatz zur EWMV müssen nach dem nun geltenden Recht die Daten nicht von den Betrieben gemeldet und von den unteren Katastrophenschutzbehörden ständig mit großem Aufwand aktualisiert werden; vielmehr wird den zuständigen Behörden nun die Möglichkeit eingeräumt, im Bedarfsfall die benötigten Daten schnell und dann auch tagesaktuell zu ermitteln.

Marktsituation im Einzelhandel für Lebensmittel

Ausgehend von der Annahme, dass eine Störung von Lieferketten zunächst auf internationaler Ebene auftritt, sodass Importe aus dem Ausland erschwert oder unmöglich sind, soll nachfolgend betrachtet werden, inwieweit die deutsche Landwirtschaft in der

---

[6] Ernährungswirtschaftsmeldeverordnung (EWMV) vom 10. Oktober 2006, BGBl. I S. 2214, aufgehoben durch Artikel 3 des Gesetzes vom 4. April 2017, BGBl. I S. 772.

[7] Gesetz zur Verbesserung der Datenübermittlung für Zwecke der Ernährungsvorsorge vom 9. Dezember 2020, BGBl. I S. 2863.

[8] Gesetz über Meldungen über Marktordnungswaren in der Fassung der Bekanntmachung vom 26. November 2008, BGBl. I S. 2260, zuletzt geändert durch Artikel 2 des Gesetzes vom 9. Dezember 2020, BGBl. I S. 2863.

Lage ist, die Bevölkerung des Landes mit selbst erzeugten Lebensmitteln zu versorgen. Dazu wird seit langem der sogenannte Selbstversorgungsgrad als Verhältnis der inländischen Lebensmittelproduktion prozentual zum Verbrauch statistisch ermittelt; dieser ist von 98 % im Berichtsjahr 1990/91 auf inzwischen 87 % im letzten derzeit vorliegenden Berichtsjahr 2020/21 gesunken (Ahrens 2024).

Hinsichtlich der einzelnen Kategorien von Lebensmitteln stellt sich der Selbstversorgungsgrad sehr heterogen dar; während er bei Fleisch, Kartoffeln und Zucker deutlich über 100 % liegt, wird bei Obst (23 %) und Gemüse (36 %) nur ein kleiner Teil des Konsums von einheimischer Produktion abgedeckt (Abb. 2).

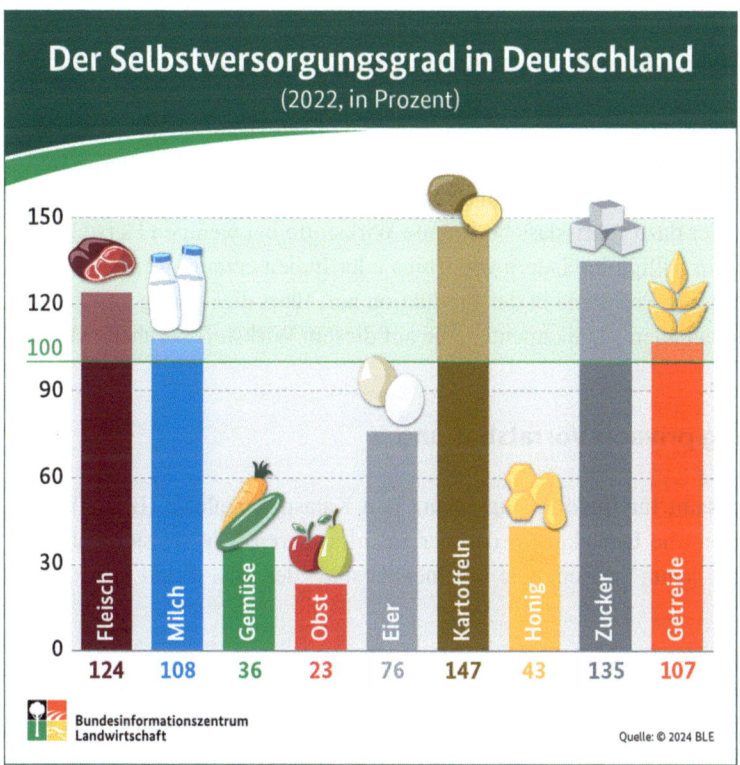

Abb. 2 Der Selbstversorgungsgrad bei Lebensmitteln in Deutschland (BLE 2024)

Versorgung mit Medikamenten

Bis zum Jahr 2009 oblag die Sicherstellung der Versorgung mit Medikamenten allein dem Apothekenwesen; entsprechende Vorschriften dazu gab und gibt es im Apotheken-gesetz (ApoG)[9] und in der Apothekenbetriebsordnung (ApBetrO).[10] Mit dem Gesetz zur Änderung arzneimittelrechtlicher und anderer Vorschriften vom 17. Juli 2009[11] wurde jedoch das Arzneimittelgesetz (AMG)[12] unter anderem um Regelungen erweitert, die der Vorbeugung und dem Umgang mit Lieferengpässen vom Medikamenten dienen, vor allem durch die Einführung des § 52b. Diese Bestimmung verpflichtet pharmazeutische Unternehmer und Betreiber von Arzneimittelgroßhandlungen dazu, *„eine angemessene und kontinuierliche Bereitstellung des Arzneimittels sicher[zustellen], damit der Bedarf von Patienten im Geltungsbereich dieses Gesetzes gedeckt ist."* Ferner müssen phar-mazeutische Unternehmer im Rahmen ihrer Verantwortlichkeit eine bedarfsgerechte und kontinuierliche Belieferung vollversorgender Arzneimittelgroßhandlungen gewähr-leisten.[13]

Trotz dieser Regelungen sind seit einiger Zeit in Deutschland bestimmte Medika-mente wie Schmerzmittel, Antibiotika, Antidepressiva sowie Cholesterin- und Blutdruck-senker schwer lieferbar. Als Grund dafür wird der hohe Preisdruck bei Medikamenten angeführt, der dazu führt, dass bestimmte Wirkstoffe bei wenigen Herstellern in Massen-produktion in Billiglohnländern wie China oder Indien erzeugt werden. Treten bei einem dieser Hersteller Probleme in der Produktion auf, führt dies häufig zu weltweiten Liefer-problemen bei allen Medikamenten, die auf diesem Wirkstoff beruhen (Martin 2022.).

Förderung privater Vorratshaltung

Das Bundesamt für Bevölkerungsschutz und Katastrophenhilfe (BBK) hat die Aufgabe übernommen, die Bevölkerung darüber zu informieren, wie sie sich auf Notsituationen vorbereiten kann; wesentliche Elemente sind der als Print- und Onlineausgabe

---

[9] Gesetz über das Apothekenwesen (Apothekengesetz – ApoG) in der Fassung der Bekannt-machung vom 15. Oktober 1980 (BGBl. I S. 1993), zuletzt geändert durch Artikel 18 des Gesetzes vom 9. August 2019 (BGBl. I S. 1202).

[10] Verordnung über den Betrieb von Apotheken (Apothekenbetriebsordnung – ApBetrO), neu-gefasst durch Bekanntmachung vom 26. September 1995 (BGBl I S. 1195).

[11] Gesetz zur Änderung arzneimittelrechtlicher und anderer Vorschriften vom 17. Juli 2009 (BGBl. I S. 1990).

[12] Gesetz über den Verkehr mit Arzneimitteln (Arzneimittelgesetz – AMG) in der Fassung der Bekanntmachung vom 12. Dezember 2005 (BGBl. I S. 3394), zuletzt geändert durch Artikel 8c des Gesetzes vom 20. Dezember 2022 (BGBl. I S. 2793).

[13] Eine sehr gute Darstellung der Entwicklung der gesetzlichen Regelungen zur Vermeidung von Lieferengpässen bei Arzneimitteln bis zum Jahr 2019 findet man in Bundestag 2019.

verfügbare „Ratgeber für Notfallvorsorge und richtiges Handeln in Notsituationen" (BBK 2019) einschließlich einer in der Printausgabe heraustrennbaren Checkliste und die Internetseite „Warnung & Vorsorge" (BBK o. J.). Bezogen auf die Vorratshaltung bei Versorgungsengpässen infolge von Krisensituationen deckt die Seite die Bereiche Essen & Trinken, Hausapotheke und Hygiene ab.

Es verbleibt die Frage, in wie vielen Haushalten dieser Aufwand, der mit gewissen Kosten, vor allem aber mit einiger Mühe verbunden ist, tatsächlich getrieben wird. Hinzu kommt, dass vor allem im städtischen Bereich viele Menschen in relativen kleinen Wohnungen leben, in denen es kaum freien Stauraum für die Lagerung von Vorräten gibt[14]. Zum Anteil der Haushalte, die tatsächlich eine private Vorratshaltung betreiben, gibt es nur wenige Erkenntnisse. Eine im Rahmen des Forschungsprojektes NeuENV[15] durchgeführte Online-Befragung von 3015 Personen im Jahr 2013 ergab, dass 87,6 % der Befragten schätzten, sie würden mit ihren Vorräten an Essen und Trinken bis zu drei Tage auskommen, während nur 16,6 % annehmen, ihre Vorräte würden für den vom BBK empfohlenen Zeitraum von zwei Wochen ausreichen (Menski et al. 2016).

Laut einer im Oktober 2023 vom Meinungsforschungsinstitut Forsa im Auftrag des BBK durchgeführten bevölkerungsrepräsentativen Umfrage haben 46 % aller Haushalte einen Lebensmittelvorrat, z. B. zur Vorsorge bei möglichen Stromausfällen, angelegt (Forsa. 2023). Nach Presseberichten ist davon auszugehen, dass viele Haushalte diese Vorratshaltung vor ihrer Umgebung geheim halten (RND 2022), zum einen, um nicht der sogenannten Prepper-Szene[16] zugerechnet zu werden, zum anderen, um nicht im Ereignisfall Opfer von Plünderungen zu werden.

Sachstand beim Umgang mit Versorgungskrisen

> „Von den Chinesen könnten wir derzeit viel lernen. Sie haben für Krise und Chance dasselbe Schriftzeichen." (Richard von Weizsäcker, ehemaliger Bundespräsident)

Rahmenbedingungen des Haushaltsrechts

Ein Großteil der Maßnahmen zur Sicherstellung der Versorgung in der Gefahrenabwehr werden von Behörden veranlasst und unterliegen daher den Vorschriften des öffentlichen

---

[14] Auch das BBK ist sich dieses Problems bewusst und gibt dazu auf seiner Internetseite „Warnung und Vorsorge" (BBK o. J.) den fast schon skurril anmutenden Hinweis, dass man durch entsprechende Verkleidungen beispielsweise Getränkekisten als Hocker oder Tische nutzen kann.

[15] Neue Strategien der Notfallvorsorge, vom Bundesministerium für Bildung und Forschung (BMBF) gefördertes Forschungsprojekt, Projektlaufzeit 2012 bis 2015.

[16] Menschen, die einen extrem hohen Aufwand zur Katastrophenvorsorge betreiben, siehe z. B. DLF 2021.

Haushaltsrechts, so in Nordrhein-Westfalen vor allem der Landeshaushaltsordnung (LHO).[17] In diesen Vorschriften ist eine öffentliche Ausschreibung als Regelfall vorgesehen, wovon jedoch unter bestimmten Bedingungen abgewichen werden kann.[18] So ist nach § 3, Abs. 5, Buchstabe g der Vergabe- und Vertragsordnung für Leistungen – Teil A (VOL/A)[19] eine freihändige Vergabe zulässig, wenn *„die Leistung aufgrund von Umständen, die die Auftraggeber nicht voraussehen konnten, besonders dringlich ist und die Gründe für die besondere Dringlichkeit nicht dem Verhalten der Auftraggeber zuzuschreiben sind“;* davon ist bei Beschaffungen zur Sicherstellung der Versorgung im Krisenfall auszugehen. Unter einer freihändigen Vergabe versteht man dabei einen direkten Kauf bei einem Händler oder Lieferanten ohne Ausschreibungsverfahren.

Die Möglichkeit zu einer schnellen freihändigen Vergabe bei Dringlichkeit in einem Krisenfall befreit dabei nicht von der Einhaltung des Grundsatzes der Wirtschaftlichkeit und Sparsamkeit bei der Haushaltsführung.[20] So wurde die Beschaffung von FFP2- und OP-Masken durch das Bundesgesundheitsministerium im Frühjahr 2020, also zu Beginn der Corona-Pandemie, später vom Bundesrechnungshof beanstandet, da die Masken zu einem zu hohen Preis und vor allem in einer zu großen Menge beschafft worden waren[21].

In der Frühphase der Corona-Pandemie hat die Bundesregierung durch Förderprogramme die heimische Produktion von persönlicher Schutzausrüstung wie Atemmasken und deren Vorprodukten massiv gestärkt; unter Federführung des damaligen Bundesministeriums für Wirtschaft und Energie wurde ein Arbeitsstab Produktion aufgebaut, der Unternehmen beim Aufbau entsprechender Produktionskapazitäten mit Zuschüssen von insgesamt 90 Mio. € unterstützt hat (BMG 2020). Als sich jedoch in einer späteren Phase der Pandemie die Versorgungssituation mit Masken wieder entspannt hatte, kam es zu dem Effekt, dass die im Inland produzierten Masken dann gar nicht von der öffentlichen Hand beschafft wurden, weil inzwischen wieder preisgünstigere Masken aus Asien auf dem Markt verfügbar waren (Klauth u. Meyer 2021).

Probleme und Maßnahmen in der realen Krisenbewältigung

Corona-Krise

Vor allem in der Frühphase der Corona-Pandemie sind erhebliche Versorgungsprobleme vor allem bei medizinischer Schutzausrüstung aufgetreten, die auch in den Medien thematisiert wurden (z. B. Eberle u. Gude 2020). Zeitweilig haben auch Lieferprobleme

---

[17] Landeshaushaltsordnung (LHO) Nordrhein-Westfalen vom 26. April 1999, GV. NRW. S. 158, zuletzt geändert durch Gesetz vom 19. Dezember 2019, GV. NRW. S. 1030.

[18] Siehe § 55 LHO NRW.

[19] Vergabe- und Vertragsordnung für Leistungen – Teil A (VOL/A), Ausgabe 2009 vom 20. November 2009, BAnz. Nr. 196a vom 29. Dezember 2009.

[20] So in Nordrhein-Westfalen in § 7 LHO festgeschrieben.

[21] Grill 2024.

in China die Situation verschärft (Müller 2020). So führte der Mangel an Atemschutz-masken dazu, dass in der Corona-Pandemie eine allgemeine Maskenpflicht erst relativ spät (bundesweit am 29.04.2020, siehe Bundesregierung 2020) eingeführt wurde.

Um künftig in Krisen mit einem erhöhten Bedarf an medizinischen Gütern die Ver-sorgung sicherzustellen, hat die Bundesregierung im Juni 2020 beschlossen, eine „Natio-nale Reserve Gesundheitsschutz" (NRGS) unter Federführung des Bundesgesundheits-ministeriums mit Unterstützung unter Anderem des BBK und des Technischen Hilfs-werks (THW) aufzubauen (Steffen u. Gauchel-Petrovic 2021 und BMG 2021). Damit soll künftig die Aufrechterhaltung der Gesundheitsversorgung der Bevölkerung mit not-wendigen medizinischen Verbrauchsgütern für insgesamt sechs Monate sowie der Schutz besonders gefährdeter Personengruppen in der Bevölkerung sichergestellt werden.

Besonders markant war in der Frühphase der Corona-Pandemie das massive Auftreten von Hamsterkäufe n, das vor allem Toilettenpapier und haltbare Lebensmittel wie Nu-deln und Mehl betraf. Dies führte dazu, dass Supermärkte, SB-Warenhäuser und Ver-brauchermärkte im März 2020 einen um 11,1 % höheren Umsatz machten als im Vor-jahresmonat (Hielscher 2020). Extrem ausgeprägt war die Nachfrage nach Toiletten-papier; hier stieg der Umsatz von Februar bis März 2020 um 700 % (RND 2020). Da es in dieser Zeit real bei Lebensmitteln und anderen Gütern des täglichen Bedarfs (mit Ausnahme medizinischer Schutzausrüstung und Desinfektionsmitteln, siehe oben) trotz der Pandemie kaum Probleme bei Herstellung und Lieferung gab, normalisierte sich die Situation nach einiger Zeit wieder.

Flutkatastrophe 2021

Auch bei der Flutkatastrophe traten sehr schnell Probleme bei der Versorgung auf, vor allem mit Trinkwasser und Lebensmitteln, aber auch mit Medikamenten und anderen medizinischen Gütern (Tagesspiegel 2021). In der Folge kam es schon wenige Tage später zu einem hohen Aufkommen an Spenden aus der Bevölkerung, zu einem großen Teil Geldspenden, zum Teil aber auch Sachspenden. Die letztgenannten stellten aber die Behörden und andere beteiligte Organisationen vor große logistische Probleme, da zum einen Lagerkapazitäten, zum anderen aber vor allem personelle Ressourcen zum Sortie-ren und Verteilen der Hilfsgüter fehlten. Aus diesen Gründen haben die beteiligten Orga-nisationen nach kurzer Zeit an die Bevölkerung appelliert, von Sachspenden Abstand zu nehmen und stattdessen lieber Geld zu spenden (Maas 2021).

Ukraine-Krieg 2022

Der Angriffskrieg Russlands gegen die Ukraine, der am 24.02.2022 mit dem Ein-marsch russischer Truppen in das Land begann, löste eine Versorgungskrise aus, deren Auswirkungen in großen Teilen der Welt zu spüren waren. Die gravierendsten Folgen der Kriegshandlungen außerhalb der direkt beteiligten Länder waren geringere Liefer-mengen von fossilen Brennstoffen wie Gas und Erdöl und Engpässe bei bestimmten Lebensmitteln, vor allem bei Getreide und Sonnenblumenkernen. Diese Entwicklungen haben zu Preissteigerungen und damit zu einem starken Anwachsen der Inflation in

Deutschland geführt, die im September 2022 mit 10,0 % den bis dahin höchsten Stand in der Geschichte der Bundesrepublik Deutschland erreichte (DESTATIS 2022).

Außer auf die Energieversorgung, auf die hier nicht eingegangen werden soll, hatte der Ukraine-Krieg auch auf den Lebensmittelmarkt gravierende Auswirkungen; so ist die Ukraine der viertgrößte externe Lebensmittellieferant der EU. Hinzu kommt, dass Stickstoffdünger aus Erdgas hergestellt wird und damit seit dem Ausbruch des Krieges knapp und teuer geworden ist (Merkur 2022). Beim Sonnenblumenöl ist die Ukraine sogar der wichtigste Lieferant weltweit, sodass schon seit März 2022 das Produkt im Handel oft ausverkauft war. Jedoch lässt sich Sonnenblumenöl ohne Qualitätsverlust oder geschmackliche Veränderungen durch Rapsöl ersetzen, das auf dem Markt grundsätzlich – bis auf gelegentliche Logistikprobleme – verfügbar ist (DPA 2022). Hierbei tritt jedoch ein anderes Problem auf: Nach EU-weit geltenden Vorschriften zur einheitlichen Kennzeichnung von Lebensmitteln[22] müssen im öffentlichen Verkauf die darin enthaltenen Zutaten auf der Verpackung vollständig angegeben werden. Somit können Lebensmittel, die Rapsöl enthalten, nach geltendem Recht nicht in den Verkauf gebracht werden, wenn auf der Verpackung Sonnenblumenöl als Inhaltsstoff ausgewiesen ist. Der Vorlauf bei der Produktion von Verpackungen kann jedoch gerade in Krisenzeiten, die Lieferprobleme mit sich bringen, bis zu einem halben Jahr betragen (Reich und Schramm 2022). Eine Entschärfung dieser Problematik zumindest für einige Produkte könnte sich durch die Einführung des Digitalen Produktpasses, dem zahlreiche Informationen unter anderem über Herkunft und enthaltene Materialien zu entnehmen sein werden, ergeben (BMUV o. J.).

Untersuchung der Berücksichtigung von Versorgungskrisen in den Vorplanungen der unteren Katastrophenschutzbehörden

Es ist zu vermuten, dass man sich bisher im Bevölkerungsschutz wenig mit Lieferketten auseinandergesetzt hat. Daher wurde im Rahmen der Studie exemplarisch in Nordrhein-Westfalen untersucht, inwieweit in den Planungen der Kreise und kreisfreien Städte, bei denen nach dem deutschen Rechtssystem der Schwerpunkt der Gefahrenabwehr bei großen Schadensereignissen liegen soll, auf Versorgungskrisen eingegangen wird. Dazu wurden zum einen dem Verfasser vorliegende Katastrophenschutzpläne untersucht; zum anderen wurde eine Abfrage unter den kommunalen Katastrophenschutzbehörden durchgeführt und ausgewertet, inwieweit dort Vorkehrungen für Versorgungskrisen getroffen

---

[22] Verordnung (EU) Nr. 1169/2011 des Europäischen Parlaments und des Rates vom 25. Oktober 2011 betreffend die Information der Verbraucher über Lebensmittel und zur Änderung der Verordnungen (EG) Nr. 1924/2006 und (EG) Nr. 1925/2006 des Europäischen Parlaments und des Rates und zur Aufhebung der Richtlinie 87/250/EWG der Kommission, der Richtlinie 90/496/EWG des Rates, der Richtlinie 1999/10/EG der Kommission, der Richtlinie 2000/13/EG des Europäischen Parlaments und des Rates, der Richtlinien 2002/67/EG und 2008/5/EG der Kommission und der Verordnung (EG) Nr. 608/2004 der Kommission, ABl. L 304 vom 22.11.2011, S. 18.

Tab. 1 Vorgeschlagener Aufbau der Erfassung kritischer Infrastrukturen aus der Mustergliederung eines Katastrophenschutzplans von AGBF und VdF NRW für den Bereich der Ernährung

D.2.6 Ernährung
Unternehmen
Risikoanalyse

wurden. In den folgenden Abschnitten werden relevante Ergebnisse der Studie anonymisiert und zusammengefasst dargestellt.

Analyse der Katastrophenschutzpläne

In Nordrhein-Westfalen sind die Kreise und kreisfreien Städte als untere Katastrophenschutzbehörden nach § 4 Abs. 3 BHKG[23] verpflichtet, Pläne für Großeinsatzlagen und Katastrophen (Katastrophenschutzpläne) zu erstellen. Da das zuvor gültige FSHG[24] keine Regelung dazu traf und daher diese Pflicht erst seit Inkrafttreten des BHKG am 01.01.2016 besteht, sind viele Kreise und kreisfreien Städte dieser gesetzlichen Aufgabe noch nicht nachgekommen, sodass es in vielen dieser Gebietskörperschaften gar keine oder nur in frühen Stadien befindliche Entwürfe der Katastrophenschutzpläne gibt.

Die im Feuerwehr- und Katastrophenschutzwesen in NRW tätigen Verbände AGBF[25] NRW und VdF[26] NRW haben 2017 eine Mustergliederung eines Katastrophenschutzplans mit Vorschlägen für mögliche Inhalte (VdF NRW 2021, S. 111 ff.) erarbeitet, die zum Teil als Grundlage für die tatsächlichen Pläne verwendet wird. In dieser Mustergliederung wird der Bereich der Ernährung als kritische Infrastruktur im Gliederungspunkt „gefährdete Objekte" aufgeführt, jedoch ohne weitere Beispiele oder Hinweise. Es wird lediglich angeregt, die betreffenden Unternehmen aufzulisten und eine Risikoanalyse durchzuführen, ohne dies näher zu erläutern, siehe Tab. 1. Im Gliederungspunkt „Einsatzkonzepte" wird auf Versorgungskrisen etwa im Bereich der Ernährung gar nicht eingegangen.

Dem Verfasser lagen für diese Analyse insgesamt vier Katastrophenschutzpläne von unteren Katastrophenschutzbehörden vor. Von diesen haben sich zwei sehr stark, einer zum Teil und einer recht wenig an der Mustergliederung von AGBF und VdF NRW orientiert. Bei den beiden Plänen, die sich stark an der Mustergliederung orientieren, fällt jedoch die dort geforderte Risikoanalyse für den Bereich der Ernährung sehr pauschal

---

[23] Gesetz über den Brandschutz, die Hilfeleistung und den Katastrophenschutz (BHKG) vom 17. Dezember 2015, GV. NRW.2015, S. 886.

[24] Gesetz über den Feuerschutz und die Hilfeleistung (FSHG) vom 10. Februar 1998, GV. NW.1998, S. 122, außer Kraft getreten am 31.12.2015.

[25] Arbeitsgemeinschaft der Leiter der Berufsfeuerwehren.

[26] Verband der Feuerwehren.

aus und beschränkt sich auf allgemeine Aussagen, die im Anwendungsfall kaum konkret nutzbar sind. In dem Plan, der sich zum Teil an der Mustergliederung orientiert, ist der Bereich der Ernährung gar nicht in der Liste der „gefährdeten Objekte" aufgeführt. Dies hat zur Folge, dass Versorgungskrisen in diesem Plan überhaupt nicht behandelt werden.

Der vierte vorliegende Plan, der sich wenig an der Mustergliederung orientiert, hebt insbesondere auf die Errichtung von Ernährungsämtern durch den Kreis im Falle einer Versorgungskrise mit Lebensmitteln ab.

Zusammenfassend kann man feststellen, dass Versorgungskrisen in den Katastrophenschutzplänen der Kreise und kreisfreien Städte entweder gar keine oder nur eine untergeordnete Rolle spielen. Manchmal beschränkt sich der Plan auf wenig konkrete Aussagen zu möglichen Maßnahmen, die sogar in einem Fall auf nicht mehr gültige Rechtsvorschriften Bezug nehmen, oder es sind lediglich Orts- und Kontaktdaten relevanter Betriebe ohne weitere Angaben aufgeführt. Nach Einschätzung des Verfassers sind diese Bestandteile der Katastrophenschutzpläne bei einer Versorgungskrise nahezu nutzlos.

Abfrage zu Planungen für Versorgungskrisen

Im Januar 2022 wurde eine Umfrage unter den Kreisen und kreisfreien Städten in Nordrhein-Westfalen zu deren Planungen für Versorgungskrisen durchgeführt. Die Adressaten wurden gebeten, ihre Planungen kurz darzustellen, gegebenenfalls unter Verweis auf ihren Katastrophenschutzplan. Leider haben nur sieben der 53 angefragten Gebietskörperschaften auf diese Umfrage geantwortet. Da aus den vorliegenden Antworten hervorging, dass es in diesen Gebietskörperschaften kaum Vorbereitungen auf Versorgungskrisen gab, liegt die Vermutung nahe, dass diejenigen, die nicht geantwortet haben, keine Planungen für diesen Fall aufgestellt haben. Von der in der Abfrage aufgezeigten Möglichkeit, auf den eigenen Katastrophenschutzplan zu verweisen, hat keine der antwortenden Gebietskörperschaften Gebrauch gemacht. Die untersuchten Pläne sind dem Verfasser aus anderen Kontexten bekannt.

Die wesentlichen in der Abfrage genannten Punkte sind nachfolgend aufgeführt:

- Maßnahmen nach dem Ernährungssicherstellungs- und -vorsorgegesetz
- Vorbereitungen zur Errichtung eines Ernährungsamtes[27]
- Maßnahmen zur Bewältigung der Corona-Pandemie, z. T. auch der Flüchtlingskrise durch den Ukraine-Krieg:
  - Beschaffung von benötigten Gütern
  - Aufbau von Lagern für diese Güter
  - Aufbau eines Verteilungsprozesses
  - Bereitstellung von Finanzmitteln für die vorgenannten Maßnahmen

---

[27] Dies ist streng genommen gar nicht mehr erforderlich, da die frühere Rechtsgrundlage dafür, die Ernährungsbewirtschaftungsverordnung (EBewiV), im Jahr 2017 aufgehoben wurde.

- Förderung des Selbstschutzes durch die Lebensmittelbevorratung in den Privathaushalten.

Die Ergebnisse der Abfrage lassen den Rückschluss zu, dass es auf kommunaler Ebene kaum Vorkehrungen zur Bewältigung von Versorgungskrisen gibt.

Fallbeispiel Wal-Mart beim Hurrikan „Katrina"

Da Behörden und andere Organisationen der Gefahrenabwehr recht selten vor dem Problem stehen, große Menschenmengen mit Gütern zu versorgen, sind dort logistische Kenntnisse oder gar Expertise im SCM nur in sehr geringem Umfang anzutreffen, während große Handelsunternehmen in diesen Bereichen über eine Vielzahl ausgewiesener Experten und einen großen Erfahrungsschatz verfügen. Dies zeigte sich sehr drastisch beim Hurrikan Katrina, der im August 2005 im Südosten der USA riesige Schäden anrichtete, wobei der Großraum New Orleans besonders stark betroffen war. Während der zentralen US-amerikanischen Katastrophenschutzbehörde FEMA ein Versagen in dieser Lage vorgeworfen wurde und sogar von einem „Katrinagate" die Rede war, gelang es dem Einzelhandelsunternehmen Wal-Mart, einen wichtigen Beitrag zur Versorgung der betroffenen Bevölkerung zu leisten, indem es kostenfrei Lebensmittel und andere Güter wie rezeptfreie Arzneimittel an Betroffene verteilte und zudem seine Ladengeschäfte im Schadensgebiet nach kurzer Zeit wieder öffnen und beliefern konnte.

Der US-amerikanische Wirtschaftsprofessor Steven Horwitz, der das Handeln vom Wal-Mart während des Hurrikans im Nachgang wissenschaftlich untersuchte, identifizierte die vorhandenen logistischen Kenntnisse und Erfahrungen, ein flexibles, dezentrales Führungssystem und detaillierte Einblicke in die örtlichen Verhältnisse als entscheidende Erfolgsfaktoren in dieser Situation (Horwitz 2009). Nachfolgend sollen diese Erfolgsfaktoren näher beleuchtet werden.

Als großes Handelsunternehmen verfügt Wal-Mart über ausgezeichnete Kenntnisse im SCM, um flexibel und effizient auf wechselnde Marktsituationen reagieren zu können. Zudem ist das Unternehmen als flächendeckender Anbieter von Konsumprodukten nahezu überall im Land vertreten und verfügt daher an vielen Orten über lokale Ressourcen, auf die es auch im Krisenfall zugreifen kann, während Gefahrenabwehrbehörden oft lange Transportwege von ihren zentralen Lagern für Versorgungsgüter zu den bedürftigen Menschen in Kauf nehmen müssen.

Zudem betreibt Wal-Mart ein ständig besetztes Notfallzentrum, um auf Störungen in seinen Geschäftsabläufen reagieren zu können; dieses ist in der Regel mit sechs bis zehn Personen für die gesamten USA besetzt. Liegt eine größere Krise vor, wird dieses Notfallzentrum zu einem unternehmensinternen Krisenstab ausgebaut, dem Führungskräfte aller relevanten Unternehmensbereiche angehören. Während der akuten Phase des Hurrikans Katrina war dieser Krisenstab mit mehr als 50 Personen besetzt.

Vorschläge zum Umgang mit Versorgungskrisen

„Avoiding future shortages of essential goods will require firms to shift from just-in-time production to a ‚just-in-case' model that prioritizes security of supply over optimal cost efficiency. This will not necessarily lead to autarky, but it will require more diversified global distribution networks." (Javier Solana, ehemaliger Generalsekretär des Rates der Europäischen Union)

Maßnahmen auf nationaler und supranationaler Ebene

Anlegen von Vorräten für Krisensituationen

Bei der Vorratshaltung von Lebensmitteln ist zu bedenken, dass bislang in der Geschichte der Bundesrepublik Deutschland nicht einmal ansatzweise eine Krisensituation bestanden hat, bei der man den Einsatz der Lebensmittelreserve ernsthaft in Erwägung hätte ziehen müssen. Zudem ist der relativ hohe Grad der Selbstversorgung mit Lebensmitteln aus einheimischer Produktion zu berücksichtigen. Selbst wenn der Import von Lebensmitteln aus dem Ausland gänzlich ausbliebe, wäre es vermutlich zumindest temporär möglich, die Bevölkerung ausschließlich mit in Deutschland hergestellten Lebensmitteln zu versorgen, wenn auch mit starken Einschränkungen bei der Auswahl und der Notwendigkeit der kurzfristigen Umwidmung landwirtschaftlicher Nutzflächen etwa zur Produktion von Obst und Gemüse. Ein Szenario, bei dem die Lebensmittelproduktion in erheblichen Teilen Deutschlands erschwert und gleichzeitig ein Import von Lebensmitteln nicht durchführbar wäre, erscheint schwer vorstellbar, wenn auch nicht unmöglich, etwa beim großflächigen Einsatz von Nuklearwaffen auf deutschem Gebiet. Eine Vorratshaltung von Lebensmitteln, mit der selbst ein solches Szenario beherrschbar wäre, brächte nach Einschätzung des Verfassers einen völlig unverhältnismäßigen Aufwand mit sich.

Auch die im Aufbau befindliche Vorhaltung von medizinischen Gütern im Rahmen der NRGS erscheint sinnvoll, aber auch hier zumindest auf nationaler Ebene ausreichend: Angesichts der Erfahrungen aus der Corona-Pandemie dürfte es genügen, Vorräte in diesem Bereich wie geplant für etwa einen Monat vorzuhalten. Dies war auch in der Frühphase der Pandemie die Zeitdauer, bis es durch die Ankurbelung einer einheimischen Produktion und dem Finden neuer Lieferanten gelang, ein akzeptables Niveau der Versorgung mit den damaligen Mangelgütern, vor allem Atemmasken und Desinfektionsmittel, zu erreichen.

Eine stärkere Förderung der privaten Vorratshaltung von Lebensmitteln, Hygieneartikeln und Medikamenten durch eine entsprechende Information der Bevölkerung erscheint nach Einschätzung des Verfassers wenig erfolgversprechend. Zum einen ist die Quote der Haushalte, die zumindest bei Lebensmitteln Vorratshaltung betreiben, vermutlich schon einigermaßen hoch. Zum anderen ist zu bedenken, dass das bereits angesprochene Problem der kleinen Wohnungen, die kaum Platz für Vorratshaltung bieten, einer Ausweitung entgegensteht. Zudem zeigen die allgemeine Lebenserfahrung und auch Untersuchungen, dass nur ein Teil der Bevölkerung auf Appelle und Öffentlichkeitsarbeit von Behörden zur Notfallvorsorge reagiert. Es erscheint daher vor allem im städtischen Raum illusorisch zu erwarten, dass sich ein Großteil der Bevölkerung mit privater Bevorratung auf Notsituationen vorbereitet.

Strategische Autonomie durch Förderung einheimischer Produktion

Wie zuvor dargestellt, hat vor allem die frühe Phase der Corona-Pandemie die ausgeprägte Abhängigkeit der Versorgung in Deutschland von Importen aus China aufgezeigt, vor allem bei medizinischer Schutzausrüstung (Volkmann-Schluck 2020). Aus diesem Grund hat die Bundesregierung bereits kurz nach dem Ausbruch der Corona-Pandemie begonnen, die heimische Produktion von Schutzmasken und ihren Vorprodukten wie etwa Vliesstoffen zu fördern.

Auch auf europäischer Ebene hat die Corona-Pandemie die möglichen negativen Folgen der bestehenden ausgeprägten Abhängigkeit von Importen aus Asien und Nordamerika drastisch aufgezeigt. Daher hat die Europäische Union eine Initiative gestartet, um eine „strategische Autonomie" der EU anzustreben. Mögliche Maßnahmen könnten darin bestehen, mehr Güter in Europa selbst zu produzieren, Vorräte anzulegen oder die Lieferketten durch eine breitere Streuung der Handelspartner[28] abzusichern. In einem ersten Schritt zielt die Initiative auf die Bereiche Rohstoffe, Halbleiter, Pharmawirkstoffe, Batterien, Wasserstoff und Cloud-Technologien ab (Salzburger Nachrichten 2021).

Rechtliche Vorgaben zum Ausbau der Resilienz von Lieferketten

Ein anderer Weg zur Sicherstellung der Versorgung im Krisenfall könnte darin bestehen, Unternehmen zu verpflichten, ihre Lieferkette n eher reaktionsfähig als effizient und damit robuster gegen Störungen jeglicher Art zu gestalten. Eine Rechtsvorschrift dazu könnte sich an dem zum 01.01.2023 in Kraft getretenen Lieferkettensorgfaltspflichtengesetz (LkSG)[29] orientieren. Mit diesem Gesetz werden Unternehmen ab einer bestimmten Größe dazu verpflichtet, *„in ihren Lieferketten die [...] festgelegten menschenrechtlichen und umweltbezogenen Sorgfaltspflichten in angemessener Weise zu beachten mit dem Ziel, menschenrechtlichen oder umweltbezogenen Risiken vorzubeugen oder sie zu minimieren oder die Verletzung menschenrechtsbezogener oder umweltbezogener Pflichten zu beenden."* (§ 3 Abs. 1 Satz 1 LkSG).

---

[28] Dies praktizieren viele Unternehmen bereits durch die „China-Plus-One-Strategie" bei ihren Zulieferern.

[29] Gesetz über die unternehmerischen Sorgfaltspflichten zur Vermeidung von Menschenrechtsverletzungen in Lieferketten (Lieferkettensorgfaltspflichtengesetz – LkSG) vom 16. Juli 2021 (BGBl. I S. 2959).

In Analogie dazu könnte man Unternehmen dazu verpflichten, ein internes Risiko-management zur Resilienz ihrer Lieferketten gegen Störungen durch Naturkatastrophen, Pandemien, terroristische Anschläge, politische Unruhen, Boykottmaßnahmen etc. zu installieren. Die Unternehmen müssten nachvollziehbar darlegen, wie sie derartige Risiken in ihren Lieferketten erkennen und mit welchen Maßnahmen sie darauf reagieren. Wichtig wäre, dass das Risikomanagement tatsächlich in den Unternehmen aktiv gelebt wird und nicht zu einer rein formalen Pflichtübung gegenüber den Aufsichtsbehörden verkommt.

Flexibilisierung des Haushaltsrechts

Wie dargestellt, sieht das öffentliche Haushaltsrecht die – zeitaufwendige und lang-wierige – öffentliche Ausschreibung als Regelfall für eine Beschaffung vor, von der nur in definierten Fällen, darunter eine nicht selbst herbeigeführte Dringlichkeit, ab-gewichen werden kann. Abgesehen von der Tatsache, dass die Durchführung eines Aus-schreibungsverfahrens in einer akuten Krisensituation viel zu viel Zeit erfordert, setzt dieses implizit voraus, dass die zu beschaffende Ware in ausreichender Menge verfügbar ist und es genügend Anbieter dafür gibt. Gerade dies ist aber bei Krisenfällen mit Aus-wirkungen auf die Versorgung nicht der Fall, sodass eine grundlegende Voraussetzung für eine Ausschreibung gar nicht gegeben ist. Es ist daher zu prüfen, ob im deutschen Haushaltsrecht die Grundlagen für ein schnelles, flexibles Handeln der Behörden zur Be-schaffung von knappen Versorgungsgütern in einer Versorgungskrise ausreichend sind. Möglicherweise ist es erforderlich, eigene Regelungen für effektive Beschaffungsmaß-nahmen unter den besonderen Bedingungen einer Krise zu schaffen.

Der im ersten Jahr der Corona-Pandemie in Deutschland und Österreich aufgetretene Effekt, dass inländische Unternehmen zunächst durch eine staatliche Förderung moti-viert wurden, die Produktion von Schutzmasken aufzunehmen, und dann später bei Be-schaffungen nicht mehr berücksichtigt wurden, weil preisgünstigere ausländische An-bieter inzwischen wieder liefern konnten, sollte künftig unbedingt vermieden werden. Ansonsten ist zu befürchten, dass Unternehmen nicht mehr auf solche Anreizsysteme reagieren, weil sie befürchten müssen, dass sich ihre Investitionen in den Produktions-aufbau von temporären Mangelgütern möglicherweise nicht rentieren werden. Daher sollte eine Bestimmung in das Haushaltsrecht aufgenommen werden, dass Anbieter, die die Produktion vom Mangelgütern aufgrund einer Förderung oder einer anderen staat-lichen Initiative überhaupt erst aufgenommen haben, zumindest zeitweilig bei späteren Beschaffungen dieser Mangelgüter bevorzugt berücksichtigt werden müssen. Eine sol-che Bestimmung würde einen gewissen „Vertrauensschutz" bei den Unternehmen in die längerfristige Wirksamkeit staatlicher Anreize zur Produktionsaufnahme schaffen.

Flexibilisierung von Kennzeichnungsvorschriften

Bei dem durch den Ukraine-Krieg ausgelösten Mangel an Sonnenblumenöl haben einige Hersteller von Lebensmitteln, die dieses Öl als Bestandteil enthalten, es durch Rapsöl ersetzt, welchen in Geschmack und Konsistenz nahezu identisch ist. Dies löste jedoch ein rechtliches Problem aus, da auf den zuvor produzierten Verpackungen noch Sonnenblumenöl als Inhaltsstoff angegeben war. Aus diesem Grund fordert die Lebensmittelindustrie eine größere Flexibilität bei der Kennzeichnungspflicht von Inhaltsstoffen. Dazu könnte eine befristete Erlaubnis, durch nachträglich aufgebrachte Zusatzetiketten auf die geänderte Rezeptur hinzuweisen, als erster Schritt hilfreich sein. Mittelfristig hält die Lebensmittelindustrie nach Angaben eines Branchenexperten eine *„Änderung der Kennzeichnungsverordnung hinsichtlich der Deklaration von Pflanzenölanteilen wie z. B. ‚pflanzliche Öle‘ oder ‚pflanzliche Öle (Sonnenblume, Raps, Soja) in veränderlichen Gewichtsanteilen‘"* für erforderlich (Mörsberger 2022). Zumindest in Teilbereichen könnte hier die zuvor erwähnte Einführung des Digitalen Produktpasses für Abhilfe sorgen.

Maßnahmen auf kommunaler Ebene

Berücksichtigung von Versorgungskrisen in der Katastrophenschutzplanung

Es wurde bereits aufgezeigt, dass Versorgungskrisen in der Katastrophenschutzplanung der Kreise und kreisfreien Städte als den wichtigsten Aufgabenträgern im Katastrophenschutz derzeit praktisch nicht berücksichtigt sind. Es erscheint daher sinnvoll, Versorgungskrisen in der Vorplanung der Gefahrenabwehr wesentlich intensiver in den Blick zu nehmen.

Ein Vorbild, wie eine untere Katastrophenschutzbehörde in einer Krise die Versorgung mit knappen Gütern sicherstellen kann, kann das Vorgehen der Stadt Mülheim an der Ruhr in der Corona-Pandemie sein, als die Stadt die Verteilung der seinerzeit knappen Desinfektionsmittel und medizinischen Schutzausrüstungen selbst übernahm und dafür kurzfristig ein eigenes Warenwirtschaftssystem etablierte (Kleinebrahn 2021). Dieses Modell erscheint zumindest auf die große Mehrzahl von Versorgungskrisen übertragbar: Die Behörde sichert sich die Mangelgüter zunächst selber, nimmt die Bedarfsmeldungen aus der Bevölkerung entgegen, priorisiert diese und gibt dann die Waren an diejenigen mit den höchsten Prioritäten aus.

Erhebung von Daten zur Versorgungssituation

Wie zuvor dargestellt sollten die Katastrophenschutzbehörden Zugriff auf Daten über Betriebe der Ernährungswirtschaft und anderer krisenrelevanter Branchen haben; zumindest einer der untersuchten Katastrophenschutzpläne lässt erkennen, dass dies dort partiell der Fall ist. Eine der befragten unteren Katastrophenschutzbehörden hat in der Umfrage zur Vorbereitung auf Versorgungskrisen eingeräumt, dass ihr Datenbestand dazu nicht mehr aktuell ist; es ist davon auszugehen, dass dies bei vielen unteren Katastrophenschutzbehörden der Fall ist.

Vertragliche Absicherung bevorzugter Lieferung durch private Handelsunternehmen

Das zuvor beschriebene Fallbeispiel der Aktivitäten von Wal-Mart beim Hurrikan Katrina hat gezeigt, dass große Einzelhandelsunternehmen aufgrund ihrer ausgezeichneten Kenntnisse und Erfahrungen im SCM offensichtlich in der Lage sind, auch unter schwierigsten Bedingungen eine schnelle und effiziente Versorgung mit lebenswichtigen Gütern zu ermöglichen. Daher wäre es ein denkbarer Ansatz, durch vertragliche Vereinbarungen zwischen den für die Gefahrenabwehr zuständigen Behörden und Einzelhandelsunternehmen eine grundlegende Versorgung der betroffenen Bevölkerung im Krisenfall sicherzustellen. In diesen Verträgen wäre zu regeln, welche Leistungen das Handelsunternehmen bei einer Versorgungskrise tatsächlich zu erbringen hätte; die Kernbestimmung wird sicherlich sein, dass die zuständige Gefahrenabwehrbehörde Prioritäten bei der Belieferung mit Versorgungsgütern festlegen kann. Schwierig wird es vermutlich bei diesem Ansatz sein, sich auf eine angemessene Vergütung für diese Vorsorgeleistung zu einigen.

Maßnahmen in der privaten Wirtschaft

Die private Wirtschaft, vor allem die Industrie und der Handel, kann selbst Maßnahmen zur Steigerung der Resilienz gegenüber Versorgungskrisen ergreifen. Zu beachten ist dabei, dass die für den Bevölkerungsschutz zuständigen Behörden unter den Bedingungen einer Marktwirtschaft auf diese Maßnahmen jedoch nur begrenzt Einfluss nehmen können. Grundsätzlich kann der Staat durch Gesetze, Rechtsverordnungen und andere Rechtsvorschriften unmittelbar in das Handeln von Unternehmen eingreifen; ein bereits angesprochenes Beispiel ist das Lieferkettensorgfaltspflichtengesetz (LkSG). Allerdings sollte ein Staat davon nur in gut begründeten Fällen Gebrauch machen, da zu viele Eingriffe in das unternehmerische Handeln die wirtschaftliche Leistungsfähigkeit eines Landes meist negativ beeinflussen.

Darüber hinaus kann der Staat natürlich versuchen, durch Appelle und Empfehlungen auf das Handeln von Wirtschaftsunternehmen Einfluss zu nehmen; ob diese das tatsächlich beherzigen, ist ihnen selbst überlassen. Gleichwohl soll im Folgenden aufgezeigt werden, welche Unternehmensstrategien im Hinblick auf die Resilienz gegenüber Versorgungskrisen als wünschenswert anzusehen sind.

Ein möglicher Ansatz könnte sein, Unternehmen dazu zu motivieren, auf freiwilliger Basis ihre Lieferketten eher reaktionsfähig als effizient zu gestalten, statt sie durch gesetzliche Vorschriften dazu zu zwingen. Dies hätte den Vorteil, dass zum einen der Staat nicht den Aufwand treiben müsste, die Einhaltung seiner Vorgaben zu kontrollieren und zum anderen den Unternehmen keine Kosten für die Dokumentation der Erfüllung ihrer gesetzlichen Pflichten entstünden. Die Erfolgsaussichten derartiger Appelle sind natürlich ungewiss.

Seit der Corona-Pandemie und dem Ausbruch des Ukraine-Krieg es ist im gesellschaftlichen Diskurs eine ausgeprägte Tendenz zur Befürwortung einheimischer Produktion bei fundamental wichtigen Gütern und Produkten erkennbar. Ob dies nachhaltig zu einer Veränderung der Situation führt, hängt nach Einschätzung des Verfassers im Wesentlichen von zwei Fragestellungen ab:

- Sind Wirtschaftsunternehmen bereit, bei einer Stärkung der heimischen Produktion die tendenziell geringeren Gewinne durch die zwangsläufig höheren Kosten zu akzeptieren?
- Sind die Verbraucher bereit, die aus den gleichen Gründen höheren Preise für die fraglichen Produkte zu zahlen?

Erst wenn es bei diesen Fragen einen gesellschaftlichen Konsens gibt, wird sich die Tendenz zu Rückverlagerungen von Produktionen ins Inland verstärken, was zu einer höheren Versorgungssicherheit durch eine Stärkung der Autarkie führen würde.

Fazit

Die Sicherstellung der Ernährung im Krisenfall ist im Schwerpunkt im Ernährungssicherstellungs- und -vorsorgegesetz (ESVG) geregelt, das die unteren Katastrophenschutzbehörden dazu ermächtigt, alle erforderlichen Maßnahmen zur Sicherstellung der Grundversorgung mit Lebensmitteln zu treffen; dazu gehören die Sicherstellung von Lebensmitteln, die Anordnung von Produktionsumstellungen bei Lebensmittelbetrieben und der Erlass von Regelungen zu Lagerung, Transport und Verteilung von Lebensmitteln. Darüber hinaus unterhält die Bundesregierung zahlreiche Lager mit haltbaren Lebensmitteln, um im Krisenfall Nahrungsmittel über Gemeinschaftsverpflegungseinrichtungen vor allem in städtischen Regionen abgeben zu können.

Im Bereich der Versorgung mit Medikamenten und anderen medizinischen Produkten gab es lange nur geringe Vorkehrungen für Versorgungskrisen. Als Konsequenz auf die Corona-Pandemie hat die Bundesregierung beschlossen, eine „Nationale Reserve Gesundheitsschutz" (NRGS) aufzubauen; diese umfasst eine physische Bevorratung des Bedarfs für einen Monat und die Abdeckung des Bedarfs für sechs Monate durch Lieferungen inländischer Hersteller.

Im Hinblick auf private Vorsorge fordert die Bundesregierung über die Öffentlichkeitsarbeit des BBK dazu auf, im eigenen Haushalt Vorräte für Lebensmittel, Hygieneartikel und häufiger gebrauchte Medikamente anzulegen, dem ein Großteil der Bevölkerung auch nachkommt.

Während somit auf nationaler Ebene sowohl durch gesetzliche Regelungen als auch durch Vorratshaltung gewisse Vorkehrungen für die Bewältigung von Versorgungskrisen getroffen wurden, findet dieses Thema bislang in den Planungen der unteren Katastrophenschutzbehörden kaum Widerhall. Wenige Katastrophenschutz behörden erarbeiten eine solche Planung, die häufig sehr allgemeiner Natur und im konkreten Krisenfall kaum nützlich sind.

Es erscheint unverhältnismäßig und auch zu kostenträchtig, den jetzigen Stand der Bevorratung von Lebensmitteln und Medizinprodukten weiter auszubauen; auch dürfte es unrealistisch sein, den Stand der privaten Vorsorge durch Vorratshaltung im eigenen Haushalt auszuweiten, zumal längst nicht alle Bürgerinnen und Bürger die räumlichen Möglichkeiten dazu haben. Vielmehr sollte der Staat zur Steigerung der Versorgungssicherheit auf folgende Punkte hinwirken:

1. Flexibilisierung des öffentlichen Haushaltsrechts, um Beschaffungen von Mangelgütern in Krisenfällen rechtssicher und schnell zu gestalten,
2. Flexibilisierung von Kennzeichnungsvorschriften auf Verpackungen, um bei Engpässen bei einzelnen Rohstoffen oder Vorprodukten kurzfristig Änderungen von Produktbestandteilen rechtssicher vornehmen zu können,
3. Ausbau der strategischen Autonomie durch einen höheren Anteil einheimischer Produktion, um weniger abhängig von Importen aus anderen Staaten zu werden und
4. Umstellung der Lieferketten in der privaten Wirtschaft von einer Ausrichtung auf maximale Effizienz hin zu einer gesteigerten Reaktionsfähigkeit und damit Resilienz gegenüber Störungen jeglicher Art.

Während die Punkte 1 und 2 unmittelbar vom Staat durch die Änderung von Rechtsvorschriften in Angriff genommen werden könnten, liegt die Verantwortung bei den Punkten 3 und 4 erst einmal in den Händen der privaten Wirtschaft. Ob sich der Staat auf Appelle an die Wirtschaft zur Erreichung dieser Ziele beschränkt oder konkret durch Subventionen und/oder Schutzzölle zur Förderung der strategischen Autonomie und rechtliche Vorgaben zu resilienteren Lieferketten eingreift, ist eine politische Entscheidung. Angesichts der Krisen in den letzten 15 Jahren ist eine gewisse Bereitschaft der Wirtschaft festzustellen, in diesem Sinne zu agieren; ob dies auch in möglicherweise krisenärmeren Zeiten in der Zukunft ein langfristiger Trend bleibt, ist schwer einzuschätzen.

Auch auf der kommunalen Ebene gibt es einen erkennbaren Handlungsbedarf; hier werden folgende Maßnahmen empfohlen:

1. Erhebung von Daten zur Versorgungssituation, vor allem von potenziellen Herstellern und Lieferanten von Mangelgütern,
2. Berücksichtigung von Versorgungskrisen in der Katastrophenschutzplanung, bis hin zur Vorbereitung eigener Warenwirtschaftssysteme zur Bewirtschaftung von Mangelgütern und
3. vertragliche Absicherung bevorzugter Lieferung durch private Handelsunternehmen.

Der unter 3 genannte Punkt fußt auf der Erkenntnis der diesem Kapitel zugrunde liegenden Studie, dass Handelsunternehmen über ausgezeichnete Fähigkeiten und Erfahrungen im Supply Chain Management (SCM) auch unter Krisenbedingungen verfügen, die man im Fall einer Krise mit Auswirkungen auf die Versorgung unbedingt nutzen sollte.

Literatur

Ahrens, S. (2024): Selbstversorgungsgrad bei Nahrungsmitteln in Deutschland in den Jahren 1990/91 bis 2021/22, Statista GmbH, online verfügbar unter https://de.statista.com/statistik/daten/studie/659012/umfrage/selbstversorgungsgrad-mit-nahrungsmitteln-in-deutschland/, letzter Zugriff 16.11.2024.

BAFA (2020): Altmaier: „Wir stärken Produktionskapazitäten in Deutschland bei Vliesproduktion", Bundesamt für Wirtschaft und Ausfuhrkontrolle, online verfügbar unter https://www.bafa.de/SharedDocs/Pressemitteilungen/DE/Wirtschaft/2020_12_maskenherstellung.html, letzter Zugriff 15.11.2024.

BBK (2019): Ratgeber für Notfallvorsorge und richtiges Handeln in Notsituationen, Bundesamt für Bevölkerungsschutz und Katastrophenhilfe, auch online verfügbar unter https://www.bbk.bund.de/SharedDocs/Downloads/DE/Mediathek/Publikationen/Buergerinformationen/Ratgeber/ratgeber-notfallvorsorge.pdf?__blob=publicationFile&v=32, letzter Zugriff 15.11.2024.

BBK (o. J.): Warnung & Vorsorge, Bundesamt für Bevölkerungsschutz und Katastrophenhilfe, online verfügbar unter https://www.bbk.bund.de/DE/Warnung-Vorsorge/warnung-vorsorge_node.html, letzter Zugriff 15.11.2024.

BLE (2024): Der Selbstversorgungsgrad in Deutschland, Bundesinformationszentrum Landwirtschaft, online verfügbar unter https://www.landwirtschaft.de/wirtschaft/agrarmaerkte/markt-und-versorgung/der-selbstversorgungsgrad-wie-ist-es-in-deutschland-um-die-versorgung-mit-lebensmitteln-bestellt, letzter Zugriff 26.01.2025.

BMG (2020): Bericht über den Stand der Beschaffung von Persönlicher Schutzausstattung (PSA) und intensivmedizinischer Ausstattung, Bundesministerium für Gesundheit, online verfügbar unter https://www.bundesgesundheitsministerium.de/fileadmin/Dateien/3_Downloads/C/Coronavirus/Beschaffungsstab/4._Bericht_Beschaffungsstab_050620.pdf, letzter Zugriff 26.01.2025.

BMG (2021): Resilient gegen Krisen: Entwicklungs- und Implementierungsprozess der Nationalen Reserve Gesundheitsschutz (NRGS) – erster Schritt einer umfassenden Vorsorgestrategie im Bevölkerungsschutz, Bundesministerium für Gesundheit, online verfügbar unter https://www.bundesgesundheitsministerium.de/fileadmin/Dateien/3_Downloads/Gesetze_und_Verordnungen/GuV/N/NRGS_Kabinett.pdf, letzter Zugriff 15.11.2024.

BMI u. BMF (2021): Zwischenbericht zur Flutkatastrophe 2021, Bundesministerium des Innern und für Heimat und Bundesministerium der Finanzen, online verfügbar unter https://www.bmi.bund.de/SharedDocs/kurzmeldungen/DE/2021/09/zwischenbericht-flutkatastrophe.html, letzter Zugriff 15.11.2024.

BMUV (o. J.): Was ist ein digitaler Produktpass?, Bundesministerium für Umwelt, Naturschutz, nukleare Sicherheit und Verbraucherschutz, online verfügbar unter https://www.bmuv.de/faq/was-ist-ein-digitaler-produktpass, letzter Zugriff 15.01.2025.

Bogaschwewsky, R. (2020): Lieferketten im Stresstest – aber wollen wir wirklich die alten wiederhaben?, *ifo-Schnelldienst,* 5, S. 31 – 34.

Bundesregierung (2020): Maskenpflicht in ganz Deutschland, Presse- und Informationsamt der Bundesregierung, online verfügbar unter https://www.bundesregierung.de/breg-de/themen/coronavirus/maskenpflicht-in-deutschland-1747318, letzter Zugriff 15.11.2024.

Bundestag (2019): Sachstand: Vermeidung von Lieferengpässen bei Arzneimitteln, Entwicklung der gesetzlichen Regelungen, Wissenschaftliche Dienste des Deutschen Bundestages, online verfügbar unter https://www.bundestag.de/resource/blob/675692/cf28faa9b9c42619c49ab-dcceeb72bb7/WD-9-084-19-pdf-data.pdf, letzter Zugriff 15.11.2024.

Chopra, S. u. Meindl, P. (2014): *Supply Chain Management – Strategie, Planung und Umsetzung,* Pearson Deutschland, München.

DESTATIS (2022): Inflationsrate im September 2022 bei +10,0 %, Statistisches Bundes-amt, online verfügbar unter https://www.destatis.de/DE/Presse/Pressemitteilungen/2022/10/PD22_438_611.html#:~:text=WIESBADEN%20%E2%80%93%20Die%20Inflationsrate%20in%20Deutschland,sieben%20Monaten%20oberhalb%20von%207%20%25, letzter Zugriff 15.11.2024.

DLF (2021): Prepper in Deutschland – Immer bereit für die nächste Katastrophe, Deutschland-funk, online verfügbar unter https://www.deutschlandfunk.de/prepper-in-deutschland-immer-bereit-fuer-die-naechste-100.html, letzter Zugriff 15.11.2024.

DPA (2022): Sonnenblumenöl wird Mangelware bleiben, Zeit online, online verfügbar unter https://www.zeit.de/news/2022-04/18/sonnenblumenoel-wird-mangelware-bleiben, letzter Zu-griff 15.11.2024.

DW (2005): Ein Sturm der Entrüstung bedrängt Bush, Deutsche Welle, online verfügbar unter https://www.dw.com/de/ein-sturm-der-entr%C3%BCstung-bedr%C3%A4ngt-bush/a-1702879, letzter Zugriff 15.11.2024.

DW (2022): Containerstau in Shanghai macht Probleme, online verfügbar unter https://www.dw.com/de/china-zwischen-containerstau-und-sanktionsforderungen/a-61953099, letzter Zu-griff 15.11.2024.

Eberle, L. u. Gude, H. (2020): "Liefert irgendwas!", SPIEGEL Gesundheit, online verfüg-bar unter https://www.spiegel.de/gesundheit/corona-krise-in-deutschland-mangel-an-mas-ken-und-kitteln-liefert-irgendwas-a-ff2ded09-b53f-43e3-8f58-09624113b448, letzter Zugriff 15.11.2024.

Egger, H. (2020): Stehen globale Lieferketten nach der Krise vor einem Rückbau?, *ifo-Schnell-dienst,* 5, S. 10 – 12.

Eßig, M., Hofmann, E. u. Stölzle, W. (2013): *Supply Chain Management,* Vahlen, München.

Feldmann, C. (2013): Produktionsverlagerungen im Kontext internationaler Logistik, in: Göpfert, I. u. Braun, D. (Hrsg.): *Internationale Logistik in und zwischen unterschiedlichen Weltregionen,* Springer Fachmedien, Wiesbaden.

Forsa. (2023): Meinungen zum Krieg in der Ukraine – 21. Erhebungswelle, forsa. Gesellschaft für Sozialforschung und statistische Analysen mbH, online verfügbar unter https://www.bbk.bund.de/SharedDocs/Downloads/DE/Mediathek/Publikationen/Forsa/21-meinung-krieg-erhe-bung_download.pdf?__blob=publicationFile&v=6, letzter Zugriff 15.11.2024

Freiwah, P. (2022): Ukraine-Krieg: Preise von Öl und Gas explodieren: Die Gründe und wie es weitergeht, Merkur.de, online verfügbar unter https://www.merkur.de/wirtschaft/ukraine-news-aktuell-krieg-benzinpreis-diesel-e10-liefer-stopp-russland-erdgas-energiekosten-ursa-chen-zr-91394926, letzter Zugriff 15.11.2024

Goebel, J. (2021): Warum sich vor den Häfen Rekord-Staus bilden, WirtschaftsWoche, online verfügbar unter https://www.wiwo.de/technologie/wirtschaft-von-oben/wirtschaft-von-oben-129-los-angeles-rotterdam-ningbo-warum-sich-vor-den-haefen-rekord-staus-bilden/27750500.html, letzter Zugriff , letzter Zugriff 15.11.2024.

Görg, H. u. Mösle, S. (2020): Wie bereit ist die globale Lieferkette?, *ifo-Schnelldienst,* 5, S. 3 – 7.

Grill, M. (2024): Bund drohen Milliarden-Zahlungen, Tagesschau, online verfügbar unter https://www.tagesschau.de/investigativ/ndr-wdr/corona-pandemie-masken-bundesregierung-100.html, letzter Zugriff 16.11.2024.

Hielscher, H. (2020): Wo in Deutschland am meisten gehamstert wurde, WirtschaftsWoche, online verfügbar unter https://www.wiwo.de/unternehmen/handel/toilettenpapier-nudeln-mehl-wo-in-deutschland-am-meisten-gehamstert-wurde/25708942.html, letzter Zugriff 16.11.2024.

Horwitz, S. G. (2009): Wal-Mart to the Rescue: Private Enterprise's Response to Hurricane Katrina, *The Independent Review: Journal of Political Economy*, Vol. 13, 4, S. 511 – 528.

Keusch, N. u. Hoffer, R. (2021): Warum es derzeit so oft zu Lieferschwierigkeiten kommt, Neue Zürcher Zeitung, online verfügbar unter https://www.nzz.ch/wirtschaft/lieferketten-unterbrochen-wegen-hafenschliessungen-in-china-ld.1644663, letzter Zugriff 16.11.2024.

Kilic, K. u. Marin, D. (2020): Wie Covid-19 Deutschland und die Weltwirtschaft verändert, *ifo-Schnelldienst*, 5, S. 13 – 16.

Klauth, J. u. Meyer, L (2021): Gefördert in Deutschland, gekauft in Asien – das deutsche Masken-Paradox, Die Welt, online verfügbar unter https://www.welt.de/wirtschaft/article226841395/Masken-Deutschland-kauft-Masken-meist-in-Asien.html, letzter Zugriff 15.11.2024.

Kleinebrahn, A. (2021): *Krisenbewältigung und Informationsaustausch mit Akteuren kritischer und systemrelevanter Infrastrukturen auf kommunaler Ebene,* Bundesamt für Bevölkerungsschutz und Katastrophenhilfe und Feuerwehr Mülheim a. d. Ruhr, online verfügbar unter https://www.bbk.bund.de/SharedDocs/Downloads/DE/Mediathek/Publikationen/KRITIS/irm-projektbericht-fw-muelheim.pdf?__blob=publicationFile&v=3, letzter Zugriff 16.11.2024.

Lee, F. (2024): Ist Deutschland zu abhängig von China, Bundeszentrale für politische Bildung, online verfügbar unter https://www.bpb.de/themen/wirtschaft/freihandel/geopolitik-und-welthandel/544434/ist-deutschland-zu-abhaengig-von-china/, letzter Zugriff 16.11.2024.

LPB-BW (2024): Ukraine-Krieg – Russland-Ukraine-Konflikt erklärt, Landeszentrale für politische Bildung Baden-Württemberg, online verfügbar unter https://www.lpb-bw.de/ukraine-konflikt#c88570, letzter Zugriff 16.11.2024.

Maas, M-C (2021): Die Lagerhallen sind voll, Zeit online, online verfügbar unter https://www.zeit.de/politik/deutschland/2021-07/katastrophenhilfe-flutkatastrophe-hochwasser-spenden-ueberforderung-nordrhein-westfalen-rheinland-pfalz/komplettansicht, letzter Zugriff 15.11.2024.

Manager Magazin (2022): Shanghai-Lockdown verschärft Lieferprobleme, online verfügbar unter https://www.manager-magazin.de/unternehmen/verschaerfte-lieferprobleme-shanghai-lockdown-schlaegt-durch-a-c5e9d2ec-5329-40cf-91b5-ccb31b0bfb22, letzter Zugriff 16.11.2024.

Martin, F. (2022): Lieferengpässe bei Arzneimitteln, Manager Magazin, online verfügbar unter https://www.manager-magazin.de/unternehmen/pharma/lieferengpaesse-von-arzneimitteln-herausforderungen-bei-lieferketten-und-abhaengigkeit-von-wenigen-herstellern-a-c64a94eb-2342-4578-a6aa-ed5639ae9d8b, letzter Zugriff 16.11.2024.

Menski, U., Wahl, S., Tischer, H., Gerhild, L. u. Braun, J. (2016): Solange der Vorrat reicht… Ergebnisse zweier Befragungen von privaten Haushalten zur Bevorratung mit Lebensmitteln im Falle einer Versorgungskrise, in: Menski, U. (Hrsg): Neue Strategien zur Ernährungsnotfallvorsorge – Ergebnisse aus dem Forschungsverbund NeuENV, Forschungsforum Öffentliche Sicherheit, Berlin.

Merkur (2022): Ukraine-Krieg: Experten beunruhigt - Werden jetzt die Lebensmittel knapp?, online verfügbar unter https://www.merkur.de/wirtschaft/ukraine-krieg-russland-lebensmittel-knappheit-weizen-getreide-speiseoel-zr-91383773.html, letzter Zugriff 16.11.2024.

Möbelmarkt.de (2022): Möbelindustrie fürchtet Preissteigerungen und Lieferengpässe, Verlag Matthias Ritthammer, online verfügbar unter https://www.moebelmarkt.de/beitrag/folgen-des-ukraine-kriegs-moebelindustrie-fuerchtet-preissteigerungen-und-lieferengpaesse, letzter Zugriff 16.11.2024.

Mörsberger, F. (2022): Sonnenblumenöl wird Mangelware – was bedeutet das für die Produktkennzeichnung, AGROLAB GmbH, online verfügbar unter https://www.agrolab.com/de/aktuelles/agrolab-news/3889-sonnenblumenoel-wird-mangelware-was-bedeutet-das-fuer-die-produktkennzeichnung.html, letzter Zugriff 16.11.2024.

Müller, M. U. (2020): Massive Lieferengpässe für Waren aus China, SPIEGEL Wirtschaft, online verfügbar unter https://www.spiegel.de/wirtschaft/corona-krise-massive-lieferengpaesse-fuer-waren-aus-china-a-84dc243c-b91c-4048-b4cb-673a50d537ae, letzter Zugriff 16.11.2024.

Mukherjee, A. u. Norland, E. (2021): China-Plus-One Strategy, CME Group, online verfügbar unter https://www.cmegroup.com/education/featured-reports/china-plus-one-strategy.html, letzter Zugriff 16.11.2024.

Pfeiffer, H. (2021): Viele Schiffe, wenige Container, taz Verlags- u. Vertriebs GmbH, online verfügbar unter https://taz.de/Lieferengpaesse-in-Europa/!5805986/, letzter Zugriff 16.11.2024.

Reich, S. u. Schramm, C. (2022): Ukraine-Krieg: Warum wird Sonnenblumenöl knapp und wann entspannt sich die Lage in den Supermärkten?, Merkur.de, online verfügbar unter https://www.merkur.de/verbraucher/ukraine-krieg-supermarkt-sonnenblumenoel-mehl-brot-preise-warum-hamstern-experte-lage-news-prognose-91415991.html, letzter Zugriff 16.11.2024.

RND (2020): Wegen Hamsterkäufen: Handel macht 700 Prozent mehr Umsatz mit Klopapier, RedaktionsNetzwerk Deutschland, online verfügbar unter https://www.rnd.de/wirtschaft/corona-hamsterkaufe-700-prozent-mehr-umsatz-wegen-klopapier-KOFBY7XPC4Z57ZXZ3WEL-X4A24E.html, letzter Zugriff 16.11.2024.

RND (2022): Krisenvorsorge: 38 Prozent haben Notvorräte – viele halten das aber geheim, RedaktionsNetzwerk Deutschland, online verfügbar https://www.rnd.de/bauen-und-wohnen/krisen-vorsorge-38-prozent-haben-notvorraete-viele-halten-das-aber-geheim-EGSNSAQVRC74SO-3MIQRQAWYCPA.html, letzter Zugriff 16.11.2024.

Salzburger Nachrichten (2021): EU will wirtschaftliche Abhängigkeit von China reduzieren, Salzburger Nachrichten, online verfügbar unter https://www.sn.at/wirtschaft/oesterreich/eu-will-wirtschaftliche-abhaengigkeit-von-china-reduzieren-103377943, letzter Zugriff 26.01.2025.

Steffen, U. u. Gauchel-Petrovic, D. (2021): Die Nationale Reserve Gesundheitsschutz (NRGS) – widerstandsfähig gegen Krisen, *Bevölkerungsschutz* 4, S. 16 – 17.16.11.2024

Sucky, E. u. Karl, D. (2020): Toilettenpapier-Krise: Wird ein altbekannter Effekt neu entdeckt?, Universität Bamberg, online verfügbar unter https://www.uni-bamberg.de/pul/forschung/publikationen/coronavirus-toilettenpapierkrise/, letzter Zugriff 16.11.2024.

Tagesspiegel (2021): „Gesundheit der Bevölkerung massiv bedroht" – Ärzteverband kritisiert Versorgung im Flutgebiet, Der Tagesspiegel, online verfügbar unter https://www.tagesspiegel.de/politik/gesundheit-der-bevoelkerung-massiv-bedroht-aerzteverband-kritisiert-versorgung-im-flutgebiet/27467866.html, letzter Zugriff 16.11.2024.

VdF NRW (2020a): Corona-„Lagebuch", *FEUERWEHReinsatz:nrw* 6–7, S. 6 – 13.

VdF NRW (2020b): Corona-„Lagebuch", *FEUERWEHReinsatz:nrw* 12, S. 4 – 12.

VdF NRW (2021): Bedarfsplanung für Brandschutz, Rettungsdienst und Katastrophenschutz – Textausgabe der Rechtsgrundlagen und Erstellungskonzepte in Nordrhein-Westfalen, Verband der Feuerwehren in Nordrhein-Westfalen, online verfügbar unter https://www.feuerwehrverband.nrw/fileadmin/Downloads/Verband/Themen/Aktuelles/Brandschutzbedarfsplanung_gesamt.pdf, letzter Zugriff, letzter Zugriff 15.11.2024.

Volkmann-Schluck, P. (2020): Deutschland gesteht anfängliche Abhängigkeit von China ein, Die Welt, online verfügbar unter https://www.welt.de/politik/ausland/article211024127/Corona-Pandemie-Deutschland-gesteht-anfaengliche-Abhaengigkeit-von-China-ein.html, letzter Zugriff, letzter Zugriff 15.11.2024.

Wiechers, R., u. Steinwachs, T. (2020): This Time Is different, Again, *ifo-Schnelldienst,* 5, S. 23 – 26.

Zehner, L. (2020): Selbsthilfe und Selbstschutz als Bestandteil einer resilienten Gesellschaft, *Bevölkerungsschutz* 2, S. 2 – 5.

Ressourcenmangel über Gebietskörperschaften hinweg ausgleichen

Nico Nonnemacher und Rebecca Prell

Kernaussagen

1. Die Handlungsfähigkeit von Behörden und Organisationen mit Sicherheitsaufgaben (BOS) in Krisensituationen bedingt, dass genug Einsatzressourcen zur Verfügung stehen.
2. Die Versorgungssicherheit mit Einsatzressourcen ist aufgrund globaler Lieferketten fragil und wird zusätzlich durch disruptive Ereignisse bedroht.
3. Die Optimierung des Austauschs von Material und Hilfsgütern zwischen BOS stellt in diesem Kontext eine zentrale resilienzsteigernde Maßnahme dar.
4. Digitalisierung bei der Beschaffung und in der Materialwirtschaft ist ein effektiver Hebel, um Verteilungsprozesse zu vereinfachen.
5. Der entwickelte ResKriVer-Dienst *ReCheck* ist gut geeignet, um schnelle und valide Antworten auf Anfragen nach Hilfsgütern an Dritte geben zu können.
6. *ReCheck* ist in hohem Maße darauf angewiesen, dass zuverlässige (und aktuelle) Daten aus der Beschaffung und Lagerhaltung vorliegen und kontinuierlich gesammelt werden.
7. Der Nutzen und die Bedeutung des Dienstes wurde von Angehörigen unterschiedlicher BOS im Rahmen des Forschungsprojekts ResKriVer bestätigt.
8. Ein Einsatz von *ReCheck* ohne digitale Strukturen in der Lagerhaltung schränkt den generierbaren Nutzen stark ein. *ReCheck* ist weitestgehend einsatzbereit.

N. Nonnemacher · R. Prell (✉)
Berliner Feuerwehr, Berlin, Deutschland
E-Mail: forschung@berliner-feuerwehr.de

N. Nonnemacher
E-Mail: forschung@berliner-feuerwehr.de

© Der/die Autor(en), exklusiv lizenziert an Springer Fachmedien Wiesbaden GmbH, ein Teil von Springer Nature 2025
T. Hoppe und R. Fricke (Hrsg.), *Resiliente krisenrelevante Versorgungsnetze*,
https://doi.org/10.1007/978-3-658-48639-6_9

Einleitung

„Die Corona-Pandemie hat das Problem der mangelnden Sauerstoffversorgung noch einmal verstärkt." (Schild, 2020).

„Mangel an Schutzkleidung – Hochwertige Atemmasken sind in der Corona-Krise knapp." (Steinlein, 2020).

Die COVID-19-Pandemie hat nicht nur eindrücklich offenbart, wie schnell es zu Materialengpässen kommen kann, sondern auch die Bedeutung effizienter Zusammenarbeit zwischen verschiedenen Institutionen, BOS und Betreibenden kritischer Infrastrukturen in Krisensituationen aufgezeigt (Kleinebrahn, 2021, S. 7 ff.). Im Forschungsprojekt ResKriVer[1] wurde erforscht, wie intelligente Technologien die Gefahrenabwehr unterstützen können.

Nicht nur die COVID-19-Pandemie hat die Notwendigkeit für Optimierungen in der Versorgungssicherheit und bei Verteilungsprozessen aufgezeigt (Baur et al., 2022). Auch disruptive Ereignisse, wie die Havarie des Containerschiffs *Ever Given* im Suezkanal im Jahr 2021, offenbarten Schwächen in Lieferketten. Die Blockade einer der wichtigsten Handelsrouten für den internationalen Schiffsverkehr führte nicht nur zu einem kumulierten Schaden von mehr als 50 Mrd. US$ innerhalb einer Woche (Das, 2021), sondern auch zu erheblichen Versorgungsengpässen bei vielen Gütern (Baur et al., 2022). Neben den unmittelbaren Folgen für die Reedereien und direkt betroffenen Unternehmen waren vor allem die mittelbaren Folgen schwerwiegend: So etwa die Störung der nachgelagerten Liefernetzwerke und der Stillstand vieler nach dem Prinzip der *„just-in-time"*-Produktion arbeitenden Produktionsbetriebe (Fiolka, 2021; Sommer, 2021). Eines der Resultate waren auch Versorgungsschwierigkeiten bei essenziellen Gütern des medizinischen Bedarfs und krisenrelevanten Einsatzmitteln von BOS in Deutschland (Jenzer et al., 2023). Das Beispiel der *Ever Given* veranschaulicht eindrücklich die Fragilität globaler Lieferketten und insbesondere die Problematik der sogenannten „supply-chain-bottlenecks" in den nationalen und internationalen Distributionswegen. Störungen an sogenannten Flaschenhälsen wie Meerengen, Kanälen, Häfen, Eisenbahntrassen oder Flughäfen entlang der Lieferketten haben erhebliche Auswirkungen auf die weltweiten Lieferströme. Mögliche Disruptionen können vielfältig sein. So können Ereignisse wie beispielsweise Naturkatastrophen, Streiks, Handelsstreitigkeiten, Sabotage, Lockdowns oder (geo-)politische Konflikte dazu führen, dass wichtige Knotenpunkte des Welthandels ausfallen (Mizgier et al., 2012, S. 1480 ff.). Grundsätzlich führt die heutzutage eng vernetzte und globalisierte Welt zwar dazu, dass sich viele neue Möglichkeiten in der Versorgung mit Gütern auftun und sich Potenziale hinsichtlich der Effizienz und

---

[1] Die Inhalte dieses Kapitels wurden im Rahmen des vom Bundesministerium für Wirtschaft und Klimaschutz geförderten Projekts ResKriVer (Förderkennzeichen 01MK21006B) erarbeitet. Aus Gründen der leichteren Lesbarkeit wird in diesem Kapitel für Personenbezeichnungen das generische Maskulinum stellvertretend für alle Geschlechter verwendet.

Kostenoptimierung ergeben. Die Kehrseite ist jedoch, dass die Vulnerabilität der Versorgung durch negative Ereignisse entlang der Lieferketten stark zunimmt und somit direkte Auswirkungen auf die Versorgungssicherheit der BOS in Deutschland drohen (Wagner & Bode, 2006,S. 304 ff.).

Angesichts dieser Herausforderungen ist es von großer Bedeutung, BOS bestmöglich gegen potenzielle Versorgungsengpässe abzusichern, sodass sie über die notwendigen Ressourcen verfügen, um Gefahren für die Zivilbevölkerung abwenden zu können. Dabei geht es nicht nur um die Stärkung der Resilienz gegenüber solchen Ereignissen, sondern auch um die Implementierung struktureller Verbesserungen zur Optimierung der gesamten Logistik.

In diesem Kapitel wird die zentrale digitale Anwendung *ReCheck* beschrieben, die insbesondere BOS dabei unterstützen kann, Materialbestände bedarfsgerecht umzuverteilen. Die im Projekt ResKriVer erarbeitete digitale Lösung kann einen entscheidenden Beitrag dazu leisten, Ressourcenengpässe zu verhindern und den interkommunalen Austausch von Material zu optimieren.

Ausgangslage

Im Zusammenhang mit der COVID-19-Pandemie wurde deutlich, dass die Ressourcenverteilung in der Praxis häufig unkoordiniert erfolgt und dass viele Entscheidungen auf einer suboptimalen Informationsbasis beruhen. Umfragen, die unter anderem mit Mitarbeitenden aus den Logistikbereichen verschiedener BOS im Rahmen des Projektes ResKriVer in den Jahren 2021 und 2022 durchgeführt wurden, zeigten, dass vor allem Faktoren wie persönliche Kontakte, politische Vorgaben und Erfahrungswerte die Materialabgabeprozesse bestimmen. Laut diesen Umfragen bestünde zudem mit den vorhandenen Mitteln kaum die Möglichkeit, genaue Zahlen und Daten zu Verbrauchsgütern zu erfassen.

Im Falle einer ad-hoc-Abgabe von Verbrauchsgütern in Krisen müssen mögliche Abgabemengen oftmals geschätzt werden, was sowohl die Einsatzfähigkeit der eigenen Organisation als auch die Bedarfsdeckung der anfragenden Organisation gefährden kann. Solche Schwierigkeiten bei der Material(um)verteilung haben negative Auswirkungen auf die Krisenresilienz, indem sie die Wahrscheinlichkeit von Engpässen bei essenziellen Gütern des medizinischen Bedarfs und kritischen Einsatzmaterialien erhöhen. Vor diesem Hintergrund ist ein erheblicher Forschungsbedarf zur Verbesserung der Logistik und des Ressourcenaustausches evident.

Es existieren verschiedene Stellschrauben, um die Versorgungslage von BOS allein schon durch die grundsätzlichen Logistikprozesse von innen heraus resilienter zu gestalten und die Materialversorgung niederschwellig zu optimieren. Die Auswahl geeigneter Strategien (vgl. Bestandsgrenzen, Bestellpolitik und -verfahren) kann je nach Ausrichtung und Aufgaben der einzelnen BOS und deren Schwerpunktsetzung abweichen. Auch die Art und Weise, wie ein Lager verwaltet wird und wie die Materialflüsse erfasst werden, ist ein wichtiger Schritt auf dem Weg hin zu einer erhöhten Versorgungssicherheit. Es hat sich bei den qualitativen und quantitativen Erhebungen unter Angehörigen von BOS herausgestellt, dass einer der effektivsten und gleichzeitig elementarsten Schritte auf dem Weg zur krisensichereren und optimierten Aufstellung eines (Zentral-) Lagers zunächst die Implementierung eines digitalen Lagerverwaltungs- (WMS) oder Warenwirtschaftssystems (WaWi) ist. Im Zuge der Umfragen wurde jedoch weiter festgestellt, dass nur rund ein Drittel der befragten BOS auf ein digitales WMS/WaWi zurückgreift. In Bezug auf Bestellung und Beschaffung von Waren sind es sogar nur rund 10 % der befragten BOS. Diese Zahlen verdeutlichen, dass eine umfassende Digitalisierung und Neustrukturierung der Lagersysteme erhebliche Potenziale zur Erhöhung der Resilienz und Effizienz bieten könnte.

Grundlagen des Bestandsmanagements

Einige Bereiche und Begriffe der Logistik sind im Kontext dieses Kapitels besonders relevant und sollen hier eingeführt werden.

Seit Anfang der 1990er Jahre spielt die Logistik für die Planung und Implementierung globaler Produktion eine Schlüsselrolle innerhalb der Weltwirtschaft. Die inhärente Komplexität der zu bewältigenden Aufgaben, wie die Integration unterschiedlichster Akteure, ist mit konventionellen Ansätzen nicht oder nur mit erheblichen Kosten beherrschbar. Aufgrund der Komplexität stellt die Logistik eine Domäne dar, in der digitale Anwendungen, insbesondere aber auch Methoden der Künstlichen Intelligenz (KI) Unterstützung bieten können. Dies schließt die Anwendung von „State-of-the-Art-Technologien" ein (Timm & Lattner, 2010). Vor allem die Beschaffungslogistik und einzelne Aspekte der Lagerhaltung und -verwaltung können vom Einsatz intelligenter Technologien profitieren.

Die moderne Beschaffungslogistik

Die Beschaffungslogistik umfasst sämtliche Tätigkeiten eines Unternehmens oder einer Organisation zur Deckung des Bedarfs an Gütern oder Dienstleistungen (Wannenwetsch, 2021, S. 111). Hauptziel ist dabei die Sicherstellung der Versorgung mit den benötigten materiellen und immateriellen Gütern (Koether, 2012, S. 15).

Die Beschaffungslogistik hat sich in den letzten Jahrzehnten grundlegend gewandelt. So wurde bereits seit Anfang des 21. Jahrhunderts die unmittelbare Vorratsbeschaffung, um Güterknappheit zu verhindern, durch eine auf Kostenminimierung ausgelegte, systematisch überlegte Beschaffungsplanung abgelöst (Schulte, 2013, S. 283). Die Ziele der Beschaffungslogistik werden oft anhand des Konzepts der „sechs R" beschrieben (Fortmann & Kallweit, 2007, S. 23 f.). Dieses hat sich seit Ende des 20. Jahrhunderts erheblich weiterentwickelt, sodass es neben den klassischen vier Rs (Richtiges Produkt, Richtige Qualität,

Richtige Zeit, Richtiger Ort) und den zwei hinzugekommenen Rs (Richtige Menge und Richtige Kosten) weitere Rs gibt, die für moderne Beschaffungen eine Rolle spielen. Beispielsweise könnten Aspekte wie die „Richtige Verpackung, die Richtige Quelle, Richtige Informationen oder die Richtige Produktion" des Produkts mit einfließen (Zeilhofer-Ficker, 2006, S. 3 f.).

Die Beschaffungslogistik hat das zentrale Ziel, eine nachhaltige und ressourcensichere Versorgung mit Gütern zu gewährleisten, was durch verschiedene Beschaffungsstrategien unterstützt wird (Wannenwetsch, 2021, S. 113). Die Internationalisierung der Beschaffung hat zwar zu Kosteneinsparungen geführt, birgt jedoch Risiken wie Einhaltung von Qualitätsstandards, Nachhaltigkeit und Versorgungssicherheit, insbesondere bei Störungen in der Lieferkette (Schulte, 2013, S. 300 f.). Die jüngsten Krisen haben gezeigt, dass die globalisierten Beschaffungsstrukturen die Resilienz der Versorgungssysteme beeinträchtigen können, insbesondere bei kritischen Gütern für BOS. Die Verlagerung der Produktion in Länder mit geringeren Kosten hat zudem dazu geführt, dass viele Produkte nicht mehr in Deutschland oder der EU gefertigt werden, was die Abhängigkeit von internationalen Lieferquellen verstärkt. Bei Produkten, die sowohl international als auch auf dem Binnenmarkt bezogen werden können, müssen Aspekte wie Qualität, Wiederbeschaffungszeiten und Kosten kritisch bewertet werden. Lange Wiederbeschaffungszeiten durch weit entfernte Produktionsstandorte reduzieren die Lieferflexibilität (Schulte, 2013, S. 300 f.).

Beim Beschaffungsmanagement kann zwischen nationaler und globaler Beschaffung sowie zwischen Single-Sourcing (ein Lieferant) und Multiple-Sourcing (mehrere Lieferanten) gewählt werden. Single-Sourcing bietet Kostenvorteile durch höhere Abnahmemengen und geringere logistische Komplexität (Wannenwetsch, 2021, S. 169 f.). Nachteilig sind jedoch die hohe Abhängigkeit vom Lieferanten und das Versorgungsrisiko bei dessen Ausfall (Schuh & Stich, 2013, S. 81).

Technologienutzen, Strategien und Bestandsgrenzen bei der Lagerhaltung/-verwaltung

Die Lagerverwaltung bildet den Kern der internen Materialwirtschaft einer Organisation. Auch hier haben in den vergangenen Jahrzehnten tiefgreifende Veränderungen stattgefunden. Die klassische, manuell durch Mitarbeitende durchgeführte Lagerverwaltung wurde vornehmlich durch digitale Lagerverwaltungssysteme abgelöst. Wo früher die Erfahrungen und das „Wissen" der einzelnen Lagermitarbeitenden essenziell waren, da Artikelinformationen und deren Lagerorte in keinem digitalen System erfasst werden konnten, sind heute in der Regel digitale Systeme im Einsatz. Insbesondere die Bestandsführung hat sich durch die Digitalisierung erheblich verändert. Eine zeit- und kostenintensive manuelle Inventur, um die genauen Warenbestände im Lager zu ermitteln (Arnold et al., 2008, S. 804 f.), konnte durch die digitale Abbildung von Bestandsbewegungen effizienter gestaltet werden. Insbesondere bei BOS ist eine strukturierte und zuverlässige Bestandskontrolle essenziell, da bei Nichtverfügbarkeit von Material unter Umständen die originären Aufgaben, zum Beispiel des Bevölkerungsschutzes, nicht adäquat ausgeführt werden können.

In diesem Kontext spielt die Definition von Bestandsgrenzen eine entscheidende Rolle, um Materialbestände im zeitlichen Verlauf zu bewerten. Je nachdem, welches Bestellverfahren Anwendung findet, können die Bestandsgrenzen variieren. Die beiden am weitesten verbreiteten Bestellverfahren, das Bestellpunkt- und das Bestellrhythmusverfahren (es existieren auch Mischformen, wie das Kontrollrhythmusverfahren), werden nachfolgend vorgestellt.

Bestellrhythmusverfahren Die Bestellung eines Verbrauchsartikels findet bestandsmengenunabhängig in festgelegten/vordefinierten Intervallen statt. Es wird zum Zeitpunkt *t* entweder eine fixe Menge oder eine variable Menge eines Artikels bestellt. Letztere Option bietet die Möglichkeit, das Lager bis zum definierten Maximalbestand „aufzufüllen", während bei der Bestellung einer fixen Menge, je nach Verbrauch, auch ein Lagerbestand oberhalb/unterhalb des definierten Maximalbestands auftreten kann (Schuh & Stich, 2013, S. 98 f.). Sofern variable Mengen bestellt werden, entfällt die Gefahr einer Über- oder Unterdeckung der Lagerkapazitäten, allerdings ergibt sich ein erhöhter Kontrollaufwand (Roth, 1993, S. 59).

Bestellpunktverfahren Eine Bestellung wird ausgelöst, sobald ein vorher festgelegter Lagerbestand erreicht wird. Dadurch variieren die Bestellzeitpunkte (bei gleichmäßigem Verbrauch i. d. R. nur leicht). In Bezug auf die Bestellmenge sind ebenfalls fixe oder variable Mengen (bis zum Erreichen des Sollbestands) üblich (Arnold et al., 2008, S. 157).

Fundamental ist dabei, dass sich die definierten Bestandswerte (wenn nicht ohnehin von einem smarten digitalen WaWi/WMS ermittelt) auf eine strukturierte Bedarfsermittlung beziehen, d. h. es müssen historische Verbrauchsdaten aus den Einsatzstellen der BOS herangezogen werden. Auch Informationen zur konkreten Wiederbeschaffungszeit eines Artikels sind an dieser Stelle unabdingbar. Die zu definierenden Bestandsgrenzen (siehe Abb. 1) sind:

1. *Minimalbestand:* Bestand eines Artikels, der nicht unterschritten werden darf, da sonst ein Engpass droht. Der Minimalbestand liegt regelmäßig an der Obermengengrenze des Sicherheitsbestands (Gudehus, 2012, S. 335).
2. *Maximalbestand:* Definierter Lagerbestand eines Artikels, der aufgrund der Lagerkapazität oder Wirtschaftlichkeit (eingelagerte Artikel binden Kapital) nicht überschritten werden kann/soll (Wannenwetsch, 2021, S. 69).
3. *Meldebestand:* Festgelegter Bestand, bei dessen Unterschreiten eine Meldung und/oder Bestellung ausgelöst wird (vgl. Bestellpunktverfahren). Der Meldebestand

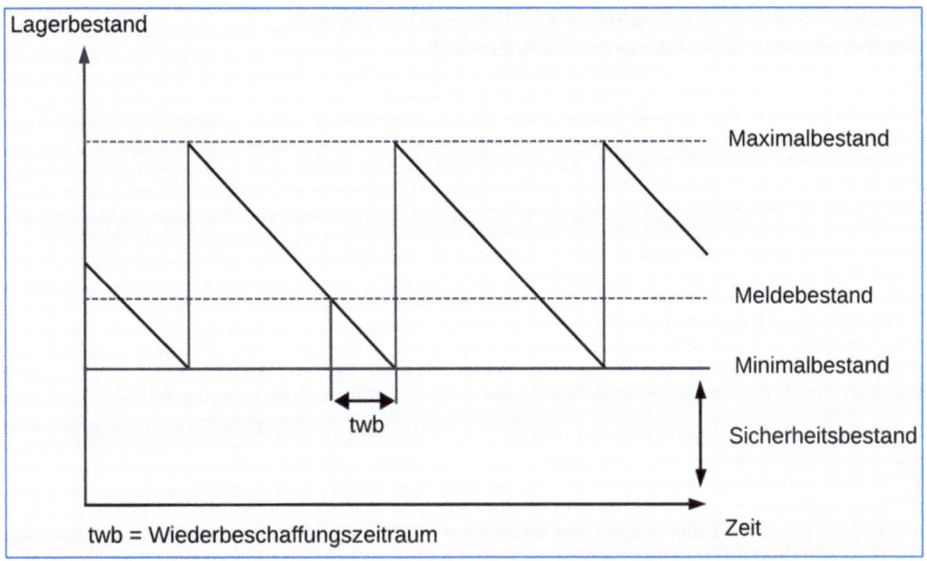

Abb. 1 Lagerbestandsgrenzen. (Eigene Darstellung in Anlehnung an Koether, 2012, S. 35)

ist so anzusetzen, dass unter Berücksichtigung der Lieferzeiten für den Artikel der Minimalbestand nicht unterschritten wird. Er muss somit oberhalb des Minimalbestandes liegen (Arnold et al., 2008, S. 281).

4. *Sicherheitsbestand:* Bestand, der unterhalb des Minimalbestands liegt und im Falle von Wiederbeschaffungsproblemen die Einsatzfähigkeit der Organisation sicherstellt. Im Regelfall wird der Sicherheitsbestand nicht beansprucht und dient lediglich der Risikominimierung (Roth, 1993, S. 40).

Es ist zu beachten, dass bei Einlagerung vieler Produkte und regelmäßiger Vorratsbeschaffung eine hohe Kapitalbindung die Folge ist. Jedes Produkt, welches nicht unmittelbar dem Nutzen innerhalb der jeweiligen Organisation zugeführt wird, bindet Geldmittel und verursacht Lagerhaltungskosten. Die Prinzipien der Materialbeschaffung (Einzel-, Vorratsbeschaffungen und produktionssynchrone Beschaffungen) sind je nach Art der Organisation, für die beschafft wird, zu prüfen (Schulte, 2013, S. 311). Ziel muss sein, ein hohes Servicelevel bei möglichst geringem Bestand und Kosten zu erreichen. Es ist anzunehmen, dass sich bei den allermeisten BOS, zumindest was die Verbrauchsmaterialien anbelangt, eine gewisse Vorratsbeschaffung anbietet (und auch praktiziert wird).Dabei sollten stets auch die durchschnittlichen Verbrauchsmengen herangezogen werden, um im angemessenen Umfang Einsatzmaterialien vorzuhalten. Die natürlichen Grenzen sind hier durch die konkreten Möglichkeiten der Lagerhaltung und die Haltbarkeit der einzulagernden Produkte determiniert.

Einsatz von Technologien im Krisenmanagement – Anwendungsfälle bei einer Feuerwehr

Eine eintretende Engpasssituation von Versorgungsgütern und Einsatzressourcen kann primär durch zwei Effekte hervorgerufen werden, die auch gemeinsam auftreten können:

1. Der Verbrauch von Einsatzmaterialien steigt, indiziert durch ein eingetretenes (Groß-schadens-)Ereignis,
2. Die Produktion oder die Versorgungswege sind gestört, was zu Lieferengpässen des benötigten Materials führt.

Bedingt durch die Engpasssituationen lassen sich konkrete Anwendungsfälle für die Auf-rechterhaltung der Versorgungssicherheit einerseits und für effektive Verteilungsprozesse anderseits ableiten:

- Anpassungen bei der Lagerbeschaffungen und den Bestellpolitiken, beispielsweise durch das Zurückgreifen auf weitere Lieferanten,
- Lagerbestandsmonitoring auf den einzelnen Dienststellen und in den Großlagern,
- Austausch von Material zwischen Institutionen, BOS und Betreibenden kritischer Infrastrukturen.

Im Forschungsprojekt ResKriVer wurden „Use-Cases" dieser Anwendungsfälle zu unter-schiedlichen Bedrohungsszenarien ausgearbeitet. Für dieses Kapitel relevant sind vor allem die Szenarien Pandemie und Extremwetter, sowie das Szenario eines großflächigen und langanhaltenden Stromausfalls. Diese Szenarien stellen ernsthafte, aber auch realis-tische Bedrohungslagen für die Versorgungssicherheit von BOS in Deutschland dar.

Beispielsweise hat der Use-Case „Pandemie" als disruptives Großereignis negative Auswirkungen auf die Verfügbarkeit bestimmter Produktgruppen. So können einerseits durch unterschiedliche Maßnahmen wie beispielsweise Lockdowns oder Abstands-regeln Produktions- und Lieferketten beeinträchtigt werden. Anderseits kann zeitgleich die weltweite Nachfrage nach medizinischen Verbrauchsgütern steigen oder „neue" Pro-dukte wie FFP2-Masken und Impfstoffe werden in kurzer Zeit in großer Stückzahl be-nötigt (Parvanta, 2021, S. 47 ff.). Vor diesem Hintergrund stellt sich die Frage, wie sich BOS vor den Auswirkungen von Engpässen von Einsatzmaterialien und krisenrelevanten Hilfs- und Verbrauchsgütern effektiv schützen können. Wie lässt sich die Resilienz in diesem Bereich erhöhen und welche strukturellen Verbesserungen sind denkbar?

Der Einsatz von digitalen Technologien und Künstlicher Intelligenz (KI) birgt das Potenzial, das Krisenmanagement und die Krisenprävention hinsichtlich der Material-versorgung bei BOS zu verbessern und somit die Krisenresilienz zu erhöhen. Digitale Lösungen wie „*ReCheck* – Aufrechterhaltung des Regelbetriebs bei Abgaben von Hilfs-gütern in globalen Krisen", das im Rahmen des Projektes ResKriVer entwickelt wurde, können dabei unterstützten, vorhandenes Material in Lagern der eigenen BOS effizient und bedarfsgerecht zu erfassen, sowie Potenziale für mögliche Umverteilungen der Mittel zwischen verschiedenen Institutionen der zivilen Sicherheit aufzuzeigen. In diesem Kapitel wird der Einsatz dieser Technologie am Beispiel einer Feuerwehr aufgezeigt und diskutiert.

Für die Use-Cases und die Entwicklung beziehungsweise Evaluation von *ReCheck* wurden folgende Datenquellen herangezogen:

1. Bundesweite Erhebung zu Bedarfen und Anforderungen der Logistik und Kommunikation in einer Krise (exemplarisch Use-Case „Pandemie").
2. Bundesweite qualitative, halbstrukturierte Interviews mit Beschäftigten von BOS in Großstädten, ruralen und peripheren Gebieten, die in den Bereichen Lagerhaltung/ Warenwirtschaft und Beschaffung/Vergabe tätig sind.
3. Onlineumfrage, die aus den gewonnenen Erkenntnissen der Interviews entwickelt wurde, um eine quantitative Überprüfung zu ermöglichen.

Sämtliche Umfragen, Befragungen und Interviews wurden im Rahmen des Forschungsprojekts ResKriVer von der Berliner Feuerwehr mit dem Ziel durchgeführt, dass die Ergebnisse repräsentativ sind und sich für eine Übertragbarkeit auf andere BOS im deutschen Bundesgebiet eignen.

Aufrechterhaltung des Regelbetriebs durch *ReCheck*

Der im Forschungsprojekt ResKriVer entwickelte Dienst *ReCheck* stellt einen innovativen Ansatz dar, um Versorgungssicherheit und Krisenresilienz von BOS zu stärken. Ziel ist es, den effektiven, bedarfsgerechten und präzisen Austausch von Material zwischen verschiedenen Institutionen der zivilen Sicherheit, auch über Gebietskörperschaften hinweg, zu unterstützen. Dabei wird auf die verbesserte Versorgung mit krisenrelevanten Gütern und Ressourcen durch die Simulation und Auswertung von Daten gesetzt. *ReCheck* prognostiziert und simuliert pro Produk-Artikel auf Basis der historischen Nachfragedaten sowie des hinterlegten Bestellverfahrens die erwartete Bestandsentwicklung. Dabei können auch geplante Abgabemengen an eine andere BOS berücksichtigt werden. Der Dienst bietet dem Anwender dann eine Entscheidungsunterstützung, ob der Artikel und, wenn ja, in welcher Höhe der Artikel umverteilt werden kann.

Die oben beschriebenen herkömmlichen Logistikverfahren und Strategien bedingen dabei den Einsatz des *ReCheck*-Dienstes, da stets auf die logistischen Eckdaten der Beschaffungsstrategien und der Lagerhaltung der jeweiligen Organisation zurückgegriffen werden muss. Es ist also notwendig, sich im Detail mit den Warenbewegungen innerhalb einzelner BOS zu beschäftigen, um Schwachstellen zu identifizieren und Ansatzpunkte für den Einsatz von *ReCheck* sowie von (KI-)Technologien insgesamt herauszuarbeiten.

Im Folgenden werden die Funktionsweise, die Herangehensweise in der Entwicklung, der Nutzen für die eigene Materialversorgung, sowie den interkommunalen Ressourcenaustausch in Krisen, sowie die Einsatzvoraussetzungen des Dienstes *ReCheck* dargestellt.

Funktionsweise von *ReCheck*

Im Rahmen des Forschungsprojekts ResKriVer hat das Fraunhofer-Institut für Materialfluss und Logistik (IML) unter Zuarbeit der Berliner Feuerwehr den Dienst *ReCheck* entwickelt, welcher mittels Abfragen eine zielgenauere Materialabgabe zulässt. Bei *ReCheck* handelt es sich um einen Dienst, der schnell und einfach Informationen zu möglichen Abgabemengen bestimmten Materials bereitstellt. *ReCheck* versetzt BOS damit in die Lage, auf Basis einer Bestandssimulation zu prognostizieren, ob die Aufrechterhaltung des Regelbetriebs, bei Abgabe von Hilfsgütern in Krisen, gewährleistet bleibt.

Im Hintergrund der Anwendung wird die sogenannte *Supply Chain Simulation OTD NETWORK* verwendet *(vgl. Kap. „*KI- und Simulationsbasierte Evaluierung der Versorgungssicherheit in Liefernetzwerken – *KI- und simulationsbasierte Evaluierung der Versorgungssicherheit" in Liefernetzwerken)*, um die Bestandssituation an einem BOS-Standort zu simulieren (siehe Abb. 2).

Im Engpassprognosetool *ReCheck* können zwei Arten von Abfragen getätigt werden:

1. „Können X Artikel XY zum Zeitpunkt *t* abgegeben werden, ohne dass der Regelbetrieb beeinträchtigt wird?"
2. „Wie viele Artikel XY können maximal zum Zeitpunkt *t* abgegeben werden, ohne dass der Regelbetrieb beeinträchtigt wird?"

Wenn eine BOS Material abgeben will, geben die Anwendenden in einem ersten Schritt die Abfragen für einen oder mehrere Artikel auf dem *ReCheck*-User-Interface ein. Bei-

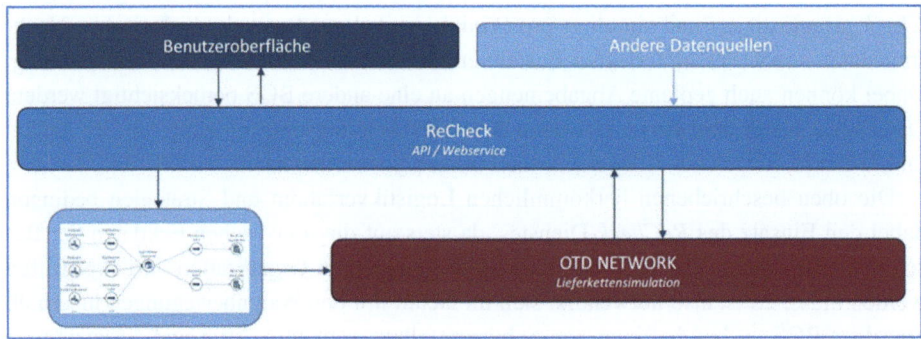

Abb. 2 Softwarearchitektur ReCheck (Quelle: Fraunhofer IML)

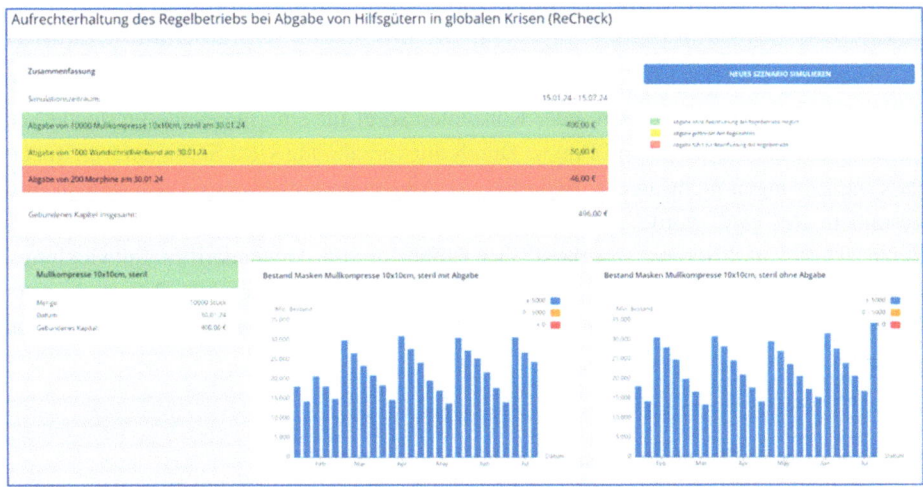

Abb. 3 Dashboard ReCheck. (Quelle: Fraunhofer IML)

spielsweise könnte eine Abgabe von Mullbinden, Wundschnellverbänden und Morphin untersucht werden, wie in Abb. 3 gezeigt wird.

Auf Basis der Eingabedaten wird ein Simulationsdurchgang mit dem *OTD-NET-WORK*-Supply-Chain-Simulationstool durchgeführt. Die Simulation berücksichtigt unter anderem die aktuellen Lagerbestände der betrachteten Artikel, die festgelegten Bestandsgrenzen, Bestellpolitiken des Lagers und historische Verbrauchsdaten. Es erfolgt die Ausgabe der relevanten Simulationsergebnisse über ein Dashboard, wo anhand der Ampelfarben (grün, gelb, rot) angezeigt wird, ob die entsprechenden Materialabgaben grundsätzlich möglich sind.

Zusätzlich werden die Bestandsveränderungen grafisch dargestellt, wodurch sich die Bestandssituation bzw. der Bestandsverlauf für den jeweiligen Betrachtungszeitraum nachvollziehen lässt. Abb. 3 zeigt das Dashboard beispielhaft. Es lässt sich entnehmen, dass die Abgabe der Mullbinden den Regelbetrieb nicht beeinträchtigt (grün), die Abgabe der Wundschnellverbände kritisch sein könnte (gelb) und die Abgabe des Morphins nicht möglich ist (rot), da es zu einer Unterschreitung des Mindestbestandes käme. An dieser Stelle könnte dann die zweite Abfrageart genutzt werden, um zu erfragen, wie viele Einheiten Morphin zu einem bestimmten Datum abgegeben werden könnten, ohne dass der eigne Regelbetrieb gefährdet wird. Als Ergebnis erhält der Anwendende einen konkreten Wert, der als mögliche Materialabgabemenge mit Datum kommuniziert werden kann.

Praxisnahe Entwicklung von *ReCheck*

Der Einbezug von (End-)anwendern bei der Entwicklung von technischen Demonstra-
toren, Handlungsempfehlungen, oder Konzepten sorgt für eine ineinandergreifende Verbindung zwischen Theorie und Praxis. Durch die Verzahnung wird Sorge dafür getragen,
dass die Lösungen nicht an den Bedarfen der Anwender vorbei entwickelt werden. Insbesondere *ReCheck* wurde auf die konkreten Bedürfnisse von BOS abgestimmt, mit
ihnen getestet und iterativ angepasst. Der Einbezug von Anwendern in Entwicklungs-
stadien trägt zusätzlich zu einer erhöhten Akzeptanz der Lösungen bei. Das erfolgreiche
Vorgehen im Falle von *ReCheck* unterstreicht den Mehrwert anwendungsbezogener Forschung.

Nutzen von *ReCheck* in Krisen

Da sich Krisen häufig in begrenzten Regionen abspielen, wie beispielsweise bei einer
Hochwasserlage, ergibt sich für die im Krisengebiet zuständigen BOS, wie Feuerwehren,
Technisches Hilfswerk, Rettungsdienste und Polizei, ein erhöhter Bedarf an bestimmten
Einsatzressourcen. Wenn diese Ressourcen nicht in ausreichender Menge zur Verfügung
stehen, werden sie bei anderen, nicht unmittelbar von der Krisenlage betroffenen BOS
angefragt. Der geringe Digitalisierungsgrad vieler BOS im Bereich der Lagerhaltung
bedingt, dass oftmals nicht schnell genug und der Lage entsprechend evaluiert werden
kann, welchen Umfang oder Zeithorizont konkrete Abgaben haben könnten. Dabei fehlen oft insbesondere Informationen zu Maximal-, Minimal-, Melde- oder Sicherheits-
beständen. In der Praxis führt der Mangel an validen Informationen bei BOS dazu, dass
Materialabgaben nur begrenzt erfolgen, und wenn doch, dann ist dieser Prozess oft
kompliziert, umständlich und bürokratisch. Zusätzlich spielt der Faktor Zeit in Krisensituationen eine gewichtige Rolle, insbesondere wenn es um die Rettung von Menschenleben geht. Dass das Material zur richtigen Zeit am richtigen Ort verfügbar ist, wird in
diesem Kontext durch die Verwendung von *ReCheck* begünstigt. Die Zeitersparnis zur
Evaluation von Abgabemengen und deren Bereitstellung im Vergleich zum analogen Vorgehen ist laut den im Projekt ResKriVer durchgeführten Befragungen hoch. Konkret ermöglicht der Einsatz von *ReCheck* den BOS eine präzise Planung und Überwachung der
Materialabgaben, auch über längere Betrachtungszeiträume. Es kann genau eingeschätzt
werden, wie viel Material abgegeben werden kann, ohne den eigenen Betrieb zu gefährden. Diese Herausforderung gut bewältigen zu können, stärkt die Einsatzfähigkeit
der von Krisenlagen betroffenen BOS, da Hilfslieferungen schneller erfolgen und die
zu erwartenden Mengen frühzeitig bekannt sind. Insgesamt kann somit krisenbedingten
Materialengpässen schneller begegnet werden. *ReCheck* könnte beispielsweise als cloud-
basiertes „Software-as-a-Service" (SaaS)-Programm oder auch als „on premise" Lösung
den BOS zur Verfügung gestellt werden.

Zu beachten ist, dass die Leistungsfähigkeit des Dienstes *ReCheck* mit der Qualität und Quantität der zur Verfügung gestellten Daten korreliert. Ohne eine strukturierte Bestandserfassung, bestenfalls mithilfe digitaler Verwaltungssysteme, besitzt die Bestandssimulation *ReCheck* nur eine begrenzte Aussagekraft.

Einsatzvoraussetzungen für ReCheck

Wie eingangs erwähnt, führt die häufig unzureichend modernisierte Materialwirtschaft bei BOS zu ineffizienten Prozessen, ungenauen Bestandsübersichten und einer eingeschränkten Reaktionsfähigkeit in Krisenfällen. Auf dieser Basis ist es eine Herausforderung digitale Dienste, die eine große Menge strukturierter Daten benötigen, effektiv nutzbar zu machen. Hier schaffen moderne WaWi/WMS Abhilfe, indem sie Planungs- und Steuerungsprozesse sowie die Koordination innerhalb eines Lagers unterstützen. Lagerinterne Abläufe wie die Ein-, Aus- oder Umlagerung von Artikeln, der Nachschub der Ware und die Umbuchung der Bestände können so systematisch erfasst und gespeichert werden. Dies sind notwendige Schritte, um eine korrekte permanente und fortlaufende Inventur zu gewährleisten. Die Erfassung der Warenbewegungen startet beim Wareneingang, geht über die Lagerung der Artikel und endet beim Warenausgang. Warenbewegungen, Zuordnungen von Lagerplätzen und Bestandsüberwachungen können überwacht und gesteuert werden (Wehking, 2020, S. 14). Insbesondere bei großen Organisationen mit dezentralen und/oder umfangreichen Lagerstrukturen ist dies wichtig.

Eine zentrale Erkenntnis des Projekts ResKriVer an dieser Stelle ist, dass durch die verbesserte Übersicht, Transparenz und dynamische Ermittlung der Lagerbestände allein bereits eine effektivere Abgabe bzw. Umverteilung von Material in Krisenszenarien ermöglicht wird. Mit digitalen Lagersystemen lassen sich Materialflüsse besser steuern, Engpässe vermeiden und Abgaben effizienter planen. Dies bildet die notwendige Basis für den Einsatz des *ReCheck*-Dienstes, der auf den erfassten Daten aufbaut und diese für Simulationen und Prognosen nutzt.

Herausforderungen

Beim Materialaustausch zwischen BOS gilt es neben der Mikroebene der einzelnen Organisationen auch immer die Makroebene, also das Zusammenspiel vieler Organisationen und Funktionseinheiten, im Blick zu haben. Die föderalen Strukturen in Deutschland führen, insbesondere durch die starke Zersplitterung der Zuständigkeiten und das Fehlen zentraler Einrichtungen, zu erheblichen Herausforderungen in der Koordinierung von Ressourcenverteilung und dem Ressourcenaustausch über Gebietskörperschaften hinweg. Nahezu alle Vertreter der BOS, die an den Befragungen und Workshops im Rahmen des Projektes ResKriVer teilgenommen haben, waren der Meinung, dass der föderale Aufbau und die damit einhergehende Verteilung von Zuständigkeiten eines der größten Hindernisse bei der effektiveren Koordinierung von Materialaustausch zwischen BOS in Deutschland darstellen. Zur Bewältigung dieser Herausforderung müssen konkrete Lösungsansätze insbesondere auf politischer Ebene identifiziert werden. Eine Neustrukturierung der Sicherheitslandschaft in Deutschland könnte beispielsweise die Einrichtung zentraler Stellen umfassen, um die Materialverteilung innerhalb und zwischen den BOS signifikant zu verbessern. Dabei ist zu beachten, dass die organisationalen Strukturen der einzelnen BOS in Deutschland sehr heterogen sind. So gibt es Organisationen, die teilweise auf Bundesebene organisiert sind, wie die Bundespolizei oder das Technische Hilfswerk, während bei anderen BOS, wie den Feuerwehren oder Rettungsdiensten, die Strukturen kommunal ausgestaltet sind. Auf kommunaler Ebene fallen die Zuständigkeiten schließlich an die Städte oder Gemeinden (Savinsky et al., 2023, S. 31 ff.). Was beispielsweise in Bezug auf die Feuerwehrlandschaft in Deutschland hinzu kommt, ist, dass von den gut 1,1 Mio. Feuerwehrkräften in Deutschland nur etwa 5 % den Berufsfeuerwehren zugeordnet werden. Somit liegt die Hauptversorgungslast in erster Linie in der Hand ehrenamtlicher Feuerwehrleute, die den Großteil der kleineren Städte und Kommunen in Deutschland abdecken (siehe Deutscher Feuerwehrverband, 2022). Zumeist sind in diesen Fällen dann auch die einzelnen Kleinstädte, Gemeinden und Kommunen für die Ausstattung der Feuerwachen verantwortlich. Der Bund hingegen hat kein Mitwirkungsrecht auf dem Gebiet des Feuerwehrwesens (vgl. DStGB, 2011).

Die Etablierung einer einheitlichen digitalen Struktur für die Warenwirtschaft erscheint aufgrund der unterschiedlichen Größenordnungen der jeweiligen Funktionsbereiche als herausfordernd und *"bottom-up"* kaum umsetzbar. Insofern müssen Impulse von *"top-down"* kommen. Dabei ist es entscheidend, die grundlegenden lokalen Strukturen, insbesondere die stark ehrenamtlich organisierten BOS, nicht zu gefährden. Es darf nicht darum gehen, Zuständigkeiten pauschal zu zentralisieren oder zu verschieben. Vielmehr gilt es, gezielt einzelne Aspekte der Organisationen zu modernisieren und relevante Informationen sowie Daten bundesweit strukturiert und sicher zu erfassen. Die Sicherheitsarchitektur darf nicht fragmentiert bleiben, während Krisen zunehmend global auftreten. Der Nutzen eines Systems, das von vielen BOS im gesamten Bundesgebiet genutzt wird und präzise Ergebnisse sowie Simulationen mit hoher Aussagekraft liefert, wäre daher eine erhebliche Verbesserung. Der Gedanke zentraler, länderübergreifender Plattformen, unter anderem auch für Materialbestände, existiert bereits. Das Zukunftsforum Öffentliche Sicherheit hat es bereits 2011 so formuliert: „Ein Lösungsansatz könnte […] in einer zentralen, behördenübergreifenden Online-Informationsplattform bestehen, mit rund um die Uhr aktualisierten Inhalten und mediengerechten Zusammenfassungen (z. B. tägliches Bulletin) für die autorisierten Kommunikatoren" (ZOES, 2011, S. 14). Der Gedanke wurde im Jahre 2021 erneut aufgegriffen: „Das ZOES schlägt vor, für die Identifikation und das versorgungsbezogene Monitoring von möglichen Engpassressourcen bei Staat, Wirtschaft, Organisationen und Bevölkerung eine „Trusted Plattform" aufzubauen. [...] Das bundesweite Sammeln der erforderlichen

Daten aus allen Ebenen und Bereichen der Verwaltung und der Wirtschaft erfordert ein umfassendes Schnittstellen-Management" (ZOES, 2021, S. 3 f.).

Eine weitere Herausforderung, die sich beim Einsatz digitaler Lösungen in Deutschland oftmals zeigt, ist potenzielles Ressentiment der Beschäftigten gegenüber neuen Technologien (Staub, 2024). Eine gewisse Skepsis gegenüber neuen digitalen Prozessen konnte auch im Zuge der unterschiedlichen Befragungen und Feldtests mit den Endanwendern einzelner Einsatzbereiche im Rahmen des Projektes ResKriVer festgestellt werden. Diese Vorbehalte und teilweise auch Ängste der Beschäftigten sollten bei der Implementierung von digitalen Komponenten ernst genommen werden. Das Einbeziehen der Endanwendenden in Entwicklungsphasen und Schulungen im Umgang mit intelligenter Technik können potenzielle Ressentiments reduzieren und zu einer erfolgreichen Anwendung in der Praxis führen.

Fazit

„Die Digitalisierung aller Lebens- und Arbeitsbereiche fordert ihren Tribut und verschafft zugleich ungeahnte Möglichkeiten. " – (Baumanns, 2019, S. 7).

Multiple Krisen strapazieren die Versorgungssicherheit in Deutschland. Dienste wie *ReCheck* bieten einen Ansatz, wie die Handlungsfähigkeit von BOS nicht nur im alltäglichen Einsatz, sondern auch in Krisen verbessert werden kann. Durch effizientere Materialabgaben lässt sich Ressourcenmangel besser ausgleichen. Der vorgestellte Dienst *ReCheck* erfüllt die Voraussetzungen, BOS künftig in diesem Bereich zu unterstützen. Die Entwicklung und Erprobung von *ReCheck* hat gezeigt, dass Digitalisierung und datenbasierte Ansätze die Krisenfestigkeit von BOS deutlich stärken können. Insbesondere der Fokus auf digitale Lagerverwaltung, geeignete Beschaffungs- und Lagerhaltungsstrategien sowie Engpassprognosen bei Materialabgabe bergen enorme Potenziale, um Einsatzressourcen effizient zu verwalten und zielgerichtet zu verteilen. Vor allem aber ist deutlich geworden, vor welchen strukturellen Herausforderungen viele BOS stehen: intelligente Anwendungen und KI-Technologien erfordern möglichst umfassende und strukturierte Datensätze. Hier gibt es noch erheblichen Handlungsbedarf in vielen Organisationen. Dabei sind bereits diese „Nebenprodukte" beim Schaffen der nötigen Vorrausetzungen auf dem Weg zum Einsatz digitaler KI-Tools in hohem Maße effizienzsteigernd und können helfen, Resilienzen aufzubauen.

Zum Abschluss dieses Kapitels sei festgehalten, dass (globale) Krisen, wie die COVID-19-Pandemie, vor allem kreative Lösungsansätze erfordern. Wie sich in den Befragungen mit Mitarbeitenden von BOS im Rahmen des Projektes ResKriVer zeigte, stießen zahlreiche BOS unabhängig voneinander auf vergleichbare Probleme, aber auch Lösungen. Ein verstärkter Informationsaustausch und eine enge Zusammenarbeit können bei der Bewältigung von Herausforderungen förderlich sein. Schließlich können Krisen auch positive Kräfte freisetzen, wie beispielsweise eine gesteigerte Innovationskraft, Zusammenarbeit und Koordination zwischen unterschiedlichsten Sektoren oder die Beschleunigung von (digitalen) Entwicklungen im Zuge einer pandemischen Lage. Insbesondere die rasante Umstellung vieler BOS auf mobile Arbeitsmodelle hätte es in der Form und Geschwindigkeit ohne die Pandemie wohl nicht gegeben. Es wurde insgesamt viel aus den „Coronajahren" gelernt und vieles wurde angestoßen, über das zuvor lange diskutiert wurde (Ammon, 2021, S. 57). Auch das Forschungsprojekt ResKriVer ist während und vor den Eindrücken der COVID-19-Pandemie entstanden, was deutlich zeigt, dass aus großen Krisen immer auch viel gelernt werden kann und muss. Der Einsatz finanzieller Mittel etwa für die umfassende Digitalisierung sollte nicht als Kosten, sondern vielmehr als Investition in die Resilienz vor zukünftigen Krisenszenarien verstanden werden.

Empfehlungen

Die Feldversuche und insbesondere eine Krisenstabsübung, in der *ReCheck* intensiv getestet wurde, haben im Wesentlichen hervorgebracht, dass der Dienst in seiner Funktionalität eine sinnvolle Ergänzung für Entscheidungspersonen in Krisenlagen ist. Zusätzlich zeichnet sich die Anwendung durch seine hohe Intuitivität und eine sehr hohe Nutzerfreundlichkeit aus. Für einen flächendeckenden Einsatz klaffen jedoch Anspruch und Wirklichkeit beim Digitalisierungsgrad der BOS in Deutschland weit auseinander: föderalistische Strukturen und Unterschiede im organisatorischen Aufbau von BOS je nach Region und Einsatzbereich machen die Schaffung einheitlicher Grundvoraussetzungen nahezu unmöglich. Die Akzeptanz von neuen Verfahren, technologischen Komponenten und Arbeitsweisen durch die Mitarbeitenden sollte gefördert, Ängste ernstgenommen werden. Es muss klar kommuniziert werden, warum eine bestimmte neue Technologie eingeführt wird und was sich dadurch verbessert. Schon bei grundlegenden Digitalisierungsschritten gibt es diesbezüglich viele Widerstände. In Bezug auf neue Prozesse herrscht oftmals eine Informationsasymmetrie zwischen den Entscheidungspersonen und den Einsatzkräften. Abschließend hier die wesentlichen Empfehlungen zusammengefasst:

1. Überprüfung und Anpassung bestehender Bestandsgrenzen und Bestellverfahren innerhalb der individuellen Lagerlogistik
2. Schaffung von zuverlässigen und gepflegten Datengrundlagen als Voraussetzung für den Einsatz von digitalen, intelligenten Technologien
3. Umsetzung einer konsequenten Digitalisierungsstrategie für BOS in Deutschland
4. Überbehördliche Konzeptionierung und einheitliche Umsetzung von bundesweiten Datenbanken
5. Abbau potenzieller Ressentiments gegenüber neuer Technologie

Ausblick

Neben der Abgabe von Material ist die Prognose von Materialengpässen, zum Beispiel aufgrund von Störungen entlang der Lieferketten, ein kritischer Aspekt. Für die verschiedenen Produkte, die bei einer BOS eingelagert sind, müssen Informationen zu Wiederbeschaffungszeiten, Bezugsquellen und Lieferanten hinterlegt werden. Bei Störungen entlang der Lieferkette, bei den Produzenten oder den Distributionskanälen, können sich anbahnende Engpässe frühzeitig erkannt werden. Dieser Ansatz ermöglicht

- Frühwarnung vor Engpässen basierend auf Daten zu Wiederbeschaffungszeiten, Bezugsquellen und Lieferrouten und
- Dynamische Anpassungen von Handlungsempfehlungen zu alternativen Lieferanten, Produkten oder (restriktivere) Materialausgabemaßnahmen.

Die Prognose von Materialengpässen aufgrund von Störungen in der Lieferketten und Identifizierung geeigneter Maßnahmen wurde mit dem ResKriVer-Dienst zur Evaluierung der Versorgungssicherheit (EvaVe) adressiert und wird in Kap. „KI- und Simulationsbasierte Evaluierung der Versorgungssicherheit in Liefernetzwerken" dieses Buches betrachtet. Es ist denkbar und technisch möglich, diesen Service in *ReCheck* zu integrieren. Jedoch gilt auch hier: Je mehr Informationen und Daten dem System zur Verfügung gestellt werden, desto präziser sind die Ergebnisse.

Ein großer zukünftiger Mehrwert für den Kernbereich von *ReCheck*, den Materialabgaben, ist auch eine Sektion im Dashboard des Dienstes, wo Hinweise und Handlungsempfehlungen für die Endanwendenden angezeigt werden können. Beispielsweise könnten bei drohenden Engpässen angepasste Bestellstrategien, alternative Anbieter/Lieferanten oder Ad-hoc-Maßnahmen zur besseren Verbrauchsregulierung (Priorisierung bei der Materialausgabe etc.) vorgeschlagen werden.

Der grundlegende Ansatz, BOS miteinander zu vernetzen, ist ein vielversprechender Weg, um die Krisenresilienz nachhaltig zu verbessern. Die Idee, eine zentrale Plattform zum Sammeln von Daten, zum Informationsaustausch und für eine landes- oder bundesweite Ressourcenübersicht aufzubauen, muss ernsthaft diskutiert werden. Eine Technologie wie *ReCheck* könnte zukünftig auch in Kooperation von unterschiedlichen BOS gemeinsam genutzt werden. Dadurch wäre beispielsweise eine synchronisierte Materialabfrage möglich, und es könnte von unterschiedlichen Seiten auf bestimmte Bestandsinformationen zugegriffen werden. Eine solche Vernetzung mehrerer autarker Organisationen bringt viele Hürden mit sich und es ist auch mit Widerständen zu rechnen. Die Vorteile für die Sicherheitsarchitektur in Deutschland sind jedoch nicht von der Hand zu weisen. Die genaue Ausgestaltung und Fragen der Umsetzung und Datensicherheit müssen weiterführend und verstärkt untersucht werden.

Literatur

Ammon, Andrea (2021). *Eröffnung: Forschung und Wissenschaft für die Stärkung der Krisenvorsorge*, in Schriftenreihe CAES (Hrsg.): Die Coronavirus-Pandemie: Gesellschaftliche, ökonomische und politische Folgen für Europa, I Bd. 6, S. 57–59.

Arnold, Dieter; Fuhrmans, Kai; Isermann, Heinz; Kuhn, Axel; Tempelmeier, Horst (2008). *Handbuch Logistik*. 3. Aufl., Berlin, Heidelberg: Springer.

Baumanns, Markus (2019). *Kick-off!: Auf Entdeckungsreise zur Organisation der Zukunft*, Freiburg: Haufe-Lexware.

Baur, Andreas et al. (2022). *Strategien gegen die Flaschenhals-Rezession: Was hilft bei Lieferengpässen und steigenden Preisen*, in ifo Schnelldienst: Strategien gegen die Flaschenhals-Rezession, I Bd. 75, Nr. 01, S. 03–31.

Das, Koustav (2021). Explained: How much did Suez Canal blockage cost world trade, in: *India Today*, 30.03.2021, [online] https://www.indiatoday.in/business/story/explained-how-much-did-suez-canal-blockage-cost-world-trade-1785062-2021-03-30 [abgerufen am 07.12.2024].

Deutscher Feuerwehrverband e.V (2022). *Statistik*, Feuerwehrverband, [online] https://www.feuerwehrverband.de/presse/statistik/ [abgerufen am 03.12.2024].

Deutscher Städte- und Gemeindebund (DStGB) (2011). *Feuerwehren als kommunale Einrichtungen der Daseinsvorsorge*, in DStGB, [online] https://www.dstgb.de/themen/sicherheit/feuerwehr-und-katastrophenschutz/feuerwehren-als-kommunale-einrichtungen-der-daseinsvorsorge/ [abgerufen am 28.11.2024].

Fiolka, Michael (2021). Blockade im Suez Kanal – Ever Given auf Abwegen. Fraunhofer IML, [online] https://www.iml.fraunhofer.de/de/resilienz/never-let-a-good-crisis-go-to-waste/die-blockade-im-suez-kanal.html [abgerufen am 22.11.2024].

Fortmann, Klaus-Michael; Kallweit, Angela (2007). *Logistik*, 2. Aufl., Stuttgart: Verlag W. Kohlhammer.

Gudehus, Timm (2012). *Logistik 1. Grundlagen, Strategien, Anwendungen*. Studienausgabe der 4., aktualisierten Aufl. (VDI-Buch). Berlin, Heidelberg: Springer Vieweg.

Jenzer, H., Groesser, S., Miljković, N. (2023). Availability of Medicines. In: Le Brun, P., Crauste-Manciet, S., Krämer, I., Smith, J., Woerdenbag, H. (Hrsg.), *Practical Pharmaceutics – An International Guideline for the Preparation, Care and Use of Medicinal Products*, 2. Aufl., Cham:Springer Nature Switzerland AG, S. 23–55.

Kleinebrahn, Anja (2021). *Krisenbewältigung und Informationsaustausch mit Akteuren kritischer und systemrelevanter Infrastruktur auf kommunaler Ebene – Lösungsansätze und Best Practices als Grundlage zur Weiterentwicklung eines strukturierten und systematischen Vorgehens anhand von Erfahrungen und Erkenntnissen aus der COVID-19-Pandemie*, Bundesamt für Bevölkerungsschutz und Katastrophenhilfe (BBK), [online] https://www.bbk.bund.de/SharedDocs/Downloads/DE/Mediathek/Publikationen/KRITIS/irm-projektbericht-fw-muelheim.pdf?__blob=publicationFile&v=5 [abgerufen am 13.01.2025].

Koether, Reinhard (2012). *Distributionslogisitik. Effiziente Absicherung der Lieferfähigkeit*. Wiesbaden: Springer Gabler.

Mizgier, Kamil J.; Jüttner, Matthias P.; Wagner, Stephan M. (2012). Bottleneck identification in supply chain networks, in: *International Journal of Production Research*, Bd. 51, Nr. 5 S. 1477–1490.

Parvanta, Parnian (2021). *COVID-19 weltweit: Die EU als internationale Helferin?*, in Schriftenreihe CAES (Hrsg.): Die Coronavirus-Pandemie: Gesellschaftliche, ökonomische und politische Folgen für Europa, I Bd. 6, S. 46–51.

Roth, Michael (1993). *Materialbedarf und Bestellmenge*. Wiesbaden: Gabler Verlag.

Savinsky, G., Beneke, N., Blasczyk, A., Bräutigam, A., Feyrer, J., Fischer, S., ... & Rothe, M. (2023). Das Feuerwehr-Lehrbuch: Grundlagen-Technik-Einsatz. Kohlhammer Verlag.

Schild, Gerd (2020). *Corona-Pandemie: Der Sauerstoff ist knapp*, in: ZEIT ONLINE, 10.07.2020, [online] https://www.zeit.de/wissen/gesundheit/2020-07/corona-pandemie-medizinischer-sauerstoff-behandlung-europa-beatmung [abgerufen am 10.12.2024].

Schuh, Gunther; Stich, Volker (2013). *Logistikmanagement. Handbuch Produktion und Management 6 (VDI-Buch).* Berlin, Heidelberg: Springer Vieweg.

Schulte, Christof (2013). *Logistik. Wege zur Optimierung der Supply Chain,* 6. Aufl. (Vahlens Handbücher der Wirtschafts- und Sozialwissenschaften), München: Franz Vahlen.

Sommer, Theo (2021). *Containerschiff im Suezkanal – Nicht der letzte Schock für die Lieferketten,* in ZEIT ONLINE, 30.03.2021, [online] https://www.zeit.de/politik/ausland/2021-03/containerschiff-suezkanal-ever-given-blockade-schiffsverkehr-welthandel-lieferketten [abgerufen am 19.11.2024].

Staub, Julia (2024). Behörden im Wandel: Ein Wegweiser zur digitalen Transformation, KPMG Klardenker.

Steinlein, Jasper (2020). *Mangel an Schutzkleidung: Masken made in Germany?,* in: tagesschau. de, 09.04.2020, [online] https://www.tagesschau.de/inland/masken-produktion-deutschland-101.html letzter [abgerufen am 12.12.2024].

Timm, Ingo J. & Lattner, Andreas D. (2010). *Künstliche Intelligenz in der Logistik,* in: KI-künstliche Intelligenz, | Bd. 24, Nr. 2, S. 99–103.

Wagner, Stephan M.; Bode, Christoph (2006). An empirical investigation into supply chain vulnerability, in: *Journal of Purchasing and Supply Management,* | Bd.12, Nr. 6, S. 301–312.

Wannenwetsch, Helmut (2021). *Integrierte Materialwirtschaft, Logistik, Beschaffung und Produktion. Supply Chain im Zeitalter der Digitalisierung.* 6. Auflage, Berlin: Springer Vieweg.

Wehking, Karl-Heinz (2020). *Technisches Handbuch Logistik 1. Fördertechnik, Materialfluss, Intralogistik,* Berlin: Springer Vieweg.

Zeilhofer-Ficker, I. (2006). *RFID: Neue Entwicklungen für Produktion und Logistik,* München: GBI-Genios.

Zukunftsforum Öffentliche Sicherheit e. V. (ZOES) (2021). *Perspektiven aus der Corona-Krise – Erkenntnisse und Handlungsempfehlungen zur Verbesserung der Resilienz,* Grünbuch Spezial.

Zukunftsforum Öffentliche Sicherheit e. V. (ZOES) (2011). *Schriften zur Zukunft der Öffentlichen Sicherheit – Risiko- und Krisenkommunikation.* Hrsg. Thomann, H. J.; Dechamps, A.; Graf von Waldburg-Zeil, C.

Entwicklung und Evaluierung eines Notfallkonzepts zur Sicherstellung der Versorgung der Bevölkerung mit Blutprodukten im Fall von Krisensituationen

Katrin Fleischhauer, Bernard Schroeter, Rodney Leitner, Vaishnavi Upadrasta, Lorenz Wolf, Britta Dimanski, Thomas Jürgensohn und Axel Pruß

Kernaussagen

1. **Resilienz in der Blutversorgung ist eine zentrale Voraussetzung für den Bevölkerungsschutz in Krisenzeiten:** Eine effektive Notfallvorsorge muss im Normalzustand geplant und vorbereitet werden, um in Krisensituationen funktionsfähig zu sein.
2. **Das Blutspendeverhalten wird von saisonalen und gesellschaftlichen Faktoren beeinflusst:** Klimatische Bedingungen, Feiertage, Schulferien und Krisen wie Pandemien beeinflussen die Bereitschaft der Bevölkerung, Blut zu spenden.
3. **Ungeklärte Zuständigkeiten und unzureichende Koordination können in Krisensituationen Menschenleben kosten:** Ein klar geregeltes Krisenmanagement mit definierten Abläufen ist unerlässlich, um Zeitverluste zu minimieren und die Blutversorgung sicherzustellen.

K. Fleischhauer · B. Schroeter (✉) · A. Pruß
Charité – Universitätsmedizin Berlin, Transfusionsmedizin/ ZTB gGmbH, Berlin, Deutschland
E-Mail: bernard.schroeter@charite.de

R. Leitner
HFC Human-Factors-Consult GmbH, Berlin, Deutschland

V. Upadrasta
Vaishnavi Upadrasta, HFC Human-Factors-Consult GmbH, Berlin, Deutschland

L. Wolf
Abteilung XVI, Bundeswehrkrankenhaus Berlin, Berlin, Deutschland

B. Dimanski
Britta Dimanski, DRK-Blutspendedienst Nord-Ost gGmbH, Berlin, Deutschland

T. Jürgensohn
HFC Human-Factors-Consult GmbH, Berlin, Deutschland

© Der/die Autor(en), exklusiv lizenziert an Springer Fachmedien Wiesbaden GmbH, ein Teil von Springer Nature 2025
T. Hoppe und R. Fricke (Hrsg.), *Resiliente krisenrelevante Versorgungsnetze*,
https://doi.org/10.1007/978-3-658-48639-6_10

4. **Temporäre Entnahmeräume und alternative Transportwege sind entscheidend für die Aufrechterhaltung der Blutversorgung:** Bei infrastrukturellen Störungen müssen mobile Entnahmestellen und alternative Transportmittel, wie Wasser- und Luftwege, bereitstehen.

5. **Bestandsspender spielen eine Schlüsselrolle in der Notfallblutversorgung:** Zu Beginn von Krisenszenarien sind Bestands- oder Wiederholungsspender von entscheidender Bedeutung, da ca. 20 % der Erstspender aufgrund von Ausschlusskriterien nicht zur Blutspende zugelassen werden können.

6. **Die zivil-militärische Zusammenarbeit bietet wertvolle Synergien für die Resilienz der Blutversorgung:** Partnerschaften mit militärischen Einrichtungen, wie dem Bundeswehrkrankenhaus, tragen maßgeblich zur Stärkung der Blutversorgung in Krisenzeiten bei.

Einleitung

Resilienz im Sinne des Sendai Rahmenwerks für Katastrophenvorsorge ist die „Fähigkeit eines Systems, einer Gemeinschaft oder einer Gesellschaft, die Gefahren ausgesetzt ist, den Auswirkungen einer Gefahr rechtzeitig und effizient zu widerstehen, sie zu absorbieren, zu bewältigen, sich an sie anzupassen, sie zu transformieren und sich von ihnen zu erholen, auch durch den Erhalt und die Wiederherstellung ihrer wesentlichen Grundstrukturen und Funktionen durch Risikomanagement."[1]

Basierend auf dieser Definition und mit der Förderung des BMWK (Förderkennzeichen: 01MK21006C) haben wir uns mit folgenden Fragen auseinandergesetzt:

- Wie sehen bisherige Notfallkonzepte aus?
- Gibt es klimatische, temporäre, oder situationsabhängige Parameter, die das Blutspendeverhalten der Bevölkerung beeinflussen?
- Wie kann eine adäquate Ressourcenvorhaltung von Blutprodukten gelingen?

Um die oben genannte Fähigkeit eines Systems bestmöglich zu gestalten, sind größere Vorbereitungen bereits im „Normalzustand" vorzuhalten, damit im Krisenfall die Resilienz der Strukturen bestmöglich funktioniert. Ungeklärte Zuständigkeiten kosten Zeit und ggf. auch Menschenleben.

Die Verantwortlichkeiten der Katastrophenschutzbehörden sind im Land Berlin wie folgt geklärt:

---

[1] Resilienz gegenüber Katastrophen, Selbstbewertungsleitfaden für Kommunen, in: https://mcr2030.undrr.org/sites/default/files/2023–03/UNDRR_Disaster%20resilience%20scorecard%20for%20cities_Detailed_German_Mar2023.pdf?startDownload=true, S. 3.

- die Senatskanzlei,
- die Senatsverwaltungen,
- die Bezirksämter,
- die Berliner Feuerwehr,
- die Polizei Berlin und
- andere, den Senatsverwaltungen nachgeordnete Behörden, soweit sie Ordnungsaufgaben wahrnehmen.[2]

Der Senat für Inneres ruft den Katastrophenfall aus, danach treten Maßnahmenkaskaden in Kraft, die die weiteren Abläufe gezielt sichern und durch geklärte Zuständigkeiten Zeitverluste minimieren sollen.

In diesem Krisenmanagement stehen der Bevölkerungsschutz und der Schutz der kritischen Infrastrukturen an vorderster Stelle, mit dem Ziel Chaos und Panik zu vermeiden.

Nicht zuletzt wurde von der Bundesregierung am 13.07.2022 die von der Bundesministerin des Innern und für Heimat vorgelegte Deutsche Strategie zur Stärkung der Resilienz gegenüber Katastrophen (Resilienzstrategie[3]) beschlossen.

Im Rahmen des ResKriVer-Projektes waren die Charité und ihre Partner mit der Versorgung der Bevölkerung mit Blutprodukten beauftragt. Es wurden die bestehenden Konzepte und Resilienzen genauer betrachtet, da auch hier bedeutet: Zeitverlust kann Menschenleben kosten.

Bei allen Betrachtungen ist zu bedenken, dass Blutzubereitungen als Arzneimittel gelten, die aus humanem gewonnene Blut-, Plasma- oder Serumkonserven, Blutbestandteile oder Zubereitungen aus Blutbestandteilen oder als Wirkstoffe enthalten.[4]

Im Interesse einer ordnungsgemäßen Versorgung der Bevölkerung mit Arzneimittel n besteht der Zweck des Arzneimittelgesetzes darin, für die Sicherheit im Verkehr mit Arzneimitteln, insbesondere für die Qualität, Wirksamkeit und Unbedenklichkeit der Arzneimitteln zu sorgen.[5] Daraus ergibt sich für alle eventuellen Strategien, dass insbesondere die Sicherheit, die Qualität und die Unbedenklichkeit der Blutprodukte gewährleistet werden müssen.

---

[2] Quelle:https://www.berlin.de/ba-pankow/politik-und-verwaltung/beauftragte/katastrophenschutz/artikel.1354866.php2

[3] Quelle: Deutsche Strategie zur Stärkung der Resilienz gegenüber Katastrophen Umsetzung des Sendai Rahmenwerks für Katastrophenvorsorge (2015–2030) – Der Beitrag Deutschlands 2022–2030.

[4] Gesetz über den Verkehr mit Arzneimitteln (Arzneimittelgesetz – AMG), § 4, Abs. 2.

[5] Gesetz über den Verkehr mit Arzneimitteln (Arzneimittelgesetz – AMG), § 1.

Ist-Zustand Notfallkonzepte

Für außergewöhnliche Situationen und/oder Krisen liegen Katastrophenpläne vor. Der Senat für Inneres ist für das Ausrufen des Katastrophennotfalls zuständig und informiert (in unserem Fall) direkt den Vorstand der Charité. In den bestehenden Dienstplänen stehen tagesaktuell die verantwortlichen Personen mit ihren Befugnissen.

Je nach Lagebild werden die einzelnen Bereiche und Gebiete benachrichtigt und in das Gefahrenprocedere eingebunden. Damit wird die Notfallkaskade eingeleitet, die folgendes beinhaltet:

- Lagerbestände der Blutkonserven prüfen und ggf. aufstocken
- Bekannte Risiken bei der Versorgung mit EKs (Erythrozyten-Konzentrate) in Krisen abschätzen
- Mitarbeiter zielführend einbinden, mobilisieren gemäß Rufbereitschaftsplänen
- ggf. nicht notwendige Eingriffe verschieben, um freie Kapazitäten für Notfälle zu haben.

Der Gesetzgeber hat für diesen Fall vorgesorgt und lässt Ausnahmen in Krisenzeiten von den Vorschriften des Arzneimittelgesetzes zu, wenn die notwendige Versorgung der Bevölkerung mit Arzneimitteln (z. B. Blutprodukten) sonst ernstlich gefährdet wäre und eine unmittelbare oder mittelbare Gefährdung der Gesundheit von Menschen durch Arzneimittel nicht zu befürchten ist, wobei die Geltungsdauer auf 6 Monate zu befristen ist.

§ 79 AMG: Ausnahmeermächtigungen für Krisenzeiten

(1) Das Bundesministerium wird ermächtigt, im Einvernehmen mit dem Bundesministerium für Wirtschaft und Energie durch Rechtsverordnung mit Zustimmung des Bundesrates Ausnahmen von den Vorschriften dieses Gesetzes und der auf Grund dieses Gesetzes erlassenen Rechtsverordnungen zuzulassen, wenn die notwendige Versorgung der Bevölkerung mit Arzneimitteln sonst ernstlich gefährdet wäre und eine unmittelbare oder mittelbare Gefährdung der Gesundheit von Menschen durch Arzneimittel nicht zu befürchten ist; insbesondere können Regelungen getroffen werden, um einer Verbreitung von Gefahren zu begegnen, die als Reaktion auf die vermutete oder bestätigte Verbreitung von krankheitserregenden Substanzen, Toxinen, Chemikalien oder eine Aussetzung ionisierender Strahlung auftreten können.

(4a) Im Falle eines Versorgungsmangel s der Bevölkerung mit Arzneimitteln, die zur Vorbeugung oder Behandlung lebensbedrohlicher Erkrankungen benötigt werden, oder im Fall einer bedrohlichen übertragbaren Krankheit, deren Ausbreitung eine sofortige und das übliche Maß erheblich überschreitende Bereitstellung von spezifischen Arzneimitteln

erforderlich macht, können die zuständigen Behörden im Einzelfall gestatten, dass Arzneimittel, die nicht zum Verkehr im Geltungsbereich dieses Gesetzes zugelassen oder registriert sind,

1. befristet in Verkehr gebracht werden sowie
2. abweichend von § 73 Absatz 1 in den Geltungsbereich dieses Gesetzes verbracht werden.

Satz 1 gilt, wenn die Arzneimittel in dem Staat rechtmäßig in Verkehr gebracht werden dürfen, aus dem sie in den Geltungsbereich dieses Gesetzes verbracht werden oder
wenn die zuständige Bundesoberbehörde festgestellt hat, dass die Qualität der Arzneimittel gewährleistet ist und ihre Anwendung nach den Erkenntnissen der medizinischen
Wissenschaft ein positives Nutzen-Risiko-Verhältnis zur Vorbeugung oder Behandlung
der jeweiligen Erkrankung erwarten lässt. Die Gestattung durch die zuständige Behörde
gilt zugleich als Bescheinigung nach § 72a Absatz 1 Satz 1 Nr. 3 oder nach § 72b Absatz 2 Satz 1 Nr. 3, dass die Einfuhr im öffentlichen Interesse liegt. Im Falle eines Ver-
sorgungsmangels oder einer bedrohlichen übertragbaren Krankheit im Sinne des Satzes 1
können die zuständigen Behörden im Einzelfall auch ein befristetes Abweichen von Er-
laubnis- oder Genehmigungserfordernissen oder von anderen Verboten nach diesem Gesetz gestatten. Vom Bundesministerium wird festgestellt, dass ein Versorgungsmangel
oder eine bedrohliche übertragbare Krankheit im Sinne des Satzes 1 vorliegt oder nicht
mehr vorliegt. Die Feststellung erfolgt durch eine Bekanntmachung, die im Bundes-
anzeiger veröffentlicht wird. Die Bekanntmachung ergeht im Einvernehmen mit dem
Bundesministerium für Umwelt, Naturschutz und nukleare Sicherheit, soweit es sich um
radioaktive Arzneimittel und um Arzneimittel handelt, bei deren Herstellung ionisie-
rende Strahlen verwendet werden[6].

Blutspendeverhalten der Bevölkerung

Das Verhalten der Bevölkerung in Bezug auf Blutspenden unterliegt verschiedenen saisonalen und nicht-saisonalen Einflüssen die die Versorgung mit Blutprodukten in regulären sowie in Krisenzeiten signifikant beeinflussen können. Vor dem Hintergrund der
Notwendigkeit, eine kontinuierliche Versorgung sicherzustellen, widmet sich dieser Abschnitt der systematischen Untersuchung des Blutspende verhaltens, untergliedert nach
geografischen Regionen und spezifischen Zeitfenstern. Diese Analyse ist insbesondere
relevant, um die Auswirkungen externer Faktoren wie klimatische Bedingungen und gesellschaftliche Ereignisse (z. B. Pandemien) auf die Spendebereitschaft zu verstehen.

---

[6]Gesetz über den Verkehr mit Arzneimitteln (Arzneimittelgesetz – AMG), § 79 Ausnahmeermächtigungen für Krisenzeiten.

Zentral ist die Frage, wie sich unterschiedliche Bedingungen auf das Blutspende-verhalten auswirken. Untersucht wird, ob und inwiefern Feiertage und Schulferien sowie Temperaturschwankungen das Spendenverhalten beeinflussen. Zusätzlich wird der Einfluss von Krisensituationen, wie sie die COVID-19-Pandemie darstellte, auf das Spendenverhalten analysiert, um resiliente Strategien für die Blutversorgung in ähnlichen künftigen Szenarien entwickeln zu können.

Datengrundlage und regionale Aufschlüsselung

Der zugrunde liegende Datensatz, der vom DRK Blutspendedienst Nord-Ost zur Ver-fügung gestellt wurde, umfasst den Zeitraum von 2017 bis 2021 und enthält tägliche Aufzeichnungen über die Anzahl der Blutspenden in drei spezifischen geografischen Re-gionen: Berlin und Brandenburg (BB), Sachsen (SN) sowie die kombinierten Bundes-länder Hamburg und Schleswig–Holstein (Nordregion). Diese Daten werden weiterhin in zwei Kategorien unterteilt: die Jahre vor der COVID-19-Pandemie (2017–2019) als Nicht-Krisenzeiten und die Jahre während der Pandemie (2020–2021) als Krisenzeiten. Außerdem werden die Daten auch nach der Art der Woche kategorisiert: Wochen mit mindestens fünf Arbeitstagen (A), Wochen mit mindestens einem Feiertag (vier Arbeits-tage oder weniger, Fwo) und Wochen mit Schulferien (S). Diese Einteilungen schaffen eine differenzierte Betrachtung und Analyse des Einflusses der Pandemie auf das Blut-spendeverhalten und ermöglicht es, verlässliche Muster und Trends in den Blutspendeak-tivitäten über die genannten Zeiträume und Regionen hinweg zu identifizieren.

Datenaufbereitung

Um die Integrität und Aussagekraft der Analyse zu gewährleisten, wurde der Datensatz einer sorgfältigen Aufbereitung unterzogen. Dieser Prozess zielte darauf ab, die Daten von Verzerrungen zu bereinigen, die durch externe Faktoren wie Feiertage, Wochen-enden und außergewöhnliche Ereignisse wie Lockdowns entstehen könnten.

Exklusion nicht-repräsentativer Daten
Der erste Schritt der Datenaufbereitung bestand darin, alle Einträge zu entfernen, die an Wochenenden und gesetzlichen Feiertagen gemacht wurden, da an diesen Tagen die Blutspendezentren entweder geschlossen sind oder nur eingeschränkt arbeiten. Zusätzlich wurden alle Tage, an denen keine Blutspenden erfasst wurden, aus dem Datensatz ge-strichen. Diese Maßnahme dient dazu, eine konsistente Datenbasis zu schaffen, die aus-schließlich reguläre Spendetermine reflektiert.

Bereinigung von Lockdown-Phasen

Während der COVID-19-Pandemie führten staatlich angeordnete Lockdowns zu temporären Schließungen von Blutspendezentren oder zu einer erheblichen Reduktion der Spendenbereitschaft aufgrund von Bewegungseinschränkungen und gesundheitlichen Bedenken der Bevölkerung. Um eine unverzerrte Sicht auf das normale Spendenverhalten zu gewährleisten, wurden daher alle Datenpunkte, die während offizieller Lockdown-Perioden erhoben wurden, aus der Analyse ausgeschlossen.

Durch diese umfassende Datenaufbereitung wurde sichergestellt, dass der verbleibende Datensatz eine zuverlässige Grundlage für die Analyse darstellt. Dies ist entscheidend, um valide Erkenntnisse über das Blutspendeverhalten der Bevölkerung in den definierten Regionen und Zeiträumen zu gewinnen.

Statistische Analyseverfahren

Anschließend wurden statistische Methoden angewendet, um das Blutspendeverhalten detailliert zu analysieren und relevante Einflussfaktoren zu identifizieren. Zur grundlegenden Beschreibung der Daten wurden deskriptive Statistiken verwendet, einschließlich Mittelwert, Median, Standardabweichung, sowie minimalen und maximalen Werten der täglichen Blutspenden. Diese Statistiken bieten einen umfassenden Überblick über die zentralen Tendenzen und die Variabilität der Anzahl an Blutspenden in den verschiedenen untersuchten Regionen und Zeiträumen.

Um festzustellen, ob signifikante Unterschiede zwischen den verschiedenen Arten von Wochen (Arbeitswochen, Wochen mit Feiertagen und Schulferienwochen) existieren, wurde eine ANOVA[7] durchgeführt. Diese Methode erlaubt es, die mittlere Anzahl an Blutspenden zwischen mehreren unabhängigen Gruppen zu vergleichen. Die ANOVA wurde sowohl getrennt für jede Region als auch für die Zeitperioden der Nicht-Krisen- und Krisenjahre angewendet.

Zur Untersuchung der Beziehung zwischen meteorologischen Bedingungen und der Anzahl der Blutspenden wurde die Korrelationsanalyse verwendet. Diese Methode misst die Stärke und Richtung einer Beziehung zwischen zwei stetigen Variablen. Es wurde speziell geprüft, ob höhere Temperaturen eine signifikante Beziehung mit der Blutspendebereitschaft haben.

Zur weiteren Quantifizierung der Beziehung zwischen Temperatur und Anzahl an Blutspenden wurden lineare und polynomiale Regressionsmodelle eingesetzt. Diese Modelle helfen zu verstehen, wie stark die Temperatur die Anzahl der Blutspenden beeinflusst, indem sie eine Vorhersagegleichung bereitstellen, die die abhängige Variable (Blutspenden) aus der unabhängigen Variable (Temperatur) schätzt. Die Modelle wurden

---

[7]Analysis of variance, kurz ANOVA, https://de.wikipedia.org/wiki/Varianzanalyse.

getrennt für die Perioden der Nicht-Krisen- und Krisenzeiten sowie nach Regionen entwickelt.

Durch die Kombination dieser statistischen Methoden konnten tiefergehende Einsichten in das Blutspendeverhalten gewonnen werden, die für die Planung von Blutspendeaktionen und die strategische Ausrichtung von Notfallkonzept en zur Blutversorgung in Krisenzeiten von entscheidender Bedeutung sind. Die Ergebnisse dieser Analysen bilden die wissenschaftliche Grundlage für die Empfehlungen zur Optimierung der Blutspendeprozesse, die im weiteren Verlauf des Kapitels erörtert werden.

Ergebnisse der Analyse

Regionale Unterschiede im Blutspendeverhalten

Basierend auf den detaillierten Analysen der Blutspendedaten aus den drei Regionen Berlin und Brandenburg, Sachsen sowie Hamburg und Schleswig–Holstein werden die spezifischen regionalen Unterschiede im Blutspendeverhalten betrachtet. Die Untersuchungen umfassen sowohl Nicht-Krisenzeiten (2017–2019) als auch Krisenzeiten (2020–2021), mit einer Fokussierung auf die Art der Wochen.

Die durchschnittliche Anzahl der Blutspenden pro Tag für die drei Regionen:

- **Berlin und Brandenburg (BB)**
  In den Nicht-Krisenjahren betrug die durchschnittliche Anzahl der Blutspenden 529 mit einer Standardabweichung von 85. Während der Krisenjahre fiel die durchschnittliche Anzahl auf 498, was eine Reduktion der Spendebereitschaft unterstreicht.
- **Nordregion (Hamburg und Schleswig–Holstein)**
  Hier wurde in den Jahren vor der Pandemie ein Durchschnitt von 483 Blutspenden verzeichnet. Die Pandemiejahre zeigen ebenfalls einen Rückgang auf 451, was die Auswirkungen der COVID-19-Krise reflektiert.
- **Sachsen (SN)**
  Sachsen hatte einem Durchschnitt von 619 in den Jahren 2017 bis 2019 und 565 während der Pandemie, trotz der Herausforderungen durch die Krise.

Tab. 1 zeigt den Gesamtdurchschnitt der Anzahl der Blutspenden für die Nicht-Krisenjahre 2017 bis 2019 sowie das Krisenjahr 2020 bis 2021 für jede der drei untersuchten Regionen.

Unterschiede zwischen Wochenarten

ANOVA-Analysen wurde durchgeführt, um eventuelle Unterschiede in den durchschnittlichen Spenden zwischen den drei Gruppen zu bewerten: Wochen mit fünf Arbeitstagen (A), Wochen mit mindestens einem Feiertag (vier Arbeitstage oder weniger, Fwo) und Wochen mit Schulferien (S). Die notwendigen Voraussetzungen wurden vor der Analyse geprüft und erfüllt.

Tab. 1 Blutspenden der drei Regionen pro Tag für die Jahre 2017 bis 2019 sowie 2020 und 2021 (absolute Zahlen)

Region	Datensatz	n	M	SD	Median	Min	Max
BB	2017–2019	748	529	84.8	522	278	864
	2020–2021	323	497.2	79.2	492	307	827
Nord	2017–2019	749	483.1	94.7	482	224	844
	2020–2021	323	451.1	84.4	451	259	718
SN	2017–2019	745	619.1	105.9	613	235	1018
	2020–2021	322	564.6	93.6	562	284	902

[*] n – Anzahl der berücksichtigten Tage; M – Mittelwert der Spenden pro Tag; SD – Standardabweichung

Tab. 2 präsentiert die deskriptiven Statistiken für Berlin und Brandenburg. Sie gibt den Gesamtdurchschnitt der Blutspendenanzahl für die Nicht-Krisenjahre 2017 bis 2019 sowie die Krisenjahre 2020 bis 2021, unterteilt nach Wochenarten, wieder. Die ANOVA-Ergebnisse für Berlin und Brandenburg zeigen signifikante Unterschiede zwischen den Wochenarten in den Nicht-Krisenjahren 2017 bis 2019 ($F(2, 2745) = 3984$, $p < ,05$). Ein Bonferroni-Paarvergleich zwischen Feiertagswochen und regulären Arbeitswochen zeigt, dass die Spendenbereitschaft für Feiertagswochen signifikant niedriger ist ($p < ,05$). Für die Krisenjahre 2020 bis 2021 konnten keine signifikanten Unterschiede festgestellt werden ($F(2, 2320) = 0{,}212$, $p = ,08$).

In der Region Hamburg und Schleswig–Holstein wurden weder während der Nicht-Krisenzeiten 2017 bis 2019 ($F(2, 2746) = 0{,}717$, $p = ,489$) noch während der Pandemie 2020 und 2021 ($F(2, 2320) = 0{,}357$, $p = ,07$) signifikante Unterschiede zwischen den Wochenarten festgestellt, was auf eine gleichmäßigere Verteilung der Spendenaktivität hindeutet (Tab. 3, Abb. 1 und 2).

Die Ergebnisse für Sachsen wiesen sowohl während der Jahre vor der Pandemie 2017 bis 2019 ($F(2, 745) = 5284$, $p < ,01$) als auch während der Pandemie 2020 und 2021 ($F(2, 319) = 8436$, $p < ,001$) einen signifikanten Unterschied in der durchschnittlichen Anzahl der Blutspenden zwischen den drei Wochenarten auf. Basierend auf den Bonferroni-Paarvergleichen wurde für den Zeitraum von 2017 bis 2019 ein signifikanter Unterschied zwischen den Gruppen Schulferien und Arbeitswochen identifiziert, während für den Zeitraum von 2020 bis 2021 sowohl signifikante Unterschiede zwischen Schulferien und Arbeitswochen ($p < ,001$) als auch zwischen Schulferien und Feiertagswochen ($p < . 05$) festgestellt wurden. Diese Ergebnisse deuten darauf hin, dass die durchschnittliche Zahl der Blutspenden während der Schulferien in Sachsen deutlich niedriger ist (Tab. 4 und Abb. 3).

Die Analyse zeigt, dass das Blutspendeverhalten von lokalen Gegebenheiten wie Schulferien und regionalen Feiertagen beeinflusst werden kann. Laut deskriptiver Statistik ist dieser Einfluss jedoch minimal. Lediglich in Sachsen scheint die Spendenbereitschaft stärker von diesen Faktoren abzuhängen als in anderen Regionen. Während der

Tab. 2 Blutspenden pro Tag in Berlin und Brandenburg nach Wochentagen für die Jahre 2017 bis 2019 und 2020 bis 2021

Datensatz	Wochenart	n	*M*	*SD*	Median	Min	Max
2017–2019	A	495	534.7	84	526	305	867
	Fwo	103	510.8	82,9	503	333	746
	S	150	522.3	87,4	516	278	738
2020–2021	A	210	496.1	79,2	488.5	311	827
	Fwo	18	508.8	70,4	523.5	359	605
	S	95	497.5	81,4	495	307	737

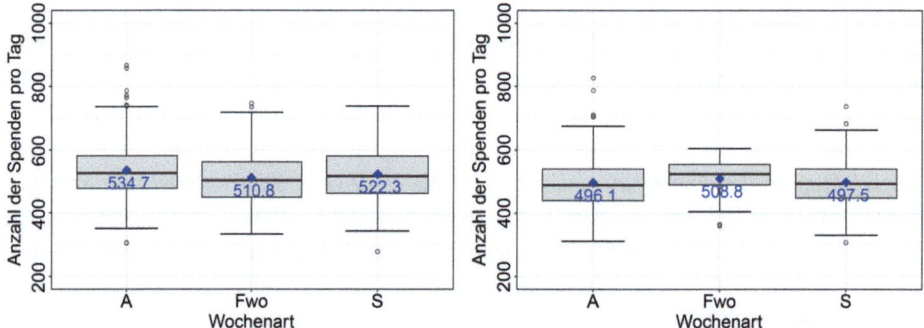

Abb. 1 Vergleich der Spendenaufkommen in Berlin und Brandenburg für die unterschiedlichen Wochenarten A, Fwo und S für die Jahre 2017 bis 2019 (links) und die Jahre 2020 und 2021 (rechts)

Krisenjahre ist der Einfluss der Pandemie deutlich, wobei alle Regionen einen Rückgang der Blutspenden verzeichneten, allerdings mit unterschiedlicher Intensität.

Einfluss der meteorologischen Bedingungen

Angesichts der eher geringen Auswirkungen von Feiertagen und Schulferien auf das Blutspendeverhalten rückt die Betrachtung meteorologischer Faktoren in den Vordergrund. Im Fokus steht dabei insbesondere der Einfluss der Temperatur auf die Spendehäufigkeit während der Vor-Pandemie-Jahre 2017 bis 2019 sowie der Pandemiejahre 2020 und 2021.

Analyse der Jahre 2017 bis 2019

Die Datenanalyse der Region Berlin und Brandenburg ergab eine negative Korrelation zwischen der Temperatur und der Anzahl der Blutspenden für die Jahre 2017 bis 2019 ($r = -,073$, $p < ,05$). Obwohl das Ergebnis signifikant ist, zeigt der r-Wert, dass die Effektstärke äußerst gering ist. Die Ergebnisse der Polynomregression deuteten darauf

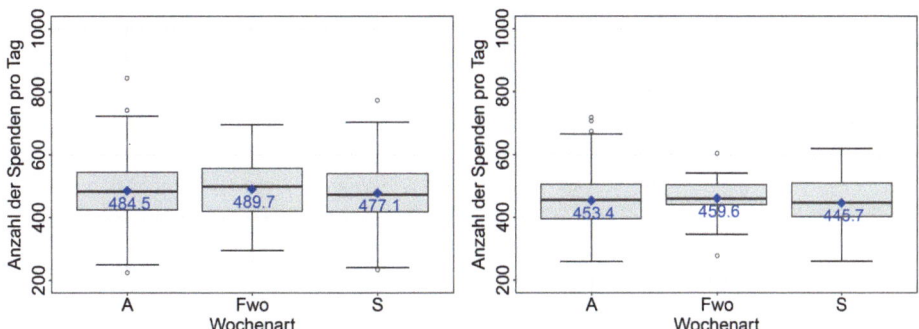

Abb. 2 Vergleich der Spendenaufkommen in Hamburg und Schleswig-Holstein für die unterschiedlichen Wochenarten A, Fwo und S für die Jahre 2017 bis 2019 (links) und die Jahre 2020 und 2021 (rechts)

Tab. 3 Blutspenden pro Tag in Region Hamburg und Schleswig–Holstein nach Wochentagen für die Jahre 2017 bis 2019 und 2020 bis 2021

Datensatz	Wochenart	n	*M*	*SD*	Median	Min	Max
2017–2019	A	436	484.5	95,1	482	224	844
	Fwo	99	489.7	92,1	498	294	695
	S	214	477.1	95,2	472	233	772
2020–2021	A	203	453.4	86,6	455	259	718
	Fwo	14	459.6	79,9	459	277	604
	S	106	445.7	81,0	446.5	260	619

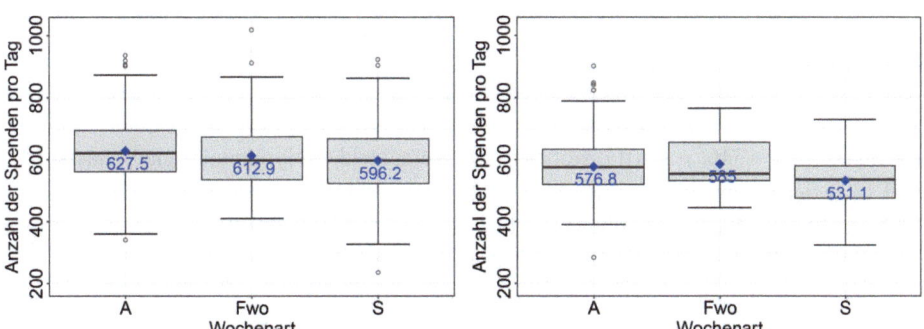

Abb. 3 Vergleich der Spendenaufkommen in Sachsen für die unterschiedlichen Wochenarten A, Fwo und S für die Jahre 2017 bis 2019 (links) und die Jahre 2020 und 2021 (rechts)

Tab. 4 Blutspenden pro Tag in Region Sachsen nach Wochentagen für die Jahre 2017 bis 2019 und 2020 bis 2021

Datensatz	Wochenart	n	M	SD	Median	Min	Max
2017–2019	A	485	627.5	102.3	621	341	936
	Fwo	110	612.9	115.0	597.5	409	1018
	S	150	596.2	107.5	597	235	923
2020–2021	A	210	576.8	95	575	284	902
	Fwo	22	585	97.3	554	444	766
	S	90	531.1	81.1	534.5	324	730

hin, dass das quadratische Modell nur 1 % der Varianz zwischen Temperatur und der Anzahl der Blutspenden erklärte, $R^2 = ,01$, $F(2,745) = 5,44$, $p < ,01$). Die Datenpunkte und die Regressionskurve sind in Abb. 4 dargestellt.

Um den Einfluss der Temperatur besser zu erfassen, wurde analysiert, bei welchen Temperaturschwellen ein signifikanter Rückgang der Blutspendenaktivität zu verzeichnen ist. Es zeigte sich, dass bei Temperaturen ab 24 Grad Celsius eine relativ stärkere, negative Korrelation ($r = -.310$, $p < 0,01$) zwischen der Temperatur und der Anzahl der Blutspenden besteht. Vertiefende Analysen mittels eines polynomialen Regressionsmodells offenbarten, dass bei hohen Temperaturen etwa 9 % der Varianz in den Blutspendedaten durch Temperaturveränderungen erklärt werden können ($R^2 = ,094$, $F(2, 167) = 8,69$, $p < ,001$).

Auch in der Nordregion (Hamburg und Schleswig–Holstein) wurde nur eine sehr geringe Korrelation zwischen der Temperatur und der Anzahl der Blutspenden identifiziert ($r = -,086$, $p < ,05$). Die durchgeführte polynomiale Regression ergab, dass dieses Modell lediglich 4 % der Varianz im Zusammenhang zwischen Temperatur und Blutspendehäufigkeit erklären konnte ($R^2 = 0,04$, $F(2, 746) = 14,12$, $p < ,001$, siehe Abb. 5). Wie in Berlin und Brandenburg wurden die Daten zu den hohen Temperaturen ausgewertet. Bei Temperaturen ab 24 Grad Celsius hingegen zeigte sich eine negative Korrelation mittlerer Stärke ($r = -,346$, $p < ,01$), wobei das entsprechende polynomiale quadratische Modell 13 % der Varianz erklärte ($R^2 = ,13$, $F(2, 74) = 5324$, $p < ,01$, siehe Abb. 5).

In der Region Sachsen konnte zwischen 2017 und 2019 keine signifikante Korrelation zwischen der Temperatur und der Anzahl der Blutspenden festgestellt werden ($r = -,01$, $p = ,74$). Weiterführende Analysen bei erhöhten Temperaturen (≥ 24 Grad Celsius) zeigten, dass trotz einer schwachen negativen Korrelation ($r = -,18$, $p < ,05$), das polynomiale Regressionsmodell keine signifikante Erklärung für die Varianz in den Blutspendedaten lieferte ($R^2 = 0,03$, $F(2,158) = 2,8$, $p = ,06$).

Die Datenanalyse aus Berlin und Brandenburg sowie Hamburg und Schleswig–Holstein zeigt eine negative Korrelation zwischen hohen Temperaturen und der Häufigkeit von Blutspenden. In beiden Regionen verstärkte sich diese Korrelation signifikant

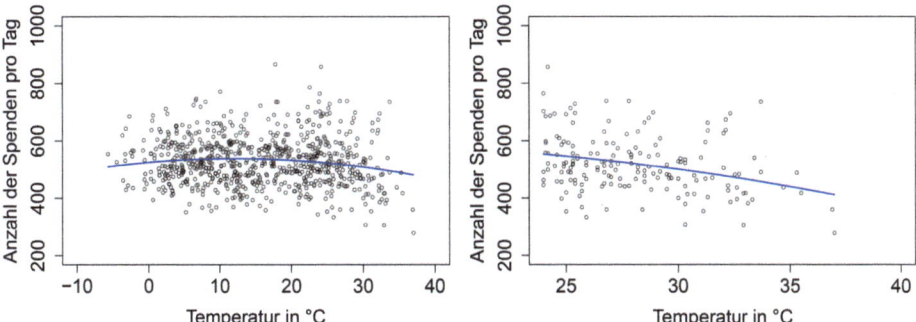

Abb. 4 Blutspendeaufkommen in Berlin und Brandenburg für die Jahre 2017 bis 2019, mit dem gesamten Datensatz (links) und für die Tage mit mehr als ≥ 24 °C (rechts)

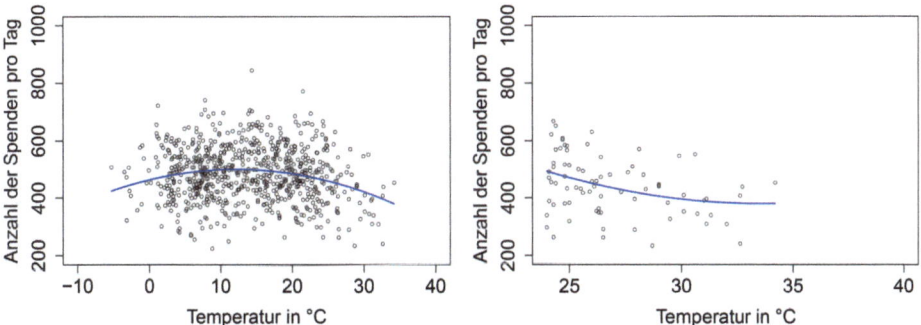

Abb. 5 Blutspendeaufkommen in Nord (Hamburg und Schleswig-Holstein) für die Jahre 2017 bis 2019, mit dem gesamten Datensatz (links) und für die Tage mit mehr als ≥ 24 °C (rechts)

bei Temperaturen über 24 Grad Celsius, wobei die Modelle bis zu 13 % der Varianz erklärten. In Sachsen war dieser Zusammenhang weniger ausgeprägt und statistisch nicht signifikant.

Analyse der Jahre 2020 bis 2021
In der Region Berlin und Brandenburg wurde während der Pandemiejahre 2020 und 2021 keine signifikante Korrelation zwischen Temperatur und Blutspenden festgestellt ($r = ,025$, $p = ,654$), was auf die potenziellen Auswirkungen der gesundheitlichen Krise hindeutet. Trotz einer Untersuchung auf Korrelationen bei höheren Temperaturen (≥ 24 Grad Celsius), ähnlich der Methodik der Jahre 2017 bis 2019, konnte keine signifikante Korrelation identifiziert werden ($r = -,082$, $p = ,464$).

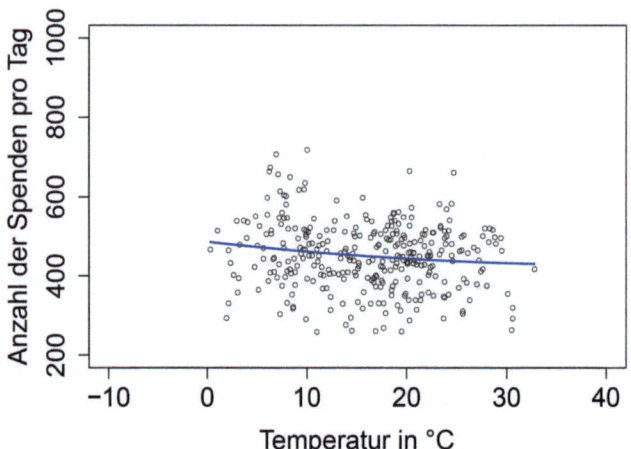

Abb. 6 Blutspendeaufkommen in Hamburg und Schleswig-Holstein in den Jahren 2020 und 2021 für die Wochentage über den gesamten Temperaturbereich

Im Kontrast dazu zeigte die Nordregion eine signifikante, aber schwache, negative Korrelation zwischen der Temperatur und der Anzahl der Blutspenden ($r=-,143$, p< ,05). Die entsprechende polynomiale Regression ergab ein Modell, das statistisch signifikant war ($F(2, 320)=3418$, $p < ,05$) und etwa 2 % der Varianz in den Blutspendeaktivitäten durch Temperaturunterschiede erklärte (Abb. 6). Bei weiterführenden Analysen hoher Temperaturen wurde zwar eine negative Korrelation mittlerer Stärke nachgewiesen ($r=-,346$, $p < ,05$), die nachfolgende polynomiale Regression zeigte jedoch mit einem R^2 von .12 und einem F-Wert (2, 39) von 2659 ($p=,08$) keine statistische Signifikanz.

In Sachsen wurde ebenfalls eine schwache negative Korrelation zwischen der Temperatur und der Blutspendehäufigkeit beobachtet ($r=-,16$, $p < ,01$). Die angewendete polynomiale Regression erklärte jedoch lediglich 2 % der Varianz in den Blutspendedaten ($R^2=,024$, $F(2,319)=3955$, $p < ,05$). Weiterführende Analysen bei erhöhten Temperaturen (≥ 24 Grad Celsius) enthüllten eine signifikante Korrelation ($r=-,31$, $p < ,01$). Das entsprechende polynomiale Modell erreichte statistische Signifikanz ($F(2,81)=7,03$, $p < ,01$) und erklärte 15 % der Varianz in der Anzahl der Blutspenden ($R^2=,148$). Dieses Ergebnis zeigt jedoch immer noch einen schwachen Einfluss der Temperatur auf die Spendenaktivität (Abb. 7).

Zusammenfassung

Die Untersuchung des Blutspendeverhaltens deckt den Zeitraum von 2017 bis 2021 ab und differenziert einerseits zwischen den Jahren 2017 bis 2019 vor der Pandemie sowie

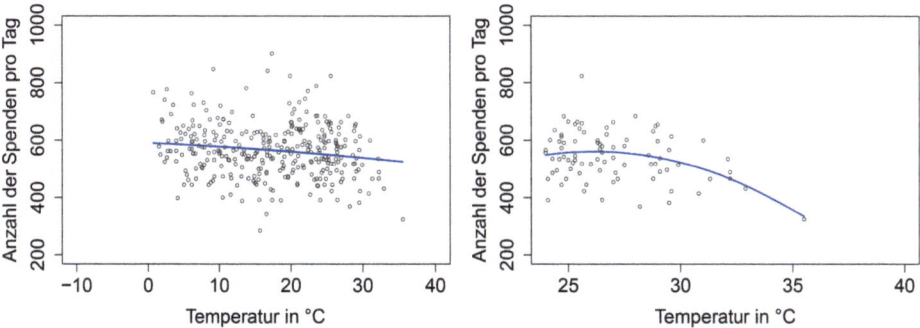

Abb. 7 Blutspendeaufkommen in Sachsen für die Jahre 2020 und 2021, mit dem gesamten Datensatz (links) und für die Tage mit mehr als ≥ 24 °C (rechts

den Jahren 2020 und 2021 während der Corona-Pandemie und anderseits zwischen den verschiedenen deutschen Regionen. Bei der methodischen Aufbereitung des Datensatzes wurden Daten von Wochenenden, Feiertagen und Lockdown-Perioden ausgeschlossen, um eine genaue und unverzerrte Analyse zu ermöglichen. Durch den Einsatz von deskriptiven Statistiken, ANOVA, Korrelations- und Regressionsanalysen wurden die Einflussfaktoren auf das Spendenverhalten quantifiziert und deren Signifikanz überprüft.

Regionale Analysen offenbarten signifikante Unterschiede. Während in Berlin und Brandenburg sowie in der Region Nord hohe Temperaturen negativ mit der Blutspendehäufigkeit korrelierten, zeigte sich in Sachsen ein weniger konsistenter Temperatur-Einfluss. Über die untersuchten Perioden und Regionen hinweg zeigen die Ergebnisse, dass eine höhere Temperatur, insbesondere Temperaturen über 24 Grad Celsius, einen schwachen negativen Einfluss auf das Spendenverhalten haben können.

Diese Befunde sind entscheidend für die Optimierung von Blutspendekampagnen, insbesondere zur Vorbereitung auf die Sommermonate. Sie betonen die Wichtigkeit, lokale klimatische Bedingungen in die Planungsstrategien einzubeziehen, um die Blutversorgung auch unter weniger idealen Bedingungen sicherzustellen. Auf Basis dieser datengestützten Erkenntnisse können Notfallstrategien für die Blutversorgung entwickelt und implementiert werden, die eine kritische Rolle in der Aufrechterhaltung der medizinischen Versorgung in Krisenzeiten spielen.

Strategien und Empfehlungen

Im Rahmen der Sicherstellung der Versorgung mit Blutprodukten in Krisensituationen ist das definierte Ziel, die „Sicherung einer adäquaten Ressourcenvorhaltung in einem Notfallgebiet und die intelligente Zuteilung von Blutprodukten an Krankenhäuser der Maximalversorgung für pandemie- oder katastrophenbedingte Notfallsituationen sowie die Sicherung der Blutversorgung in Zeiten mit relevantem Mangel an Blutspendern (z. B. Ferienzeiten oder in sommerlich-heißen Monaten)".

Im Jahr 2022 wurden in Deutschland 3.575.240 Vollblutspenden durchgeführt. Das entspricht 4.238,1 Vollblutspenden pro 100.000 Einwohner[8] oder 4,24 %. Im gleichen Zeitraum wurden 3.206.370 Erythrozytenkonzentrate verbraucht. Das entspricht 3.800,9 Erythrozytenkonzentraten pro 100.000 Einwohner[9] oder 3,8 %. Auf den ersten Blick ein relativ ausgewogenes Konzept, allerdings ergibt sich daraus auch die Fragilität des Ganzen. Bei Schwankungen oder Ausnahmesituationen ist die Ausgewogenheit in Gefahr und nur mit größerem logistischem Aufwand zu gewährleisten.

„In der Corona-Pandemiezeit war ein besonderes Phänomen zu beobachten. In den Phasen, in denen es viele Restriktionen in Bezug auf Veranstaltungen und Freizeitangebote gab, haben viele Menschen Blut gespendet. Die Blutspende war immer von Versammlungsverboten ausgenommen. Die Blutspendetermine waren bei den Blutspendediensten gut bis sehr gut besucht. Mit den wegfallenden Corona-Schutzmaßnahmen brach die Blutspendebereitschaft ein, besonders schwerwiegend war dies im Frühjahr 2022 zu beobachten, ein Phänomen, das sonst in den klassischen Blutspende-Problemzeiten wie den Sommerferien (sommerlich heiße Monate) gilt."[10] Dem gegenüber stand in den Krankenhäusern der Maximalversorgung, wie der Charité, ein erhöhter Bedarf der ECMO[11]-Patienten.

Diese beispielhaften Zahlen unterstreichen noch einmal das oben genannte Ziel. Zur Erreichung dessen wurden in einem ersten Schritt verschiedenste Ausnahmeszenarien skizziert, um in einem zweiten Schritt entsprechende Strategien zu entwickeln, um diesen Szenarien zu begegnen und eine resiliente Blutversorgung zu ermöglichen.

Folgende Notfall- und Katastrophenszenarien haben sich letztendlich zur Betrachtung herauskristallisiert:

Großschadensereignis	„Ereignis mit einer großen Anzahl von Verletzten oder Erkrankten sowie anderen Geschädigten oder Betroffenen und/ oder erheblichen Sachschaden" (nach Glossar BBK[12])
Pandemie	„Länder- und kontinentübergreifendes, massenhaftes Auftreten und Ausbreiten einer Infektionskrankheit" (nach Glossar BBK)
Fehlende Blutspenden	Ein zu beobachtendes Phänomen, das sich in den warmen Monaten manifestiert

---

[8] Die Daten basieren auf den Meldungen nach § 21 Transfusionsgesetz (Paul-Ehrlich-Institut) und wurden am 12.03.2024 11:02 Uhr unter www.gbe-bund.de eingestellt.

[9] Die Daten basieren auf den Meldungen nach § 21 Transfusionsgesetz (Paul-Ehrlich-Institut) und wurden am 12.03.2024 11:11 Uhr unter www.gbe-bund.de eingestellt.

[10] Nach: Hämotherapie, 39, 2022, S. 50–52, hier S. 52.

[11] ECMO – Extrakorporale Membranoxygenierung.

[12] Bundesamt für Bevölkerungsschutz und Katastrophenhilfe.

| Katastrophenmedizin | Unterstützung in Krisenregionen, Versorgung der Bundeswehr in Krisengebieten |
| Blackout mit erhöhtem Blut-bedarf | Unwetter, Terroranschlag |

Allen Szenarien gemein ist, dass die Depotlagerung der Blutprodukte, die standardmäßig für ca. 3 Tage ausgelegt ist, stark beansprucht wird und ein dringender Nachschub an Blutkonserven besteht.

Darüber hinaus können die Szenarien bedingen, dass die standardmäßig genutzten Blutspendeeinrichtungen nicht zur Verfügung stehen oder routinemäßig genutzte Transportwege nicht nutzbar sind. Letztendlich haben sich in der Betrachtung 4 Schwerpunkte herauskristallisiert, zu denen Lösungsvorschläge erarbeitet wurden, um das oben genannte Ziel umzusetzen:

- Erschließung von temporären Entnahmeräumen,
- Gewinnung von zusätzlichen Notfall-Blutspendern,
- Koordinierung temporärer Entnahmeräume sowie Spender- und Mitarbeiterlenkung und
- Entwicklung von alternativen Transportstrategien.

Bei der Entwicklung von Lösungsansätzen war der Modellcharakter führend. Etwaige Strategien sollen in andere Gebiete übertragbar sein und auch bei Szenarien funktionieren, die nicht explizit unter den oben angegebenen Notfallszenarien benannt sind. Darüber hinaus sollen die Strategien zwingend unabhängig von § 79 Absatz 4a des Arzneimittelgesetzes[13] (s. Punkt 2.) umgesetzt werden können, um die grundlegende Widerstandskraft des Systems zu erhöhen. Im Ergebnis möchten wir die Entwicklung der folgenden Strategien näher beleuchten.

Temporäre, mobile Entnahmeräume

„Die Blutspende ist eine Handlung, bei der das Prinzip der Wohltätigkeit einen doppelten Zweck verfolgt: weder dem Spender noch dem Empfänger des Blutes soll Schaden zugefügt werden. Die Befragung, die körperliche und die Laboruntersuchungen, die beim Spender durchgeführt werden, dienen also dazu, jegliche Anamnese, Symptome,

---

[13] Verordnung über die Zulassung von Ausnahmen von Vorschriften des Arzneimittelgesetzes für die Bereiche des Zivil- und Katastrophenschutzes, der Bundeswehr, der Bundespolizei, der Bereitschaftspolizeien der Länder sowie der Aufgaben des Bundesministeriums für Gesundheit nach § 79 Absatz 4a des Arzneimittelgesetzes (AMG- Zivilschutzausnahmeverordnung – AMGZSAV, letzte Änderung 18.10.2022.

Anzeichen oder Laborparameter zu erkennen, die entweder Spender oder Empfänger schaden könnten."[14]

Um einen dringlichen Bedarf an Blutkonserven zu decken, kann es erforderlich sein, dass neben den standardmäßigen Entnahmeorten zusätzliche Räume benötigt werden. Auch sollte bei den Szenarien bedacht werden, dass die angestammten Einrichtungen aufgrund von Umweltschäden, Blackouts, Anschlägen oder dergleichen nicht zur Verfügung stehen könnten. Bei der Suche nach geeigneten, äquivalenten Räumen wurden folgende Grundanforderungen festgelegt:

- verkehrstechnisch „vielschichtig" gelegen,
- getrennte Bereiche für Anmeldung, ärztliche Untersuchung, Blutspende, vertraulicher Selbstausschluss,
- Sanitärräume verfügbar,
- Entfernung zu Labor und Herstellungsbereich müssen angemessen sein bzw. keine zusätzlichen Verzögerungen bedingen,
- die Räume müssen über eine Grundsauberkeit verfügen, die eine Blutspende nicht beeinträchtigen,
- die Räume müssen im Krisenfall verfügbar sein und
- der „Rauminhaber" muss Bereitschaft signalisieren, über die Nutzung und Umfang schriftliche Vereinbarungen zu treffen.

Die Ausgangslage der Blutspendeeinrichtungen ist unterschiedlich. Einrichtungen, die eine Erlaubnis für die mobile Blutspende haben, müssen zusätzliche temporäre Räume behördlich anzeigen. Unsere Herstellungserlaubnis umfasst bisher keine mobile Spende. Somit hatten wir die Situation, dass wir die Erweiterung unserer Herstellungserlaubnis um die mobile Spende bei der Behörde (LAGeSo) beantragen mussten. Im Ergebnis wurde im Rahmen der Erweiterung der Herstellungserlaubnis eine behördliche Inspektion durchgeführt. Dabei wurden die Ablaufszenarien der mobilen Spende geprüft und die angezeigten Räume in Augenschein genommen.

Bei der Suche nach geeigneten Räumen haben wir viele Möglichkeiten im öffentlichen Raum angefragt und getestet. Bedauerlicherweise erwiesen sich viele Möglichkeiten (z. B. Kaufhäuser, Fitness-Studios) insbesondere bei der schnellen Verfügbarkeit und dem Zugang für die Spender zu besonderen Zeiten (Sonntag, abends, Feiertage) als nicht tragbar. Möglichkeiten, die sich bei schneller Betrachtung anbieten würden, beispielsweise Bahnhöfe, bereit gestellte Züge in Endbahnhöfen und dergleichen, konnten bei genauerer Betrachtung die Grundanforderungen nicht erfüllen. Im Endergebnis haben wir drei Partner gefunden, bei denen unsere Grundanforderungen umgesetzt werden konnten und die mit uns einen Nutzungsvertrag geschlossen haben:

---

[14] González, Elena López, Methodik zur Verbesserung der Qualität der Transfusionstherapie, 2021, S. 11.

Bundeswehrkrankenhaus Berlin	Dort steht das Unteroffizierscasino zur Verfügung. Die Räumlichkeiten haben den Vorteil, dass sie separat liegen und die Mitarbeiter und die Blutspender einen krankenhausunabhängigen Zugang haben. Der Herstellungsbereich wäre fußläufig erreichbar. Bei einer Beeinträchtigung der Straßen in Berlin-Mitte (insbesondere dem Regierungsviertel) wäre ebenfalls ein Transport auf dem Wasserweg, sowohl im Rahmen der Herstellung als auch im Rahmen der Blutprodukteversorgung der Charité, möglich. Darüber hinaus bietet sich zu einem späteren Zeitpunkt die Einbeziehung der dortigen Mitarbeiter an
S-Bahn-Berlin GmbH	Das öffentliche Nahverkehrsunternehmen stellt uns Büroräume am Nordbahnhof zur Verfügung. Die Räume sind gut aufteilbar und haben einen gesonderten Zugang. Der Nordbahnhof ist aus mehreren Richtungen und mit mehreren Verkehrsmitteln erreichbar. Der Herstellungsbereich wäre fußläufig erreichbar (ca. 20 min), was bei Unpassierbarkeit der Straßen weitere Optionen ermöglicht
Unfallkrankenhaus Berlin	Das UKB stellt uns Räumlichkeiten in der Nähe des ambulanten OPs zur Verfügung. Hier haben die Mitarbeiter und die Blutspender Zugang über ein separates Treppenhaus. Gleichzeitig können wir auf dortiges Mobiliar (Spenderliegen) zugreifen, was die Errichtung eines Entnahmeortes in ca. 1,5h ermöglicht. Das UKB bietet mit seiner Expertise auch für die Zukunft weitere Möglichkeiten. Darüber hinaus ist auch diese Einrichtung mit mehreren Verkehrsmitteln und über mehrere Straßen sehr gut angebunden

Erwähnenswert ist hier sicherlich, dass das LAGeSo auf dem Liegenschaftsgelände der Bundeswehr keine rechtlichen Befugnisse besitzt. Für eine Nutzungsgenehmigung der Räumlichkeiten zur temporären Blutspende auf dem Gelände der Bundeswehr ist der Arzneimittelüberwachungsbeauftragte der Bundeswehr (AMÜBBw) zuständig. Mit vergleichbaren öffentlich-rechtlichen Befugnissen eines „17ten Bundeslandes" obliegt es der Prüfung und Entscheidung des AMÜBBw, ob die Räumlichkeiten für eine Entnahme zur Verfügung stehen. Die Praxisnähe sowie der Blick auf Krisenvorsorge mit daraus abgeleiteten Übungsszenarien, waren jedoch für alle Projektbeteiligten stets das fokussierte Ziel. Unter dieser Prämisse erfolgten auch die Begehung und Begutachtung der Räumlichkeiten mit dem letztendlich positiven Votum. Entscheidend für die Durchführbarkeit und somit für einen reibungslosen zivil-militärischen Ablauf war die positive Empfehlung des AMÜBBw an das LAGeSo hinsichtlich der erfüllten behördlichen Vorgaben.

Die zivil-militärische Zusammenarbeit mit dem Bundeswehrkrankenhaus Berlin hat sich im Rahmen des Projekts als belastbare Grundlage für eine ggf. zu intensivierende, längerfristige Kooperation dargestellt. Die infrastrukturellen als auch personellen Ressourcen der Bundeswehr sind mit Blick auf evtl. Krisenszenarien ein leistungsfähiger Beitrag, welcher im beidseitigen Einvernehmen zukünftig weiter ausgebaut werden sollte.

Gewinnung von zusätzlichen Notfall-Blutspendern

Ein zentraler Punkt im Rahmen der Sicherstellung der Versorgung mit Blutprodukten in Krisensituationen ist der Zugriff auf ein möglichst großes „Spenderreservoir". Bei der Testung zahlreicher Szenarien und dem Austausch mit den verschiedenen Mitarbeitern stellte sich letztendlich heraus, dass es gelingen muss, Bestandsspender zu gewinnen, die ihre Bereitschaft erklären, in besonderen Situationen zur Verfügung zu stehen. Die Erfahrungen zeigen, dass Menschen bei Ausnahmesituationen eine hohe Spendenbereitschaft zeigen. Diese altruistische Einstellung birgt bei der Versorgung mit Blutkonserven Risiken, denn eine weitere Erfahrung im Rahmen der Blutspende zeigt auf, dass ca. 20 % der Erstspender aufgrund der Ausschlusskriterien (z. B. virologische Auffälligkeiten, Anamnese, Reiseverhalten) von der Blutspende zurückgestellt werden müssen. Dies würde im Umkehrschluss bei einer Blutspende in Krisensituationen den Verlust von 20 % der gewonnenen Blutkonserven bedeuten. In einer Ausnahmesituation wäre es daher im Sinne der Resilienz sinnvoll, auf Bestandsspender zurückzugreifen. Erst bei längeren Krisensituationen und der Erschöpfung des Reservoirs der Bestandsspender wäre es zielführend, Spendenaufrufe zu generieren und gleichfalls Erstspender um Unterstützung zu bitten.

Im Ergebnis haben wir einen Flyer entwickelt, in dem wir Bestandsspender bitten, sich als Notfall-Blutspender zur Verfügung zu stellen. Mit der Zustimmung zur Registrierung als Notfallspender wird gleichzeitig über den Datenschutz informiert und die Bestätigung der Kenntnis des jederzeitigen Widerrufsrechts abgefragt. Erfreulicherweise konnten wir eine gute Resonanz auf den Flyer beobachten und hatten innerhalb weniger Stunden Spender für unsere Demonstratortermine (Abb. 8).

Koordinierung temporärer Entnahmeräume sowie Spender- und Mitarbeiterlenkung

Die Gewinnung von Notfall-Blutspendern und die Nutzungsverträge hinsichtlich temporärer, mobiler Entnahmeräume bilden eine solide Grundlage für die Resilienz bei der Versorgung mit Blutprodukten. Zur effektiven Nutzung der Ressourcen und zur Koordinierung von Entnahmeräumen, Blutspendern und Mitarbeitern bedarf es eines gut funktionierenden Bindegliedes. Gemeinsam mit unserem Partner deltacity haben wir uns dieser Thematik angenommen und BLUTAKUT (notfall-blutspende.de) entwickelt. Dabei handelt es sich um eine Datenbankstruktur mit deren Hilfe Spenderaufrufe gestartet werden können, mobile Spenderäume eingerichtet werden können und Mitarbeiter verwaltet werden. Die Notfallblutspender werden bei Einwilligung in unserem Laborinformationssystem (LIMS) kenntlich gemacht und werden BLUTAKUT über eine spezielle Schnittstelle zur Verfügung gestellt. Die Verknüpfung mit dem LIMS stellt sicher, dass bei einem Spenderaufruf nur die Spender angefragt werden, die zu dem Zeitpunkt spenden dürfen (beispielsweise dürfen Frauen höchstens vier Mal, Männer höchstens

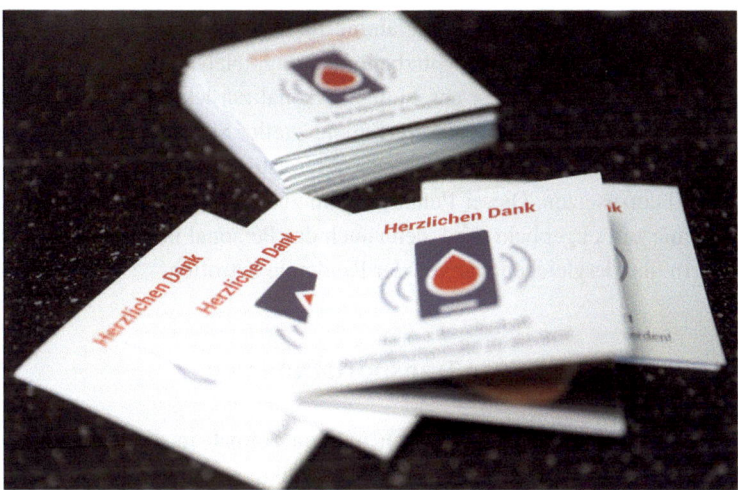

Abb. 8 BLUTAKUT-Flyer Bundeswehr

sechs Mal innerhalb von zwölf Monaten Blut spenden. Zwischen zwei Vollblutspenden müssen zudem mindestens acht Wochen liegen[15]). Des Weiteren bietet die Verknüpfung die Möglichkeit, Spender gezielt nach Blutgruppen einzuladen oder über die Postleitzahl Spendeorte anzubieten, die in der Nähe sind. Die Administratoren von BLUTAKUT können die gemäß Herstellungserlaubnis genehmigten Entnahmestellen pflegen und dabei Parameter wie Liegenanzahl, Spendendauer, Pausen und Öffnungszeiten anpassen und somit ein Stück weit die Blutproduktmenge steuern. Alle Mitarbeiter, die im Rahmen der Notfallspende zur Verfügung stehen könnten, werden bei BLUTAKUT hinterlegt. Dabei werden Einteilungen hinsichtlich des Aufgabenfeldes (z. B. Arzt, Medizinische Fachangestellte) am Spendort zur Verfügung stehen. In einem Krisenfall legt der verantwortliche Arzt einen Termin an (Spendort mit den entsprechenden Öffnungszeiten, Datum, Uhrzeit) und löst eine Mitarbeitermobilisierung aus. Sobald die notwendige Zahl an Mitarbeitern einen Termin bestätigt haben, wird die Spendermobilisierung durchgeführt. Die Spender erhalten dabei eine Push-Nachricht, die nicht das Laden einer App voraussetzt und selbst bei ungünstigen Mobilfunkbedingungen funktioniert. Neben dem strukturierten Ablauf bei der Aufnahme der Blutspende in temporären, mobilen Entnahmeräumen stellt BLUTAKUT einen unschätzbaren Zeitgewinn dar, der in die Vorbereitung der Ausrüstung oder zum Abklären weiterer Probleme hinsichtlich der Krisensituation zur Verfügung steht.

---

[15]Vgl. Richtlinie Hämotherapie, Gesamtnovelle 2023, S. 21 f.

Es gibt viele Terminreservierungsprogramme für Blutspender auf dem Markt. Die Innovation bei BLUTAKUT ist die Mitarbeiterlenkung. Neben dem etablierten Stammpersonal kann hier auf temporäres, geschultes Personal zurückgegriffen werden, das sich explizit für die Notfallblutspende zur Verfügung stellt. So ist es möglich, Entnahmepersonal – beispielsweise Pflegefachkräfte oder Ärzte aus anderen Bereichen der Charité – einzuplanen und einzusetzen. Dieser Punkt gewinnt zusätzlich an Bedeutung, wenn auf die Corona-Pandemie zurückgeblickt wird, denn auch das Personal in den Blutspendediensten, Krankenhäusern und dergleichen war von der Pandemie betroffen.

Entwicklung von alternativen Transportstrategien

Die im Notfall gewonnenen Blutkonserven müssen zeitnah in die Herstellungsbereiche geliefert werden, damit die freigegebenen Blutprodukte so schnell wie möglich den Patienten zur Verfügung stehen. Im Ergebnis der oben beschriebenen Szenarien ist eine Störung der herkömmlichen Infrastruktur nicht unwahrscheinlich. Daher haben wir uns mit der Frage befasst, was passiert, wenn uns die Straßen, die vorrangig genutzte Infrastruktur im Rahmen der Blutversorgung, nicht oder nur eingeschränkt zur Verfügung steht. Wie beschrieben, haben wir beispielsweise einen mobilen Spendeort gewählt, der zu Fuß oder eventuell mit dem Fahrrad zu erreichen ist. Der Nachteil, die eingeschränkte Transportkapazität, erschließt sich bei diesen Varianten schnell. Als Alternativen zur Straße ergeben sich der Luftraum und die Wasserwege. Bei der Eruierung der Nutzer dieser Verkehrswege sind wir letztendlich mit der Polizei in Verbindung getreten, da diese auch in Krisensituationen die entsprechenden Gebiete in der Bannmeile um das Regierungsviertel nutzen können. Mit der Wasserschutzpolizei haben wir ein Konzept entwickelt, das sowohl den Transport von Materialien, Blutröhrchen, Personal und Blutspenden über die Spree zu den verschiedenen Charité Campi (Mitte, Virchow) beinhaltet, als auch den umfassenden Transport von Blutprodukten vom DRK aus Berlin-Steglitz umfasst. Mit der Polizeihubschrauberstaffel wurden Szenarien entworfen, die zum einen den Transport von Materialien, Blutröhrchen und Blutspenden aus dem UKB zum Charité Campus Virchow beinhalten und zum anderen die Abholung von Blutprodukten von DRK-Standorten außerhalb Berlins zum Inhalt haben (Abb. 9, 10, 11 und 12).

Sichern der Entwicklungen

Um es salopp zu sagen, „ohne Vorbereitung taugt die beste Krise nicht." Resilienz im Sinne des Sendai Rahmenwerks bedeutet für uns, die entwickelten Strategien und Konzepte regelmäßig zu erproben und zu verfeinern. Wir werden vierteljährig dahingehend mobile Spenden durchführen, um die Einrichtung der Räumlichkeiten zu trainieren und gleichzeitig BLUTAKUT regelmäßig im Krisenmodus zu testen. Gleichzeitig ist es eine

Abb. 9 Drohnenflugtest. (Foto: K. Fleischhauer)

Abb. 10 Boot der Wasserschutzpolizei Berlin. (Foto: K. Fleischhauer)

Aufgabe, Notfall- und Ausfallkonzepte in die Routine zu integrieren. Darüber hinaus gilt es, Ausbildungskonzepte zu verfeinern und medizinisches Personal für den Bereich der Blutspende zu qualifizieren und wiederholt zu schulen.

Die Ausweitung der zivil-militärischen Zusammenarbeit ist auch für die Bundeswehr ein zentrales Thema. Hierdurch ergeben sich vernetzte Synergien im Rahmen der

Abb. 11 Fahrt mit der Wasserschutzpolizei. (Foto: K. Fleischhauer)

Abb. 12 Schleuse Plötzensee. (Foto:K. Fleischhauer)

Gefahrenabwehr, was Projekte zur Krisenvorsorge mit einem zusätzlichen Portfolio an Möglichkeiten, Ressourcen und Know-How bereichern kann.

Eine Ausweitung der Backup Standorte ist in Planung, sodass eine Resilienz in allen Schichten der Blutproduktherstellung erreicht wird. Selbstverständlich würden wir interessierte Einrichtungen von unseren Erfahrungen profitieren lassen und sie bei der Entwicklung entsprechender Konzepte unterstützen. Wir würden insbesondere bei folgenden Punkten Unterstützung anbieten können:

- Dokumentenvorlage/Dokumentenerstellung,
- Begutachtung von Konzepten,
- Zusammenarbeit in einer gemeinsamen Datenplattform (z. B. Bestand von Blutprodukten),
- Vorträge/Erfahrungsberichte,
- Einladung zu Übungen und
- Angebot der Nutzung von BLUTAKUT.

Damit könnten deutschlandweite Netzwerke entstehen, die sich in allen Belangen und Störungen gegenseitig stärken und gemeinsam ein Ziel verfolgen: die resiliente Versorgung der Bevölkerung mit Blutprodukten!

Empfehlungen

Die in den vorhergehenden Kapiteln thematisierten Herausforderungen machen deutlich, wo Verbesserungsbedarf hinsichtlich der Resilienz besteht. Davon lassen sich die folgenden Empfehlungen ableiten, um die Versorgung der Bevölkerung mit Blutprodukten in Krisensituationen zu optimieren:

1. Zuständigkeiten und Abläufe müssen frühzeitig festgelegt werden. Dies verhindert Zeitverluste und Koordinationsprobleme und schafft Sicherheiten im Krisenfall.
2. Mobile Blutspendeinfrastrukturen sollen flexibel und schnell einsatzbereit sein, um auch bei Ausfallszenarien bestehender Einrichtungen die Blutversorgung zu gewährleisten. Zu beachten ist dabei, dass für die Implementierung ein entsprechendes Zeitfenster notwendig ist.
3. Es ist wichtig, ein stabiles Netzwerk aus erfahrenen Notfall-Blutspendern aufzubauen. Dies sollte im Rahmen regelmäßiger Übungen aktiviert werden, um in Krisenzeiten Engpässe zu vermeiden.
4. Es sollten Strategien für die Einbindung und Ausbildung von Spendepersonal entwickelt werden, um mobile Blutspendeeinrichtungen gleichfalls ergänzend betreiben zu können sowie bestehende Einrichtungen resilient zu betreiben.

5. Alternative Transportwege wie beispielsweise Wasser- und Luftwege sollten etabliert werden. So kann die Blutversorgung auch bei infrastrukturellen Störungen sichergestellt werden.

6. Saisonale und meteorologische Faktoren müssen in die Planung von Blutspendeaktionen einbezogen werden. Dadurch lassen sich Versorgungslücken in Zeiten von Ferien, Feiertagen oder hohen Temperaturen minimieren.

7. Die Zusammenarbeit mit externen Organisationen sollte weiter gestärkt werden und in die Routineprozesse implementiert werden. Dies trägt dazu bei, eine stabile Versorgung durch die gemeinsame Nutzung von Ressourcen und Infrastruktur zu verbessern.

Fazit

Um einem System die Fähigkeit zu verleihen, den Auswirkungen einer Gefahr rechtzeitig und effizient zu widerstehen und somit Resilienz zu schaffen, benötigt es einen „Grundstock" an Vorbereitungen, die erprobt und geschult sind, eine ausreichende finanzielle Absicherung, eine zielführende Ausstattung sowie ausreichend geeignetes und sensibilisiertes Personal.

Die analytische Auseinandersetzung der oben skizzierten Problematik innerhalb des ResKriVer-Projektes hat die Komplexität der einzelnen Player verdeutlicht und neue Strategien sowie erweiterte Handlungsempfehlungen zu Tage gefördert. Somit können wir auf eine gute Handlungsgrundlage bauen und die Versorgung der Patienten besser gewährleisten.

Die Erprobungen an den Demonstratortagen zeigten, dass die Einrichtung der mobilen Spende auch an anderen Orten im Rahmen des Arzneimittelrechtes funktioniert und somit ein Ausrollen unseres Konzeptes deutschlandweit möglich ist. Allerdings benötigt das Akquirieren dieser Standorte einer längerfristigen Planung, da die behördliche Genehmigung einen längeren Zeitraum beansprucht.

Es wäre für die Menschen in unserem Lande ein hehres Ziel, wenn sich weitere Partner fänden, mit denen resiliente Strukturen in der Versorgung mit Blutprodukten weiterentwickelt und erprobt werden könnten.

Literatur

Bundesministerium des Innern und für Heimat-BMI (2022): Deutsche Strategie zur Stärkung der Resilienz gegenüber Katastrophen Umsetzung des Sendai Rahmenwerks für Katastrophenvorsorge (2015–2030): Der Beitrag Deutschlands 2022–2030, Berlin, Deutschland

Bundesrepublik Deutschland (letzte Änderung 2024): Gesetz über den Verkehr mit Arzneimitteln (Arzneimittelgesetz – AMG): § 79 Ausnahmeermächtigungen für Krisenzeiten, Berlin, Deutschland

öffentliche Datenbank zur Arzneimittelrecherche: https://www.bfarm.de/DE/Arzneimittel/Arznei-mittelinformationen/Arzneimittel-recherchieren/AMIce/Datenbankinformation-AMIce-Arznei-mittel/_node.html

UNDRR (2023): Resilienz gegenüber Katastrophen – Selbstbewertungsleitfaden für Kommunen: Sendai Rahmenwerk für Katastrophenvorsorge 2015 – 2030, Bonn, Deutschland, Büro der Vereinten Nationen für die Verringerung des Katastrophenrisikos (UNDRR ehemals UNISDR)

Verbesserung der Informationsbereitstellung im Krisen-/Katastrophenfall

Social-Media-Monitoring zur Unterstützung von Redaktionen, Leitstellen und Krisenstäben

Social-Media-Monitoring hilft bei Krisenereignissen ergänzende Informationen von Augenzeugen zu finden und zu analysieren

Rolf Fricke, Jan Thomsen und Ali Sarioglu

Kernaussagen

1. Eine Social-Media-Monitoring-Anwendung für Krisensituationen soll Redaktionen und Leitstellen ein kontinuierliches Monitoring von Informations-Quellen sowie Analysefunktionen zur Untersuchung von Hintergründen und Details eines Ereignisses anbieten.
2. Für ein übersichtliches Monitoring ist es sinnvoll, dass die einkommenden Beiträge auf inhaltlich definierte Kanäle verteilt mit einer Relevanzbewertung angezeigt werden.
3. Zur Recherche in einer großen Menge von Beiträgen ist eine Sortierung nach verschiedenen Kriterien wie Datum, Relevanz, Stimmung und Quelle hilfreich.
4. Zur Analyse eines Ereignisses sollten alle dafür relevanten Beiträge mit Details zur Quelle, Stimmung und Emotionen sowie die Kommentare, Views und Likes dargestellt werden.
5. Informationen von unbekannten Quellen aus Sozialen Medien sind zu überprüfen, bevor sie verwendet werden können. Dies kann durch vorhandene Tools, eine Kontaktaufnahme mit Augenzeugen oder eine Überprüfung vor Ort, z. B. mit einer Drohne, erfolgen.

R. Fricke (✉) · J. Thomsen · A. Sarioglu
Condat AG, Berlin, Deutschland
E-Mail: rolf.fricke@condat.de

© Der/die Autor(en), exklusiv lizenziert an Springer Fachmedien Wiesbaden GmbH, ein Teil von Springer Nature 2025
T. Hoppe und R. Fricke (Hrsg.), *Resiliente krisenrelevante Versorgungsnetze*,
https://doi.org/10.1007/978-3-658-48639-6_11

211

6. Da in Sozialen Netzwerken häufig bewusst oder unbewusst kritische Inhalte verbreitet werden, ist die Einhaltung der ELSI (Ethical, Legal and Social Implications) – Richtlinien[1] kontinuierlich zu überprüfen.

7. Die Methoden zur Analyse und Bewertung von Social-Media-Inhalten wurden immer weiter verbessert, doch letztlich müssen immer Redaktionen oder Leitstellen in der Schleife entscheiden, ob ein Beitrag glaubwürdig und weiter verwendbar ist.

Soziale Medien helfen, unvorhergesehene Ereignisse zu identifizieren[2]

Soziale Medien stellen einen schnellen Informationskanal dar, aus dem frühzeitig Hinweise auf sich abzeichnende Krisen gewonnen werden können. Seien dies erste Bilder zu Brandereignissen oder Indikatoren für sich entwickelnde Pandemien. Dabei ist es so, dass Schadensereignisse unterschiedlichster Art an beliebigen Orten auftreten können und Augenzeugen Ad-hoc-Meldungen einstellen. Diese enthalten in der Regel Zeit- und Ortsangaben sowie Bilder oder Videos und werden kommentiert, sodass ein Rückschluss auf das Ereignis gezogen werden kann. Social-Media-Monitoring unterstützt bei der (Abb. 1)

- Identifikation und Klassifizierung neuer Ereignisse und Probleme,
- Erkennung von Gefahren und Risiken,
- Eingrenzung betroffener Gebiete und Objekte,
- Gewinnung aktueller Bilder und Videos,
- Erhebung der Stimmungslage zu Ereignissen und Orten sowie der
- Erfassung von Meinungen aus der Bevölkerung.

Zielgruppen

Das Social-Media-Monitoring richtet sich an alle, die in Krisensituationen zeitnah Unterstützung für Sicherheit, Gesundheit und Bevölkerungsschutz leisten. Dazu gehören z. B. Leitstellen und Krisenstäbe der Feuerwehr, Polizei, des THW oder weitere Behörden und Organisationen mit Sicherheitsaufgaben (BOS), aber auch Redaktionen, die beispielsweise in Rundfunkanstalten oder Pressebüros, aber auch in BOS Nachrichten, Artikel oder Berichte erstellen möchten. Wenn z. B. über einen Notruf oder MoWaS[3] ein kriti-

---

[1] Zu ELSI-Richtlinien siehe auch (BeDien 2023) und Kap. 17.

[2] Die Inhalte dieses Kapitels wurden im Rahmen des vom Bundesministerium für Wirtschaft und Klimaschutz geförderten Projekts ResKriVer (Förderkennzeichen 01MK21006D) erarbeitet.

Aus Gründen der leichteren Lesbarkeit wird in diesem Kapitel für Personenbezeichnungen das generische Maskulinum stellvertretend für alle Geschlechter verwendet.

[3] **MoWaS** (*ModularesWarnsystem*) ist ein vom Bundesamt für Bevölkerungsschutz und Katastrophenhilfe (BBK) entwickeltes System zur Warnung der Bevölkerung in Deutschland für Zivilschutzlagen,.,https://www.bbk.bund.de/DE/Warnung-Vorsorge/Warnung-in-Deutschland/MoWaS/mowas_node.html

Abb. 1 Bilder und Social-Media-Beiträge vom Großbrand Grunewald 2022[4]

sches Ereignis oder eine Krisensituation gemeldet wurde, werden die BOS immer erst ihren etablierten offiziellen Nachrichten und Informationskanälen von Feuerwehr, Polizei, THW oder anderen Leitstellen vertrauen. Die Sozialen Medien können jedoch genutzt werden, um Informationen von Augenzeugen zu erhalten, die über die etablierten Kanäle nicht verbreitet wurden, und um Meldungen zu validieren oder zusätzliche Lagedaten zu gewinnen.

Informationen aus Sozialen Medien müssen überprüft werden
Alle diese Zielgruppen benötigen verlässliche Informationen. Falsche Information kann Leben und Sicherheit der operativen Einsatzkräfte gefährden, während die Publikation von Desinformation das Vertrauen der Bevölkerung in eine Informationsquelle massiv beeinträchtigen kann. Allerdings sind Berichte und Bilder von Augenzeugen oft die ersten Informationen, die von einem Unfall, Feuer oder Attentat vorliegen. Sind sie aber auch verlässlich? Keine Redaktion und kein Krisenstab sollte sich blindlings auf Meldungen aus den Sozialen Medien verlassen. Informationen aus Sozialen Netzwerken wie X, TikTok, Facebook, LinkedIn oder Instagram sowie Blogs oder Foren müssen daher validiert werden. Grundsätzlich gilt beim Eintreffen von Informationen über ein neues Ereignis aus einer Datenquelle oder einem technischen System, dass immer ein verantwortlicher Nutzer in der Schleife diese Information prüft, bevor sie weitergegeben wird. Diese Information kann z. B. überprüft werden, indem man Augenzeugen telefonisch oder per Mail erreicht, weitere Betroffene oder Ortsansässige kontaktiert oder gar verlässliche Personen wie die Polizei zur Überprüfung an diesen Ort sendet. Eine weitere Option, die im ResKriVer-Projekt verfolgt wurde, ist die Entsendung von

---

[4]Foto links: Beitrag der Berliner Feuerwehr auf X, Foto rechts: rbb. Die Verwendung der Bilder aus der Social Media Plattform X in diesem Abschnitt erfolgt mit freundlicher Genehmigung der Berliner Feuerwehr und des rbb.

Drohnen, um einen Sachverhalt zu überprüfen. Dies ist insbesondere ein wichtiger, neuer Weg, um Orte zu besuchen, wenn es sich um schwer zugängliche Orte handelt, wie z. B. beim Großbrand Grunewald, als Munition auf dem betroffenen Gelände gelagert wurde.

Beispiel: Großbrand am Munitionslager im Grunewald
Wir zeigen die Nutzung des Social-Media-Monitorings insbesondere am Beispiel des Großbrands im Berliner Grunewald im August 2022, denn dort waren die wichtigsten Zielgruppen wie die Feuerwehr, Polizei und das THW beteiligt, und es gab eine umfangreiche Berichterstattung in den Medien, einschließlich des Fernsehens. Durch die gravierenden Auswirkungen aufgrund der Rauchentwicklung und der Sperrung von AVUS und S-Bahn gab es auf Twitter/X frühzeitig Bilder und Informationen von Augenzeugen sowie Diskussionen über die Schwierigkeiten bei der Brandbekämpfung und den Beeinträchtigungen des Verkehrs.

Monitoring und Analyse: Die zwei Aufgaben der Social-Media-Monitoring-Anwendung

Zur Nutzung von Sozialen Medien in Krisenszenarien wird eine Social-Media-Monitoring-Anwendung benötigt, die häufig auch als Social-Media-Listening-Anwendung oder -Tool bezeichnet wird, mit der man Beiträge aus Sozialen Netzwerken empfangen, anzeigen, kategorisieren, sortieren und analysieren kann (Mühlenbeck, 2024). Generell könnten auch die verfügbaren Social-Media-Monitoring-Anwendungen in Krisenszenarien eingesetzt werden, sie wären jedoch aufwendig zu konfigurieren und könnten viele benötigte Informationen nicht bereitstellen. Deshalb wurde im ResKriVer-Projekt eine Anwendung entwickelt, die Redaktionen und BOS speziell beim Monitoring von Krisenereignissen unterstützt, indem sie i) verschiedene Informationsquellen kontinuierlich beobachtet und im Strom der eintreffenden Beiträge kritische Ereignisse möglichst frühzeitig erkennt und ii) falls in einem Beitrag etwas Relevantes identifiziert wird, Analysefunktionen bereitstellt, um Relevanz, Hintergründe und Details eines Ereignisses zu untersuchen. Im Folgenden werden die Möglichkeiten zur Unterstützung von Nutzern durch eine Social-Media-Monitoring-Anwendung beispielhaft mit den Bedienoberflächen und Funktionen dieser Anwendung dargestellt.

Monitoring

Monitoring heißt für die Redaktion und Leitstellen, verschiedene Informationskanäle regelmäßig zu beobachten, um bei der Vielzahl der eintreffenden Beiträge kritische Ereignisse zu erkennen. Die Beiträge sind auf inhaltlich definierte Kanäle aufgeteilt, sodass sie einfacher überwacht werden können. Jeder Kanal wird von den Nutzenden in der Anwendung auf Grundlage von Schlüsselworten, wie »Feuer« oder »Verkehr«, eingerichtet

(s. u. Konfiguration), sodass eine Feuerwehr oder ein TV-Sender entsprechend ihren Aufgabenstellungen den zu überwachenden Bereich selbst festlegen kann. Z.B. sind für die Feuerwehr Informationskanäle relevant, wo die Einsatzkräfte aufgrund von Unfällen oder Unwetter eingreifen müssen, während eine Medienredaktion alle berichtenswerten Ereignisse erfassen möchte, also z. B. auch aus dem Sport- oder Unterhaltungsbereich.

Kanäle
Die Beiträge in den Kanälen sind zeitlich sortiert, wobei die zuletzt eingetroffenen Nachrichten immer in der obersten Zeile angezeigt werden (s. Abb. 2).

Analyse

Wenn ein relevantes Ereignis identifiziert wurde, kann die Redaktion oder BOS dies nach Wechsel in den Analysebereich mit einer Reihe von Funktionen eingehender analysieren. Dazu können auf Basis von Stichworten Ereignisse in der Anwendung angelegt werden, zu denen relevante Beiträge aus den vorher ausgewählten Sozialen Medien ausgesucht und angezeigt werden, sodass eine tiefergehende Analyse und Bewertung auf Basis der Texte und Meta-Daten durchgeführt werden kann. Dafür werden den Nutzenden nachfolgende Funktionen angeboten:

Abb. 2 Monitoring von verschiedenen inhaltlich definierten Kanälen

- **Sortierung:** Die Nutzenden können die Beiträge eines Kanals nach verschiedenen Kriterien wie Quelle, Datum, Vertrauen, Relevanz und Stimmung sortieren. Dabei gibt es jeweils die Option, die Beiträge aufsteigend oder absteigend zu sortieren.
- **Relevanz:** Die Nutzenden können durch eine Markierung erkennen, ob ein Beitrag wahrscheinlich von besonderer Relevanz ist, indem auf Basis von Schlüsselworten wie „Großbrand", „Verletzte" und Statistikdaten wie der Anzahl von Views, Likes und anhand von Kommentaren eine Relevanz berechnet wird (siehe dazu auch Berechnung der Relevanz unten). Dadurch wird es möglich, bei der Identifikation besonders relevanter Ereignisse die verantwortlichen Personen zu informieren (z. B. per Mail), sodass die Nutzenden nicht permanent den Monitor überwachen müssen.
- **Stimmung:** Zunächst wird im Header jedes Ereignisses die Stimmung aller Beiträge zu einem Ereignis auf einer Positiv-/Negativ-Skala von Grün nach Orange angezeigt (s. Abb. 3), sodass sich die Einsatzkräfte auf die jeweilige Stimmung einstellen können. Bei unserem Demonstrator konnten wir sehen, dass z. B. die Kultur-Events meist im positiven (=grünen) Bereich waren, während Stromausfälle meist im negativen (=orangen) Bereich waren.
- **Emotionen:** Da eine Stimmung durch sehr unterschiedliche Emotionen entstehen kann, werden weiterhin die wichtigsten Emotionen in jedem Beitrag ermittelt. Eine negative Stimmung kann durch Wut, Trauer oder Angst hervorgerufen werden, die unterschiedliches Aggressionspotenzial erzeugen können. Z. B. ist Wut meist mit Aggression verbunden, während dies bei Trauer kaum zu erwarten ist. Die Art der Emotion ist daher eine wichtige Information zur Vorbereitung von Polizei oder Hilfsorganisationen auf die aktuelle Lage. Aus diesem Grund werden Emotionen wie Ekel, Freude, Furcht, Trauer, Wut, Überraschung oder Verachtung auf Basis der Beitragstexte ermittelt, die aus den Basisemotionen von Plutchik (Plutchik, 1991) abgeleitet

Abb. 3 Analyse eines Ereignisses

wurden und für jeden Beitrag in Form von Emojis angezeigt. Durch mouse-over werden für jedes Emoji die unterliegenden Begriffe angezeigt. Dabei kann es durchaus sein, dass in einem Beitrag gegensätzliche Emotionen wie Freude und Trauer enthalten sind. Dies kann insbesondere bei längeren Beiträgen der Fall sein, die aus verschiedenen Teilen bestehen und z. B. auch Zitate enthalten (Abb. 3).

Die weiteren Daten zu einem Beitrag sind:

- **Quelle** des Beitrags: In unserem Demonstrator ist das der Account des Nutzers in dem jeweiligen Sozialen Netzwerk, aus dem der Beitrag stammt.
- **Vertrauenswürdigkeit der Quelle:** Die Nutzenden können Quellen nach eingehender Validierung als vertrauenswürdig einstufen, danach werden alle bisherigen und zukünftigen Beiträge dieser Quelle als vertrauenswürdig markiert. Da Feuerwehr, Polizei, rbb oder DRK nur Beiträge einstellen, die vor der Publikation von geschultem Fachpersonal geprüft wurden, können wir davon ausgehen, dass dies sichere Quellen sind (s. u. Abschnitt „Validierung der Glaubwürdigkeit"). Diese Quellen werden auch immer ihre etablierten Kanäle nutzen, um alle Informationen abzusichern, die sie weiterreichen.
- **Datum und Zeit** der Erstellung des Beitrags
- **Beitragstext:** Der aus Zeichen und Emojis bestehen kann und häufig in der Länge begrenzt ist.
- **Glaubwürdigkeit** des Beitrags: Diese wird auf Basis von Glaubwürdigkeitssignalen, den W3C Credibility Signals, bezüglich Fehlern, Auffälligkeiten und Inkonsistenzen im Text, Rechtschreibung, Grammatik oder Stil erstellt (weitere Details dazu siehe unten im Abschnitt "Formale Validierung durch Glaubwürdigkeitssignale").
- **Statistische Daten** wie Anzahl der Views, Kommentare und Likes.
- Bewertung der **Glaubwürdigkeit durch die Redaktion** dient vor allem der Weitergabe von Informationen an das Team (Abb. 4).

Vorgehen bei der Analyse eines Ereignisses

Wenn bei einem Ereignis mehrere hundert oder sogar tausend Beiträge veröffentlicht werden, wie im Falle des Großbrands im Grunewald 2022, ist es sehr anspruchsvoll, durch eine bloße Durchsicht der Beiträge einen umfassenden Überblick über die Situation zu erhalten. In diesem Fall kann unsere Social-Media-Monitoring-Anwendung durch folgende Strategie helfen, die Beiträge in diesen Schritten zu untersuchen.

- Mit dem **Sortieren nach sicheren Quellen** können die Nutzenden erst einmal einen Überblick gewinnen, was sehr wahrscheinlich an einem Ort zu einer bestimmten Zeit passiert ist. Ausgehend von den Beiträgen aus sicheren Quellen kann dann nach weiteren Informationen und Details von Augenzeugen des Ereignisses auch in weniger

Abb. 4 Analyse eines Beitrags

sicheren Quellen gesucht werden, sei es mit den Funktionen des Social-Media-Tools oder auch allen anderen Suchfunktionen der Sozialen Netzwerke.

- Eine **Sortierung nach Relevanz** erlaubt, die Beiträge anzuzeigen, die die meisten Views, Likes und Kommentare erhalten haben. Bei diesen Beiträgen kann man davon ausgehen, dass sie die Aufmerksamkeit sehr vieler anderer Nutzer hervorgerufen haben und somit die Inhalte des Beitrags auch relevant sind. Dabei ist auch unter Berücksichtigung von Stimmung und Emotionen zu prüfen, ob ein Beitrag tatsächlich hinsichtlich der eigenen Aufgabenstellung relevant ist. Es kann beispielsweise sein, dass die hohe Relevanz lediglich daraus entstanden ist, weil ein Nutzer eine sehr große Zahl von Followern hat oder dass ein Beitrag besonders ironisch oder sarkastisch war.
- Durch eine **Sortierung nach der Stimmung** können zunächst die Beiträge nach absteigender Stimmung angezeigt werden, um die positiven zuerst zu sehen. Diese zeigen oft viel Lob und Anerkennung für die Einsatzkräfte. Das ist zwar sehr erfreulich für die Leitstelle, jedoch nur begrenzt hilfreich. Interessanter ist meist eine Sortierung, beginnend mit den negativen Beiträgen, denn dort sind oft relevantere Informationen zu finden, wie z. B. Hilferufe aufgrund der Gefährdung von Sicherheit und Gesundheit oder Verärgerungen über gravierende Missstände. Gegebenenfalls ist hier tatsächlich eine unverzügliche Unterstützung durch Feuerwehr, Polizei oder THW erforderlich.

- In den Spalten **„Bilder"** und **„Videos"** kann nach weiteren Details zu einem Ereignis gesucht werden, um sie in eigenen Berichten oder Publikationen zu nutzen. Dazu ist allerdings immer erst die Echtheit der Bilder zu prüfen und gegebenenfalls muss sich die Redaktion oder BOS die Rechte für eine Wiederverwendung sichern.

Analyse der Stimmung über Zeit und Ort

Wenn es zu einem Ereignis ausreichend viele Beiträge gibt, am besten mehrere tausend, können die dazu gemessenen Stimmungsdaten gespeichert und weiter ausgewertet werden. Bei Ereignissen, die mehrere Tage andauern, kann es hilfreich sein, die Veränderung der Stimmungslage zu verfolgen. Wenn es möglich ist, die Phasen einer Stimmungskurve von „aufkommend" über „anhaltend" bis zu „absteigend" zu identifizieren, können sich Einsatzkräfte gezielter vorbereiten, wenn z. B. eine aggressive Stimmung zu erwarten ist (s. Abb. 5). Wenn sich das Ereignis über einen größeren Bereich erstreckt, kann mithilfe der Social-Media-Beiträge versucht werden, eine Korrelation zu konkreten, betroffenen Orten zu ermitteln. Zudem können die auffälligsten Emotionen im Zeitverlauf identifiziert werden. Möglicherweise kann ein Wechsel von Wut oder Furcht zu Freude oder Erleichterung festgestellt werden. Weiterhin ist eine orts- und zeitbasierte "Shitstorm"-Ermittlung möglich, die für einige Einsatzkräfte wie Polizei oder Feuerwehr vor allem bei politisch motivierten Veranstaltungen an Bedeutung gewonnen hat.

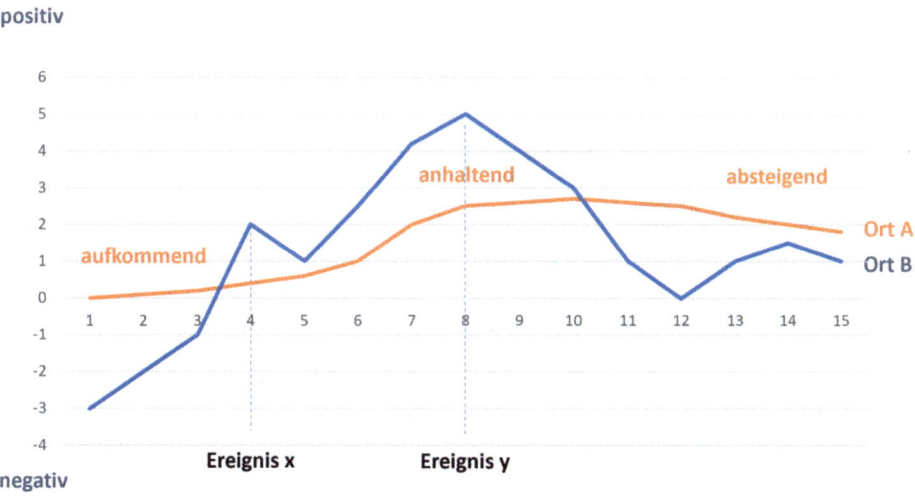

Abb. 5 Auswertung von Stimmungsdaten über Zeit und Ort

1. Konfiguration von Kanälen und Ereignissen

Nutzer des Social-Media-Monitorings können Kanäle und Ereignisse auf Basis von Stichworten dynamisch für ihre Aufgabenstellung konfigurieren. Dafür gibt es zunächst die Möglichkeit, die Stichworte auf Basis eines ausgewählten Beitrags automatisch zu generieren, jedoch ist es in der Regel sinnvoll, dass die Nutzenden sie manuell genauer anpassen. Denn für ein effizientes Monitoring kommt es vor allem darauf an, möglichst zielgenau die ein Ereignis betreffenden Beiträge zu selektieren. Allerdings sollte der Fokus nicht zu eng sein, da auch im Umfeld des Ereignisses relevante Informationen gefunden werden können. Deshalb ist es zumeist sinnvoll, weitergehende Beiträge zu dem betroffenen Ort, Ereignis oder der Person miteinzubeziehen. Wenn dann jedoch zu viele nicht relevante Beiträge erscheinen, ist wiederum eine Konzentration auf das Kernereignis durch eine Einschränkung des Zeitraums nötig, wie beim Beispiel Großbrand Grunewald auf die Tage vom 3.8.2022 bis zum 5.8.2022 (s. Abb. 6).

Für die Definition eines Ereignisses wurden verschiedene Verfahren evaluiert und eine Lösung ausgewählt, bei der Schlüsselwörter mit „UND" und „ODER" verknüpft werden können. Zum Beispiel wird der Blackout in Köpenick durch folgende zwei Kriterien definiert:

#Stromausfall AND #Köpenik until:2025 since:2029-02-19
#Blackout AND #Köpenik until:2025 since:2029-02-19

Damit werden alle Beiträge ausgewählt, in denen entweder Stromausfall UND Köpenick oder Blackout UND Köpenick enthalten sind und die innerhalb des angegebenen Zeitraums versendet wurden.

Abb. 6 Konfiguration von Ereignissen

Architektur des Systems

Die Architektur des Systems zeigt auf der linken Seite die verschiedenen Quellen (s. Abb. 7),die primär Soziale Netzwerke, aber auch andere Datenquellen wie das MoWaS-System umfassen können. Die serverseitige Social-Media-Monitoring-Komponente enthält zunächst Funktionen für die kontinuierliche Überwachung und für Suchanfragen an die verschiedenen eingebundenen Quellen. Dazu kommen Möglichkeiten zur Sortierung und Filterung der empfangenen Beiträge sowie zur Konfiguration des Systems. Die Analyse von Stimmungen und Emotionen sowie die Validierung erfolgen in eigenen Modulen, die auch Open-Source-Komponenten und externe Services nutzen. Die Nutzenden verwenden ein webbasiertes Social-Media-Dashboard, mit dem auch Informationen für einen an Endnutzer gerichteten Krisenkompass generierbar sind. Optional können Endnutzer auch über weitere Distributionskanäle wie eine App, einen Broadcast oder Newsroom versorgt werden.

Quellen

Da die entstandene Social-Media-Monitoring-Anwendung vor allem auf die Überwachung von kurzfristigen Ereignissen ausgerichtet ist, kamen nur einige der Sozialen Netzwerke in Betracht, die zum Teil auch in die Kategorie der Micro-Blogging-Plattformen fallen. Wir haben uns zunächst auf X, vormals Twitter, konzentriert, da die meisten Nutzer bei unvorhergesehenen Ereignissen kurze Ad-hoc-Nachrichten und Bilder vor allem über diese Plattform versenden. Für andere Aufgabenstellungen oder Fokussierungen auf andere Länder können aber auch andere Soziale Netzwerke wie Facebook, LinkedIn, Telegram, VK, Tumblr oder Reddit einbezogen werden. Dies wäre insbesondere dann sinnvoll, wenn das Monitoring nicht nur auf die Koordination konkreter Hilfe und Einsätze ausgerichtet ist, sondern Ereignisse über Tage oder Wochen beobachtet und analysiert werden sollen. Speziell für Warnungen und Informationen zu Katastrophen,

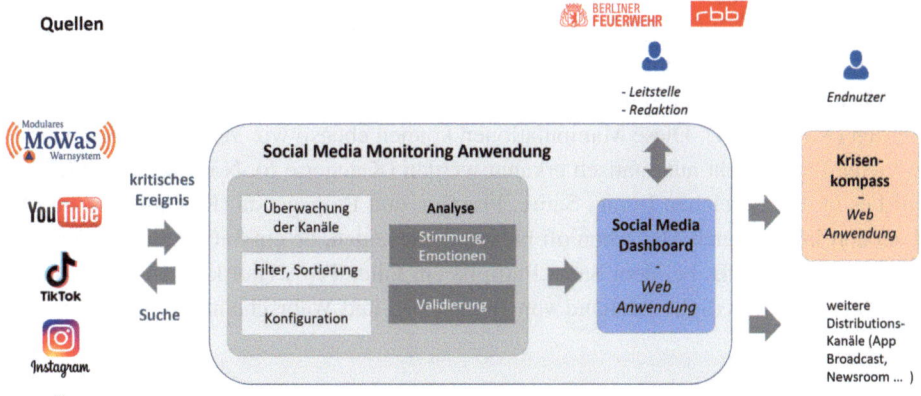

Abb. 7 Architektur des Social-Media-Monitoring-Systems

die für den vorliegenden Anwendungsfall relevant sind, wäre eine zusätzliche Anbindung an MoWaS oder Katwarn[5] sinnvoll, auch wenn dort bei einem kritischen Ereignis meist nur eine einzige Nachricht versendet wird. Bei den verschiedenen Soziale Netzwerken und Systemen ist zu berücksichtigen, dass viele von ihnen keine APIs für einen automatischen Zugriff zur Verfügung stellen und einige Bereiche nur für geschlossene Nutzergruppen sichtbar sind.

Validierung der Glaubwürdigkeit

Die Validierung von Informationen aus Sozialen Medien durch einen Validierungsprozess erfordert ein Training der Redaktionen und BOS, zu dem in den letzten Jahren eine umfangreiche Best Practice entstanden ist, wie z. B. vom Journalism Center (JRC, 2023), First Draft News (FirstDraftNews, 2024), EU Disinfo Lab (DisinfoLab, 2024) oder InVid (Fricke, 2019). Die Best Practice empfiehlt auch eine Reihe von Toolsets wie z. B. die Disinfo LabTools oder den InVid Verification Plugin (InVid, 2021), die auch die Nutzung von Standardtools für Suche, Mapping-Services oder Reverse Image Search einbeziehen. Diese verfügbaren Tools können die Nutzenden durch automatische Methoden bereits gut unterstützen, wobei die Chancen für die Erkennung von Desinformation wesentlich von der Art der Manipulation abhängig sind. In der folgenden Tabelle sehen wir, dass bei den Manipulationsarten im unteren Bereich eine automatische Identifikation durchaus aussichtsreich ist, während für die weiter oben in der Tabelle stehenden Kategorien eine weitergehende manuelle Validierung erforderlich ist (Abb. 8).

Immer dann, wenn Fakten, Referenzen, Organisationen oder Personen durch Lexika oder eine gesicherte Datenbasis verifizierbar sind, kann falsche Information einfach automatisch festgestellt werden (Kategorie 7 und 8). Eine Manipulation von Texten oder Bildern kann ebenfalls meist mit automatischen Verfahren erkannt werden (Kategorie 5 und 6). Hierbei wird es jedoch schon schwieriger, da diese Eingriffe üblicherweise auch zur Verbesserung der Qualität stattfinden. Zudem kommt es vor, dass unbeteiligte Personen aus einem Bild von einer politischen Veranstaltung retuschiert werden, sodass es sich hier i. d. R. um akzeptable Veränderungen handelt. Noch schwieriger wird es, wenn Bilder mit falschen Unterschriften versehen werden und z. B. Datum und Ort verändert werden (Kategorie 4). Diese Manipulationen können ebenso wie Verschwörungstheorien in vielen Fällen nicht automatisch erkannt werden (Kategorie 6). Noch herausfordernder wird es in den Bereichen Ironie, Satire, Framing und Propaganda (Kategorien 7 und 8), denn dort können auch Menschen oft nicht unterscheiden, ob ein Satz ironisch oder ernst gemeint ist, wie z. B. bei dem Satz „Putin ist ein toller Typ". Hier können automatische Verfahren i. d. R. lediglich anhand von Indikatoren und Wahrscheinlichkeiten ermitteln,

---

[5] Mit Katwarn werden Warnungen vom Zivil- und Katastrophenschutz in Gefahrensituationen z. B. bei Großbrand, Bombenfund, Umweltkatastrophe über eine Smartphone-App verbreitet https://www.katwarn.de/.

Kategorie	Art der Manipulation	Validierung		Beispiel
		automatisch	semi automatisch	
1	Framing, Propaganda, Manipulation, Fehlleitung	*	**	etwas schlecht machen, jemanden verführen
2	Ironie, Satire, Parodie	*	**	"Putin ist ein toller Typ"
3	Neue Verschwörungstheorien	*	**	XYZ hat Corona erfunden, um …
4	Falscher Kontext, Bild mit falscher Unterschrift	*	***	Bild mit falscher Unterschrift, Zeit, Ort
5	Manipulierte spezielle Fach- und Themenartikel	**	***	falsche Produktinformation, Beipackzettel
6	Manipulierte Bilder, Sound, Videos	**	***	retuschierte Person, geänderter Hintergrund
7	Falsche Referenzen, Logos	***	****	falsche, scheinbar renomierte Quelle
8	Falsche Fakten validiert über Fact Checking Tools	***	****	"die Erde ist eine Scheibe"

Abb. 8 Manipulationsarten und Erkennungschancen. Erkennungschance von * (= gering) bis **** (= hoch)

in welche Kategorie eine Aussage vermutlich fällt. Je weiter oben in der Tabelle ein Beitrag verortet ist, desto wichtiger wird es, eine Sichtung der fraglichen „Posts" durch geschultes Personal durchzuführen, um die Ergebnisse der Analyse-Tools zu überprüfen und letztlich eine Entscheidung hinsichtlich der Glaubwürdigkeit zu treffen. Dabei kann die eingangs genannte Best Practice mit den empfohlenen Tools sehr hilfreich sein. Die vorhandenen Verifikationstools müssen stetig weiter verbessert werden, insbesondere da durch die technologische Weiterentwicklung im Bereich von Bildern, Videos und Videospielen stetig neue Möglichkeiten der Manipulation entstehen, sodass fortschrittliche Methoden zur Erkennung von Deep Fakes, generiertem Audio oder durch generative KI erzeugten Inhalten benötigt werden.

Formale Validierung durch Glaubwürdigkeitssignale

Mit der entwickelten Social-Media-Monitoring-Anwendung wird lediglich eine formale Bewertung von Rechtschreibung, Grammatik, Vokabular und Emotionalität auf Basis der W3C-Glaubwürdigkeitssignale (W3C, 2021) durchgeführt. Aus der Bewertung der einzelnen Signale auf einer Skala von 0 bis 1 wird eine Gesamtbewertung ermittelt, mit der auffällige Beiträge erkennbar werden. Dabei bedeutet ein Ergebnis von <0,5 eine unterdurchschnittliche Bewertung für einen Beitrag (Abb. 9).

Allerdings sollten sich die Nutzenden lediglich besonders ausgefallene Beiträge, z. B. von <0.15, ansehen, denn diese Bewertungsmethode ist lediglich ein Indikator, dass sie möglicherweise nicht korrekte Informationen enthalten oder Inkonsistenzen bestehen. Denn letztlich kann es immer sein, dass auch ein Beitrag mit vielen Rechtschreibfehlern, Ausrufezeichen und Schimpfwörtern sinnvoll ist, während eine Anmerkung in korrekter Hochsprache Falschinformationen enthält. Zur tiefergehenden Validierung der Beiträge empfehlen wir die o.g. Best Practice mit den geeigneten Verifikationstools zu nutzen.

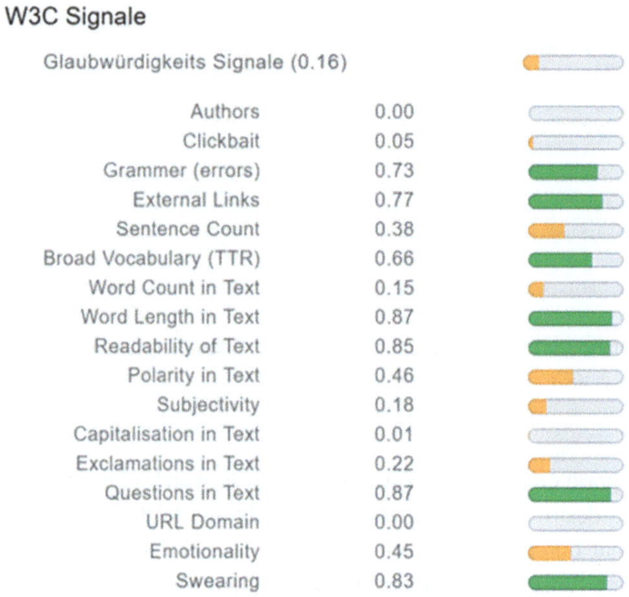

W3C Signale

Glaubwürdigkeits Signale (0.16)		
Authors	0.00	
Clickbait	0.05	
Grammer (errors)	0.73	
External Links	0.77	
Sentence Count	0.38	
Broad Vocabulary (TTR)	0.66	
Word Count in Text	0.15	
Word Length in Text	0.87	
Readability of Text	0.85	
Polarity in Text	0.46	
Subjectivity	0.18	
Capitalisation in Text	0.01	
Exclamations in Text	0.22	
Questions in Text	0.87	
URL Domain	0.00	
Emotionality	0.45	
Swearing	0.83	

Abb. 9 Glaubwürdigkeitssignale zur Bewertung eines Beitrags

Einhaltung von ELSI-Richtlinien

Beim Social-Media-Monitoring sind in den letzten Jahren zunehmend mehr gesetzliche Vorgaben bzgl. ethischer und rechtlicher Regelungen zu beachten, da in Sozialen Netzwerken vermehrt Beiträge von Organisationen wie auch privaten Personen mit kompromittierenden Inhalten verbreitet werden, sodass nachfolgende Gesetze direkt oder indirekt relevant sind:

- Die **DSGVO** (Datenschutzgrundverordnung), Vgl. (DSGVO, 2024) legt die Grundsätze und Rechtmäßigkeit der Verarbeitung personenbezogener Daten und Bedingungen für die Einwilligung und die Verarbeitung besonderer Kategorien personenbezogener Daten fest. Sie ist für das Social-Media-Monitoring relevant, da die Beiträge von Personen erstellt werden und auf Bildern und Videos Personen dargestellt seien können.
- Der **AI-Act** (Artificial Intelligence Act) der EU, vgl. (AI-Act, 2024) richtet sich vor allem an Anbieter, die generative KI z. B. zur semiautomatischen Erstellung von Beiträgen mit Texten, Bildern und Videos einsetzen, sodass ein Risiko hinsichtlich unbeabsichtigter oder bewusster Täuschung bzw. Desinformationen entsteht. Da die Social-Media-Monitoring-Anwendung lediglich KI-basierte Methoden nutzt, um Beiträge zu analysieren und zu bewerten und keine automatisiert generierten Inhalte sind die im Projekt entwickelten Verfahren zunächst einmal in eine niedrige Risikokategorie einzustufen.

- Der **DSA** (Digital Services Act) der EU, vgl. (DSA, 2024) gilt vor allem für sehr große Online-Vermittler und Suchmaschinen, die digitale Dienste im Internet anbieten. Zu nennen sind hier bspw. Amazon, X, Meta, TikTok und Youtube. Der DSA wird jedoch in den nächsten Jahren sukzessive für immer mehr und vor allem auch kleinere Anbieter von Inhalten gelten. Da die meisten Redaktionen oder BOS im Zuge des Social-Media-Monitorings auch Inhalte anderer Plattformen nutzen und verbreiten, müssen sie bereits heute die DSA-Regelungen berücksichtigen.
- Der **Data Act** der EU (Data Act, 2024) regelt die Offenlegung von Daten gegenüber Behörden im Krisenfall und kann somit für alle Nutzenden relevant werden.

Auch wenn nur einige der Regelungen im redaktionellen Alltag unmittelbar relevant sind, sollten alle Redaktionen und BOS über die geltenden Regelungen informiert sein, da sie sonst durch Nutzung und Weitergabe leicht in rechtlich kritische Situationen geraten können.

Maßnahmen des DSA (Digital Services Act) der EU

Der DSA umfasst eine Reihe von Vorschriften für Vermittlungsdienste wie Online-Plattformen, mit dem die Verbreitung von illegalen Inhalten und Dienstleistungen verhindert werden soll. Auch wenn die Regelungen je nach Ausrichtung und Größe der Plattformen unterschiedlich sind, sollten alle Nutzenden, die Online-Inhalte verwenden und weiterverbreiten, die DSA-Regelungen kennen und beachten. Dies betrifft vornehmlich die Maßnahmen zur Erkennung und Entfernung von diskriminierenden und illegalen Inhalten wie Hass-Kampagnen, zielgerichtete Werbung bzgl. Religion oder ethnischer Herkunft, Rachepornos oder gefälschte Waren. Andere DSA-Regelungen wie das Anbieten von Optionen zur Kündigung und Zugang ohne Profil sowie die Nutzung von Dark Pattern[6] sind dagegen für Social-Media-Redaktionen weniger relevant. Ein wesentliches Ziel des DSA ist es, der zunehmenden Verbreitung von Hasskommentaren in Sozialen Netzwerken zu begegnen, mit der Personen gezielt von einem oder häufig auch mehreren Nutzern diffamiert werden. In solchen Situationen stehen Redaktionen vor der Herausforderung, dass es oft sehr schwierig ist, zwischen freier Meinungsäußerung und illegaler Diskriminierung oder gar Hassrede zu unterscheiden. Insbesondere im politischen Bereich sind die Grenzen, wo Meinungen oder Kritik aufhören und Beleidigung und Hassrede beginnen, nicht leicht zu definieren und verschwimmen oftmals. Eine Folge davon ist, dass inzwischen auf vielen Online-Plattformen immer mehr Beiträge durch ungeschultes Personal oder eine KI-Lösung sicherheitshalber einfach gelöscht werden, um möglichen Strafen aus dem Weg zu gehen. Kritiker sehen darin eine Ein-

---

[6] Designmuster, das Nutzende zu einem bestimmten Verhalten verleitet und ihren Interessen widerspricht.

schränkung der Meinungsvielfalt und eine Einschränkung des freien Internets, da oft auch berechtigte Kritik und kritische Nachfragen insbesondere von Randgruppen unterbunden werden. Um dieser Entwicklung entgegenzutreten, sollten sich die Nutzenden mittels der verfügbaren Informationsmaterialen, z. B. von den Landesmedienanstalten (LMA, 2024), inhaltlich intensiv auf diese Aufgabe vorbereiten, damit nur so viele Beiträge wie nötig gelöscht und so viele wie möglich publiziert werden.

DSA Krisenreaktionsmechanismus der EU (Artikel 36)

Während die DSA-Regelungen normalerweise durch die EU-Kommission vorgegeben werden und von den Ländern umzusetzen sind, weist der Artikel 36 des DSA im Krisenfall ausschließlich der EU-Kommission Zuständigkeiten zu. Der Artikel 36 sieht beim Eintreten von Krisenereignissen wie z. B. bei terroristischen Handlungen oder Naturkatastrophen wie Erdbeben, Wirbelstürme und Pandemien vor, dass die EU-Kommission zur Erteilung von Weisungen für Anbieter sehr großer Online-Plattformen ermächtigt wird bzgl. der:

- Verfahren zur Moderation von Inhalten,
- Zusammenarbeit mit vertrauenswürdigen Hinweisgebern,
- Förderung vertrauenswürdiger Informationen,
- Anpassung algorithmischer Systeme und
- Änderung der AGBs.

Wenn ein gravierendes Ereignis wie ein Erdbeben oder eine Pandemie eintritt, erscheint es sinnvoll, dass die EU auf Basis dieses Gesetzes handlungsfähig bleibt und länderübergreifende Maßnahmen einleitet, die Menschenleben und Gesundheit schützen. Gleichzeitig birgt der DSA-Krisenreaktionsmechanismus jedoch auch, wie von jeher alle Notstandsgesetze, die Gefahr, dass Regierungen diese missbrauchen. Die Verlockung ist groß, solche Gesetze unter einem Vorwand zu nutzen, um durch eine Beeinflussung der Informationspolitik die Meinungsfreiheit einzuschränken.

Realisierung

Zur Realisierung des Social-Media-Monitoring-Demonstrators wurden eine Reihe von KI-Methoden zur Lösung der eingangs vorgestellten Anforderungen eingesetzt, wie z. B. semantische Suche, NLP[7], Clustering, Filterung, Sentimentanalyse, LLMs[8], Bewertung

---

[7] NLP = Natural Language Processing.
[8] LLM = Large Language Model.

und Zusammenfassungen. Wir möchten nachfolgend am Beispiel der Stimmungsanalyse zeigen, wie diese Funktionen auf Basis von KI-Methoden realisiert wurden. Die Realisierung der Stimmungs- und Emotionsanalyse erfolgte zunächst über einen Lexikonbasierten Ansatz. Da diese Methode jedoch bei der Validierung zu weniger zutreffenden Bewertungen der Beiträge führte, erfolgte ein zweiter Anlauf auf Basis von generischer KI, die deutlich bessere Ergebnisse lieferte.

Besondere Bedingungen von Sozialen Netzwerken

Für die textuelle Analyse von Beiträgen waren die besonderen Bedingungen bei Sozialen Netzwerken zu berücksichtigen. Z. B. waren die Beiträge bei Twitter zunächst auf lediglich 128 Zeichen begrenzt, später wurden sie auf 256 angehoben. Tatsächlich beruht der Erfolg vieler Sozialer Netzwerke, Blogs oder Microblogs darauf, dass die Nutzer ad-hoc viele kurze Beiträge mit nur 5 bis 20 Wörtern versenden. Wichtig ist für unsere Zielgruppe, dass sie spontan, zeitnah Ereignisse kommentieren oder bewerten. Oft beziehen sie sich auf vorherige Beiträge oder einen aktuellen Kontext, der als bekannt vorausgesetzt wird. In manchen Netzwerken entwickelt sich ein eigener Stil, in dem Satzfragmente, Emojis, Ausrufe und Kommentare verwendet und über Rechtschreib- oder Grammatikfehler hinweggesehen wird. Dies alles macht es für die NLP-Methoden schwierig, Beiträge zu analysieren, zu bewerten und richtig einzuordnen. Vor diesem Hintergrund ist es für eine humane Redaktion, die den Kontext eines Ereignisses, einer Nachricht oder Person kennt, durch ihre Erfahrung und Intuition einfacher zu erkennen, welche Bedeutung eine Anmerkung oder Bewertung in einem Beitrag hat. Trotzdem ist der Anspruch, dass die KI soweit mit Hintergrundwissen versorgt wird und die Methoden immer weiter verfeinert werden, sodass automatische KI-Verfahren mindestens gleichwertig oder sogar besser werden.

Wörterbuchbasierte Sentimentanalyse

Zur Realisierung der Sentimentanalyse wurde die Nutzung von Verfahren auf Basis von Wörterbüchern, ML[9] und generativer KI untersucht (Siegel, 2020). Zunächst wurde ein wörterbuchbasierter Ansatz ausgewählt, da dieser eine schnelle und einfache Lösung darstellt. Bei diesem Ansatz wird auf Basis eines Wörterbuchs einzelnen Begriffen jeweils ein positiver oder negativer Stimmungswert zwischen -1 und $+1$ zugeordnet. Je positiver ein Begriff eingeordnet wird, umso höher der Wert, z. B. erhält „Glück" fast den höchstmöglichen Wert, während dem Begriff „Unfall" ein sehr negativer Wert zugeordnet wird. Auf Basis dieses Wörterbuchs kann jedem Text durch die Summe der

---

[9] ML = Machine Learning.

Wort	Stimmungs-wert
abbauen	-0,2667
Abendrot	0,78
Fähigkeit	0,5392
fallen	-0,3529
Glück	0,8725
Tisch	0,4725
schlecht	-0,7667
Unfall	-0,7833
wollen	0,2549

„Feierabend.
Ich will nach Hause, Zug, fällt aus, das Stellwerk ist kaputt.
Bus auch schlecht, da schwerer Unfall und alles gesperrt ist.
Wünscht mir Glück!"

Gesamtstimmung:

$$\frac{0{,}2559+(-0{,}3529)+(-0{,}7667)+(-0{,}7833)+0{,}9121}{5} = -0{,}14698$$

Abb. 10 wörterbuchbasierte Berechnung eines Stimmungswertes für einen Text

Stimmungswerte aller enthaltenen Wörter ein Gesamtstimmungswert zugewiesen werden (s. Abb. 10):

Die Emotionen eines Textes werden ebenfalls mit einem wörterbuchbasierten Verfahren ermittelt. Dabei wird jeder Emotion eine Reihe von Begriffen zugeordnet, sodass für jeden Text identifizierbar ist, welche Emotionen darin auftauchen. Dabei kann es sein, dass mehrere, auch ganz unterschiedliche Emotionen in einem Text vorkommen. Wenn in einem Text mehrere Begriffe für eine Emotion auftreten, werden sie höher gewichtet, wie z. B. in dem Beispiel bei der Emotion „Verachtung", zu der zwei Begriffe im Text vorkommen. Dieses Verfahren könnte auch noch weiter verfeinert werden, z. B. indem alle Begriffe pro Emotion gewichtet werden (Abb. 11).

Leider ergaben Tests, dass dieses Verfahren bei Sozialen Netzwerken mit vielen kurzen Texten, die sich oft auf einen Kontext oder vorherige Beiträge beziehen, manchmal keine guten Ergebnisse lieferte. Insbesondere waren die Ergebnisse weniger zutreffend, wenn Beiträge ironisch oder witzig gemeint waren. Wenn etwas gescheitert ist, dann wird beispielsweise der Kommentar „Das habt ihr aber wieder gut hinbekommen!" meist ironisch gemeint sein. Die wörterbuchbasierte Stimmungsanalyse liefert für diesen Text jedoch einen positiven Wert, obwohl er eigentlich negativ einzustufen ist.

Um dieses Problem zu lösen, wurde eine alternative Lösung auf Basis generativer KI mit dem OpenAI[10] LLM entwickelt. Die Realisierung erfolgte durch die natürlichsprachliche Formulierung von Prompts an die OpenAI-Programmierschnittstelle. Dabei wurde festgelegt, dass die Rückgabe als JSON-Objekt erfolgt, das ein Format verwendet, welches von unserer Anwendung verarbeitet werden kann. Zudem wurde durch den Prompt

---

[10]OpenAI ist ein führender Anbieter von Lösungen für generative KI, https://openai.com/

Ekel	Freude	Furcht	Trauer	Überraschung	Verachtung	Wut
Bazille	Applaus	bangen	Abschied	aufschrecken	Abklatsch	Angriff
brechen	betören	grauen	Ende	Entsetzen	charakterlos	Gebrüll
Fäule	Glück	höllisch	freudlos	Knall	Dulli	hassen
igitt	Jubel	Krebs	mies	mitreißen	kaputt	pissig
speien	prima	scheu	Schmerz	radikal	schlecht	sauer
würgen	zujubeln	Unfall	Unfall	Unfall	Trottel	Vorwurf

„Feierabend. Ich will nach Hause, Zug, fällt aus, das Stellwerk ist kaputt. Bus auch schlecht, da schwerer Unfall und alles gesperrt ist. Wünscht mir Glück!"

Emotionen:
Verachtung, Freude, Furcht, Trauer, Überraschung

Abb. 11 Abbildung von Begriffen auf Emotionen anhand eines Beispielsatzes

angewiesen, dass die Bewertung auf einen Bereich von -1 bis 1 normalisiert werden soll. Zudem soll die generative KI eine passende Emoji und bis zu 3 Stichwörter zurückliefern, die wir den Nutzenden anzeigen möchten (Abb. 12).

Diese Realisierung lieferte deutlich bessere Resultate als die wörterbuchbasierte Lösung, auch für kurze und ironische Beiträge. Es gäbe auch noch die Möglichkeit, diese Lösung wiederum weiter zu verfeinern, z. B. indem mittels eines RAG[11]-Verfahrens die umgebenden Beiträge und gegebenenfalls weitere inhaltliche Kontextinformation mit einbezogen werden.

Test und Validierung

Als Ergebnis des Projektes ist ein Demonstrator entstanden, mit dem der gewählte Ansatz für das Social-Media-Monitoring zur Unterstützung von Redaktionen und Leitstellen validiert werden sollte. Dazu wurde ein Testkonzept mit Szenarien und Testdaten entwickelt, auf deren Grundlage interne und externe Nutzergruppen aus verschiedenen Redaktionsbereichen eine Validierung durchführen konnten. Zunächst wurde in Komponententests sichergestellt, dass die einzelnen implementierten Funktionen ihre vorgesehenen Aufgaben erfüllen. Im zweiten Schritt wurden die Komponenten zu-

---

[11] RAG = Retrieval Augmented Generation.

```
Antworte mit folgendem JSON Objekt: { "totalSentiment": 0,
"emoji": Emoji, "explanationSentiment": [string] } Analysiere
die Stimmung im Text mit totalSentiment: Wert für Stimmung von
-1 bis 1, emoji: Emoji für Stimmung, explanation: Maximal 3
Stichwörter(Adjektive) auf deutsch für Stimmung. Alle Werte
Null wenn kein Text.
```

Abb. 12 Implementierung einer Sentimentanalyse durch generative KI

sammen mit den Modulen der Partner in das Gesamtsystem integriert und getestet, so-dass der Aufwand für alle nachfolgenden Tests deutlich reduziert werden konnte. Im drit-ten Schritt wurde das Social-Media-Monitoring System schließlich unter realitätsnahen Bedingungen mit den zuvor spezifizierten Testszenarien erprobt. Dabei umfassten alle Szenarien:

i) simulierte Events und Trigger, wie z. B. die Meldung eines neuen kritischen Ereig-nisses,
ii) zuvor abgelegte Social-Media-Daten, und die
iii)manuellen Eingaben von Endnutzern.

Die Ergebnisse aller Tests wurden in Form von Testprotokollen, Bedienabläufen und Analyseergebnissen zur weiteren Auswertung abgelegt (Abb. 13).

In allen drei Schritten umfasst die Evaluation immer eine

- Verifikation, bei der die Korrektheit der Funktionen und Ausgaben entsprechend der Spezifikation geprüft wurde und
- eine Validierung, bei der die Nutzerakzeptanz und Nützlichkeit der Bedienfunktionen, Analysen und Ergebnisse bewertet wurden.

Alle drei Schritte folgten einem iterativen Konzept, bei dem an die jeweils verantwort-lichen Design-, Entwickler- und Anwendergruppen Feedback zurückgegeben wurde, so-dass eine schrittweise Verbesserung des Systems erreicht werden konnte.

Feldtest

In einem umfangreichen Feldtest der Berliner Feuerwehr wurden auf Basis eines Sze-narios „Stromausfall in Köpenick" die verschiedenen ResKriVer-Tools schließlich unter realen Bedingungen erprobt und validiert. Dieses Szenario wurde auf Basis eines 31-stündigen Blackouts ausgearbeitet, der tatsächlich im Jahre 2019 stattgefunden hat, sodass auf reale Orte, Ereignisse und Daten zurückgegriffen werden konnte. Bei diesem Einsatz waren mit Feuerwehr, Polizei, THW und TV/Rundfunk einige der potenziellen

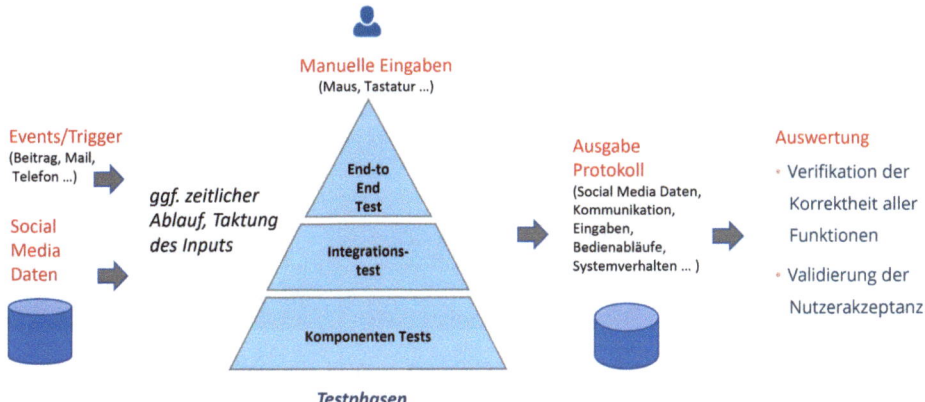

Abb. 13 Semi-automatischer, iterativer Test des Social-Media-Monitoring

Nutzergruppen involviert, sodass er zur Validierung der in ResKriVer entwickelten Konzepte und Tools gut geeignet war. Neben den genannten Organisationen waren zudem noch Weitere vertreten, bspw. Betreiber und Vertreter von KRITIS (Kritische Infrastrukturen) (Abb. 14).

Der Feldtest wurde federführend von der diensthabenden Stabsgruppe der Berliner Feuerwehr durchgeführt, die nicht am ResKriVer-Projekt beteiligt war. Für die Stabsgruppe erfolgte die bei einem Krisenfall übliche Verteilung verschiedener Rollen und Funktionen. Sie verfügte lediglich über rudimentäre IT-Vorkenntnisse und es gab im Vorfeld eine kurze Einführung in die ResKriVer-Tools einschließlich der Social-Media-Monitoring-Anwendung von weniger als einer Stunde. Nach Auswertung des Feldtests, der sich über einen Zeitraum von etwa 8 h erstreckte, ergaben sich folgende Erkenntnisse bezüglich der Social-Media-Monitoring-Anwendung:

- Von den Nutzern der Leitstelle und Redaktion konnte die Anwendung intuitiv bedient und genutzt werden.
- Bisherige Prozesse der Stabsarbeit der Berliner Feuerwehr konnten sinnvoll ergänzt werden.
- Das Auffinden nützlicher Zusatzinformationen zu konkreten Orten wurde ermöglicht.
- Stimmungsbilder und Emotionen konnten durch das Tool über das Krisenszenario betreffende Beiträge ermittelt werden. Die Zuordnungen wurden dabei überwiegend als zutreffend eingestuft.
- Eine kombinierte Nutzung des Social-Media-Monitoring mit der Drohne wurde in vielen Fällen als sehr hilfreich bewertet.
- Eventuell ist eine kombinierte Verwendung von weiteren externen Tools wie Suche oder Mapping-Service erforderlich, um noch tiefergehende Informationen zu generieren.

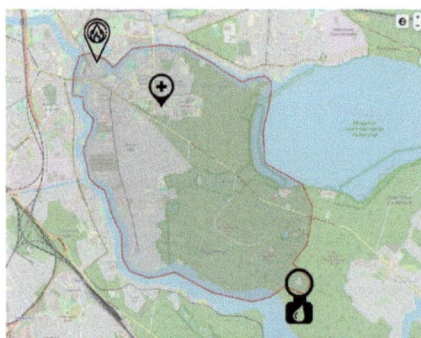

Abb. 14 Krisenstabsübung der Berliner Feuerwehr mit Validierung der ResKriVer-Tools[12]

- Die Leitstellen und Redaktionen benötigen mehr Übung, um Filter, Sortierung und Stichwort-Auswahl noch effizienter zu wählen und damit noch mehr Erkenntnisse gewinnen zu können.
- Ebenfalls bietet sich zusätzliches Training zur Validierung von Beiträgen, Bildern und Videos an, um Falschinformationen besser zu analysieren und zu identifizieren.

Empfehlungen

Während der Entwicklung des Social-Media-Monitoring-Systems und der Durchführung der Feldtests mit den Anwendern wurden wertvolle Erkenntnisse gewonnen, sodass zur Planung und Einführung einer solchen Lösung nachfolgende Empfehlungen gegeben werden können:

1. Zur Einführung einer Social-Media-Monitoring-Anwendung sollte zunächst festgelegt werden welche Ziele damit angestrebt werden, welche Mitarbeiter damit arbeiten sollen und welche Arten von Ereignissen identifiziert und untersucht werden sollen.
2. Dabei ist zu berücksichtigen, dass das neue System nahtlos in die vorhandenen Arbeitsprozesse, Verantwortungsstrukturen, Berichtswesen und Informationswege der jeweiligen Organisation eingefügt werden kann.
3. Die Einbindung in die bestehende IT-Infrastruktur mit Anwendungen und Geräten sollte nach Möglichkeit über digitale Schnittstellen erfolgen, sonst können die Prozessketten aber auch über analoge Kommunikationswege geschlossen werden.

---

[12] Fotos: Berliner Feuerwehr.

4. Die Social-Media-Monitoring-Anwendung ist entsprechend der definierten Ziele mit Quellen (z. B. Soziale Netzwerke, Web-Quellen) und fokussierten Themen einzurichten.

5. Für die betroffenen Redaktionen und BOS sind Einführungen und Schulungen für die Nutzung und Bedienung des Systems erforderlich. Im Rahmen des Feldtests hat sich gezeigt, dass im Ernstfall alles sehr schnell gehen muss, deshalb ist eine Vorbereitung für dann konkret durchzuführende Aufgaben erforderlich. Dies umfasst die Suche nach bestimmten Ereignissen oder Orten, die Sortierungsmöglichkeiten und die Bedeutung der Details in den verschiedenen Ansichten.

6. Zur Vorbereitung für den Ernstfall gehört auch eine Aufstellung, welche digitalen und analogen externen Ansprechpartner und Kommunikationswege für die möglicherweise auftretenden kritischen Fälle wie Feuer, Verletzte oder Stromausfall zur Verfügung stehen.

7. Falls eine Validierung von Beiträgen aus den Sozialen Medien durchgeführt werden soll, ist zumindest eine Einarbeitung mit den unter Abschn. 5) aufgeführten Best Practices oder besser noch eine Teilnahme an professionellen Schulungen angeraten.

8. Zudem sollten alle Mitarbeiter von Redaktionen und BOS über ein Grundwissen zu ELSI-Richtlinien verfügen, insbesondere der DSA und die DSGVO sind auch im Routinebetrieb häufig relevant. Spätestens für spezielle rechtliche Fragen sollten jedoch Experten hinzugezogen werden.

Fazit

Zur Einführung einer Social-Media-Monitoring-Anwendung sollte zunächst bewertet werden, ob durch das Monitoring von Sozialen Medien ein konkreter Mehrwert für einen Anwender entsteht. Dabei ist als Erstes zu betrachten, ob zu den fokussierten Fragestellungen, die der Anwender untersuchen möchte, in Sozialen Medien oder Web-Quellen ausreichend viele Beiträge mit guter Qualität zu finden sind, wobei zu berücksichtigen ist, dass sich das Nutzerverhalten immer wieder ändert. Darüber hinaus ist zu bewerten, ob die Sozialen Medien ausreichend nützliche Informationen zu den bereits bestehenden Kommunikationswegen liefern können. Die im Projekt durchgeführten Feldtests haben gezeigt, dass für die Aufgaben von Feuerwehr und TV-Sendern in den Sozialen Netzen meist ausreichend viele Daten gewonnen werden können, die ihre vorhandenen Informationskanäle sinnvoll ergänzen. Für sie entsteht ein hoher Mehrwert, z. B. bei größeren Ereignissen mit sehr vielen Beiträgen, durch die Gewinnung eines besseren Überblicks mit Stimmungen und Emotionen sowie durch wichtige Hinweise von Augenzeugen. Solche Hinweise können nach einer entsprechenden Validierung durch geschultes Personal dabei unterstützen, Menschen zu helfen oder sogar Leben zu retten.

Das Aufsetzen einer Social-Media-Monitoring-Anwendung in einer bestehenden IT-Umgebung kann von einem IT-Administrator ohne besondere Kenntnisse durchgeführt werden. Die Einrichtung des Systems mit den zu überwachenden Sozialen Netzwerken und Themen kann von einer Redaktion oder BOS ohne umfangreiche Schulung geleistet werden. Ebenso verhält es sich mit der Nutzung der Anwendung, die lediglich eine kurze Einweisung von wenigen Stunden erfordert. Zur Einführung eines Routinebetriebs sollte jedoch eine weitergehende Kompetenz im Bereich ELSI und zur Validierung aufgebaut werden, insbesondere wenn aufgrund von Beiträgen wichtige Entscheidungen getroffen werden oder Bilder für eigene Publikationen wiederverwendet werden sollen (s. Kap. 2 „Rechtliche Grundlagen").

Literatur

(AI-Act, 2024) EU. "EU Artificial Intelligence Act." https://artificialintelligenceact.eu/de/das-ge-setz/, EU Kommission, Online (2024).

(BeDien 2023), R. Fricke, F. Froebel, Personennahe Dienstleistungen der Zukunft, Kapitel 15, ISBN 978-3-658-38812-6, Springer Vieweg 2023.

(Data Act, 2024), EU. https://www.eu-data-act.com/. EU Kommission, Online (2024).

(DisinfoLab, 2024), EU Disinfo Lab, Tools to Monitor Disinformation, https://www.disinfo.eu/re-sources/tools-to-monitor-disinformation/, 2024.

(DSA, 2024) EU. "Digital Services Act." https://commission.europa.eu/strategy-and-policy/priori-ties-2019-2024/europe-fit-digital-age/digital-services-act_en, EU Kommission, Online (2024).

(DSGVO, 2024) „Datenschutz-Grundverordnung", https://de.wikipedia.org/wiki/Datenschutz-Grundverordnung, EU Kommission, Online (2016).

(First Draft News, 2024), First Draft News, Field Guide to detect Fake News, https://firstdraftnews. org/tackling/field-guide-fake-news/, 2024.

(Fricke, 2019) Video Verification in the Fake News Era, Video Verification in the Newsroom, Rolf Fricke, Jan Thomsen, et al, in Springer International Publishing, ISBN 978-3-030-26751-3, 350 pages, https://link.springer.com/book/https://doi.org/10.1007/978-3-030-26752-0, Switzerland, Sept 2019.

(InVid, 2021) InVID Verification Plugin, https://www.invid-project.eu/tools-and-services/invid-ve-rification-plugin, D. Tessou, R. Fricke, J. Thomsen, 2021.

(JRC, 2023), Journalism Center, Verification Handbook, https://verificationhandbook.com/, 2023.

(LMA, 2024) Landesmedienanstalt NRW, https://www.medienanstalt-nrw.de/fileadmin/user_up-load/materials_and_ordering_system/download/L180_Hate_Speech_LFM_NRW.pdf, 2024.

(Plutchik, 199199) The Emotions. University Press of America, 1991, ISBN 0-8191-8286-9.

(Siegel, 2020). Melanie Siegel, Melpomeni Alexa: Sentiment-Analyse deutschsprachiger Meinungsäußerungen. Springer Vieweg, Wiesbaden 2020, ISBN 978-3-658-29698-8, https://doi.org/10.1007/978-3-658-29699-5.

(W3C, 2021), W3C Community, Credibility Signals, https://www.w3.org/community/credibi-lity/2020/02/24/reviewed-credibility-signals/, 2024.

(Mühlenbeck, 2024) Frank Mühlenbeck, Social Media Monitoring verstehen und im Unternehmen einsetzen, https://www.contentmanager.de/, Juni 2024.

KI-Technologie zur Unterstützung des Drohneneinsatzes bei Feuerwehren

Elisabeth Wiegmann und Rebecca Prell⊙

Kernaussagen

1. Feuerwehren nutzen zunehmend Drohnen zur Aufklärung und Unterstützung bei Einsätzen.
2. Künstliche Intelligenz (KI) verbessert Drohneneinsätze mit Datenanalyse, Navigation und Hinderniserkennung.
3. KI-Drohnen wurden in Feldtests zur Erkennung von Wärmequellen- und Personensuche eingesetzt.
4. Technische Herausforderungen behindern den Einsatz intelligenter Drohnen.
5. Datenschutz- und Regulierungsauflagen erschweren den Drohneneinsatz zusätzlich.

E. Wiegmann
Referat S4 Projektmanagement und Maßnahmensteuerung, Bundesanstalt für den Digitalfunk der Behörden und Organisationen mit Sicherheitsaufgaben (BDBOS), Berlin, Deutschland
E-Mail: Elisabeth.wiegmann@bdbos.bund.de

R. Prell (✉)
Berliner Feuerwehr, Berlin, Deutschland
E-Mail: forschung@berliner-feuerwehr.de

T. Hoppe und R. Fricke (Hrsg.), *Resiliente krisenrelevante Versorgungsnetze*,
https://doi.org/10.1007/978-3-658-48639-6_12

Einleitung

Im Forschungsprojekt ResKriVer[1] wurde erforscht, wie intelligente Technologien die Gefahrenabwehr unterstützen können. Für Feuerwehren stellt ein Einsatzszenario die KI-unterstützte Detektion von Wärmequellen per Drohne dar. Die Technologie ist anschlussfähig, da bereits Drohnen standardmäßig bei der Brandbekämpfung eingesetzt werden.

In diesem Kapitel dient der Großbrand im Grunewald in Berlin als Anschauungsbeispiel, da in diesem Einsatz an verschiedenen Stellen zeitgleich Glutnester entstanden. Dies ist prädestiniert für den Einsatz von Drohnen zur Einsatzunterstützung und Beherrschung komplexer Einsatzlagen. Zunächst werden die Geschehnisse bei dem Brand des Munitionslagers im Grunewald beschrieben mit einem Fokus darauf, welche Rolle die Drohnen der Berliner Feuerwehr bei der Bewältigung dieser Lage spielten. Beispielhaft für eine Berufsfeuerwehr in einer Großstadt wird erläutert, wie die Drohnen im Regelbetrieb eingesetzt werden könnten. Anschließend wird ein Überblick über KI-Technologien gegeben und erklärt, inwiefern diese Technologien für den Drohneneinsatz genutzt werden können. Diese Technologien wurden im Rahmen des Forschungsprojektes ResKriVer in verschiedenen Feldtests herangezogen. Der Ablauf der Tests zum technologiegestützten Drohneneinsatz wird beschrieben und die Erkenntnisse erläutert. Schließlich folgt die Darstellung von Herausforderungen und Einschränkungen mit denen bei der Einführung intelligenter Technologien in den Regelbetrieb von Feuerwehren zu rechnen ist. Es wird ein Ausblick für zukünftige Forschung gegeben.

Drohneneinsatz beim Großbrand im Grunewald Berlin

Am 4. August 2022 wird um 03:24 Uhr ein „Brand im Grunewald" gemeldet. Kurz vor 4 Uhr korrigiert die Leitstelle der Berliner Feuerwehr den Einsatzort: Es brennt auf dem Sprengplatz und Munitionsdepot der Polizei Berlin am Kronprinzessinnenweg. Die Alarmstufe wird auf „Brand 6"[2] und wenig später auf „Brand 8"[3] erhöht.

---

[1] Die Inhalte dieses Kapitels wurden im Rahmen des vom Bundesministerium für Wirtschaft und Klimaschutz geförderten Projekts ResKriVer (Förderkennzeichen 01MK21006B) erarbeitet.
Aus Gründen der leichteren Lesbarkeit wird in diesem Kapitel für Personenbezeichnungen das generische Maskulinum stellvertretend für alle Geschlechter verwendet.

[2] „Brand 6" ist eine Alarmstufe der Feuerwehr, die bei Großbränden ausgerufen wird, bei denen mehr als zwei Löschzüge erforderlich sind. Die Einstufung erfolgt durch die Leitstelle der Feuerwehr auf Basis der eingehenden Notrufinformationen und der ersten Lagebeurteilung vor Ort.

[3] „Brand 8" ist eine Alarmstufe der Feuerwehr, die bei sogenannten Großbränden oder Katastrophenfällen ausgerufen wird. Sie erfordern eine Vielzahl an Einsatzkräften und Spezialeinheiten und häufig die Zusammenarbeit mit externen Stellen (z. B. Technisches Hilfswerk, Polizei) und möglicherweise überregionale Unterstützung. Hier ist von einer intensiven Einsatzleitung, mit langer Einsatzdauer und hohen Anforderungen an Logistik und Nachschub zu rechnen.

Das Feuer wird die Stadt und die Einsatzkräfte tagelang beanspruchen. Beim Eintreffen der ersten Feuerwehrkräfte ist das volle Gefahrenausmaß noch unklar. Ein Flachbau sowie einzelne Bunker stehen in Flammen, zudem breiten sich Bodenfeuer im Wald aus. Die Polizei und Objektschützende empfangen die Feuerwehr. Der Alarm der Brandmeldeanlage ertönt, während die Berieselungsanlage Löschwasser versprüht. Laut Feuerwehrplan dient das Gebäude als Untersuchungshaus und Asservatenlager. Wiederholt sind Explosionen zu hören, die zunächst als Pyrotechnik interpretiert werden. Die Einsatzkräfte beginnen mit einem ersten Löschangriff. Während der weiteren Lageerkundung und dem Aufbau der Wasserversorgung kommt es jedoch zu mehreren starken Explosionen.

Explosive Bomben und Munition sind vor Ort gelagert, was eine erhebliche Gefahr für Leib und Leben darstellt. Das Feuer breitet sich weiter aus, sodass die Einsatzkräfte den Gefahrenbereich zunächst auf einen Schutzradius von 500 m ausweiten müssen. Nach Rücksprache mit dem Sprengmeister der Polizei Berlin stellt sich jedoch heraus, dass dieser Abstand nicht ausreicht, da die gelagerten Stoffe zu explosiv sind. Der Sicherheitsradius wird auf einen Kilometer erhöht, was eine direkte Brandbekämpfung unmöglich macht.

Unterdessen beginnen die Einsatzkräfte mit Maßnahmen zur Eindämmung des Feuers. Der angrenzende, durch den Sommer ausgetrocknete Wald wird bewässert, wobei Leitungen von nahen Seen über mehrere Kilometer verlegt werden. Die Einsatzleitung hat längst umfassende Maßnahmen ergriffen: Löschhubschrauber und -roboter werden angefordert, ein Löschpanzer eines privaten Unternehmens rückt an, und Wasserwerfer der Polizei Berlin sowie Kreisregner benachbarter Feuerwehren kommen zum Einsatz. Die Bundeswehr schlägt Schneisen in den Wald. Unzählige Einsatzkräfte arbeiten unermüdlich mit technischer Unterstützung daran, das Feuer zu bekämpfen. Schließlich gelingt es ihnen, die Waldbrände entlang der Schneisen und Wege am Rande des Sperrkreises zu kontrollieren.

Etwa 30 Stunden nach der Alarmierung beginnen die Feuerwehrkräfte, in enger Abstimmung mit dem Sprengmeister der Polizei Berlin, gezielte Löschmaßnahmen innerhalb des Sperrkreises durchzuführen. Rund 60 Hektar sind von Vegetationsbränden betroffen. Nach und nach gewinnen die Brandbekämpfenden die Oberhand, doch der Zugang zum Sprengplatz bleibt weiterhin blockiert. Es kommt immer wieder zu Explosionen.

Zwei Tage nach Ausbruch des Brandes kann der Sicherheitsradius für die Einsatzkräfte nahezu halbiert werden. Mithilfe von Panzern und Robotern nähern sich die Einsatzkräfte dem Zentrum des Brandes, doch die Lage auf dem Sprengplatz bleibt unübersichtlich. Ein Bergungspanzer ermöglicht schließlich dem Sprengmeister der Polizei Berlin das weitere Vordringen. Doch die Explosionsgefahr ist nicht gebannt, denn die Bodentemperatur beträgt bis zu 700 °C. Um die Einsatzkräfte zu schützen, muss der Boden kontinuierlich gekühlt werden. Sechs Tage nach dem Brandausbruch können Löschhubschrauber über den Sprengplatz fliegen und im Fünf-Minuten-Takt Wasser aus der Havel abwerfen. Am Ende des Tages werden 105.000 L Wasser abgeworfen sein.

Am 11. August 2022 übergibt die Berliner Feuerwehr die Einsatzleitung an die Polizei Berlin. Die akute Gefahr ist überwunden, doch es dauert noch fünf weitere Tage, bis alle Glutnester und wieder aufflammende Brände gelöscht sind und die Feuerwehr vollständig abrücken kann. Eine ausführlichere Darstellung des Einsatzgeschehens ist im Jahresbericht 2022 der Berliner Feuerwehr zu finden (Berliner Feuerwehr, 2023, S. 30ff).

Insbesondere in der letzten Phase des Einsatzes wurden Drohnen genutzt (siehe Abb. 1). In der Einsatzlage im Grunewald sind die Drohnen automatisch vorprogrammierte Routen abgeflogen, während die Drohnenpiloten auf dem Controller kontrollierten, ob eine Rauchsäule oder ein Glutnest zu sehen war (siehe Abb. 2). Hierfür wurden Video- und Wärmebildkameras verwendet. Wurde eine Rauchsäule oder ein Glutnest entdeckt, wurde ein Foto geschossen, um die Koordinaten der Schadensstellen zu ermitteln. Die Koordinaten wurden an die Leitstelle weitergegeben, von wo aus Einsatzkräfte alarmiert wurden.

Bei der Berliner Feuerwehr gibt es Drohnentrupps, die bei größeren Bränden standardmäßig hinzugezogen werden, um der örtlichen Einsatzleitung den „Blick von oben" zu ermöglichen. Eine Übertragung des Datenmaterials der Drohne, etwa in die Leitstelle oder den Krisenstab findet zumeist nicht statt. Der Drohnenpilot vor Ort sieht auf dem Controller am Boden die Aufnahmen der Video- und Wärmebildkameras der Drohne. Auf diese Weise werden aktuell auch bei anderen Feuerwehren in Deutschland Drohnen eingesetzt.

Abb. 1 Drohnen-Basissystem DJI MATRICE 300 RTK. Bild: Berliner Feuerwehr

Abb. 2 Ansicht einer Wärmequelle auf dem Drohnen-Controller, Bild: Berliner Feuerwehr

Anwendungsfälle KI-unterstützter Drohnen-Einsatzlagen

Künstliche Intelligenz (KI) oder KI-Technologie bezieht sich auf die Entwicklung von Systemen, die Aufgaben ausführen können, die normalerweise menschliche Intelligenz erfordern (Wittpahl, 2019, S. 24 ff.). KI kann in vielen Bereichen eingesetzt werden, einschließlich Bildverarbeitung, Echtzeitdatenanalyse, Spracherkennung, Spiele, autonomes Fahren und medizinische Diagnostik. Intelligente Verfahren können genutzt werden, um Drohneneinsätze bei Feuerwehren zu unterstützen. So werden einsatztaktische Entscheidungen effizienter und die Handlungssouveränität erhöht. Die wesentlichen technischen Lösungen und Anwendungsfälle werden nachfolgend erläutert; Dabei handelt es sich um eine bewusst allgemein gehaltene Darstellung, die einen ersten Überblick ermöglichen soll und nicht auf technische Tiefe abzielt."Wittphal, 2019"" sind im Text zitiert, fehlen aber im Literaturverzeichnis. Bitte in das Verzeichnis aufnehmen oder Zitate aus dem Text streichen.Ist im Literaturverzeichnis aufgeführt. hier allerdings Tippfehler: Wittpahl

Echtzeitdatenanalyse

KI kann bei der Analyse von in Echtzeit gesammelten Daten helfen. Diese Daten können beispielsweise Wärmebilder oder Videoaufnahmen durch Drohnen sein, die dazu beitragen, die Ausbreitung von Glutnestern und Feuer zu beobachten oder zu identifizieren, wo sich Personen befinden könnten. Die Echtzeitanalyse von Drohnendaten mithilfe von KI basiert auf verschiedenen Schritten. Zunächst werden Daten von den Drohnen erfasst, wie z. B. Bilder, Videos, GPS-Koordinaten und Sensordaten. Diese Daten werden dann in Echtzeit an eine KI-Plattform übertragen. Die KI-Plattform verarbeitet die Daten mithilfe von Algorithmen des maschinellen Lernens. Hierbei können verschiedene Techniken wie Bildverarbeitung, Mustererkennung und neuronale Netzwerke zum Einsatz kommen. Die KI lernt aus den gesammelten Daten, um Muster und Informationen zu identifizieren. Zum Beispiel kann sie Objekte erkennen, Bewegungen verfolgen oder Geländemerkmale analysieren. So können in Echtzeit neue Erkenntnisse generiert werden, die durch herkömmliche Informationsquellen nicht oder nur schwer erlangt werden könnten. Diese Erkenntnisse werden an die Drohnenpiloten oder an andere Systeme zur weiteren Verarbeitung und Aktion übermittelt und unterstützen bei der Entscheidungsfindung. Um die Effizienz der KI zu steigern, kann sie kontinuierlich mit neuen Daten trainiert werden. Dies ermöglicht es, sich an verschiedene Situationen anzupassen. Insgesamt ermöglicht die Kombination von Drohnendaten und KI eine schnelle und präzise Analyse von Szenarien in Echtzeit, was in verschiedenen Anwendungen wie Überwachung, Katastrophenmanagement oder Landwirtschaft eingesetzt werden kann.

Automatische Navigation und Hinderniserkennung

Durch KI können Drohnen autonom fliegen und dabei Hindernisse erkennen und vermeiden. Dies ist besonders nützlich in unsicheren oder gefährlichen Umgebungen, wo eine manuelle Steuerung erschwert ist. Diese Technologie ist teilweise schon in marktreifen Drohnen verbaut. Die automatische Navigation und Hinderniserkennung bei Drohnen mittels KI ist ein komplexer Prozess, der mehrere Schritte umfasst:

1. Sensordaten-Erfassung: Die Drohne sammelt kontinuierlich Daten von verschiedenen Sensoren wie Kameras, Lidar, GPS, Infrarot usw. Diese Sensordaten liefern Informationen über die Umgebung und die Position der Drohne.
2. Umweltmodellierung: Die KI erstellt ein detailliertes Modell der Umgebung der Drohne. Dies geschieht mithilfe der erfassten Sensordaten. Hierbei werden Informationen wie Geländemerkmale, Hindernisse, Gebäude und andere strukturelle Elemente erfasst.
3. Pfadplanung: Basierend auf dem Umweltmodell berechnet die KI mögliche Flugpfade für die Drohne. Dabei berücksichtigt sie Faktoren wie Zielort, Hindernisse, Sicherheitsabstände und Flugparameter.
4. Hinderniserkennung: Die KI analysiert die Sensordaten, um potenzielle Hindernisse im Flugpfad der Drohne zu identifizieren. Hierbei können Algorithmen zur Bildverarbeitung, Tiefenwahrnehmung und maschinellem Lernen eingesetzt werden, um Hindernisse wie Gebäude, Bäume, Fahrzeuge usw. zu erkennen.

5. Echtzeit-Entscheidungen: Basierend auf den erkannten Hindernissen und dem aktuellen Flugpfad passt die KI die Flugroute in Echtzeit an. Sie kann alternative Wege berechnen, die Geschwindigkeit anpassen oder sogar eine Notbremsung initiieren, um Kollisionen zu vermeiden.

6. Feedback-Schleife: Die Drohne setzt die angepasste Flugroute um und erfasst dabei weiterhin Sensordaten. Diese Daten werden erneut von der KI analysiert, um sicherzustellen, dass die Drohne sicher navigiert und Hindernisse vermieden hat.

7. Lernen und Anpassung: Die KI lernt aus jeder Flugmission und verbessert so ihr Modell, um sich schneller an verschiedene Umgebungen, Wetterbedingungen und Hindernistypen anzupassen.

Insgesamt ermöglicht die Kombination von Sensordaten, Umgebungsmodellierung und maschinellem Lernen eine präzise und sichere automatische Navigation von Drohnen.

Vorhersage und Modellierung

KI-Algorithmen können dazu beitragen, auf der Grundlage von gesammelten Daten zum Beispiel die Ausbreitung eines Brandes vorherzusagen und so den Feuerwehreinsatz effektiver zu planen oder zu gestalten (Kohler & Scharte, 2020, S. 2). Dafür sind die folgenden grundlegenden Schritte und erforderlichen Elemente notwendig:

1. Daten sammeln: Verschiedene Arten von Daten sind erforderlich, wie z. B. Wetterdaten (Windrichtung, -geschwindigkeit, Temperatur, Luftfeuchtigkeit), Geländebeschaffenheit, historische Branddaten, topografische Informationen und gegebenenfalls Daten aus Satellitenbildern oder Drohnenaufnahmen.

2. Datenverarbeitung: Die gesammelten Daten müssen aufbereitet und in einer für die KI-Verarbeitung geeigneten Form vorliegen. Das kann das Entfernen von Rauschen, das Normalisieren von Daten und das Erstellen von räumlichen Modellen umfassen.

3. Modellierung: KI-Algorithmen wie neuronale Netzwerke, Entscheidungsbäume oder statistische Modelle werden verwendet, um aus den Daten Muster zu extrahieren. Diese Modelle lernen, wie bestimmte Wetterbedingungen, Geländemerkmale und historische Daten mit der Ausbreitung von Bränden zusammenhängen.

4. Trainieren des Modells: Das Modell wird mit historischen Daten trainiert, um die Beziehung zwischen den Eingangsdaten und dem Verlauf von Bränden zu verstehen. Je umfangreicher und qualitativ hochwertiger die Trainingsdaten sind, desto genauer wird das Modell.

5. Echtzeitvorhersagen: Sobald das Modell trainiert ist, kann es aktuelle Wetterdaten und andere relevante Informationen analysieren, um die wahrscheinliche Ausbreitung eines Brandes vorherzusagen. Dies kann in Echtzeit geschehen und ermöglicht es, frühzeitig Warnungen auszugeben und Maßnahmen zur Eindämmung zu ergreifen.

Um diese Technologie effektiv einsetzen zu können, sind mehrere essenzielle Elemente erforderlich. Hochwertige und zuverlässige Datenquellen bilden die Grundlage, da genaue Informationen für präzise Vorhersagen unverzichtbar sind. Dazu gehören Wetterdaten, topografische Karten, historische Branddaten und, wenn möglich, Echtzeitdaten von Sensoren oder Satelliten. Die Zusammenarbeit zwischen Datenwissenschaftlern, Brandbekämpfungsexperten und Technologieentwicklern ist entscheidend, um die Modelle zu erstellen, zu optimieren und an die realen Anforderungen anzupassen. Darüber hinaus müssen die Modelle regelmäßig aktualisiert werden, um mit neuen Umweltbedingungen und Daten Schritt zu halten. Die Einbindung von KI in die Vorhersage der Brandausbreitung kann somit Frühwarnsysteme optimieren und die Reaktion auf Waldbrände effizienter gestalten.

Erkennung von Brandherden

KI kann verwendet werden, um aus Luftbildern von Drohnen automatisch Brandherde zu erkennen, auch in einem frühen Stadium. Dies könnte dazu beitragen, Brände schneller zu löschen und zu verhindern, dass sie sich ausbreiten. Die Erkennung von Brandherden mittels KI erfolgt durch die Analyse von Bildern und/oder Daten, die von verschiedenen Quellen wie Drohnen, Satelliten oder Überwachungskameras erfasst wurden (Chowdhury & Cleland-Huang, 2023). Dafür sind die folgenden grundlegenden Schritte notwendig:

1. Datenerfassung: Bilder oder Videos von relevanten Gebieten, in denen Brandgefahr besteht, werden erfasst. Diese Daten können von Drohnen, Satelliten oder Kameras stammen.
2. Vorbereitung der Daten: Die gesammelten Bilder oder Videos müssen aufbereitet werden. Das kann das Entfernen von Bildrauschen, die Anpassung von Helligkeit und Kontrast oder das Zuschneiden der Bilder auf den relevanten Bereich umfassen.
3. Bildverarbeitung: KI-Algorithmen für die Bildverarbeitung werden eingesetzt, um visuelle Merkmale von potenziellen Brandherden zu identifizieren. Dazu gehören Merkmale wie Rauch, Flammen, heiße Punkte oder ungewöhnliche Helligkeitsänderungen.
4. Objekterkennung: KI-Modelle, die auf Objekterkennung spezialisiert sind (z. B. Faltungsneuronale Netze[4]) können trainiert werden, um bestimmte visuelle Muster mit Brandherden in Verbindung zu bringen.
5. Training des Modells: Das KI-Modell wird mit einer großen Menge von Bildern trainiert, die sowohl Brandherde als auch nicht brennende Gebiete zeigen. Das Modell lernt, die Unterschiede zwischen den beiden zu erkennen.

---

[4] Englisch: *Convolutional Neural Network* (CNN oder ConvNet).

6. Vorhersage: Nach dem Training kann das Modell auf neue Bilder oder Videos angewendet werden. Es erkennt potenzielle Brandherde in Echtzeit und markiert sie möglicherweise visuell oder meldet ihre Position.
7. Echtzeitüberwachung: Die KI überwacht kontinuierlich Bilder oder Videos und kann bei Erkennung eines Brandherdes sofort Alarm schlagen, um eine schnelle Reaktion zu ermöglichen.
8. Lernen und Anpassung: Das Feedback aus falsch erkannten Brandherden führt langfristig zu einer verbesserten Genauigkeit des Modells.

Die autonome KI-gestützte Erkennung von Brandherden kann dazu beitragen, schnelle Reaktionen zu ermöglichen und die Effizienz der Brandbekämpfung zu steigern. Es ist jedoch wichtig zu beachten, dass diese Technologie als Unterstützung dienen sollte und menschliche Expertise nach wie vor unverzichtbar ist.

Unterstützung bei der Suche und Rettung

Drohnen, die mit KI ausgestattet sind, ermöglichen es, Personen in Notlagen aufzufinden und zu identifizieren, insbesondere in großen oder unübersichtlichen Gebieten. Sie lassen sich auch einsetzen, um Rettungsausrüstung an schwer zugängliche Orte zu bringen. Drohnen mit KI-Technologie bieten vielseitige Unterstützung bei der Personensuche und -rettung:

1. Bildanalyse und Gesichtserkennung: KI-Algorithmen unterstützen Drohnen dabei, große Gebiete zu überfliegen und nach Personen zu suchen. Dabei nutzen sie eine Gesichtserkennung, um vermisste Personen zu identifizieren, selbst wenn sie von anderen Objekten oder Personen verdeckt sind.
2. Wärmebildkameras und Infrarotsensoren: Drohnen, die mit Wärmebildkameras und Infrarotsensoren ausgestattet sind, erfassen Körperwärme. KI analysiert diese Daten, um Menschen in dichtem Gebüsch, in der Dunkelheit oder unter Trümmern zu lokalisieren.
3. Mustererkennung: KI identifiziert Bewegungen oder Formen, die auf Personen hinweisen. Drohnen „durchkämmen" systematisch Gebiete und achten dabei auf diese Muster.
4. Echtzeit-Ortung: Mithilfe von GPS und anderen Ortungstechnologien werden die genauen Standorte von vermissten Personen ermittelt. KI verarbeitet diese Informationen, um Suchteams zielgenau zu dirigieren.
5. Kommunikation: Drohnen mit Lautsprechern oder Displays nehmen Kontakt zu vermissten Personen auf. KI nutzt vorgefertigte Nachrichten oder simuliert menschliche Kommunikation, um die Personen zu beruhigen und Anweisungen zu geben.
6. Flugbahnplanung: Die Flugbahn der Drohne wird durch KI optimiert, um Gebiete effizient zu durchsuchen und gleichzeitig Hindernissen auszuweichen.

7. Echtzeitüberwachung: In Echtzeit überwacht und analysiert KI die Drohnenbilder, um sicherzustellen, dass keine vermissten Personen übersehen werden.
8. Kollaboration mit Rettungsteams: Von Drohnen gesammelte Daten werden an Rettungsteams vor Ort übertragen. KI trägt dazu bei, die Zusammenarbeit zwischen Drohnenpiloten und Rettungskräften zu koordinieren.

Es ist wichtig zu betonen, dass Drohnen mit KI bei der Personensuche und -rettung menschliche Rettungskräfte nicht ersetzen, sondern unterstützen sollen. Die Technologie kann die Effizienz der Suche erhöhen, vor allem in schwierigen oder gefährlichen Gebieten.

Wartung und Inspektion

Drohnen werden nach einem Brand zur Inspektion eingesetzt, wobei KI Anomalien oder Schäden erkennt. Der Einsatz von KI in der Wartung und Inspektion von Drohnen steigert die Effizienz und ermöglicht frühzeitige Problemerkennung. Hier sind einige Möglichkeiten, wie KI bei der Wartung und Inspektion von Drohnen eingesetzt werden kann:

1. Vorhersage von Wartungsbedarf: KI-Algorithmen analysieren historische Drohnendaten, um Muster zu erkennen, die auf bevorstehende Wartungsarbeiten hinweisen. Sie prognostizieren beispielsweise Abnutzungen an Motoren oder Batterien und geben Empfehlungen für den Austausch.
2. Sensorbasierte Diagnose: Verschiedene Sensoren erfassen Daten, die von KI ausgewertet werden. Dadurch lassen sich Unregelmäßigkeiten oder Anomalien wie ein abnormaler Energieverbrauch oder ungewöhnliche Vibrationen aufspüren.
3. Bildverarbeitung für Inspektionen: Hochauflösende Kameras erfassen Bilder von Strukturen. KI überprüft diese Bilder, um Schäden, Risse, Verschleiß oder andere Probleme an Gebäuden und Infrastrukturen zu identifizieren.
4. Echtzeitüberwachung: Während des Flugs analysiert KI Sensordaten live und löst bei Problemen sofort Alarm aus. So kann auf unerwartete Situationen unmittelbar reagiert werden.
5. Automatisierte Wartungsaufträge: Basierend auf identifiziertem Wartungsbedarf erstellt das System eigenständig Wartungsaufträge oder sendet Empfehlungen an das Wartungspersonal.
6. Lernende Modelle: Mit wachsender Datenmenge wird die KI immer besser darin, Muster zu erkennen und Wartungsbedarfe vorherzusagen. Dies führt zu kontinuierlichen Verbesserungen und präziseren Prognosen.
7. Wissensmanagement: KI verwaltet Informationen über frühere Wartungsarbeiten und Reparaturen. Dadurch wird die Nachverfolgung erleichtert und die Planung künftiger Aktivitäten verbessert.

Durch die Kombination von KI und Drohnendaten wird die Wartung proaktiver und datenorientierter, was Ausfallzeiten reduziert, Betriebskosten senkt und die Flottenerhaltung effizienter gestaltet.

Zusammenfassung

Abb 3 veranschaulicht in einem Flussdiagramm den Prozess der Anwendung von KI-unterstützten Drohnen in Einsatzlagen.

Die Anwendungen beginnen mit der Datenerfassung, bei der relevante Informationen mittels Sensoren wie Kameras, GPS und Lidar erfasst und an die KI-Plattform übertragen werden. In der Phase der Vorbereitung der Daten werden diese Informationen bereinigt und normalisiert, um Rauschen zu entfernen und ein einheitliches Format für die weitere Verarbeitung zu schaffen. Während der Datenverarbeitung analysiert die KI die aufbereiteten Daten in Echtzeit. Dies umfasst die Modellierung der Umgebung, die Erkennung von Hindernissen und die Bewertung von Situationen basierend auf den gesammelten Daten. Das Training des Modells ist ein kontinuierlicher Prozess, bei dem KI-Algorithmen anhand historischer und neu gesammelter Daten trainiert werden, um ihre Genauigkeit und Effizienz zu verbessern. Diese Modelle lernen, Muster zu erkennen und vorherzusagen. In der Phase der Entscheidungsunterstützung nutzt die KI ihre trainierten Modelle, um Vorhersagen zu treffen und Entscheidungshilfen zu liefern. Dies kann die Vorhersage der Ausbreitung eines Brandes oder die Planung eines sicheren Flugpfades umfassen. Die Aktionsdurchführung erfolgt entweder durch die Drohnenpiloten, die auf Grundlage der KI-Analysen und Vorhersagen handeln, oder automatisch durch die Drohne selbst, die Hindernisse erkennt und umgeht. Über die Feedback- und Lernen-Schleife erhält das System Rückmeldungen über die Effektivität der ausgeführten Aktionen. Diese Informationen werden verwendet, um das KI-Modell weiter anzupassen und zu verbessern. Schließlich ermöglicht die Phase der Überwachung und Anpassung, dass das System kontinuierlich überwacht und an sich ändernde Bedingungen oder neue Anforderungen angepasst wird. Dies gewährleistet, dass die Drohnenoperationen stets optimiert und sicher durchgeführt werden können.

Feldtests zur Drohnendatenanalyse

Von den oben beschriebenen Anwendungsfällen einer KI wurde die Erkennung von Brandherden und anderen Wärmequellen und die Personensuche im Rahmen des Forschungsprojektes ResKriVer bei der Berliner Feuerwehr getestet. Einige der zuvor beschriebenen KI-Technologien, etwa die automatische Navigation und die Möglichkeit Routen einzuprogrammieren, welche die Drohne autonom abfliegen kann, waren bereits in der verwendeten DJI-Drohne (siehe Abb. 1) verbaut.

Abb. 3 Flussdiagramm –
Anwendungen KI-unterstützter
Drohnen. Eigene Darstellung.

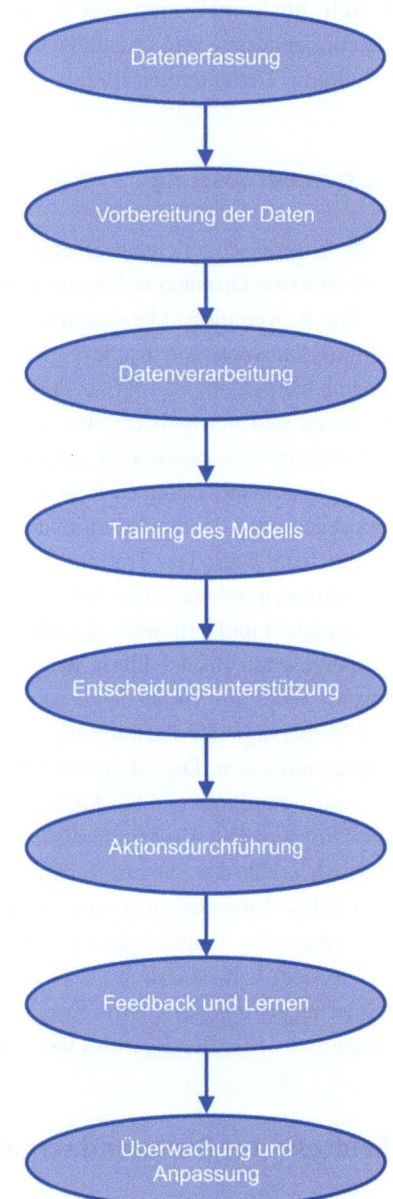

Im Frühjahr 2023 wurde der erste Feldtest zur Übertragung von Drohnendaten auf dem zentralen Festplatz in Berlin-Tegel durchgeführt. Das Ziel des Tests war es, verschiedene Wärmequellen aus unterschiedlichen Entfernungen über die Wärmebild- und die Videokamera der Drohnen zu erkennen und über ein ausfallsicheres Netz (KomRe-Netz) in das Geoportal der Berliner Feuerwehr zu übermitteln. Das Geoportal ist die zentrale Plattform, auf der alle Informationen zu aktuellen Einsätzen der Berliner Feuerwehr zusammenlaufen. Die Software der DJI–Drohne erlaubt ein Einzeichnen und die Benennung der Schadensstelle auf dem Controller, also dem Steuerungstool über das die Bild- und Videoaufnahmen der Drohne vom Piloten am Boden mitverfolgt werden können, auch wenn die Drohne sich nicht direkt darüber befindet. Mittels der Flughöhe und dem Kamerawinkel kann die Position der eingezeichneten Stelle ermittelt werden. Die Koordinaten und die Art der Schadensstelle sowie der Zeitstempel konnten in die einsatzbezogene Lagekarte übermittelt werden, wo sie als Fläche angezeigt wurden. Zusätzlich zur Detektion eines Feuers, wurden bei dem Test weitere Wärmequellen in Form eines Automotors und Menschen mit der Wärmebildkamera identifiziert, eingezeichnet, benannt und über das Netz in die Lagekarte der Berliner Feuerwehr gesendet.

Im Herbst 2023 wurde ein zweiter Feldtest in der Polizei Übungsstadt Berlin Ruhleben durchgeführt. Die Polizeiübungsstadt bot durch die örtlichen Gegebenheiten und die vorhandenen Gebäudestrukturen die Möglichkeit, Wärmequellen in einem realitätsnahen, urbanen Umfeld zu positionieren. Diese Unterschiede stellten die Drohne und die Software vor die Herausforderungen der Erfassung und korrekten Erkennung der Wärmequellen. Abb. 4 zeigt einen Ausschnitt der Übungsstadt aus Drohnenperspektive.

Es wurden insgesamt zehn unterschiedliche Wärmequellen mit verschiedenen Mitteln simuliert, die dann mithilfe der Drohne detektiert werden sollten. Ziel war dabei, typische Wärmesignaturen zu imitieren, die einerseits durch Schadfeuer aber auch durch sachgerechte Nutzung von Geräten verursacht werden (siehe Abb. 5). Beispiele für Schadfeuerszenarien waren Brände in Kellerräumen, auf Balkonen und im Freien. Beispiele für die sachgerechte Nutzung waren beim Feldtest unter anderem ein Holzkohlegrill, ein Tischgrill, Kerzen und ein Campingkocher. Es wurden jeweils fünf Wärmequellen zeitgleich entfacht.

Die Drohne wurde erst auf 30 m, dann auf 60 m und schließlich auf 90 m gebracht, wo sie auf einer vorprogrammierten Route das Gelände überflog. Die Koordinaten der von der Drohne identifizierten Wärmequellen wurden automatisch über das stromausfallsichere Netz in das Geoportal der Berliner Feuerwehr übertragen, wo sie als Punkte angezeigt wurden. Nicht alle Wärmequellen konnten von der Drohne automatisch identifiziert werden, zum Beispiel hatten die Kerzen eine zu niedrige Temperatur. Der simulierte Kellerbrand mit brennendem Holz konnte aufgrund der Lage im Untergeschoss ebenfalls nicht automatisch detektiert werden. Die Daten liefern Erkenntnisse darüber, welche Arten von Wärmequellen von der Drohne aus identifiziert werden können. Die Erkenntnisse können genutzt werden, um zu prüfen, inwieweit die Technologie zukünftig zur Bekämpfung von Vegetationsbränden oder zur Detektion von Bränden im Schadengebiet bei einem Stromausfall eingesetzt werden kann. Im weiteren Verlauf wurde außerdem die Personensuche getestet, bei welcher sich mehrere Personen auf dem Gelände verteilten und die Drohne ihre Positionen bei einem manuellen Flug erfasste und in das Geoportal übermittelte.

Abb. 4 Drohnen-Aufnahme vom Feldtest, Bild

Abb. 5 Simulierte Wärmequelle, Bild: Berliner Feuerwehr

Übertragbarkeit der Ergebnisse

Insbesondere Flächenbundesländer könnten von den oben beschriebenen Technologien profitieren. Eine naheliegende Einsatzmöglichkeit besteht bei sogenannten Feuer-Wach-

türmen, die üblicherweise in Gebieten eingerichtet werden, die häufiger von Waldbränden betroffen sind. In diesen Gebieten könnten insbesondere Drohnen dabei
unterstützen, Wärmequellen korrekt zu detektieren, denn nicht selten kommt es zu Fehl-
alarmen, weil eine Wärmequelle durch die Wachtürme fälschlicherweise als Schadfeuer
identifiziert wird. Wenn eine Wärmequelle vom Wachturm detektiert wird, könnte zunächst die Drohne losgeschickt werden, um vor Ort zu prüfen, inwiefern es sich tatsächlich um Schadfeuer handelt und welches Kräfteaufgebot zu dessen Bekämpfung erforderlich ist.

Wie im Kapitel dargelegt kann der Einsatz von KI-Drohnen bei der Feuerwehr viele
Vorteile bieten. Gleichzeitig gilt es aber auch einige Herausforderungen bei der Übertragung der Ergebnisse in andere Gebietskörperschaften zu beachten. Dazu gehören
regulatorische Hürden, die technische Zuverlässigkeit im Einsatz unter widrigen Bedingungen und der Datenschutz. Eine regulatorische Hürde für den flächendeckenden
Einsatz ist, dass die Nutzung von Drohnen in vielen Ländern durch Luftfahrt- und
Datenschutzregelungen streng reglementiert ist (Wirtz & Weyerer, 2019, S. 41). Die Einhaltung dieser Vorschriften und die Erlangung der erforderlichen Genehmigungen können komplex sein. Zusätzlich müssen Mechanismen vorhanden sein, um sicherzustellen,
dass erfasste Daten geschützt verarbeitet werden. Auch die technische Zuverlässigkeit
stellt eine große Herausforderung dar. Die Schnittstelle, die KI und Drohnen miteinander
verbindet, muss zuverlässig sein, denn Fehlfunktionen könnten in kritischen Situationen schwerwiegende Folgen haben. Die meisten Drohnen haben begrenzte Flugzeiten
und Reichweiten aufgrund ihrer Batteriekapazität. Dies kann die Dauer und den Umfang
der Unterstützung begrenzen, die KI-Drohnen bieten können. Zusätzlich müssen Drohnen in Brandbekämpfungsszenarien robust genug sein, um in Rauch, Hitze, Wind und
unvorhersehbaren Bedingungen performant arbeiten zu können. Die Verarbeitung von
Daten in Echtzeit erfordert leistungsfähige Hardware und Algorithmen. Die schnelle
Analyse von Daten zur Unterstützung der Feuerwehr erfordert eine solide technische
Infrastruktur. Die nahtlose Integration von KI-Drohnen in bestehende Feuerwehrprozesse
erfordert Schulung, Kommunikation und Zusammenarbeit zwischen Drohnenpiloten und
Rettungskräften vor Ort. Die Einführung von KI-Drohnen erfordert die Akzeptanz und
das Verständnis der beteiligten Feuerwehrmitglieder. Regelmäßige Schulungen sind notwendig, um zu gewährleisten, dass die Technologie effektiv genutzt wird. Trotz dieser
Herausforderungen bieten KI-Drohnen bei der Feuerwehr das Potenzial, schnell und
akkurat Informationen zu liefern, Rettungseinsätze zu unterstützen und die Sicherheit
von Rettungskräften und betroffenen Personen zu verbessern. Sorgfältige Planung und
Vorbereitung sind entscheidend, um die Technologien gewinnbringend einzusetzen.

Ausblick

In diesem Kapitel wurden verschiedene Anwendungsbeispiele für den Einsatz von KI-unterstützten Drohnen gegeben. Anhand eines Fallbeispiels wurde veranschaulicht, wie sich der Einsatz bei Feuerwehren gestalten lässt. Daraus lassen sich Empfehlungen insbesondere für waldbrandgefährdete Flächenbundesländer ableiten. Erstens können bestehende Feuer-Wachtürme in gefährdeten Gebieten mit Drohnentechnologie ausgestattet werden, um potenzielle Wärmequellen frühzeitig und effizient zu überprüfen. Dieser Ansatz könnte Fehlalarme signifikant reduzieren, da die Drohne nach Detektion einer Wärmequelle durch den Wachturm sofort zur betroffenen Stelle fliegen und vor Ort verifizieren kann, ob tatsächlich ein Schadfeuer vorliegt. Zweitens ist es unerlässlich, die Feuerwehrmitglieder regelmäßig zu schulen und die Akzeptanz der neuen Technologie zu fördern. Die Einführung von KI-Drohnen erfordert ein solides technisches Verständnis und Vertrauen in die Funktionsweise der Drohnen. Schulungen sollten den sicheren Einsatz und die Dateninterpretation abdecken, um eine effektive Nutzung sicherzustellen. Drittens spielt der Datenschutz eine entscheidende Rolle, da Drohnen sensible Daten erfassen. Der Umgang mit diesen Daten sollte verschlüsselt erfolgen, um die Datensicherheit zu wahren. Schließlich müssen regulatorische Anforderungen und Genehmigungen von Beginn an beachtet werden. Der Einsatz von Drohnen erfordert die Abstimmung mit Luftfahrt- und Datenschutzbehörden, um alle Vorschriften einzuhalten und den rechtlichen Rahmen zu sichern. Diese Empfehlungen tragen dazu bei, die Effektivität von Einsätzen und Sicherheit von Einsatzkräften zu steigern und gleichzeitig rechtliche, technische und soziale Aspekte zu beachten.

Literatur

Berliner Feuerwehr (2023). Jahresbericht Berliner Feuerwehr 2022, 30–33.

Chowdhury, M. T., & Cleland-Huang, J. (2023). Engineering challenges for ai-supported computer vision in small uncrewed aerial systems. In: *IEEE/ACM 2nd International Conference on AI Engineering–Software Engineering for AI (CAIN),* 158–170.

Kohler, K., & Scharte, B. (2020). *Der Einsatz von KI im Bevölkerungsschutz.* CSS Analysen zur Sicherheitspolitik, 260.

Wirtz, B. W., & Weyerer, J. C. (2019). Künstliche Intelligenz im öffentlichen Sektor. *Verwaltung und Management, 25*(1), 37–44.

Wittpahl, V. (2019). *Künstliche Intelligenz: Technologien| Anwendung| Gesellschaft,* 270. Springer Nature.

Prognose der Ausbreitung von Vegetationsbränden

Pascal Schmitz und Patrick Kahle

Kernaussagen

1. Beim Umgang mit nationalen Waldbrandgefahren und -ereignissen gibt es deutliche Defizite.
2. Internationale Modelle und Anwendungen sind nicht 1:1 auf nationale Gegebenheiten übertragbar, Stichwort: Data-Gap.
3. Die Gefahrenabwehr benötigt für den abwehrenden Brandschutz schnelle Aussagen zur möglichen Lageentwicklung.
4. Die Orientierung an realen Bedarfen sowie ein einfacher Zugang zu (digitalen) Informationen erhöhen die Akzeptanz.
5. Eine kombinierte Anwendung zur visuellen Darstellung von Brandgefährdungen, -ausbreitungen und einsatztaktischen Zusatzinformationen liefert im Einsatzfall essenzielle Informationen.

Die Inhalte dieses Kapitels wurden im Rahmen des vom Bundesministerium für Wirtschaft und Klimaschutz geförderten Projekts ResKriVer (Förderkennzeichen 01MK21006) erarbeitet.

Aus Gründen der leichteren Lesbarkeit wird in diesem Kapitel für Personenbezeichnungen das generische Maskulinum stellvertretend für alle Geschlechter verwendet.

P. Schmitz (✉)
Vereinigung zur Förderung des Deutschen Brandschutzes e. V., Münster, Deutschland
E-Mail: schmitz@vfdb.de

P. Kahle
Bielefeld Graduate School in History and Sociology, Bielefeld, Deutschland
E-Mail: patrick.kahle@uni-bielefeld.de

T. Hoppe und R. Fricke (Hrsg.), *Resiliente krisenrelevante Versorgungsnetze*,
https://doi.org/10.1007/978-3-658-48639-6_13

Ausgangslage Waldbrandmanagement

„Störfaktor" Wald- und Vegetationsbrand

Die Berichterstattung über Vegetationsbrände überbrückt keinesfalls (nur) das journalistische Sommerloch, sondern zeugt von der stark wachsenden Relevanz solcher Ereignisse und dem gestiegenen internationalen Interesse an den Folgen des anthropogenen Klimawandels. Dabei sind Vegetationsbrände für sich genommen kein neues Phänomen. Inzwischen ist es Common Sense, dass (1) diese, wenn auch selten, ohne menschliches Zutun aufkommen können, (2) die Ankunft des Menschen und seine Landnutzung in einer Region das natürliche Muster von Waldbränden verändert hat und speziell im internationalen Kontext (3) die kolonialen Methoden europäischer Gesellschaften bewährte Gleichgewichte indigener Landnutzungspraktiken nachhaltig zerstörten (Janssen et al. 2023; Moris et al. 2020; Bird et al. 2024; Campbell und Flannigan 2000; Coogan et al. 2021). Vergleichsweise jung sind die menschlichen Bemühungen, den Energiehaushalt und damit verbunden die Emissionen zu kalkulieren und zu kontrollieren. Vor diesem Hintergrund tauchen Überlegungen zu Vegetationsbränden auf zwei Seiten hinsichtlich des Klimawandels auf: als Emittent zum und als Konsequenz aus dem Klimawandel. Zudem existieren Bemühungen, nicht nur die Freisetzung des CO_2 zu vermeiden, sondern auch den Verlust größerer Waldlandschaften als Kipppunkte in Klimawandelszenarien zu verhindern.

Es scheint naheliegend, Strategien mit dem Ziel zu entwickeln, Vegetationsbrände völlig zu vermeiden. Diese vorherrschende Strategie des 20. Jahrhunderts hat sich jedoch zusehends als gescheitert erwiesen (Kahle 2025). Der Versuch des Menschen, Feuer aus seiner Umwelt fernzuhalten, hat sensible feuertolerante Ökosysteme zerstört (Fernandes et al. 2020; Jones et al. 2022). Den so geschaffenen Ökosystemen drohen nun gerade in Folge dieser Strategie Brände großen Ausmaßes und großer Intensität, sodass auch unterirdische Pflanzenteile und Samen nicht für eine Naturverjüngung der Flächen sorgen können. Diese Brände sind es, welche die eingangs erwähnten Nachrichtenmeldungen ausmachen.

Eine jüngere, vielversprechende Strategie zum Umgang mit Waldbränden stellt die konsequente Vermeidung eines Feuers infrage. Es setzt sich zunehmend die Einsicht durch, dass sowohl die übermäßige Ansammlung von Brennstoff zur Zunahme von Brandschwere und -größe beiträgt als auch Abweichungen von historischen „fire regimes"[1] (wildfire paradox, McCaffrey et al. 2020; Jones et al. 2022). Mit der Ökologisierung des Waldbrandproblems lassen sich so drei Paradigmenwechsel denken. Gemäß des ersten Paradigmenwechsels werden Störungen in der Umwelt als allgegenwärtig konzeptualisiert, sodass Feuer als wesentlich für das Funktionieren vieler Ökosysteme angenommen wird. Der Zweite besagt, dass Störungen vielfältig und stochas-

---

[1] „Fire regime" beschreibt ein Muster wiederkehrender Brände in einem Ökosystem über einen längeren Zeitraum, welches auf natürliche Weise auftritt.

tisch unvorhersehbar sind – Brände werden in diesem Kontext als unterschiedlich starke Ereignisse beschrieben, die den Zustand und die Entwicklung von Ökosystemen verändern, insgesamt die Heterogenität steigern. Drittens wurden menschliche Einflüsse als allgegenwärtige und wichtige Treiber des Ökosystemwandels erkannt – einschließlich indigener Feuerpraktiken (Coogan et al. 2021; Verran 2002).

Diese Paradigmenwechsel sind nicht losgelöst von anderen Wissenschaftspraktiken. Während die klassische Forstwirtschaft den Wald eher auf Grundlage von Erfahrungswerten anpasste und statistisch wirtschaftliche Risiken identifizierte, nutzte der ökologische Ansatz regionale Untersuchungen, um die Komplexität über eine Reihe räumlicher und zeitlicher Skalen hinweg zu entschlüsseln (Coogan et al. 2021). Wertvolle Erkenntnisse wurden auch durch die Experimente des National Park Service der Everglades gewonnen, der in den 1950er Jahren mit „prescribed burning" (vorgeschriebenes oder verordnetes Abbrennen) begann. Ab 1968 wurde dies Teil der regulären Landschaftspflege (McCaffrey et al. 2015).

Die Ökologisierung des Waldbrandproblems führt zu veränderten Ansprüchen in der Waldbrandforschung: von relativ einfachen zu komplexeren Modellen, die differenziertere Einblicke in Brandauswirkungen, fire regimes, Waldökologie und Folgen für die Waldbewirtschaftung bieten (Coogan et al. 2021). Als Konsequenz wird eine Abkehr von der vollständigen Brandbekämpfung hin zu einer flexiblen Strategie gezogen, in deren Rahmen Brände unter geeigneten Umständen absichtlich brennen gelassen werden, um ihre positiven ökologischen Auswirkungen zu fördern (Coogan et al. 2021).

Vor diesem Hintergrund ergibt sich eine enorme Spannbreite an möglichen, digitalen Anwendungen zu Vegetationsbrandereignissen:

1. Beurteilung und Planung der Nachhaltigkeit von Öko- und Wassersystemen sowie darauf bezogenes Risikomanagement
2. Planung von Brandlastreduzierungen, z. T. mit Einsatz von „prescribed burning"
3. Raum- und Brandschutzplanungen
4. Kosten-Nutzen-Entscheidungen hinsichtlich Vegetationsbränden
5. Training von Feuerwehrkräften für Waldbrandeinsätze sowie
6. Unterstützung der Bekämpfung von Vegetationsbränden in Echtzeit.

Im Projektkontext ergibt sich eine besondere Relevanz für die Gefahrenabwehr im Bereich des abwehrenden Brandschutzes.

Data-Gap als Herausforderung

Es gilt zu bedenken, dass unterschiedliche Anwendungen mit der Auswahl der zu berücksichtigenden Daten, der einhergehenden Rechenzeiten und dem zeitkritischen Handlungsdruck korrespondieren. Die Bekämpfung laufender Vegetationsbrände erfordert schnelle Ergebnisse mit weniger umfangreichen Rechenprozessen und Daten. Im Gegensatz dazu benötigt die Planung von Brandlastreduzierung mehr Daten, berücksichtigt wahrscheinliche und unwahrscheinliche Ereignisse und muss nicht vor dem Horizont einer laufenden Katastrophe Entscheidungen ermöglichen.

Gerade im Vergleich von Datengrundlagen und bereits in Nutzung befindlichen Anwendungsmöglichkeiten zeigen sich zwischen Deutschland und Ländern wie Kanada oder den USA erhebliche Unterschiede. Während in letzteren die lokale Vegetation „baumgenau" in ihrem Zustand kartographiert ist und für diverse Vegetationstypen Modelle zum Brandverhalten existieren, ist die Datenlage in Deutschland äußerst dürftig. Wir stecken weitestgehend in den Kinderschuhen der Vegetationsbrandforschung. Ursachen dafür liegen (1) im Föderalismus: Waldbrände werden für die Bundesländer einzeln und ohne gemeinsamen Standard erfasst. In den USA und Kanada liegen bundesbehördliche Zuständigkeiten vor. In Deutschland erfolgt (2) kein Abgleich zwischen forstlicher Brand- und Einsatzstatistik der Feuerwehren, sodass einerseits tatsächlich nur Waldbrände und nicht Vegetationsbrände als Ganze dokumentiert sind und andererseits die Statistiken keine Auskunft über eingesetzte Kräfte der Brandbekämpfung darlegen. Die Waldbrandstatistiken geben (3) nur begrenzte Auskünfte – bekannte Zusammenhänge hinsichtlich meteorologischer und ökologischer Faktoren werden fallbezogen nicht dokumentiert. Es bestehen (4) erhebliche Unterschiede zwischen den „fire regimes" innerhalb Deutschlands – die ausgewiesenen Risikogebiete konzentrieren sich nicht grundlos auf sandige Böden Nordostdeutschlands mit überproportionaler Kiefernmonokultur. Zwar werden (5) zunehmend europäische Statistiken zu Vegetationsbränden relevant, die auch mit Satellitendaten trianguliert werden können, jedoch bestehen diese aus den defizitären nationalen Statistiken und in Deutschland haben Vegetationsbrände noch selten einen so großen Zeit- und Größenumfang, als das Satellitendaten in ausreichender Qualität vorliegen.

Wir sehen also, dass die Auswertung entlang diesbezüglicher Dimensionen für Deutschland noch ein Desiderat darstellt. Anwenderbezogene Entwicklungen, die größere Datenmengen und verschiedene Faktoren berücksichtigen, sind aus den genannten Gründen auch mittelfristig nicht zu erwarten.

Entwicklung eines digitalen Waldbrandservices

Die Ausgangslage in Bezug auf neue, relevante Daten, wie sie im internationalen Vergleich vorliegen stellt sich als wesentliche Herausforderung bei der Konzeptionierung und Umsetzung eines entsprechenden Demonstrators dar. Was jedoch bereits zu diesem Zeitpunkt möglich ist, ist die Integration existierender Datenquellen, die Schlüsse zur Vegetationsbrandgefährdung, -ausbreitung und den Einfluss solcher Ereignisse auf die Logistik zulassen.

Hier lieferten Vorarbeiten der vfdb einen ersten Impuls für die Umsetzung eines Waldbrandservices. So wurde im Rahmen des Disaster Response Programmes (DRP) in Zusammenarbeit mit dem RKI, dem BKG sowie der Uni Bonn seinerzeit ad-hoc die Kol-

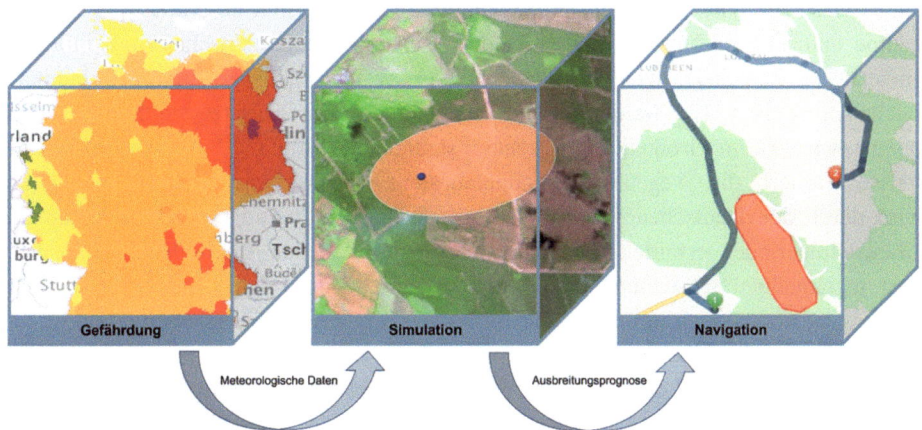

Abb. 1 Kombinierter Service zur Darstellung von Vegetationsbrandwahrscheinlichkeiten, -ausbreitungen und einsatzrelevanten Zusatzinformationen. Abbildung mit Informationen von: DWD, GDI-TH, Esri, TomTom, Garmin, FAO, NOAA, USGS; ©2023 LGLN, Maxar, Microsoft; LGLN, Esri, TomTom, Garmin, Foursquare, GeoTechnologies, Inc, METI/NASA, USGS

laborationsplattform NPGEO (vfdb e. V. 2024) bereitgestellt. Als interaktives Dashboard mit tagesaktuellen Daten wurde die Geoplattform offeriert und den beteiligten Krisenstäben eine Austauschplattform sowohl innerhalb als auch gegenseitig zur Verfügung gestellt. Die „Corona-Ampel" und NPGEO haben hier gezeigt, wie in kürzester Zeit digitale Prozesse vom Meldewesen bis zum Dashboard zum nationalen Infektionsgeschehen entstanden sind.

In der Zusammenarbeit der Krisenstäbe ebenso wie bei der Information einer breiten Öffentlichkeit hat sich die digitale Karte als belastbares Medium erwiesen, um sowohl für Entscheidungsträger als auch interessierten Bürgerinnen und Bürgern eine Hilfestellung in der Meinungsbildung zu werden. NPGEO wird vom Referat 7 der vfdb betreut. Die Vorarbeiten sowie die gewonnen Erkenntnisse in Bezug zur kurzfristigen Umsetzung belastbarer Plattformen sind ein Pfeiler der eigenen Arbeit bei der Darstellung einer Gefährdungsanalyse und Auswirkungsprognose von Vegetationsbränden.

Die entwickelte Anwendung besteht im Wesentlichen aus drei Bausteinen, die eine Relevanz für die gefahrenabwehr-spezifische Abwicklung einer Wald- bzw. Vegetationsbrandlage aufweisen (Abb. 1). Die Bausteine umfassen die Darstellung einer Vegetationsbrandgefährdung (Gefährdung), Vegetationsbrandausbreitung (Simulation) und ein einsatzspezifisches Routing (Navigation).

Baustein I: Waldbrandgefährdung

Reine Waldflächen bzw. Wälder im Sinne von geschlossenen Baumkronenwäldern, die sich über etliche Quadratkilometer erstrecken, sind die Ausnahme. Realistischer ist ein Mosaik aus unterschiedlich alten Waldbeständen, die sich aufgrund von Holzent-nahme und anderer Nutzung des Geländes (Bebauung, Landwirtschaft) mit Grasland abwechseln. Berücksichtigt man zudem, dass (1) Waldzustandsberichte auf Kalamitäts-flächen hinweisen, (2) Waldbrandschutzmaßnahmen zum Einsatz von Schutzstreifen raten sowie (3) ein Großteil der Vegetationsbrände im Wildland-Urban-Interface[2] auf-treten, variiert die Vegetationsbrandgefährdung entsprechend kleinflächig. Diese wird durch den Deutschen Wetterdienst mittels des Waldbrandgefahrenindex und des Graslandfeuerindex ermittelt. Aufgrund der angesprochenen Beobachtungen ist aber eine regelmäßige Betrachtung beider Indizes nötig. Eine relativ geringe Waldbrand-gefährdung könnte sich mit einer höheren Graslandfeuergefährdung überlagern. In sol-chen Fällen ist das Übergreifen des Feuers auf die Bäume eines Waldgebiets eher un-wahrscheinlich, obwohl die bodennahe Vegetation des Waldes, insbesondere in lichteren Wäldern, brennen kann.

Durch eine teiltransparente Projektion der beiden Indizes wird eine solche ver-gleichende bzw. überlagernde Darstellung von Brandgefährdungen ermöglicht. Hier-bei wird das Farbschema des DWD (Grün bis Violett) übernommen, welches so ent-sprechend der Gefährdungsintensität der einzelnen Indizes intensivere, dunklere Farbtöne anzeigt (Abb. 2). So gelingt eine mehrstufige Information der Waldbrand-gefährdung. Zusätzlich sind die Betrachtung des europäischen Index EFFIS und ein Forecast für die kommenden Tage möglich.

Der Mehrwert des Bausteins gegenüber existierenden Darstellungen von Gefahren-indizes ergibt sich einerseits aus der Bereitstellung beziehungsweise dem Vergleich von verschiedenen Indizes und der Identifikation von Gebieten, die in allen Indizes über hohe Werte verfügen sowie der überlagerten Darstellung der Regionen mit der größten Brand-gefahr, die vereinfacht für die Nutzer durch dunklere Farbtöne dargestellt werden.

Baustein II: Waldbrandausbreitung

Während bei der Waldbrandgefährdung auf etablierte, erprobte Indizes aufgebaut werden konnte, handelt es sich bei dem Baustein „Waldbrandausbreitung" um eine Neuerung im eigentlichen Sinne. Es wurde das Ziel verfolgt, eine erwartete Brandausbreitung mit Bezug zu einsatzrelevanten Infrastrukturen darzustellen. So konnte als Mehrwert eine Ausbreitungsdarstellung auf Grundlage einer „rules of thump" mit entsprechenden Ge-lände- und Wetterdaten sowie Informationen zu möglicherweise betroffenen kritischen und/oder einsatzrelevanten Infrastrukturen erzielt werden.

---

[2] Das Wildland-Urban-Interface beschreibt die Übergangszone von natürlicher Umwelt /Wildnis zu geschaffenem Siedlungsraum.

Abb. 2 Servicebaustein
Gefährdung – Vergleichende
Darstellung der Indizes.
Abbildung mit Informationen
von DWD, GDI-TH, Esri,
TomTom, Garmin, FAO,
NOAA, USGS

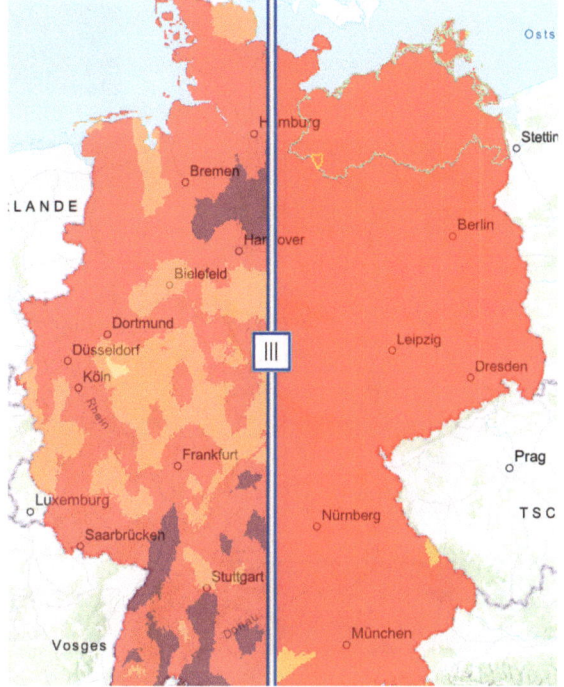

Ausbreitungspolygon – Einfluss von Wetter und Topographie

Dass Ausbreitungsgeschwindigkeiten (Laufgeschwindigkeit, Rate of Spread, kurz: ROS)
aufgrund von Gelände und Wetter variieren, lässt sich wie folgt einführend illustrieren:
Unterirdische Brände (etwa Moor und Torf) sind nicht vom Wind abhängig. Bei diesen
erfolgt eine kreisförmige Ausbreitung. Ebenfalls breiten sich oberirdische Brände kreisförmig aus, wenn kein Wind vorhanden ist. Bei Wind breitet sich das Feuer tendenziell in
Form einer Ellipse aus. Dabei ist die größte Ausbreitungsgeschwindigkeit mit dem Wind,
die geringste gegen den Wind.

Jedoch ist die Abhängigkeit vom Wind nicht linear. Es gibt kritische Werte, ab denen
durch einsetzende Effekte neue Formeln gelten. So sind ab einem bestimmten Punkt
Grenzwerte erreicht, sodass die ROS nicht mehr durch das Laufen der Feuerfront selbst
bestimmt ist, sondern durch Funkenflug vor die Feuerfront – es handelt sich effektiv
um Spotfire, die sofort wieder in die Front integriert werden. Somit lässt sich auch das
Phänomen der „Finger" – langgestreckte Ausbrüche des Feuers aus einer sonst „erwart-
baren" Feuerfront – nachvollziehen. Bekannte Faustformeln aus dem US-amerikanischen[3] und deutschen Kontext weisen auf folgende Wertebereiche hin (Abb. 3):

---

[3] https://prescribed-fire.extension.org/what-weather-conditions-are-important-to-consider-when-
planning-and-conducting-A-prescribed-fire/, Link weist auf 15 mph, bzw. 6 m/s als Grenzwert hin.

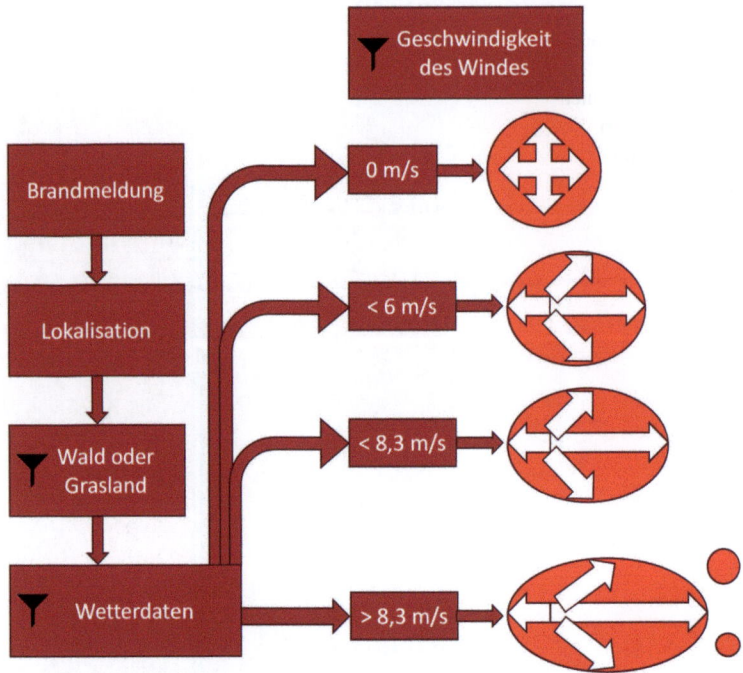

Abb. 3 Prozessschritte des Bausteins Waldbrandausbreitung – Einfluss der Windgeschwindigkeit auf die Brandausbreitung (eigene Darstellung)

- Ohne Wind: Feuer breitet sich langsam und kreisförmig aus.
- Wind bis 6 m/s: Ausbreitungsgeschwindigkeit nimmt zu und ist elliptisch.
- Wind 6 bis 8,33 m/s: Funkenflug tritt frontnah auf und führt zu einer verstärkten Ausbreitung. Bis zu dieser Windgeschwindigkeit ist eher mit einem Bodenfeuer zu rechnen.
- Wind über 8,33 m/s: Erhöhtes Risiko von Kronen-, Voll- und Flugfeuer steigt mit höheren Windgeschwindigkeiten. Spotfire und "Finger" sind möglich.

Die Veränderungen der Windrichtung muss in einem Ausbreitungsmodell berücksichtigt werden, um realistische Prognosen zu ermöglichen. Eine kleinflächige Menge an brennbarem Material und deren Trockenheit lässt sich nicht abbilden. Mit einem Wechsel der Oberfläche von Vegetation auf bebaute Fläche ist der Ausbreitung ein natürliches Ende vorgegeben.

Vor dem Hintergrund dieser Abhängigkeiten ergeben sich eine ganze Reihe von Formeln, die im konkreten Fall zur Anwendung kommen. Zudem haben topographische Gegebenheiten einen bedeutenden Einfluss auf die Ausbreitung eines Brandes. So wurden die bisherigen Formeln um den Einfluss des Geländes korrigiert.

Hieraus ergeben sich bei der Darstellung der Brandausbreitung acht zurückgelegte Distanzen zum Entzündungspunkt in der jeweiligen Zeiteinheit, die zu einem flächigen Polygon verbunden werden. Statt glatter Kanten werden Bögen verwendet. Im flachen Gelände würde so eine Ellipsen-Form resultieren.

Da die Ausbreitung über einen Zeitverlauf dargestellt werden soll, wird die Ausbreitung zu x Zeitpunkten (t_2, t_3, ..., t_x) basierend auf einem gesetzten Punkt oder einem Polygon, das den Zustand zum Zeitpunkt t_1 darstellt, visualisiert. Die Ausbreitung berücksichtigt nicht den Feuerwehreinsatz bzw. die Brandbekämpfung, sondern stellt eine Ausbreitung ohne anthropogenen Einfluss dar.

Barrieren für die Brandausbreitung

Straßen und Wege sind im Kontext von Waldbränden mit verschiedenen strategischen und taktischen Aspekten verknüpft. Bei dem Bau und der Instandsetzung von Straßen und Wegen können genutztes Material und Breite der Trasse, sowie die Entfernung zur Vegetation im etwaigen Brandfall den Unterschied zwischen einer (potenziellen) Barriere für das Feuer oder dem einfachen Überspringen durch das Feuer ausmachen. Eine breite Autobahn mit asphaltierter Fläche und ohne Vegetation würde beispielsweise als effektive Barriere wirken, während eine schmale Straße mit Randbegrünung diese Barrierefunktion nicht bieten kann.[4] Straßen und Wege sind aber auch Ausgangspunkt für präventive und akute Maßnahmen wie Schutzstreifen und Riegelstellungen.

In der Anwendung sind Trassen mit einem Attribut ausgestattet, ob sie als Barriere fungieren würden. Der Nutzer kann sich diese über Layer anzeigen lassen und davon ausgehend einen etwaigen Einsatz planen. Fragen wie, auf welcher Seite eines Waldes das Feuer an einer Straße von sich aus zum Erliegen kommt und wo ein guter Ansatzpunkt für einen Löscheinsatz ist, können beantwortet werden. Ob die Wegstrecken als Barriere fungieren würden, kann auch noch im Einsatzgeschehen evaluiert und entsprechend in der Anwendung modifiziert werden. Aus Attributen von Trassen wird ermittelt, ob sie eine effektive Barriere für das Feuer darstellen.

Bspw.: OSM-Typ Autobahn, setze die Barriere auf „ja". Dann wird im Ausbreitungsmodell die Ellipse an diesen Barrieren abgeschnitten.

Weiterhin können manuell Barrieren definiert werden. Hintergrund ist einerseits, dass das Kartenwerk der Landnutzung keine Waldbrandschutzmaßnahmen im Vorfeld abbildet. Andererseits sollen auch die Einsatzkräfte etwa ihre Riegelstellungen oder Gegenfeuer abbilden können.

---

[4] Diese Funktion ist zudem abhängig von den Windgeschwindigkeiten. Hinzu kommt, dass der Informationsgehalt zum Wegenetz zurzeit nicht detailliert genug ist. Gerade bei höheren oder stark variierenden Windgeschwindigkeiten können so keine valide Prognosen ermittelt werden.

Abb. 4 Servicebaustein Simulation, Anwender-Interface. Abbildung mit Informationen von OpenStreetMap constributors, Microsoft, Facebook, Inc. and its affiliates, Esri

Anwendung-Anwender-Interface

Der Nutzer startet die Anwendung (Abb. 4) und ordnet die Nutzung der Anwendung einem konkreten Einsatz (Einsatznummer) und anschließend einem Szenario zu. Die unterschiedlichen Szenarien dienen der Vergleichbarkeit beispielsweise unterschiedlicher Wetterprognosen.

Der Nutzer entscheidet, ob die Simulation davon ausgehen soll, dass es sich um ein Wald- oder ein Grasland handelt. Entsprechend werden die Ausbreitungsgeschwindig-keiten anhand lokaler Wetterbedingungen angesetzt.

Der Nutzer kann zudem die Werte und „Verhältnisse" modifizieren, wie beispiels-weise den realen oder planerischen Ereignisbeginn oder die Wetterbedingungen. Zudem können Brandbarrieren wie zuvor beschrieben gesetzt werden. Der Nutzer identifiziert einen Entzündungspunkt (eine Mehrfach-Punktsetzung ist möglich), gibt die Laufzeit der Simulation an und startet die Ausbreitungsberechnung. Diese wird dargestellt und kann abgespeichert oder erneut angepasst werden.

Baustein III: Routing

Die Routing-Komponente der Anwendung bietet den Einsatzkräften hilfreiche Geo-information (Abb. 5), um Gefahrenbereiche (in rot) effizient zu umfahren und alter-native Routen in Echtzeit zu planen (in blau). Hier kann durch den Nutzer eine „kon-ventionelle" Navigation via OpenStreetMap durchgeführt werden. Start und Zieladresse werden durch einen Klick auf die Karte übernommen oder können über eine Tastatur eingegeben werden.

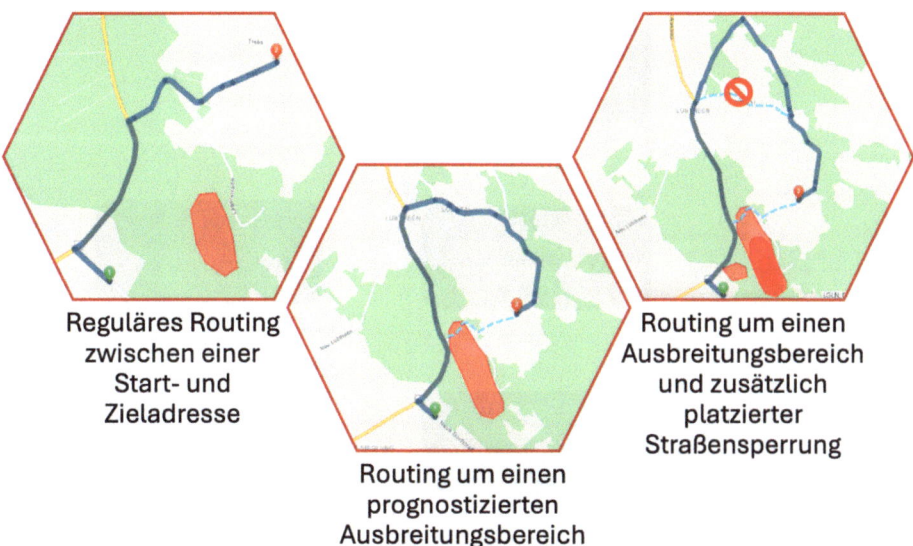

Reguläres Routing zwischen einer Start- und Zieladresse

Routing um einen prognostizierten Ausbreitungsbereich

Routing um einen Ausbreitungsbereich und zusätzlich platzierter Straßensperrung

Abb. 5 Servicebaustein Routing. Abbildungen mit Informationen von LGLN, Esri, TomTom, Garmin, Foursquare, GeoTechnologies, Inc, METI/NASA, USGS

Zudem können die Polygone der vorgelagerten Ausbreitungsberechnung als Zeitschritte der angelegten Szenarien importiert werden. Die Bereiche der Polygone stellen Barrieren für das Fahrzeugrouting dar. Eine bestehende oder neu angelegte Navigation führt um die prognostischen Ausbreitungsbereiche herum. Als weitere Funktion können zusätzliche Fahrzeugbarrieren durch den Nutzer frei gewählt und platziert werden. So werden beispielsweise Straßensperrungen oder nicht-befahrbare Einsatzbereiche ebenso wie Brandbarrieren durch die Navigationsfunktion umfahren.

Somit kann entsprechend dem erwarteten oder aktuellen Einsatzverlauf eine (Einsatz-) Fahrzeugführung um einen Gefährdungsbereich herum erfolgen und eine zeitnahe Anpassung von Einsatzentwicklungen dargestellt werden.

Evaluation und Projektperspektive

Getestet wurden die genutzten Modelle an zwei realen Waldbrandereignissen in Mecklenburg-Vorpommern in der Zeit vom 1. – 16. Juni 2023; größere Brände in Lübtheen und Hagenow. Hierzu lagen Luftbildaufnahmen von Hubschrauberflügen zu verschiedenen Zeitpunkten des Brandereignisses vor, sodass Feuerfronten des Einsatzverlaufs georeferenziert dokumentiert werden konnten.

Zudem wurde mit Unterstützung vom Projektpartner HFC eine Evaluation mit 9 Probanden aus dem feuerwehrtechnischen Bereich durchgeführt. Der Baustein

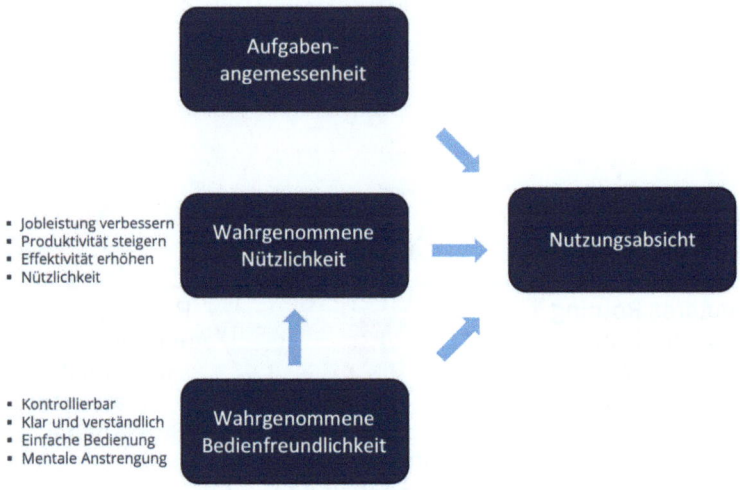

Abb. 6 Nutzerevaluation – Untersuchte Konstrukte (HFC)

„Waldbrandausbreitung" lag zum Zeitpunkt der Evaluation noch nicht in einer ausreichenden Reife vor, sodass die Bausteine „Waldbrandgefährdung" sowie „Routing"
evaluiert wurden. Die relevanten untersuchten Konstrukte waren u. a. die Nützlichkeit,
Bedienfreundlichkeit sowie Nutzungsabsicht (Abb. 6).

Methodisch wurden aufgabenbasierte User-Tests durchgeführt, ein begleitender
Fragebogen ausgefüllt sowie ein qualitatives Feedback zur Software aufgenommen.

Die Ergebnisse des Waldbrandgefährdungs-Tools zeigten eine hohe Varianz in den
Bewertungen zur Aufgabenangemessenheit und Benutzerfreundlichkeit. Im Einzelnen wiesen die Bewertungen darauf hin, dass die Aufgabenangemessenheit des Tools
in einigen Fällen nicht vollständig den Erwartungen entsprach und hinsichtlich der Benutzerfreundlichkeit die Benutzeroberfläche und die Navigation innerhalb des Tools
kompliziert und nicht intuitiv war. Trotz dieser Kritikpunkte wurde die wahrgenommene
Nützlichkeit des Tools und die Nutzungsabsicht überwiegend positiv bewertet. Viele
Teilnehmer äußerten, dass sie das Tool als wertvolle Ergänzung ihrer Ausrüstung sehen
und es in zukünftigen Einsätzen nutzen würden, wenn es weiterentwickelt und verbessert
wird. Insbesondere die Möglichkeit, Gefahrenbereiche frühzeitig zu identifizieren, wurde
als großer Vorteil hervorgehoben.

Die Bewertungen des Routing-Tools zur Aufgabenangemessenheit und zur Benutzerfreundlichkeit waren einheitlicher, wenn auch teilweise leicht negativ bezüglich der Benutzerfreundlichkeit. Die Teilnehmer lobten die Fähigkeit des Tools, präzise und hilfreiche Navigationsrouten in komplexen und gefährlichen Umgebungen zu berechnen.
Die Aufgabenangemessenheit des Navigationsempfehlungstools wurde überwiegend
positiv bewertet. Die Teilnehmer fanden, dass das Tool ihre Anforderungen gut unter-

stützte und die Navigation in Waldbrandgebieten erheblich erleichterte. Die Routenberechnung wurde als präzise und verlässlich eingestuft. Einige Teilnehmer gaben jedoch an, dass die Benutzerfreundlichkeit des Tools verbessert werden könnte, hier speziell die Navigation und die Benutzeroberfläche. Einige Teilnehmer fanden die Bedienung des Tools nicht intuitiv genug. Die wahrgenommene Nützlichkeit des Tools wurde jedoch als sehr positiv bewertet. Die Teilnehmer waren der Meinung, dass das Tool ihre Arbeit erheblich erleichtert und die Sicherheit erhöht. Die Nutzungsabsicht war ebenfalls hoch, und die meisten Teilnehmer äußerten, dass sie das Tool in zukünftigen Einsätzen nutzen würden.

Verwendung der Anwendung außerhalb der Gefahrenabwehr

Der Schwerpunkt der Entwicklung des digitalen Waldbrandservice lag bei der Unterstützung von feuerwehrtechnischen Einsatzkräften. Eine disziplinübergreifende Verwendung der Funktionalitäten des Services wurde jedoch fortwährend geprüft und für den Bereich Logistik identifiziert.

So kann die prognostische Darstellung einer Waldbrandausbreitung als Kartenlayer entsprechend den gesetzten Zeitschritten exportiert werden. Die Funktionalität besteht hierbei schon in der Anwendung selbst als Übertrag von der Ausbreitungsdarstellung zum Baustein Routing.

Hierdurch kann die Betroffenheit aufgrund eines Brandereignisses von lokalen oder überregionalen logistischen Wegen oder Knotenpunkten prognostiziert werden. Dies ermöglicht eine frühzeitige Auseinandersetzung mit alternativen Distributionswegen und damit einhergehend eine Stabilisierung der Lieferketten entlang einer Störung von Verteilungswegen.

Empfehlungen

Die Empfehlungen berücksichtigen drei Zielgruppen. Zunächst werden zukünftigen Entwicklern vergleichbarer Services die „lessons learned" der eigenen Arbeit kommuniziert:

1. Seitens der Entwickler digitaler Services sind gegenwärtig unterschiedliche Brandstatistiken für aussagekräftige Modelle zu Brandverhalten und -ausbreitung zusammenzuführen und auf einen einheitlichen Standard zu bringen.
2. Mit zunehmender Entfernung des Brandereignissen von einer Wetterstation sind meteorologische Modelle bezüglich der Wetterdaten zu nutzen.
3. Für die Berechnung der Ausbreitungsgeschwindigkeit in eine spezifische Richtung gilt es, diese in Relation zur vorherrschenden Windrichtung zu ermitteln.
4. Bei der Ermittlung der Ausbreitungsgeschwindigkeiten ist ein digitales Geländemodell mit möglichst hoher Auflösung zur Anwendung zu bringen.

5. Es gilt die Ausbreitung des Feuers über mehrere Zeitschritte zu ermitteln und dabei die Raumpunkte mit der Information „brennend"/„nicht brennend" zu versehen, um die weitere Ausbreitung von im Brand befindlichen Punkten fortlaufend zu eruieren. Nur ein iteratives Verfahren kann eine möglichst landschaftsgetreue Ausbreitung simulieren.

6. Letztlich gilt es, für jeden Punkt im Raum zu ermitteln, ab wann das Feuer diesen erreicht.

Der zweiten Zielgruppe, den Feuerwehren, aber auch dem präventiven Brandschutz der Forstbehörden wird nahegelegt:

7. Den Einsatz und die Förderung digitaler Services (etwa zur Waldbrandbekämpfung) zu intensivieren.

8. Schulungen und das Training von Einsatzkräften zu digitalen Services zu verstärken.

9. Die Kooperation zwischen Akteuren des Waldbrandmanagements auszubauen.

Zudem werden Empfehlungen an Instanzen ausgesprochen, die Gelingensbedingungen für die (digital unterstützte) Bekämpfung von Waldbränden entscheidend prägen:

10. Verbesserungen hinsichtlich der Dateninfrastruktur, -einheitlichkeit und -verfügbarkeit durch staatliche oder im Auftrag des Staates handelnde Institutionen.

11. Förderung der Forschung zu Vegetationsbränden (inkl. Auswirkungen des Klimawandels).

Fazit

Das nationale Waldbrandmanagement steht vor erheblichen Herausforderungen, die maßgeblich auf die fehlenden oder nicht verfügbaren essenziellen Daten zurückzuführen sind. Um einen ganzheitlichen Blick auf die Landschaftsnutzung und das Brandverhalten zu erhalten, sind dringend Fortschritte bei der Datenerhebung und -verwertung sowie bei der Forschung und Entwicklung weiterer digitaler Services notwendig. In Summe fehlen hier neben einer nationalen Strategie für den Aufbau eines einheitlichen Datensystems auch die lokalen Entwicklungen. So könnten mit vorhandenen Informationen beispielsweise über detaillierte Vegetationen und Bodenbeschaffenheiten sowie dem entsprechenden Brandverhalten realitätsnähere Simulationen durchgeführt werden. Einer detailreichen Darstellung widersprechen jedoch der Informationsmangel sowie die zeitkritischen Bedarfe des abwehrenden Brandschutzes, sodass stets eine sinnvolle Abwägung zwischen Schnelligkeit und Genauigkeit einer Berechnung gefunden werden muss.

Durch die hier vorgestellte kombinierte Anwendung von Gefährdungsdarstellung, Ausbreitungsprognose und einsatzrelevanter Navigation für das Szenario Vegetationsbrand werden Ansätze für eine verbesserte Informationsversorgung lokaler Akteure gezeigt – und das schnell und barrierearm. Die Anwendung befindet sich hierbei im Status eines Demonstrators, der Weiterentwicklungen und zusätzliche Evaluationen zu einer hilfreichen Anwendung für die Gefahrenabwehr erfordert. Der Entwicklungsstand ist derzeit im zugriffsbeschränkten Bereich der Nationalen Plattform Geodaten für den Brand- und Katastrophenschutz sowie den Rettungsdienst (NPGeo-Kat) der vfdb verortet (https://plattform-npgeo-vfdb.hub.arcgis.com). Weiterführende evaluative Schritte und Anpassungen sind durch die Expertise der Vereinsmitglieder sowie entsprechende Fachreferate der vfdb vorgesehen.

Langfristig ist so vorstellbar, dass lokale Akteure sowohl bei einer potenziellen Gefahrenlage als auch bei einem konkreten Ereignis eine verbesserte Ausgangslage erhalten und befähigt werden, in den verschiedenen Einsatzlagen Ressourcen effizienter einzusetzen.

Die Entwicklungsperspektiven u. a. hinsichtlich des aufkommenden Einsatzes von KI-Entwicklungen für eine präzisere Risikobewertung und Vorhersage sowie einer Echtzeitdatenanalyse zur Unterstützung bei der Entscheidungsfindung ist derzeit noch nicht absehbar. Eine positive Entwicklung durch neue, erweiterte Möglichkeiten wird erwartet.

Literatur

Bird et al. 2024: Bird, Michael I.; Brand, Michael; Comley, Rainy; Fu, Xiao; Hadeen, Xennephone; Jacobs, Zenobia et al.: Late Pleistocene emergence of an anthropogenic fire regime in Australia's tropical savannahs. In: *Nat. Geosci.*17 (3), 2024, S. 233–240. https://doi.org/10.1038/s41561-024-01388-3.

Campbell et al. 2000: Campbell, Ian D.; Flannigan, Michael D.: Long-Term Perspectives on Fire-Climate-Vegetation Relationships in the North American Boreal Forest. In: Eric S. Kasischke und Brian J. Stocks (Hg.): Fire, Climate Change, and Carbon Cycling in the Boreal Forest, Bd. 138. New York: Springer, 2000, S. 151–172.

Coogan et al. 2021: Coogan, Sean C.P.; Daniels, Lori D.; Boychuk, Den; Burton, Philip J.; Flannigan, Mike D.; Gauthier, Sylvie; Kafka, Victor; Park, Jane S.; Wotton, B. Mike: "Fifty years of wildland fire science in Canada." Canadian Journal of Forest Research, 51, 2, Canadian Science Publishing, 2021, 283–302, https://doi.org/10.1139/cjfr-2020-0314.

Fernandes et al. 2020: Fernandes, Paulo M., Giuseppe Mariano Delogu; Leone, Vittorio; Ascoli, Davide: "Wildfire policies contribution to foster extreme wildfires." *Extreme Wildfire Events and Disasters. Root Causes and New Management Strategies,* hrsg. v. Tedim, Fantina, Vittorio Leone, und Tara K. McGee, Elsevier, 2020, 187–200.

Janssen et al. 2023: Janssen, Thomas A. J.; Jones, Matthew W.; Finney, Declan; van der Werf, Guido R.; van Wees, Dave; Xu, Wenxuan; Veraverbeke, Sander: Extratropical forests increasingly at risk due to lightning fires. In: *Nature Geoscience*16 (12), 2023, S. 1136–1144. https://doi.org/10.1038/s41561-023-01322-z.

Jones et al. 2022: Jones, Matthew W.; Abatzoglou, John T.; Veraverbeke, Sander; Andela, Nils; Lasslop, Gitta; Forkel, Matthias; Smith, Adam J.P.; Burton, Chantelle; Betts, Richard A.; van der Werf, Guido R.; Sitch, Stephen; Canadell, Josep G.; Santín, Cristina; Kolden, Crystal; Doerr, Stefan H.; Le Quéré, Corinne: "Global and Regional Trends and Drivers of Fire Under Climate Change." Reviews of Geophysics, 60, 3, Wiley, 2022, https://doi.org/10.1029/2020RG000726.

Kahle 2025: Kahle, Patrick: Brennen machen oder brennen lassen – was gegen Feuer in anthropozänen Wäldern (nicht) zu tun ist. In: Annika Rink, Martin Böhnert und Maria Weber (Hg.): Apocalypse & Apathy. Bielefeld, 2025: Transcript.

McCaffrey et al. 2015: McCaffrey, Sarah; Toman, Eric; Stidham, Melanie; Shindler, Bruce: "Social Science Findings in the United States." *Wildfire Hazards, Risks and Disasters*, hrsg. John F. Shroder und Douglas Paton, Elsevier, 2015, 15–34

McCaffrey et al. 2020: McCaffrey, Sarah; McGee, Tara K.; Coughlan, Michael; Tedim, Fantina: Understanding wildfire mitigation and preparedness in the context of extreme wildfires and disasters. Social science contributions to understanding human response to wildfire. In: Extreme Wildfire Events and Disasters: Elsevier 2020, S. 155–174.

Mori et al. 2020: Moris, Jose Vazquez; Conedera, Marco; Nisi, Luca; Pezzatti, Gianni Boris: Blitzschlagbrände und Sommertrockenheit: Gibt es einen Zusammenhang? In: *Schweizerische Zeitschrift fur Forstwesen*171 (5), 2020, S. 281–287. https://doi.org/10.3188/szf.2020.0281.

Verran 2002: Verran, Helen: "A Postcolonial Moment in Science Studies: Alternative Firing Regimes of Environmental Scientists and Aboriginal Landowners." Social Studies of Science, 32, 5/6, Sage, 2002, 729–762, https://doi.org/10.1177/030631270203200506.

vfdb e. V. 2024: vfdb – ArcGIS-Geoplattform. Internet: https://npgeohub-vfdb.maps.arcgis.com/home/index.html, abgerufen am 29.11.2024.

Architektur und Technologie

Informationsplattformarchitektur für resiliente krisenrelevante Versorgungsnetze

Christian Wartner und Sebastian Tramp

Kernaussagen

1. Eine Informationsplattform für die Anwendungsfälle im Bereich krisenrelevanter Versorgungsnetze muss einen hohen Grad an Flexibilität haben.
2. Das Informationsangebot richtet sich an unterschiedliche Anwender, von öffentlichen Einrichtungen bis hin zu Unternehmen, die sich beide jeweils in ihrer Größe (verfügbare Mittel, Personal, Expertise in IT-Abteilungen etc.) stark unterscheiden.
3. Ein leicht nutzbares und erweiterbares Ökosystem von Diensten, kombiniert mit Wissensgraphen, kann ein flexibles Informationsangebot umsetzen.
4. Eigenständige spezialisierte Dienste sind wichtig für eine schnelle Erweiterung des Ökosystems und können bei Endanwendern in Dashboards integriert werden.
5. Wissensgraphen können Daten aus heterogenen Quellen integrieren und auf einheitliche Modelle abbilden. Die Informationen können dann über Standardschnittstellen für konsistente und globale Anfragen bzw. Analysen bereitgestellt werden.
6. Visuelle Werkzeuge zum Aufbau von Wissensgraphen und Graph-Modellen erleichtern und beschleunigen die Datenverwaltung, auch wenn Daten und Modelle ständig einer Evolution unterliegen.
7. Anpassbare visualisierte Datenpipelines erlauben eine schnelle und qualitativ hochwertige Reaktion auf neuen und u. U. teilweise unbekannten Informationsbedarf bei zukünftigen Krisen.

C. Wartner · S. Tramp (✉)
eccenca GmbH, Leipzig, Deutschland
E-Mail: sebastian.tramp@eccenca.com

C. Wartner
E-Mail: christian.wartner@eccenca.com

© Der/die Autor(en), exklusiv lizenziert an Springer Fachmedien Wiesbaden GmbH, ein Teil von Springer Nature 2025
T. Hoppe und R. Fricke (Hrsg.), *Resiliente krisenrelevante Versorgungsnetze,*
https://doi.org/10.1007/978-3-658-48639-6_14

Einleitung

Die in den vorhergehenden Kapiteln (Kap. 6 bis 13) beschriebenen Software-Lösungen zur Analyse von Lieferketten zur Vermeidung von Versorgungsengpässen in Krisen, zur Kommunikation in Krisensituationen und zur Unterstützung von KRITIS (Kritische Infrastrukturen) decken ein weites Spektrum von Diensten und Anwendungen ab. Diese sind teilweise alleinstehende Lösungen für konkrete Krisensituationen, die spezifische Datenquellen nutzen. Andere Anwendungen nutzen potenziell eine Vielzahl von Daten-quellen, die möglichst korrekt vereinheitlicht werden müssen. Teilweise richten sie sich an Endanwender, die von kleinen öffentlichen Einrichtungen bis hin zu großen Unter-nehmen reichen können. Für die Konzeption der Anwendungen sind die vorhandenen Ressourcen an Fachkräften, die Unterstützung verschiedener bestehender Systeme und verschiedene Anforderungen an standardisierte Schnittstellen und globale Eigenschaften in Bezug auf Nutzerverwaltung, Resilienz und Sicherheit zu beachten.

Um diese Anforderungen abzudecken, wurde eine flexible Informationsarchitektur entwickelt. Diese muss im Hinblick auf zukünftige Krisen insbesondere eine schnelle und einfache Erweiterbarkeit um spezifische Dienste ohne Abhängigkeiten ermöglichen. Zudem soll sie auch eine Lösung zur schnellen zentralen Integration von Diensten- und Datenquellen anbieten, die Informationen über einheitlich beschriebene Standardschnitt-stellen bereitstellt.

Im Folgenden soll beschrieben werden, wie ein sinnvolles Angebot an flexiblen In-formations- und Analysediensten strukturiert werden kann. Dabei koexistieren eigen-ständige Dienste und Anwendungen und Knowledge-Graphen zur Wissensorganisation.

Architektur der Informationsplattform

Ziele

Die Informationsplattform für resiliente krisenrelevante Versorgungsnetze umfasst eine Reihe von Anwendungen zur Analyse von Lieferketten, zur Unterstützung der Arbeit von Krisenstäben und zur Versorgung mit Blutkonserven. Lösungen von verschiedenen Technologiepartnern sollen in einer erweiterbaren Informationsplattform integriert wer-den, sodass sie kombinierbar sind und in unterschiedlichen Anwendungsgebieten ein-gesetzt werden können.

Analyse von Lieferketten

Zur Vermeidung von Lieferengpässen ist das Ziel, möglichst frühzeitig kritische Güter in der Lieferkette zu identifizieren. Alltägliche Verbrauchsmittel oder beispielsweise Ersatzteile für Fahrzeuge und deren Verfügbarkeit haben unmittelbare Auswirkungen auf das Leistungsangebot: Ein Rettungswagen benötigt beispielsweise Desinfektions-mittel, Verbandsmaterial und Einweghandschuhe, damit Hilfe geleistet werden kann; ein

Löschfahrzeug benötigt wiederum Schläuche, Schaummittel und Armaturen, um Brände zu löschen. Die verschiedenen Sondergeräte und -materialien von Behörden und Organisationen mit Sicherheitsaufgaben verdeutlichen die Komplexität beim Erfassen und Analysieren von Lieferketten. Auf Basis von Bestands- und Bestelldaten wird die Ist-Situation einzelner Versorgungsgüter erfasst und die Verfügbarkeit prognostiziert. In der ResKriVer-Plattform erfolgt die Anreicherung mit weiteren Informationen der Lieferkette, wie etwa Herstellern, Produktionskapazitäten, Importeuren und Transportwegen. Wird ein Versorgungsengpass vom System prognostiziert, werden Vorschläge für Produktsubstitute, alternative Hersteller, Transportwege oder Beschaffungsoptionen generiert.

Unterstützung der Arbeit von Krisenstäben und Kommunikation mit der Bevölkerung

Diese Anwendungen unterstützen Krisenstäbe und handelnde Akteure bei ihrer Entscheidungsfindung auf Basis aktueller und zuverlässiger Informationen. Ein Krisenstab benötigt genaue Informationen darüber, was für ein Schaden eingetreten ist, wie viele Personen betroffen sind und welche Personen besondere Hilfe benötigen. Informationen zur Verfügbarkeit von Transportmitteln, Einsatzkräften und Kapazitäten für die Notunterbringung sind nötig. In einer dynamischen Lage verändern sich diese Daten ständig. Software-gestützte Analysen, etwa des Videomaterials von Drohnen und/oder der Beiträge in den sozialen Medien, können Krisenstäben neue, bisher noch nicht zur Verfügung stehende Informationen liefern. Vorbereitete Textbausteine und Kommunikationsziele für die verschiedenen Phasen einer Krise können die adressatengerechte Krisen- und Risikokommunikation fördern und somit die Bewältigung einer Lage unterstützen. Eine besondere Herausforderung stellt die Frage dar, wie die Informationsflüsse im Falle eines langanhaltenden Stromausfalls aufrechterhalten werden können. Eine funktionierende Kommunikation mit der Bevölkerung sowie ein Austausch gesicherter Informationen mit den Medien muss gewährleistet werden.

Versorgung mit Blutkonserven

Der effiziente Einsatz von Blutprodukten steht im Mittelpunkt des Szenarios zur Vermeidung eines niedrigen Bestands an Blutkonserven. Dabei wird der Ressourcenmanagement-Prozess vom Spendenaufruf an die Bevölkerung über die dezentrale Entnahme und dem Transport in die Klinik bis hin zur Aufbereitung der Blutprodukte sowie deren Bereitstellung optimiert.

Architektur

Aufgrund der heterogenen Anwendungen, dem Bedarf an agilen Aktualisierungen durch Dienstanbieter und die Ausrichtung auf unterschiedliche Zielgruppen konnte ein monolithischer Architekturansatz früh ausgeschlossen werden. Ein solcher zentralisierter Ansatz verkoppelt Komponenten wie Nutzeroberfläche, Geschäftslogik und Datenbank

eng miteinander bzw. macht genaue Vorgaben zu zentralen Methoden und Technologien. Dies erschwert bei Anwendungen mit wachsender Komplexität die Entwicklung.
Bei einer größeren Gruppe von Einrichtungen, die jeweils (Teil-)Lösungen entwickeln
und vielen potenziellen Endanwendern, verkompliziert sich zusätzlich die Umsetzung
von realistischen wirtschaftlichen Angeboten. Weiterhin sind die unterschiedlichen Anforderungen der Endanwender an Skalierbarkeit und Ausfallsicherheit zentralisiert kaum
umsetzbar.

Aus diesem Grund wurde stattdessen ein leicht erweiterbares und serviceorientiertes
Ökosystem beziehungsweise eine serviceorientierte Architektur (SOA) realisiert. Diese
enthält eine Menge von unabhängigen (Web)-Diensten, welche Anbietern und Konsumenten eine effektive Zusammenarbeit erlauben, ohne ein zentrales System nutzen zu
müssen. Der Zugriff auf je nach Anwendungsfall möglicherweise sensible Daten und
Komponenten kann auf eine minimale Anzahl von berechtigten Akteuren beschränkt
werden.

Die Vorteile einer SOA sind:

- **Flexibilität**: Eine SOA ermöglicht, dass Dienstanbieter schnell auf veränderte Situationen in Krisen reagieren können, wie auch die Plattform flexibel erweiterbar ist.
- **Skalierbarkeit**: Einzelne Komponenten können problemlos skaliert werden, ohne
Änderungen am Rest des Systems auszulösen.
- **Autonomie**: Unabhängige Dienste können von dem jeweiligen Entwickler je nach
individuellen Anforderungen an Leistung, Redundanz oder geografischer Verteilung
bereitgestellt werden. Einzelne Dienste oder Kombinationen von Diensten können
leichter als Grundlage für unkomplizierte kommerzielle Angebote dienen.
- **Wartbarkeit**: Anwendungen sind einfacher zu warten, da die einzelnen Services unabhängig voneinander geändert werden können und wenig Abstimmung zwischen den
beteiligten Entwicklern nötig ist.

Abb. 1 zeigt den Aufbau der serviceorientierten Architektur der Informationsplattform,
die für verschiedene Nutzergruppen ausgelegt ist. Das sind einerseits technische Nutzer
wie Entwickler, Datenexperten oder Administratoren für die Wartung und Konfiguration der Software. Andererseits sind es auch Endnutzer wie Krisenstäbe, Redaktionen,
die Bevölkerung und Analysten in KRITIS-Organisationen oder Unternehmen. In einer
SOA gibt es keine enge Kopplung zwischen Diensten und ihrer Benutzeroberfläche. Die
Nutzer interagieren direkt mit Daten aus den Diensten oder über (webbasierte)-Benutzer-
oberflächen bzw. Dashboards mit den umgesetzten Diensten. Alle Anwendungen basieren auf Information aus einer Menge von Datenquellen. Diese werden entweder über
die Dienste verarbeitet oder über einen Wissensgraphen integriert und zur Verarbeitung
bereitgestellt.

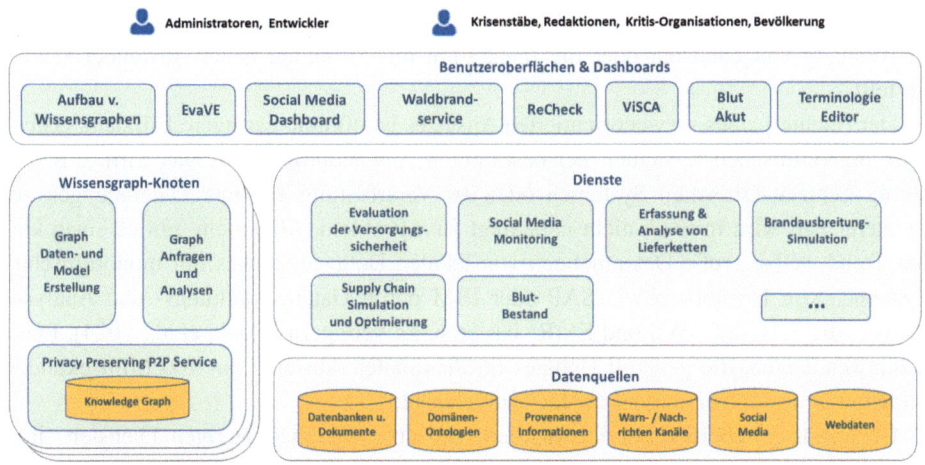

Abb. 1 Serviceorientierte Architektur der Informationsplattform

Angebotene Webdienste

Für die Realisierung von Anforderungen aus den verschiedenen Anwendungsgebieten stehen eine Menge von autonomen (Web)-Diensten zur Verfügung. Diese dienen der Prognose von Vegetationsbränden (Kap. 13) und zum Social Media Monitoring (Kap. 11) und unterstützen die Erfassung von Blutbestandsdaten bei der Entwicklung eines Notfallkonzepts (Kap. 10). Weitere Dienste adressieren die Erfassung und Analyse von Lieferketten (Kap. 6), KI- und Simulationsbasierte Evaluierung der Versorgungssicherheit (Kap. 7) und die Abgabe von Hilfsgütern (Kap. 9).

Diese Dienste richten sich einerseits an öffentliche Einrichtungen, die eine wachsende Anzahl von unterschiedlichen Aufgaben mit limitierten Ressourcen digital bewältigen müssen, und andererseits an verschiedene Arten von Unternehmen. Beide variieren in Größe und vorhandener digitaler Infrastruktur bzw. vorhandenem Fachpersonal. Dabei können unterschiedliche Anforderungen an die Skalierbarkeit und Verfügbarkeit bestehen, die z. B. von der Anzahl der Endnutzer innerhalb einer Organisation abhängt. So kann bei einem Dienst, mit dem die Bevölkerung oder ein Krisenstab informiert werden soll, nicht akzeptiert werden, dass die Gefahr einer Überlastung besteht. Bestimmte Analysen für Statistiken zur langfristigen Entscheidungsunterstützung in Unternehmen erfolgen u. U. nachgelagert und selten, wobei ein vorübergehender Dienstausfall folgenlos ist.

Verschiedene Anpassungen und die Entwicklung neuer Dienste sollen schnell erfolgen können. Eine Abhängigkeit zwischen den Diensten oder zu zentralen Komponenten steht damit in Konflikt. Die einzige Anforderung zur Integration eines Dienstes in die Plattform ist eine Dokumentation mit OpenAPI v3.1[1], einem offenen und herstellerneutralem Beschreibungsformat für Daten-Dienste. Damit wird den Diensten bzw.

---

[1] https://spec.openapis.org/oas/v3.1.0.html.

Anbietern der höchste Freiheitsgrad ermöglicht und die Dokumentation für eine Wiederverwendung von Diensten oder die Integration mit Systemen neuer Anwender sichergestellt.

Der Nachteil eines serviceorientierten Ansatzes ist oft eine geringere Effizienz gegenüber monolithischen Systemen bei bestimmten Anwendungsfällen. Das trifft z. B. bei streng Echtzeit-kritischen Systemen oder der Verarbeitung enormer Datenmengen zu. Letzterer Fall wird in SOA nicht unbedingt zum Problem. Allgemein gibt es einen klaren Trend, selbst große Datenmengen von lokalen Datawarehouses mit monolithischen Systemen von Herstellern wie SAP oder IBM durch Datenverwaltungs- und Analysedienste, die z. B. auf AWS und EMR[2] basieren, zu verlagern (Cook, et al., 2024). Echtzeitanwendungen, die generell Updates im maximalen Abstand von 100 Millisekunden implizieren, waren bei keinem der Dienste relevant.

Gegenwärtig scheinen serviceorientierte Ansätze mit unabhängigen Diensten sinnvoll, da das Wissen zur Entwicklung von Webdiensten bei Entwicklern weit verbreitet ist. Zahlreiche freie und kommerzielle Tools unterstützen die Entwicklung von Diensten (Davis, 2024) (Coursera, 2025) und skalierbares und zuverlässiges Hosting ist universell zu sinkenden Kosten verfügbar (Kechagias, 2024).

Wissensgraphen-Knoten

In der Architektur soll die Entwicklung bzw. Erweiterung um neue Dienst-Prototypen mit minimalem Aufwand möglich sein. Dabei soll es möglichst keine technologischen Hürden geben. Aus wirtschaftlichen Gründen muss der Aufwand für Schulungen minimal gehalten werden. Partner die zentrale Funktionen bereitstellen, dürfen nicht Flaschenhals oder Komplexitäts-Multiplikator werden. Die im vorhergehenden Abschnitt beschriebenen Dienste der SOA konzentrieren sich von daher auf maximale Autonomie, Flexibilität und Dezentralisierung.

Gleichzeitig müssen die Herausforderungen der wachsenden Datenmengen und -komplexität bewältigt werden. Eine optionale und standardisierte Technologie zur zentralen Verwaltung von Daten stellt einen Mehrwert dar, der in der Architektur nicht ignoriert werden kann. Vorteile sind:

- **Effizienz**: Alle relevanten Informationen und Services sind an einem Ort verfügbar, was die Suche und den Zugriff auf Daten beschleunigt.
- **Reduzierung von Redundanzen**: Eine zentrale Plattform verhindert Doppelarbeit, z. B. die Implementierung von Schnittstellen zwischen viel genutzten Quellen und mehreren Diensten, werden durch genau eine Schnittstelle zu einem zentralen System abgelöst.
- **Übertragbarkeit**: Mit zentralen Wissensgraphen können Standards für Datenformate und -modelle durchgesetzt werden, was die Interoperabilität verbessert. Entwickelte

---

[2] Amazon Web Services und Elastic Map Reduce,https://aws.amazon.com/de/

Werkzeuge und Datenmodelle können wiederverwendet werden und sind leicht auf neue Anwendungsfälle übertragbar.

- **Verbesserte Konsistenz**: Hinsichtlich der Datenqualität ermöglicht eine zentrale und einheitliche Verwaltung und Pflege von Daten eine bessere Datenqualität. Inkonsistenzen werden vermieden, da alle Beteiligten auf die gleichen Daten zugreifen.
- **Sicherheit**: Eine zentrale Plattform ermöglicht eine bessere Verwaltung von Zugriffsrechten auf sensible Daten, da eine Verwaltung von Zugriffsrechten, anders als bei autonomen Diensten, einfach umsetzbar ist.
- *Kollaboration*: Eine zentrale Plattform ermöglicht allen Beteiligten den gleichzeitigen Zugriff auf die Informationen, was die Transparenz, Konfliktvermeidung und langfristig auch die Datenqualität erhöht.

In der Informationsplattform werden von daher Wissensgraphen eingesetzt. Sie sind eine leistungsstarke Methode, um Wissen strukturiert darzustellen, zu organisieren und zu verknüpfen. Wissensgraphen sind vor allem in der Forschung und bei Anwendungen zur Integration von Daten und Diensten verbreitet. Die Grundlagen von Wissensgraphen sind:

- **RDF**[3] (Ressource Description Framework): Ein W3C-Standard für die Darstellung von Informationen im Web. Es verwendet Tripel (Subjekt, Prädikat, Objekt), um Aussagen über Ressourcen zu machen.
- **SPARQL**[4]: Die Abfragesprache für RDF-Daten. Sie ermöglicht es, komplexe Abfragen über Wissensgraphen durchzuführen.
- **OWL**[5]: (Web Ontology Language): Eine Sprache, um Ontologien zu definieren. Ontologien beschreiben die Konzepte und Beziehungen in einem bestimmten Wissensbereich (z. B. Medizin, Biologie, Geschichte). Sie helfen, die Bedeutung der Daten im Wissensgraphen zu formalisieren.

Graphen können direkt als Grundlage für Anwendungen dienen, z. B. für den im Kap. 15 vorgestellten Terminologie Editor. Auch für Template-basierte Ansätze zur Modellierung in Kap. 16 und die Erfassung und Analyse von Lieferketten in Kap. 6 werden Wissensgraphen eingesetzt. Im zweiten Teil dieses Kapitels werden Methoden und Werkzeuge zur Datenintegration bzw. zum Aufbau von Wissensgraphen beschrieben. Weiterhin können existierende Werkzeuge aus dem Ökosystem von Wissensgraphen benutzt werden.

Abb. 2 zeigt die detaillierte Architektur eines „ResKriVer Node", d. h. einem Wissensgraph-Knoten. Der Begriff Knoten bezieht sich dabei darauf, dass Daten nicht unbedingt in genau einer Datenbank-Instanz verwaltet werden müssen. Sie können

---

[3] Resource Description Framework, https://www.w3.org/RDF.

[4] SPARQL Protocol and RDF Query Language, https://www.w3.org/TR/sparql11-query/.

[5] Web Ontology Language, https://www.w3.org/OWL/.

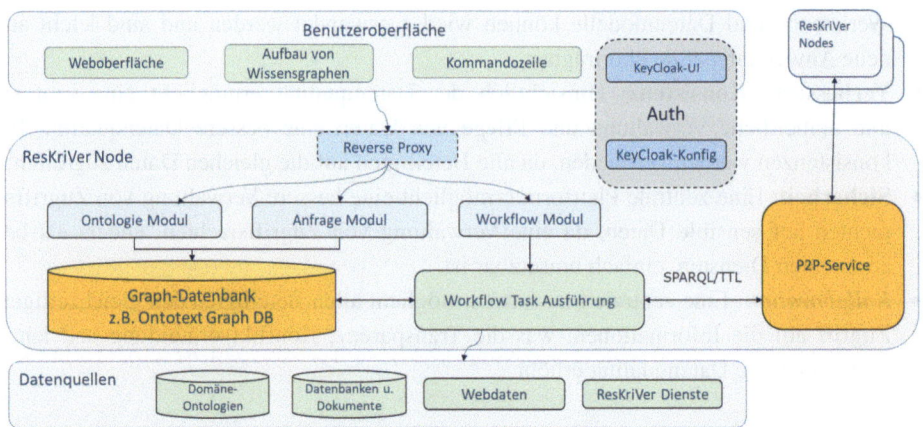

Abb. 2 Detaillierte Architektur der Wissensgraph-Knoten

geografisch verteilt und redundant über mehrere Knoten verteilt werden, um Ausfallsicherheit und Skalierbarkeit zu ermöglichen. Die Benutzeroberflächen-Schicht enthält
Weboberflächen, die direkt auf Wissensgraphen zugreifen, wie z. B. Dashboards. Dashboards sind generische Komponenten, um mit Unterstützung von Wissensgraphen, wie
z. B. Redash[6] oder Google Looker Studio[7] Daten abzufragen und zu visualisieren. Die
Benutzeroberflächen nutzen einerseits die Standard-Schnittstellen von Wissensgraphen.
Andererseits greifen sie auf weitere Funktionen wie das Workflow-Modul zu. Damit
können z. B. Dokumente in unterschiedlichen Formaten hochgeladen und dem Wissensgraphen hinzugefügt werden. Ein Kommandozeilen-Client dient vor allem zum Umsetzen von administrativen und automatischen Prozessen.

Die technische Realisierung des Wissensgraphen geschieht durch Triple Stores: spezielle Datenbanken, die für die Speicherung und Abfrage von RDF-Daten optimiert sind
(z. B. OntoText GraphDB, Stardog, Amazon Neptune). Der spezifische Store ist dabei
austauschbar. Die verbundenen Module stellen unabhängig von der technischen Umsetzung des Wissens-Graphen den einheitlichen Zugriff sicher.

Die Komponente zum Ausführen von Workflow-Aufgaben implementiert die Ausführung von Datenintegrations-Workflows, die Aufgaben wie z. B. den periodischen Zugriff auf Datenquellen, Datentransformationen, Graph-Aktualisierungen oder die Kommunikation zwischen Graphen beinhalten. Damit wurde auch eine Integration mit dem
von Fraunhofer Fokus entwickelten Privacy Preserving Peer 2 Peer Service zur Unternehmens-übergreifenden Speicherung und Integration sensibler Informationen durchgeführt. Dabei handelt es sich um einen verteilten Wissensgraphen. Er dient der Steigerung der Informationsverfügbarkeit im Krisenfall.

---

[6] https://redash.io/.

[7] https://lookerstudio.google.com/navigation/reporting.

Der Wissensgraph-Knoten unterstützt zusätzlich Funktionen für die einheitliche Verwaltung von Nutzern und Zugriffsrechten. D. h. Nutzern können nicht nur Zugriffsrechte auf Daten im Wissensgraphen zugewiesen werden. Es kann auch entschieden werden, auf welche Werkzeuge zum Aufbau von Graphen sie Zugang haben. Wenn ein Nutzer z. B. einen Workflow erstellt, der als Datenquelle eine passwortgeschützte Datenbank nutzt, oder andere unternehmensinterne Daten enthält, können Zugriffsbeschränkungen definiert werden.

Über Wissensgraphen und Werkzeuge für den Aufbau von Wissensgraphen wird eine Möglichkeit zur standardisierten Datenverwaltung geschaffen, die als Grundlage für neue Dienste bzw. zur Kombination bestehender Dienste dienen kann.

Benutzeroberfläche

Die Visualisierung von Informationen ist essenziell, da die Entscheidungsfindung, Analyse und Kommunikation davon abhängig sind. Die Nutzung einer einheitlichen zentralen Benutzeroberfläche ist in einer SOA, besonders wenn eine schnelle und unabhängige Erweiterbarkeit erforderlich ist, nicht zeitgemäß. In der im vorliegenden Abschnitt neu konzipierten Informations-Plattform stellen die meisten Dienstanbieter eine eigene webbasierte Oberfläche bereit:

- Blutakut
- ReCheck
- EvaVE
- Waldbrandservice
- Social Media Monitoring.

Andere Benutzeroberflächen arbeiten direkt auf Wissensgraphen und visualisieren das Ergebnis von standardisierten Anfragen:

- ViSCA
- Die Werkzeuge zum Aufbau von Wissensgraphen
- Der Terminologie Editor.

Für Anwender umfasst die Nutzung eines Dienstes im einfachsten Fall nur das Aufrufen einer Webseite. Dies ermöglicht einen schnellen Einsatz von Anwendungen durch Endnutzer ohne technisches Wissen. Alternativ ist die direkte Visualisierung der von (neuen) Diensten bereitgestellten Informationen, die Visualisierung von Informationen aus dem Wissensgraphen und beliebige Kombinationen von Informationen über Dashboards möglich.

Ein Dashboard ist eine visuelle Darstellung von wichtigen Informationen, die zentralisiert an einem Ort zusammengefasst werden und dem Benutzer einen schnellen und aktuellen Überblick zu einem Thema geben sollen. Dashboards sind eine generische und weitverbreitete Komponente zum Erstellen von Benutzeroberflächen und werden durch viele Hersteller bereitgestellt.

Es spielt dabei keine Rolle, ob das Dashboard zur Bedienung ganzer Webanwendungen dient oder angefragte und visualisierte Informationen aus Datenbanken bzw. Diensten darstellt. Je nach Rolle eines Nutzers kann ein Dashboard verschiedene Sichten auf Daten bereitstellen, was z. B. Administratoren, Krisenstäben oder auch der Bevölkerung die Nutzung der gleichen Technologie erlaubt. Dashboards ermöglichen damit komplexe Anwendungen mit deutlichem Mehrwert und wenigen Anforderungen an die darunterliegenden Dienste.

Insgesamt ist in der Informations-Plattform die Umsetzung von Benutzeroberflächen durch Dienstanbieter ohne Abhängigkeiten zu zentralen Komponenten möglich. In Dashboards können Datenanalysen und Visualisierungen mit webbasierten Benutzeroberflächen ohne großen Aufwand kombiniert werden. Trotz der hohen Autonomie der Teildienste unterliegt die Interaktion der Nutzer mit den Diensten damit keinen Einschränkungen.

Datenquellen

In Kap. 3 wird ausführlich auf die Daten eingegangen, die im Krisenkontext relevant sind. Dort werden notwendige Daten, deren Verfügbarkeit und ihre Verarbeitung diskutiert. Die Datenquellen umfassen Dokumente und Datenbanken, die unternehmensintern über Geschäftsprozesse vorliegen, also ERP-Systeme. Solche Daten, die auch Lagerbestände und Waren-Bestellungen umfassen, sind vor allem bei der Risikoanalyse für Lieferketten relevant. Auch Daten aus Webdiensten z. B. mit Geoinformationen werden häufig benötigt. Z. B. bei der Analyse von Lieferwegen oder auch der Visualisierung von Bränden.

Im Forschungskontext existieren Wissensgraphen mit Informationen zu Lieferketten und kritischen Produkten. Vorhandene Domänenmodelle, die beim Erstellen globaler Integrationsmodelle für die Datenintegration mit Wissensgraphen wiederverwendet werden können, sind weitere wichtige Datenquellen.

Beim Social Media Monitoring wird auf unstrukturierte Webdaten zugegriffen, z. B. Posts im sozialen Netzwerk X. Zudem nutzt dieser Dienst spezielle Warn- und Nachrichtenkanäle.

Dabei reichen die Datenquellen von öffentlich verfügbaren Daten in Standardformaten bis hin zu proprietären und vertraulichen Systemen deren Schnittstellen und Datenstrukturen unbekannt sein können. Es kann sich um Daten handeln, die über die Zeit konstant sind oder es können ständig zu überwachende und fortlaufend zu verarbeitende Quellen sein.

Offensichtlich ist aber, dass aktuelle und qualitativ hochwertige Daten entscheidend für alle Herausforderungen in Krisensituationen sind. Die genaue Art aller zukünftigen Datenquellen ist dabei unbekannt. Im Besonderen muss die Unterstützung der zeiteffizienten und korrekten Integration von heterogenen Daten unter Garantie hoher Datenqualität adressiert werden. U. a. ergab eine Studie von Gartner aus dem Jahr 2022, dass Unternehmen durchschnittlich 30 % ihres IT-Budgets für die Datenintegration ausgeben (Zaidi, et al., 2022). Eine Umfrage von Forrester aus dem Jahr 2023 zeigte, dass

60 % der Unternehmen Schwierigkeiten haben, Daten aus verschiedenen Quellen zu integrieren (Mooter, et al., 2023). Zur Senkung von Aufwand und Kosten hat eccenca Werkzeuge zum Aufbau bzw. zur Anpassung von Workflows zur semantischen Datenintegration auf Basis von Wissensgraphen und Domänenontologien umgesetzt.

Wissensgraphen zur Datenintegration

Wissensgraphen können als Grundlage verschiedenster Analyseanwendungen genutzt werden. Wie bereits erwähnt, steht bei den hier bereitgestellten Graphen häufig die semantische Integration vieler verschiedener Datenquellen oder Dienste im Mittelpunkt. Vokabulare bzw. Ontologien beschreiben formal die Struktur von Wissen in bestimmten Domänen und sind zentral für die Verwaltung von Daten in Wissensgraphen, die im Kontext dieses Buches vorwiegend für Lieferkettenanalysen genutzt werden. Sie ermöglichen die konsistente, einheitliche und wiederverwendbare Beschreibung von Konzepten sowie deren Eigenschaften, Beziehungen und Regeln. Damit wird ein globales Modell aufgebaut, auf das alle Daten aus den Quellen abgebildet werden. Ontologien eignen sich dafür ideal, da mit ihnen praktisch alle anderen Datenbeschreibungen ausgedrückt werden können. Datenbeschreibungen wie sie z. B. in XML oder JSON-Formaten eingebettet sind, Entity-Relationship-Modelle aus klassischen Datenbanken oder Modelle anderer Typen von Graph-Datenbanken wie Property-Graphen lassen sich einheitlich mit Ontologien ausdrücken.

Dabei sind Quell-Daten, wenn überhaupt, oft sehr unzureichend beschrieben. In Ontologien dagegen, sind Beschreibungen und Dokumentationen aller Elemente möglich und testbar. Für die Entwicklung wird ein iterativer Bottom-Up Prozess benutzt, der Ontologie-Experten, Domänen-Experten bzw. Endanwender einbezieht.

1. Der Ontologie-Experte beginnt mit der Analyse der Quelldaten, vorhandener Dokumentation und erkennbarer Beziehungen. Darauf folgt die Definition einer Ontologie-Version, wobei auch eine Wiederverwendung, Kombination und Anpassung bestehender Ontologien erfolgen kann. Das Modell wird in der eccenca Benutzeroberfläche registriert und kann danach visualisiert werden (mit einem Web-basierten Editor für Vokabulare und Ontologien). Das erleichtert Domänenexperten eine Bewertung und eventuelle Annotation mit Änderungsvorschlägen, Erweiterung oder Dokumentation.
2. Darauffolgend werden Regeln zur Datentransformation erstellt (mit visuellen Interfaces zum Aufbau von Wissensgraphen) und aus den Datenquellen wird ein Graph generiert.
3. Unter Einbeziehung von Endanwendern wird das Ergebnis geprüft. Dies führt je nach Fortschritt zu einer weiteren Iteration ausgehend von der Analyse von (eventuell weiteren) Quelldaten.

Die wichtigsten Komponenten bei diesem Prozess sind:

- Komponenten zur gemeinsamen Ontologie-Entwicklung und
- Transformationsprozesse zum Aufbau Wissensgraphen.

Alle Schritte zum Aufbau von Wissensgraphen erfolgen durch visuelle Werkzeuge. Nutzer, die keine technischen Experten sind, aber sich mit der Domäne auskennen, werden aktiv unterstützt, was schnelle Iterationen erlaubt. Dabei wird sowohl die Dokumentation und Korrektheit von Datenmodellen als auch die Nachvollziehbarkeit aller Schritte durch eine Visualisierung der Modelle, Daten und Prozesse ermöglicht.

Langfristig sollen Wissensgraphen in der Informationsplattform der ständigen Evolution von Datenquellen, Datenmodellen und Analyseverfahren Rechnung tragen, die oft aus Anforderungen resultieren, die teilweise erst beim Eintritt einer neuen Krisensituation zu Tage treten. Die grafischen Werkzeuge und Prozessvisualisierungen sollen helfen Aktualisierungen ohne Einbeziehung technischer Experten durchzuführen.

Abb. 3 zeigt die Modellverwaltung mit der Benutzeroberfläche der Ontologie-Verwaltungs-Ansicht. Dort können Ontologien registriert, aufgelistet und aktiviert bzw. deaktiviert werden. Informationen zu Ontologien, wie Visualisierungen, Statistiken und Listen von Referenzen auf die Ontologie können angezeigt werden. Alle aktivierten Ontologien bilden das globale Datenmodell. Dies wird beim Aufbau des Wissensgraphen aktiv genutzt, um z. B. Vorschläge beim Erstellen von Transformationsregeln für Quelldaten zu erstellen.

Abb. 4 zeigt ein Beispiel zur Unterstützung von Domänenexperten durch eine Visualisierung eines Teilbereiches der Ontologie. Im Beispiel werden die verschiedenen Datentypen eines einfachen Modells angezeigt. Die Abbildung der Konzepte und Beziehungen

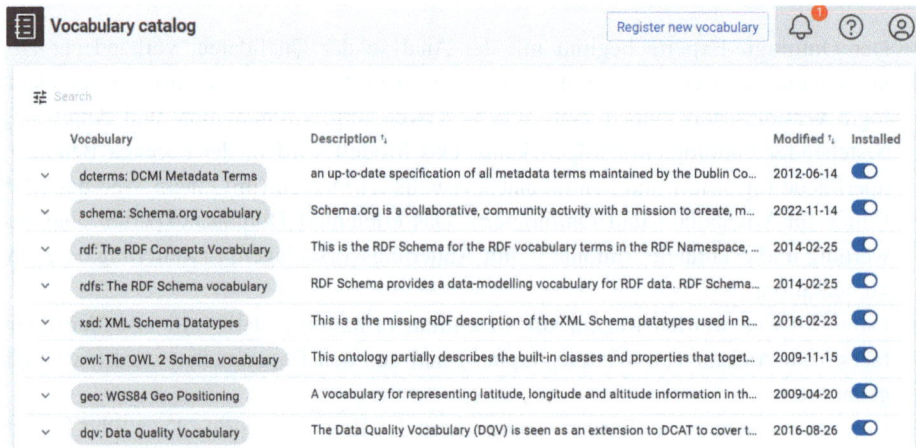

Abb. 3 Benutzeroberfläche der Modellverwaltung

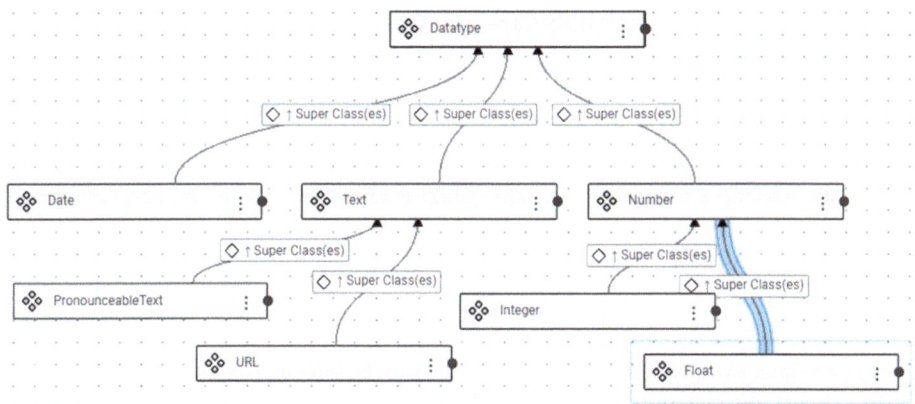

Abb. 4 Ontologie-Visualisierung aus der Benutzeroberfläche der Modellverwaltung

als Graph soll einen leicht zu erfassenden Überblick über strukturierte Modelle geben
damit Nutzer z. B. entscheiden können, ob die Anwendungsdomäne abgedeckt ist oder
ein Update bzw. die Installation weiterer Modelle nötig ist.

Die Werkzeuge zur Unterstützung der Erstellung und Anpassung von Ontologien werden im folgenden Abschnitt beschrieben.

Werkzeuge und Methoden für den Aufbau von Modellen

Die Werkzeuge, die von eccenca realisiert wurden, umfassen sowohl eine Benutzeroberfläche zum Aufbau von Datenmodellen mit visuellen Werkzeugen als auch Prozesse zu
ihrer langfristigen Wartung und Verwaltung in produktiven Umgebungen.

Beim Aufbau von Modellen für Graphen müssen zwei Seiten betrachtet werden:

- Einerseits sind Modelle sehr komplex und umfangreich. Dadurch kann das Wissen
  über alle Konzepte und Beziehungen einer Domäne strukturiert und vollständig erfasst werden. Damit werden Wissensgraphen zu einer langfristigen, anpassbaren und
  wiederverwendbaren Basis für komplexe Analyseanwendungen. Bei der Integration vieler Datenquellen können alle Beschreibungen erfasst werden und der Verlust
  von Information wird vermieden. Ihr Entwicklungsprozess ähnelt dem Softwareent-
  wicklungsprozess.
- Andererseits sollen Modelle für Anwender verständlich sein und ohne großen Bedarf
  an Zeit und Wissen anpassbar sein. eccenca hat deshalb einen webbasierten, visuellen
  Editor implementiert.

Ein webbasierter Editor und Prozesse zur Ontologie-Entwicklung können synchronisiert
werden und beschleunigen den schnellen Aufbau der Datenmodelle.

Web-basierter Editor für Vokabulare und Ontologien

Der entwickelte Prototyp zum grafischen Bearbeiten von Ontologien hat das Ziel, die Arbeit von Domänenexperten, die nicht unbedingt technische Experten sind, zu beschleunigen. Er ermöglicht die kollaborative Arbeit von Anwendern und Entwicklern. Dabei werden Konzepte und ihre Beziehungen als Graph dargestellt. Zu Beginn wird ausgewählt, welche Klassen als Ausgangspunkt einem Arbeitsbereich hinzugefügt werden sollen. Daraus ergibt sich eine Visualisierung von einer Teilmenge des Modells (s. Abb. 5). Ausgehend von einem Knoten gibt es 3 Optionen:

- **Erweiterung der Visualisierung**. Der Graph kann mit Knoten erweitert werden, die zum Ausgangsknoten in Bezug stehen und im Referenzen-Dialog aufgelistet werden. Damit werden so lange iterativ neue Knoten erzeugt und dargestellt, bis ein ausreichendes Verständnis des (Teil-)Modells möglich ist.
- **Erweiterung des Modells**: Es können neue Knoten angelegt werden. Deren Eigenschaften und Beziehungen können eingegeben oder aus Vorschlägen ausgewählt werden.
- **Anzeige von Details**: Über Links kann man zu detaillierter Information des Knoten oder seiner Beziehungen navigieren. Damit können alle Eigenschaften wie Dokumentation oder Kommentare angezeigt und bearbeitet werden.

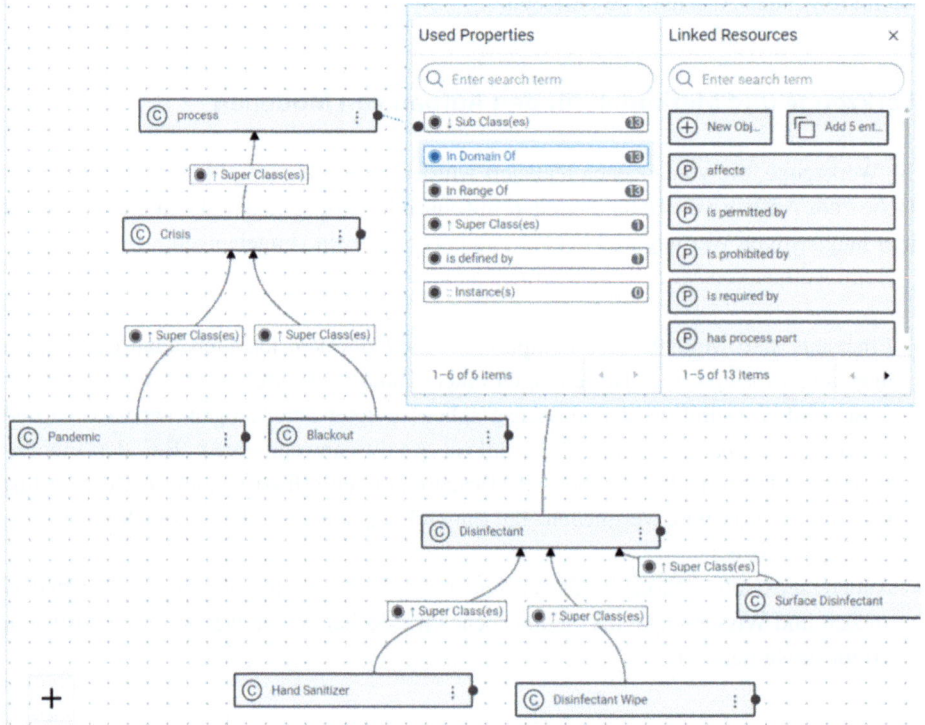

Abb. 5 Ontologie-Editor

Kontinuierliche Prozesse zur Ontologie-Entwicklung

Auf Basis von Umfragen im Rahmen von Workshops und Gesprächen mit eccenca-Kunden zeigte sich, dass im Unternehmenskontext eine langfristige Verwaltung von Datenmodellen nötig ist, die sich an der Test-basierten Software-Entwicklung und dem kontinuierlichen Software-Deployment (CI/CD) orientiert. Über die Zeit sind Anpassungen an Modellen nötig. Kollaboration macht die Versionierung und die Nachvollziehbarkeit von Änderungen erforderlich. eccenca hat CI/CD-Prozesse auf Basis von GitLab[8] implementiert. Damit werden für Graph-Modelle nach jeder Anpassung Prozesse gestartet, die die Modelle auf Fehler, Konsistenz und Vollständigkeit überprüfen und entweder entsprechende Alarme und Berichte erzeugen oder die geänderten Modelle auf neu generierten Wissensgraph-Instanzen aktualisieren.

Komponenten zum Aufbau von Wissensgraphen

Eccenca hat web-basierte Werkzeuge zum Aufbau von Wissensgraphen implementiert. Diese dienen der Verbindung von Daten aus verschiedenen Quellen mit einem Wissensgraphen, um globale und einheitliche Analysen zu ermöglichen. Durch das Abbilden der Daten auf den Wissensgraph ist es außerdem möglich, alle integrierten Daten über standardisierte Anfrageschnittstellen (wie SPARQL) bereitzustellen. Die Prozesse sind mit ETL-Prozessen aus dem Data-Warehouse-Umfeld vergleichbar.

Visuelle Werkzeuge zur Definition von wiederholbaren Workflows zum Laden und Transformieren von Daten aus heterogenen Quellen unterstützen Nutzer unter durch die Einbeziehung des globalen Modells.

Visuelle Werkzeuge zum Aufbau von Wissensgraphen

Der Aufbau von Wissensgraphen erfolgt durch den Import bzw. die Integration von Analyse-relevanten Daten aus unterschiedlichsten Datenquellen. Diese Quellen sind häufig selbst keine Graphen. Das bedeutet, dass vor allem die Beziehungen zwischen Datenobjekten noch nicht oder nur in eingeschränkter Form existieren. Verbreitete Datenformate sind tabellenorientierte, relationale Datenbanken, die zusätzlich zwischen je zwei Tabellen eine Beziehung definieren sowie JSON und XML-Formate mit semistrukturierten oder hierarchisch strukturierten Daten. In der Regel handelt es sich um unabhängig voneinander entstandene Quellen. Dabei muss angenommen werden, dass Quelldaten in bestimmten Abständen aktualisiert werden und in ihrer technischen Repräsentation oder ihrem Datenmodell über die Zeit einer Evolution unterliegen.

Auch die Modelle, die den integrierten Wissensgraph beschreiben, entwickeln sich ständig weiter, um auf neue Situationen zu reagieren. Im Krisenkontext von ResKri-Ver wird das schnell deutlich. Beispielsweise deckte die SARS-Cov-2 Pandemie neue

---

[8] https://about.gitlab.com/.

Schwächen in Lieferketten auf: Kennzahlen wie Infektionszahlen und davon abhängige internationale Beschränkungen im Warenverkehr, die 2019 noch kaum jemand als relevant betrachtet hat, mussten schnell in Analysen eingebunden werden, um Lieferketten weiterhin korrekt analysieren zu können. Es ist deshalb davon auszugehen, dass zur schnellen Reaktion auf Krisen, flexibel erweiterbare Aktualisierungs-, Integrations- und Analyse-Workflows verwaltet werden müssen, die möglichst einfach kollaborativ durch Domänen-Experten erstellt und iterativ verbessert und dokumentiert werden können.

Mit der Benutzeroberfläche von eccenca ist eine Erstellung von Workflows möglich, welche Operatoren zum Datenzugriff, zur Datentransformation und zur Verknüpfung der Daten zusammenfassen. Damit kann flexibel definiert werden, wie Wissensgraphen aufgebaut werden sollen.

Abb. 6 zeigt einen einfachen Workflow, der wieder als Graph visualisiert wird. Zwei Datenzugriffsoperatoren (Import city data und Extract certificate holder) sind jeweils über einen Transformationsoperator mit einem Ausgangsgraphen (CSV Cities und CSV EU Certificates) verbunden, die Städte und Zertifizierungsdaten der EU enthalten. Die zwei Zielgraphen (City Graph und Certificate Graph) haben keine Verbindungen oder Gemeinsamkeiten in den Modellen. Durch eine Linking-Operation am Ende werden die Quelldaten in Bezug zueinander gesetzt, indem Adressen der Zertifikatshalter mit Städten verglichen werden. Daraus entsteht die Möglichkeit Zertifikatshalter auf einer Karte anzuzeigen, da zu jeder Stadt aus der ersten Quelle weitaus mehr Information vorliegen

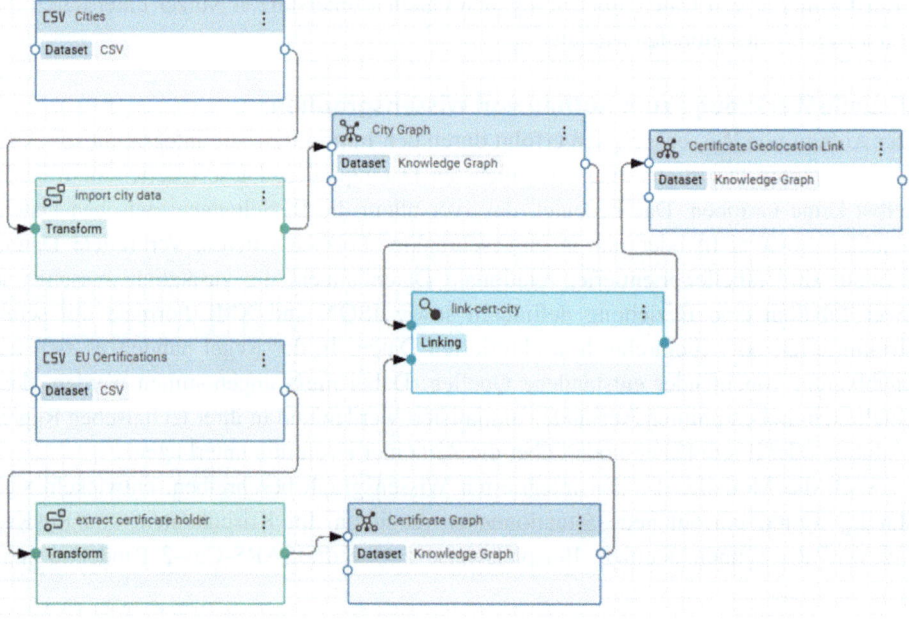

Abb. 6 Workflow-Editor

(Koordinaten, Codes, Bevölkerung etc.) als es für die Adressen von Zertifikatshaltern der Fall ist. Jeder Operation eines Workflows kann als Graph visualisiert und bearbeitet werden. Abb. 7 zeigt z. B. die detaillierte Visualisierung einer Daten-Transformation.

Die Benutzeroberfläche verwaltet eine Menge an verschiedenen Operationen:

- Operationen zum Zugriff auf verschiedene Datenquellen
- Operationen zur Datentransformation von Datensätzen
- Operationen zum Mapping des Quell-Schemas auf die Beschreibung des Wissensgraphen
- Operationen zum Linking von Datensätzen, also der Verknüpfung bzw. Beziehungserkennung zwischen Datenquellen.

eccenca's Software stellt eine Bibliothek von Dataset-Operatoren bereit. Sie ermöglicht den Zugriff auf die häufigsten Datenformate und kann durch Plugins erweitert werden.

Mit dem Mapping-Editor können neue Operationen zum Zweck der Daten-Transformation erstellt werden (Abb. 7). Dieser Schritt ist oft besonders zeitaufwendig. Bei der Existenz eines ausführlichen globalen Ziel-Datenmodells gibt es aber Möglichkeiten die Arbeit stark zu beschleunigen und Korrektheit sicherzustellen. Die Konzepte enthalten Struktur und beschreiben Einschränkungen von Daten. Datenquellen können automatisch analysiert werden. Das entstehende Profil (z. B. verwendete Datentypen, Wertebereiche, Häufigkeitsverteilungen, teilweise vorhandene Beschreibungen) kann mit dem globalen Modell verglichen werden. Dies ermöglicht die Erzeugung von korrekten Vorschlägen in der Benutzeroberfläche (Abb. 8).

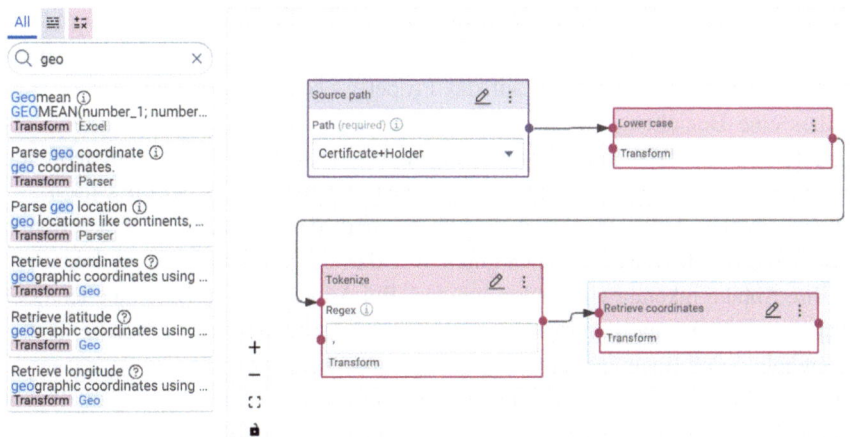

Abb. 7 Darstellung des Editors für einen Transform-Operator visualisiert als Graph aufeinanderfolgender Datenbearbeitungsoperationen

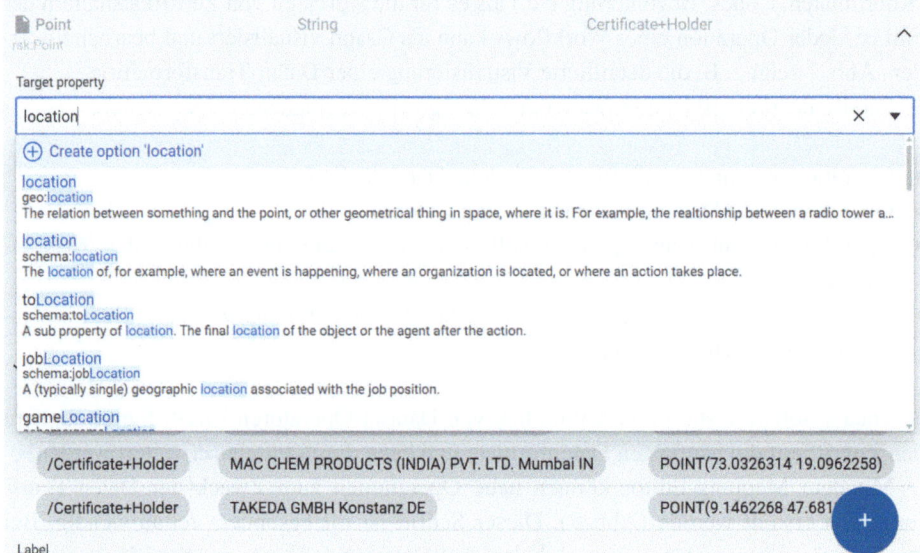

Abb. 8 Vorschläge in einer Auswahl-Liste mit Beispielen aus Quelldaten und potenziellen Datentransformationen

Bei der Erstellung einer Transformationsregel, z. B. ausgehend von Datumsangaben, muss ein Benutzer nicht aus sämtlichen Zielattributen auswählen. Diejenigen aus dem globalen Modell, die sich auch auf ein Datum beziehen werden in der Benutzeroberfläche vorgeschlagen. Selbst eine Funktion zum Konvertieren unterschiedlicher Datumsformate kann automatisch vorgeschlagen werden. Die initial erstellte globale Ontologie erlaubt es auch jederzeit Beispiele und Dokumentation einzublenden, die Benutzern weiter bei der Erstellung von Transformationsregeln unterstützen kann. Im Beispiel Abb. 8 wird leicht ersichtlich, dass Adressen auf das Property „geo:Location" abgebildet werden, welches eine Beziehung zu einem räumlichen Punkt aus Latitude/Longitude beschreibt. Automatische Tests laufen im Hintergrund und können Benutzer auf fehlende Transformationsregeln, Widersprüche bei Datentypen und ähnliche Fehler hinweisen.

Die Repräsentation von Workflows (Abb. 6) und den enthaltenen Operationen (Abb. 7) als Graph stellt außerdem einen guten Weg dar, den Prozess selbst zu dokumentieren, da ihre Abhängigkeiten visualisiert werden. Bei Änderungen in Datenquellen oder in Ziel-Datenmodellen kann damit auch automatisch bestimmt werden, welche Transformationsregeln durch Benutzer geprüft oder angepasst werden sollten.

Dies ermöglicht schnell erstellbare Integrationsprozesse mit beliebig strengen Regeln zur Sicherstellung von Reviews bei geringsten Änderungen oder Widersprüchen und stellt eine optimale Grundlage für hochwertige Datenbasen dar.

Empfehlungen

Bei der Umsetzung der Architektur mit dem Ziel, unterschiedliche krisenrelevante Anwendungen in einer Plattform zu bündeln, werden folgende Sachverhalte deutlich:

1. Die Anwendungen richten sich an unterschiedlichste Zielgruppen. Die Unternehmen
   und Einrichtungen variieren in ihrer Größe, ihrer technischen Infrastruktur und den
   ihnen zur Verfügung stehenden Mitteln.
2. Eine zentrale und monolithische Architektur eignet sich nicht, da sie kaum die Anforderungen an Skalierbarkeit und einfache Erweiterbarkeit bzw. Wartung erfüllt.
   Technologieanbieter müssen mit einem maximalen Freiheitsgrad agieren können, um
   schnell auf Krisen zu reagieren.
3. Eine serviceorientierte Architektur ermöglicht ein Angebot unabhängiger Dienste.
   Die zu Grunde liegenden Technologien sind ausreichend erprobt und weit verbreitet.
   Durch eine einheitliche Dokumentation sind Webdienste leicht nutzbar.
4. Man sollte von einer wachsenden Anzahl von Datenquellen ausgehen, die veränder-
   lich, heterogen und teilweise noch unbekannt sind.

Bei der Integration vieler Datenquellen ist der Einsatz von Wissensgraphen sinnvoll.
Folgendes wird dabei klar:

1. Daten können durch standardisierte Modelle beschrieben werden. Diese werden durch
   Ontologien bzw. Vokabulare umgesetzt und erlauben eine einheitliche und vollständige Beschreibung aller denkbaren Quelldaten.
2. Wissensgraphen ermöglichen ist eine konsistente globale Datenanalyse mit einer
   standardisierten Anfragesprache.
3. Visuelle Werkzeuge zum Aufbau globaler Modelle reduzieren den Aufwand für Endanwender und verringern den Bedarf an technischem Fachwissen.
4. Visuelle Werkzeuge zur Definition von Workflows, welche Daten aus unterschiedlichen Datenquellen auf globale Modelle abbilden, Daten transformieren und Daten
   verlinken beschleunigen den Aufbau von Wissensgraphen.
5. Benutzer können bei der Arbeit durch Vorschläge unterstützt werden, wenn initial geeignete globale Modelle als Grundlage verwendet werden.
6. Eine Umsetzung von Workflows und ihren Teiloperationen als Graphen hilft bei der
   Erfassung von Wissen über Integrationsprozesse und ermöglicht das automatische
   Testen der Datenqualität.

Fazit

Im ersten Teil wird eine Informationsplattform-Architektur beschrieben, die Anwendungen für die Analyse von Lieferketten, die Kommunikation in Krisenstäben bzw. mit der Bevölkerung und für die Sicherstellung der Versorgung mit Blutkonserven ermöglicht. Im Kontext von Krisen gibt es große Unterschiede hinsichtlich ihrer Anwender und der davon abhängigen Anforderungen an Benutzbarkeit, Skalierbarkeit und Ausfallsicherheit. Die Erweiterung um neue Lösungen für neue Krisenfälle und Anforderungen ist einfach und ohne Beteiligung von Experten aus vielen Bereichen möglich.

Alle Arten von Analysen setzen eine qualitativ hochwertige Integration einer wachsenden Anzahl an Datenquellen voraus. Eine wichtige Grundlage dafür ist eine optionale zentrale, standardisierte Verwaltung von Informationen in Wissensgraphen. Für Wissensgraphen werden von eccenca im zweiten Teil Methoden und webbasierte Werkzeuge vorgestellt, um die Erstellung von globalen Graph-Modellen zur Datenintegration und die Entwicklung von Datenintegrationsworkflows zum Aufbau von Graphen zu unterstützen.

Globale Modelle bilden Datenquellen und die Anwendungsdomäne ab. Sie erlauben die Erstellung gut strukturierter und gut dokumentierter Prozesse zur Datenintegration. Dabei wird die Datenqualität durch Unterstützung von Nutzern mittels visueller Werkzeuge, Vorschläge und automatisierbarer Tests verbessert.

Literatur

Cook, H. et al., 2024. *Magic Quadrant for Cloud Database Management Systems,* s.l.: Gartner.

Coursera, 2025. *Coursera.*[Online]. https://www.coursera.org/courses?query=web%20services [Accessed 25 2 2025].

Davis, S., 2024. *Unveiling the state of web development and predictions for 2024 and beyond,* s.l.: netlify.

Kechagias, D., 2024. *dev.to.*[Online] Available at: https://dev.to/dkechag/cloud-provider-comparison-2024-vm-performance-price-3h4l [Accessed 25 2 2025].

Mooter, D., Gardner, C., Fritz, M. & Bonde, C., 2023. *API And Integration Data Overview: Forrester's Developer Survey, 2023,* s.l.: Forrester.

Zaidi, E., Menon, S. & Thanaraj, R., 2022. *Gartner Magic Quadrant for Data Integration Tools,* s.l.: Gartner .

Terminologie-Editor

Roman Laas und Marko Harasic

Kernaussagen

1. Einheitliche Terminologien sind essenziell, um die Begriffe eines Fachgebiets eindeutig zu definieren und damit Kommunikationsprobleme und Missverständnisse effektiv zu vermeiden.
2. Gemeinsame Arbeit unterschiedlicher Fachbereiche führt zu einer umfassenderen und konsistenteren Terminologie und fördert Innovation.
3. Eine geeignete Oberfläche zur Erfassung und Verwaltung von Terminologien ermöglicht einen systematischen und konsistenten Umgang mit Fachbegriffen für alle Beteiligten.
4. Kollaborative Funktionen sind unverzichtbar, damit Teams in Echtzeit gemeinsam an der Begriffswelt arbeiten und diese kontinuierlich weiterentwickeln können.
5. Das Simple Knowledge Organization System (SKOS) hat sich als Standard für die Modellierung und Verwaltung von Terminologien bewährt, da es Mehrsprachigkeit, Synonymie und hierarchische Beziehungen strukturiert abbildet.
6. Eine mehrsprachige Benutzeroberfläche erhöht die Akzeptanz und Benutzerfreundlichkeit, da globale Teams Begriffe in ihrer bevorzugten Sprache pflegen und abrufen können.
7. Versionierung und Snapshots ermöglichen eine zuverlässige Dokumentation, sodass Änderungen nachvollzogen und ältere Terminologieversionen leicht wiederhergestellt werden können.

R. Laas (✉) · M. Harasic
Fraunhofer-Institut für Offene Kommunikationssysteme (FOKUS), Berlin, Deutschland
E-Mail: roman.laas@fokus.fraunhofer.de

M. Harasic
E-Mail: marko.harasic@fokus.fraunhofer.de

T. Hoppe und R. Fricke (Hrsg.), *Resiliente krisenrelevante Versorgungsnetze*,
https://doi.org/10.1007/978-3-658-48639-6_15

Einleitung[1]

In einer zunehmend globalisierten Wirtschaft wird die präzise, eindeutige und einheitliche Kommunikation zu einer Schlüsselfrage für Unternehmen und Organisationen. Beispielsweise im Lieferkettenmanagement zeigt sich, wie wichtig klar definierte Bezeichnungen und eine abgestimmte Sprache sind, um Missverständnisse zwischen verschiedenen Akteuren zu minimieren. Lieferketten erstrecken sich nicht nur über unterschiedliche Länder und Zeitzonen, sondern involvieren auch zahlreiche Disziplinen wie Logistik, Produktion, IT, Qualitätsmanagement und Einkauf. Jede dieser Disziplinen bringt ihre eigenen Begriffe, Fachjargons und branchenspezifischen Abkürzungen mit – eine Situation, die leicht zu Missverständnissen in der Kommunikation führen kann.

Ein einheitliches Vokabular ist daher von großer Bedeutung, um sicherzustellen, dass sämtliche Informationen zwischen den beteiligten Parteien möglichst einheitlich verstanden und angewendet werden. Hinzu kommt, dass viele Unternehmen heutzutage global agieren und Mitarbeiter in verschiedenen Sprachräumen ansässig sind. Sprachliche Barrieren und kulturelle Unterschiede verstärken den Bedarf nach einer präzise definierten Terminologie.

Das Erstellen und Pflegen einer solchen Terminologie kann schnell unübersichtlich werden, insbesondere wenn viele Akteure gleichzeitig daran arbeiten müssen. Manuelle Verfahren, etwa das Sammeln von Fachbegriffen in Excel-Tabellen oder Word-Dokumenten, stoßen schnell an ihre Grenzen. Wenngleich diese mittlerweile häufig über die Cloud und nicht mehr lokal verwaltet werden, lassen sich Versionierungen und Aktualisierungen dennoch nur mühsam nachvollziehen. Auch eine gemeinsame Bearbeitung in Echtzeit ist im Rahmen der Terminologieverwaltung nur eingeschränkt möglich, etwa wenn eine Person neue Einträge anlegt und eine andere Person gleichzeitig Änderungen an der Begriffshierarchie vornimmt. Hier können spezialisierte Werkzeuge unterstützen, die den gesamten Lebenszyklus einer Terminologie strukturiert abbilden und – idealerweise – moderne, kollaborative Funktionen integrieren.

An dieser Stelle setzt das im Rahmen dieses Kapitels vorgestellte Terminologieverwaltungssystem, der *Terminologie-Editor*, an. Dieser Editor wurde entwickelt, um die grundlegenden Anforderungen an ein effizientes Arbeiten an Terminologien zu erfüllen.

Die folgenden Abschnitte erläutern den grundsätzlichen Nutzen und die Bedeutung von Terminologien sowie die Herausforderungen, die bei der Erfassung und Verwaltung von Fachbegriffen auftreten. Anschließend wird dargelegt, warum SKOS ein bewährter Standard für dieses Anliegen ist und welche Vorteile eine kollaborative Arbeitsweise mit

---

[1] Die Inhalte dieses Kapitels entstanden im Rahmen des vom Bundesministerium für Wirtschaft und Klimaschutz geförderten Projekts ResKriVer (Förderkennzeichen 01MK21006).

Aus Gründen der leichteren Lesbarkeit wird in diesem Kapitel für Personenbezeichnungen das generische Maskulinum stellvertretend für alle Geschlechter verwendet.

sich bringt. Schließlich wird der *Terminologie-Editor* im Detail vorgestellt: von seiner Benutzeroberfläche und dem zugrunde liegenden Datenmodell über die eingebauten Kollaborationsfunktionen bis hin zu seiner mehrsprachigen Ausrichtung. Diese Darstellung zeigt, wie ein modernes Terminologieverwaltungssystem aussehen kann.

Nutzen und Bedeutung von Terminologien

Mit der Norm DIN 2342:2022-07 werden Begriffe der Terminologiewissenschaft und der Terminologiearbeit erläutert. Gemäß dieser Norm wird unter einer *Terminologie* der „Gesamtbestand der Begriffe und ihrer Bezeichnungen in einem Fachgebiet" (DIN 2342, 3.6.1) verstanden. Eine solche Terminologie wird im Rahmen der Terminologieverwaltung erfasst, dargestellt, verarbeitet, gepflegt und bereitgestellt (DIN 2342, 3.5.3.5). Eine Software, die diesen Verwaltungsprozess unterstützt, wird als Terminologieverwaltungssystem bezeichnet (DIN 2342, 3.6.5). Sie ist Teil einer Terminologiedatenbank, die neben dem Verwaltungssystem auch den erfassten terminologischen Datenbestand umfasst (DIN 2342, 3.6.6).

Eine weitere für Terminologien relevante Norm ist die DIN 2330:2022-07. Sie beschreibt Grundsätze und Methoden bei der Terminologiearbeit, also bei allen Prozessen, die sich mit der Recherche, Verwaltung, Analyse und Prüfung von Fachbegriffen befassen. Dabei wird klar zwischen Begriffen, Benennungen und Gegenständen unterschieden:

- **Begriffe** sind mentale Konstrukte, die dem gedanklichen Ordnen der Welt, sowie der Verständigung und dem Wissensaustausch dienen. Sie entstehen, wenn Menschen gemeinsame Eigenschaften an Gegenständen erkennen und dieses zur Begriffsbildung nutzen. Je nach Fachgebiet kann sich der Begriff für einen Gegenstand unterscheiden, weshalb die Erstellung von Terminologien mit eindeutigen Definitionen für jeden Begriff wichtig ist (DIN 2330, 6.1). Begriffe stehen zudem zueinander in hierarchischer Beziehung. Damit ist eine Zuordnung zu unter- bzw. übergeordneten Begriffen gemeint; beispielsweise kann der Begriff „Erdbeben" dem Begriff „Naturkatastrophe" untergeordnet werden (DIN 2330, 6.5.2).
- Ein Begriff kann durch mehrere **Benennungen** repräsentiert werden, also sprachlichen Bezeichnungen von Begriffen in einem Fachgebiet. Benennungen sollten dabei gebräuchlich und präzise sein, damit ihr Bezug auf einen Begriff eindeutig ist. Zudem sollte ersichtlich sein, welche Benennung für einen Begriff zu bevorzugen ist (DIN 2330, 8.1).
- Als **Gegenstand** wird alles verstanden, was wahrnehmbar oder vorstellbar sowie materiell oder immateriell ist. Neben materiellen Gegenständen wie „Haus", „Waschmaschine" oder „Brandenburger Tor" zählen daher auch immaterielle Beispiele wie „Geschwindigkeit", „Schmerz" oder „Schweißen" zu den Gegenständen (DIN 2330, 5).

Terminologien haben die Aufgabe, Klarheit in der Kommunikation zu schaffen und sicherzustellen, dass alle Akteure – unabhängig von ihrem kulturellen oder sprachlichen Hintergrund – dieselben Begriffe eines Fachgebiets einheitlich interpretieren.

Probleme bei der Erfassung und Verwaltung

Die Erfassung und Pflege von Terminologien ist ohne geeignete Werkzeuge herausfordernd. In traditionellen Prozessen, bei denen Fachbegriffe manuell in Excel-Tabellen oder statischen Textdokumenten gesammelt werden, entstehen mehrere Probleme:

- **Potenzielle Inkonsistenzen**: Unterschiedliche Akteure könnten verschiedene Begriffe für denselben Gegenstand verwenden. Ohne ein zentrales Werkzeug zur Verwaltung der Terminologie entstehen dadurch Missverständnisse und Inkonsistenzen.
- **Fehlende Aktualisierung**: Terminologien entwickeln sich unter Umständen fortlaufend weiter. Manuell bzw. lokal verwaltete Dokumente erlauben es häufig nicht, Änderungen oder Erweiterungen zeitnahe und umfassend zu integrieren.
- **Mangelnde Zugänglichkeit**: Innerhalb eines Unternehmens benötigen verschiedene Personen Zugang zu den modellierten Terminologien. Lokal gespeicherte Dateien erschweren jedoch den kollaborativen Zugriff und führen zu isolierten Wissensinseln.
- **Fehlende Transparenz**: Wenn keine gemeinsame Plattform zur Verfügung steht, ist es schwierig, den Prozess der Terminologieerstellung und -pflege transparent zu gestalten. Dies führt oft dazu, dass nicht alle relevanten Akteure in den Prozess einbezogen werden.
- **Sprachliche Barrieren**: In globalen Kontexten arbeiten Teams oft in verschiedenen Ländern und mit unterschiedlichen Sprachen. Ohne eine mehrsprachige Terminologieverwaltung können Missverständnisse und Fehler entstehen, da die gleichen Gegenstände in unterschiedlichen Sprachen unterschiedlich benannt werden oder sprachliche Feinheiten bei Benennungen nicht korrekt übertragen werden. Dies kann zu Verzögerungen, Fehlkommunikation und ineffizienten Abläufen führen.

Wenn mehrere Fachbereiche und Akteure involviert sind, kann ein ineffizientes Terminologiemanagement insgesamt also zu erheblichen Kommunikationsproblemen und letztlich zu operativen Störungen führen.

Simple Knowledge Organization System

Eine bewährte Methode zur Modellierung von Terminologien bietet das Simple Knowledge Organization System[2]. (SKOS). SKOS ist ein weit verbreiteter Standard des World Wide Web Consortium (W3C), der auf anderen Technologien des Semantic Web, wie

---

[2] https://www.w3.org/TR/2009/REC-skos-reference-20090818/

beispielsweise dem Resource Description Framework[3] (RDF), basiert und speziell für die Repräsentation von kontrollierten Vokabularen und Taxonomien entwickelt wurde. Das System bietet die Möglichkeit, Begriffe als Konzepte zu erfassen und diese durch semantische Relationen miteinander zu verbinden. SKOS arbeitet dabei mit drei zentralen Elementen:

- **Konzepte** (Begriffe): Jedes Konzept hat einen eindeutigen Identifikator und ist mit Benennungen (Labels) versehen, die in mehreren Sprachen definiert werden können. So kann der gleiche Begriff je nach Kontext in verschiedenen Sprachen unterschiedliche Benennungen haben, ohne dass das zugrunde liegende Konzept verändert wird.
- **Benennungen** (Labels): SKOS unterstützt mehrere Arten von Labels, darunter das bevorzugte Label (*prefLabel*), das alternative Label (*altLabel*) und das versteckte Label (*hiddenLabel*). Dies erlaubt es, Synonyme oder alternative Benennungen für dasselbe Konzept zu definieren, was die Konsistenz in der Kommunikation zwischen verschiedenen Akteuren verbessert.
- **Relationen**: SKOS ermöglicht die Erfassung von Beziehungen zwischen Konzepten, wie etwa Ober- und Unterbegriff-Relationen (*broader* resp. *narrower*). Zudem können verwandte Konzepte durch die Relation *relatedTo* miteinander in Beziehung gesetzt werden, um die semantische Beziehung zwischen Begriffen deutlicher zu machen.

Durch die Verwendung von SKOS zur Erfassung von Terminologien wird eine präzise, einheitliche und leicht nachvollziehbare Wissensstruktur geschaffen. Auf SKOS basierende Systeme bilden Mehrsprachigkeit, Synonymie und Begriffshierarchien damit effizient ab. Dies ist notwendig, um die unterschiedlichen Facetten der Terminologie zu erfassen.

Der Einsatz von SKOS ermöglicht zudem die Interoperabilität mit anderen Systemen. Durch die RDF-basierte Struktur von SKOS können Wissensmodelle leicht in verschiedene Anwendungen integriert und weiterverwendet werden, was eine nahtlose Verbindung zwischen Terminologiemanagement und operativen Systemen erlaubt.

Kollaborative Erfassung von Terminologien

In einer zunehmend vernetzten Welt, in der Teams oft verteilt und über verschiedene Disziplinen hinweg arbeiten, ist die kollaborative Arbeit von zentraler Bedeutung. Sie ermöglicht es, die Arbeitskraft verschiedener Beteiligter zu bündeln und so nicht nur schneller an Ergebnisse zu gelangen, sondern auch an qualitativ hochwertigere. Die

---

[3] https://www.w3.org/TR/rdf11-concepts/

unterschiedlichen Denkmuster und Herangehensweisen der Beteiligten regen bei der gemeinsamen Arbeit an einem Projekt den kreativen Austausch an, der zu innovativen Lösungsansätzen führen kann, die in isolierten Arbeitsprozessen übersehen werden können. Gleichzeitig reduziert die Möglichkeit, auf das Wissen und die Erfahrung mehrerer Personen zurückzugreifen, die Gefahr von Fehlern.

Im Kontext der kollaborativen Erfassung von Terminologien kommen die beschriebenen Vorteile besonders zum Tragen. So wird es durch eine Zusammenarbeit von Experten eines Fachgebiets möglich, eine umfassendere und differenziertere Terminologie zu entwickeln, die die unterschiedlichen Facetten der entsprechenden Domäne besser berücksichtigt. Da jeder Beteiligte unter Umständen seine eigenen Benennungen für spezifische Begriffe hat, führt eine Zusammenarbeit dazu, dass die Terminologie nicht nur eine einseitige Perspektive wiedergibt, sondern ein vollständiges Bild des entsprechenden Sprachgebrauchs abbildet.

Anforderungen an ein Werkzeug zur Terminologieverwaltung

Um eine präzise, konsistente und zugleich flexible Verwaltung von Fachbegriffen sicherzustellen, sollte ein kollaboratives Werkzeug zur Terminologieverwaltung die folgenden relevanten Anforderungen erfüllen:

1. Die Modellierung von Begriffen sollte sich an etablierten Standards orientieren, beispielsweise an dem vorgestelltem SKOS. Auf diese Weise werden Hierarchien (z. B. *broader/narrower*-Beziehungen) und alternative Benennungen (z. B. *prefLabel, altLabel*) mit einer klar definierten Semantik beschrieben und bleiben wiederverwendbar.

2. Die Oberfläche des Werkzeugs sollte es unterstützten, dass mehrere Terminologien gleichzeitig angelegt und verwalten werden können, damit für unterschiedliche Domänen oder Projekte jeweils eigene Terminologien erzeugt werden können. Eine solche zentrale Verwaltung ermöglicht zudem einen nützlichen Gesamtüberblick über alle in einem Unternehmen oder Team erzeugten Terminologien.

3. Eine geeignete Rollen- und Rechteverwaltung sollte vorhanden sein, um unterschiedliche Zugriffslevel – von reinen Leseberechtigungen über erweiterte Schreibrechte bis hin zu administrativen Rechten – für Nutzer abzubilden, um unbefugte Änderungen zu verhindern.

4. Um Hierarchien und Beziehungen zwischen den Begriffen einer Terminologie klar ersichtlich zu machen, benötigt das Werkzeug eine übersichtliche und intuitive Darstellung.

5. Zu jedem Begriff sollte eine Detailansicht bereitstehen, in der alle relevanten Informationen übersichtlich dargestellt und bei Bedarf unmittelbar bearbeitet oder ergänzt werden können. Dies fördert sowohl eine effiziente Pflege der Terminologien als auch die Akzeptanz des Werkzeugs bei den Nutzern.

6. Ein integriertes Kommentarsystem ermöglicht die Verknüpfung von Anmerkungen und Fragen direkt mit den jeweiligen Begriffen. Dies fördert eine nachvollziehbare und ortsbezogene Diskussion.

7. Es sollte erkennbar sein, wer gerade an welchen Begriffen arbeitet, um Überschneidungen oder versehentliche Doppeleingaben frühzeitig zu erkennen und so zu vermeiden.

8. Da sich Terminologien unter Umständen fortlaufend weiterentwickeln, sollte das Werkzeug die Speicherung verschiedener Versionsstände (Snapshots) erlauben, die als Basis für eine Wiederherstellung dienen können. Dies erleichtert die Dokumentation von Änderungen und erhöht die Datensicherheit.

9. Um bestehende Datenbestände zu integrieren oder Terminologien weiterzugeben, sollte das Werkzeug gängige Formate wie JSON-LD4, TURTLE5 oder RDF/XML6 unterstützen. Damit werden Wiederverwendbarkeit und Interoperabilität ermöglicht.

10. Eine umfassende Suchfunktion, die sich über alle relevanten Bezeichnungen wie Terminologienamen, Begriffe und Benennungen erstreckt, sollte vorhanden sein, um die Effizienz im Terminologiemanagement zu steigern.

11. In global tätigen Unternehmen arbeiten Teams mit verschiedenen sprachlichen Hintergründen. Eine mehrsprachige Benutzeroberfläche trägt zur Akzeptanz bei und verbessert die Nutzerfreundlichkeit.

Ein Tool, das diese Anforderungen erfüllt, bietet Organisationen die Möglichkeit, ihre Terminologien effizient und kollaborativ zu managen und trägt damit maßgeblich zu einer klaren Kommunikation und zuverlässigen Prozessen bei.

Webanwendung zur Terminologieverwaltung

Der *Terminologie-Editor* wurde ursprünglich als Proof of Concept (PoC) entwickelt, um grundlegende Funktionen eines Terminologieverwaltungssystems bereitzustellen. Die Softwarelösung bestand aus einer Benutzeroberfläche (Frontend), einem technischen Kern für die Verarbeitung (Backend), einer Datenbank zur Speicherung der Inhalte und einem Vermittler (Proxy), der die Kommunikation zwischen den Komponenten und den Nutzern ermöglichte. Im Rahmen des ResKriVer-Projekts wurde der Editor weiterentwickelt und umfassend überarbeitet. Zu den Neuerungen gehören eine Rechteverwaltung, die Anbindung an eine native Graphdatenbank (Triplestore) sowie die Modernisierung des datenverarbeitenden Backends.

Im Mittelpunkt des Editors stehen die Verwaltung mehrerer Terminologien sowie die Modellierung von Begriffen nach SKOS. Um Zugriff auf den Editor zu erhalten, muss zunächst ein Nutzerkonto angelegt werden, was entweder durch Einladung eines bestehenden Nutzers oder über einen Administrator geschieht. Danach können Nutzer neue Terminologien erstellen oder zu bereits existierenden Terminologien eingeladen werden. Dabei werden pro Terminologie unterschiedliche Rollen vergeben, angefangen beim Gast (nur Lese- und Kommentarbefugnis) über den Betreuer (inklusive Schreib-berechtigung) bis hin zum Besitzer (alle Rechte, u. a. Erstellen von Snapshots und Lö-schen der Terminologie).

Die Begriffe einer Terminologie werden in einer Baumansicht dargestellt (siehe Abb. 1). Die *broader-* und *narrower-*Beziehungen zwischen Konzepten bilden dabei die Grundlage für die hierarchische Struktur, die sich per Drag-and-Drop intuitiv anpassen lässt. Im Hintergrund werden die entsprechenden Beziehungen dabei automatisch aktu-alisiert.

Zu jedem Begriff können zudem Detailansichten geöffnet werden. Dazu gehört eine Konzept-Übersicht (siehe Abb. 2), die alle vorhandenen Beziehungen sowie alle Be-nennungen (inklusive Icons zur Visualisierung der Sprache der Benennung) auflistet. In dieser Ansicht lassen sich bestehende Beziehungen und Labels bearbeiten oder neue an-legen. Über hinterlegte Links können alle Beziehungen direkt aufgerufen werden, was die Navigation in der Terminologie vereinfacht.

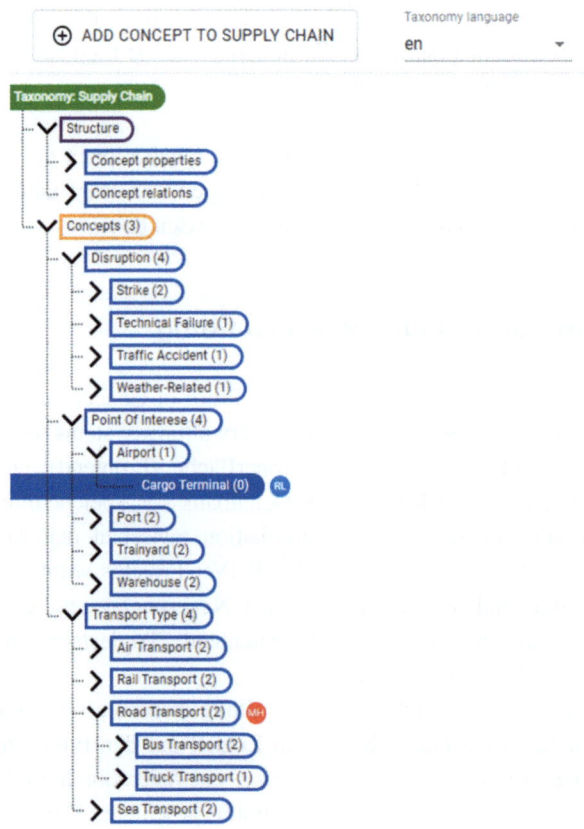

Abb. 1 Darstellung der modellierten Begriffe als Baumstruktur

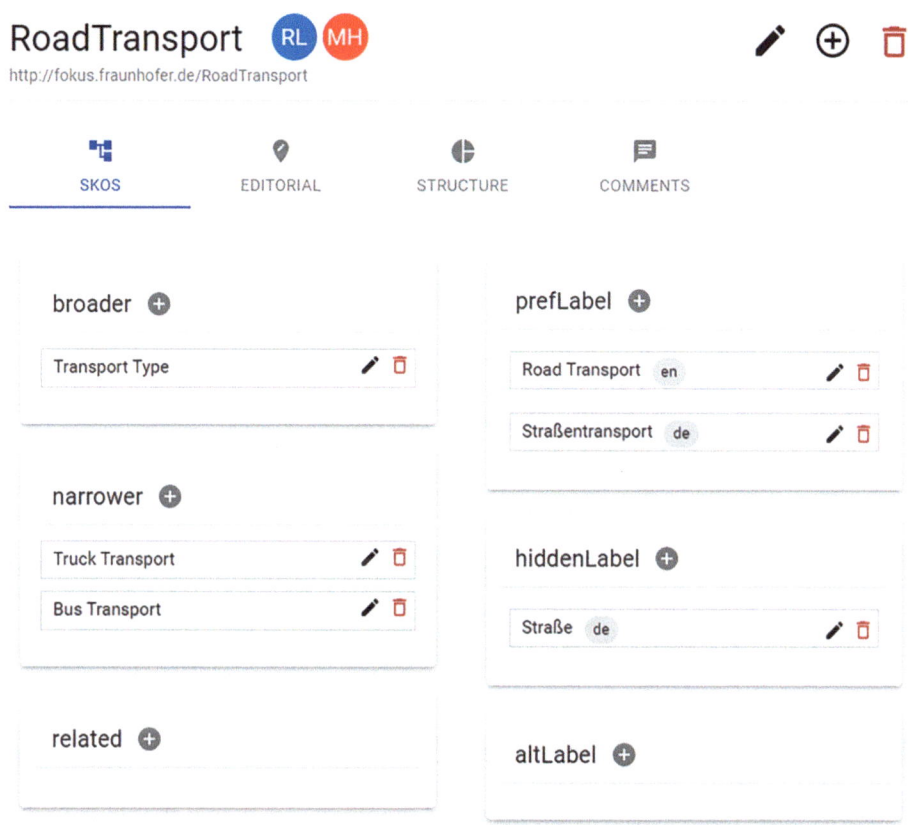

Abb. 2 Übersicht über Beziehungen und Benennungen in der Konzept-Detailansicht

Weitere Detailansichten umfassen ein Konzept-Struktur-Diagramm und einen Kommentarbereich. Das Struktur-Diagramm (siehe Abb. 3) visualisiert mithilfe eines Tortendiagramms sämtliche Beziehungen des ausgewählten Begriffs. Am ausgewählten Beispiel *RoadTransport* wird deutlich, dass dieses Konzept ein Überkonzept (*broader,* orangener Sektor) und zwei Unterkonzepte (*narrower,* grüner Sektor) besitzt. Die Unterkonzepte *TruckTransport* und *BusTransport* weisen ihrerseits sowohl eine *broader-* als auch mindestens eine *narrower*-Beziehung auf, während das Konzept *TransportType* ausschließlich *narrower*-Beziehungen hat. Diese Zusammensetzung kann über die Miniaturansicht der jeweiligen Konzept-Struktur-Diagramme der gezeigten Konzepte abgelesen werden.

Im Kommentarbereich können alle berechtigten Nutzer Kommentare hinterlassen oder auf bestehende Kommentare antworten. Antworten werden durch entsprechende Einrückungen im Stil eines Threads (strukturierte Abfolge von Kommentaren) dargestellt. Dadurch bleiben Dialoge übersichtlich und können leicht nachvollzogen werden.

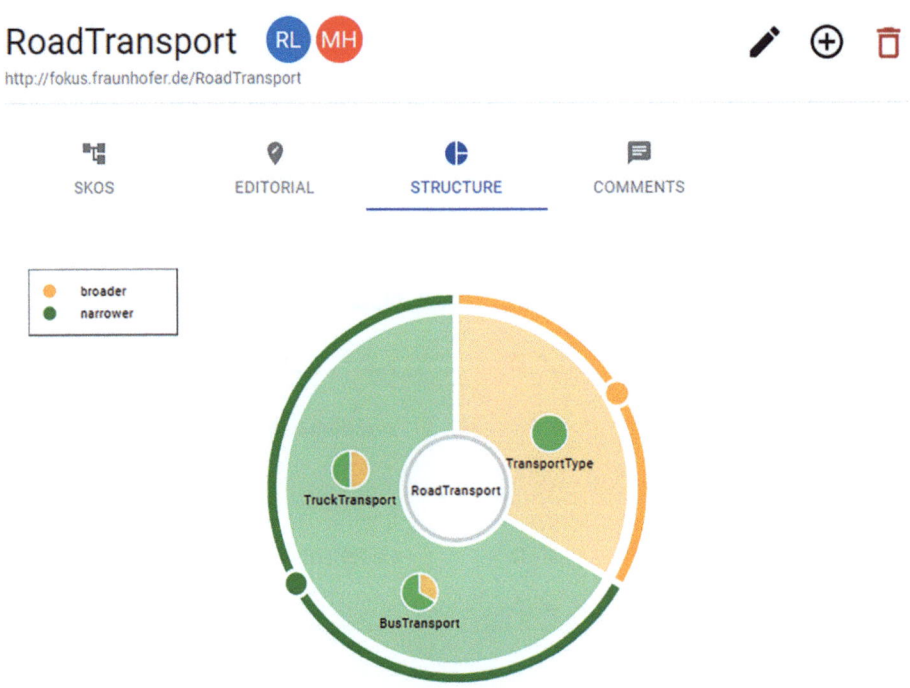

Abb. 3   Visualisierung von Beziehungen als Kreisdiagramm

Besitzer einer Terminologie haben zudem Zugriff auf eine Snapshot-Funktion, mit der sie den aktuellen Stand einer Terminologie speichern oder eine ältere Version wiederherstellen können. Außerdem lassen sich Versionen exportieren, wobei gängige Formate wie JSON-LD, TURTLE oder RDF/XML unterstützt werden. Die gleichen Formate können auch verwendet werden, um eine neue Terminologie zu initialisieren oder eine existierende zu überschreiben. Damit lassen sich Terminologien schnell und unkompliziert aufsetzen oder aktualisieren, ohne manuell Daten einpflegen zu müssen.

Allen Nutzern steht eine Suchfunktion über alle sichtbaren Terminologien zur Verfügung. Neben Terminologienamen werden dabei auch Begriffe und Benennungen sowie frei definierbare Keywords durchsucht. Neben dieser Suchleiste steht zudem eine Kommentaranzeige zur Verfügung, die auf neue Kommentare und Antworten in eigenen Terminologien hinweist, sowie eine Benachrichtigungsanzeige, die Einladungen zu neuen Terminologien, neu erstellte Snapshots oder Wiederherstellungen aus einem Snapshot signalisiert.

Um die Aktivität anderer Nutzer in der gleichen Terminologie nachvollziehen zu können, gibt es zwei Anzeigen: Zum einen werden neben jedem Eintrag im Konzept-Baum die dort gerade aktiven Nutzer als farbiges Icon mit Namenskürzel angezeigt (siehe Abb. 1). Zum anderen erscheinen die gleichen Icons neben dem Konzeptnamen (siehe Abb. 2 und 3). Beide Anzeigen aktualisieren sich in Echtzeit – ebenso wie alle anderen Änderungen in einer Terminologie –, sodass Inkonsistenzen zwischen mehreren Nutzern vermieden werden.

Abschließend sei die mehrsprachige Oberfläche erwähnt: Zum einen lassen sich alle Oberflächensteuerelemente auf Deutsch, Englisch oder Spanisch darstellen. Zum anderen kann pro Terminologie eine bevorzugte Sprache ausgewählt werden. Liegen für diese Sprache entsprechende Benennungen vor, wird der Begriff in dieser Sprache angezeigt.

Aus technischer Sicht basiert der Terminologie-Editor auf einer Micro-Service-Architektur, bei der alle Dienste in Containern gekapselt sind. Eine relationale Datenbank verwaltet die Meta-Informationen wie Nutzerkonten, Rollen und Einstellungen, während eine native Graphdatenbank (Triplestore) die eigentlichen Terminologien speichert. Ein Triplestore ist eine spezielle Art von Datenbank, die für die effiziente Abfrage und Verwaltung von semantischen Daten optimiert ist.

Empfehlungen

1. Wer Terminologie- oder Wissensmanagement-Tools entwickelt, sollte auf etablierte Standards wie SKOS setzen. Dadurch lassen sich Konzepte samt Mehrsprachigkeit und Begriffshierarchien effektiv abbilden und in andere Systeme integrieren.
2. Die Entkopplung von Frontend, Backend und Datenhaltung per Containerisierung (z. B. Docker) fördert eine flexible und hochverfügbare Architektur. So können Dienste separat skaliert und wartungsfreundlich betrieben werden.
3. Bei paralleler Arbeit mehrerer Nutzer sind automatische Aktualisierungen und Sichtbarkeit von Änderungen essenziell. Mechanismen wie Live-Updates und Anzeigen der aktiven Nutzer helfen, Inkohärenzen und Inkonsistenzen zu vermeiden und die Zusammenarbeit zu optimieren.
4. Eine differenzierte Rechtevergabe ermöglicht eine sichere Arbeitsumgebung. So lässt sich steuern, wer Leserechte hat, wer Kommentare verfassen oder wer neue Terminologien anlegen darf.
5. In global operierenden Organisationen ist eine mehrsprachige Benutzeroberfläche unverzichtbar. Damit gewährleistet man eine breite Akzeptanz und ermöglicht allen Beteiligten, in ihrer bevorzugten Sprache zu arbeiten.
6. Um Terminologien langfristig nachverfolgbar zu machen, sind Versionsstände und Snapshots unverzichtbar. Ein Rollback auf einen früheren Zustand und das einfache Wiederherstellen älterer Versionen erhöhen die Sicherheit und Transparenz bei Änderungen.

Zusammenfassung und Ausblick

Der Terminologie-Editor bietet eine robuste Lösung für die systematische Erfassung, Pflege und Weiterentwicklung von Fachbegriffen. Durch die Kombination von SKOS-basierten Konzeptstrukturen, fein abgestufter Rollen- und Rechteverwaltung sowie praktischen Werkzeugen für Kollaboration und Versionierung wird ein effizientes Terminologiemanagement ermöglicht.

Mittels zusätzlicher Funktionalitäten kann der Terminologie-Editor noch leistungsfähiger und flexibler gestaltet werden. Hierzu zählen:

1. **ToDo-Listen und Aufgabenverwaltung:** Die Einführung eines ToDo-Systems würde Teams dabei unterstützen, Arbeitsschritte und Verantwortlichkeiten im Terminologiebestand zu koordinieren. Auszuführende Arbeiten könnten pro Terminologie, Begriff oder Nutzer festgelegt und transparent verfolgt werden. Dies erleichtert die Planung und verhindert, dass wichtige oder notwendige Aktualisierungen in der Terminologie übersehen werden.

2. **Sperren („Auschecken") von Terminologien:** Um Kollisionen und ungewollte Überschreibungen zu vermeiden, könnte ein „Check-out"-Mechanismus etabliert werden. Dabei wird eine Terminologie (oder auch nur ein bestimmter Teil davon) für einen definierten Zeitraum gesperrt, während ein Nutzer Änderungen vornimmt. Andere Anwender sehen, dass diese Bereiche in Bearbeitung sind, und können erst nach der Freigabe wieder selbst Änderungen durchführen. Dies wäre besonders hilfreich bei größeren oder länger dauernden Überarbeitungen.

3. **Intelligenteres Verhalten bei Verbindungsunterbrechungen:** Da der Editor auf einer Echtzeitaktualisierung aller Änderungen beruht, ist ein stabiler Netzwerkzugang essenziell. Im Fall von Verbindungsunterbrechungen sollten Änderungen lokal gespeichert und der Benutzer darauf hingewiesen werden. Gespeicherte lokale Änderungen sollten bei der Wiederherstellung der Verbindung automatisch synchronisiert werden. Hierzu ist ein Serialisierungs- und Transaktionskonzept für die parallele Bearbeitung und Synchronisation erst noch zu erarbeiten. So lassen sich Datenverlust und potenzielle Inkonsistenzen verhindern.

Mit diesen und weiteren Erweiterungen lässt sich der Terminologie-Editor noch besser an spezifische Arbeitsabläufe anpassen und bietet damit langfristig einen hohen Nutzen für eine Vielzahl von Anwendungsbereichen. Besonders bei umfangreichen, kontinuierlich wachsenden oder sich ändernden Terminologiebeständen schafft dies die Grundlage für ein nachhaltiges und konsistentes Wissensmanagement.

Literatur

(DIN 2342) Deutsches Institut für Normung e. V. (DIN). 2022. *DIN 2342:2022-07: Begriffe der Terminologiewissenschaft und Terminologiearbeit.* Berlin: Beuth Verlag. https://doi.org/10.31030/3354401.

(DIN 2330) Deutsches Institut für Normung e. V. (DIN). 2022. *DIN 2330:2022-07: Terminologiearbeit – Grundsätze und Methoden.* Berlin: Beuth Verlag. https://doi.org/10.31030/3354397.

Templatebasierte Modellierung von Lieferketten

Roman Laas und Thomas Hoppe

Kernaussagen

1. Digital erfasste Lieferketten verbessern Effizienz und Transparenz, ermöglichen Echt-zeit-Überwachung von Warenströmen und fördern die Anpassungsfähigkeit an un-erwartete Veränderungen, wodurch Unternehmen wettbewerbsfähiger werden.
2. Die Erhebung von Lieferketteninformationen wird durch fragmentierte Daten, hetero-gene IT-Systeme und mangelnde Kooperationsbereitschaft zwischen Partnern er-schwert, was die Transparenz und Interoperabilität beeinträchtigt.
3. RDF bietet durch die flexible Modellierung von Wissensgraphen eine effektive Me-thode, komplexe Lieferketten darzustellen, anzupassen und kontinuierlich mit neuen Informationen anzureichern.
4. Templates standardisieren und vereinfachen wiederkehrende Muster bei der Modellie-rung von Lieferketten, reduzieren damit den Modellierungsaufwand und die Fehleran-fälligkeit und fördern eine konsistente Darstellung verschiedener Teillieferketten.
5. Durch Skolemisierung können unbekannte Entitäten in Lieferketten durch eindeutige Identifikatoren ersetzt werden, wodurch die Datenkonsistenz verbessert, und die Inte-gration neuer Informationen erleichtert wird.
6. Eine benutzerfreundliche Oberfläche erleichtert SCM-Experten und IT-Fachleuten die Modellierung von Lieferketten durch visuelle Manipulation von Templates und redu-ziert die Komplexität semantischer Technologien.

R. Laas (✉) · T. Hoppe
Fraunhofer-Institut für Offene Kommunikationssysteme (FOKUS), Berlin, Deutschland
E-Mail: roman.laas@fokus.fraunhofer.de

T. Hoppe
E-Mail: thomas.hoppe@fokus.fraunhofer.de

Einleitung[1]

Lieferketten sind ein wesentlicher Bestandteil der modernen Wirtschaft. Sie beschreiben die Handelsketten vom Rohstoff bis zum Produkt und damit den Weg, den Produkte zurücklegen, bevor sie beim Endverbraucher ankommen. In unserer globalisierten Welt, in der Waren häufig über weite Distanzen transportiert und Produkte Just-in-time produziert werden, sind gut funktionierende Lieferketten unerlässlich. Besonders deutlich wird dies in Krisen wie der COVID-19-Pandemie oder der Havarie der Ever Given im Suezkanal, die jeweils zu erheblichen Störungen und damit Versorgungsengpässen in der weltweiten Logistik führten.

Die Digitalisierung von Lieferketten spielt eine zentrale Rolle, um Effizienz und Transparenz zu erhöhen. Digitale Lieferketten ermöglichen Unternehmen, den Fluss von Waren und Informationen zu überwachen, Engpässe frühzeitig zu erkennen und rasch auf Veränderungen zu reagieren. Hierfür sind die Lieferketten digital zu repräsentieren, um einen digitalen Zwilling der Lieferkette zu erzeugen, der maschinell verarbeitet werden kann. Das Resource Description Framework[2] (RDF) oder Labeled Property Graphen (LPG) ermöglichen es – gegenüber herkömmlichen relationalen Datenbanken – die Graphenstruktur von Lieferketten einfach und flexibel zu repräsentieren, womit Analysen und Simulationen einfacher nutzbar werden. Doch die Bedeutung der digitalen Lieferketten liegt nicht nur in der reinen Effizienzsteigerung, sondern auch in der Fähigkeit, flexibel unerwartete Veränderungen abbilden zu können. Unternehmen können ihre Prozesse schneller anpassen, wenn sie auf präzise Daten und Analysen zurückgreifen können. Digitale Lieferketten sind daher nicht nur ein Werkzeug zur Kostenoptimierung, sondern ein strategischer Faktor, um wettbewerbsfähig zu bleiben.

Lieferketten-Beispiel aus der COVID-19-Pandemie

Um ein besseres Verständnis für die praktische Funktionsweise von Lieferketten zu vermitteln, betrachten wir in diesem Kapitel ein konkretes Beispiel: die Produktion und den Transport von FFP2-Masken während der COVID-19-Pandemie. Ein großer Teil dieser Masken wurde in China hergestellt und musste rasch und verlässlich nach Deutschland

---

[1] Die Inhalte dieses Kapitels basieren auf der Masterarbeit (Laas 2023) und entstanden am Rande des vom Bundesministerium für Wirtschaft und Klimaschutz geförderten Projekts ResKriVer (Förderkennzeichen 01MK21006).

Aus Gründen der leichteren Lesbarkeit wird in diesem Kapitel für Personenbezeichnungen das generische Maskulinum stellvertretend für alle Geschlechter verwendet.

[2] https://www.w3.org/TR/rdf11-primer/

geliefert werden, um den enormen Bedarf z. B. von Apotheken, Krankenhäusern und Endverbrauchern zu decken.

Die eigentliche Wertschöpfungskette der Masken beginnt bereits bei den benötigten Rohstoffen und Vorprodukten. Wie jedoch in den vorangegangenen Kapiteln (1, 3 und 4) beschrieben, liegen zu diesen frühen Stufen oft keine oder nur unzureichende Informationen vor. Im folgenden Beispiel konzentrieren wir uns daher auf den für den Verbraucher sichtbaren Teil der Lieferkette: die Fertigung der Masken in einer chinesischen Fabrik, deren Standort in der Regel auf den Verpackungen angegeben ist.

Nach der Produktion werden die Masken in großen Mengen in Containern verladen und per Schiff nach Europa transportiert. Nach dem Eintreffen in einem europäischen Hafen – etwa in Hamburg – erfolgt das Umladen auf LKWs, die die Ware an zentrale Logistikzentren weiterleiten. Von dort aus verteilen kleinere Fahrzeuge die Masken schließlich an Apotheken, Krankenhäuser oder andere Verkaufsstellen.

Dieses Beispiel verdeutlicht, dass mehrere Akteure und Prozesse in einer Lieferkette zusammenwirken müssen: Produzenten, Spediteure, Logistikdienstleister und Einzelhändler müssen reibungslos zusammenarbeiten, um sicherzustellen, dass die Ware zur richtigen Zeit am richtigen Ort eintrifft und keine Versorgungslücke entsteht.

Herausforderungen der Digitalisierung

Unter „Digitalisierung" versteht man im Allgemeinen den Prozess, analoge Informationen, Abläufe und Geschäftsmodelle durch den Einsatz digitaler Technologien nicht nur in neue Formate zu überführen, sondern sie auch grundlegend weiterzuentwickeln. Dabei geht es um weit mehr als um die reine Umwandlung von Papierdokumenten in digitale Dateien: Ziel ist es, ganze Prozesslandschaften zu optimieren, bestehende Organisationsstrukturen neu auszurichten und Denkweisen zu verändern. In vielen Branchen gilt Digitalisierung als ständiger Veränderungstreiber, der über die Wettbewerbsfähigkeit, Innovationskraft und langfristige Geschäftsentwicklung maßgeblich entscheidet. Aus unternehmerischer Sicht ist es daher naheliegend, auch das Lieferanten-Management (Supply Chain Management; SCM) mithilfe digitaler Tools voranzubringen, um so bislang ungenutzte Effizienzpotenziale zu heben. Doch nicht nur kommerzielle Unternehmen profitieren davon: Auch für Institutionen des Gesundheitswesens – etwa Krankenhäuser, Rettungsdienste und weitere Versorgungseinrichtungen – eröffnet ein höherer Digitalisierungsgrad Möglichkeiten, die Versorgungssicherheit der Bevölkerung effizienter, zuverlässiger und belastbarer zu gestalten, sei es im Krisenfall oder im alltäglichen Betrieb.

Dennoch zeigen sich in der Praxis beträchtliche Hürden, wenn es um die Umsetzung einer durchgehend digitalen Lieferkette geht. Häufig mangelt es an umfassender Datenverfügbarkeit: Informationen über Zulieferer, Logistikdienstleister oder Absatzkanäle liegen verstreut, unvollständig oder in nicht kompatiblen Formaten vor. Darüber hinaus sind externe Partner oft nicht bereit oder in der Lage, ihre internen Systeme zu öffnen, um eine gemeinsame Datenbasis zu schaffen. Dieser Mangel an Transparenz steht einer effizienten, digitalen Zusammenarbeit im Weg und erschwert die Vernetzung. Selbst wenn es gelingt, diese externe Herausforderung zu meistern, bleibt die Problematik heterogener IT-Architekturen entlang der Lieferkette bestehen. Unterschiedliche Softwarelösungen und das Fehlen einheitlicher Standards führen dazu, dass Informationen nicht reibungslos ausgetauscht werden können. Hinzu kommt, dass Unternehmen ohnehin auch intern mit aufwendigen Konsolidierungsprozessen konfrontiert sind: Daten aus Produktion, Einkauf, Logistik und Vertrieb müssen harmonisiert, aufbereitet und gesichert werden. Dabei gelten strenge Anforderungen an IT-Sicherheit, Datenschutz und Compliance, um sensible Unternehmens- oder Kundendaten zu schützen.

Ein vielversprechender Ansatz, um diese Herausforderungen zu bewältigen, liegt in der semantischen Modellierung von Lieferketten mithilfe des Resource Description Frameworks. RDF ermöglicht es, komplexe Zusammenhänge innerhalb der Lieferkette auf einer abstrahierten Ebene darzustellen. Die einzelnen Elemente und Beziehungen der Wertschöpfungskette lassen sich so persistent speichern, flexibel mit neuen Informationen anreichern und in strukturierte Wissensgraphen überführen.

Allerdings ist die Erstellung einer solchen digitalen Lieferkette auf RDF-Basis kein einfacher Vorgang. Neben den ohnehin vorauszusetzenden Kenntnissen im Supply Chain Management erfordert sie Expertise in semantischen Technologien. Die Entwicklung semantischer Modelle erfordert die Fähigkeit, komplexe Zusammenhänge zu abstrahieren, relevante Konzepte zu identifizieren, und passende Modelle zu entwerfen. Um den Modellierungsprozess zu vereinfachen, bieten sich unterstützende Werkzeuge an, die den Anwender gezielt durch den Modellierungsprozess führen. Templates, die auf Basis zuvor identifizierter, wiederkehrender Muster und Abhängigkeiten Abschnitte von Lieferketten zusammenfassen, helfen diesen Prozess zu vereinfachen. Mithilfe einer benutzerfreundlichen, grafischen Oberfläche lassen sich solche Templates wie Bausteine zusammensetzen, mit bereits bekannten Informationen füllen und anschließend miteinander verknüpfen. Auf diese Weise entsteht deutlich zugänglicher und effizienter ein digitales Modell der Lieferkette, ohne dass jedes Detail von Grund auf neu definiert werden muss.

Sobald zu einem späteren Zeitpunkt weitere Informationen verfügbar werden – etwa durch kooperationsbereite Zulieferer, offen zugängliche Datenquellen oder durch neue in einer Krise bekanntwerdende Zusammenhänge – kann dieses Modell kontinuierlich aktualisiert und verfeinert werden. Das Ergebnis sind Wissensgraphen, die es Unternehmen ermöglichen, mithilfe von Analysen und Simulationen Engpässe und Ineffizienzen in ihrer Lieferkette zu erkennen, fundiertere Entscheidungen zu treffen und schneller auf sich ändernde Marktbedingungen zu reagieren. Dabei spielt es keine entscheidende Rolle, ob alle Beteiligten in gleichem Maße an der Digitalisierung mitwirken: Auch ein nur unternehmensinternes Modell bietet bereits einen erheblichen Mehrwert, indem es Transparenz schafft und langfristig zu einer leistungsfähigeren, resilienteren Lieferkette beiträgt.

Technologien und Methoden

Resource Description Framework

Das Resource Description Framework (RDF) ist eine grundlegende Technologie zur Modellierung und Strukturierung von semantischen Informationen, die eine zentrale Rolle bei der digitalen Repräsentation komplexer Zusammenhänge spielt. Anstatt Daten in fest vorgegebenen Tabellen oder Hierarchien abzubilden, nutzt RDF ein flexibles Modell, das Informationen in Form von aussagekräftigen Beziehungen zwischen einzelnen Entitäten – den Ressourcen – darstellt. RDF organisiert Informationen dabei mithilfe von sogenannten „Tripeln". Ein Triple (vgl. Abb. 1) ist eine elementare Aussage über einen Zusammenhang und besteht aus drei Komponenten: einem Subjekt, einem Prädikat und einem Objekt. Das Subjekt bezeichnet eine Entität, über die eine Aussage getroffen wird, das Prädikat beschreibt ein Attribut oder eine Beziehung, die das Subjekt mit einem Objekt verknüpft. Ein Objekt kann hierbei ein Wert oder eine Entität sein. Diese Dreiteilung erlaubt es, konkrete Beziehungen eindeutig zu beschreiben und bildet die Grundlage für die semantische Verknüpfung von Informationen.

Ein einfaches Beispiel: „Fabrik produziert Masken" kann in RDF als Triple dargestellt werden, bei dem „Fabrik" das Subjekt, „produziert" das Prädikat und „Masken" das Objekt ist. Sobald viele solcher Tripel miteinander verknüpft werden, entsteht ein Wissensgraph (Abb. 2) – ein Netz aus Entitäten und ihren Beziehungen, das komplexe Strukturen und Abhängigkeiten repräsentiert.

Ein zentrales Konzept in RDF sind die sogenannten Internationalized Resource Identifiers (IRIs). IRIs stellen eine Erweiterung des URL-Konzepts dar und dienen dazu, jede Ressource im Graphen eindeutig zu kennzeichnen – ähnlich einer globalen, eindeutigen Adresse. Dies ist besonders hilfreich, um Daten aus verschiedenen Quellen zusammenzuführen, da IRIs verhindern, dass Identitätskonflikte auftreten. So kann etwa jede einzelne Fabrik, jedes Produkt und jeder Ort in der Lieferkette durch einen eindeutigen IRI identifiziert werden, was eine klare Zuordnung und Wiederverwendung der Daten ermöglicht.

Gerade für die Modellierung von Lieferketten ist RDF mit seinen flexiblen, vernetzten Strukturen besonders geeignet. Eine Lieferkette lässt sich als Graph aus miteinander verbundenen Knoten und Kanten verstehen: Die Knoten stehen für Akteure wie Zulieferer, Hersteller oder Händler, während die Kanten die Beziehungen zwischen ihnen abbilden, beispielsweise Lieferbeziehungen oder Verantwortlichkeiten. Der Einsatz von RDF ermöglicht, diese Strukturen schrittweise zu erweitern, neue Erkenntnisse einzubinden oder Datenquellen hinzuzufügen, ohne dass das gesamte Modell neu

Abb. 1 Visualisierung eines Triples

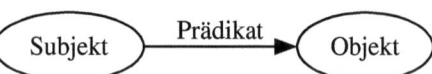

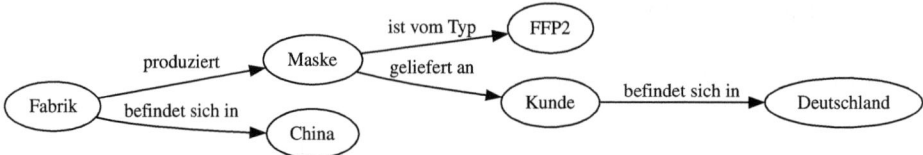

Abb. 2 Beispiel eines einfachen Wissensgraphen

aufgebaut werden muss. Dadurch bleibt der Wissensgraph stets anpassbar, erweiterbar und aussagekräftig – eine wichtige Voraussetzung für ein dynamisches und datengetriebenes Supply Chain Management.

Blank Nodes und die Herausforderungen in RDF

Ein häufiges Thema bei der Modellierung von Daten mit RDF ist der Umgang mit sogenannten Blank Nodes. Dabei handelt es sich um anonyme Ressourcen, die zwar existieren, aber nicht über eine eindeutige, globale Kennung verfügen. Blank Nodes werden oft als „Platzhalter" eingesetzt, um Entitäten zu beschreiben, über die noch nicht alle Informationen vorliegen. Beispielsweise könnte ein Blank Node verwendet werden, um eine unbekannte Fabrik innerhalb einer Lieferkette abzubilden, für die derzeit weder Name noch Adresse oder andere eindeutige Identifikationsmerkmale bekannt sind.

Was zunächst praktisch erscheinen mag, kann jedoch in der Praxis erhebliche Komplikationen nach sich ziehen. Da Blank Nodes keine global eindeutigen Identifikatoren besitzen, ist es schwierig, sie bei der Zusammenführung von Daten aus verschiedenen Quellen korrekt abzugleichen. Die Folge: Ein und dieselbe Entität kann in unterschiedlichen Datensätzen als verschiedene Blank Nodes auftauchen, was den Informationsaustausch und die Konsistenz erheblich beeinträchtigt. Zudem erschwert es die Pflege und Weiterentwicklung eines Datenbestands, wenn Entitäten nicht eindeutig identifizierbar sind. Insbesondere bei Aktualisierungen oder bei der Nutzung der Daten in neuen Kontexten lassen sich Blank Nodes nur schwer wiedererkennen oder fortschreiben, da ihre ursprünglich zugedachte Rolle nicht mehr eindeutig nachvollziehbar ist.

Vor diesem Hintergrund ist es in vielen Fällen ratsam, statt auf Blank Nodes lieber auf eindeutige IRIs zurückzugreifen. Dies erleichtert nicht nur das spätere Zusammenführen und Abgleichen von Datenbeständen, sondern schafft auch eine konsistentere Basis für Analysen, Erweiterungen und den langfristigen Erhalt der Datenqualität.

Skolemisierung für den Umgang mit unbekannten Informationen

Die Betrachtung eines RDF-Graphen aus logischer Perspektive ermöglicht ein tieferes Verständnis der Rolle von Blank Nodes. Grundsätzlich lässt sich ein RDF-Graph als eine

Menge logischer Aussagen interpretieren, bei denen jede Aussage über Entitäten und ihre Eigenschaften getroffen wird. Aus dieser Sicht entsprechen Blank Nodes existenzquantifizierten Variablen: Sie stehen für mindestens ein Objekt, dessen Existenz angenommen wird, ohne dass genau bekannt ist, um welche Entität es sich handelt oder welche Merkmale sie konkret aufweist.

In der Logik erweisen sich derartige existenzquantifizierte Variablen jedoch als problematisch, wenn es darum geht, die Erfüllbarkeit oder Wahrheitsbedingungen von Aussagen zu prüfen. Um dieses Problem zu lösen, greift man auf das Konzept der Skolemisierung zurück. Dabei werden existenzquantifizierte Variablen durch eine Skolem-Funktion ersetzt, welche eine konkrete, künstlich erzeugte Entität bereitstellt. Übertragen auf RDF bedeutet dies, dass Blank Nodes durch global eindeutige, generierte Identifikatoren – sogenannte Skolem-IRIs – ersetzt werden. Diese verändern die Semantik eines RDF-Graphen nicht wesentlich, ermöglichen es aber, dass andere Graphen dieselben Identifikatoren wiederverwenden – ein Szenario, das mit Blank Nodes nicht möglich wäre. Voraussetzung ist dabei jedoch das Einhalten der Vorgaben der entsprechenden W3C-Spezifikation. Diese gibt vor, welchem Format die für Blank Nodes generierte Skolem-IRIs folgen sollen, damit diese auch global als solche erkannt werden können.

Betrachten wir zur Verdeutlichung erneut das Beispiel einer Lieferkette aus der COVID-19-Pandemie: Angenommen, es ist bekannt, dass eine Fabrik in China Masken produziert, die nach Deutschland geliefert werden. Zu Beginn ist über diese Fabrik lediglich bekannt, dass sie existiert und Masken herstellt; Details wie ihr Name, ihre genaue Adresse oder weitere Identifikatoren sind nicht verfügbar. In einem ursprünglichen RDF-Modell könnte eine solche Fabrik zunächst als Blank Node dargestellt werden (siehe Abb. 3).

Mittels Skolemisierung lässt sich der Blank Node durch eine eindeutige Skolem-IRI[3] ersetzen, etwa „Fabrik 91ee04f5" (vereinfacht). Dadurch erhält die Fabrik eine klar definierte, synthetisch erzeugte Identität (Abb. 4):

Sollten später zusätzliche Informationen über diese Fabrik bekannt werden – zum Beispiel ihr Firmenname, ihre genaue Adresse oder andere Daten – können diese neuen Informationen mithilfe derselben Skolem-IRI ergänzt werden. Auf diese Weise bleibt die Identität der Fabrik im RDF-Graphen über den gesamten Lebenszyklus der Daten hinweg konsistent und eindeutig.

Die Skolemisierung bietet somit einen pragmatischen Ansatz, um mit unvollständigen Informationen in komplexen Lieferketten umzugehen. Indem unbekannte Entitäten frühzeitig eine synthetische, aber eindeutige Identität erhalten, können Wissensgraphen sukzessive verfeinert werden, ohne die Integrität des Datenmodells zu gefährden. Dies schafft eine robuste Grundlage, um nachträglich gewonnene Erkenntnisse – etwa durch weitere Untersuchungen oder kooperationsbereite Lieferanten – nahtlos in das

---

[3] Für eine bessere Lesbarkeit wurde für dieses Kapitel eine vereinfachte Repräsentation von Skolem-IRIs gewählt.

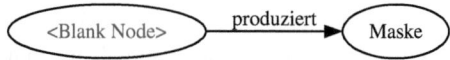

Abb. 3 Blank Node der eine unbekannte Entität repräsentiert

Abb. 4 Skolemisierter Blank
Node

bestehende Modell zu integrieren und so den digitalen Überblick über die gesamte Lieferkette stetig zu verbessern.

Shape Expressions

Shape Expressions[4] (ShEx) ist eine formale Sprache zur Beschreibung und Validierung der Struktur von RDF-Daten. Im Gegensatz zu RDF und OWL (Web Ontology Language[5]), die der Open-World-Assumption[6] folgen, wird ShEx die Closed-World-Assumption zugrunde gelegt und fehlende Informationen als falsch betrachtet. Während in offenen Semantischen Netzen fehlende Angaben nicht als Fehler gelten, ist dies in produktiven Umgebungen, etwa im Supply Chain Management, oftmals unerwünscht. Mit ShEx lässt sich daher ein fester Rahmen für die erwartete Datenstruktur definieren, um sicherzustellen, dass vorgegebene Anforderungen an Vollständigkeit, Format oder Konsistenz eingehalten werden.

Zentrales Element sind dabei die sogenannten „Shapes". Diese dienen als Schablonen für Knoten im RDF-Graphen und legen detailliert fest, welche Eigenschaften ein Knoten aufweisen soll, wie die Verbindungen zu anderen Knoten auszusehen haben und welche Werte zulässig sind. Auf diese Weise können Daten auf Korrektheit überprüft werden, wodurch Fehler frühzeitig erkannt und verhindert wird, dass mangelhafte oder unvollständige Daten in komplexe Systeme gelangen.

Entwickelt wird ShEx von der Shape Expressions Community Group am W3C. Dies bietet die Perspektive, dass ShEx zukünftig als offizieller W3C-Standard

---

[4] https://shex.io/shex-primer/

[5] https://www.w3.org/TR/owl2-primer/

[6] Die Open-World-Assumption bezeichnet eine Grundannahme für logische Ableitungen. Sie besagt, dass nur das als Wahr betrachtet wird, was bekannt ist oder explizit abgeleitet werden kann. Unter der Open-World-Assumption kann es somit auch wahre Informationen geben, die nicht ableitbar sind. Im Gegensatz zur Open-World-Assumption besagt die Closed-World-Assumption, dass alle wahren Informationen vollständig bekannt sind, so dass nicht ableitbare Informationen immer automatisch als falsch inferiert werden.

(Recommendation) anerkannt wird. Mit SHACL (Shapes Constraint Language[7]) existiert bereits eine etablierte Alternative, die ähnliche Ziele verfolgt, allerdings auf andere technische Grundlagen aufsetzt. Während ShEx primär einen schema-orientierten, grammatikbasierten Ansatz wählt, basiert SHACL auf SPARQL (SPARQL Protocol And RDF Query Language) zur Validierung von Einschränkungen. Für die Nutzung als Sprache zur Definition von Templates, was im Folgenden erläutert wird, eignet sich ShEx aufgrund der simpleren Syntax eher.

Templates

Templates sind Vorlagen oder Muster, die dazu dienen, wiederkehrende Aufgaben zu vereinfachen. Sie bieten ein vordefiniertes Grundgerüst, das mehrfach verwendet werden kann, um ähnliche Ergebnisse zu erzielen, ohne jedes Mal von vorne beginnen zu müssen. Im Alltag begegnen uns Templates in vielfältiger Form: Ein Bestellformular im Onlineshop, ein Mustervertrag beim Autokauf oder eine Briefvorlage zur allgemeinen Korrespondenz geben jeweils ein festes Schema vor, welches nur noch mit konkreten Daten ergänzt werden muss. Der Nutzen von Templates liegt jedoch nicht nur darin, Zeit und Aufwand bei der Darstellung und Organisation von Informationen zu sparen, sondern ebenso in der Sicherstellung, dass wichtige Eingaben nicht vergessen werden, da Felder für alle benötigten Daten vorgegeben werden. Auf diese Weise können Prozesse standardisiert, vereinfacht und damit wesentlich beschleunigt werden. In der IT sind Templates ebenso verbreitet und werden beispielsweise in der Webentwicklung genutzt, um das grundlegende Layout einer Seite vorzugeben, während Inhalte wie Texte, Bilder oder Videos flexibel eingefügt und ausgetauscht werden können. Dies ermöglicht es, ein einheitliches Design beizubehalten und gleichzeitig Webseiten effizient zu pflegen und zu aktualisieren.

Betrachtet man die beschriebenen Beispiele, scheinen Templates auch bei der Modellierung digitaler Lieferketten sinnvoll nutzbar zu sein: Hier wiederholen sich häufig ähnliche Prozesse und Abläufe, sowohl innerhalb einer Lieferkette als auch zwischen ihnen, beispielsweise Transportvorgänge. Statt jeden dieser Vorgänge zeitaufwändig manuell neu abzubilden, können Templates genutzt werden, um grundlegende Lieferkettenstrukturen und feste Eckdaten vorzugeben. Anschließend können alle Templateinstanzen, die jeweils nur einen Teil der Lieferkette abbilden, miteinander zu einer digitalen Lieferkette verknüpft werden. Dies setzt jedoch voraus, dass wiederkehrende Muster im Vorfeld identifiziert und als Templates angelegt wurden.

Betrachten wir zur Verdeutlichung erneut das Beispiel aus der COVID-19-Pandemie: Eine große Anzahl von FFP2-Masken wurde in China hergestellt und anschließend nach Deutschland transportiert. Die Bestandteile des Lieferprozesses – von der Produktion in

---

[7] https://www.w3.org/TR/shacl/

einer Fabrik, über den Seetransport nach Europa bis hin zur Verteilung auf LKWs und die Anlieferung in Apotheken oder Krankenhäuser – ähnelt in seinen Grundzügen vielen anderen Lieferkettenabläufen. Deshalb könnten Templates für LKW- oder Schifftransporte erstellt werden, die sowohl allgemeine Parameter (z. B. Transportmittel) bereits vordefinieren als auch Felder mit Platzhaltern für konkrete Parameter wie Start- und Zielpunkt oder Datum erwarten. Der Anwender müsste also nur für seine Lieferkette passende Templates auswählen, diese instanziieren und mit konkreten Daten ergänzen und schließlich zu einer vollständigen Lieferkette zusammenführen.

Durch den Einsatz von Templates wird die Modellierung von Lieferkettenmodellen nicht nur einfacher, schneller und weniger fehleranfällig, sondern auch konsistenter und klarer strukturiert – selbst dann, wenn verschiedene Personen an der Erstellung beteiligt sind. Diese standardisierten Vorlagen reduzieren die Komplexität, schaffen Übersichtlichkeit und stärken zugleich die Flexibilität sowie Anpassungsfähigkeit der Modelle. In dynamischen Umfeldern, wie etwa während einer Pandemie, können sie daher entscheidend dazu beitragen, den Pflege-, Erweiterungs- und Analyseaufwand von digitalen Lieferketten deutlich zu senken.

Erzeugung von Templates mit ShEx

Obwohl ShEx nicht für die Beschreibung von Templates vorgesehen ist, kann die Sprache dennoch dafür verwendet werden. Hierfür sind jedoch Anpassungen bzw. Erweiterungen notwendig, welche die Definition der Templates und die anschließende Ableitung von konkreten Graphen ermöglichen. Dazu werden im Folgenden die Verwendung von Skolem-IRIs, existenzquantifizierte Variablen sowie Eingangs- und Ausgangsvariablen vorgestellt. Zunächst werden jedoch die grundlegenden Gemeinsam-

```
BASE <http://fokus.fraunhofer.de/>

PREFIX rdf: <http://www.w3.org/1999/02/22-rdf-syntax-ns#>

PREFIX prov: <http://www.w3.org/ns/prov#>

PREFIX rdfs: <http://www.w3.org/2000/01/rdf-schema#>


<Factory> {
    rdf:type   [ prov:Entity ] ;
    rdfs:label [ "Mask Production Facility" ]
}
```

Abb. 5 Beispiel eines einfachen ShEx-Schemas

```
@base <http://fokus.fraunhofer.de/> .

@prefix rdf: <http://www.w3.org/1999/02/22-rdf-syntax-ns#> .

@prefix prov: <http://www.w3.org/ns/prov#> .

@prefix: rdfs: <http://www.w3.org/2000/01/rdf-schema#> .


<Factory>  rdf:type   prov:Entity ;

           rdfs:label "Mask Production Facility" .
```

Abb. 6 Abgeleiteter RDF-Graph

keiten zwischen einem ShEx-Schema und einem RDF-Graphen betrachtet, die die Basis für die Generierung darstellen.

Ein ShEx-Schema kann – als Template interpretiert – als eine Art Bauanleitung verstanden werden, in der festgelegt ist, welche Knoten (Entitäten) mit welchen Eigenschaften (Prädikaten) und Ausprägungen (Objekten) verknüpft sein sollen (Abb. 5). Auf diese Weise lassen sich anhand einer abstrakten Beschreibung konkrete RDF-Graphen erzeugen (Abb. 6). So wird etwa die Bezeichnung einer Shape im ShEx-Schema (rot) zum Subjekt des späteren RDF-Triples. Die Bestandteile der im Schema definierten Merkmale und Beziehungen – sogenannte Triple Constraints – fungieren wiederum als Prädikate (orange) und Objekte (grün) im resultierenden Graphen. Base- (blau) und Prefix-Direktiven (violett), die für das Auflösen von relativen URIs bzw. Abkürzungen für Namespaces verwendet werden, werden ebenso aus dem Template in den RDF-Graphen überführt.

Ein zentraler Bestandteil der vorgestellten Templates ist der Umgang mit (noch) unbekannten Entitäten. Hierzu führen wir ein Konzept ein, mit dem diese Unbekannten von konventionellen Blank Nodes unterschieden werden können und sich bei der Generierung des RDF-Graphen berücksichtigen lassen: die existenzquantifizierte Variable (exVar). Analog zum Prozess der Skolemisierung dient die exVar als vorläufige Kennzeichnung von anonymen Entitäten, die bei der manuellen Definition des Templates hilfreich ist, aber beim eigentlichen Erzeugen des Graphen durch Skolem-IRIs ersetzt wird. Technisch gesehen handelt es sich um einen eigenen Namensraum, unter dem für jedes Template eindeutige Bezeichner angelegt werden.

Um die Wiederverwendbarkeit und Verknüpfung verschiedener Templates zu ermöglichen, führen wir zudem sogenannte Eingangs- und Ausgangsvariablen ein. Diese erlauben es, Templates auf flexible Weise miteinander zu verbinden, selbst wenn sie von unterschiedlichen Personen oder zu unterschiedlichen Zeiten erstellt wurden und daher verschiedene exVars verwenden. Eingangs- und Ausgangsvariablen werden dabei in Form von Kommentaren innerhalb einer ShEx-Shape notiert. Dadurch bleibt die ShEx-

Syntax unverändert, was eine programmgesteuerte Verarbeitung, wie am Ende dieses Abschnittes erläutert, auch nach unserer Erweiterung weiterhin problemlos ermöglicht.

Zur Veranschaulichung dieses Konzepts betrachten wir erneut das Beispiel des Maskentransports von einer Fabrik in China nach Deutschland: Für die Modellierung des ersten Abschnitts der Lieferkette existieren bereits zwei Templates. Eines für Fabriken, in dem Felder für bisher unbekannte Informationen wie Standort, Produkt oder Name hinterlegt sind, und eines für den LKW-Transport, mit Feldern für noch unbestimmte Start- und Zielpunkte. Angenommen, die exVar für den Standort im Fabrik-Template heißt „Ort" und die exVar für den Startpunkt im Transport-Template „Startpunkt". Um nun den Transport von der Fabrik zu einem Hafen abzubilden, erzeugt der Nutzer je eine Instanz beider Templates und verknüpft sie anschließend über ein Mapping der Ausgangsvariable „Ort" im Fabrik-Template und der Eingangsvariable „Startpunkt" im Transport-Template. Dieser Vorgang findet in der später beschriebenen grafischen Benutzeroberfläche für den Nutzer transparent im Hintergrund statt.

Für die anschließende Generierung des vollständigen RDF-Graphen aus einem oder mehreren verknüpften Templates wurde ein Algorithmus in Python (Laas 2023) entwickelt. Dieser überführt zunächst die Templates in eine interne Repräsentation. Dies gelingt mit bekannten Bibliotheken zur Verarbeitung von ShEx-Schemata[8]. Anschließend erzeugt der Algorithmus alle innerhalb der Templates definierten Knoten sowie die sich daraus ergebenden Kanten. Dabei werden, sofern notwendig, Skolem-IRIs für alle mit exVar gekennzeichneten existenzquantifizierten Entitäten generiert. Abschließend bindet er die entsprechenden Mapping-Tripel ein[9], um eine logische Gleichsetzung zwischen den Eingangs- und Ausgangsvariablen unterschiedlicher Templates zu erreichen. Auf diese Weise entsteht ein vollständig verknüpfter, digitaler Zwilling einer Lieferkette in Form eines Wissensgraphen.

Benutzeroberfläche

Obwohl das Semantic Web Konzept und Technologien wie das Resource Description Framework bereits seit mehr als zwei Jahrzehnten existieren, sind diese nur im Bereich der Wissensrepräsentation verbreitet. Für Fachleute aus dem Supply Chain Management, die ihre Lieferketten mithilfe der in diesem Kapitel beschriebenen Technologien digitalisieren sollen, stellt dies eine Hürde dar: Es ist unrealistisch, von ihnen zu erwarten, sich in die komplexen technischen Grundlagen einzuarbeiten. Auch für Experten aus dem

---

[8] Es ist daher wichtig, dass unsere Erweiterungen von ShEx zur Nutzung als Beschreibungssprache für RDF-Templates nicht die ShEx-Syntax verletzen.

[9] Mittels der owl:sameAs Property.

Semantic-Web-Bereich ist die manuelle Modellierung von RDF-Graphen oft aufwendig und zeitintensiv. Aus diesem Grund ist es sinnvoll, den Modellierungsprozess durch eine grafische Benutzeroberfläche zu unterstützen und die zugrunde liegende technische Komplexität so weit wie möglich zu verbergen.

Unsere im Folgenden vorgestellte Webanwendung für die Verwaltung von ShEx-Templates und die Generierung von Lieferketten auf Basis dieser Vorlagen richtet sich an beide Zielgruppen: Zum einen bietet sie IT-Fachleuten die Möglichkeit, neue ShEx-Templates zu erstellen und bestehende zu verwalten. Zum anderen ermöglicht sie SCM-Experten, direkt mit den Templates zu arbeiten, ohne sich detailliert in die semantischen Technologien einarbeiten zu müssen. Sie können per Mausklick neue Lieferketten anlegen, Template-Instanzen erzeugen und miteinander verbinden und so Schritt für Schritt eine digitale Repräsentation ihrer Lieferkette erstellen. Anschließend können sie die erstellten Modelle speichern oder exportieren, um sie weiterzuverarbeiten oder mit anderen zu teilen.

Abb. 7 veranschaulicht die Oberfläche aus der Sicht eines SCM-Experten. Auf der linken Seite findet sich eine Liste verfügbarer Templates. Diese können per Klick instanziiert werden und erscheinen dann auf der Arbeitsfläche, die auf der rechten Seite dargestellt ist. Jede Instanz erscheint als Box und zeigt durch Verbindungspunkte, welche Eingangs- und Ausgangsvariablen sie besitzt. Diese lassen sich per Ziehen mit den Verbindungspunkten anderer Instanzen verbinden, wodurch ein Informationsfluss entsteht. Animierte Verbindungen und eine automatische Anordnung der Elemente unterstützen dabei, einen übersichtlichen, logisch aufgebauten Graphen zu erzeugen, der einer realen Lieferkette entspricht. Mit einem Klick auf den Button in der oberen-rechten Ecke wird der Export der Lieferkette angestoßen. Hier wird der bereits genannte Algorithmus zur Generierung eines RDF-Graphen auf Basis von ShEx-Templates genutzt. Als Ausgabesyntax wird dabei die Terse RDF Triple Language verwendet.

Abb. 8 zeigt die Perspektive für Personen, die für die Verwaltung der Templates zuständig sind. Sie können neue Templates anlegen, bestehende bearbeiten oder entfernen. Die Vorlagen werden in einer Datenbank gespeichert, sodass sie allen Nutzern der Anwendung – sowohl den IT-Fachleuten als auch den SCM-Experten – zentral zur Verfügung stehen. Dieser gemeinsame Zugriff erleichtert die Zusammenarbeit und hilft, Wissen und Best Practices unternehmensweit verfügbar zu machen.

Empfehlungen

1. Nutzen Sie semantische Standards und Technologien wie RDF und ShEx, um komplexe Lieferkettenstrukturen flexibel und erweiterbar zu modellieren. Diese semantische Grundlage erhöht Interoperabilität und erleichtert die Integration neuer Datenquellen.

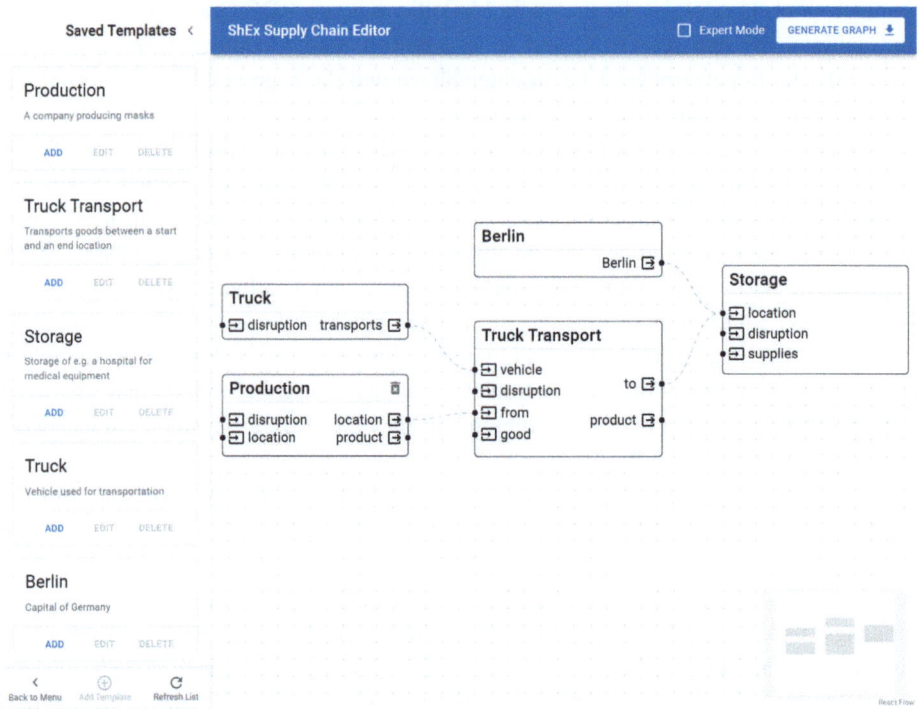

2. Identifizieren Sie wiederkehrende Muster in ihren Lieferketten und erstellen Sie dafür Templates. Templates reduzieren den manuellen Modellierungsaufwand, minimieren Fehler und sichern Konsistenz über verschiedene Prozessabschnitte hinweg.
3. Blank Nodes haben keine festgelegte Bedeutung resp. Funktion. Um Annahmen über unbekannte, aber existierende Entitäten von Blank Nodes abzugrenzen werden zusätzliche Mechanismen zur Markierung und Generierung von Skolem-IRIs benötigt.
4. Templates benötigen Eingangs- und Ausgangsvariablen, um sie miteinander zu verknüpfen.
5. Bieten Sie Fachabteilungen (SCM-Teams) eine Umgebung, in der sie ihre Domänen-expertise direkt in die Modellierung einbringen können, ohne sich spezielles, technisches Know-How aneignen oder den Umweg über IT-Spezialisten nehmen zu müssen.
6. Entwickeln Sie ein Konzept für das langfristige Datenmanagement, inklusive Identitäts- und Versionsmanagement für Templates, Skolem-IRIs und Wissensgraphen. Ein klarer Governance-Plan garantiert Stabilität, Nachvollziehbarkeit und nachhaltige Nutzbarkeit.

Design Futuring trifft Akzeptanzforschung: Eine interdisziplinäre Brücke zu einer zukunftsgestaltenden Haltung

Jantje Meinzer, Megan Lumer und Fabian Arlt

Kernaussagen

1. Der methodische Dreiklang aus Methoden der nutzerzentrierten Produktentwicklung (z. B. DesignThinking), dem Aufbau und Nutzen von Zukunftskompetenzen (Futures Literacy) im Team sowie bei Nutzenden und die Einbindung ethischer, legaler, sozialer Perspektiven (ELSA-Untersuchungen) definieren Akzeptanzhürden und -befähiger der Innovation und bringen diverse Perspektiven in den Entwicklungsprozess ein.
2. Das methodische Vorgehen der Einbindung von Design Futuring hat die Möglichkeit eröffnet, tiefer in die Bedürfnisse und Erwartungen zukünftiger Nutzer:innen einzutauchen.
3. Die Arbeit mit Utopien bzw. positiven Zukunftsbildern im Rahmen zukünftiger Krisenbewältigung ist für Menschen herausfordernd, unterstützt sie aber eine konstruktive Haltung einzunehmen.
4. Die Mischung aus technischen und nicht-technischen z. B. sozialen Innovationen beeinflusst die Akzeptanz von Krisenbewältigungsmaßnahmen positiv.
5. Es sollte eine Balance zwischen technischem Fortschritt und grundlegenden Werten hergestellt werden, um eine höhere Akzeptanz zu erzielen.

J. Meinzer (✉) · M. Lumer · F. Arlt
YOUSE GmbH, Berlin, Deutschland
E-Mail: jantje.meinzer@youse.de

M. Lumer
E-Mail: megan.lumer@youse.de

F. Arlt
E-Mail: fabian.arlt@youse.de

6. Bürger:innen wollen selbst Verantwortung in der Krisenkommunikation und Krisenbewältigung übernehmen, ohne überfordert zu werden.

7. Maßnahmen, die zeigen, dass eine Vorbereitung auf Krisen stattfindet, schaffen Vertrauen.

Einleitung[1]

Erfolgreiche Technologien und Innovationen entstehen nur, wenn zukünftige Nutzer:innen in den Entwicklungsprozess eingebunden werden (Trübswetter et al., 2020). Dabei stehen viele Innovator:innen vor dem bekannten *Collingridge-Dilemma:* Sowohl Anwendungsfälle als auch die Folgen von Innovationen können nicht einfach vorhergesagt werden, solange die Technologie oder Idee noch nicht ausreichend entwickelt ist. Doch je weiter der Innovationsprozess voranschreitet und sich die Technologie verfestigt, desto schwieriger ist es, das Produkt auf die Bedürfnisse der Nutzer:innen nachträglich abzustimmen (Collingridge, 1982). Wer heute an disruptiven Innovationen arbeitet, also an Technologien, die frühestens in fünf oder zehn Jahren für eine große Zahl von Menschen zugänglich sein werden, kann zudem potenzielle Nutzer:innen nicht einfach zu ihren Bedarfen interviewen. Denn die allgemeinen Rahmenbedingungen und Verhaltensmuster werden sich von den heutigen unterscheiden. Die ausgetretenen Pfade des nutzerzentrierten Designs reichen nicht mehr aus, um langfristige Auswirkungen von Technologien auf unser tägliches Leben einzuschätzen. Da wir nicht in die Zukunft reisen können, um dort Nutzer:innenbefragungen durchzuführen, werden wir nie wirklich wissen, mit welchen Einstellungen und Bedürfnissen zukünftige Nutzer:innen geplanten Technologien begegnen werden. Neue Wege wie die Einbindung von Design Futuring in die Technologieentwicklung und Akzeptanzforschung bereiten einen neuen Zugang zu Herausforderungen und Bedürfnissen der künftigen Nutzer:innen (Groß & Mandir, 2022). Um handlungsfähig zu bleiben, schlagen wir daher vor, Elemente der Zukunftsforschung, der Design Forschung, spezifischer Design Futuring, und der Akzeptanzforschung zu kombinieren. Durch den gezielten Einsatz von Methoden dieser drei Disziplinen wird es möglich, Vorausschau und Spekulation in den Produktentwicklungsprozess einzubinden. Diese interdisziplinäre Brücke überwindet die Kluft zwischen Gegenwart und Zukunft und macht zukünftige Technologien besprechbar (Abb. 1).

Erkenntnisse aus Akzeptanzforschung, Zukunftsforschung, Design Futuring und Utopien bilden dabei den theoretischen Unterbau. Der methodische Dreiklang aus nutzerzentrierter Produktentwicklung durch entsprechende Methoden (z. B. Design Thinking), dem Aufbau und Nutzen von Zukunftskompetenzen (Futures Literacy) im Team sowie bei Nutzer:innen und die Einbindung ethischer, legaler, sozialer Perspektiven (ELSA-

[1] Die Inhalte dieses Kapitels wurden im Rahmen des vom Bundesministerium für Wirtschaft und Klimaschutz geförderten Projekts ResKriVer (Förderkennzeichen 01MK21006) erarbeitet.

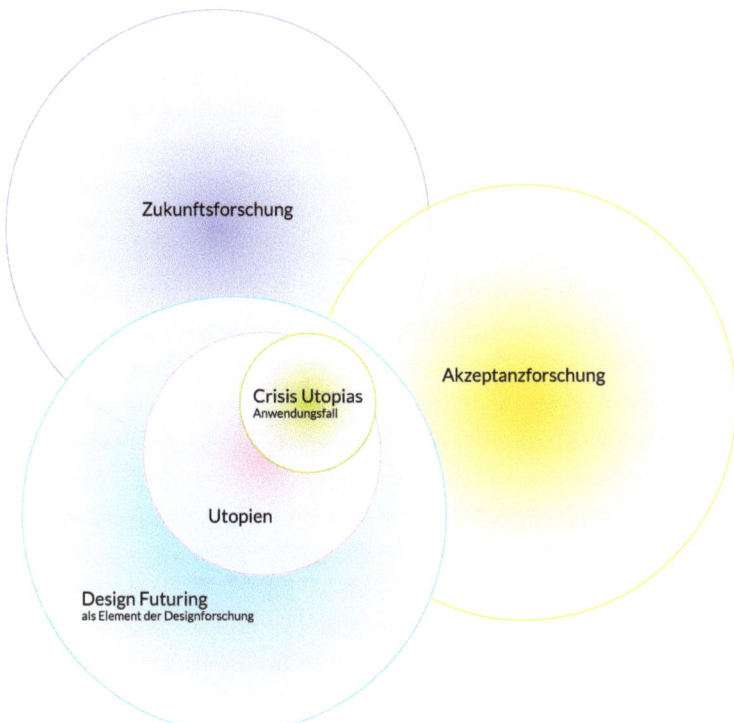

Abb. 1 Theoretische Bausteine: die interdisziplinäre Brücke, eigene Darstellung

Untersuchungen) identifizieren Akzeptanzhürden und -befähiger der Innovation und bringen diverse Perspektiven in den Entwicklungsprozess ein (Abb. 2). Somit zahlen diese drei auf eine nutzergerechte Entwicklung einer zukunftsweisenden Technologie ein und erhöhen den Innovationsgrad. Die Idee hinter dem Einsatz des Dreiklangs ist, Erkenntnisse über Emotionen, Werte und Bedarfe zukünftiger Nutzer:innen zu gewinnen, die über Akzeptanzhürden und -befähiger entscheiden.

Der Beitrag beschreibt, wie wir im Rahmen des Forschungsprojektes *ResKriVer* gemeinsam mit Expert:innen und der Zivilgesellschaft utopische Konzepte unter dem Titel *Crisis Utopias* als Verstetigung der interdisziplinären Brücke entwickelt haben. Dafür wurden Zukunftstrends in greifbare Krisenszenarien umgewandelt und herausgearbeitet, wie sich Technologien auf diese Zukunftsszenarien auswirken könnten. Die Crisis Utopias wurden im Anschluss in einem Ausstellungsformat aufbereitet und an drei Ausstellungsorten präsentiert. Durch eine Besucher:innen-Befragung und angeleitete Diskussionsformate konnten potenzielle Werte, Emotionen und Bedürfnisse zukünftiger Nutzer:innen der Technologien erfasst werden. Auch diese finden sich im folgenden Text.

Neben den wirtschaftlichen Vorteilen trägt ein bewusster Umgang mit Innovationen auch zu einer nachhaltigeren Zukunft auf sozialer und ökologischer Ebene bei. Wir wollen das Verantwortungsbewusstsein der Beteiligten stärken und sie motivieren, mit

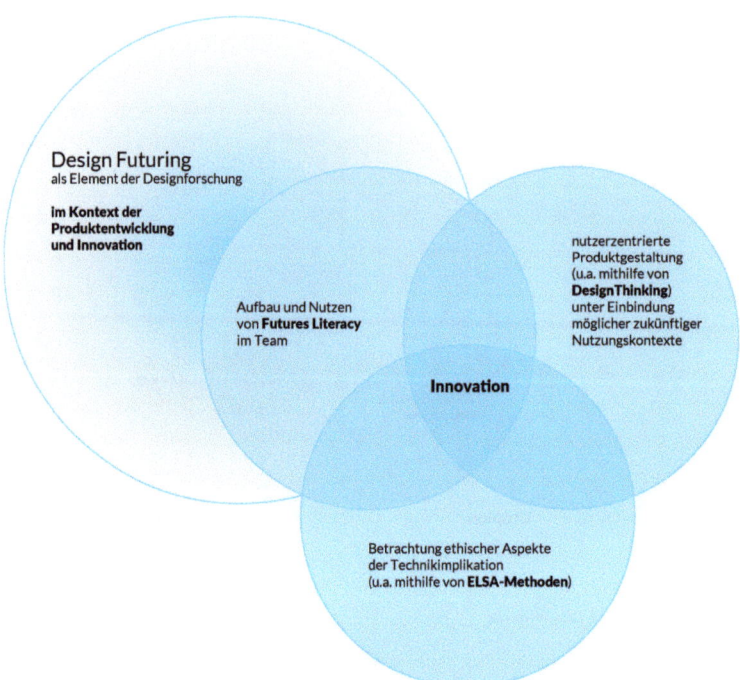

Abb. 2 Methodischer Dreiklang, eigene Darstellung

ihrer Arbeit eine gestaltende Haltung gegenüber der Zukunft in Überlegungen zur technischen Machbarkeit und Marktchancen zu integrieren.

Theoretische Bausteine: die interdisziplinäre Brücke

(Technologischer) Wandel ist ein Akt gemeinsamer gesellschaftlicher Gestaltung, die in einem kontinuierlichen Prozess der Forschung, Entwicklung und Anwendung der Technologie ethische, legale und soziale sowie ökologische Aspekte konsequent mitdenkt. Technologie wird so zum Wandlungstreiber, der gleichzeitig immer zur Lösung gesellschaftlicher Probleme beitragen muss. Geschieht die Einbeziehung der genannten Aspekte nicht, wirken technologische Innovationen als externe Triebkraft des Wandels, die nur durch technische Machbarkeit und menschlichen Ideenreichtum begrenzt ist (Jørgensen et al., 2009). Werden Innovationen allein aus Perspektive von Machbarkeit und Nutzerfreundlichkeit betrachtet, dann werden Einflüsse und gegebenenfalls negative Folgen für die soziale und ökologische Nachhaltigkeit der Entwicklung übersehen

Akzeptanzforschung – Ein Überblick

Um sich dem Thema Akzeptanz zu nähern, werden drei Ebenen betrachtet: Das Akzeptanzsubjekt (z. B. Nutzende einer Technologie) reagiert auf das Akzeptanzobjekt (z. B. eine Technologie) *„innerhalb der jeweiligen Rahmen- oder Ausgangsbedingungen (Akzeptanzkontext)"* mit Annahme oder Ablehnung (Schäfer & Keppler, 2013).Transformationen können durch Technologien ins Rollen gebracht werden, sind aber selten ausschließlich technologischer Natur und bringen somit weitreichendere Herausforderungen mit sich als solche, die auf der technologischen Ebene stattfinden. Parallel zum technischen Fortschritt setzt eine sozio-technische Transformation im sozialen Nutzungskontext ein, die sich somit auch im sozialen System vollzieht. Soziale Verhaltens- und Nutzungsmuster werden in der Entwicklung und im Gebrauch der Technologie mitproduziert (Zettl et al., 2022). Während sich technologischer Fortschritt exponentiell entwickelt, passt sich der Mensch nur linear an damit einhergehende Veränderungen an (Friedman, 2017). Nicht selten stoßen Technologien und damit einhergehende Veränderungsprozesse im sozialen Raum auf emotionale Reaktionen (de Bias, 2018). Werden diese nicht richtig adressiert, folgt die Ablehnung des Wandels durch die Betroffenen. Veränderungen gehen für Betroffene immer mit der Notwendigkeit einher, sich auf eine ungewisse, mehrdeutige Zukunft einzulassen, deren Konsequenzen gar nicht oder zumindest nicht in vollem Umfang absehbar sind. Unsicherheit und Angst vor dem Unbekannten erschweren infolgedessen Akzeptanz.

Daher haben wir ein Format entwickelt, um Emotionen gegenüber Zukunftsszenarien, in diesem Fall gegenüber utopischen Krisenszenarien, zu untersuchen. Dabei wurde zwischen den sechs Basisemotionen unterschieden, die der Psychologe Paul Ekman (1971) definiert hat: Freude, Überraschung, Angst, Ekel, Wut und Trauer (Ekman & Friesen, 1971). Unternehmen wir einen kurzen Exkurs in die Partizipationsforschung und deren Erkenntnisse zur Rolle von Emotionen. Vor allem Angst, Wut und Freude gelten als Treiber für politische Partizipation. Freude entsteht, wenn ein Reiz angenehm und bekannt ist und mit den eigenen Zielen übereinstimmt. Wut oder Ärger entstehen, wenn Reize unbekannt sind, den eigenen Zielen entgegenwirken, aber eine Veränderung/ Kontrolle als möglich erscheint, z. B. weil jemand verantwortlich gemacht werden kann. Angst hingegen entsteht durch unangenehme, unbekannte Reize, die nicht kontrollierbar sind (Obermaier, 2014). Emotionen haben zudem einen entscheidenden Einfluss auf Veränderungsprozesse und müssen adressiert werden.

Die Designforschung beschäftigt sich mit dem Thema *Emotional Design* bzw. damit, Produkte und Marken so aufzubauen und zu gestalten, dass sie bestimmte Gefühle bei Konsumenten ansprechen. So beschreibt Don Norman in „Emotional Design – why we love or hate everyday things" beispielsweise, dass Emotionen für eine Produktgestaltung auf drei Ebenen relevant sind: Die viszerale Ebene beschreibt die instinktive Reaktion auf die Gestaltung des Produktes, die verhaltensbezogene Ebene die Freude für die Funktionsweise dessen und auf der reflexiven Ebene werden die Rückschlüsse der eigenen Nutzung auf die Identität des/der Nutzer:in beschrieben. Werden auf diesen Ebenen positive Emotionen ausgelöst, verbessert dies die Problemlösefähigkeit und das kreative Denkvermögen. Negative Emotionen hingegen stärken die analytische, kritische Betrachtung eines Produktes (Norman, 2004). Es ist also nur folgerichtig, Emotionen in die Technologieentwicklung einzubeziehen.

Zusätzlich bietet eine ELSA-Betrachtung die Möglichkeit, weitere Perspektiven in den Entwicklungsprozess einzubinden. ELSA steht für ethische, legale und soziale Aspekte, die es im Innovationsprozess zu berücksichtigen gilt. Die Integration gesellschaftlicher Anforderungen in Forschung und Technologieentwicklung ist essenziell, um blinde Flecken und bestehende Stereotypen durch die Integration mehrdimensionaler Perspektiven aufzudecken (Trübswetter et al., 2020).

Im Rahmen von ResKriVer beschränkte sich der Akzeptanzkontext der zu entwickelnden Technologie jedoch nicht auf eine einzelne Organisation, sondern auf die gesamte Bundesrepublik. Die Akzeptanzforschung stand somit vor zwei Herausforderungen. Einerseits sollte eine noch nicht entwickelte Technologie auf Akzeptanz untersucht werden, andererseits geht die Krise als Akzeptanzkontext mit zukünftigen, unvorhersehbaren und dazu negativ besetzten Möglichkeitsräumen einher. Der Nutzungskontext hebt sich von unserer derzeitigen Gegenwart nicht nur auf Grund der fortgeschrittenen Zeit und damit einhergegangener Veränderungen ab, sondern auch in dem mit der Krise einhergehenden Ausnahmezustand. Hinzu kam, dass der Nutzungskontext der Technologie in einer eventuell auftretenden, zukünftigen Krisenlage liegt. Der Kontext, aber auch Aspekte von Subjekt und Objekt sind daher in der Gegenwart kaum zu beschreiben.

Grundverständnis der Zukunftsforschung

Das Verständnis von Zukunftsforschung, das dieser Arbeit zugrunde liegt, beruht auf der Unvorhersehbarkeit der Zukunft sowie der Auffassung, dass eine Vielzahl von zukünftigen Möglichkeiten existiert. Statt die Zukunft vorhersagen zu wollen, strebt ein Teil der Praktizierenden in der Zukunftsforschung danach, zukünftige Möglichkeitsräume zu erkunden, indem aktuelle Entwicklungsmuster identifiziert und unterschiedliche Vorstellungen von der Zukunft sichtbar gemacht werden. Gleichzeitig laden sie zur Mitgestaltung ein (Steinmüller 2003). Die Erkundung möglicher zukünftiger Entwicklungen auf der Grundlage eines kritischen Vergleichs bestehender Entwicklungspfade steht im Zentrum der vorausschauenden Forschung mit Technologiebezug. Bei der kritischen Betrachtung dürfen weder techno-ökonomische Netzwerke noch der sozio-technische Raum ausgelassen werden (Jørgensen et al. 2009). Dieses Vorgehen steht im Gegensatz zur Idee der Vorhersage und betont die Offenheit der zukünftigen Entwicklung.

Ergänzend verpflichten sich einige Zukunftsforscher:innen, die Zukunftskompetenz oder Kompetenz in Zukünften zu denken, auch *Futures Literacy* (FL) genannt, zu fördern. Unter Futures Literacy sind die Fähigkeiten vereint, plurale Zukünfte zu erkunden, zu verstehen, zu imaginieren und sich diese auf unterschiedliche Weise zu Nutzen zu machen (Miller, 2018; Bauer, 2021). Das Aneignen von FL hat das Potenzial, Innovationen auf ein höheres Niveau zu heben und Nachhaltigkeitsziele auf wirtschaftlicher, aber auch ökologischer und sozialer Ebene zu erreichen (UNESCO, 2019).

Unsere Vorstellungen von der Zukunft, sogenannte *Zukunftsbilder*, sind Konstrukte, die als Reflexionsbegriff gegenwärtiger Zukunftsvorstellungen fungieren (Grunwald, 2009). Die Erforschung möglicher Zukünfte kann Orientierungspunkte für das Entscheiden und Handeln in der Gegenwart liefern. Auf diese Weise wollen Zukunftsstudien Impulse setzen, die zur Diskussion, zu alternativem Denken und zum Perspektivenwechsel einladen (Schwabe et al., 2022) und Ankerpunkte zur Manifestation der Zukunft in der Gegenwart erschaffen.

In der medialen Öffentlichkeit sind vorrangig dystopische oder Technologie-deterministische Zukunftsbilder zu finden (Schneidewind, 2013), die geradezu naiv den Status quo reproduzieren, ohne zugrunde liegende Annahmen über die Zukunft zu hinterfragen (Theis et al. 2022). Darüber hinaus sorgt die eher einseitige, unreflektierte Vermittlung von Zukunftsbildern für eine Minderung der Zukunftskompetenz, da abweichende Zukünfte nur schwer vorstellbar sind. So werden diese Bilder auch in Innovationsprozessen (unbewusst) unreflektiert übernommen und dienen dennoch allzu oft als Grundlage für Entscheidungen bezüglich technologischer Entwicklungen (Polak, 1973).

Design Futuring: Designforschung und Visualisierung

Die Suche nach wünschenswerten Zukunftsbildern eint die Disziplinen Design und Zukunftsforschung. Zukunftsforschende stehen vor der Herausforderung, dass Zukunftsbilder hochgradig von eigenen Werten und Annahmen, aber auch medialen Bildern geprägt werden (Grunewald, 2009). Zudem beschäftigt sich die (kritische) Zukunftsforschung damit, vorherrschende Zukunftsbilder zu hinterfragen und die Vorstellung möglicher Zukünfte zu erweitern, sodass Menschen zu bewussten Mitgestaltenden von Zukunftspfaden werden. Um diese gesamtgesellschaftliche Voraussicht zu fördern („Social Foresight", Slaughter, 1996) werden Szenarien modelliert, Alternativen gegenübergestellt und diskutiert. Design übernimmt die wichtige Rolle, diese alternativen Zukünfte sichtbar und greifbar zu machen (Candy & Dunagan 2017), indem es Wissen in gestalteten Objekten materialisiert und damit ermöglicht, Wissen am Objekt selbst zu diskutieren (Mareis 2010).

In der Schnittmenge der beiden Disziplinen entstehen so u. a. mit Design Fiction und Speculative Design Futuring Ansätze, deren Ziel es ist, Zukunftsdiskurse zu gestalten, partizipativ zu öffnen und zu erweitern (Hohendanner und Ullstein 2024). Dabei können verschiedene Partizipationsmodelle angewendet und damit auch unterschiedliche Stufen der Teilhabe von Bürger:innen an Entscheidungsprozessen ermöglicht werden (ebd). Die hier beschriebene Vorgehensweise mündet in einer Form der Partizipation, die sich auf den Impuls zur Diskussion, die Möglichkeit einer Meinungsbildung sowie Teilhabe durch eine Teilnahme an einer Befragung beschränkt.

Ausgehend von den Erkenntnissen der bidirektionalen Wissenschafts-kommunikationsformate, wie Heidingsfelder (2018) sie bereits für die Technologie-akzeptanzforschung genutzt hat und den Ansätzen der Experiential Futures von Candy und Dunagan (2017), wurden im Anwendungsfall Zukunftsszenarien erfahrbar gemacht. Menschen werden so befähigt, ihre Perspektive auf zukünftige Technologien zu formulieren und auszudrücken (Heidingsfelder, 2018). Technische Innovationen werden als sozio-technische Systeme verstanden. Anhand von Artefakten und Räumen können sich Bürger:innen in die Zukunftsüberlegungen zu den sozio-technischen Systemen, die den Akzeptanzgrad bestimmen, hineinversetzen. So werden Erkenntnisse über Gefühle, Bedarfe und Werte gewonnen, die durch die Utopien bei den Teilnehmenden angestoßen werden und Einfluss auf die Akzeptanz nehmen. Das Wissen von Bürger:innen liefert eine wertvolle Quelle für den wissenschaftlichen Diskurs (Heidingsfelder, 2018; Unger 2014).

Unser Prozess orientiert sich an dem *Future Scoping-Ansatz* der Extrapolation Factory. Der Ansatz besteht aus einem eher analytischen Teil und einem kreativen Teil und startet mit einer Recherche zu aktuellen Trends und zukünftigen Entwicklungen. Diese werden mit Hilfe von Voros' Futures Cone und einer STEEP- Analyse verortet (Montgomery & Woebken, 2016). Voros unterteilt Zukünfte in unmögliche, mögliche, plausible und wahrscheinliche Zukünfte (Voros, 2003). Die STEEP zu deutsch STÖÖP Analyse clustert die Ergebnisse der Recherche in soziale, technologische, ökologische, ökonomische und politische Trends und Entwicklungen (Groß & Mandir, 2022). Durch die Verortung kann eine breite Diversität an Einflüssen auf die späteren Szenarien gewährleistet werden. Anschließend startet die eher kreative Phase, in der aus den Trends und Entwicklungen Geschichten oder Narrative über Zukünfte entstehen. Im letzten Schritt werden die Narrative in erfahrbare Artefakte übersetzt, um den Rezipienten eine tiefere Immersion zu ermöglichen und präsentiert (Montgomery & Woebken, 2016).

Ziel des Ansatzes im ResKriVer Projekt war es, mögliche Zukünfte zu untersuchen und später normativ mit der Bevölkerung zu diskutieren, um wünschenswerte Zukünfte zu erarbeiten (Herger, 2019) bzw. Bedarfe, Werte und Emotionen zukünftiger Nutzer:innen zu erheben (Abb. 3) .

Groß und Mandir (2022), die ihre Überlegungen bezüglich Design Futuring während der Projektlaufzeit veröffentlichten, bringen Design Futuring wie folgt auf den Punkt: Design Futuring befähigt *„Stakeholder:innen aus allen Bereichen der Gesellschaft mit den Mitteln des Design [...], sich unterschiedliche (wünschenswerte) Zukünfte vorzustellen und verhandeln zu können."* Zentral ist dabei die Entwicklung von Zukunftsszenarien, *„die greifbar, erlebbar und fühlbar sind, um die Entscheider:innen aus Wirtschaft, Politik und Gesellschaft zum Handeln zu bewegen."* Design Futuring setzt sich zusammen aus einem strukturierten Kreativprozess zur systematischen Auseinandersetzung mit dem zukünftigen Möglichkeitsraum und Kreativitätsmethoden, die es den Adressaten der Szenarien ermöglichen, sich ihren Alltag in den entwickelten Zukünften

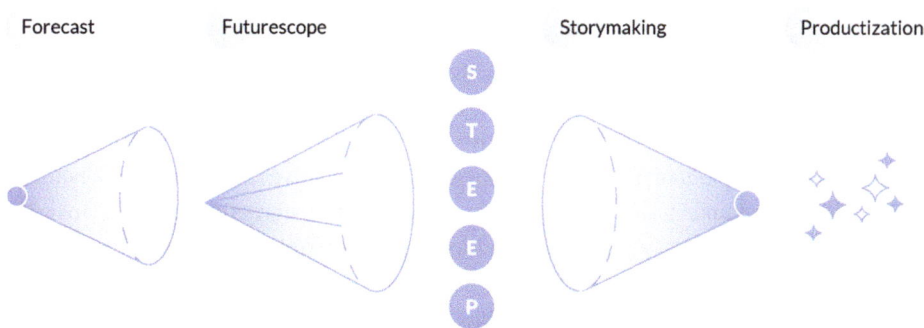

Abb. 3 „Future Scoping"-Ansatz nach Montgomery & Woebken (2016)

vorzustellen (Groß & Mandir 2022). Das praktische Erlebbarmachen von utopischen Ideen in Bürgerbeteiligungsprozessen ermöglicht eine kritische Bewertung zukünftiger Entwicklungen (Maahs, 2019). Diese Überlegungen wurden im ResKriVer Projekt in den Kontext der Produktentwicklung und Innovation eingebettet. Dazu wurden utopische Konzepte in einem Ausstellungsformat aufbereitet, um diese zukünftigen Entwicklungen erlebbar zu machen.

Utopien als zukünftige Gestaltungsräume

Um den Herausforderungen der Akzeptanzforschung zu begegnen, die durch den in der Zukunft liegenden Ausnahmezustand des Nutzungskontextes entstehen, wählten wir Utopien als Medium für das Design Futuring. Durch utopische Konzepte mit dem Titel *Crisis Utopias* konnten Erkenntnisse über Akzeptanz der Bevölkerung in Zusammenhang mit Technologien gesammelt werden. Gleichzeitig gewährleisteten die utopischen Konzepte einen reflexiven Blick auf zukünftige Möglichkeiten. Mit dem Begriff der Utopie wird eine eher neutrale bis positive Stimmung geschaffen, um zu verhindern, dass sich Teilnehmende allzu sehr in dystopischen Gedanken verlieren. Vielmehr soll ein konstruktiver Blick auf mögliche Lösungen von Problemstellungen innerhalb der Krise geworfen werden. Damit macht das Forschungsteam eine provokative These auf: Wenn wir akzeptieren, dass Krisen in Zukunft vermehrt unser Leben bestimmen, was wären dann wünschenswerte Wege damit umzugehen? Oder sind Krisen in ihrer Natur Ereignisse, die wir nicht in wünschenswerte Situationen überführen können?

Im Rahmen gesellschaftspolitischer Prozesse dienen Utopien als *„Produkte menschlicher Kreativität mit der Intention, durch die eigene Vorstellungskraft den Weg zu einem besseren Leben für alle innerhalb einer bestimmten Societät zu suchen* (Maahs, 2019, S. 50)." Utopien lassen heterogene Rezipienten einerseits kritisch auf den Status quo blicken und bieten gleichzeitig eine Basis für gemeinsames Nachdenken an. Die Utopie regt an, abseits von einem technisch getriebenen Determinismus selbst nachzudenken und zu diskutieren, wie wünschenswerte Entwicklungen aussehen und erreicht werden können. So werden Gestaltungsräume nicht allein Entscheider:innen und Ingenieur:innen überlassen (ebd.), sondern der breiten Gesellschaft zugänglich gemacht.

Crisis Utopias sind utopische Konzepte, die in Zeiten von Unsicherheit, Veränderung und Krisen entstehen. Sie stellen alternative Zukunftsvisionen dar, die trotz der gegenwärtigen Schwierigkeiten Hoffnung, Innovation und positive Transformation betonen. Krisenutopien erkunden die Möglichkeit, aus den Herausforderungen und Unsicherheiten herauszutreten, um eine bessere und lebenswertere Welt zu gestalten. In einer Zeit der Polykrisen, in der wir mit komplexen globalen Herausforderungen wie Klimawandel, sozialen Ungerechtigkeiten, politischer Instabilität und technologischem Wandel konfrontiert sind, gewinnen Krisenutopien an Bedeutung. Sie ermöglichen es uns, über den Horizont der Gegenwart hinauszublicken und mutige, kreative und inspirierende Visionen für die Zukunft zu entwickeln.

Die Basis der Crisis Utopias bilden sechs fiktive Geschichten über utopische Szenarien. Die Szenarien zeigen jeweils einen Lösungsansatz auf, wie Krisenbewältigung und Krisenkommunikation unterstützt durch technische oder soziale Innovationen in Zukunft positiv gestaltet werden können. Die Crisis Utopias verfolgen die Absicht, Gedankenkonstrukte zu Themen zu erschaffen, über die niemand nachdenken möchte (die Krise), um darin konstruktive Handlungsmöglichkeiten auszuloten und gleichzeitig ethische und soziale Aspekte mitzudenken. Dazu wurden utopische Konzepte (Crisis Utopias) entwickelt, die sich aus Design-Fiction-Geschichten, Hintergrundinformationen und verschiedenen visuellen und auditiven Zugängen zusammensetzen.

Die interdisziplinäre Brücke und der methodische Dreiklang

Auf Basis der beschriebenen Forschungsansätze der unterschiedlichen Disziplinen resultiert der Bedarf, ein methodisches Vorgehen zu entwickeln, das Innovationsteams befähigt, das Unbekannte der Zukunft anzuerkennen, verschiedene zukünftige Möglichkeiten konstruktiv zu erkunden und unter Berücksichtigung ethischer und sozialer Implikationen in Zukunftsvorstellungen einzubetten (Futures Literacy).

Gleichzeitig können zukünftige Nutzungskontexte für potenzielle Nutzer:innen greifbar dargestellt werden, damit auch sie sich einen Vorstellungsraum eröffnen und daraus Bedarfe, Werte und Emotionen gegenüber der zu entwickelnden Technologie ableiten können. Diese wiederum fließen in den Produktentwicklungsprozess als Akzeptanzhürden und -befähiger ein. Ergänzt wird der Produktentwicklungsprozess durch eine kontinuierliche, ganzheitliche ELSA-Betrachtung.

Anwendungsfall: Crisis Utopias im ResKriVer-Projekt

Mit dem Vorhaben ResKriVer hat sich das Konsortium zur Aufgabe gemacht, eine KI-basierte Service-Plattform zu entwickeln, *„die krisenrelevante Informationen sammelt, analysiert, verfügbar macht und darstellt; und die nutzerzentrierte Lösungen und Leit-linien für die Kommunikation dieser Informationen bietet"* (ResKriVer.de, siehe Kap. 1). Dazu wurde an verschiedenen Technologien gearbeitet, die die Daten der Service-Platt-form nutzbar machen. Im Rahmen der Entstehung der Crisis Utopias wurden folgende technologische Entwicklungen des Forschungsprojektes genauer betrachtet:

- Krisenkompass, als Krisen-Informations- und Leit-Tool für die Bevölkerung,
- KI-gesteuerte Drohnentechnologie zur Einschätzung der Krisenlage (siehe Kap. 12)
- Krisenhubs (*KAT-Leuchttürme*) als Krisenzentren für Rettungskräfte und Be-völkerung.

Das nachfolgend beschriebene Vorgehen wurde entwickelt, um Informationen zu Emo-tionen, Bedarfen und Werten der zukünftigen Nutzer:innen bzgl. der technologischen Überlegungen des Konsortiums zu sammeln und diese Perspektiven in den Ent-wicklungsprozess der genannten Technologien einbringen zu können. Dabei flossen die Ergebnisse des methodischen Dreiklangs aus Produktentwicklung (Design Thin-king),ELSA-Untersuchungen und dem Aufbau der Futures Literacy in die Entwicklung der Crisis Utopias ein, die zuletzt in einem Ausstellungsformat zugänglich gemacht und diskutiert wurden. Zusätzlich finden sich verschiedene innovative Technologiekonzepte aus dem ResKriVer Projekt in den utopischen Konzepten wieder und zeigen einen mög-lichen Nutzungskontext. An diesem werden Emotionen, Bedarfe und Werte gegenüber der Technologie und ihrer gesellschaftlichen Einbettung reflektiert und verhandelt.

Über den Diskurs, der durch das Ausstellungsformat eröffnet wird, werden Akzeptanzhürden und -befähiger aus den Angaben der Besucher:innen abgeleitet.

Die Erstellung der Crisis Utopias erfolgte in fünf Phasen, in denen auf unterschied-liche Art und Weise der methodische Dreiklang zum Einsatz kam. Geschulte Design Thinker:innen werden Parallelen zu einem typischen Design Thinking Prozess erkennen (siehe Abb. 4).

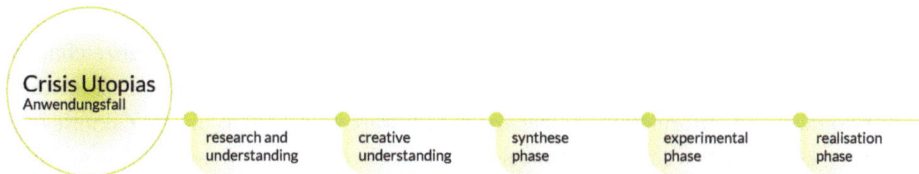

Abb. 4 Entwicklungsprozess der Crisis Utopias, eigene Darstellung

Insgesamt entstanden im Laufe des Prozesses sechs utopische Konzepte (Crisis Utopias), die in Design-Fictions (Geschichten) eingearbeitet sind und im Rahmen der Ausstellung gelesen oder in vertonter Variante angehört werden konnten. Um in die Geschichten auch auf visueller Ebene eintauchen zu können, wurden sie durch den Modellbauer Sönke Freitag vom Miniaturwunderland Hamburg in Miniaturwelten übersetzt, die zu jeweils einer Geschichte als Ausstellungsstück präsentiert wurden. Die Besucher:innen konnten im Anschluss ihrer Erfahrung, ihre Gefühle und Gedanken zu den Geschichten auf Evaluationskarten festhalten und/oder in die Diskussion vor Ort mit einbringen.

Um die Überlegungen zu den Technologieentwicklungen aus dem Jetzt herauszuheben und in einen möglichen zukünftigen Nutzungskontext einzubetten, sollte Futures Literacy innerhalb des eigenen Teams sowie des Konsortiums gestärkt werden. Eine tiefere Betrachtung der Etablierung von Futures Literacy sowie eine ausführliche Beschreibung der Entwicklung von Crisis Utopias findet sich in einer vorangegangenen Veröffentlichung von Bauer und Meinzer (2023). Nachfolgend beschreiben wir in Kürze unser Vorgehen.

Research and Understanding Phase

Die erste Phase *Research and Understanding* dreht sich darum, Informationen über Gegenwart und Zukunft zu sammeln, zu ordnen, zu verstehen und zu verknüpfen. Um Informationen über die Zukunft zu sammeln, haben wir uns am Future Scoping Prozess von Montgomery und Woebken (2016) orientiert. In einer ersten *Forecast-Phase* werden passende Entwicklungen aus Wissenschaft und Gesellschaft sowie Trends zusammengetragen, um sie im nächsten Schritt auf ihre sozialen, technologischen, ökonomischen, ökologischen und politischen Implikationen (STÖÖP oder engl. STEEP-Framework) zu untersuchen. Damit haben wir folgende Ziele in der Research and Understanding Phase verfolgt:

1. Verständnis des Kontexts des öffentlichen Krisenmanagements und der Kommunikation im Allgemeinen
2. Erforschung von Trends, die sich auf die Krisenkommunikation in der Zukunft auswirken
3. Analyse der Nutzerbedürfnisse an die Technologie

Um uns den Zielen zu nähern, haben wir einerseits sich schon heute abzeichnende Trends recherchiert, um Ideen zu erhalten, wie Krisenbewältigung in der Zukunft aussehen könnte. Um Informationen über die Gegenwart zu erhalten, die in Zukunft relevant sein könnten, wurden andererseits neben Recherchearbeiten Interviews mit Mitarbeitenden aus Behörden und Organisationen mit Sicherheitsaufgaben (BOS) geführt.

Zeitgleich begann im ResKriVer Projekt der Design Thinking Prozess zur Ideen-findung für einen Krisenkompass, der die Öffentlichkeit durch die Krise führen soll, indem er ihr einen einfachen Zugang zu allen benötigten Informationen liefert. Unter an-derem wurden Krisenbetroffene zu ihren Erfahrungen in unterschiedlichsten Krisen be-fragt. Hierbei konnte das Projektteam ein tiefes Verständnis für soziale Muster und emo-tionale Reaktionen in Krisen erhalten.

Die Ergebnisse wurden zur weiteren Nutzung unter anderem anhand der Aufteilung auf der STÖÖP-Matrix, und der Frage ausgewählt, inwiefern der Trend tatsächlich die Kommunikation zwischen Bürger:innen untereinander, die Kommunikation zu Krisen-stakeholder:innen oder die allgemeine Kommunikationsinfrastruktur und -kultur beein-flussen würde. Über die STÖÖP-Matrix haben wir außerdem sichergestellt, dass nicht ausschließlich technologische Ideen Einzug in die Crisis Utopias erhielten. Die aus-gewählten Trends wurden in handhabbare Trendkarten überführt.

Creative Understanding Phase

Um tiefer in das gesammelte Material einzutauchen, wurden in der *Creative Understan-ding Phase* verschiedene Kreativ-Methoden eingesetzt und der Prozess für eine Vielzahl an Ideengeber:innen geöffnet. Neben einem Future Wheel Workshop mit Expert:innen aus dem ResKriVer-Team, bei dem die Folgen von Trends immer weiter in die Zukunft gedacht werden, wurden Futurist:innen und Designer:innen zu einem Design Fiction Workshop eingeladen. Aus dem gesammelten Material der Research and Understan-ding Phase sollten in diesem Workshop die Crisis Utopias auf Basis der Trendkarten gemeinsam erarbeitet werden. Ursprüngliches Ziel war die Erstellung von Krisen Uto-pie-Geschichten (Design Fictions), welche positiv-konstruktive Blickwinkel auf die Ent-wicklungspfade der ausgewählten Trends und deren Auswirkungen werfen.

An diesem Punkt stellten wir fest, dass selbst Menschen, die darin geschult sind, in verschiedenen Zukünften zu denken, dazu neigen, dystopische Geschichten zu schreiben, wenn es um Krisen geht. Dennoch brachte der Workshop ein tieferes Verständnis dafür, wie die Menschen die Zukunft der Krisenkommunikation sehen. In weiteren Workshops, wie einem Bionik-Workshop mit dem Konsortium, wurden Ideen zur Technologieent-wicklung vertieft und erweitert, indem wir uns Krisen- und Warnsysteme der Natur an-gesehen haben.

Synthese Phase

Aus dem akkumulierten Wissen der vorangegangenen Phase entstanden in der *Synthese Phase* die Crisis Utopias in Form von utopischen Konzepten, deren Basis sechs fiktive Geschichten über utopische Szenarien bildeten. Wir haben uns für utopische Erzählungen als Format entschieden auf Grund der Eignung von Utopien, Teilnehmende zu befähigen, über alternative Möglichkeiten konstruktiv nachzudenken, die durch aktives menschliches Verhalten zu allgemeinen gesellschaftlichen Verbesserungen führen (siehe Utopien als zukünftige Gestaltungsräume).

Schlussendlich wurden in einem internen Kreativ-Workshop alle bisher von verschiedenen Stakeholdern geäußerten Zukunftsideen gesammelt, neue kreiert und auf ihre Diversität von Annahmen untersucht: Gibt es sowohl Szenarien, die technisch-kritisch als auch technisch-optimistisch in die Zukunft schauen? Gibt es Szenarien, die neo-liberale Pfade der Krisenkommunikation zeigen? Gibt es als Gegenentwurf auch gemeinwohlorientierte Pfade? Um mit den Design Fictions im späteren Schritt Spannungsfelder wie diese zu diskutieren, wurde versucht, immer einen positiven Gegenpol zu einem Zukunftsszenario zu gestalten.

Zudem wurden Schlüsselfragen formuliert, die dabei helfen, Akzeptanzfaktoren zu identifizieren.

Diese Schlüsselfragen wurden in die Geschichten eingeflochten. Sie basieren auf Fragestellungen, die während des Design Futuring Prozesses und in den ELSA-Untersuchungen aufgetreten sind. So hat sich das Konsortium im ersten ELSA-Workshop z. B. die Frage gestellt, ob Humor ein Wert von Krisenkommunikation sein darf. Die Frage wurde schnell verneint, aber hat gleichzeitig große Ambivalenzen ausgelöst. Die Crisis Utopia mit dem Titel *Happy KrisenMeal bei MCES* hat z. B. gefragt: *„Darf Krise Spaß machen?"*, während die Crisis Utopia *Allerbeste Krisenfreunde* sich mit der Frage beschäftigt, in welchem Rahmen Menschen bereit sind, anderen zu helfen, und welche Rolle Anreize, Eigenverantwortung und mögliche Verpflichtungen dabei spielen.

Folgende Fragen wurden gestellt:

Szenario I: Allerbeste Krisenfreunde:
- Würden Sie sich für das Krisenbuddyprogramm anmelden?
- Lassen Sie sich von einer/ einem ausgebildeten Helfer:in retten?

Szenario II: Happy KrisenMeal bei MCES
- Darf Krise Spaß machen?
- Fahren Sie in der Krise an einen Ort des Vertrauens oder in offizielle Evakuierungs-Zentren?

Szenario III: Digitaler Waldbrand
- Sollten Influencer:innen Warnmeldungen weitergeben müssen?
- Vertraust du den Informationen, die Zeronaar (virtuelle Influencerin) weitergibt?

Szenario IV: Krise im Premiumpaket
- Würdest du die Foresight VR App in Krisenzeiten benutzen?
- Darf individuelles Krisenmanagement ein privatwirtschaftlicher Markt werden?

Szenario V: Auf dem Autospielteppich durch die Krise

- Sollten sich Unternehmen und BOS vermischen dürfen?
- Würdest du in Krisen den Verkehrsanweisungen eines selbstfahrenden Autos folgen?

Szenario VI: Die mit der Drohne tanzen

- Möchtest du dich für Drohnen unsichtbar machen können?
- Was ist dir in der Krise wichtiger? – Sicherheit oder Privatsphäre?

Ein anderes Beispiel, wie Projektergebnisse in die utopischen Konzepte eingeflossen sind, ist der *Krisenkompass,* der in Zusammenarbeit mit dem Innovationsmanagement des rbb entstand. Dazu wurde ein typischer Design Thinking Prozess zur Produktentwicklung durchlaufen. Hier entstandene Ideen wurden später auch in die Geschichten zu den Crisis Utopias eingeflochten. Im Zuge der Entwicklung haben wir z. B. über die Verknüpfung von zivilen und offiziellen Helfer:innen nachgedacht. So entstand das Szenario der Krisenbuddies. Aus Überlegungen zu Geschäftsmodellen entstand das Szenario *Krise im Premiumpaket.* Der Drohnentanz und das Happy Krisen Meal entstanden aus der Verknüpfung von Krisenkompass, Drohnen und KAT-Leuchttürmen.

Im Prozess der Konkretisierung entfernt sich die Erzählung zwar vom datenbasierten Ausgangsmaterial, macht Szenarien aber für Außenstehende greif- und diskutierbar (Candy & Dunagan, 2017; Bauer, 2021). Die damit einhergehende Distanz zu den Rohdaten (Trends, Interview-Aussagen, usw.) wurde in späteren Schritten mit „Hintergrundrecherche"-Texten ergänzt, sodass Leser:innen sowohl immersiv in die Geschichte eintauchen können, als auch die Genese der Geschichten nachvollziehen konnten.

Experimental Phase

Bevor die Crisis Utopias der breiten Öffentlichkeit vorgestellt wurden, gab es eine interne Testphase, um die Tauglichkeit der Geschichten zur Beantwortung der Schlüsselfragen zu testen (*Experimental Phase*). Bei der ersten Vorstellung der Design Fictions waren die Rückmeldungen beispielsweise von Fragen über Wahrscheinlichkeiten dominiert („*Würde das wirklich so eintreten?"*). Der Zweck der Utopien besteht nicht darin, die Zukunft vorauszusagen oder Szenarien mit hoher Eintrittswahrscheinlichkeit zu finden. Vielmehr sollen sie (wie in 2.2 beschrieben) einen Möglichkeitsraum eröffnen, mit deren Hilfe Rezipienten Aussagen zu wünschenswerten Zukünften formulieren können. Daher unterband der Wunsch der Teilnehmenden nach einer Wahrscheinlichkeitsbeurteilung unter anderem Rückmeldungen und authentische Reaktionen zu Akzeptanz und den Gefühlen gegenüber den Szenarien. Um dieser Problematik zu begegnen, erstellten wir zu jeder Geschichte Texte zur Hintergrundrecherche.

Darüber hinaus zeigten die Rezipienten aber starke emotionale Reaktionen auf die Geschichten (Ablehnung, Begeisterung, Irritation usw.), was eine optimale Grundlage für eine Diskussion bot. Die Experimental Phase nutzten wir zur stetigen Iteration unserer utopischen Konzepte, indem wir logische Unstimmigkeiten und zu abstrakte Handlungsstränge entfernten und auf Feedback der Expert:innen eingingen. Nachfolgend werden die Crisis Utopias in Kürze zusammengefasst. Die vollständigen Geschichten sind nachzulesen unter: https://crisisutopias.wordpress.com/

Crisis Utopias – ein Überblick

Szenario I: Allerbeste Krisenfreunde

Das Projekt „Krisenbuddy" zielt darauf ab, präventiv auf Krisensituationen zu reagieren, indem Bürgerinnen und Bürger in Verantwortungsgemeinschaften zusammengeführt werden. Über das Einwohnermeldeamt melden sich Freiwillige als 'Krisenbuddies' und geben ihre Fähigkeiten sowie Hilfebedarfe an. Ziel ist es, gefährdete Gruppen zu unterstützen. Die Buddies werden in Gruppen eingeteilt, treffen sich regelmäßig und sollen während einer Krise sicherstellen, dass alle Mitglieder Unterstützung erhalten. Dabei können Notfallknöpfe verwendet werden. Das System fördert die Sicherheit und das Zusammenwachsen der Gemeinschaften, da Nachbarn einander näherkommen und Einsamkeit verringert wird.

Szenario II: Happy KrisenMeal bei MCES

Das Mobile Centre for Evacuation and Safety (MCES) ist eine innovative Evakuierungsstätte für Familien, die sie während Krisen aufsuchen können. Ursprünglich waren diese Einrichtungen Fastfood-Restaurants, die aufgrund von Verboten und staatlicher Übernahme nun für das Krisenmanagement genutzt werden. MCES bietet familienfreundliche Umgebungen mit Spielplätzen, VR-Videogames und Treffpunkten für Kinder. Erwachsene können sich am KAT-Leuchtturm informieren und Tee oder Cocktails genießen. Die Küchen werden für die Verpflegung genutzt, die oft aus hochwertigen Speisen und Getränken besteht. Diese Krisenzentren bieten nicht nur physische Sicherheit, sondern schaffen auch positive Erinnerungen und Gemeinschaftsgefühl.

Szenario III: Digitaler Waldbrand

Beschrieben wird eine Zukunft, in der soziale Medien in virtuelle Dörfer im Metaverse umgewandelt wurden, in denen Menschen mit ähnlichen Interessen zusammenkommen. Diese „NeoTribes" bieten eine Flucht vor der Realität, aber auch eine Herausforderung für die Krisenkommunikation. Das Bundesministerium für Krisenbewältigung ist besorgt darüber, dass sie die Bevölkerung nicht mehr effektiv erreichen kann. Ein tragischer Vorfall während eines Waldbrandes führt dazu, dass das Ministerium beschließt, größere Tribes stärker in den Krisenprozess einzubeziehen. Die virtuelle Influencerin ZEROONAR übernimmt die Aufgabe, ihre NeoTribe über Krisen zu informieren und sie in die Realität zurückzubringen, wenn nötig.

Szenario IV: Krise im Premiumpaket

In einer Talkshow erzählt Magnus von seinem Erlebnis während einer drohenden Über-schwemmung, als ihm eine WarnApp nur gegen Bezahlung aktuelle Wetterdaten anbot. Er kritisiert die profitorientierte Ausnutzung von Gefahrensituationen. Eine Petition for-dert, dass Gewinne aus solchen Dienstleistungen dem Gemeinwohl zugutekommen. Ein Oppositionspolitiker verteidigt die Profitmöglichkeiten, während die Moderatorin auf eine neue gesetzliche Regelung hinweist, die Krisengewinne teilweise abschöpfen soll. In der anschließenden Diskussion werden verschiedene Verwendungsmöglichkeiten für die abgeschöpften Gewinne vorgeschlagen.

Szenario V: Auf dem Autospielteppich durch die Krise.

Im Jahr 2050 boomt der Sharing-Markt, unterstützt durch selbstfahrende Autos und neue Bezahlsysteme. Die Feuerwehr nutzt diese Autos während Krisen für den Transport von Hilfsbedürftigen und zum Blockieren von Straßen. Dies wird von der Gemeinschaft be-grüßt und führt zu einer Veränderung der Mobilitätsansichten. Im Laufe der Zeit werden immer mehr Dienste als Allgemeingut angesehen, und sogar private Autobesitzer:innen können ihre Fahrzeuge der Allgemeinheit zur Verfügung stellen. Der Status von Autos ändert sich, und interaktive Aufkleber betonen deren Rolle bei der Rettung von Leben.

Szenario VI: Die mit der Drohne tanzen

Moa und Kim joggen im Wald, als ein Gewitter aufzieht und ein Blitz einschlägt, der einen Brand auslöst. Sie entkommen unverletzt, aber eine Such- und Rettungsdrohne der Feuerwehr nähert sich. Um nicht von der Drohne erfasst zu werden, tanzen sie den Drohnen-Dance, der per Gesetz festgelegt ist, um anonym zu bleiben und zu zeigen, dass sie keine Hilfe benötigen. Kim trägt sogar einen speziellen Drohnen-Hut, der sie für die Drohne unsichtbar macht.

Umsetzung und Ausstellung: Partizipation von Bürger:innen im Rahmen des Anwendungsfalls Crisis Utopias

Das Herzstück der Vorgehensweise im Anwendungsfall Crisis Utopias ist das Aus-stellungsformat mit ebendiesem Titel, das die entstandenen Design Fictions der Öffentlichkeit präsentiert und für diese besprechbar macht.

Das Ausstellungsformat umfasst die sechs Crisis Utopias in Form von jeweils einer Geschichte (Design-Fiction) im Text- und Audioformat, den entsprechenden Hinter-grundinformationen und einem Miniaturmodell. Zu jeder Geschichte gibt es darüber hin-aus eine entsprechende Evaluationskarte, die die Schlüsselfragen der eingearbeiteten Cri-sis Utopias berücksichtigt (Abb. 5).

Während der Projektlaufzeit wurden die Szenarien an drei Ausstellungsorten präsen-tiert: Als Pop-Up Ausstellung an zwei Abenden in einem Co-Working Space in Ham-burg, für zwei Wochen in einem Reha Zentrum in Lübben und als Programmpunkt der

Abb. 5 Miniaturmodelle der Konzepte *‚Auf dem Autospielteppich durch die Krise'* und *‚Die mit der Drohne tanzen'*, eigene Darstellung

Abb. 6 Miniaturmodelle in der Ausstellung in Hamburg, in Lübben und im Wendland

KLP (kulturelle Landpartie) im Wendland für ebenfalls zwei Wochen. Zusätzlich wurden punktuell Austauschformate angeboten, um über Gedanken und Empfindungen, die durch die Ausstellung ausgelöst wurden, zu diskutieren (Abb. 6).

Evaluation Anwendungsfall Crisis Utopias

Ziel der Auswertung war aus dem, was uns die Besucher:innen an Gedanken dagelassen haben, Emotionen, Werte und Bedarfe herauszufiltern und daraus Akzeptanzbefähiger und -hürden abzuleiten. Dazu folgte eine qualitative Auswertung des Materials.

Auswertung der Ausstellungsfragebögen

Die Ausstellung wurde von Evaluationskarten begleitet. Auf diesen konnten die Besucher:innen Ihre Emotionen zu den Geschichten ausdrücken und begründen. In unserer

Untersuchung haben wir Emotionen abgefragt, da sie eine zentrale Rolle in der Wahrnehmung und Verarbeitung von Krisenszenarien spielen. Die Teilnehmenden hatten die Möglichkeit, in die verschiedenen utopischen Konzepte entweder visuell oder auditiv einzutauchen. Nach dieser Erfahrung wurden sie gebeten, auf Evaluationskarten die Emotionen zu benennen, die durch die jeweiligen Geschichten ausgelöst wurden. Dabei konnten sie aus den sechs Basisemotionen wählen: Freude, Überraschung, Angst, Ekel, Wut und Trauer (siehe Akzeptanzforschung – Ein Überblick).

Insgesamt konnten 205 Fragebögen eingesammelt werden. Besucher:innen schrieben zu ihren Gefühlen beispielsweise:

- *„Die Idee [Drohnen Dance] finde ich per se gut, aber könnte dazu führen, sich dauerhaft beobachtet zu fühlen (=Unbehagen). Gerade in einsamen Gegenden könnte es ein Vorteil sein (=erwartungsfreudig). "*
- *„Überraschung → ich finde es besorgniserregend, dass wir Buddies brauchen und Familie/ Freund:innen nicht diese [Buddies] sein können. "*
- *[Auf dem Autospielteppich] „Zweifel: steht das Allgemeinwohl über dem Wohl des Einzelnen? For the greater good → Das Motto Grindelwalds aus Harry Potter bleibt in meinen Augen fraglich. "*

Auswertung Emotionen

Das Emotion Cluster (Abb. 7) zeigt, welche Emotionen vorrangig bei den Rezipienten ausgelöst wurden. Vier der sechs Szenarien lösten bei einer Vielzahl der Teilnehmenden Freude aus. Ein tieferer Blick in die Begründungen verrät, dass der Faktor Gemeinschaft in Szenario I und II und der spielerische Ansatz in Szenario V und VI maßgeblich für das Gefühl der Freude waren. Gemeinschaft und spielerische Ansätze können somit Leitlinien für die technologischen Entwicklungen im Projekt bieten.

Hingegen gab ein Großteil der Teilnehmenden an, dass Szenario IV Wut oder Ekel in ihnen hervorruft, was häufig mit der Idee aus der Krise Kapital zu schlagen einherging. Dennoch gab es Stimmen, die eine privatwirtschaftliche Organisation von Krisenbewältigung für effektiver halten als die derzeit überwiegende staatliche Verwaltung. Ein entsprechendes Geschäftsmodell könnte folglich privatwirtschaftlich organisiert sein, sich aber gleichzeitig strenge Richtlinien auferlegen, die dem Allgemeinwohl dienen oder sich in Verantwortungseigentum oder Genossenschaften organisieren.

Szenario III hat vor allem Angst und Trauer ausgelöst. Grund dafür war die Befürchtung, dass Menschen sich in Zukunft immer mehr in virtuellen Realitäten verlieren. Szenario III hat daher eher schlecht funktioniert. Unsere Intention war herauszufinden, inwieweit Social Media zur Krisenkommunikation genutzt werden kann; ob Menschen sich vorstellen können, dass Influencer:innen Aufgaben der öffentlichen Sicherheit übernehmen. Tatsächlich konnten wir dennoch einige Stimmen einfangen, die den Einbezug von erfolgreichen Social Media Accounts als wichtig für bestimmte Zielgruppen empfanden, wenn Behörden der öffentlichen Sicherheit die Informationshoheit behalten und über die kommunizierten Informationen bestimmen.

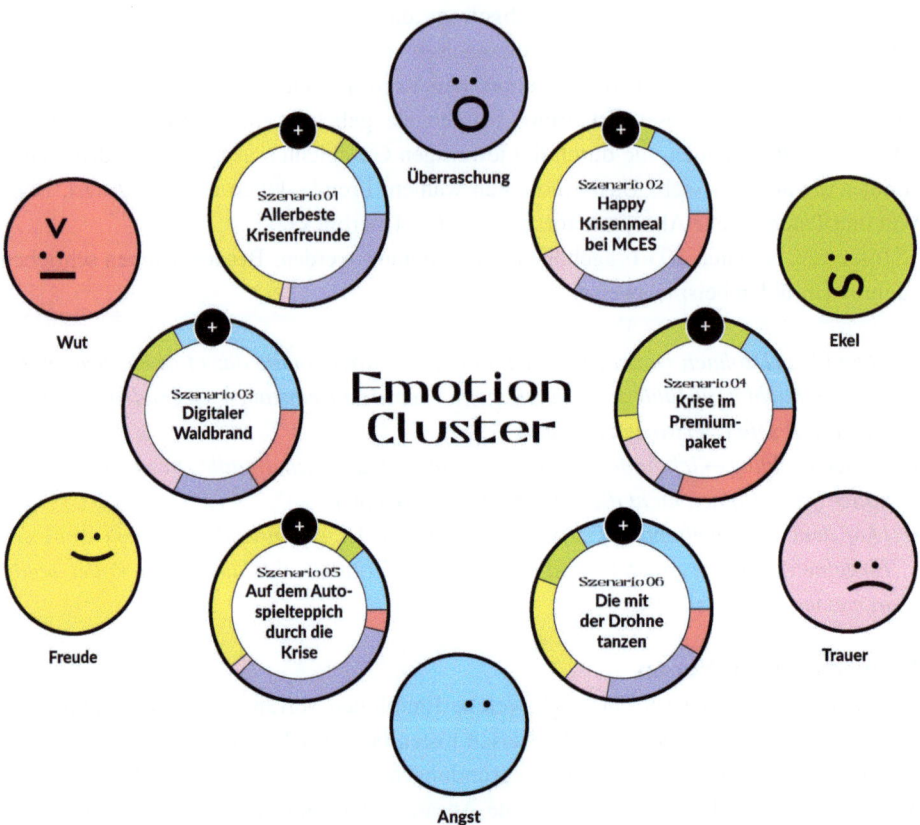

Abb. 7 Emotion Cluster, eigene Darstellung

Auswertung Schlüsselfragen

Neben den Emotionen konnten die Besucher:innen auf dem Evaluationsbogen zu jeder Geschichte zwei spezifische Fragen beantworten und ihre Gedanken dazu festhalten. Die konkreten Fragestellungen zu den sechs Geschichten adressieren die jeweiligen Schlüsselfragen, die den sechs Utopien zugrunde liegen (siehe Synthese Phase). Z.B. waren sich die Teilnehmenden bei der Frage aus der Geschichte mit dem Titel *Happy KrisenMeal bei MCES*: „*Darf Krise Spaß machen?*" sicher, dass Momente von Spaß und Freude sogar ein wichtiger Faktor der emotionalen Krisenbewältigung sind. Weitere Fragen behandeln, in welchem Rahmen Menschen bereit sind, anderen zu helfen, und welche Rolle Anreize, Eigenverantwortung und mögliche Verpflichtungen dabei spielen; ob Menschen sich vorstellen können, in der Krise androiden Rettungskräften zu folgen oder eher Menschen und Nachbar:innen. Oder, welche Privatsphäre sie bereit sind aufzugeben, um Sicherheit z. B. durch den Einsatz von Drohnen zu gewährleisten.

Die Antworten der Schlüsselfragen flossen in die Auswertung der Szenarien ein (siehe Zusammenfassende Auswertung der Szenarien).

Zusammenfassende Auswertung der Szenarien

Während der Projektlaufzeit wurden die Szenarien an drei Ausstellungsorten präsentiert: Durch die unterschiedlichen Ausstellungsorte konnte ein vielseitiges Publikum erreicht werden. Neben der quantitativen Auswertung zu den Emotionen, lässt sich aus der qualitativen Auswertung folgendes Feedback zusammenfassen:

Im **Szenario I – *Allerbeste Krisenfreunde*** zeigt sich eine überwiegend positive Aufnahme der Konzepte von Gemeinschaft und Solidarität, insbesondere im Hinblick auf die gut organisierte Nachbarschaftsvernetzung. Diese wird als sinnvoll und potenziell gewinnbringend bewertet, da sie das Gefühl von Zusammenhalt und kollektiver Sicherheit in Krisensituationen stärkt. Bürger:innen schätzen ein gut organisiertes Hilfesystem, aber wünschen sich gleichzeitig qualifizierte Rettungshelfer. Bedenken bestehen vor allem hinsichtlich der praktischen Umsetzung und der damit verbundenen Sicherheitsaspekte und eventueller Überforderung der Laienhelfer, was die Notwendigkeit der Etablierung klarer Sicherheitsstandards unterstreicht. Da einige Teilnehmende Potenzial für Bürgermilizen und Überwachung sehen, sind eine transparente Kommunikation und die Einbindung der Teilnehmenden in den Umsetzungsprozess essentiell, um die Akzeptanz und den Erfolg des Programms langfristig zu sichern.

Im **Szenario II – *Happy KrisenMeal bei MCES*** umfasst die emotionale Reaktion der Teilnehmenden auf den MCES-Ort (Mobile Centre for Evacuation and Safety: eine innovative Evakuierungsstätte für Familien während der Krisen) ein breites Spektrum. Besonders hervorgehoben wird die Bedeutung von Gemeinschaft und die Möglichkeit zur Unterhaltung und Ablenkung, die in schwierigen Zeiten von großer Relevanz sind. Vertraute Orte, die für Freude in der Krise sorgen und gleichzeitig Informationen und Sicherheit anbieten, geben Bürger:innen ein gutes Gefühl. Die Sicherheitsaspekte und die Gewährleistung von Privatsphäre werden als entscheidend angesehen, um den MCES-Ort zu einem geschützten und vertrauenswürdigen Rückzugsort zu machen. Diese Ergebnisse betonen die Notwendigkeit, sowohl physische Sicherheitsanforderungen als auch psychosoziale Bedürfnisse in der Konzeption und Umsetzung zu berücksichtigen. Bürger:innen stellen sich die Frage, ob freudige Orte in Krisenzeiten bei der Bewältigung von Traumata unterstützen oder eher zur Verdrängung beitragen. Kritisch betrachtet wird dabei die mögliche Förderung von oberflächlicher Konsumfreude inmitten der Krise.

Szenario III – *Digitaler Waldbrand* verdeutlicht eine differenzierte Haltung gegenüber sozialen Medien und virtuellen Realitäten. Bürger:innen kritisieren den Bezugsverlust zur Realität und das Konzept Influencer:innen. Während die Befragten die Potenziale für Innovation und neue Interaktionsformen anerkennen, bestehen erhebliche Bedenken hinsichtlich der Sicherheit, Authentizität und der möglichen Beeinträchtigung realer zwischenmenschlicher Kommunikation. Bürger:innen weisen auf die Herausforderung hin, die Informationshoheit zu definieren und die Relevanz von Informationen richtig einzuschätzen. Es wird eine stärkere Transparenz und Regulierung dieser Technologien gefordert, um den Nutzer:innen Sicherheit und Verlässlichkeit zu bieten. Die Balance zwischen technologischem Fortschritt und der Wahrung grundlegender menschlicher Werte wird als entscheidend erachtet.

Im **Szenario IV** – *Krise im Premiumpaket* wird die Kommerzialisierung und Privatisierung von Kriseninformationen und -diensten klar abgelehnt, da sie als ausbeuterisch und ungerecht wahrgenommen wird. Bürger:innen trauen Unternehmen nicht zu, gut mit Daten und Gewinnen umzugehen, sehen in einem geregelten Rahmen aber durchaus Vorteile z. B. Effizienz in der Privatisierung von krisenrelevanten Aufgaben. Die Teilnehmenden fordern staatliche und soziale Alternativen, um sicherzustellen, dass alle Menschen, unabhängig von ihrer ökonomischen Situation, Zugang zu kritischen Informationen haben. Diese Position reflektiert ein tiefes Misstrauen gegenüber der Rolle des privaten Sektors und unterstreicht die Notwendigkeit verstärkter öffentlicher Verantwortung. Gleichzeitig empfinden Bürger:innen das virtuelle Trainieren von Krisensituationen als sinnvoll.

Szenario V – *Auf dem Autospielteppich durch die Krise* zeigt eine breite Meinungsvielfalt in Bezug auf die diskutierte Technologie, die von Begeisterung bis zu erheblichen Bedenken reicht. Die Vorteile von Carsharing und selbstfahrenden Fahrzeugen, insbesondere für Notfallsituationen und Rettungsdienste, werden anerkannt, während gleichzeitig Datenschutzbedenken und die mögliche Abhängigkeit von autonomen Systemen kritisiert werden. Bürger:innen stehen vor der ambivalenten Frage, ob Gemeinwohl über Individualität steht. Nicht allen sagt ein Sharing-Modell zu. Eine Art von Gemeinwohlpflicht wird sehr unterschiedlich eingeschätzt. Diese Diskussion verdeutlicht die Notwendigkeit einer ausgewogenen Betrachtung der technischen, ethischen, rechtlichen und sozialen Implikationen der Technologie. Einige Stimmen stellen sich gegen den Technikdeterminismus und erklären, dass Technologie allein nicht die Lösung ist.

Szenario VI – *Die mit der Drohne tanzen* offenbart stark divergierende Meinungen zum Thema Drohnenüberwachung und den damit verbundenen Datenschutzaspekten. Während die erhöhte Sicherheit und Effizienz, die Drohnentechnologien insbesondere in Krisensituationen bieten, als wertvoll erachtet werden, bestehen zugleich erhebliche Bedenken hinsichtlich der Überwachung und der Privatsphäre. Punktueller bzw. aktiv angeforderter Einsatz im Notfall ist die bevorzugte Variante. Es wird eine sorgfältige Abwägung und Entwicklung klarer regulatorischer Rahmenbedingungen gefordert, um die Akzeptanz der Technologie zu fördern und gleichzeitig die berechtigten Datenschutzbedenken zu adressieren.

Ableitungen für die Technologieentwicklung

Im Laufe des Entwicklungsprozesses der Crisis Utopias und durch den angestoßenen Diskurs konnten Emotionen, Werte und Bedarfe ermittelt und daraus folgende Akzeptanzhürden und Akzeptanzbefähiger abgeleitet werden:

Akzeptanzhürden:
- Übermäßiger Einsatz von überwachender Technologie
- Nicht gerechtfertigtes Einsammeln von Daten in einem übertriebenen Maß

- Befähigung von Bürgermilizen
- Zwang, auch im Sinne eines Gemeinwohlzwangs oder einer Gemeinwohlverpflichtung
- Privatwirtschaftliche Beteiligung an Krisenkommunikation und Krisenbewältigung stößt erst einmal auf Ablehnung
- Abhängigkeit gegenüber autonomer Technologie

Akzeptanzbefähiger:
- Statt ausschließlich in technologischen Lösungen zu denken, sollten auch nicht-technologische Lösungsansätze Teil der Forschung sein
- Es sollte eine Balance zwischen technischem Fortschritt und grundlegenden Werten hergestellt werden
- Hier identifizierte Werte: Gemeinschaft und Solidarität, Vertrauen in Ort und qualifiziertes Personal, Transparenz, Informationen, Sicherheit, Freude, Authentizität, zwischenmenschliche Kommunikation
- Krisenkommunikation und Bewältigungsmaßnahmen müssen gut organisiert und transparent sein
- Die Verteilung von Verantwortung muss transparent sein
- Eine gegenseitige Unterstützung von staatlichen BOS und privatwirtschaftlichen Unternehmen bringt Vorteile in der Effizienz
- Freude darf durchaus Teil von Krisenkommunikation und -bewältigung sein
- Transparenz und Regulierung von Technologien und privatwirtschaftlichen Unternehmen im Zusammenhang mit Krisenkommunikation und Krisenbewältigung
- Bürger:innen wollen selbst Verantwortung in der Krisenkommunikation und Krisenbewältigung übernehmen, aber ohne überfordert zu werden
- Maßnahmen, die zeigen, dass eine Vorbereitung auf Krisen stattfindet

Die Ergebnisse bieten wertvolle Erkenntnisse für die zukünftige Technologieentwicklung. Aufgrund der begrenzten Projektlaufzeit konnten sie jedoch nicht unmittelbar in der technischen Weiterentwicklung umgesetzt werden, weshalb weitere Forschungsarbeiten erforderlich sind. Trotzdem weisen die Ergebnisse auf ein großes Potenzial hin, das auch für Projekte außerhalb von ResKriVer im Bereich der Krisenbewältigung relevant ist.

Die Szenarien erzielten unterschiedliche Wirkungen. So löste etwa das Szenario des digitalen Waldbrandes vor allem Reaktionen auf den Einsatz virtueller Realitäten und die damit verbundene Angst vor Realitätsverlust aus. Zusätzlich wurde die Rolle von Influencer:innen hinterfragt, wobei der Bezug zur Krisenbewältigung und -kommunikation eher im Hintergrund blieb.

Besonders hervorzuheben ist die proaktive Identifikation und Überwindung von Akzeptanzhürden wie übermäßiger Überwachung und Datenmissbrauch. Gleichzeitig wurden Akzeptanzbefähiger wie Transparenz, Vertrauen und zwischenmenschliche Kommunikation erkannt, die für eine erfolgreiche Krisenkommunikation und -bewältigung essenziell sind. Nicht-technologische Ansätze und die Einbeziehung von Freude als Bestandteil der Krisenbewältigung spielten ebenfalls eine wichtige Rolle.

Trotz einzelner Szenarien, die weniger gut funktionierten, da das Thema Krisenbewältigung bei anschließendem Feedback in den Hintergrund rückte, konnte das Projekt durch den Ansatz des Design Futuring bedeutende Erkenntnisse liefern, die über das ResKriVer-Projekt hinaus in anderen Kontexten Anwendung finden können.

Transfermöglichkeiten und Fazit

Das beschriebene Vorgehen wurde entwickelt, um Informationen zu Emotionen, Bedarfen und Werten der zukünftigen Nutzer:innen bzgl. der technologischen Überlegungen des Konsortiums zu sammeln und diese Perspektive in den Entwicklungsprozess der im Forschungsprojekt entwickelten Technologien einbringen zu können (hier werden insbesondere der Krisenkompass, KI-gesteuerte Drohnentechnologie und Krisenhubs/KAT-Leuchttürme betrachtet).

Durch den Einsatz des methodischen Dreiklangs konnten im Prozess der Entwicklung und anschließenden, öffentlichen Diskussion der Crisis Utopias zukünftige Möglichkeitsräume für zukünftige Nutzer:innen eröffnet werden, um den Nutzungskontext erlebbar und verhandelbar zu machen, sodass sie ihre zukünftigen Bedürfnisse formulieren können.

Zudem konnte durch das beschriebene Vorgehen das Team im Aufbau von Zukunftskompetenzen (Futures Literacy) gestärkt und ethische, soziale und ökologische Herausforderungen der Implikationen gleichsam offengelegt und diskutiert werden. Die gewonnenen Einsichten tragen zur Gestaltung von nutzerzentrierten, zukunftsfähigen Technologie-Entwicklungsprozessen bei, die ethische und soziale Dimensionen berücksichtigen.

Auch für die Partizipationsforschung lassen sich Erkenntnisse ableiten. Äußerst viel Zulauf hat z. B. die Ausstellung innerhalb der KLP im Wendland erhalten. Aus Erfahrungen anderer Projekte stärkt sich die These, dass Partizipationsvorhaben besonders gut an Orten funktionieren, zu denen viele Besuchende mit Zeit zum Verweilen kommen (z. B. Volksfeste, Märkte, Veranstaltungen gemeinnütziger Vereine etc.) (Meinzer et al., 2023).

Dass neue Wege für die Gestaltung von Innovationsprojekten entwickelt werden müssen, betrifft Forschungs- und Entwicklungsteams sowohl auf wirtschaftlicher als auch auf wissenschaftlicher Ebene, besonders wenn es um die Entwicklung komplexer Technologien geht. Die Betrachtung ethischer Implikation und das Mitdenken der Frage, welche Pfade für eine zukünftige Gesellschaft durch die eigene Entwicklung geebnet werden, bzw. welche Pfade wünschenswert sind, muss Teil der Arbeit von Innovationsteams sein. Zudem braucht es Möglichkeiten, sich über die Nutzungskontexte sowie die Bedarfe der zukünftigen Nutzer:innen und Gesellschaft Gedanken zu machen.

Der hier betriebene Aufwand, z. B. der Modellerstellung und Ausstellung, ist nicht für jedes Innovationsvorhaben praktikabel. Wohl aber der Dreiklang aus der Betrachtung ethischer Implikationen, dem Aufbau und Nutzen von Futures Literacy im Team und nutzerzentrierter Produktentwicklung unter Einbindung möglicher zukünftiger Nutzungskontexte. In einer anschließenden Forschungsarbeit könnten kompaktere Lösungen zum Einsatz des Dreiklangs erarbeitet werden.

Literatur

Bauer, K. (2021): Futures Artefacts as means of Transformation. A critical review of design/futures practices through the lens of transformative science and the rising role of civic engagement in the Sustainability Transformation. Potsdam: University of Applied Sciences.

Bauer, K., Meinzer, J. (2023): Design Fiction in Innovationsprozessen – wie man zukünftigen Herausforderungen bereits in der Gegenwart begegnen kann. In: Dumitrescu, R.; Hölzle, K. (Hrsg.): Vorausschau und Technologieplanung. 17. Symposium für Vorausschau und Technologieplanung. 14. und 15. September 2023, Berlin. Paderborn: Verlagsschriftenreihe des Heinz Nixdorf Instituts, Universität Paderborn.

de Biasi, K. (2018): Solving the Change Paradox by Means of Trust – Leveraging the Power of Trust to Provide Continuity in Times of Organizational Change. Wiesbaden: Springer Gabler.

Candy, S., Dunagan, J. (2017): Designing an experiential scenario: The people who vanished. In Futures, Volume 86, S. 136–153.

Collingridge, D. (1982): The Social Control of Technology. London: Printer.

Groß, B., Mandir, E. (2022): Zukünfte gestalten. Spekulation, Kritik, Innovation. Mit Design Futuring Zukunftsszenarien strategisch erkunden, entwerfen und verhandeln. Mainz: Verlag Hermann Schmidt.

Grunwald, A. (2009): Wovon ist die Zukunftsforschung eine Wissenschaft? In: Popp, R., Schüll, E. (Hrsg.), Zukunftsforschung und Zukunftsgestaltung, Bd. 1, S. 25–35. Hamburg, Wiesbaden: Springer.

Ekman, P., Friesen V. (1971): Constants across cultures in the face and emotion. Journal of Personality and Social Psychology 17, 124–129.

Friedman, T. L. (2017): Thank You for Being Late: An Optimist's Guide to Thriving in the Age of Accelerations. New York: Farrar, Straus and Giroux.

Heidingsfelder, M. (2018): Zukunft gestalten Design Fiction als Methode für partizipative Foresight-Prozesse und bidirektionale Wissenschaftskommunikation. Berlin: Fraunhofer

Hohendanner, Michael, Chiara Ullstein (2024): Speculative Design for Policy? Zur politischen Anschlussfähigkeit von Speculative Design und Design Futuring Ansätzden. In: Iris Ebert, Sebastian Rahn, Christoph Rodatz (Hrsg.), Wie gestalten wir Gesellschaft? Interdepentenzen zwischen Design und dem Feld des Sozialen, S. 201–221. Bielefeld: transkript Verlag.

Jørgensen M. S., Jørgensen, U., Clausen, C. (2009): The social shaping approach to technology foresight, Futures, Volume 41, Issue 2, Pages 80-86,

Maahs, I., (2019): Utopie und Politik: Potenziale kreativer Politikgestaltung. Bielefeld: transkript Verlag.

Mareis, Claudia (2010): Entwerfen – Wissen – Produzieren. Designforschung im Anwendungskontext. In: Claudia Mareis, Gesche joost, kora Kimple (Hrsg.), entwerfen wissen produzieren – Designforschung im Anwendungskontext, S. 9–32. Bielefeld: transkript Verlag.

Meinzer, J., Hülsen, J., Schwabe, S., Trübswetter, A., Werner, E., Schwartz, S. (2023): Wünsche an Morgen. Projektabschlussbericht Wünsche an Morgen – Wissenschaftsjahr 2022 – Nachgefragt!

Miller, R. (2018): Transforming the future: Anticipation in the 21st century. Paris: United Nations Educational, Scientific and Cultural Organisation

Montgomery, E., Wobken, C. (2016): Extrapolation Factory Operator's Manual. https://extrapolationfactory.com/. Letzter Zugriff: 06.11.2024.

Norman, Donald A. (2004): Emotional Design – why we love (or hate) everyday things. New York: Basic Books

Obermaier, M., Haim, M., Reinemann, C. (2014): Emotionen bewegen? Ein Experiment zur Wirkung von Medienbeiträgen mit Emotionalisierungspotenzial auf Emotionen, politische Partizipationsabsichten und weiterführende Informationssuche. Medien & Kommunikationswissenschaft, 2014-04, Vol. 62 (2), S. 216–235, Baden-Baden: Nomos Verlagsgesellschaft mbH & Co. KG.

Polak, F., & Boulding, E. T. (1973). The image of the future. Amsterdam: Elsevier Scientific Publishing Company.

Schäfer, M., D. Keppler (2013): Modelle der technikorientierten Akzeptanzforschung: Überblick und Reflexion am Beispiel eines Forschungsprojekts zur Implementierung innovativer technischer Energieeffizienz-Maßnahmen, Technical University Berlin. https://depositonce.tu-berlin.de/bitstream/11303/4758/1/schaefer_keppler.pdf . (abgerufen am 19.07.2024).

Schneidewind, U. (2013): Transformative literacy: Understanding and shaping societal transformations. GAIA – Ecological Perspectives for Science and Society, 22(2), 82–86, Oekom Verlag, München.

Schwabe, S., Hülsen, J., Trübswetter A. (2022): Farming the uncanny valley. Berlin. Verlag der Universität der Künste Berlin.

Slaughter, Richard (1996): Futures Studies. From individual to social capacity. In: Futures 28 (8), S. 751–762.

Steinmüller, K. (2003). The future as Wild Card. A Short Introduction to a New Concept. Z_punkt GmbH, Berlin: Büro für Zukunftsgestaltung Essen und Berlin.

Theis, B.; Patscha, C.; Mahn, J. (2022): Tabuisierte Zukünfte – Wie Tabus die Analyse des zukünftigen Möglichkeitenraums beeinflussen. In: Schäfer, K., Steinmüller, K., Zweck, A.: Gefühlte Zukunft, S. 313–336. Wiesbaden: Springer Verlag.

Trübswetter, A.; Figueiredo, L.; Prinz, F. (2020): Gestaltung integrierter Forschung. Ansätze zur ganzheitlichen Nutzerintegration. In: Gransche, B.; Manzeschke, A. (Hrsg.): Das geteilte Ganze Horizonte integrierter Forschung für künftige Mensch-Technik-Verhältnisse. 305–324. Wiesbaden: Springer Fachmedien.

United Nations Educational, Scientific and Cultural Organisation (UNESCO): Futures Literacy. An essential competency for the 21st century. https://en.unesco.org/futuresliteracy/about, Paris, 2019, Letzter Zugriff: 05.09.2024.

Unger, Hella von (2014): Partizipative Forschung. Einführung in die Forschungspraxis. Wiesbaden: Springer VS (Lehrbuch).

Voros, J. (2003), "A generic foresight process framework", Foresight, Vol. 5 No. 3, pp. 10-21. https://doi.org/10.1108/14636680310698379.

Zettl, A., Trübswetter, A., Meißner, A., Jenny, M., Glende, S. (2022): User-Centred Change: New Perspectives on Technology Development and Implementation in Soares, M. M., Rebelo, F., & Ahram, T. Z. (Hrsg.): Handbook of Usability and User-experience: Methods and Techniques, Boca Raton: CRC Press, S. 107–118.

Glossar

ABC-Gefahrstoffe: ABC-Gefahrstoffe sind radioaktive Stoffe und Materialien (A-Gefahrstoffe), biologische Stoffe und Materialien (B-Gefahrstoffe) und chemische Stoffe und Materialien (C-Gefahrstoffe), die natürlich vorkommen oder künstlich erzeugt wurden und von denen Gefahren für Leben, Gesundheit, Umwelt und Sachen ausgehen können, sogenannte CBRN-Gefahren.
Quelle: FwDV 500 – Einheiten im ABC-Einsatz, 2012

Abrollbehälter (Abk. AB): Ist ein wechselbarer feuerwehrtechnischer Aufbau wie z. B. Einsatzleitung, Löschmitteltank usw., der zum Transport und zur Lagerung von feuerwehrtechnischem Spezialgerät, Löschmittel und sonstigen Geräten dient. Container (Abrollbehälter) sind eine wirtschaftliche Möglichkeit, gelegentlich benötigtes Einsatzmaterial sinnvoll einsatzbereit zu lagern und bei jeweiligem Bedarf schnell mit Hilfe eines Wechselladerfahrzeuges zur Einsatzstelle zu befördern. Die Abrollbehälter transportieren keine Mannschaft und werden durch die Einsatzkräfte der Wechsellader besetzt und bedient. Die meisten Abrollbehälter sind an den beiden Standorten des Technischen Dienstes untergebracht.
Quellen: DIN 14011:2018-01; Zentrale Fahrzeugübersicht der BFw (Pkt. 12)

Alarmierung: Ausgabe eines Befehls, durch den bestimmte Einsatzkräfte zu einem sofortigen Einsatz oder zur Bereitstellung aufgefordert werden. Treffen Einsatzkräfte Schadensereignisse an, zu denen sie nicht alarmiert worden sind, gelten sie als durch das Ereignis alarmiert.
Quelle: DIN 14011:2018-01

Alarmierungsstichwort: Ist eine Feuerwehr-Kennzeichnung eines Ereignisses, der in der Ausrückeordnung Anzahl und Art der zu entsendenden Einheiten zugeordnet sind.
Quelle: DIN 14011:2018-01

Alarm- und Ausrückeordnung (Abk. AAO): Ausrückeordnung ist die Festlegung der Anzahl und Art von Feuerwehreinheiten für den Ersteinsatz bei einem bestimmten Alarmierungsstichwort. Eine Alarm- und Ausrückeordnung legt Alarmierungsgrundsätze für alle Behörden und Organisationen mit Sicherheitsaufgaben fest und stellt

T. Hoppe und R. Fricke (Hrsg.), *Resiliente krisenrelevante Versorgungsnetze*, https://doi.org/10.1007/978-3-658-48639-6

so die Gefahrenabwehr sicher. Alarmierungsstichworte, z. B. „Brand", zeigen die Art des Alarmes an. Meist werden sie durch einzelne Buchstaben abgekürzt und durch Alarmstufen genauer definiert. Je höher die Ziffer ist, desto größer ist der Umfang des Ereignisses zu welchem alarmiert wird. Worte geben zusätzliche Informationen zur Art des Alarmes, „Person" etwa zeigt an, dass bei dem Einsatz eine Menschenrettung durchzuführen ist. Im Rechner der Leitstelle ist für jede mögliche Kombination von Alarmierungsstichwort und Alarmstufe eine Alarmreaktion hinterlegt. Sie legt fest, welche Mannschaft und welches Gerät von welcher Hilfsorganisation alarmiert werden soll. Die letzte Entscheidung darüber was alarmiert wird liegt in der Hand der Leitstellendisponenten. Ob die alarmierten Kräfte nur mit dem angeforderten Gerät ausrücken oder noch weitere Fahrzeuge mitführen liegt im Ermessen des Einsatzleiters, der dies für eine bessere und schnellere Hilfeleistung für notwendig hält. Er hat der Leitstelle darüber umgehend Meldung zu erstatten.

Quellen: DIN 14011:2018-01; Fw-Lernbar

All-Gefahren-Ansatz: Berücksichtigung aller Gefahrenarten (z. B. Naturgefahren, technolog. Gefahren, etc.) im Rahmen des Risiko- und Krisenmanagements.

Natürliche Gefahren:

- Starkniederschläge, Hochwasser
- Dürren
- Erdbeben
- Epidemien, Pandemien
- Stürme, Tornados

Anthropogene Gefahren:

- Unfälle
- Systemversagen
- Sabotage, Schadprogramme
- Terrorismus
- Krieg

Quelle: BBK

Anwendungsfall, auch Use Case: Ein Use Case bzw. Anwendungsfall beschreibt das Verhalten eines Systems aus Anwendersicht inkl. aller Szenarien, mit denen Akteure versuchen, ein Ziel zu erreichen. Mit einem Use-Case wird somit die nach außen sichtbare Interaktion eines Nutzenden mit einem System dokumentiert. Nutzende sind Personen, eine Rolle, eine Organisation oder ein anderes System. Dabei besteht am Anfang vom Anwendungsfall ein Auslöser, der Nutzende dazu veranlasst, in Interaktion mit dem System zu treten. Nutzende treten hierbei also als Akteur/Akteurin auf, um mit der Verwendung des Systems ein bestimmtes Ziel bzw. ein Ergebnis zu erreichen (bspw. "Fahrzeuggeschwindigkeit regeln" oder "Geld abheben"). Die-

ses Ziel erreicht die Akteurin bzw. der Akteur, indem eine gewisse Reihe an Aktionen durchgeführt werden. Meist kann ein System mehrere Use-Cases ausführen. Ein
Beispiel hierfür ist ein Geldautomat. Dieser erfüllt meist verschiedene Funktionen
(Kontostand einsehen, Geld abheben oder einzahlen). Je nach Ziel, das der Akteur
bzw. die Akteurin erreichen will, muss unterschiedlich mit dem System interagiert
werden. Anwendungsfälle dokumentieren die Funktionalität eines vorhandenen oder
geplanten Systems mit einfachen Modellen. So wird das gemeinsame Verständnis der
Interaktion zwischen Akteur/Akteurin und System deutlich erhöht, Szenarien lassen
sich identifizieren und aus den Zielen von Akteur/Akteurin lassen sich funktionale
Anforderungen sowie entsprechende Testfälle ableiten.
Quellen: t2informatik; Asana, Inc

Anwendungsszenario: Anwendungsszenarien beschreiben anhand eines realistischen
Beispiels, wie ein Anwender bzw. eine Anwenderin mit dem geplanten System interagieren wird. Vorher in ihren Eigenschaften klar definierte Anwender/Anwenderinnen
(Personas/Nutzerrollen) stellen hierbei die Hauptakteure dar, aus deren Sicht ein
Arbeitsablauf formuliert wird. Pro Anwendungsszenario wird dabei eine Reihe von
zusammengehörigen Anforderungen in einen realen Kontext gebracht. Anwendungsszenarien lassen sich sowohl verbal beschreiben als auch in Form von Storyboards in
gezeichneten Bildabfolgen visualisieren.
Quelle: D-Labs

Atemschutzgerät (Abk. ASG): Ist Teil der persönlichen Schutzausrüstung und zum
Schutz der Atemwege des Geräteträgers gegen das Einatmen von Atmosphären, die
üblicherweise negative Auswirkungen auf die Gesundheit haben würden sowie zum
Schutz gegen Atemgifte und / oder Sauerstoffmangel. Es besteht aus dem Atemanschluss und bei Geräten, die unabhängig von der Umgebungsatmosphäre wirken,
aus dem Schlauchgeräteteil oder dem Behältergeräteteil oder dem Regenerations-
geräteteil. Atemschutzgeräte werden entsprechend ihrer Schutzwirkung in Filter- und
Isoliergeräte eingeteilt:

- Filtergeräte (abhängig von der Umgebungsatmosphäre) wirken durch Reinigen der
  Einatemluft. Es besteht aus einem Atemanschluss mit Filter.
- Isoliergeräte (unabhängig von der Umgebungsatmosphäre) wirken durch Zufuhr von
  Atemluft aus dem Luftversorgungssystem. Es besteht aus einem Atemanschluss mit
  Luftversorgungssystem.

Zur ersten Kategorie gehören z. B. Fluchthauben und zur zweiten Kategorie gehören
pressluftbetriebene Atemschutzgeräte.
*Quellen: DIN 14011:2018-01; Ausgesuchte Begriffe für das Feuerwehrwesen; FwDV
7 HE (Pkt. 5.1); BGN*

Ausnahmezustand: Ist der Zustand, der erklärt wird, wenn Anzahl oder Umfang der
gemeldeten Ereignisse ein Ausrücken nach Ausrückeordnung nicht mehr zulassen.
Quellen: DIN 14011:2018-01; Expertengespräch bei der Berliner Feuerwehr

Ausstattungskonzept des Bundes: Das Ausstattungskonzept des Bundes beschreibt die ergänzende Ausstattung (z. B. Fahrzeuge, Geräte, Verbrauchsmaterial usw.) des Bundes für den Katastrophenschutz der Länder.
Quellen: BBK; Expertengespräch bei der Berliner Feuerwehr

Bedrohungslage, <u>allgemein</u>: Gesamtheit aller von Menschen verursachten Gefährdungen. Sie ist somit eine besondere Form der Gefahrenlage, begrenzt auf durch Menschen verursachte Gefährdungen.

<u>asymmetrisch</u>: Bedrohungslage, in der sich die Kontrahenten nicht mit gleichartigen Mitteln gegenüberstehen. Der Begriff Asymmetrie bezieht sich auf die Tatsache, dass zunehmend bewaffnete Konflikte zwischen staatlichen und nichtstaatlichen Kontrahenten auftreten. Wesen dieser asymmetrischen Konflikte ist es, dass die Kontrahenten nicht mehr von der grundsätzlichen qualitativen Gleichartigkeit ausgehen, die Einhaltung bestimmter völkerrechtlicher Regelungen sowie politischer Begrenzungen akzeptieren, sondern hinsichtlich Akteuren, Zweck, Zielen, Methoden, Raum und Zeit von einer Entgrenzung gesprochen werden kann.
Quellen: BBK; Vgl. Wörterbuch zur Sicherheitspolitik, 8. Aufl., 2012, S. 48 und 245 ff.

Belüftungsgerät, auch Drucklüfter; Druckbelüfter; Überdruckbelüfter: Ein tragbares Gerät, um Schadgase aus räumlichen Strukturen zu entfernen oder diese gegen das Eindringen von Schadgasen zu verteidigen. Schadgase können unterschiedliche Temperaturen und unterschiedlich gefährliche Eigenschaften aufweisen. Belüftungsgeräte verfügen über einen eigenen Antrieb durch einen Verbrennungs- oder Elektromotor oder durch Wasserturbinenantrieb, sind mobil (tragbar) und werden im Regelfall als Beladungsbestandteil eines Feuerwehrfahrzeugs zur Einsatzstelle gebracht. Sie können nicht-explosionsgeschützt oder explosionsgeschützt ausgeführt sein.
Quelle: DIN 14963:2021–09

Behörden und Organisationen mit Sicherheitsaufgaben (Abk. BOS): Staatliche (polizeiliche und nichtpolizeiliche) sowie nichtstaatliche Akteure, die spezifische Aufgaben zur Bewahrung und/oder Wiedererlangung der öffentlichen Sicherheit und Ordnung wahrnehmen. Konkret sind dies z. B. die Polizei, die Feuerwehr, das Technische Hilfswerk, die Katastrophenschutzbehörden der Länder oder die privaten Hilfsorganisationen, sofern sie im Bevölkerungsschutz mitwirken.
Quelle: BBK

Berufsfeuerwehr (Abk. BF): Die Berufsfeuerwehr ist eine öffentliche Feuerwehr, die aus hauptamtlich tätigen Einsatzkräften des feuerwehrtechnischen Dienstes besteht. Sie hält eine bestimmte Anzahl von Fahrzeugen vor (jede Feuerwehr hat eine andere Definition, welche Fahrzeuge zum Löschzug gehören), die im Gegensatz zu einer Freiwilligen Feuerwehr ständig besetzt sind. Die maximale Ausrückzeit und die Anfahrtsdauer im Versorgungsgebiet (Schutzziele und Hilfsfristen) werden auf politischer Ebene festgelegt.
Quellen: DIN 14011:2018-01; Expertengespräch bei der Berliner Feuerwehr

Beschaffung (≠ Bestellung): Beschaffung ist das gesamte Wirken um ein Produkt:

- Bedarfsfall definieren
- Qualitäten und Quantitäten beschreiben
- Logistik klären
- finanzielle Mittel akquirieren, etc.

Beschaffung ist viel mehr als Bestellung. Hier geht es darum wie und welches Produkt ins Unternehmen kommt.
Quelle: Expertengespräch bei der Berliner Feuerwehr

Besondere Aufbauorganisation (Abk. BAO): Zeitlich begrenzte Organisationsform für umfangreiche und komplexe Aufgaben, insbesondere Maßnahmen aus besonderen Anlässen, die im Rahmen der Alarm- und Ausrückeordnung nicht bewältigt werden können. – siehe auch: Führungsorganisation.
Quellen: BMI; Vgl. PDV 100 – Anlage 20, S. 135

Bestellung (≠ Beschaffung): Eine Bestellung ist das Abfordern von definierten Produkten aus einem Produktportfolio, Katalog oder Lager. Hier geht es um die Tätigkeit des Endverbrauchers (z. B. der Feuerwache), um gewisse Materialien aus dem Lager abzufordern. Im betriebswirtschaftlichen Sinne handelt es sich bei einer Bestellung um einen verbindlichen Auftrag an einen Lieferanten, bestimmte Artikel zu liefern. Rechtlich betrachtet sind Bestellungen Willenserklärungen, die zum Abschluss eines Kaufvertrags benötigt werden.
Quellen: Expertengespräch bei der Berliner Feuerwehr; Weclapp Lexikon

Betreuung: Ist ein Aufgabenbereich im Katastrophenschutz zur sozialen und psychosozialen Versorgung von betroffenen, aber unverletzten Personen besonders bei Großschadensereignissen oder Katastrophen. Einheiten und Einrichtungen des Aufgabenbereichs Betreuung helfen bei einem Großschadensereignis oder einer Katastrophe betroffene Personen durch die Bereitstellung von Unterkunft, Bekleidung und Verpflegung, die Begleitung von Transporten, soziale Betreuung sowie Registrierung der Betroffenen. Die Einheiten/Einrichtungen werden i. d. R. durch die im Bevölkerungsschutz mitwirkenden privaten Hilfsorganisationen gestellt. Der Bund ergänzt die Ausstattung des Katastrophenschutzes im Aufgabenbereich Betreuung.
Quellen: BBK; § 13 (1) ZSKG

Bevölkerungsschutz: Der Bevölkerungsschutz beschreibt als Oberbegriff alle Aufgaben und Maßnahmen der Kommunen und der Länder im Katastrophenschutz sowie des Bundes im Zivilschutz. Er umfasst somit alle nicht-polizeilichen und nicht-militärischen Maßnahmen zum Schutz der Bevölkerung und ihrer Lebensgrundlagen vor Katastrophen und anderen schweren Notlagen sowie vor den Auswirkungen von Kriegen und bewaffneten Konflikten. Der Bevölkerungsschutz umfasst auch Maßnahmen zur Vermeidung, Begrenzung und Bewältigung der genannten Ereignisse.
Quelle: BBK

Blackout: Ein langandauernder, großflächiger, überregionaler Stromausfall. Blackout bezeichnet ein Ereignis, das mehr als nur eine Stadt, Region oder Bundesland betrifft. Ein Blackout ist ein unkontrolliertes und unvorhergesehenes Versagen von Netzelementen. Das führt dazu, dass größere Teile des europäischen Verbundnetzes oder das gesamte Netz ausfallen (sogenannter Schwarzfall). Ein solches Ereignis könnte beispielsweise auftreten, wenn in einer angespannten Last- und Erzeugungssituation zusätzlich schwere Fehler an neuralgischen Stellen des Übertragungsnetzes auftreten. Ein Blackout ist also grundsätzlich kein durch eine Unterversorgung mit Energie ausgelöstes Ereignis, sondern bedingt durch Störungen im Netzbetrieb.
Quellen: Expertengespräch bei der Berliner Feuerwehr; Bundesnetzagentur

Boote (für die Feuerwehr): Ein für den Einsatz der Feuerwehr besonders gestaltetes Wasserfahrzeug, das mit Mannschaft, bootstechnischer Ausrüstung und feuerwehrtechnischer Beladung eine taktische Einheit bildet und bei dem die Mannschaft mindestens aus einem Trupp (1/2) besteht. Feuerwehrboote werden für die Rettung von Personen im Wasser, die notfallmedizinische Versorgung von bewohnten Inseln, kleinere technische Hilfeleistungen und den Erstangriff bei Bränden auf Gewässern oder auf Inseln eingesetzt. Löschboote, ausgerüstet mit Pumpen und anderen Geräten, sind für die Bekämpfung von Bränden und zur Abwehr anderer Schadensereignisse. Rettungsboote sind kleiner und ausschließlich für die Personenrettung (auch aus dem Eis) geeignet.
Quellen: DIN 14011:2018-01; Zentrale Fahrzeugübersicht der BFw (Pkt. 16)

Brandschutz, vorbeugend: Bauliche, anlagentechnische und/oder organisatorische Maßnahmen zur Verhinderung eines Brandes sowie zur Verhinderung der Ausbreitung von Rauch und Feuer (Brandausbreitung), zum Ermöglichen der Rettung von Menschen und Tieren sowie wirksamer Löschmaßnahmen bei einem Brand.
abwehrend: Umfasst Maßnahmen zur Bekämpfung von Gefahren durch Brände, die für Leben, Gesundheit, Umwelt und Sachen bestehen.
Quelle: DIN 14011:2018-01

Brownout: Dem Blackout steht der sogenannte (kontrollierte) Brownout gegenüber. Dieser kann notwendig werden, wenn im Vergleich zur nachgefragten Menge zu wenig Strom produziert werden kann, z. B. aufgrund eines Brennstoffmangels für Kraftwerke oder einer allgemein zu geringen Erzeugung, beispielsweise auch durch Nichtverfügbarkeiten von Erzeugungsanlagen. In diesem Fall ist es notwendig, die Nachfrage so weit zu reduzieren, dass das Angebot die Nachfrage wieder vollständig decken kann. Nur so kann die Versorgung mit Strom weiterhin stabil und zuverlässig gewährleistet werden.
Quelle: Bundesnetzagentur

Bundesamt für Bevölkerungsschutz und Katastrophenhilfe (Abk. BBK):
Das Bundesamt für Bevölkerungsschutz und Katastrophenhilfe hat den gesetzlichen Auftrag, die Bevölkerung im Verteidigungsfall zu schützen sowie die Bevölkerung zu sensibilisieren, sich auf solche Ereignisse vorzubereiten. Beim BBK handelt es sich um eine Bundesoberbehörde, die im Geschäftsbereich des Bundesministeriums des

Innern und für Heimat (BMI) liegt und Aufgaben im Bevölkerungsschutz und in der Katastrophenhilfe wahrnimmt. Es ist dafür zuständig, den zivilen Bevölkerungsschutz neben Polizei, Bundeswehr und Diensten als vierte Säule im nationalen Sicherheitssystem zu verankern. Die Bundesrepublik Deutschland besitzt damit eine zentrale Stelle für zivile Sicherheit, die alle einschlägigen Aufgaben an einem Ort bündelt.
Quelle: BBK

CBRN-Gefahren: Gefahren, die von chemischen, biologischen, radiologischen und nuklearen Stoffen, Substanzen und Agenzien ausgehen, sogenannte ABC-Gefahrstoffe.
Quelle: BBK

Chlorgas (Abk. Cl2): Chlor ist ein grünlich-gelbes und aggressives Atemgift (mit Ätz- und Reizwirkung), das in Gasbehältern (Flaschen und Fässern) geliefert und in speziellen Chlorgasräumen bereitgestellt wird. Es kann auf der Haut, in den Augen und den Atemwegen reizend bis ätzend wirken. Chlorgas besitzt einen stechenden durchdringenden Geruch (i. d. R. wird ein Chlorgasaustritt entweder durch vorhandene Gaswarnanlagen oder durch anwesende Personen zuerst anhand des Geruchs erkannt). Chlorgas reagiert schon mit kleinsten Mengen Wasser (z. B. Luftfeuchtigkeit) unter Bildung von Salzsäure und wirkt deswegen in feuchtem Zustand stark korrodierend auf die meisten Metalle. Bei Raumtemperatur ist es gasförmig und in Druckgasbehältern flüssig. Besteht etwa ein Leck, kann es zum Austritt von Chlorgas kommen. Dann muss eine sofortige Evakuierung eingeleitet werden. Der Chlorgasbehälterwechsel erfolgt immer mit einer Atemschutzmaske.
Quellen: BG ETEM; Vgl. Einsatzleiterwiki

Cyberraum: Ist ein virtueller Raum aller weltweit auf Datenebene vernetzten bzw. vernetzbaren informationstechnischen Systeme. Dem Cyberraum liegt als öffentlich zugängliches Verbindungsnetz das Internet zugrunde, welches durch beliebige andere Datennetze erweitert werden kann.
Quellen: BBK; Vgl. BMI

Dashboard (IT-Begriff): In der IT handelt es sich bei Dashboards (zu Deutsch: „Armaturenbrett") um grafische Benutzeroberflächen, also eine Anordnung verschiedener grafischer Elemente, die der Visualisierung von Daten oder der Verwaltung von Systemen dienen. Ziel eines Dashboards ist somit die übersichtliche, aufbereitete Darstellung komplexer Unternehmensdaten, insb. von (Finanz-)Kennzahlen. Die Ansicht entspricht i. d. R. genau einer Seite bzw. Bildschirmansicht und verdichtet relevante Zahlen/Fakten auf eine dem Adressaten gerechte Ebene, die dessen Planungs-, Steuerungs- und Kontrollaufgabe im Unternehmen unterstützt. Dashboards können daher sowohl strategische als auch taktische oder operative Daten beinhalten. Die Darstellung wird grafisch unterstützt und weist in Größe, Art und Anordnung der Einzelbilder eine Ähnlichkeit mit den Anzeigen und Steuerungselementen eines Flugzeug-Cockpits auf. So werden häufig Tachometer-Abbildungen mit farblicher Kennzeichnung der (un-)kritischen Bereiche einer Kennzahl verwendet. Ebenso finden sich Darstellungen wie Balken-, Säulen- oder Kuchendiagramme, die im Standard-Reporting gebräuchlich sind. Zur Interaktion stehen der Nutzerin und dem Nutzer für gewöhnlich Knöpfe oder Schieberegler zur Verfügung, die eine Simulation der Änderung der zu Grunde liegenden Daten vollziehen und die Auswirkungen auf andere Kennzahlen darstellen. Der Anwenderin bzw. dem Anwender wird damit die Betrachtung von What-If-Szenarien ermöglicht. Technisch betrachtet werden die Informationen IT-basiert aus dem Unternehmensdatenbestand aufbereitet und können je nach Einbindung des Dashboards in die Business-Intelligence-Landschaft des Unternehmens den Einstiegspunkt für tiefer gehende Analysen bilden. Dashboards finden ihren Einsatz i. d. R. in einem Umfeld, das hoch aggregierte Zahlen zur Entscheidungsfindung darstellen muss, oder in Bereichen, in denen die zur Darstellung der Informationen verfügbare Fläche stark begrenzt ist.

Quellen: Weclapp Lexikon; Gabler Banklexikon

Demonstrator: Der Demonstrator bezeichnet ein Modell, das im Rahmen eines Innovationsprojektes die Machbarkeit der Lösung demonstriert, also die prototypische, meist vereinfachte Umsetzung vor der Realisierung.

Quelle: Innovationsprozesse

Drehleiter mit Korb (Abk. DLK): Drehleiter ist ein(e) ausschiebbare(r) Konstruktion (Aufbau) in Form einer Leiter, mit oder ohne Rettungskorb, die auf dem Untergestell schwenkbar montiert ist. Hubrettungsfahrzeuge, wozu insbesondere Drehleitern mit Rettungskorb gehören, sind wichtige Einsatzmittel zur Rettung von Menschen aus Gebäuden. Neben der Personenrettung werden diese Fahrzeuge aber auch für den Löschangriff von außen bei schwer zugänglichen Bränden verwendet. Eine weitere Einsatzmöglichkeit ist das Ausleuchten von Einsatzstellen bei schlechten Sichtverhältnissen. Die Länge der Leiter kann bis zu 50 Meter betragen und der Korb kann mit bis zu 1100 kg belastet werden. Diese Fahrzeuge verfügen darüber hinaus über CO_2-Warngeräte, Motorsägen, Atemschutzgeräte und technisches Gerät zur Brandbekämpfung.

Quellen: DIN 14011:2018-01; Zentrale Fahrzeugübersicht der BFw (Pkt. 2.1)

Druckluftschaumanlage (Abk. DLS): Ist eine Anlage, in der dem Wasser nach einer Feuerlöschkreiselpumpe Schaummittel und Luft jeweils unter Druck kontinuierlich zugeführt werden. Es wird davon ausgegangen, dass in einer Druckluftschaumanlage immer eine Druckzumischanlage dem Wasser nach einer Feuerlöschkreiselpumpe Schaummittelkonzentrat kontinuierlich in dosierter Menge durchflussproportional zuführt. Druckluftschaum ist eine spezielle Art von Löschschaum, der von der Feuerwehr eingesetzt wird. Im Gegensatz zu herkömmlich verschäumtem Schaum wird er nicht erst im Strahlrohr, sondern schon beim Mischen des Wassers mit dem Schaummittel mit Hilfe von Druckluft verschäumt. Ein Vorteil ist, dass die Wasserförderung unabhängig von der Schaumerzeugung erfolgt.

Quellen: DIN 14011:2018-01; Feuerwehr Potsdam

Einheiten im Katastrophenschutz: Nach Landesrecht gegliederte Zusammenfassungen von Einsatzkräften und Einsatzmitteln, zu deren Aufgaben die Hilfeleistung in den für sie vorgesehenen Aufgabenbereichen gehört. Dabei stehen alle Einheiten unter der einheitlichen Führung durch Einsatzleiter, die durch die örtlich zuständige

Katastrophenschutzbehörde bestellt wurden. Die Bundesanstalt Technisches Hilfswerk verstärkt den Katastrophenschutz der Länder auf Anforderung der für die Gefahrenabwehr zuständigen Behörden.
Quelle: BBK

Einsatz: Gesamtheit aller Maßnahmen und Tätigkeiten von Einsatzkräften an einer Einsatzstelle. Dazu zählen: Retten, Angreifen, Verteidigen, in Sicherheit bringen, Räumen, Evakuieren, Erkunden, Bergen, Dekontaminieren, Hinzubestellen anderer Organisationen u.v.m. und/oder der Einsatz von Hilfsmitteln, Verbrauchsmitteln und Geräten aller Art.
Quellen: DIN 14011:2018-01; BFw Jahresbericht 2020, S. 180

Einsatzbereitschaft: Die Einsatzbereitschaft ist der Zustand von Einsatzkräften und Einsatzmitteln, der im Allgemeinen den vorgesehenen Einsatz ermöglicht. Die personelle Einsatzbereitschaft bezieht sich auf Zahl, Ausbildungsstand und Belastbarkeit der Einsatzkräfte. Die technische Einsatzbereitschaft bezieht sich auf die Einsatzmittel.
Quelle: FwDV 100 HE (Anlage 1 Pkt. 1.3)

Einsatzkraft: Als Einsatzkräfte bezeichnet man alle Angehörigen von Behörden und Organisationen mit Sicherheitsaufgaben, die am Ablauf eines Einsatzes beteiligt sind. Das können Mitarbeitende der Feuerwehr, des Rettungsdienstes, der Polizei und anderer Hilfsorganisationen sein. Einsatzkräfte sind Teil einer organisierten Hilfsmaßnahme, welcher von einer Einsatzleitung koordiniert wird. Dabei ergänzen sich die Einsatzkräfte gegenseitig zur Bewältigung des Einsatzes. Einsatzkräfte sind alle im Einsatz tätigen Mannschaften mit ihrem zugehörigen Gerät und die Hilfskräfte.
Quellen: Vgl. ÖNORM S. 2304:2011–07–15, Integriertes Katastrophenmanagement; FwDV 100 HE (Anlage 1 Pkt. 1.1)

Einsatzleiterin/Einsatzleiter (Abk. EL): 1) Angehöriger einer Feuerwehr, der/die für die Durchführung eines Einsatzes verantwortlich ist, Führer einer Einheit oder eines Verbandes sein kann und dem Einsatzkräfte anderer Organisationen und Fachdienste unterstellt sein können. 2) Von der Gefahrenabwehrbehörde (i. d. R. Kommune) benannte Führungskraft (i. d. R. Feuerwehr), die für die Durchführung der operativ-taktischen Maßnahmen eines Einsatzes verantwortlich ist. Dem Einsatzleiter obliegen die Leitung der unterstellten Einsatzkräfte und die Koordination aller bei der Gefahrenabwehr vor Ort beteiligten Institutionen. Ein Einsatzleiter ist die für die technisch-taktische Einsatzdurchführung gesamtverantwortliche Führungskraft. – siehe auch: Einsatzleitung und zentrale Einsatzleitung Die Bezeichnung „Einsatzleiterin/Einsatzleiter" […] darf nur von Feuerwehren und sonstigen Behörden und Organisationen mit Sicherheitsaufgaben verwendet werden. Von sonstigen im Brandschutz eingesetzten Kräften dürfen auch […] zum Verwechseln ähnliche Bezeichnungen nicht verwendet werden.
Quellen: DIN 14011:2018-01; BBK; FwDV 100 HE (Anlage 1 Pkt. 1.1.2); § 1 (4) FwG

Einsatzleitung: Einsatzleiterin/Einsatzleiter, unterstützt durch eine rückwärtige Führungseinrichtung (zum Beispiel Leitstelle) sowie gegebenenfalls unterstützt durch Führungsassistenten und Führungshilfspersonal einschließlich den erforderlichen Führungsmitteln. Die Einsatzleitung besteht aus:
Quellen: DIN 14011:2018-01; FwDV 100 HE (Pkt. 3.2.2); § 1 (4) FwG

Einsatzleitwagen, auch Einsatzleitfahrzeug (Abk. ELW): Ist ein Feuerwehrfahrzeug, ausgestattet mit Kommunikationsmitteln und anderer Ausrüstung zur Führung taktischer Einheiten durch den Einsatzleiter bzw. die Einsatzleitung. Er ist mit entsprechenden Führungsmitteln ausgestattet und fällt unter die Gruppe der Führungsfahrzeuge.
Quellen: DIN 14011:2018-01; Ausgesuchte Begriffe für das Feuerwehrwesen

Einsatznachsorgeteam (Abk. ENT): Kurz-, mittel- und langfristige Beratung und Unterstützung für Einsatzkräfte durch jeweils speziell qualifizierte Einsatzkräfte (Peers), Ärzte/Ärztinnen, Psychotherapeuten/ Psychotherapeutinnen und Angehörige psychosozialer Berufsgruppen. Zu dieser Unterstützung gehören methodisch strukturierte psychologische, psychosoziale, psychotherapeutische und/oder seelsorgliche Maßnahmen.
Quelle: DIN 14011:2018-01

Einsatzstelle: Die Einsatzstelle ist der Ort bzw. das Objekt, an dem Einsatzkräfte bei Bränden, Unglücksfällen oder sonstigen Notständen tätig werden. Die Einsatzstelle kann in Einsatzabschnitte unterteilt werden.
Quelle: FwDV 100 HE (Anlage 1 Pkt. 2.4)

Engpassressource (im Kontext der Zivilschutz- und Katastrophenhilfe): Alle Mittel und Kräfte, die zur Hilfe bei der Bewältigung von Ereignissen notwendig sind und nicht unmittelbar zeitnah und ausreichend dort zur Verfügung stehen, wo sie benötigt werden. Die Einrichtungen und Vorhaltungen des Bundesamtes für Bevölkerungsschutz und Katastrophenhilfe können im Rahmen der Amtshilfe [...] im Bereich Vermittlung von Engpassressourcen zur Unterstützung eines Landes verwendet werden. Die Unterstützung umfasst auch die Koordinierung von Hilfsmaßnahmen durch den Bund, wenn das betroffene Land oder die betroffenen Länder darum ersuchen. Die Festlegung, welche Maßnahmen vom Bund koordiniert werden, trifft der Bund im Einvernehmen mit dem betroffenen Land oder den betroffenen Ländern.
Quellen: BBK; § 16 (1) u. (2) ZSKG

Epidemie: Bei einer Epidemie breitet sich eine ansteckende Krankheit schnell regional aus und führt zu einer überdurchschnittlich großen Zahl von Erkrankten (zeitlich und räumlich begrenzt innerhalb einer Population). Dabei handelt es sich meist um Infektionskrankheiten, welche durch einen Virus oder Bakterien übertragen werden. Aber auch Pilze, Parasiten und verunreinigtes Wasser oder Lebensmittel können zu einer Epidemie führen. Breitet sich die Krankheit überregional aus, wird die Epidemie zur Pandemie.
Quellen: DRK; BBK

Ereignis (im Kontext der Risikoanalyse): Räumliches und zeitliches Zusammentreffen von Schutzgut und Gefahr.
Quelle: BBK

Ereignis von nationaler Bedeutung: Ereignis, das großflächig oder länderübergreifend ist und/oder sich unmittelbar oder mittelbar auf das gesamte Bundesgebiet auswirkt. Auswirkungen können unter anderem Medienberichte, Regelungsbedarf, Rücktrittsforderungen oder Verunsicherung der Bevölkerung sein.
Quelle: BBK

Evakuierung (≠ Räumung): Organisierte Verlegung von Menschen aus einem akut gefährdeten in ein sicheres Gebiet, wo sie untergebracht, verpflegt und betreut werden (Aufnahme). Organisierte und kontrollierte Verlegung von Menschen oder Tieren (und Gütern) aus einem gefährdeten Bereich in einen sicheren Bereich.
Quellen: BBK; DIN 14011:2018-01

Exposition: Ausgesetzt sein eines Schutzgutes gegenüber seinen Umgebungseinflüssen z. B. einer Gefahr.
Quelle: BBK

Fahrzeug des Katastrophenschutzes: Fahrzeuge des Katastrophenschutzes werden (nicht durch die Feuerwehr, sondern) durch Mittel des Bundes und des Landes Berlin finanziert. Hierzu gehören Löschwägen, Gerätewägen, Schlauchwägen sowie Rettungsdienstfahrzeuge und Fahrzeuge ohne taktischen Mehrwert (Führungsfahrzeuge).
Quelle: Zentrale Fahrzeugübersicht der BFw (Pkt. 5)

Feldtest (im Kontext der Feldforschung): Unter Feldtest versteht man eine Art des Testens mit dem Ziel, das Systemverhalten unter produktiven Verbindungsbedingungen im Feld zu bewerten. Ein Feldtest wird stets in natürlicher Umgebung, also unter realen Bedingungen direkt beim Nutzer durchgeführt. Dabei werden den Testpersonen die Testobjekte für einen gewissen Zeitraum zur Verfügung gestellt. Nach dieser Phase und optional zwischendurch findet eine Analyse der Nutzung statt. Das Feedback hierfür kann mit einer oder mehreren der folgenden Methoden eingeholt werden: Beobachtungen, Befragungen sowie physiologische Messungen. Forschungsergebnisse, die im Feld (auch Feldforschung, Feldstudie, Feldexperiment, Feldversuch), in einer natürlichen Umwelt (Biotop), gewonnen wurden, haben klare Vorteile. Sie sind gültig für die Situation vor Ort, die Übertragbarkeit in die Anwendungssituation (externe Validität) ist also gewährleistet. Zudem kann die Untersuchung hier meist gut ohne Kenntnis der Versuchspersonen stattfinden oder zumindest findet die Untersuchung nicht in einem ganz ungewohnten Umfeld statt. Die Reaktivität der Teilnehmer ist daher geringer als in einer künstlichen Laborumgebung.
Quellen: Expleo Academy; LMU; WPGS

Feuerwehr (Abk. Fw): Einrichtung zur Abwehr von Gefahren für Leben, Gesundheit, Umwelt und Sachen durch Brände, Explosionen, Naturereignisse, Unfälle und ähnliche Ereignisse, die daneben noch andere Aufgaben wahrnehmen kann, insbesondere die des vorbeugenden Brandschutzes. Ist eine kommunale Einrichtung. Aufgrund

der flächendeckenden Verfügbarkeit kommt der Feuerwehr bei der Bekämpfung von Großschadensereignissen oder Katastrophen eine zentrale Bedeutung zu. Einzelheiten sind in den gesetzlichen Regelungen der Bundesländer und des Bundes festgelegt. Öffentliche Feuerwehren können aus Berufsfeuerwehren und/oder Freiwilligen Feuerwehren oder Pflichtfeuerwehren bestehen. Private Feuerwehren können Werkfeuerwehren oder Betriebsfeuerwehren sein. Die Bezeichnung „Feuerwehr" […] darf nur von Feuerwehren und sonstigen Behörden und Organisationen mit Sicherheitsaufgaben verwendet werden. Von sonstigen im Brandschutz eingesetzten Kräften dürfen auch […] zum Verwechseln ähnliche Bezeichnungen nicht verwendet werden.
Quellen: DIN 14011:2018-01; BBK; § 1 (4) FwG

Feuerwehranhänger (Abk. FwA): Ein Feuerwehrfahrzeug, das als Anhängefahrzeug für Kraftfahrzeuge mit spezieller Beladung versehen werden kann. Für manche Einsatzzwecke sind zusätzliches Material und Geräte auf verschiedenen Feuerwehranhängern zu verladen. Diese können von dafür vorgesehenen Fahrzeugen zur Einsatzstelle transportiert werden. Diese Anhänger haben keine separate Besatzung, sondern werden von den Einsatzkräften vor Ort bedient. Je nach Lage werden mit den Anhängern zum Beispiel Lichtmasten, Notstrom-Aggregatoren, Boote oder Ventilatoren zum Einsatzort gebracht.
Quellen: DIN 14011:2018-01; Zentrale Fahrzeugübersicht der BFw (Pkt. 15)

Fluchthaube: Ist ein Rettungsgerät, das den ganzen Kopf bedeckt, bestehend aus Atemanschluss und Filter. Eine Fluchthaube ist eine Schutzhaube aus beschichtetem Gewebe mit integriertem Sichtfenster und Mehrbereichsfilter, die vor allem von der Feuerwehr zur Rettung von Personen aus verrauchten Bereichen, meist aus brennenden Gebäuden, verwendet wird. Diese Haube besteht in der Regel aus kunststoffbeschichteten Textilien, einem flexiblen Sichtfenster aus Kunststoff und einem in die Fluchthaube integrierten Filter. Der Filter verhindert das Eindringen von giftigen Brandfolgeprodukten (Gase, Dämpfe, Ruß) und auch Kohlenstoffmonoxid, die im Rauch eines Brandes vorhanden sind und zu tödlichen Rauchgasvergiftungen führen können. Eine Fluchthaube ist ein umluftabhängiges Atemschutzgerät (Fluchtfiltergerät), das giftige Gase aus der Luft herausfiltert. Anders als pressluftbetriebenes Atemschutzgerät schützt eine Fluchthaube jedoch nicht gegen Sauerstoffmangel in der Umgebungsluft.
Quellen: DIN 14011:2018-01; FF Markt Eschlkam

Freiwillige Feuerwehr (Abk. FF): Öffentliche Feuerwehr, die aus ehrenamtlich tätigen Einsatzkräften besteht und der in besonderen Fällen auch hauptamtlich tätige Einsatzkräfte angehören können.
Quelle: DIN 14011:2018-01

Freiwillige Feuerwehr mit hauptamtlichen Kräften: Ist eine Mischform zwischen der Freiwilligen Feuerwehr und Berufsfeuerwehr. Sie ist i. d. R. nur mit einer geringen Anzahl an Kräften im Hauptamt besetzt (6–8 Kräfte pro Schicht) und muss um Kräfte des Ehrenamtes ergänzt werden.
Quelle: Expertengespräch bei der Berliner Feuerwehr

Führungsfahrzeug: Führungsfahrzeuge verfügen über keine Geräte zur Brandbekämpfung, technischen Hilfeleistung oder Notfallrettung. Bei kleineren Führungsfahrzeugen handelt es sich um PKWs, die über Blaulicht verfügen und teilweise besondere Ausstattungsmerkmale, wie ein Arbeitstisch, ein Drucker oder Gas- und Strahlenmessgeräte, enthalten. Die größeren Einsatzleitwagen sind mit moderneren IT- und Kommunikationssystemen sowie eingebauten Generatoren zur Stromversorgung ausgestattet. Bei größeren Einsatzlagen fungieren sie als „mobiles Büro und Besprechungszimmer". Hier können örtliche Einsatzleitungen Besprechungen abhalten. Ein Führungsfahrzeug ist ein Einsatzleitwagen.
Quellen: Zentrale Fahrzeugübersicht der BFw (Pkt. 6); FwDV 100 HE (Pkt. 3.2.4.2)

Führungsmittel: Führungsmittel sind technische Mittel und Einrichtungen, die Führungskräfte bei ihrer Führungsarbeit unterstützen. Sie ermöglichen es, die für den Führungsvorgang erforderlichen Informationen zu gewinnen, zu verarbeiten und zu übertragen. Sie werden daher eingeteilt in Mittel zur: Keines der Führungsmittel kann aber die Führungskräfte von ihrer persönlichen Entscheidung und Verantwortung befreien.
Quelle: FwDV 100 HE (Pkt. 3.4)

Führungsorganisation: Die Führungsorganisation legt die Aufgabenbereiche der Führungskräfte fest und gibt die Art und Anzahl der Führungsebenen vor. Die Führungsorganisation stellt sicher, dass die Arbeit der Einsatzleiterin oder des Einsatzleiters beziehungsweise der Einsatzleitung bei jeder Art und Größe von Gefahrenlagen oder Schadenereignissen reibungslos und kontinuierlich verläuft. Die Einsatzleiterin oder der Einsatzleiter muss gegebenenfalls rechtzeitig erkennen, dass Führungsassistentinnen und Führungsassistenten zur Unterstützung gebraucht werden. Bestimmte Aufgabenbereiche sind bereits vorher festzulegen und zuzuordnen.
Quelle: FwDV 100 HE (Pkt. 3.2.1)

Gefahr: Zustand, Umstand oder Vorgang, durch dessen Einwirkung ein Schaden an einem Schutzgut entstehen kann.
Quelle: BBK

Gefahrenabwehr (allgemeine/alltägliche): Gesamtheit der notwendigen staatlichen Maßnahmen, um eine im Einzelfall bestehende, konkrete Gefahr für die öffentliche Sicherheit oder Ordnung abzuwehren. Die allgemeine, bzw. alltägliche Gefahrenabwehr beinhaltet die Maßnahmen zum Schutz der Bevölkerung vor Gefahren, die mit den im Regelbetrieb verfügbaren Einsatzkräften bewältigt werden können, etwa in den Bereichen Ordnungswesen, Rettung und Brandschutz. Ziel dabei ist die Vermeidung eines Schadens an einem Schutzgut, sowie zur Minimierung eines eingetretenen Schadens. Im Polizei- und Ordnungsrecht umfasst der Begriff Gefahrenabwehr alle Tätigkeiten von Verwaltungsbehörden und Polizei, um die Aufrechterhaltung der öffentlichen Sicherheit und der öffentlichen Ordnung zu gewährleisten. Hierbei muss jedoch begrifflich von der Gefahrenvorsorge getrennt werden. Die Gefahrenvorsorge verlegt die Gefahrenabwehr präventiv in eine Strategie des Vermeidens von Gefahrensituationen vor. *Quelle: BBK*

Gefahrenanalyse: Systematisches Verfahren zur Untersuchung und Bestimmung von Zuständen, Umständen oder Vorgängen, aus denen ein Schaden an einem Schutzgut entstehen kann.
Quelle: BBK

Gefahrenlage: Gefahren, die auf einen bestimmten Raum zu einer bestimmten Zeit einwirken und dadurch zu einem Schaden an einem Schutzgut führen können.
Quelle: BBK

Gefahrenvorsorge: Die Gefahrenvorsorge verlegt die Gefahrenabwehr präventiv in eine Strategie des Vermeidens von Gefahrensituationen vor. Alternative Benennungen sind Präventive Gefahrenabwehr, Gefahrenvorbeugung und Gefahrenvermeidung. Ihre gesetzliche Regelung (für Berlin § 1 (3) ASOG) erhält die Gefahrenvorsorge aus den Polizeigesetzen der Länder.
Quellen: SNS; § 1 (3) ASOG

Gefährdung (im Kontext der Risiko-/Gefährdungsanalyse): Möglichkeit, dass an einem konkreten Ort aus einer Gefahr ein Ereignis mit einer bestimmten Intensität erwächst, das Schaden an einem Schutzgut verursachen kann.
Quelle: BBK

Gefährdungsanalyse: Ist ein systematisches Verfahren zur Bestimmung von Gefährdungen.
Quelle: BBK

Gemeinsame Einsatzlenkung (Abk. GEL): Im Katastrophenfall oder in einer Großschadenslage stimmen die betroffenen Katastrophenschutzbehörden und die im Katastrophenschutz Mitwirkenden die wesentlichen taktisch-operativen Entscheidungen zum Zweck der Gefahrenabwehr miteinander ab (Gemeinsame Einsatzlenkung). Relevante taktisch-operative sowie administrative Lageinformationen sind im Katastrophenfall dem Ressortübergreifenden Krisenstab zu melden.
Quelle: § 13 KatSG – Land Berlin

Gemeinsame (örtliche) Einsatzleitung (Abk. GÖEL): Im Rahmen ihrer Aufgaben haben alle zuständigen Behörden und Stellen an der Gefahrenabwehr mitzuwirken und ihre Maßnahmen in gegenseitiger Unterrichtung aufeinander abzustimmen. Die Abstimmung der verschiedenen Behörden und Stellen erfolgt in der Regel am Schadensort in der sogenannten Gemeinsamen Örtlichen Einsatzleitung. Erfordern größere Einsätze, insbesondere mit mehreren parallelen Schadensstellen, eine übergeordnete Koordination, so wird zusätzlich eine Gemeinsame Einsatzlenkung gebildet. Die Vertreter der Behörden und Stellen veranlassen am Einsatzort die sich aus ihrem Zuständigkeitsbereich ergebenden Maßnahmen. Die Feuerwehr wird für die zuständigen Behörden und Stellen nur solange hilfsweise tätig, wie diese noch nicht am Einsatzort eingetroffen oder selbst noch nicht tätig sind. In den Gemeinsamen Örtlichen Einsatzleitungen und der Gemeinsamen Einsatzlenkung werden insbesondere die folgenden Aufgaben umgesetzt: Für die Umsetzung der Entscheidungen sind die mitwirkenden Behörden und Stellen im Rahmen ihrer Fachzuständigkeit selbst verantwortlich. Bei der Abwehr außergewöhnlicher Schadensereignisse arbeiten die Berliner Feuerwehr, die Polizei Berlin sowie die übrigen zuständigen Ordnungsbehörden eng zusammen. Je nach Ausmaß des Schadensereignisses koordinieren sie ihre gemeinsamen Maßnahmen in sogenannten Gemeinsamen Örtlichen Einsatzleitungen und einer Gemeinsamen Einsatzlenkung.

• Einweisung und fortlaufende Unterrichtung aller Beteiligter über die Lage;
• Koordinierung und Kontrolle der Maßnahmen der Beteiligten im Sinne einer ganzheitlichen Gefahrenabwehr;
• Herbeiführen von (zeitkritischen) Entscheidungen im Gremium;
• Abstimmung von Maßnahmen zur Information und Warnung der Bevölkerung
• Abstimmung der Pressearbeit.

Für die Umsetzung der Entscheidungen sind die mitwirkenden Behörden und Stellen im Rahmen ihrer Fachzuständigkeit selbst verantwortlich. Bei der Abwehr außergewöhnlicher Schadensereignisse arbeiten die Berliner Feuerwehr, die Polizei Berlin sowie die übrigen zuständigen Ordnungsbehörden eng zusammen. Je nach Ausmaß des Schadensereignisses koordinieren sie ihre gemeinsamen Maßnahmen in sogenannten Gemeinsamen Örtlichen Einsatzleitungen und einer Gemeinsamen Einsatzlenkung.
Quelle: § 13 KatSG – Land Berlin

Gerätewagen (Abk. GW): Rüst- und Gerätefahrzeuge, sind Fahrzeuge, die für die Durchführung technischer Hilfeleistungseinsätze ausgerüstet sind. Beispiele für technische Hilfe: Suche und Rettung von Personen, Beseitigung von Unfallfolgen, gewaltsames Öffnen und Rettung von Tieren. Gerätewagen transportieren Besatzung und Ausrüstung für besondere Einsatzlagen. Der Gerätewagen „Wasser" führt mit seiner Besatzung als selbständige taktische Einheit die Aufgaben der Wasser- und Eisrettung und der technischen Hilfeleistung Über- und Unterwasser durch und ist mit vier Tauchern besetzt. Der Gerätewagen „Geräteprüfung" enthält Material zum Prüfen von Geräten. Der Gerätewagen „Messtechnik" dient mit seinen Messeinrichtungen zur Aufnahme von verschiedenen Daten auf den Einsatzstellen, sowie der möglicherweise damit verbundenen Festlegung von Absperrgrenzen und Gefahrenbereichen. Der Gerätewagen „Höhenrettung" wird bei der Rettung aus Höhen und Tiefen eingesetzt. Die Ausstattung des Gerätewagen „Sanität" dient der sofortigen und eigenständigen Versorgung von Verletzten und enthält alles was für den Aufbau und den Betrieb von Patientenablagen und Betreuungsstellen nötig ist, wie etwa Schienenmaterial, Vakuummatratzen, Krankentragen, Sauerstoffflaschen und Medikamente. Beispiele für Gerätewagen sind: Eine an das Kurzzeichen angehängte Zahl bezeichnet die Fahrzeuggröße, z. B. GW-L2. *Quellen: DIN EN 1846–3:2013–11; Zentrale Fahrzeugübersicht der BFw; DIN 14033:2017-04*

Großschadensereignis, auch: Großschadenslage: Ist ein Ereignis mit einer so großen Zahl Geschädigter und/oder in Mitleidenschaft gezogener Umwelt und sonstiger bedeutsamer Rechtsgüter, dass mit den vorhandenen und einsetzbaren Kräften der Gefahrenabwehr nur bewältigt werden kann, wenn alle eingesetzten Kräfte unter einer verantwortlichen Leitung stehen. Erfordern Großschadensereignisse die Feststellung des Katastrophenfalls, gehen die Katastrophenschutzgesetze der Länder oder das Zivilschutzgesetz des Bundes dem Feuerwehrrecht vor. Bei weiträumigen und länger andauernden Großschadensereignissen oder in Katastrophenfällen wird die unmittelbare Leitung durch die politisch-gesamtverantwortliche Instanz (z. B. Bürgermeister) nötig. Großschadenslagen sind Ereignisse mit einer großen Anzahl von verletzten, erkrankten oder betroffenen Menschen oder Tieren oder erheblichen Sach- oder Umweltschäden, auf Grund deren besonderen Auswirkungen die Entwicklung zu einer Katastrophe nicht ausgeschlossen ist und für deren Bewältigung das Zusammenwirken der betroffenen Katastrophenschutzbehörden und der Mitwirkenden im Katastrophenschutz ressortübergreifend koordiniert werden muss. Die für Inneres zuständige Senatsverwaltung stellt Eintritt und Ende einer Großschadenslage für das Land Berlin fest. *Quellen: Ausgesuchte Begriffe für das Feuerwehrwesen; FwDV 100 HE (Pkt. 1.2 u. Pkt. 3.2.4.3); § 1 (2) KatSG – Land Berlin; § 10 (2) KatSG – Land Berlin*

Hilfsfrist: Umfasst die Zeit zwischen Beginn der Abgabe der Notrufmeldung über ein Schadensereignis (Meldungsabgabe) an die Stelle, die Einsatzkräfte alarmieren kann, und dem Eintreffen der ersten Einsatzkräfte am Einsatzort. Sie setzt sich zusammen aus:

- Meldezeit,
- Dispositionszeit,
- Alarmierungszeit,
- Ausrückezeit und
- Anfahrtszeit.

Allerdings werden alternative Bezeichnungen wie Eintreffzeit oder Einsatzgrundzeit verwendet. Selbst wenn in den Gesetzen und Vorschriften von Hilfsfristen gesprochen wird, gibt es unterschiedliche Definitionen und nicht selten wird dadurch lediglich die Ausrücke- und Anfahrtszeit festgelegt. Um die Hilfsfristen in Berlin für die Feuerwehr zu definieren, wurde im Jahr 2003 eine Zielvereinbarung festgelegt, die als Grundlage für die Hilfsfristen dient. Die Hilfsfrist der Berliner Feuerwehr für die Brandbekämpfung und technische Hilfeleistung beträgt 15- für die Notfallrettung 10 min. *Quellen: DIN 14011:2018-01; BFw Jahresbericht 2020, S. 180; Feuerwehrleben; Zielvereinbarung*

Hilfsorganisation (Abk. HiO): Hilfsorganisationen sind juristische Personen des privaten Rechts, zu deren Aufgaben die Hilfeleistung bei Katastrophen gehört. Beispiele für Hilfsorganisationen sind:

- Arbeiter-Samariter-Bund Deutschland e. V. (ASB),
- Deutsche Gesellschaft zur Rettung Schiffbrüchiger (DGzRS),
- Deutsche Lebens-Rettungs-Gesellschaft e. V. (DLRG),

•Deutsches Rotes Kreuz e. V. (DRK),

•Johanniter-Unfall-Hilfe e. V. (JUH)

•Johanniter-Unfall-Hilfe e. V. (JUH) und

•Malteser-Hilfsdienst e. V. (MHD).

Quelle: Ausgesuchte Begriffe für das Feuerwehrwesen

Katastrophe: Die Definition der Katastrophe kann entsprechend landesrechtlicher Regelungen abweichend gefasst sein. Gemäß den entsprechenden Gesetzen der Bundesländer wird in der Regel die Katastrophe anhand zweier Begriffselemente definiert: Erstens, es liegt ein Geschehen vor, das Leben oder Gesundheit zahlreicher Menschen oder Tiere, die Umwelt, erhebliche Sachwerte oder die lebensnotwendige Versorgung der Bevölkerung gefährdet oder schädigt. Zweitens, die Abwehr und Bekämpfung dieses Geschehens erfordert die einheitliche Leitung durch die zuständige (Katastrophenschutz-)Behörde. Katastrophen sowie Großschadensereignisse sind damit im Sinne des Leitfadens auch Krisen. Ein Geschehen, bei dem Leben oder Gesundheit einer Vielzahl von Menschen oder die natürlichen Lebensgrundlagen oder bedeutende Sachwerte in so ungewöhnlichem Ausmaß gefährdet oder geschädigt werden, dass die Gefahr nur abgewehrt oder die Störung nur unterbunden und beseitigt werden kann, wenn die im Katastrophenschutz mitwirkenden Behörden, Organisationen und Einrichtungen unter einheitlicher Führung und Leitung durch die Katastrophenschutzbehörde zur Gefahrenabwehr tätig werden. Katastrophen sind Großschadensereignisse, die zu einer gegenwärtigen Gefahr für das Leben oder die Gesundheit einer Vielzahl von Menschen, für die Umwelt oder für sonstige bedeutsame Rechtsgüter führen und die von den für die Gefahrenabwehr zuständigen Behörden mit eigenen Kräften und Mitteln nicht angemessen bewältigt werden können. Erfordern Großschadensereignisse die Feststellung des Katastrophenfalls, gehen die Katastrophenschutzgesetze der Länder oder das Zivilschutzgesetz des Bundes dem Feuerwehrrecht vor. Katastrophen sind Ereignisse, die das Leben, die Gesundheit oder die lebensnotwendige Versorgung einer Vielzahl von Menschen oder Tieren, die Umwelt oder sonstige bedeutsame Rechtsgüter in so außergewöhnlichem Ausmaß gefährden oder schädigen, dass deren Bewältigung nur unter Beteiligung der Katastrophenschutzbehörden und der Mitwirkenden im Katastrophenschutz angemessen geleistet werden kann und deren Zusammenwirken ressortübergreifend koordiniert werden muss.

Quellen: BMI; BBK; Ausgesuchte Begriffe für das Feuerwehrwesen; FwDV 100 HE (Pkt. 1.2); § 1 (1) KatSG – Land Berlin

Katastrophenalarm: Die Definition des Katastrophenalarms kann entsprechend landesrechtlicher Regelungen abweichend gefasst sein. Die für Inneres zuständige Senatsverwaltung löst Katastrophenalarm für das Land Berlin aus, wenn eine Katastrophe vorliegt und hebt diesen wieder auf, wenn ein Grund für dessen Aufrechterhaltung nicht mehr besteht. Auslösung und Aufhebung des Katastrophenalarms sowie Feststellungen bzgl. einer Großschadenslage gibt die für Inneres zuständige Senatsverwaltung der Öffentlichkeit unverzüglich in geeigneter Weise bekannt.

Quellen: § 10 (1) KatSG – Land Berlin; § 10 (3) KatSG – Land Berlin

Katastrophenfall: Landesrechtliche Feststellung einer Katastrophe, die zur Anwendung des Katastrophenschutzgesetzes des jeweiligen Landes führt. Ist die Feststellung des Zustandes einer drohenden oder eingetretenen Katastrophe, der dazu führt, gesetzlich festgelegte Maßnahmen anzuwenden. Erfordern Großschadensereignisse die Feststellung des Katastrophenfalls, gehen die Katastrophenschutzgesetze der Länder oder das Zivilschutzgesetz des Bundes dem Feuerwehrrecht vor.

Quellen: BBK; Ausgesuchte Begriffe für das Feuerwehrwesen; FwDV 100 HE (Pkt. 1.2)

Katastrophenschutz (Abk. KatS): Die Definition des Katastrophenschutzes kann entsprechend landesrechtlicher Regelungen abweichend gefasst sein. Der Katastrophenschutz ist eine landesrechtliche Organisationsform der kommunalen und staatlichen Verwaltungen in den Ländern zur Gefahrenabwehr bei Katastrophen, bei der alle an der Gefahrenabwehr beteiligten Behörden, Organisationen und Einrichtungen unter einheitlicher Führung durch die örtlich zuständige Katastrophenschutzbehörde zusammenarbeiten. Katastrophenschutz ist der Schutz der Allgemeinheit vor Gefahren und Schäden, die von Katastrophen und Großschadenslagen im Sinne dieses Gesetzes ausgehen. Er ist Teil der allgemeinen Gefahrenabwehr und umfasst Maßnahmen der Katastrophenvorsorge und Maßnahmen der Katastrophenabwehr. Der Katastrophenschutz ergänzt die Selbsthilfefähigkeit der Bevölkerung um die im öffentlichen Interesse gebotenen Maßnahmen. Einheiten und Einrichtungen des Katastrophenschutzes sind nach Fachdiensten gegliederte Zusammenfassungen von Kräften und Mitteln zum Zweck der Abwehr von Katastrophen und Großschadenslagen. Einheiten sind für den beweglichen Einsatz und Einrichtungen für den ortsfesten Einsatz bestimmt. Träger der Einheiten und Einrichtungen des Katastrophenschutzes sind die Berliner Feuerwehr, die Polizei Berlin und die anerkannten privaten Hilfsorganisationen.

Quellen: BBK; § 2 (1) KatSG – Land Berlin; § 2 (2) KatSG – Land Berlin; § 4 (1) KatSG

Katastrophenschutzbehörde: Die Definition der Katastrophenschutzbehörde kann entsprechend landesrechtlicher Regelungen abweichend gefasst sein. Katastrophenschutzbehörden sind entsprechend den landesrechtlichen Vorschriften die Landräte in den Kreisen und die Oberbürgermeister in den kreisfreien Städten, die für den Katastrophenschutz zuständigen Ministerien oder Senatsverwaltungen sowie ggf. die mittleren staatlichen Verwaltungsebenen in den Ländern. Katastrophenschutzbehörden sind die Senatskanzlei und die übrigen Senatsverwaltungen, die ihnen nachgeordneten Behörden, soweit diese Ordnungsaufgaben wahrnehmen, sowie die Bezirksämter.

Quellen: BBK; § 3 KatSG – Land Berlin

Kohlenstoffmonoxid (Abk. CO): Kohlenmonoxid ist ein farb-, geruch- und geschmackloses Gas, das bei der unvollständigen Verbrennung von Brenn- und Treibstoffen entsteht. Es bildet sich, wenn bei Verbrennungsprozessen zu wenig Sauerstoff zur

Verfügung steht. In höheren Konzentrationen wirkt CO als starkes Atemgift. Haupt-quelle für die CO-Belastung der Luft ist der Kraftfahrzeugverkehr.
Quelle: Umweltbundesamt

Krise: Krise ist ein(e) unübliche(s) oder außergewöhnliche(s) Ereignis oder Situation, das/die eine Organisation oder Gemeinschaft bedroht und eine strategische, anpassungsfähige und schnelle Reaktion erfordert, um die Existenzfähigkeit und Integrität der Organisation oder Gemeinschaft zu erhalten. Das Ereignis bzw. die Situation kann ein hohes Maß an Komplexität, Instabilität und Unsicherheit beinhalten und die Reaktionsfähigkeit oder -kapazität der Organisation übersteigen. Aufgrund des Wesens einer Krise ist zusätzlich zu den erprobten Plänen und Verfahren ein flexibler und dynamischer Ansatz erforderlich. Vom Normalzustand abweichende Situation mit dem Potenzial für oder mit bereits eingetretenen Schäden an Schutzgütern, die mit der normalen Aufbau- und Ablauforganisation nicht mehr bewältigt werden kann, sodass eine besondere Aufbauorganisation erforderlich ist.
Quellen: DIN EN ISO 22361:2023–02; BMI

Krisenkommunikation: Eine interne und externe Kommunikation zur Bereitstellung von Informationen, Aktualisierungen und Anweisungen für interne und externe interessierte Parteien. Eine angemessene Krisenkommunikation kann auch die Reputation und den Ruf der Organisation schützen und ihr öffentliches Image aufrechterhalten. Austausch von Informationen und Meinungen während einer Krise zur Verhinderung oder Begrenzung von Schäden an einem Schutzgut. Als zielgruppengerecht gilt Krisenkommunikation, wenn die Zielgruppe

- über das gewählte Kommunikationsmedium erreicht wird,
- motiviert werden kann, die Botschaft aufzunehmen,
- die Botschaft richtig versteht und
- entsprechend auf die Botschaft reagiert.

Krisenkommunikation bedarf der klaren Zuordnung von Zuständigkeiten und Verantwortlichkeiten sowie einer klaren Kommunikationslinie für ein inhaltlich und argumentativ einheitliches Auftreten der am Krisenmanagement Beteiligten. Krisenkommunikation dient dem zielgruppenorientierten Informationsaustausch, dem Erhalt von Vertrauen und der Verhinderung von Imageeinbußen. Krisenkommunikation ist insbesondere dann erfolgreich, wenn sie auf eine Risikokommunikation aufbaut.
Quellen: DIN EN ISO 22361:2023–02; BBK

Krisenmanagement: Sind koordinierte Maßnahmen zur Führung, Lenkung und Steuerung einer Organisation im Hinblick auf Krisen. Alle Maßnahmen zur Vorbereitung auf Erkennung und Bewältigung, Vermeidung weiterer Eskalation sowie Nachbereitung von Krisen. Es beinhaltet die Schaffung von konzeptionellen, organisatorischen und verfahrensmäßigen Voraussetzungen durch staatliche und nicht-staatliche Akteure, um eine schnellstmögliche Zurückführung der eingetretenen außergewöhnlichen Situation in den Normalzustand zu unterstützen oder eine

Eskalation zu vermeiden. Krisenmanagement ist im Idealfall mit Risikomanagement verzahnt.

Quellen: DIN EN ISO 22361:2023–02; BBK

Krisenstab (Abk. KS): Die Definition des Krisenstabs kann entsprechend landesrechtlicher Regelungen abweichend gefasst sein. Der Krisenstab wird bei komplexen Problemen einberufen, die durch den Lagedienst alleine nicht mehr bewältigt werden können. Es wird unterschieden zwischen Ad-Hoc-Lagen und geplanten Ausnahmenzuständen. Zu letzteren gehören etwa Großveranstaltungen oder geplante Bombenentschärfungen, zur Ersteren Natur-Katastrophen oder der Ausfall der Notrufnummern. Der Krisenstab ist eine Gruppe von Personen, die funktional für die Führung der Maßnahmen der Organisation im Rahmen des Krisenmanagements verantwortlich sind. Im Katastrophenfall oder in einer Großschadenslage haben alle betroffenen Katastrophenschutzbehörden unverzüglich ihre Krisenstäbe in der durch Art und Ausmaß gebotenen Stärke einzuberufen. Krisenstäbe haben innerhalb der Zuständigkeit ihrer Katastrophenschutzbehörde die Aufgabe, Abwehrmaßnahmen zu koordinieren und relevante Lageinformationen unverzüglich den anderen betroffenen Krisenstäben zu melden. Sie haben der für Inneres zuständigen Senatsverwaltung unverzüglich Informationen zu ihrer Erreichbarkeit und ihrem Stabsaufbau mitzuteilen; diesbezügliche Aktualisierungen sind unverzüglich zu melden. Auf Grundlage dieser Informationen wird eine Kommunikationsübersicht erarbeitet und allen Katastrophenschutzbehörden zur Verfügung gestellt. Der Krisenstab der für Inneres zuständigen Senatsverwaltung arbeitet im Katastrophenfall ressortübergreifend administrativ-organisatorisch (Ressortübergreifender Krisenstab). Er trifft ressortbezogene Entscheidungen, ist beratend und bei Bedarf koordinierend tätig und bereitet ressortübergreifende Entscheidungen vor. In den Ressortübergreifenden Krisenstab können lageabhängig Vertreterinnen und Vertreter der übrigen Katastrophenschutzbehörden und der Mitwirkenden im Katastrophenschutz sowie externe Fachberaterinnen und Fachberater, insbesondere der Betreiberinnen und Betreiber kritischer Infrastrukturen, berufen werden. Sofern ein Krisenstab eingerichtet wird, muss der Informationsfluss zwischen Krisenstab und den Verantwortlichen für Krisenkommunikation sichergestellt sein.

Quellen: DIN EN ISO 22361:2023–02; § 12 (1) KatSG – Land Berlin; § 12 (4) KatSG – Land Berlin; § 12 (5) KatSG – Land Berlin; § 12 (6) KatSG – Land Berlin; BMI

Krisenstabsübung (Abk. KSÜ): Krisenstabsübungen sind ein Instrument der Krisenprävention und dienen der Implementierung oder Überprüfung des Krisenmanagementsystems. Krisenstabsübungen können in unterschiedlicher Intensität und Art durchgeführt werden: als theoretisches Planspiel bis hin zur möglichst realistischen Krisensimulation. Schwerpunkte können die Krisenstabsarbeit oder Krisenkommunikation sein. Im Planspiel wird ein Krisenszenario theoretisch abgearbeitet und bietet sich deshalb an, um sich mit neuen Systemen erstmals vertraut zu machen. Sie decken jedoch nicht die operative Überprüfung des Krisenmanagements ab.

In Krisenstabsübungen wird die Arbeit des Krisenstabs zur Bewältigung von Krisen geübt. Krisenstabsübungen werden durch eine Übungsleitung mit Hilfe eines individuell angefertigten Drehbuchs durchgeführt.
Quelle: Advice Partners

Kritische Dienstleistung: Dienstleistung, die von Betreibern kritischer Infrastrukturen zur Versorgung der Allgemeinheit erbracht wird und deren Ausfall oder Beeinträchtigung zu erheblichen Versorgungsengpässen, zu Gefährdungen der öffentlichen Sicherheit oder zu vergleichbaren Folgen führen würde.
Quelle: BBK

Kritische Infrastrukturen (Abk. KRITIS): Organisationen und Einrichtungen mit wichtiger Bedeutung für das staatliche Gemeinwesen, bei deren Ausfall oder Beeinträchtigung nachhaltig wirkende Versorgungsengpässe, erhebliche Störungen der öffentlichen Sicherheit oder andere dramatische Folgen eintreten würden.
Quelle: BBK

Lage, auch: Einsatzsituation: Beschreibung der bestehenden Situation, einschließlich:

(1) allgemeine Lage,
(2) Schadenslage,
(3) eigene Lage und
(4) Möglichkeiten der Schadensabwehr

Quelle: BBK

Lagebericht: Lageberichte sind über einen festen Zeitraum zusammengefasste Darstellungen der Lage (z. B. täglich). Empfänger sind alle mit der Lage befassten Stellen (horizontal und vertikal). Sie können formlos erfolgen. Um die weitere Verarbeitung zu vereinfachen empfiehlt es sich aber, das mit dem ersten Lagebericht gewählte Format beizubehalten und sich an dem Aufbau der Lagemeldung zu orientieren.
Quelle: Landesfeuerwehrschule BW

Lagebild: Das Lagebild bestimmt sich aus den Faktoren:

• Ort,
• Zeit,
• Wetter,
• Schadenereignis/Gefahrenlage

und den Möglichkeiten zur Schadensabwehr. Es ist somit eine übersichtliche Darstellung wesentlicher Sachverhalte zu einer Situation in textlicher und/oder visualisierter Form als Ergebnis der Aufbereitung von Informationen. Ein Lagebild setzt sich aus ausgewählten Parametern zusammen, deren regelmäßige Überwachung das Erkennen von Zustandsveränderungen ermöglicht. Die Erstellung eines Lagebildes ist

daher nicht auf die Bewältigung eines Schadensereignisses beschränkt. In der Regel werden mindestens die Parameter
Quellen: FwDV 100 HE (Pkt. 3.3.1.1); BBK

Lagemeldung: Meldung der eingesetzten Kräfte über Art und Umfang des Ereignisses sowie über die getroffenen Maßnahmen. Lagemeldungen sind die wesentlichen Informationen für eine Darstellung des gesamten Lagebildes. Daher muss die erste Lagemeldung relativ ausführlich ausgeführt sein und wird abgegeben, sobald nähere Kenntnisse über die Lage vorliegen. In den darauffolgenden Lagemeldungen werden dann die zwischenzeitlich eingetretenen Änderungen beschrieben. Änderungen zu der vorhergehenden Lagemeldung sind rot gehalten und Ortsangaben werden durch Großschreibung hervorgehoben.
Quellen: DIN 14011:2018-01; Landesfeuerwehrschule BW

Lageplanung: Ist Teil des Führungsvorgangs:

• Lagefeststellung (Erkundung/Kontrolle),
• Planung (Beurteilung u. Entschluss) und
• Befehlsgebung.

Planung ist ein systematisches Bewerten von Informationen und Fakten und daraus sich ergebendes Festlegen von Maßnahmen. Die Planung ist so durchzuführen, dass es weder zu überstürztem Handeln kommt noch zeitgerechtes Handeln verhindert wird. Die Planung muss klar, einfach und ausführbar sein. Die Bewertung der Lage wird in der Regel durch den Einsatzleiter vor Ort bzw. dem Krisenstab durchgeführt. Die Lageplanung umfasst die Bewertung des aktuellen Schadensbildes bzw. die Bewertung der Auswirkung eines schädigenden Ereignisses auf ein Schutzgut und die daraus resultierenden Folgen sowie den aktuellen Zustand der eingesetzten Kräfte bzw. das Wirken der eingeleiteten Gegenmaßnahmen.
Quellen: FwDV 100 HE (Pkt. 3.3.2); Expertengespräch bei der Berliner Feuerweh

Lebenswichtige Einrichtungen: Einrichtungen, deren Beeinträchtigung auf Grund der ihnen anhaftenden betrieblichen Eigengefahr die Gesundheit oder das Leben großer Teile der Bevölkerung erheblich gefährden kann oder die für das Funktionieren des Gemeinwesens unverzichtbar sind und deren Beeinträchtigung erhebliche Unruhe in großen Teilen der Bevölkerung und somit Gefahren für die öffentliche Sicherheit oder Ordnung entstehen lassen würde.
Quelle: § 1 (5) SÜG

Leitstelle (Abk. LtS): Die Leitstelle ist eine ständig besetzte Einrichtung zur Annahme von Notrufen und Meldungen sowie zum Alarmieren, Koordinieren und Lenken von Einsatzkräften, die die Einsatzleitung unterstützt. Die integrierte Leitstelle ist eine ständig besetzte Einrichtung zur Annahme von Notrufen und Meldungen sowie zum Alarmieren, Koordinieren und Lenken des Rettungsdienstes, des Brandschutzes, der technischen Hilfe und des Katastrophenschutzes.
Quellen: DIN 14011:2018-01; DIN 14011:2018-01

Lösch- und Hilfeleistungsfahrzeug (Abk. LHF): Lösch- und Hilfeleistungsfahrzeuge sind das Standard-Fahrzeug der Berliner Feuerwehr. Sie werden sowohl zur Brandbekämpfung als auch bei technischen Hilfeleistungen eingesetzt. Sie führen feuerwehrtechnische Beladung zur Brandbekämpfung mit sich. Das können Pumpen, Schläuche, Strahlrohre, Wassertank sowie Anlagen zur Erzeugung von Löschschaum sein. Es gibt kleinere, mittlere und größere Löschfahrzeuge. Mit Allrad angetriebene Fahrzeuge eignen sich zum Ausrücken im Gelände, Fahrzeuge mit geringer Länge sind wendiger und eignen sich zum Ausrücken in der Innenstadt.

Quelle: Zentrale Fahrzeugübersicht der BFw (Pkt. 1.1)

Löschpulver: Löschpulver ist ein Löschmittel aus fein verteilten festen Chemikalien, das aus einem oder mehreren Hauptbestandteilen und Zusatzstoffen zur Verbesserung seiner Eigenschaften besteht. Es ist ein Trockenlöschmittel in Pulverform, das zur Brandbekämpfung verwendet wird. Die weiteste Verbreitung hat Löschpulver in Handfeuerlöschern und Pulverlöschern erfahren. Weiterhin wird Löschpulver auch von Feuerwehren (oft in größeren Gebinden zu 250kg oder 750kg) vorgehalten (siehe Trockenlöschfahrzeug). Zur Bezeichnung der Brandklasse, für die ein Löschpulver geeignet ist, werden Großbuchstaben vor dem Namen verwendet, z. B. BC-Löschpulver ist für die Brandklassen B (Flüssigkeiten oder verflüssigte Feststoffe) und C (Gase) geeignet; ABC-Löschpulver ist für die Brandklassen A (glutbildende Feststoffe), B und C geeignet. Löschpulver wirken in der Gasphase des Brandes, indem sie die dort ablaufenden Reaktionen unterbrechen. Gleichzeitig wird der Verbrennung Energie entzogen (Kühlung). Bei festen Brennstoffen erfolgt außerdem, durch Versiegelung der Oberfläche, eine Unterbrechung der Pyrolyse. Durch diese Mehrfachwirkung sind Löschpulver ausgesprochen effektiv. Löschpulver werden durch Düsen ausgebracht, die einen vergleichsweise scharfen Strahl erzeugen, welcher sich erst in einem gewissen Abstand von der Düse zu einer löschwirksamen Wolke auffächert. Es ist daher wichtig, den Abstand zum Brandherd so zu wählen, dass man den Pulverstrahl nicht durch die Flammen hindurch oder über den Brand hinweg schießt. Ideal ist, das Pulver so an die Flammenbasis zu bringen, dass die entstehende Pulverwolke mit der Thermik in die Flammen hineingesogen wird.

Quellen: DIN 14011:2018-01; Chemie Lexikon; bvfa

Löschzug, auch Zug (Abk. LZ): Der Zug besteht aus dem Zugführer, dem Zugtrupp als Führungseinheit und aus Gruppen, Staffeln und/oder Selbstständigen Trupps, die eine taktische Einheit bilden. Der Zugtrupp gliedert sich in: $1 \times$ Führungsassistent $+ 1 \times$ elder $+ 1 \times$ ahrer. Der Führungsassistent ist Vertreter des Zugführers. Der Zug hat in der Regel eine Mannschaftsstärke von 22. Für besondere Aufgaben kann der Zug um einen Trupp, eine Staffel oder eine Gruppe erweitert werden. Beispiele für Züge: Rüstzug, Brandschutzzug, Gefahrstoff-ABC-Zug, Sanitätszug. Der Löschzug „Rettung" (LZ-R) ist eine taktische Einheit des Brandschutzdienst des Katastrophenschutzes und besteht aus einem Zug der Feuerwehr, der um einen Trupp mit einem Rüstoder Gerätewagen erweitert ist. Der Löschzug „Wasserversorgung" (LZ-W) ist eine taktische Einheit im Brandschutzdienst des Katastrophenschutzes und besteht aus einem Zug der Feuerwehr, der um einen Trupp mit einem Schlauchwagen erweitert ist. Der Löschzug:

• rettet Menschen und Tiere aus dem unmittelbaren Gefahrenbereich,
• schützt und/oder birgt Sachwerte,
• bekämpft Brände, die Menschen, Tiere, Sachwerte und die natürlichen Lebensgrundlagen gefährden,
• trägt Löschangriffe vor, auch unter erschwerten Bedingungen (Atemschutz, Leitern usw.)
• übernimmt die Löschwasserversorgung anderer Brandschutzeinheiten,
• leistet Technische/allgemeine Hilfe,
• leistet Amtshilfe für Behörden und Dienststellen (z. B. Polizei, Straßenbaulastträger) und
• führt sonstige humanitäre Aufträge des KatS-Stabes aus.

Die Aufgaben des Löschzugs sind im Wesentlichen:

• Auftragsübernahme von der übergeordneten Führung,
• Planung des technisch-taktischen Einsatzes des Löschzuges,
• Durchführung der erforderlichen Maßnahmen und
• Aufbau einer Einsatzstruktur im eigenen Aufgabenbereich.

Die Löschzüge können als Ergänzung durch max. ein zusätzliches Fahrzeug erweitert werden:

• Wasserförderung: Ergänzung um ein Tanklöschfahrzeug oder SW KatS,
• flächige Hochwasserlagen: Ergänzung um einen Gerätewagen-L mit Hochwasserbeladung,
• Waldbrand: Ergänzung um geländegängiges Fahrzeug., z. B. Tanklöschfahrzeug und

Quellen: FwDV 3 HE (Pkt. 2.4); Ausgesuchte Begriffe für das Feuerwehrwesen; FwDV 5; KatS in HE; KatS-Konzepte NRW (Pkt. 2.1)

Mangelsituation (im Kontext der Quantität): Eine Situation oder wirtschaftliche Lage, in der ein Mangel (an etwas) besteht. Mangel ist ein Zustand, bei dem die Befriedigung bestimmter wichtiger Bedürfnisse zu vertretbaren Preisen unbehebbar unmöglich ist.

Quellen: DWDS; Vgl. Wilfried Berg, Der Staat: Zeitschrift für Staatslehre, öffentliches Recht und Verfassungsgeschichte, 1976, S. 7

Massenanfall von Verletzten (Abk. MANV): Ein Notfall mit einer größeren Anzahl von Verletzten oder Erkrankten sowie anderen Geschädigten oder Betroffenen, der besondere planerische und organisatorische Maßnahmen erfordert, weil er mit der vorhandenen und einsetzbaren Vorhaltung der präklinischen und klinischen Versorgung nicht bewältigt werden kann. *Quelle: BBK*

Mobile Wache: Mobile Wachen sind Fahrzeuge der Polizei, die im gesamten Stadtgebiet zu verschiedenen Zeiten und an wechselnden Örtlichkeiten im Einsatz sind, um präsent und ansprechbar zu sein z. B. für Fragen rund um die Themen Polizei, Kriminalität und Sicherheit. Darüber hinaus sind die mobilen Wachen so ausgestattet, dass auch Anzeigen aufgenommen und hilfesuchenden Bürgerinnen und Bürgern mit notwendigen Informationen geholfen werden kann. Abhängig von der Einsatzlage kann eine mobile Wache kurzfristig ausfallen bzw. der Standort verändert werden. *Quelle: Polizei Berlin*

Modulares Warnsystem (Abk. MoWaS): Gemeinsam genutztes Warnsystem von Bund und Katastrophenschutzbehörden für die Warnung und Information der Bevölkerung im Zivilschutz und Katastrophenfall sowie bei sonstigen Gefahren für die öffentliche Sicherheit. MoWaS verfügt über ein zentrales Regelwerk sowie eine standardisierte Schnittstelle zu den verschiedenen Warnkanälen. Die Datenübertragung erfolgt redundant über Satelliten. In MoWaS sind alle öffentlich-rechtlichen Rundfunkanstalten und ein Großteil der privaten Medienhäuser, Internet- und Pagingdienste, Apps (z. B. Warn-App NINA) sowie die Deutsche Bahn als Warnmultiplikatoren integriert (Stand: 10/2017). Mittlerweile sind neben dem Bund auch die Bundesländer, mittlere und untere Katastrophenschutzbehörden sowie der Deutsche Wetterdienst als Herausgeber von amtlichen Warnmeldungen angeschlossen. *Quelle: BBK*

Netzgesellschaft Berlin-Brandenburg (Abk. NBB): Die Netzgesellschaft Berlin-Brandenburg ist eine der bundesweit größten örtlichen Verteilernetzbetreiberinnen. Sie wurde 2006 gegründet und stellt den Betrieb der Gasversorgung in Berlin und großen Teilen Brandenburgs (bis nach Sachsen und Sachsen-Anhalt hinein) sicher. Netzbetreiber sind für den Anschluss der Verbrauchsstellen an das Strom- und Gasnetz, die Instandhaltung dieser Netze, die Gewährleistung der Netzstabilität und den sicheren Betrieb des Netzes zuständig. Außerdem stellen sie den Netzanschluss her, wenn z. B. ein neues Wohngebäude errichtet wird. Die NBB betreut und berät überregional Stadtwerke, Netzbetreiber und Energiehandlung. *Quelle: NBB*

Notfall: Situation mit dem Potenzial für oder mit bereits eingetretenen Schäden an Schutzgütern, die neben Selbsthilfemaßnahmen des Einzelnen staatlich organisierte Hilfeleistung erforderlich machen kann. Ein Notfall ist ein Ereignis, das Personen-, erhebliche Vermögensschäden oder gravierende Beeinträchtigungen der kritischen Dienstleistung zur Folge hat oder haben kann und ein unverzügliches Handeln erfordert. Zur Bewältigung eines Notfalls reichen die normalen betriebliche Abläufe und Organisationsstrukturen in der Regel nicht mehr aus. *Quelle: BBK*

Notfallplan (allgemeiner und besonderer): Gemäß Strahlenschutzgesetz (StrlSchG) sind Notfallpläne durch den Bund und die Länder aufzustellen: In diesen Notfallplänen sind die geplanten angemessenen Reaktionen auf mögliche Notfälle anhand bestimmter Referenzszenarien darzustellen. Die Notfallpläne sollen die an der

Notfallreaktion beteiligten Behörden und Organisationen in die Lage versetzen, im Notfall unverzüglich abgestimmte Entscheidungen zu treffen und die angemessenen Maßnahmen rechtzeitig durchzuführen. Der allgemeine Notfallplan des Bundes „umfasst insbesondere auf das jeweilige Referenzszenario optimal abgestimmte Strategien zum Schutz der Bevölkerung und der Einsatzkräfte. Die Länder stellen allgemeine und besondere Notfallpläne auf. Diese Notfallpläne der Länder ergänzen und konkretisieren den allgemeinen Notfallplan des Bundes und die besonderen Notfallpläne des Bundes, soweit die Länder für die Planung oder Durchführung von Schutzmaßnahmen zuständig sind. *Quellen: § 98 (1) StrlSchG; § 97 (1) S. 2 StrlSchG; § 97 (2) StrlSchG; § 98 (3) StrlSchG; § 100 StrlSchG*

Notfallplanung: Gesamtansatz zur Verhinderung von Notfällen und zur Bewältigung von auftretenden Notfällen.
Quelle: BBK

Orchestrierung (IT-Begriff): Ist die Komposition mehrerer Einzeldienste zu einem Gesamtservice. Die Orchestrierung weist den Diensten, Prozessen, Webservices, Anwendungen oder Workloads konkrete Aufgaben zu und steuert die Abhängigkeiten untereinander. Mit der Cloud-Orchestrierung werden Services unterschiedlicher oder gleicher Cloud-Umgebungen und -Anbieter zu einer Gesamtkomposition kombiniert. Es können Dienste, Prozesse, Webservices, Anwendungen oder Workloads zu einem Gesamtservice kombiniert werden. Jeder Dienst ist für sich unabhängig, interagiert aber mit anderen Diensten. Die Orchestrierung weist den Einzelservices konkrete Aufgaben zu und steuert die Abhängigkeiten und das Zusammenspiel. Die Gesamtverantwortung und Gesamtsteuerung der Informationsflüsse übernimmt eine Orchestrator-Komponente. Um beim Bild des Musikorchesters zu bleiben, hat diese Orchestrator-Komponente die Aufgabe eines Orchesterdirigenten. Durch die sinnvolle Vernetzung und externe Steuerung vieler einzelner Services oder Prozesse lassen sich komplexe IT-Workflows abbilden.
Quelle: Cloudcomputing Insider

Öffentliche Ordnung: Die Gesamtheit der im Rahmen der verfassungsmäßigen Ordnung liegenden ungeschriebenen Regeln für das Verhalten des Einzelnen in der Öffentlichkeit, deren Beachtung nach den herrschenden sozialen und ethischen Anschauungen als unerlässliche Voraussetzung eines geordneten staatsbürgerlichen Zusammenlebens gilt. Im Unterschied zur geschriebenen Rechtsordnung als Teil der öffentlichen Sicherheit werden mit der öffentlichen Ordnung Sozialnormen geschützt, die aus Sitte und Moral einer Gesellschaft abgeleitet werden.
Quelle: BBK

Öffentliche Sicherheit: Unversehrtheit der Rechtsordnung, der subjektiven Rechte und Rechtsgüter des Einzelnen sowie Bestand und Funktionsfähigkeit des Staates und sonstiger Hoheitsträger, ihrer Einrichtungen und Veranstaltungen.
Quelle: BBK

Örtliche Einsatzleitung (Abk. ÖEL): Die örtliche Einsatzleitung ist Teil der operativ-taktischen Komponente der Führungsebene bei Großschadensereignissen und im

Katastrophenfall. Sie ist der politisch gesamtverantwortlichen Komponente (z. B. Bürgermeisterin oder Bürgermeister, Oberbürgermeisterin oder Oberbürgermeister, Landrätin oder Landrat) unterstellt, die bei weiträumigen und länger andauernden Großschadensereignissen oder in Katastrophenfällen die unmittelbare Leitung übernimmt. Zur operativ-taktischen Komponente zählen auch der Führungsstab, die technische Einsatzleitung oder die gemeinsame Einsatzleitung vor Ort. Wer Einsatzleiterin oder Einsatzleiter ist, regeln die jeweiligen Feuerwehrgesetze oder im Katastrophenfall die Katastrophenschutzgesetze der Länder.

Quelle: FwDV 100 HE (Pkt. 3.2.4.3)

Pandemie: Von einer Pandemie wird gesprochen, wenn sich eine Krankheit über Ländergrenzen hinaus oder gar global ausbreitet. Die Weltgesundheitsorganisation (WHO) erfasst und beobachtet kontinuierlich das Auftreten und die Verbreitung von Krankheitserregern und Infektionskrankheiten mit epidemischem oder pandemischem Potential. Die Internationalen Gesundheitsvorschriften (IHR) regeln die völkerrechtlich bindenden Rechte und Pflichten von Staaten, um der grenzüberschreitenden Ausbreitung von Krankheiten vorzubeugen und sie zu bekämpfen. Als zentrale Organisation für die Weltgesundheit hat die WHO für influenza-ähnliche Krankheiten einen Pandemieplan herausgegeben, in dem eine Pandemie in verschiedene Phasen eingeteilt wird. In Phase 0 wird beispielsweise durch signifikante und sich schnell ausbreitende Ausbrüche ein Virus mit pandemischem Potential festgestellt.

Quelle: DRK

Personensuche, auch Vermisstensuche: Die Polizei leitet eine Vermissten-Fahndung ein, wenn eine Person ihren gewohnten Lebenskreis verlassen hat, ihr derzeitiger Aufenthalt unbekannt ist und eine Gefahr für Leib oder Leben (z. B. Opfer einer Straftat, Unfall, Hilflosigkeit, Selbsttötungsabsicht) angenommen werden kann. Eine Person gilt im Sinne der Feuerwehr als vermisst, wenn sie sich nicht mehr im gewohnten Umfeld aufhält, eine physische und/oder psychische Erkrankung vorliegt und eine »Hilflose Lage« vermutet werden kann oder eine Gefahr für Leib und Leben und somit Gefahr in Verzug vorliegt. Personensuche ist grundsätzlich Aufgabe der Polizei. Sind jedoch ein Unfall oder ein medizinischer Notfall als Grund zu vermuten und somit höchste Eile geboten, können Hilfsorganisationen und Feuerwehren zur Amtshilfe hinzugezogen werden.

Quellen: BKA; Vermisstensuche; Fw VG Winnweiler

Persönliche Schutzausrüstung (Abk. PSA): Kleidungsstücke oder Geräte, die von Feuerwehrangehörigen getragen oder benutzt werden, um sich gegen die Einwirkungen von oder den Kontakt mit schädlichen Stoffen oder vor anderen Gefahren zu schützen.

Quelle: DIN 14011:2018-01

Pressluftatmer, auch Behältergerät mit Druckluft (Abk. PA): Ist ein Isoliergerät, das einen tragbaren Vorrat an Druckluft hat und unabhängig von der Umgebungsatmosphäre ist. Es wirkt durch die Zufuhr von Atemluft aus dem Luftversorgungs-

system. Die Atemluft strömt ohne zurückgeführt zu werden in die Umgebungs-atmosphäre. Der Pressluftatmer ist ein unabhängig von der Umgebungsatmosphäre wirkendes Atemschutzgerät, das aus dem Behältergeräteil mit Druckluft und dem Atemanschluss besteht.
Quellen: DIN 14011:2018-01; FwDV 7 HE (Pkt. 5.1); Ausgesuchte Begriffe für das Feuerwehrwesen

Prognose: Logische, konsistente und nachvollziehbare Beschreibung einer künftigen Entwicklung oder eines möglichen Zustandes in der Zukunft, basierend auf wissen-schaftlichen Methoden.
Quelle: BBK

Prävention: Maßnahmen zur Vermeidung von Schadensereignissen einschließlich Gesundheitsgefährdungen (mehr psychosoziale Prävention im Einsatzwesen). Prä-vention ist im Gesundheitswesen ein Oberbegriff für zielgerichtete Maßnahmen und Aktivitäten, um Krankheiten oder gesundheitliche Schädigungen zu vermeiden, das Risiko der Erkrankung zu verringern oder ihr Auftreten zu verzögern.
Quellen: BBK; BMG

Rauchschürze: Die Rauchschürze ist eine flexible (z. B. gespannte Glasfasergewebe), bewegliche (z. B. abrollbare Systeme) oder fest eingebaute (z. B. rauchdicht ge-schlossene Binder) von der Decke mindestens in Dicke der bemessenen Rauchschicht in den Raum geführte Konstruktion.
Quelle: DIN 14011:2018-01

Rauchvorhang, auch mobiler Rauchverschluss: Ein mobiles Gerät, das in Türöffnungen eingebracht wird, um Rauch zurückzuhalten.
Quelle: DIN 14011:2018-01

Räumung (≠ Evakuierung):
Schnelles in Sicherheit bringen von Menschen oder Tieren aus einem akut ge-fährdeten Bereich, tendenziell eher unorganisierter, da es sich um einen Notfall han-delt. Angeordnetes kurzfristiges Freimachen eines betroffenen Bereiches (Objektes oder Gebietes) bei einer Gefährdung. Das Freimachen eines Bereichs bezieht sich erstrangig auf Menschen und zweitrangig auf Tiere und Güter.
Quellen: DIN 14011:2018-01; Expertengespräch bei der Berliner Feuerwehr; BBK

Resilienz: Fähigkeit eines Systems, Ereignissen zu widerstehen bzw. sich daran anzu-passen und dabei seine Funktionsfähigkeit zu erhalten oder möglichst schnell wieder zu erlangen.
Quelle: BBK

Ressource (Bewältigungskapazität im Bevölkerungsschutz): Abgrenzbare Einheit von Personal, Finanzmitteln, Sachmitteln, Informationen, Hilfs- und Unterstützungs-möglichkeiten, die zur Durchführung oder Förderung eines einsatzfähigen Sys-tems zum Schutz der Bevölkerung herangezogen werden können. Der Begriff „Be-wältigungskapazität" wird hier als Synonym zum Begriff „Ressource" verstanden. Für die Umsetzung der Fähigkeit „Brandschutz" dient beispielsweise die Ressource

(Bewältigungskapazität) „Schlauchwagen" zur Wasserversorgung über lange Weg-strecken.
Quelle: BBK

Rettungsdienst: Öffentliche Aufgabe der Gesundheitsvorsorge und der medizinischen Gefahrenabwehr, die sich in Notfallrettung und Krankentransport gliedert. *Quelle: DIN 14011:2018-01*

Rettungsdienstfahrzeug: Ein Fahrzeug, das für die Besetzung mit mindestens zwei entsprechend ausgebildeten Mitarbeitenden für die Versorgung und den Transport von mindestens einer Patientin bzw. einem Patienten auf einer Krankentrage vor-gesehen ist. Rettungsdienstfahrzeuge sind Krankenkraftwagen und sonstige Fahr-zeuge des Rettungsdienstes, die zum Transport von Patienten, Rettungsdienstpersonal und Rettungsmitteln zu Land, zu Wasser und zu Luft dienen (z. B. Notarzt-Einsatz-fahrzeug, Luftfahrzeuge für den Patiententransport, Mehrzweckboote, Krankentrans-portwagen, Notfallkrankenwagen und Rettungswagen). Diese Fahrzeuge werden für die Versorgung und den Transport von verletzten und akut erkrankten Menschen ver-wendet, z. B. Notarzteinsatzfahrzeuge oder das Stroke-Einsatz-Mobil. Notarzt-einsatzfahrzeuge (NEF) sind mit einem Notarzt besetzt und bringen notfallmedizinische Ausrüstung an die Einsatzstelle. Patienten können im NEF nicht transportiert werden. Diese Aufgabe übernimmt der Rettungswagen. Die Besatzung des Rettungswagens hat die Aufgabe das Leben oder die Gesundheit von Notfallpatienten zu erhalten, sie transportfähig zu machen und sie unter fachgerechter Betreuung in eine für die wei-tere Versorgung geeignete Einrichtung zu befördern (z. B. die nächstgelegene Kli-nik) oder sie im Einzelfall auch nur zu versorgen. Die Fahrzeuge sind unter anderem ausgestattet mit Beatmungsgeräten, Medikamenten und Krankentragen. Für hoch-ansteckende, mobilitätsbehinderte oder von einem Schlaganfall betroffene Patienten gibt es spezielle Rettungsdienstfahrzeuge. Um Ersthilfe zu leisten, wird das nächste verfügbare Einsatzmittel zum Notfalleinsatz entsendet. Dieses Fahrzeug ist das First-Responder-Fahrzeug. *Quellen: DIN 14011:2018-01; Ausgesuchte Begriffe aus dem Feuerwehrwesen; Zentrale Fahrzeugübersicht der BFw (Pkt. 4)*

Rettungskette: Versorgung von Patienten vom Notfallort bis zur endgültigen Be-handlung in einem Krankenhaus unter Darstellung definierter Aufgabenstellungen und Funktionsabläufe.
Quelle: BBK

Rettungswagen (Abk. RTW): Ein Rettungswagen ist eines von mehreren Rettungs-dienstfahrzeugen. Die Besatzung des Rettungswagens hat in der Notfallrettung die Aufgabe, das Leben oder die Gesundheit von Notfallpatientinnen und Notfall-patienten zu erhalten, sie transportfähig zu machen und sie unter fachgerechter Be-treuung in eine für die weitere Versorgung geeignete Einrichtung zu befördern oder sie im Einzelfall auch nur zu versorgen. Die Besatzung eines RTW arbeitet, je nach medizinischer Indikation, mit einem Notarzt bzw. einer Notärztin zusammen, die mit einem Notarzteinsatzfahrzeug (NEF) zur Einsatzstelle ausrücken (Rendezvous-System). Die Medizinisch Verantwortliche Einsatzkraft (MVE) eines RTW muss

Notfallsanitäterin oder Notfallsanitäter sein, die zweite Funktion übernimmt eine Rettungssanitäterin bzw. Rettungssanitäter. Zur Versorgung von Notfallpatienten wird im RTW eine umfangreiche notfallmedizinische Ausrüstung mitgeführt, u. a. ein Notfallrucksack, ausgewählte Notfallmedikamente, ein Defibrillator mit EKG- und Überwachungsfunktionen, ein Beatmungsgerät, Spritzenpumpen, sowie ein Absauggerät. Für den Patiententransport ist das Fahrzeug mit einer Krankentrage mit Fahrgestell und einem Tragestuhl ausgestattet.

Quellen: DIN 14011:2018-01; Zentrale Fahrzeugübersicht der BFw (Pkt. 4.3)

Risiko: Kombination aus der Eintrittswahrscheinlichkeit eines Ereignisses und dessen negativen Folgen. Maß für die Wahrscheinlichkeit des Eintritts eines bestimmten Schadens an einem Schutzgut unter Berücksichtigung des potenziellen Schadensausmaßes.

Quellen: BBK; Vgl. UNISDR, Terminology on Disaster Risk Reduction, Genf 2009, S. 25; BMI

Risikoanalyse: Ist ein systematisches Verfahren zur Bestimmung des Risikos. Auf Grundlage belastbarer Informationen zu Gefahren, Risiken und vorhandenen Fähigkeiten kann über den Umgang mit Risiken angemessen entschieden werden. Sie ist im Zivilschutz- und Katastrophenhilfegesetz (ZSKG) gesetzlich verankert. Demnach führt der Bund im Zusammenwirken mit den Ländern eine bundesweite, ressortübergreifende Risikoanalyse im Bevölkerungsschutz durch.

Quellen: BBK; Risikoanalysen Bund und Länder

Risikobewertung: Ein Verfahren, mit dem

1. festgestellt wird, in welchem Ausmaß das zuvor definierte Schutzziel im Falle eines bestimmten Ereignisses erreicht wird
2. entschieden wird, welches verbleibende Risiko akzeptabel ist und
3. entschieden wird, ob Maßnahmen zur Minimierung ergriffen werden können bzw. müssen.

Quelle: BBK

Risikoelement: Einzelbestandteil kritischer Teilprozesse im Rahmen des Risikomanagements. Hierzu zählen Menschen (Personal, sonstige Anwesende), Gelände, Gebäude, Anlagen und Geräte, einrichtungsspezifische Sonderanlagen und Sondergeräte, Daten und Unterlagen sowie Betriebsmittel, einschließlich Bestandteile solcher Anlagen.

Quelle: BBK

Risikokommunikation: Risikokommunikation für den Bevölkerungsschutz wird in Deutschland als „Austausch von Informationen und Meinungen über Risiken zur Risikovermeidung, Risikominimierung und Risikoakzeptanz" definiert.

Quelle: BMI

Risikokultur, im Finanzwesen: Die Risikokultur beschreibt allgemein die Art und Weise, wie Mitarbeitende des Instituts im Rahmen ihrer Tätigkeit mit Risiken umgehen (sollen). Die Risikokultur soll die Identifizierung und den bewussten Umgang mit Risiken fördern und sicherstellen, dass Entscheidungsprozesse zu Ergebnissen führen, die auch unter Risikogesichtspunkten ausgewogen sind. Kennzeichnend für eine angemessene Risikokultur ist vor allem das klare Bekenntnis der Geschäftsleitung zu risikoangemessenem Verhalten, die strikte Beachtung des durch die Geschäftsleitung kommunizierten Risikoappetits durch alle Mitarbeitende und die Ermöglichung und Förderung eines transparenten und offenen Dialogs innerhalb des Instituts zu risikorelevanten Fragen.

im Bevölkerungsschutz: Der Verbund definiert Risikokultur als Bündel von Wahrnehmungen, Interpretationen und Kommunikation durch alle Beteiligten in komplexen Einsatzlagen. Risikokultur ist das in einer Gemeinschaft etablierte Verhalten gegenüber potenziellen Gefährdungen.

Quellen: BaFin; BBK; REFA

Risikomanagement, allgemein: Kontinuierlich ablaufendes, systematisches Verfahren zum zielgerichteten Umgang mit Risiken, das die Analyse und Bewertung von Risiken sowie die Planung und Umsetzung von Maßnahmen insbesondere zur Risikovermeidung/-minimierung und -akzeptanz beinhaltet. integriert: Verfahren zum strukturierten und dauerhaften Austausch an relevanten Schnittstellen im Risikomanagement relevanter Akteure im Bevölkerungsschutz zur zielgerichteten Verknüpfung von Methoden, Erkenntnissen und Ergebnissen sowie einer damit verbundenen aktiven Nutzung von Synergieeffekten.

Quelle: BBK

Schaden: Negativ bewertete Auswirkung eines Ereignisses auf ein Schutzgut.

Quelle: BBK

Schadensereignis: Zusammentreffen von Gefahr und Schutzgut mit Eintritt eines Schadens.

Quelle: BBK

Schadensgebiet: Bereich, in dem durch plötzliche und unvorhergesehene Ereignisse Personenschäden, Schäden an Tieren, der Umwelt und/oder an Sachen auftreten. Das Schadensgebiet ist ein in sich geschlossener und zusammengehörender größerer Raum, in dem sich auch mehrere Einsatzstellen befinden können oder in dem mehrere Einsatzräume zugewiesen sind.

Quellen: DIN 14011:2018-01; FwDV 100 HE (Anlage 1 Pkt. 2.3)

Schadenslage: Ist die Gesamtheit der möglichen Schäden.

Quelle: BBK

Schutzgut (im Kontext der Risikoanalyse): Alles, was aufgrund seines ideellen oder materiellen Wertes vor Schaden bewahrt werden soll.

Quelle: BBK

Schutzziel: Angestrebter Zustand eines Schutzguts, der bei einem Ereignis erhalten bleiben soll. Das Schutzziel enthält Vorgaben für das Eintreffen der Feuerwehr am Einsatzort. Es definiert für bestimmte Einsatzarten, in welcher Zeit und Stärke die Feuerwehr am Einsatzort eintreffen soll. Darüber hinaus legt es fest, in wie viel Prozent der Fälle diese Vorgaben eingehalten werden müssen.

Quellen: BBK; BFw

Selbsthilfe: Summe der individuellen Maßnahmen der Bevölkerung und/oder von Behörden/Betrieben zur Bewältigung von Ereignissen. Selbsthilfe ist ein Teil des Selbstschutzes und findet statt, um Ereignissen jeder Art nach ihrem Eintritt durch entsprechende Maßnahmen zunächst selbst zu begegnen. Selbsthilfe umfasst insbesondere das Leisten von Erster Hilfe sowie das richtige Verhalten bei Ereignissen.

Quelle: BBK

Selbstschutz: Summe der individuellen Maßnahmen der Bevölkerung und/oder von Behörden/Betrieben zur Vermeidung, Vorsorge und Bewältigung von Ereignissen. Selbstschutz umfasst insbesondere Maßnahmen, um den engeren Wohn- und Arbeitsbereich zu schützen und Schäden an Leben und Gesundheit zu vermeiden oder zu mindern. Aufbau, Förderung und Leitung des Selbstschutzes der Bevölkerung sowie Förderung des Selbstschutzes der Behörden und Betriebe gegen die besonderen Gefahren, die in einem Verteidigungsfall drohen, sind Aufgaben der Gemeinden. Dem Bundesamt für Bevölkerungsschutz und Katastrophenhilfe obliegen insbesondere die Unterstützung der Gemeinden und Gemeindeverbände bei der Erfüllung der Aufgaben (siehe § 5 (1) ZSKG).

Quellen: BBK; § 5 (1) ZSKG; § 4 (1) S. 2 II c ZSKG

Sicherheitssystem (nationales), auch nationale Sicherheitsarchitektur: 4-Säulen: Einrichtungen des Staates zur Schaffung und Erhaltung der öffentlichen Sicherheit in der Bundesrepublik. Das nationale Sicherheitssystem besteht aus den vier Säulen Polizei, Bundeswehr, Nachrichtendienste sowie dem Bevölkerungsschutz. Bevölkerungsschutz wird damit vor allem auch organisatorisch als wichtige Säule des nationalen Sicherheitssystems hervorgehoben. Nach dem Verständnis des Bundesministeriums des Innern ist der zivile Bevölkerungsschutz als vierte Säule (neben Polizei, Bundeswehr und Diensten) im nationalen Sicherheitssystem verankert.

Quelle: BBK

Social Listening: Social Listening oder auch Social-Media-Monitoring durchsucht die sozialen Medien nach den für ein Unternehmen relevanten Informationen. Social-Monitoring-Tools beobachten Plattformen wie YouTube, Facebook, Twitter/X und Instagram, aber auch kleinere Online-Auftritte wie Bewertungsportale, Blogs oder Foren. Social Listening hilft, Unternehmen zu erkennen, was über sie in den sozialen Medien gesprochen wird.

Quelle: bvik

Strahlrohr: Ist eine Armatur zur gezielten Abgabe von Löschmitteln. Es gibt u. a. Strahlrohre für Wasser, Löschschaum und Pulver.

<u>Hohlstrahlrohr:</u> Ein absperrbares Strahlrohr zur Abgabe vornehmlich von Löschwasser in Form von Voll- und winkelveränderlichem Sprühstrahl.

<u>Mehrzweckstrahlrohr:</u> Armatur zur gezielten Abgabe vornehmlich von Löschwasser in Form eines Voll- oder Sprühstrahls.

<u>Schaumstrahlrohr:</u> Ein handbetätigtes Gerät, in dem das Wasser-Schaummittel-Gemisch mit Luft gemischt wird, um Schaum zu erzeugen, der in Form eines Strahls

ausgebracht wird. Das Schaumstrahlrohr darf mit einer Druckanzeige ausgestattet sein. Tragbare Schaumstrahlrohre sind nach Verschäumungsbereich, Gemischdurchfluss bei Arbeitsdruck und Schaum-Wurfweite eingeteilt.

Wendestrahlrohr: Ein auf Hubrettungsfahrzeuge aufsetzbares und vertikal drehbares Strahlrohr.

Quellen: DIN 14011:2018-01; Ausgesuchte Begriffe für das Feuerwehrwesen

Straßenmeisterei: Die Straßenmeistereien kümmern sich um das Straßennetz. Einige Straßenmeistereien übernehmen auch Betriebsaufgaben auf den Autobahnen; umgekehrt betreuen auch Autobahnmeistereien in Teilbereichen Bundesstraßen. Die Mitarbeiterinnen und Mitarbeiter der Meistereien sorgen im Straßenbetriebsdienst unter anderem für:

- Streckenkontrolle und Beseitigung von Gefahrenquellen wie Hindernisse oder Verschmutzungen zur Gewährleistung der Verkehrssicherheit,
- Unterhaltung und Instandsetzung von Bundes- und Landesstraßen (Beseitigung von Schlaglöchern, Rissen usw.),
- Unterhaltung von Ingenieurbauwerken (Brücken, Durchlässe, Stützwände, Lärmschutzwände),
- Aufstellung, Instandhaltung, Reinigung von Verkehrszeichen und Signalanlagen,
- Aufnahme von Unfallschäden,
- Baumkontrollen,
- Pflege des Straßenbegleitgrüns,
- Unterhaltung von unbewirtschafteten Rastplätzen (Müllentsorgung),
- Räumen und Streuen im Winter,
- Unterhaltung von Entwässerungsanlagen (Gräben, Gossen, Abläufe) und
- Reinigung von Straßen und Radwegen sowie Entwässerungseinrichtungen.

Im Bereich der Verwaltung unterstützen die Straßenmeistereien unter anderem die Polizei durch die Mitwirkung in Unfallkommissionen und Ermittlung von Unfallkosten und geben Stellungnahmen zu Bauvorhaben an Bundes- und Landesstraßen ab.

Quellen: Bayerisches Staatsministerium; Niedersächsische Landesbehörde

Stroke-Einsatz-Mobil (Abk. STEMO): Fahrzeug zur Versorgung von Schlaganfallpatienten.

Quelle: BFw

Tanklöschfahrzeug (Abk. TLF): Ist ein Löschfahrzeug mit einer vom Fahrzeugmotor angetriebenen Feuerlöschkreiselpumpe, einer Einrichtung zur schnellen Wasserabgabe oder einer Schnellangriffseinrichtung, einem Löschwasserbehälter und einer feuerwehrtechnischen Beladung, dessen Besatzung aus einem Trupp (1/2) besteht und dessen Aufgabe vorrangig die Bereitstellung von Löschwasser in schwer zugänglichen Gebieten ist. Abhängig vom Tanklöschfahrzeugtyp können auch Schaummittelbehälter oder Pulverlöschanlagen eingebaut sein, zur Bereitstellung von Sonderlöschmitteln und Armaturen zur Abgabe von Sonderlöschmitteln für den Ersteinsatz. Sie werden vor allem bei der Bekämpfung von Großbränden, Vegetationsbränden (Wald- oder Flächenbränden) und bei Starkregenereignissen eingesetzt. Sie verfügen über einen großen Wassertank und eine hohe Pumpleistung. Für technische Hilfeleistung sind sie dafür weniger geeignet. Je nach Baureihe sind die Größe des Wasser- und des Schaummitteltanks und die Pumpenleistung unterschiedlich. Alle Tanklöschfahrzeuge sind mit Allrad-Antrieb ausgestattet.

Quellen: DIN 14011:2018-01; Zentrale Fahrzeugübersicht der BFw (Pkt. 1.2)

Task Force (Abk. TF): Taktische Einheit mit Spezialfähigkeiten oder besonderem Verstärkungspotenzial zur Unterstützung regulärer Einheiten und zur Unterstützung der örtlichen Einsatzleitung bei CBRN-Lagen durch Experten und Messtechnik. In der Regel werden Task Forces überregional eingesetzt. Die medizinische Task Force des Bundes (MTF) ist eine standardisierte, sanitätsdienstliche, arztbesetzte Taktische Einheit mit Spezialfähigkeiten zum Einsatz im Spannungs- und Verteidigungsfall (Zivilschutz) sowie in der Bundeslandübergreifenden Katastrophenhilfe des Bundes konzipiert. Sie ist zur Unterstützung bzw. Ergänzung und Ablösung der Einheiten des Landeskatastrophenschutzes sowie des Sanitätsdienstes in der Versorgungsstufe 4 (Spannungs- und Verteidigungsfall) im Bereich der präklinischen Versorgung bei einem Massenanfall von Verletzten – insbesondere in dynamischen Flächenlagen bei zu erwartender zerstörter Infrastruktur – vorgesehen.

Die analytische Task Force (ATF) setzt sich aus besonders qualifizierten Einsatzkräften in kommunaler oder Landesträgerschaft zusammen und ist derzeit an insgesamt acht Standorten in Deutschland stationiert. Der Bund unterstützt die ATF durch die Bereitstellung besonders hochwertiger analytischer Ausstattung, Spezialausbildung und einer finanziellen Beteiligung an den Vorhaltungskosten.

Quellen: BBK; § 29 (3) ZSKG

Technische Hilfeleistung (Abk. TH): Maßnahmen unter Verwendung von Einsatzmitteln zur Abwehr von Gefahren für Leben, Gesundheit oder Sachen, die aus Explosionen, Überschwemmungen, Unfällen oder ähnlichen Ereignissen entstehen und mit den entsprechenden Einsatzmitteln durchgeführt werden. Technische Hilfe in diesem Sinne wird insbesondere von den Feuerwehren und dem Technischen Hilfswerk geleistet.

Quelle: DIN 14011:2018-01

Technisches Hilfswerk (Abk. THW): Das THW ist eine nicht rechtsfähige Bundesanstalt mit eigenem Verwaltungsunterbau im Geschäftsbereich des Bundesministeriums des Innern (BMI). Das THW leistet technische Hilfe

1. nach dem Zivilschutz- und Katastrophenhilfegesetz (ZSKG),
2. im Ausland im Auftrag der Bundesregierung,
3. bei der Bekämpfung von Katastrophen, öffentlichen Notständen und Unglücksfällen größeren Ausmaßes auf Anforderung der für die Gefahrenabwehr zuständigen Stellen.

Quelle: BBK

Transboundary Crises, auch grenzüberschreitende Krise: Grenzüberschreitende Krisen zeichnen sich dadurch aus, dass ihre Ursachen, Konsequenzen und auch ihr Management in vielerlei Hinsicht grenzüberschreitend sind, und zwar über nationale Grenzen, Funktionsgrenzen und Organisationsgrenzen hinweg.

Quelle: bpb

Trinkwassernotversorgung: Deckung des lebensnotwendigen Trinkwasserbedarfs von Menschen und Nutztieren, Krankenanstalten, Pflegeeinrichtungen, Betrieben und Anstalten, deren Weiterarbeit nach der Zivilverteidigungsplanung unerlässlich ist im Verteidigungsfall.

Quellen: BBK; Vgl. § 2 1. WasSV

Trockenlöschfahrzeug (Abk. TroLF): Das TroLF 2000 ist ein Trägerfahrzeug für Sonderlöschmittel. Ausgestattet mit einer 2000kg Pulverlöschanlage und einer 300kg CO_2-Löschanlage kann das TroLF bei Bedarf nachalarmiert werden. Beiderseitig stehen je eine Schnellangriffseinrichtung S-32–30 mit einer Pulverpistole (5 kg/s) zur Verfügung. Weiterhin ist das Fahrzeug mit einem klappbaren Pulverwerfer mit einer Wurfleistung von 40 kg/s ausgerüstet. Das Löschmittel CO_2 dient der Brandbekämpfung in geschlossenen Räumen, wo auf ein rückstandsloses Löschmittel Wert gelegt wird (elektrische Anlagen etc.). Das TroLF 2000 bildet zusammen mit dem Abrollbehälter Sonderlöschmittel den einzigen größeren Vorrat an Löschpulver und CO_2 Löschmittel. Das TroLF ist kein genormtes Löschfahrzeug.

Quelle: Zentrale Fahrzeugübersicht der BFw (Pkt. 1.3)

Verwaltungsstab: Besondere Organisationsform einer Behörde. Er ist keine ständige Einrichtung und wird ereignisabhängig für einen begrenzten Zeitraum nach einem vorbestimmten Organisationsplan gebildet. Ein Verwaltungsstab eignet sich zur Aufgabenerledigung, wenn aufgrund eines besonderen Ereignisses ein über das gewöhnliche Maß hinausgehender hoher Koordinations- und Entscheidungsbedarf zwischen den Verwaltungseinheiten besteht. Dieses ist in Krisen und besonderen Lagen der Fall. Der Verwaltungsstab kann auch eingesetzt werden, wenn beispielsweise

- die koordinierte Zusammenarbeit verschiedener Ämter/Behörden erforderlich ist,
- eine koordinierte und ämterübergreifende Information der Bevölkerung notwendig ist und
- eine Vielzahl von unterschiedlichen Informationen zu bewerten und auf dieser Grundlage abgestimmte Entscheidungen zu treffen sind.

Er kann auch bei Ereignissen einberufen werden, bei denen Einsatzkräfte nicht erforderlich oder noch nicht tätig sind. Alternativ wird der Verwaltungsstab auch als Krisenstab bezeichnet. Er steht als administrativ-organisatorische Komponente neben dem Führungsstab bzw. der Einsatzleitung als operativ-taktische Komponente.

Quelle: BBK

Vorsorge: Summe aller vorbeugenden und vorbereitenden Maßnahmen, die zur Vermeidung, Verringerung und/oder Bewältigung von Schadensereignissen ergriffen

werden können. Vorsorge bezeichnet das Maß an Bereitschaft und an Fähigkeit per-
soneller und materieller Mittel sowie von Strukturen, Gemeinschaften und Organisationen zu einer wirksamen und raschen Katastrophenbewältigung, erzielt durch vorab
durchgeführte Maßnahmen.

*Quellen: BBK; Vgl. Plate/Merz, Naturkatastrophen: Ursachen – Auswirkungen – Vor-
sorge, 2001, S. 12; Beschluss Nr. 1313/2013/EU des europäischen Parlaments und
des Rates*

Vulnerabilität, auch Verwundbarkeit; Verletzlichkeit (im Kontext der Risikoanalyse):
Maß für die anzunehmende Schadensanfälligkeit eines Schutzgutes in Bezug auf ein
bestimmtes Ereignis.

Quelle: BBK

Waldbrandgefahrenstufe: Der Waldbrandgefahrenindex (WBI) beschreibt das
meteorologische Potential für die Gefährdung durch Waldbrand. Er zeigt die Waldbrandgefahr in 5 Gefahrenstufen an: 1 = sehr geringe Gefahr bis 5 = sehr hohe Gefahr.
Der WBI dient den für die Waldbrandvorsorge verantwortlichen Landesbehörden zur
Einschätzung der Waldbrandgefahr und zur Herausgabe von Warnungen. Die Wald-
brandgefahrenstufen des Deutschen Wetterdienstes (DWD) bilden somit die Grundlage für eine auf Landesebene harmonisierte Waldbrandgefahrendarstellung.

Quelle: DWD

Warn App KATWARN: Das Warnsystem KATWARN informiert bei Bränden, Un-
wettern oder plötzlichen Gefahren per SMS, E-Mail oder Smartphone-App über
die Gefahrensituation und gibt Verhaltensempfehlungen an die betroffenen Menschen. Die Warnungen sind ortsgenau auf die gefährdeten Postleitzahlenbereiche
abgestimmt. Über Inhalt, Zeitpunkt und Umfang entscheiden allein autorisierte Behörden und Sicherheitsorganisationen.

Quelle: KATWARN

Warnmittel: Alle Endanwendungen oder Endgeräte, die der Bevölkerung unmittelbar
zur Verfügung stehen. Warnmittel mit hohem Informationsgehalt sind z. B. Fernseher,
Radio oder die Warn-Apps (siehe MoWaS). Warnmittel mit Weckeffekt sind bislang
nur Sirenen und (eingeschränkt) Warn-Apps.

Quelle: BBK

Warnmultiplikator: Sind berechtigt, amtliche Warnungen an ihre Kunden/Nutzer
weiterzuleiten (z. B. Sendeanstalten, Informationsdienstleister, Betriebe kritischer
Infrastrukturen wie die Deutsche Bahn). Die Warnmultiplikatoren verbreiten die
Warnmeldung über Warnmittel wie Sendesysteme für Fernseher, Radio, Pager und
Smartphones.

Quelle: BBK

Warnung der Bevölkerung: Information der Bevölkerung über drohende Gefahren
und/oder akute Schadensereignisse inklusive Handlungsempfehlungen. Damit ist die
Warnung der Bevölkerung ein Bereich der Krisenkommunikation. Die Warnung der
Bevölkerung vor den „besonderen Gefahren im Verteidigungsfall" (Zivilschutz) führt
der Bund durch, wobei er sich auf die Warn-Infrastrukturen in den Bundesländern
stützt. Diese führen die Zivilschutzwarnungen in seinem Auftrag aus. Die Bundes-

länder sind auf der Grundlage der jeweiligen Ländergesetze für Warnungen im Katastrophenfall (Katastrophenschutz) zuständig, während die Kommunen Warnungen in für die Bevölkerung relevanten Alltagslagen (Brandschutz, technische Hilfeleistung und öffentliche Sicherheit) herausgeben. Auf allen föderalen Ebenen dient dabei das Modulare Warnsystem als einheitliche technische Plattform.
Quellen: BBK; § 1 (2) II ZSKG

Werkfeuerwehr (Abk. WF): Öffentlich-rechtlich anerkannte Feuerwehr zum Schutz von privaten oder öffentlichen Betrieben, von Behörden oder sonstigen Einrichtungen mit haupt- und/oder nebenberuflichen Einsatzkräften. Die Bezeichnung „Werkfeuerwehr" […] darf nur von Feuerwehren und sonstigen Behörden und Organisationen mit Sicherheitsaufgaben verwendet werden. Von sonstigen im Brandschutz eingesetzten Kräften dürfen auch […] zum Verwechseln ähnliche Bezeichnungen nicht verwendet werden.
Quellen: DIN 14011:2018-01; § 1 (4) FwG

Zentrale Einsatzleitung: Zur Koordinierung von gemeinsamen Einsatzleitungen (z. B. der Berliner Feuerwehr) und den zuständigen Katastrophenschutzbehörden sowie den übrigen Mitwirkenden wird im Katastrophenfall die Zentrale Einsatzleitung unter Vorsitz des Senators/der Senatorin für Inneres einberufen (siehe 3 § 4 (2) u. § 9 (1) KatSG – Land Berlin). In der Zentralen Einsatzleitung wird auch die Presse- und Öffentlichkeitsarbeit koordiniert. Auf Anforderung durch die Senatsverwaltung für Inneres entsenden die Katastrophenschutzbehörden in die Zentrale Einsatzleitung Fachbeauftragte und ggf. zusätzlich unterstützende Fachgehilfen. Im Katastrophenfall wirken die beteiligten Katastrophenschutzbehörden, die übrigen Mitwirkenden und lageabhängig die Betreiber von gefährlichen Einrichtungen in einer vom Senator/Senatorin für Inneres geführten Zentralen Einsatzleitung zusammen. Die Katastrophenschutzbehörden entscheiden gemeinsam über die von ihnen zu treffenden Maßnahmen, koordinieren das Zusammenwirken der mitwirkenden Kräfte, Einheiten und Einrichtungen und sorgen für eine abgestimmte Öffentlichkeitsarbeit.
Quellen: AV Kat, III. Pkt. 4; AV Kat, Anlage 1 – Begriffsbestimmungen § 4 (1) u. § 9 (1)) KatSG Land Berlin

Zivilschutz: Zivilschutz ist die Aufgabe des Bundes, durch nichtmilitärische Maßnahmen die Bevölkerung, ihre Wohnungen und Arbeitsstätten, lebens- oder verteidigungswichtige zivile Dienststellen, Betriebe, Einrichtungen und Anlagen sowie das Kulturgut vor Kriegseinwirkungen zu schützen und deren Folgen zu beseitigen oder zu mildern. Behördliche Maßnahmen ergänzen die Selbsthilfe der Bevölkerung. Zum Zivilschutz gehören insbesondere der Selbstschutz, die Warnung der Bevölkerung, der Schutzbau, die Aufenthaltsregelung, der Katastrophenschutz nach § 11 ZSKG, Maßnahmen zum Schutz der Gesundheit, Maßnahmen zum Schutz von Kulturgut. Zur Durchführung der Maßnahmen im Zivilschutz greift der Bund auf die Einheiten und Einrichtungen des Katastrophenschutzes der Länder zurück, die hierfür ergänzend ausgestattet und ausgebildet werden.
Quellen: BBK; § 1 ZSKG; § 11 ZSKG

Anhang[1]

Quellenverzeichnis

Advice Partners

Advice Partners Glossar:
https://www.advicepartners.de/unsere-leistungen/krisenkommunikation/wissen/glossar-krisen-kommunikation-und-krisenmanagement-a-z/ (abgerufen 11.03.2022)
- Krisenstabsübung

Allgemeines Sicherheits- und Ordnungsgesetz(Abk. ASOG Bln)

ASOG § 1 (3) Aufgaben der Ordnungsbehörden und der Polizei:
http://www.lexsoft.de/cgi-bin/lexsoft/justizportal_nrw.cgi?t=168811056387614631&
xid=167553,2 (abgerufen 21.03.2022)
- Gefahrenvorsorge

Asana, Inc

Was ist ein Use-Case? Definition und Nutzen im Überblick:
https://asana.com/de/resources/what-is-a-use-case (abgerufen 11.04.2023)
- Anwendungsfall

Ausgesuchte Begriffe für das Feuerwehrwesen, Stand 10/2004

• Atemschutzgerät, S. 6	• Löschzug Rettung, S. 59
• Einsatzleitwagen, S. 87	• Löschzug Wasserversorgung, S. 59
• Großschadensereignis, S. 111	• Rettungsdienstfahrtzeug, S. 81
• Hilfsorganisation, S. 112	• Pressluftatmer, S. 7
• Katastrophe, S. 113	• Strahlrohr, S. 13
• Katastrophenfall, S. 114	• Schaumstrahlrohr, S. 13

---

[1]Version 2.0 vom 7.4.2023.

T. Hoppe und R. Fricke (Hrsg.), *Resiliente krisenrelevante Versorgungsnetze*, https://doi.org/10.1007/978-3-658-48639-6

Ausführungsvorschriften über die Zusammenarbeit bei der Katastrophenvorsorge und -bekämpfung im Land Berlin(Abk. AV Kat) Stand 06/2005

• Zentrale Einsatzleitung
AV Kat, III., Pkt. 4 und Anlage 1 – Begriffsbestimmungen:
https://www.berlin.de/sen/inneres/service/verwaltungsvorschriften/ (abgerufen 11.03.2022)

Bayerisches Staatsministerium für Wohnen, Bau und Verkehr

• Straßenmeisterei
Organisation des Straßenbetriebsdienstes:
https://www.stmb.bayern.de/vum/strasse/betriebsundwinterdienst/organisation/index.
php#:~:text=Die%20Stra%C3%9Fenmeistereien%20k%C3%BCmmern%20sich%20um,auch%20
Autobahnmeistereien%20in%20Teilbereichen%20Bundesstra%C3%9Fen. (abgerufen 07.042023)

Beschluss Nr. 1313/2013/EU des europäischen Parlaments und des Rates

• Vorsorge
Beschluss Nr. 1313/2013/EU des Europäischen Parlaments und Rates, vom 17. Dezember 2013
über ein Katastrophenschutzverfahren der Union, Artikel 4 Nr. 3 und 4:
https://eur-lex.europa.eu/legal-content/DE/TXT/?uri=CELEX:32013D1313 (abgerufen
11.03.2022)

Berliner Feuerwehr(Abk. BFw)

• Einsatz; Hilfsfrist
Jahresbericht 2020 der Berliner Feuerwehr:
https://www.berliner-feuerwehr.de/fileadmin/bfw/dokumente/Publikationen/Jahresberichte/jahres-
bericht2020.pdf (abgerufen 11.03.2022)
• Schutzziel; Stroke-Einsatz-Mobil
Glossar der Berliner Feuerwehr:
https://www.berliner-feuerwehr.de/service/abkuerzungen/ (abgerufen 11.03.2022)

Berufsgenossenschaft Energie Textil Elektro Medienerzeugnisse(Abk. BG ETEM)

• Chlorgas
Sicherheit und Gesundheit:
https://www.bgetem.de/arbeitssicherheit-gesundheitsschutz/brancheninformationen1/energiever-
sorgung/baeder/branchenspezifische-gefaehrdungen/gefaehrdungen-bei-der-desinfektion-von-was-
ser/chlorgas-cl2 (abgerufen 07.04.2023)

Branchenwissen(Abk. BGN)

• Atemschutzgeräte
BGN, 3.1 Einteilung der Atemschutzgeräte:
https://vorschriften.bgn-branchenwissen.de/daten/dguv/112_190/3.htm (abgerufen 07.04.2023)

Bundesamt für Bevölkerungsschutz und Katastrophenhilfe (Abk. BBK)

BBK-Glossar:
https://www.bbk.bund.de/DE/Infothek/Glossar/glossar_node.html (abgerufen 08.09.2021)
• Bundesamt für Bevölkerungsschutz und Katastrophenhilfe
Das BBK stellt sich vor:
https://www.bbk.bund.de/DE/Das-BBK/Das-BBK-stellt-sich-vor/das-bbk-stellt-sich-vor_node.
html (abgverufen 07.04.2023)
• Medizinische Task Force des Bundes
Definition+Aufgaben:
https://www.bbk.bund.de/DE/Themen/Gesundheitlicher-Bevoelkerungsschutz/Sanitaetsdienst/
MTF/mtf_node.html (abgerufen 11.03.2022)

Bundesanstalt für Finanzdienstleistungsaufsicht(Abk. BaFin)

• Risikokultur

Mindestanforderungen an das Risikomanagement – MaRisk, Erläuterungen zum Rundschreiben 10/2021 (BA), S. 13:

https://www.bafin.de/dok/16506590 (abgerufen 07.04.2023)

Bundeskriminalamt(Abk. BKA)

• Personensuche

Die polizeiliche Bearbeitung von Vermisstenfällen in Deutschland:

https://www.bka.de/DE/UnsereAufgaben/Ermittlungsunterstuetzung/BearbeitungVermisstenfaelle/bearbeitungVermisstenfaelle.html (abgerufen 11.03.2022)

Bundesministerium des Innern und für Heimat(Abk. BMI)

• Cyberraum

BMI, Cyber-Sicherheitsstrategie für Deutschland 2016:

https://www.bmi.bund.de/DE/themen/it-und-digitalpolitik/it-und-cybersicherheit/cyber-sicherheitsstrategie/cyber-sicherheitsstrategie-node.html (abgerufen 11.03.2022)

• Besondere Aufbauorganisation; Katastrophe; Krise; Krisenstab; Risiko; Risikokommunikation

BMI, Leitfaden Krisenkommunikation, Pkt. 3. Grundregeln der Krisenkommunikation und Pkt. 8. Glossar:

https://www.bmi.bund.de/SharedDocs/downloads/DE/publikationen/themen/bevoelkerungsschutz/leitfaden-krisenkommunikation.pdf?__blob=publicationFile (abgerufen 11.03.2022)

Bundesministerium für Gesundheit(Abk. BMG)

• Prävention

BMG Begriffe von A-Z:

https://www.bundesgesundheitsministerium.de/service/begriffe-von-a-z/p/praevention.html (abgerufen 11.03.2022)

Bundesnetzagentur

• Blackout; Brownout

Fachthemen – Stromnetz:

https://www.bundesnetzagentur.de/DE/Fachthemen/ElektrizitaetundGas/Versorgungssicherheit/Stromnetz/start.html (abgerufen 07.04.2023)

Bundesverband Industrie Kommunikation(Abk. bvik)

• Social Listening

Glossar:

https://bvik.org/b2b-glossar/social-listening/ (abgerufen 07.04.2023)

Bundesverband Technischer Brandschutz e. V.(Abk. bvfa)

• Löschpulver

Löschmittel – Anwendung durch Feuerwehren:

https://www.bvfa.de/225/technischer-brandschutz/mobile-loeschtechnik/loeschmittel/loeschmittel-anwendung-durch-feuerwehren/ (abgerufen 07.04.2023)

Bundeszentrale für politische Bildung(Abk. bpb)

• Transboundary Crises

Artikel „Reden über Risiken – Risikokommunikation in krisenhaften Zeiten" Autorin Juliana Raupp:

https://www.bpb.de/shop/zeitschriften/apuz/risikokompetenz-2022/508883/reden-ueber-risiken/ (abgerufen 11.03.2022)

Cloudcomputing Insider

- Orchestrierung

Artikel „Was bedeutet Orchestrierung im IT-Umfeld?" Autor / Redakteur: Dipl.-Ing. (FH) Stefan Luber / Florian Karlstetter:

https://www.cloudcomputing-insider.de/was-bedeutet-orchestrierung-im-it-umfeld-a-897259/ (abgerufen am 21.03.2022)

Chemie Fachportal

- Löschpulver

Lexikon:

https://www.chemie.de/lexikon/L%C3%B6schpulver.html (abgerufen am 07.04.2023)

Deutscher Wetterdienst(Abk. DWD)

- Waldbrandgefahrenstufe

Waldbrandgefahrenindex:

https://www.dwd.de/DE/leistungen/waldbrandgef/waldbrandgef.html (abgerufen am 07.04.2023)

Digitales Wörterbuch der Deutschen Sprache(Abk. DWDS)

- Mangelsituation

Wörterbuch Mangelsituation, die:

https://www.dwds.de/wb/Mangelsituation (abgerufen am 07.04.2023)

DIN 14011:2018-01, Feuerwehrwesen – Begriffe

• Pkt. 3.1.3.9	Löschpulver	• Pkt. 3.4.8.16	Strahlrohr
• Pkt. 3.1.6.2	Brandschutz	• Pkt. 3.4.8.17	Mehrzweckstrahlrohr
• Pkt. 3.2.1.2	Technische Hilfeleistung	• Pkt. 3.4.8.18	Hohlstrahlrohr
• Pkt. 3.2.2.5	Räumung	• Pkt. 3.4.8.19	Schaumstrahlrohr
• Pkt. 3.2.2.6	Evakuierung	• Pkt. 3.4.8.21	Wendestrahlrohr
• Pkt. 3.2.2.8	Einsatznachsorge	• Pkt. 3.4.8.28	Druckluftschaumanlage
• Pkt. 3.2.4.1	Schadensgebiet	• Pkt. 3.4.10.14	Rauchvorhang
• Pkt. 3.2.6.1	Alarmierung	• Pkt. 3.6.1.3	Brandschutz
• Pkt. 3.2.6.5	Lagemeldung	• Pkt. 3.6.1.5	Rettungsdienst
• Pkt. 3.3.2.17	Rauchschürze	• Pkt. 3.6.2.1	Feuerwehr
• Pkt. 3.4.1.2	Einsatzleitfahrzeug	• Pkt. 3.6.2.2	Berufsfeuerwehr
• Pkt. 3.4.1.6	Tanklöschfahrzeug	• Pkt. 3.6.2.3	Freiwillige Feuerwehr
• Pkt. 3.4.1.12	Drehleiter	• Pkt. 3.6.2.5	Werkfeuerwehr
• Pkt. 3.4.1.18	Rettungsdienstfahrzeug; Rettungswagen	• Pkt. 3.6.3.6	Leitstelle
• Pkt. 3.4.1.22	Abrollbehälter	• Pkt. 3.6.3.7	Integrierte Leitstelle
• Pkt. 3.4.1.23	Feuerwehranhänger	• Pkt. 3.6.5.9	Einsatzleiter
• Pkt. 3.4.1.24	Boote (für die Feuerwehr)	• Pkt. 3.6.5.10	Einsatzleitung
• Pkt. 3.4.1.25	Löschboot	• Pkt. 3.6.6.1	Ausrückeordnung
• Pkt. 3.4.2.1	Persönliche Schutzausrüstung	• Pkt. 3.6.6.4	Alarmierungsstichwort
• Pkt. 3.4.4.1	Atemschutzgerät	• Pkt. 3.6.6.5	Ausnahmezustand
• Pkt. 3.4.4.7	Fluchthaube	• Pkt. 3.6.6.10	Einsatz

• Pkt. 3.4.4.10	Pressluftatmer	• Pkt. 3.6.7.1	Hilfsfrist

DIN 14033:2017-04, Kurzzeichen für die Feuerwehr

• Pkt. 3.4	Gerätewagen

DIN 14963:2021-09 Feuerwehrwesen – Tragbare Belüftungsgeräte

• Pkt. 3.1	Belüftungsgerät

DIN EN 1846-3:2013-11, Feuerwehrfahrzeuge – Teil 3

• Pkt. 2.2.6	Gerätewagen

DIN EN ISO 22361:2023-02, Sicherheit und Resilienz, Krisenmanagement – Leitlinien

• Pkt. 3.2	Krise
• Pkt. 3.3	Krisenmanagement
• Pkt. 3.4	Krisenstab
• Pkt. 3.14	Krisenkommunikation

Deutsches Rotes Kreuz(Abk. DRK)

• Epidemie; Pandemie
Epidemien und Pandemien: Hilfe bei Infektionsausbrüchen:
https://www.drk.de/hilfe-weltweit/wann-wir-helfen/katastrophe/epidemien-pandemien/#c66226
(abgerufen 11.03.2022)

D-Labs GmbH

• Anwendungsszenario
Leistungen und Methoden – Anwendungsszenarien:
https://www.d-labs.com/methods/anwendungsszenarien.html (abgerufen 07.04.2023)

Einsatzleiterwiki

• Chlorgas
https://sync.einsatzleiterwiki.de/doku.php?id=cbrn:chemisch:klasse_2:stoffe:chlor (abgerufen
07.04.2023)

Erste Wassersicherstellungsverordnung(Abk. 1. WasSV)

• Trinkwassernotversorgung
1. WasSV, § 2 Bemessung des lebensnotwendigen Bedarfs an Trinkwasser:
https://www.gesetze-im-internet.de/wassv_1/BJNR003570970.html (abgerufen 21.03.2022)

Expleo Academy

• Feldtest
Glossar – Was bedeutet Feldtest:
https://expleoacademy.com/dach/service/glossar/erklaerung/feldtest/ (abgerufen 07.04.2023)

Feuerwehrdienstvorschrift 3, Hessen(Abk. FwDV 3 HE) Stand 02/2008

• Löschzug
FwDV 3, Pkt. 2.4 Gliederung der Mannschaft eines Zuges:
https://hlfs.hessen.de/sites/hlfs.hessen.de/files/2022-09/FwDV%203%20-%20Homepage.pdf (abgerufen 07.04.2023)

Feuerwehrdienstvorschrift 5 – Der Zug im Löscheinsatz

• Löschzug
Kreisfeuerwehrverband Frankfurt am Main – Fachbereich Ausbildung, S. 16:
http://feuerwehr-rohrbach.com/download/fwdv-005.pdf (abgerufen 07.04.2023)

Feuerwehrdienstvorschrift 7, Hessen(Abk. FwDV 7 HE) Stand 09/2022

• Atemschutzgerät; Pressluftatmer
FwDV 7, Pkt. 5.1 Einteilung der Atemschutzgeräte:
https://hlfs.hessen.de/sites/hlfs.hessen.de/files/2022-09/FwDV%207%20-%20Homepage.pdf (abgerufen 07.04.2023)

Feuerwehrdienstvorschrift 100, Hessen(Abk. FwDV 100 HE) Stand 09/1999

Hessische Landesfeuerwehrschule – Dienstvorschriften für den Brand- und Katastrophenschutz:
https://hlfs.hessen.de/sites/hlfs.hessen.de/files/2022-09/FwDV%20100%20-%20Homepage.pdf (abgerufen 07.04.2023)

• Pkt. 1.2	Großschadensereignis; Katastrophe; Katastrophenfall
• Pkt. 3.2.1	Führungsorganisation
• Pkt. 3.2.2	Einsatzleitung
• Pkt. 3.2.4.2	Führungsfahrzeug
• Pkt. 3.2.4.3	Großschadensereignis; Örtliche Einsatzleitung
• Pkt. 3.3.1.1	Lagebild
• Pkt. 3.3.2	Lageplanung
• Pkt. 3.4	Führungsmittel
• Anlage 1, Begriffsbestimmungen, Pkt. 1.1	Einsatzkraft
• Anlage 1, Begriffsbestimmungen, Pkt. 1.1.2	Einsatzleiter
• Anlage 1, Begriffsbestimmungen, Pkt. 1.3	Einsatzbereitschaft
• Anlage 1, Begriffsbestimmungen, Pkt. 2.3	SCHADENSGEBIET
• Anlage 1, Begriffsbestimmungen, Pkt. 2.4	Einsatzstelle

Feuerwehrdienstvorschrift 500 „Einheiten im ABC – Einsatz"(Abk. FwDV 500) Stand 01/2012

• ABC-Gefahrstoffe
Anlage 1: Begriffsbestimmungen:
https://www.base.bund.de/SharedDocs/Downloads/BASE/DE/rsh/4-relevante-vorschriften/4-5-fwdv500-2012.pdf;jsessionid=C92163D97BE9DFE50E4CBF5F47069C63.internet951?__blob=publicationFile&v=1 (abgerufen 07.04.2023)

Feuerwehrgesetz – Gesetz über die Feuerwehren im Land Berlin(Abk. FwG) Stand 09/2003

• Feuerwehr; Werkfeuerwehr; Einsatzleitung; Einsatzleiterin/Einsatzleiter
FwG I. Abschnitt – Anwendungsbereich und Begriffsbestimmungen § 1 (4):
https://www.gesetze.berlin.de/perma?d=jlr-FeuerwGBEV2P1 (abgerufen 07.04.2023)

Feuerwehrleben

• Hilfsfrist
Feuerwehrleben, Hilfsfristen der Feuerwehren in Deutschland:
https://www.feuerwehrleben.de/hilfsfristen-der-feuerwehren-in-deutschland/ (abgerufen 11.03.2022)

Feuerwehr-Lernbar Ausbildungsmedien der Feuerwehrschulen in Bayern

• Alarm- und Ausrückeordnung
Lexikon:
https://www.feuerwehr-lernbar.bayern/lexikon/a/aao/ (abgerufen 07.04.2023)

Feuerwehr Potsdam

• Druckluftschaumanlage
Löschmittel bei der Feuerwehr:
https://www.feuerwehr-potsdam.de/technik/loeschmittel/loeschmittel_6.htm (abgerufen
07.04.2023)

Feuerwehr VG Winnweiler

• Personensuche
Gemeinsame Übung einer Personensuche der Fw, der Bundesrettungshundestaffel und der Abschnittsleitung Gesundheit:
https://www.feuerwehr-winnweiler.de/gemeinsame-uebung-einer-personensuche-der-feuerwehr-der-bundesrettungshundestaffel-und-der-abschnittsleitung-gesundheit/ (abgerufen 11.03.2022)

Freiwillige Feuerwehr Markt Eschlkam

• Fluchthaube
Glossar:
http://www.ffw-markt-eschlkam.de/feuerwehr/feuerwehr/de/feuerwehrlexikon/fluchthaube.php
(abgerufen 07.04.2023)

Expertengespräch bei der Berliner Feuerwehr

Mit dem Leiter Technik und Logistik:

• Ausnahmezustand	• Blackout
• Ausstattungskonzept des Bundes	• FF mit hauptamtlichen Kräften
• Berufsfeuerwehr	• Lageplanung
• Beschaffung	• Räumung
• Bestellung	

Gabler Banklexikon

• Dashboard
Prof. Dr. Peter Chamoni, Universität Duisburg-Essen, Mercator School of Management
https://www.gabler-banklexikon.de/definition/dashboard-70726 (abgerufen 07.04.2023)

Innovationsprozesse

• Demonstrator
Glossar, Autor Dr. Tobias Müller-Prothmann:
http://www.innovationsprozesse.com/demonstrator.htm#:~:text=Der%20Demonstrator%20bezeichnet%20ein%20Modell,Prototyp (abgerufen 07.04.2023)

Katastrophenschutz im Land Berlin

• Gemeinsame (örtliche) Einsatzleitung
Katastrophenschutz – Begriffserklärungen:
https://www.berlin.de/katastrophenschutz/organisation/begriffserklaerungen/begriffserklaerungen-1273876.php#einsatz (abgerufen 11.03.2022)

Katastrophenschutz in Hessen

• Löschzug
Hessisches Ministerium des Innern und für Sport – Anlage 2.9:
https://innen.hessen.de/sites/innen.hessen.de/files/2021-09/kats-konzept_2016_anlage_2.pdf (abgerufen 07.04.2023)

Gesetz über den Katastrophenschutz im Land Berlin (Abk. KatSG)

• Katastrophe; Großschadensereignis
KatSG, § 1 (1) u. (2) Katastrophen und Großschadenslagen:
https://gesetze.berlin.de/perma?d=jlr-KatSchGBE2021pP1 (abgerufen 11.03.2022)
• Katastrophenschutz
KatSG, § 2 (1) u. (2) Katastrophenschutz:
https://gesetze.berlin.de/perma?d=jlr-KatSchGBE2021pP2 (abgerufen 11.03.2022)
• Katastrophenschutzbehörden
KatSG, § 3 Katastrophenschutzbehörden:
https://gesetze.berlin.de/perma?d=jlr-KatSchGBE2021pP3 (abgerufen 11.03.2022)
• Katastrophenschutz; Zentrale Einsatzleitung
KatSG, § 4 (1) u. (2) Einheiten und Einrichtungen des Katastrophenschutzes:
https://gesetze.berlin.de/perma?d=jlr-KatSchGBE2021pP4 (abgerufen 11.03.2022)
• Zentrale Einsatzleitung
KatSG, § 9 (1) Katastrophenschutzbeauftragte:
https://gesetze.berlin.de/bsbe/document/jlr-KatSchGBE2021pP9 (abgerufen 11.03.2022)
• Katastrophenalarm; Großschadensereignis
KatSG, § 10 (1), (2) u. (3) Katastrophenalarm, Feststellung einer Großschadenslage:
https://gesetze.berlin.de/perma?d=jlr-KatSchGBE2021pP10 (abgerufen 11.03.2022)
• Krisenstab
KatSG, § 12 (1), (4), (5) u. (6) Krisenstäbe:
https://gesetze.berlin.de/perma?d=jlr-KatSchGBE2021pP12 (abgerufen 11.03.2022)
• Gemeinsame Einsatzlenkung
KatSG, § 13:
https://gesetze.berlin.de/perma?d=jlr-KatSchGBE2021pP13 (abgerufen 11.03.2022)

KATWARN

• Warn App Katwarn
Funktionen – Das Warnsystem:
https://www.katwarn.de/warnsystem.php (abgerufen 07.04.2023)

Landesfeuerwehrschule Baden-Württemberg

• Lagebericht; Lagemeldung
Schmidt, K. (02/2021). Hinweise für das Krisenmanagement – Hinweise zu Lagemeldung und Tagebuch. Landesfeuerwehrschule Baden-Württemberg, Bruchsal, S. 3:
https://www.lfs-bw.de/fileadmin/LFS-BW/themen/kats/lagemeldung/dokumente/Hinweise_Lagemeldungen.pdf (abgerufen 07.04.2023)

Ludwig-Maximilians-Universität München

• Feldtest
Usability Tests in the Field, Autorin Dhana Sauernheimer:
https://www.medien.ifi.lmu.de/lehre/ws0708/mmi1/essays/sauernheimer.html (abgerufen 07.04.2023)

Netzgesellschaft Berlin-Brandenburg(Abk. NBB)

• Netzgesellschaft Berlin-Brandenburg
Über die NBB – Wer wir sind:
https://www.nbb-netzgesellschaft.de/ueber-die-nbb/wer-wir-sind/nbb-ihre-partnerin-fuer-starke-netze/#b2490b (abgerufen 07.04.2023)

Niedersächsische Landesbehörde für Straßenbau und Verkehr

• Straßenmeisterei
Aufgaben – Straßenunterhaltung und Straßenbetrieb:
https://www.strassenbau.niedersachsen.de/startseite/aufgaben/strassenunterhaltung_und_strassenbetrieb/strassenmistereien/straenmistereien-77516.html (abgerufen 07.04.2023)

Polizei Berlin

• Mobile Wache
Polizei Berlin – Service -So erreichen Sie uns:
https://www.berlin.de/land/kalender/index.php?c=199 (abgerufen 07.04.2023)

REFA

• Risikokultur
Lexikon:
https://refa.de/service/refa-lexikon/risikokultur (abgerufen 07.04.2023)

Risikoanalyse Bund und Länder

• Risikoanalyse
Risikoanalysen Bund und Länder:
https://www.bbk.bund.de/DE/Themen/Risikomanagement/Risikoanalysen-Bund-Laender/risikoanalysen-bund-laender_node.html (abgerufen 11.03.2022)

Semantischer Netzwerkservice(Abk. SNS)

• Gefahrenvorsorge
Umweltthesaurus:
https://sns.uba.de/umthes/de/concepts/_00010646.html (abgerufen 11.03.2022)

Sicherheitsüberprüfungsgesetz (Abk. SÜG)

• Lebenswichtige Einrichtungen
SÜG § 1 (5) Zweck und Anwendungsbereich des Gesetzes:
https://www.gesetze-im-internet.de/s_g/BJNR086700994.html (abgerufen 11.03.2022)

Strahlenschutzgesetz(Abk. StrlSchG)

• Notfallplan
StrlSchG § 97 (1) S. 2 u. (2) Gemeinsame Vorschriften für die Notfallpläne:
https://www.gesetze-im-internet.de/strlschg/__97.html (abgerufen am 21.03.2022)
StrlSchG § 98 (1) u. (3) Allgemeiner Notfallplan des Bundes:
https://www.gesetze-im-internet.de/strlschg/__98.html (abgerufen am 21.03.2022)

§ 100 Allgemeine und besondere Notfallpläne der Länder:
https://www.gesetze-im-internet.de/strlschg/__100.html (abgerufen am 21.03.2022)

t2informatik GmbH

• Anwendungsfall
Wissen kompakt – Was ist ein Use Case:
https://t2informatik.de/wissen-kompakt/use-case/ (abgerufen am 07.04.2023)

Umweltbundesamt

• Kohlenmonoxid

Luftschadstoffe im Überblick:

https://www.umweltbundesamt.de/themen/luft/luftschadstoffe-im-ueberblick/kohlenmonoxid (abgerufen am 07.04.2023)

Vermisstensuche – Aufbau, Planung, Einsatzvon Michael Benedum

• Personensuche

Benedum, B. (2021). Vermisstensuche – Aufbau, Planung, Einsatz (1. Aufl.). Kohlhammer, S. 15: https://www.feuerwehrkatalog.de/media/blfa_files/9783170354289-Leseprobe.pdf (abgerufen am 11.03.2022)

Weclapp

• Bestellung

Lexikon – Bestellung einfach erklärt:

https://www.weclapp.com/de/lexikon/bestellung/ (abgerufen 07.04.2023)

• Dashboard

Lexikon – Dashboard einfach erklärt:

https://www.weclapp.com/de/lexikon/dashboard/ (abgerufen 07.04.2023)

Wirtschaftspsychologische Gesellschaft (Abk. WPGS)

• Feldtest

Feldforschung und Laborstudien – Der Ort der Untersuchung:

https://wpgs.de/fachtexte/forschungsdesigns/feldforschung-laborstudien-ort-der-untersuchung/ (abgerufen 07.04.2023)

Zentrale Fahrzeugübersicht der Berliner Feuerwehr Stand 11.03.2020

• Pkt.1.1	Lösch- u. Hilfeleistungsfahrzeug	• Pkt. 4.3	Rettungswagen
• Pkt. 1.2	Tanklöschfahrzeug	• Pkt. 5	Fahrzeug des KatS
• Pkt. 1.3	Trockenlöschfahrzeug	• Pkt. 6	Führungsfahrzeug
• Pkt. 2.1	Drehleiter mit Korb	• Pkt. 12	Abrollbehälter
• Pkt. 3.3	Gerätewagen	• Pkt. 15	Feuerwehranhänger
• Pkt. 4	Rettungsdienstfahrzeuge	• Pkt. 16	Boote (für die Feuerwehr)

Die unterschiedlichen Fahrzeuge sind zusätzlich auf der Internetseite der BFw beschrieben

Berliner Feuerwehr – Technik – Fahrzeuge:

https://www.berliner-feuerwehr.de/technik/fahrzeuge/ (abgerufen 07.04.2023)

Zielvereinbarung: Ziel- und Wirkungsorientiertes Controlling bei der BFw

• Hilfsfrist

Ziel- und Wirkungsorientiertes Controlling bei der BFw:

https://www.parlament-berlin.de/ados/VerwRefKIT/vorgang/vrk15-0228-v-Anlage%20Feuerwehr%20Pr%C3%A4sentation.pdf (abgerufen 11.03.2022)

Zivilschutz- und Katastrophenhilfegesetz (Abk. ZSKG)

• Zivilschutz, Warnung der Bevölkerung
§ 1 (2) II Aufgaben des Zivilschutzes:
https://www.gesetze-im-internet.de/zsg/__1.html (abgerufen 21.03.2022)
• Selbstschutz
§ 4 (1) S. 2 II c ZSKG, Zuständigkeit des Bundes für den Schutz der Zivilbevölkerung:
https://www.gesetze-im-internet.de/zsg/__4.html (abgerufen 21.03.2022)
• Selbstschutz
§ 5 Selbstschutz:
https://www.gesetze-im-internet.de/zsg/__5.html (abgerufen 21.03.2022)
• Zivilschutz
§ 11 Einbeziehung des Katastrophenschutzes:
https://www.gesetze-im-internet.de/zsg/__11.html (abgerufen 21.03.2022)
• Betreuung
§ 13 (1) Ausstattung:
https://www.gesetze-im-internet.de/zsg/__13.html (abgerufen 21.03.2022)
• Engpassressource
§ 16 (1) u. (2) Koordinierungsmaßnahmen; Ressourcenmanagement:
https://www.gesetze-im-internet.de/zsg/__16.html (abgerufen 11.03.2022)
• Task Force
§ 29 (3) Kosten:
https://www.gesetze-im-internet.de/zsg/__29.html (abgerufen 21.03.2022)

Zusammenfassung der Katastrophenschutzkonzepte NRW Stand 10/2022

• Löschzug
Löschzüge der Bezirksbereitschaft, Pkt. 2.1:
https://lernkompass.idf.nrw/goto.php?target=file_336_download&client_id=Feuer (abgerufen
07.04.2023)